HEYNE BIOGRAPHIEN

Zum Autor:

Dr. Franz Herre, geboren 1926, wurde durch Neigung zum Historiker. Er promovierte 1949 bei Franz Schnabel in Neuerer Geschichte. Dr. Franz Herre war lange Jahre Hauptabteilungsleiter für Politik bei der Deutschen Welle. 1980 wurde er von der italienischen Stadt Anghiari mit dem internationalen Kulturpreis für Geschichte und Politik ausgezeichnet. Dr. Franz Herre lebt in der Nähe von München.

Franz Herre

KAISER FRANZ JOSEPH VON ÖSTERREICH

Sein Leben – seine Zeit

Wilhelm Heyne Verlag
München

4. Auflage

Genehmigte, ungekürzte Taschenbuchausgabe

Printed in Germany 1988
Zeittafel und Stammtafel wurden erarbeitet von Dr. Hubert Fritz
Umschlagfoto und Bildnachweis:
Archiv für Kunst und Geschichte, Berlin
Umschlaggestaltung: Atelier Heinrichs & Schütz, München
Gesamtherstellung: Presse-Druck Augsburg

ISBN 3-453-55079-X

Der Thronerbe

Sophie von Bayern kam 1824 nach Wien, wo sie hinzugehören schien: eine neunzehnjährige Prinzessin aus dem Bilderbuch des Biedermeiers, keine klassische Schönheit, doch frisch, gesund und etwas mollig, mit verträumten Augen und braunen Ringellocken, in rosa Seide verpackt und mit bestickten Schleiferln verschnürt – ein süßes Mäderl.

Die Wiener schwärmten für diesen Typ, der in der Kaiserstadt vielfältig vorhanden war, in Volksausgaben, in Bürgerleinen und mit Adelsgoldschnitt. Auf der Bastei waren sie zu besichtigen, der die Altstadt umgebenden Befestigung, die einst die Türken abgehalten hatte und auf der nun die Wiener promenierten, um zu sehen und gesehen zu werden: die Damen und die Vorstadtmädchen, Bürger im Gehrock, Offiziere und Gigerl, Ungarn in Schnürstiefeln, ein Armenier mitunter, stets slowakische Bettler, böhmische Kindermädchen, die wie Glucken über ihre Küken wachten. Und Kastanien, Akazien, Bänke, Kaffeehäuser und wunderschöne Ausblicke auf Wien.

Die Prinzessin aus München staunte. Auf der Innenseite, vom Mauergürtel zusammengeschnürt, drängten sich die Häuser der Altstadt um das Riesenschiff der Stephanskirche, als wollten sie Aufnahme in eine Arche finden, darauf wartend, daß am gotischen Turm die Segel gesetzt würden. Zu Füßen der Bastionen, an der Außenseite, lag das Glacis, ein grünes Band, das um die düsteren Befestigungen geschlungen war, einst das freie Schußfeld für die Kanonen, jetzt Exerziergelände für das Militär, Spielplatz für die Kinder und – wo es Büsche, Gärten und verschlungene Pfade gab – Treffpunkt der Liebespaare.

Jenseits des Glacis dehnten sich die Vorstädte bis zum Linienwall, der wachsenden Bevölkerung Raum gebend – rund 300000 Seelen zählte man schon, und die Bevölkerung der Außenbezirke überwog bei weitem die der Innenstadt. Da waren die Brückenköpfe des Barocks: Die Kuppel der Karlskirche, mit der Kaiser Karl VI. den Sieg über die Türken und die Erhebung Österreichs zur europäischen Großmacht feierte. Schloß Belvedere, das Prunkzelt des Türkenbezwingers Prinz Eugen, auf einem Feldherrenhügel aufgeschlagen, inmitten von uniform beschnittenen Bäumen, umgeben von den blinkenden Medaillen der Bassins und den Ordenssternen der Blumenrondelle. In gebührender Distanz hielten sich die Adelspaläste, von grünen Kordons umgeben, die unter dem Ansturm der Bürgerhäuser und Werkstätten zurückzuweichen begannen. Weiter draußen behaupteten sich die Weinberge und Heurigendörfer, die Wiesen und Wälder, geschmiegt an die Hänge des Wiener Walds.

Noch innerhalb der mittelalterlichen Stadtmauern lag die Hofburg, die Kaiserresidenz, das Haus Habsburg – ein Konglomerat von Trakten und Höfen, Toren und Treppen, Denkmälern und Brunnen, ein Labyrinth von Zimmerfluchten, Prunksälen und Kellergewölben, ein Monstrum, an dem Jahrhunderte lang gebaut wurde, das nie fertiggeworden ist, wo das Ausgeführte stets hinter dem Geplanten zurückblieb, ein Aggregat der Epochen und Stile, das Haus Habsburg eben.

Im 13. Jahrhundert, mit Rudolf von Habsburg, fing es an, mit einem vierkantigen Wehrbau, Eckbastion und Zitadelle der Wiener Stadtbefestigung. Im 15. Jahrhundert, als die Habsburger die römisch-deutsche Kaiserwürde erwarben, die sie bis 1806 tragen sollten, fügte Friedrich III. die gotische Burgkapelle hinzu. Im 16. Jahrhundert, als durch die Verbindung mit Spanien die Sonne im Habsburgerreich nicht mehr unterging, errichtete Ferdinand I., der Bruder des Universalkaisers Karls V., ein Renaissanceportal, das Schweizertor. Dann griff das Barock um sich, mit der Amalienburg, dem Leopoldinischen wie dem Reichskanzlertrakt, der Hofbibliothek und der Hofreitschule, in der sich die Pferde der spanischen Dressur unterwerfen mußten wie die Menschen bei Hofe dem spanischen Zeremoniell.

Der Prinzessin aus Bayern, die von Hause aus das Schauspiel liebte, gefiel am besten das alte Hofburgtheater, wo nicht Höflinge, Marmorstatuen und Ahnenbilder, Schloßgespenster agierten, sondern Menschen aus Fleisch und Blut, in der anziehenden Distanz der Schaubühne. Das neunzehnjährige Mädchen ahnte nicht, daß sie sich als alte Dame in diesem an einen Omnibus erinnernden, engbrüstigen, dürftig beleuchteten und stets zugigen Schuppen den Tod holen würde. Was der streng katholisch, fast puritanisch erzogenen Prinzessin mißfiel, war die Freizügigkeit, mit der Shakespeares *Romeo und Julia* ungekürzt gegeben wurde. »Ich bedaure die arme Müller, denn sie hat in ihrer Rolle sehr unangenehme Anzüglichkeiten zu sagen«, schrieb sie jedenfalls der Mutter nach München.

Im kaiserlichen Lustschloß Schönbrunn – in dem sie so viele Jahre verbringen sollte – fühlte sie sich sofort zu Hause, nicht nur, weil es ihr wie eine Vergrößerung des heimatlichen Nymphenburg vorkam, sondern auch, weil es bei aller Großzügigkeit der Anlage und Prachtentfaltung im Innern etwas Mütterlich-Umfangendes, Familiär-Geborgenes, Fraulich-Verspieltes an sich hatte – das Schloß Maria Theresias eben. Schon bei der Anfahrt durch den weiten Ehrenhof bewunderte man die salutierenden Brunnen, die Flügelbauten, die höflich zum Näherkommen einluden, den fast behäbigen Mitteltrakt mit seiner – damals – gelblich-rosa Pilasterordnung auf taubengrauen Fassadenflächen, und man mochte an einen gebauschten Reifrock denken, an die Rokokokaiserin, die am Ende des Audienzsaales wartete, majestätisch und mütterlich.

Sophie fühlte sich zu ihr hingezogen, konnte nicht genug über die vor einem halben Jahrhundert verstorbene Maria Theresia erfahren: Wie sie, als junge Frau, ihr väterliches Erbgut im Großen und Ganzen erfolgreich verteidigte, gegen halb Europa und Friedrich den Großen. Wie sie ihren Untertanen eine gnädige Herrscherin und ihrem Manne, dem eingeheirateten Lothringer Franz Stephan, eine gute Ehefrau war, ihm sechzehn Kinder gebar und darüber seine Seitensprünge vergaß. Wie sie sich über ihren Sohn, Mitregenten und Nachfolger Joseph II. sorgte, der ihr zu aufgeklärt und zu wenig katholisch war, der mit der Verbissenheit des Visionärs und der Ungeduld des Unerfahrenen das alte Österreich, den Mutterboden, umpflügen wollte.

Geschichte und Geschichten. Maria Theresia, die ihrer Tochter, Königin Marie Antoinette von Frankreich, die Leviten las: Sie habe in den Gazetten gelesen, ihre Frisur sei von der Haarwurzel an 26 Zoll hoch? Sie ziehe getrennte Betten vor und treibe sich mit dem Grafen von Artois herum? »Ich sehe, wie Sie mit einer gewissen Sicherheit und Lässigkeit und mit großen Schritten Ihrem Untergang entgegengehen.« (1793, dreizehn Jahre nach dem Tod der Mutter in Schönbrunn, wurde die Tochter in Paris von den Revolutionären geköpft.) Die Landesmutter, die eine »Keuschheits-Kommission« einsetzte, damit die Dekolletés dezenter und die Wienerinnen sittsamer würden, und ihrer Vorleserin den Rat gab, sie sollte niemals einen Mann heiraten, der nichts zu tun habe. Die Kaiserin, die noch beim Kaffeetrinken Akten las, einmal einen Kaffeefleck auf eine Urkunde machte, mit der Feder einen Kreis darum zog und daneben schrieb: Sie schäme sich.

Schönbrunn. Vieles erinnerte an Maria Theresia: Das Chinesische Rundkabinett, in dem sie Kabinettssitzungen mit den Mandarinen ihres Reiches abhielt. Das Millionenzimmer, ihr Privatsalon, persische Miniaturen in Rokokorahmen, Rosenholztäfelung, ein kostspieliges Privatvergnügen. Das Spiegelzimmer, in dem der sechsjährige Wunderknabe Mozart auf dem Klavier vorspielen durfte. Die Schloßkapelle, in der die Kaiserin oft zweimal am Tage die Messe hörte. Die Galerie, in deren Freskenhimmel sie als Rokoko-Madonna glorifiziert war, umgeben von Kavalieren und Panduren.

Alles faszinierte an Schönbrunn – nicht zuletzt der Park: Abgezirkelte und zugeschnittene, nach den Maßstäben menschlicher Vernunft ausgerichtete Natur. Das Blumenparterre, das vor dem Schloß wie ein Riesenteppich ausgerollt war, Rasenflächen, schnurgerade Kieswege, verschnörkelte Rabatten. Die Linden, Buchen und Kastanien, die Spalier standen, eine einzige grüne Wand, zur Rechten wie zur Linken, kommandiert von Marmorstatuen, von Herkules sogar und dem schon eher österreichischen Fabius Cunctator. Die knatternden Wasserfahnen des Neptunbrunnens, die stolz aufgepflanzt waren und im Winde zerstoben. Die Gloriette, ein Triumphbogen, der mehr in die Breite als in die Höhe strebte, der sich in einem Bassin spiegelte, als sollte bescheidener Ruhm verdoppelt werden.

Und es wurde getanzt in Schönbrunn, nicht mehr das etwas steife Menuett, schon der beschwingende, beseligende Walzer. Mit kaum verhohlener Ausgelassenheit gab sich ihm Sophie hin. Joseph Lanner komponierte »Die Schönbrunner«, einen Biedermeierwalzer, der noch nach einem Ländler klang. Johann Strauß, der Vater, sollte bald fescher aufspielen, den Walzertakt zum Wiener Herzschlag machen, den Walzertanz zur österreichischen Fortbewegungsart. Wie es den Franzosen Auguste de la Garde faszinierte: »Man muß es dort mitansehen, wie der Herr seine Dame nach dem Takt unterstützt und in dem wirbelnden Laufe hebt, und diese dem süßen Zauber sich hingibt und eine Art von Schwindel ihrem Blick einen unbestimmten Ausdruck verleiht, der ihre Schönheit vermehrt.« Oder wie es der Preuße Adolf Glaßbrenner ironisierte: »Wenn die Meinungen sich kreuzen wollen, klopft Meister Strauß mit dem Bogen auf und gebietet Ruhe . . . Nun geht das Geklingel und Gezappel los . . . Ob Österreich so glücklich bleiben oder später eine repräsentative Verfassung bekommen wird; was geht das uns an? Haben wir doch dumm, dumm, dumm . . . O, wäre ich ein Despot! Tonnen Goldes spendete ich den Straußen und Lannern, daß sie mir die Köpfe meiner Untertanen wiegten, und alle öffentlichen Gespräche stocken machten.«

Im Königreich Bayern, woher Sophie kam, gab es bereits seit 1818 eine Verfassung, wie es Artikel 13 der 1815 angenommenen Akte des Deutschen Bundes vorschrieb – keine Repräsentativverfassung, bei der das Volk als Summe von Individuen durch gewählte Vertreter an der Ausübung der Staatsgewalt mitwirkte, sondern eine ständische Konstitution, die den in Stände gegliederten und nach Geburt und Vermögen geordneten Untertanen eine Mitsprache einräumte, ohne daß der König seinen Machtanspruch beschränkte. Anders hätte es sich die bayerische Prinzessin auch gar nicht vorstellen können: Der Monarch war der Herrscher von Gottes Gnaden, die Untertanen waren die in Gottes Namen Beherrschten. So wollte es die nach den Erschütterungen der Revolutionszeit und der napoleonischen Kriege wiederhergestellte Ordnung. Kaiser Franz I. von Österreich und Metternich, der allmächtige Staatskanzler, die »Hofpuissance«, wie Sophie rasch erkannte, wollten nicht einmal eine ständische Verfassung gewähren, nicht den geringsten Abstrich an der Alleinherrschaft dulden.

Daran stieß sich die bayerische Prinzessin nicht, wohl aber an des Kaisers Hang zum Mittelalter in Geschmacksfragen. In Laxenburg, zwanzig Kilometer außerhalb Wiens, hatte er neben das im 14. Jahrhundert begonnene Alte und das spätbarocke Neue Schloß in die Mitte eines romantischen Englischen Gartens und eines idyllischen Teiches die Franzensburg gesetzt: ein neugotisches Kastell, mit Erinnerungen an Kaiser Maximilian I., den »letzten Ritter«, Rüstungen, Hellebarden, Morgensternen, Knappenhof, Spinnstube und Schlafgemach mit reichverzierter, aber unbequemer Bettstatt. Und dem Großen Turm, in dem ein Verließ originalgetreu nachgestaltet war. Dorthin führte man Sophie und erschreckte sie mit einer Ritterpuppe, die – mechanisch bewegt – klirrend den Arm gegen sie erhob.

Das brachte ihr zum Bewußtsein, warum sie eigentlich nach Wien gekommen war, nicht zum Vergnügen, sondern um sich zu vermählen, nicht aus eigenem Antrieb, sondern als Gegenstand dynastischer Heiratspolitik. Ihr Vater, der Wittelsbacher Max Joseph, gab sich nicht damit zufrieden, daß er vom Kurfürsten zum König aufgestiegen war, zum Herrscher eines um fränkische, schwäbische und pfälzische Gebiete bereicherten Bayerns. Unter Kronen wollte er auch seine Töchter bringen. Amalie Auguste heiratete 1822 den späteren König Johann von Sachsen, Elisabeth Ludowika 1823 den späteren König Friedrich Wilhelm IV. von Preußen, Maria Anna 1832 den späteren König Friedrich August II. von Sachsen. Bereits 1816 hatte Max I. Joseph eine Tochter aus erster Ehe, Charlotte, dem Kaiser Franz I. von Österreich zur vierten Gemahlin gegeben, die als Kaiserin den Namen Karoline Auguste trug.

»Bella gerant alii, tu felix Austria, nube!« (»Andere mögen Kriege führen, du, glückliches Österreich, heirate!«) – diese bewährte Devise des Hauses Habsburg schien sich nun der Wittelsbacher zu eigen zu machen. Die vierte Ehe des Kaisers Franz blieb indessen kinderlos, wie schon die erste und die dritte. Aus der zweiten waren die Söhne Ferdinand, der Thronfolger, und Franz Karl hervorgegangen. Letzteren sollte Sophie heiraten, was ihr Vater für den geschicktesten Schachzug seiner Heiratspolitik hielt. Denn Ferdinand war rachitisch und epileptisch, in jungen Jahren schon so hinfällig, daß man ihn kaum für thronfähig, geschweige denn für zeugungsfähig hielt. Über kurz oder lang mußte sein Bruder Franz Karl, auf jeden Fall dessen künftiger Sohn, Kaiser von Österreich werden – und die Gemahlin Franz Karls Kaiserin oder zumindest Kaiserinmutter. Eine solche Aussicht faszinierte den töchtergesegneten Wittelsbacher in München wie die kinderlose Wittelsbacherin in Wien, die tüchtig mithalf, ihre Stiefschwester Sophie Friederike zu ihrer Stiefschwiegertochter zu machen.

Die Neunzehnjährige verlockte das weniger, vor allem, nachdem sie den für sie Auserwählten zu Gesicht bekommen hatte. Der zweiundzwanzigjährige Erzherzog Franz Karl war keine anziehende Erscheinung: etwas klein geraten, der Kopf unproportioniert in die Länge gezogen, die Habsburgerlippe, die eher abstoßende Echtheitsmarke. Das Bild, das man geschickt hatte, beschönigte alles, und es war stumm. Als er sich im Mai 1824 zur Brautschau in Tegernsee einfand, entsetzte sich der weibliche Teil der Familie. Stiefschwester Auguste fand ihn désagreable: »Man sagt, er sei gebildet, er gefällt aber der Königin gar nicht und gar nicht meiner Schwester. Trotzdem wird die Ehe anscheinend geschlossen werden. Die Partien sind so selten.« Franz Karls »ununterbrochenes Geschwätz im Verein mit seinem so wenig einnehmenden Äußern« störte Sophies Mutter, die Königin Karoline. »Er ist ein bon garçon, bestrebt, Gutes zu tun. Er fragt jedermann um Rat, mais il est terrible . . . Mich würde er zu Tode langweilen . . . Ab und zu möchte ich ihn schlagen.«

Dennoch brachte sie es über sich, ihre hübsche, intelligente und energische Tochter diesem Mann zur Frau zu geben. Sie redete sich ein, daß sich Sophie bereits von ihrem ersten Schreck erholt habe, der Zukunft ohne Widerwillen entgegensehe, »zumal sie in bezug auf die äußere Erscheinung vernünftig ist.« Jedenfalls bestand begründete Aussicht, daß Sophie in dieser Ehe die Hosen anhaben würde, denn weich wie Wachs war ihr Zukünftiger, gutmütig bis an die Grenze des Schwachsinns. (Als alter Herr wird er in Ischl Bauern, die ihre Kühe zum Schlachten treiben wollten, diese abkaufen, um ihnen in der Kaiservilla das Gnadenbrot zu geben.) Schließlich tröstete sich die Mutter mit der Erwartung, daß es in Wien schon gutgehen werde: »Ich hoffe, daß ihr, wenn sie die ganze Familie sieht und so viele ihm gleichende Individuen, seine Erscheinung weniger auffallen wird.«

Von der seines älteren Bruders Ferdinand konnte sie nur angenehm abstechen. Der 31jährige Thronfolger war ein armer Tropf, das Resultat einer Ehe zwischen Vetter und Base, ein Produkt habsburgischer Inzucht. Sein Kopf wäre auch zu groß gewesen, wenn er nicht so leer gewesen wäre; er erinnerte die Wiener an einen Kasperlkopf, und die Kaiserin von Rußland konnte in seinem Gesicht keinen anderen Ausdruck finden als den der Dämlichkeit. Sophie, die Schwägerin in spe, war entsetzt: über sein verzerrtes Gesicht, seinen schiefen Mund, der stets offenstand, dem aber selten zusammenhängende Sätze entrannen, oft nur einzeln hervorgestoßene Worte, Gestammel. Der rachitische Ferdinand schleppte sich von einem epileptischen Anfall zum anderen, von Lakaien die Treppe hochgetragen, und wenn er sich wieder erholt hatte, stand er gern am Fenster, um die Welt draußen zu beobachten, die er nicht verstand.

Ein Erzherzog sei wie der andere, hatte ihr die Mutter weiszumachen versucht. Nein, da war ihr Franz Karl doch der bessere, jedenfalls – angesichts des Zustandes seines Bruders – höchstwahrscheinlich ein künftiger Kaiser. In Wien, wo er hingehörte, machte er überdies eine bessere Figur als am Tegernsee, bewegte sich sicher in den Bahnen des Hofzeremoniells, tanzte auch gut, war über beide Ohren in sie verliebt. Nicht er, aber Wien war für sie eine Liebe auf den ersten Blick gewesen – der zweite Blick kam ihm zugute. Ihr Jawort bei der Hochzeit am 4. November 1824 klang zwar etwas beklommen, doch das schickte sich für jede junge Braut. Elf Tage später glaubte ihre Mutter vermelden zu können: »Sophie ist mit ihrem Manne so glücklich von ihm begeistert, wie sie als Verlobte unzufrieden war.« Sie hatte in Wien gesehen, was es bedeutete, Aussicht auf die Würde einer Kaiserin von Österreich zu haben.

Das Kaisertum Österreich war ein Jawort wert, die großartigste, jedenfalls die ehrwürdigste Monarchie Europas. Seit dem Ende des 13. Jahrhunderts herrschten die Habsburger in den österreichischen Erblanden, als deutsche Könige, als Kaiser des Heiligen Römischen Reiches und – seit 1804 – als Kaiser von Österreich. Noch im 19. Jahrhundert hüteten sie die universale Reichstradition, führten den alten Doppeladler im Wappen, trugen die schwarz-gelben Farben der Staufer. Österreich war im Sinne des Wortes ein Reich geblieben, eine Fülle von Völkerschaften und Sprachgruppen, Ländern und Gebieten, Kronen und Titeln, zusammengefaßt unter der Kaiserkrone, gegliedert in Verwaltungsbezirke: Niederösterreich (Hauptstadt Wien), Oberösterreich mit Salzburg (Linz), Steiermark (Graz), Tirol-Vorarlberg (Innsbruck), Königreich Böhmen (Prag), Grafschaft Mähren und Österreichisch-Schlesien (Brünn),

Königreich Galizien/Lodomerien (Lemberg), Königreich Venetien/Lombardei (Venedig und Mailand), Königreich Dalmatien (Zara), Königreich Illyrien, einschließlich Kärnten und Krain (Laibach und Triest), Königreich Ungarn, einschließlich Kroatien, Südslawien, Fiume und Küstenland (Pest), Fürstentum Siebenbürgen (Kronstadt) – insgesamt 622 337 Quadratkilometer und rund 30 Millionen Menschen.

Eine gewaltige Zusammenballung von Ländern und Völkern war dieses Österreich, ein Reich, das sich zwischen Po und Weichsel, Erzgebirge und Karpaten dehnte, aber kein dynastischer Staat, wie ihn etwa die französischen Könige geschaffen hatten, und schon gar nicht ein Nationalstaat, wie er seit der Französischen Revolution gefordert wurde. Zwar war Maria Theresia wie eine gute Hausfrau daran gegangen, in das mittelalterlich verwinkelte und feudalistisch verstaubte Österreich etwas Ordnung im Sinne der aufgeklärten Staatsprinzipien zu bringen, und ihr Sohn Joseph II. hatte gar zum eisernen Besen radikaler Reformen gegriffen, womit er um ein Haar seinen eigenen Thron hinausgekehrt hätte. Das wäre dann beinahe Napoleon gelungen. Doch die europäischen Monarchien wehrten sich gegen Frankreichs Vormachtanspruch und gegen die von ihm ausgegangenen nationalen und konstitutionellen Ideen.

Auf dem Wiener Kongreß war die alte Ordnung wiederhergestellt worden, in Europa und in Österreich, unter Leitung des österreichischen Ministers Metternich, der die Existenzbedingungen des Habsburgerreiches zu Grundpfeilern der restaurierten Staatenordnung erklärte: Erstens, Sicherung des äußeren Friedens, dessen dieses komplizierte Gebilde mit seinen zahlreichen Bruchstellen bedurfte, durch ein Gleichgewicht der Mächte. Zweitens, Sicherung des inneren Friedens durch die Fernhaltung beziehungsweise Unterdrückung der nationalen, konstitutionellen und sozialen Bewegungen, diesen Sprengstoffen der Vielvölkermonarchie. Drittens, Erhaltung der Dynastien im Sinne des Legitimismus: nur die alten Herrscherhäuser seien zur legitimen Herrschaftsgewalt berufen, und dieses Recht könne lediglich durch freiwilligen Verzicht oder das Aussterben aller Erbberechtigten erlöschen.

Franz, der letzte Kaiser des Heiligen Römischen Reiches und der erste Kaiser von Österreich, hielt an diesen Grundprinzipien so fest, wie er sich auf dem von Friedrich von Amerling gemalten Portrait an sein Zepter klammert. Der Kopf – etwas zu sehr in die Länge gezogen, mit dem Merkmal der schwülstigen Habsburgerlippe – scheint vor allem als Träger der Krone dazusein, der 1602 in Prag geschaffenen »Hauskrone« Rudolfs II., die seit der Niederlegung der Krone Karls des Großen das Kaisertum Österreich symbolisierte. Der von dem Wiener »bürgerlichen Stickmeister« Johann Fritz verfertigte Kaisermantel verhüllt den Körper Franz I. mit kirschrotem Samt, Goldstickerei und Hermelinkragen. Nur die Beine, die Schenkel sind sichtbar, wirken beinahe nackt in weißseidener Strumpfhose, ein fast anstößiger Kontrast zur pompösen Verhüllung. Das Portrait eines Märchenkaisers? Oder das Konterfei des Seniors einer romantischen Schauspielertruppe? Jedenfalls nur ein sinnbildlicher Ausdruck der österreichischen Kaiseridee – denn Franz I. ist, wie seine Nachfolger, nie gekrönt worden, hat diesen Kaiserornat nie getragen.

Menschliche Züge des Kaisers Franz sind in den drei Wandgemälden Peter Kraffts im Audienzvorsaal der Hofburg zu erkennen. Die Themen hatte Kaiserin Karoline Auguste ausgesucht, drei Szenen aus dem Leben ihres Mannes: Seine Rückkunft in die Residenz 1809 – nach dem verlorenen Feldzug gegen Napoleon, der Österreich verkleinerte, immerhin den Stoßseufzer des Kaisers erhörte: »Laxenburg wird er mir ja lassen.« Sein Einzug in Wien 1814 – nach dem Sieg über Napoleon, der Österreich vergrößerte und dem Kaiser sein Lustschloß, das etwas langweilige, eher geschmacklose Laxenburg fernerhin unangefochten ließ. Und die erste Ausfahrt des Achtundfünfzigjährigen 1826 – nach Genesung von schwerer Krankheit, was auch die Wiener aufatmen ließ, weil ihnen, an den epileptischen Thronfolger Ferdinand denkend, klar geworden war, was sie an ihrem Kaiser Franz hatten. Trauer, Triumph und Dankbarkeit, die jeweilige Stimmung spiegelt sich auf diesen Bildern im Antlitz des Monarchen wider, und das entsprechende Mitgefühl in den Gesichtern der Wiener, die ihm zuwinken.

Sie nannten ihn »den Guten«, seine patriotischen Wiener, die mit ihm die Schrecken einer langen Kriegszeit durchgemacht hatten und nun die Segnungen des auf dem Wiener Kongreß geschlossenen und vom österreichischen Kaiser garantierten Friedens genossen. Als oberster Biedermeier erschien er vielen, die gleich ihm von Marschmusik und Schlachten genug hatten, daheim bleiben wollten, hinter dem Ofen sitzen, sich mit dem bescheiden, was ihnen beschieden war: ein trautes Heim, eine tüchtige Hausfrau, artige Kinder, gleichgestimmte, nicht strapazierende Freunde, ein Backhendl, ein Gläschen Wein, ein Blumenstrauß, ein Lied – stiller Genuß des kleinen Glücks.

Das alles schätzte auch Kaiser Franz, der von Natur aus zum Kleinkarierten neigte und den nun sein Hang zum Kleinbürgerlichen populär machte. Er kleidete sich gern zivil und leger, gab sich schlicht und leutselig, sprach Wienerisch, also wie auf Katzenpfoten, war den Seinen ein guter Hausvater. Den Wienern vermachte er das Rosenbukett des Volksgartens, allen Österreichern ein Bürgerliches Gesetzbuch. In seinen Schlössern ging es zu wie in Wiener Bürgerhäusern: Die engere Familie und die weitere Verwandtschaft lebten zusammen, plauderten, jausten, lauschten Klaviermusik, gingen oder fuhren spazieren – eine höfische Idylle.

Wiener Biedermeier! Gemalt hat es Ferdinand Georg Waldmüller: ein Stilleben mit Frühlingsblumen und einer angebissenen Semmel; Praterbäume; die sanften Hügel des Wiener Walds; fröhliche Reisigsammler; Franziskaner, die Klostersuppe austeilen, an Kinder, die vorher beten, dann heißhungrig essen; ein Taglöhner, der mit einem Wurstzipfel zufrieden zu sein scheint.

Die Musik, für Wien das wichtigste, machte Franz Schubert, der leibhaftige Biedermeier: korpulent, gemütlich, ein Kaffeehaushokker und Weinbeißer, vor allem ein bürgerlich-tüchtiger, bienenfleißiger Komponist, der sich mit der Brille ins Bett legte, damit er gleich beim Aufwachen seine Einfälle notieren konnte, der in wenigen Jahren 1200 Kompositionen schuf, davon 450 Klavierwerke und ein halbes Tausend Lieder, das »Heideröslein« und Zyklen wie »Die schöne Müllerin« oder »Die Winterreise«, Volkslieder und Kunstlieder zugleich. Doch auch dies war der »Schubert Franzl«: Er rüttelte an der österreichischen Konvention, griff nach den Sternen Ludwig van Beethovens, der in der von Krankheit und Bitternis gezeichneten Endphase seines Schaffens in Wien die »Missa solemnis« und die neunte Symphonie in D-moll mit dem »Lied an die Freude« vollendete, den Gipfel erreichte. Schubert gelang die C-Dur-Symphonie, doch mit 31 Jahren war seine Kraft erschöpft; er hinterließ die »Unvollendete« und die Tagebuchnotiz: »Wollte ich Liebe singen, ward sie mir zum Schmerz. Und wollte ich wieder Schmerz nur singen, ward er mir zur Liebe.«

Zwei Seelen wohnten in der Brust des Wiener Biedermeiers: Weltfreude und Weltschmerz in Franz Schubert. Heiterkeit und Schwermut in Ferdinand Raimund, der Zuckerbäcker war, Schauspieler wurde und Volkstheaterstücke schrieb, ein hintersinniger Possenreißer und illusionsloser Phantast, der Lustspieldichter, der sich selber umbrachte, aus Angst, er könnte eines Tages von einem tollen Hund gebissen werden. Scherz und Satire kreuzten sich in Johann Nestroy, dem Komödiendichter, dem bitter-ernsten Komiker, dem Autor des »Zerrissenen«, der darauf verwies, daß »alles einen Haken hat« – im Menschenleben, in der Biedermeiergesellschaft, in der Habsburgermonarchie.

Zwischen Auflehnung und Resignation zerrieb sich Franz Grillparzer, der große Dichter und kleinmütige Mensch, zwischen Liebe zum übernationalen Österreich, das erhalten werden müßte, wenn der Weg nicht »von der Humanität über die Nationalität zur Bestialität« führen sollte – und dem Haß gegen die Metternichsche Praxis, die mit den nationalen die liberalen Regungen niederhielt, den Geist durch Zensur, Bespitzelung und Polizeigriffe lähmte, den Unmut bedrohlich sich anstauen ließ und damit das Ganze, das glückliche Österreich, gefährdete. Doch Franz Grillparzer wurde lieber Hofrat als Aufrührer, ein typischer Österreicher auch er, den Habsburgern ähnlich, die er charakterisierte:

»Das ist der Fluch von unsrem edlen Haus,
Auf halbem Wege und zur halben Tat
Mit halben Mitteln zauderhaft zu streben.«

Auf Franz I. traf dies zu, nicht auf Clemens Fürst Metternich, der seinen Kaiser gern in der habsburgischen Halbheit sah, ihn zurückgehalten hätte, wenn ihm nach dem Ganzen und Großen zumute gewesen wäre. Der Kaiser herrschte, doch Metternich regierte. Der Haus-, Hof- und Staatskanzler hielt seinen eigenen Hof am Ballhausplatz, mit einer Brigade von Beamten und Dienstboten, einem Konditor, 20000 Büchern und drei Schreibtischen, zwischen denen er hin- und herwechselte. Das vorrevolutionäre Europa, das er wiederherstellen half, verkörperte der gebürtige Rheinländer und gelernte Diplomat mit allen Licht- und Schattenseiten. Er war charmant, amourös, leichtfertig, gescheit, sozusagen ein der Guillotine entronnener Rokokokavalier, der die Schnörkel und Zöpfe schätzte, das süße Leben des Ancien régime verlängern wollte.

Dieser Spätling des 18. Jahrhunderts war durchaus aufgeklärt, aber ein aufgeklärter Absolutist, der die monarchische Regierungsform und die feudale Gesellschaftsstruktur konservieren und den Fortschritt dosieren wollte, in immer kleineren Dosen, weil er zunehmend zur Ansicht gelangte, daß zwar nur der kleine Finger gefordert wurde, aber die ganze Hand verlangt war, daß jede liberale Reform unweigerlich zur nationalistischen und sozialistischen Revolution, zum Untergang Österreichs und Europas führen müßte.

Das »System Metternich« suchte beides zu verhindern, zumindest aufzuhalten. Der äußere Friede sollte durch die gegeneinander ausbalancierten, im Gleichgewicht gehaltenen Großmächte erhalten werden, durch die »Pentarchie« Österreichs, Preußens, Frankreichs, Großbritanniens und Rußlands. Diese mechanische Friedenssicherung genügte nicht mehr in einer Zeit, in der die alte Staatsraison von moderner Emotion infrage gestellt wurde, von der Ideologie der Französischen Revolution wie der Weltanschauung romantischer Deutscher und bald auch schon slawischer Nationalisten.

Als Gegenmittel erschien die »Heilige Allianz«, der die Interessen der drei erzkonservativen Mächte Rußland, Österreich und Preußen zugrunde lagen, die aber auch von einer antirevolutionären Ideologie bestimmt wurde: Die drei Souveräne schlossen sich zur Wahrung der christlichen Gebote, der monarchischen Legitimität und der feudalen Gesellschaftsordnung zusammen, dazu bereit, jeder Gefährdung dieser Prinzipien und damit ihrer Machtpositionen gemeinsam entgegenzutreten, sei es innerhalb oder außerhalb ihrer Staaten. So kam es – unter der Stabführung Metternichs – 1821 zum militärischen Eingreifen gegen »revolutionäre Bewegungen« in Neapel und Sardinien-Piemont, und seit 1819 zu Polizeimaßnahmen gegen »demagogische Umtriebe« im Deutschen Bund, dem mitteleuropäischen Staatenverein, dem Österreich, das heißt Metternich, präsidierte.

Jeder Funken draußen wurde ausgetreten, damit er nicht nach Österreich herüberstob und das Vielvölkerhaus in Brand setzte. Noch war in der Habsburgermonarchie wenig Zündstoff vorhanden. Im Unterschied zu Westeuropa gab es in diesem Agrarland kaum Industrie, kein gesellschaftlich geschlossenes und politisch entschlossenes Bürgertum, der Feudaladel dominierte, und die

Bauern wußten, daß Gott in der katholischen Kirche wohnte und der Kaiser in der Hofburg zu Wien.

Einbruchstellen galt es im Auge zu behalten: Die norditalienischen Gebiete, die wirtschaftlich und gesellschaftlich höher entwikkelt waren, wo Napoleon die Ideen von liberaler Freiheit, demokratischer Gleichheit und nationaler Brüderlichkeit gesät hatte. Ungarn, dessen Adel eine mittelalterliche Nationalidee in modernen Nationalismus zu übersetzen begann. Böhmen, wo tschechische Professoren – nach deutsch-romantischem Vorbild – mit der eigenen Sprache einen eigenen Volkscharakter entdeckten. Und Wien, wo es halbbeschäftigte Beamte gab, denen die Biedermeierruhe zu langweilig wurde, und ruhelose Intellektuelle, denen die Biedermeierordnung als Kirchhofsfrieden erschien, die singende und klingende, malerische und idyllische Kaiserstadt wie eine blühende Moorwiese vorkam.

Metternich wollte den Anfängen wehren, mit den äußersten Mitteln. Die bürokratischen Mühlen zermahlten jede Renitenz, im Netz der Spitzel, »Confidenten« genannt, verfing sich jede bürgerliche Regung, die Polizei schlug treffsicher zu, und die Zensoren machten wenig Federlesens, auch mit Poeten. Franz Grillparzer, dessen Drama *König Ottokars Glück und Ende* im Hoftheater nicht aufgeführt und ohne Umarbeitung nicht gedruckt werden durfte, sprach von unsichtbaren Ketten, die an Hand und Fuß klirrten, von »der Dummheit und Schlechtigkeit der Rotte, die uns regiert«. Nur ein einziges Wiener Kaffeehaus durfte ausländische Blätter auslegen, was weniger einem Entgegenkommen an das Informationsbedürfnis als dem Interesse der Polizei zuzuschreiben war, mit den Lesern verdächtige Subjekte ausmachen zu können.

Zu seiner Rechtfertigung ließ Metternich durch Friedrich von Gentz, seinen Sekretär und Ghostwriter, erklären: »Die Gefahr ist, daß die Monarchie durch fortdauernde Schmälerung der königlichen Macht und fortdauernde Usurpationen der Demokratie zu einem leeren Schatten herabsinkt und etwas weit Schlimmeres als eine anerkannte republikanische Verfassung, nämlich die Herrschaft der Faktionen und Demagogen, in einen eitlen Königsmantel gehüllt, die Oberhand gewinnt.« Metternichs Ceterum censeo lautete, »daß es den Fürsten allein zusteht, die Geschicke der Völker zu leiten, und daß die Fürsten für ihre Handlungen niemand außer Gott verantwortlich sind.«

In der Praxis bedeutete dies: Der Kaiser war der Souverän und der Staatskanzler der Regent. Franz I. gab sich damit zufrieden, konnte damit zufrieden sein. Denn die Erhaltung der Monarchie war das A und O Österreichs, das kein Staat war, der einen Monarchen hatte, sondern eine Dynastie, die dieses Österreich nicht nur besaß, sondern es verkörperte: das Haus Habsburg. Im Jahre 1813, als man nicht umhin konnte, sich des Volkes gegen Napoleon zu bedienen, ließ es sich Franz I. dennoch angelegen sein, aus einem entsprechenden Aufruf das Wort »Vaterland« zu streichen und das Wort »Kaiser« dafür einzusetzen.

Der Österreicher hatte kein Vaterland zu haben und schon gar nicht einen Nationalstaat zu wollen, was in diesem Völkerverbund ohnehin nicht möglich gewesen wäre, höchstens für Teile, um den Preis der Auflösung. Der Österreicher – ob Deutscher, Ungar, Tscheche, Pole oder Italiener – hatte seinen Kaiser, dem er zueigen sein mußte, unter Absingung der vom Jesuitenpater Haschka gedichteten und von Joseph Haydn vertonten Hymne: »Gott, erhalte Franz den Kaiser« – und mit ihm das ganze Österreich und jeden Österreicher. Und der Kaiser hatte Soldaten, die ihm die Sicherheit nach außen, und Polizisten, die ihm die Sicherheit nach innen garantierten, Beamte, die für ihn verwalteten, Priester, die für ihn beteten und Untertanen, für die er sorgte, nach deren Verdienst und seinem Ermessen.

So entsprach es der Überlieferung des Hauses Habsburg, so verlangte es die zeitgenössische Auffassung vom patriarchalischen Absolutismus, so sah es Kaiser Franz I. von Österreich.

Die Voraussetzung, daß es so sein und bleiben konnte, war mit der Erhaltung die Fortpflanzung der Dynastie. Vom kranken Ferdinand, dem Ältesten, war kein Thronfolger zu erwarten, wohl aber von seinem zweiten Sohn, Franz Karl, und der Schwiegertochter Sophie. Sie brachte alles mit, was sich der Biedermeierkaiser erhoffte: Sie war herzig, häuslich und katholisch, sie kam aus dem stammverwandten Bayern, der Stütze Österreichs im Deutschen Bund. Und die Erzherzogin kannte ihre erste Pflicht. Nun erwartete man von ihr, daß sie in Hoffnung kam.

ZWEI JAHRE wartete der Hof vergebens auf Anzeichen einer Schwangerschaft. Der alte Kaiser zeigte schon den Grant eines verhinderten Großvaters, und hinter dem Rücken des Gatten begann man sich zu fragen, ob man ihm nicht doch zuviel zugemutet habe. In Sophie keimten die ursprünglichen Bedenken wieder auf. Endlich, im Juli 1826, war sie in anderen Umständen, aber sie machte – wie es im Hoffranzösisch hieß – »fausse couche«, hatte eine Fehlgeburt. Im Juni 1827 kam sie wieder in Hoffnung, Mutter und Schwestern gratulierten bereits, doch sie enttäuschte ein zweites Mal.

Den Kaiser bedrückte schon der Gedanke an das Erlöschen der Dynastie, Sophie sprach von ihrem »durchbohrten Herzen«, und nur Franz Karl blieb gelassen, hatte er doch gezeigt, daß es an ihm wohl nicht liegen könne. Die Gattin bescheinigte ihm zwar: »Er ist so viel reifer geworden und liebt mich so innig.« Aber die Skepsis war nicht zu verscheuchen. Als er – auf ihr Drängen – stimmberechtigtes Mitglied im Staatsrat wurde, sorgte sie sich um seinen ersten Auftritt: »Als er mir später erzählte, wie sich die Sache abgespielt hatte, war ich noch so aufgeregt, daß ich mir nach meiner alten Gewohnheit die Ohren zuhielt, denn ich fürchtete, etwas Unangenehmes zu hören.«

Zerstreuung fand die Erzherzogin in der Gesellschaft des Herzogs von Reichstadt. Napoleon hatte behauptet, Österreich sei immer zurück, um eine Idee, ein Jahr, eine Armee. Er selber hatte Österreich sein Kind zurückgelassen, den »König von Rom«, den Sproß seiner Ehe mit Marie Louise, der Tochter Franz I., der sie dem Erzfeind des Erzhauses aus Staatsraison zur Frau gegeben hatte. Der entthronte Kaiser Napoleon war 1821 in Sankt Helena gestorben; die Exkaiserin, seit 1815 Herzogin von Parma, hatte in seinem Todesjahr ihren Oberhofmeister Adam Albert Graf Neipperg geheiratet. Der Sohn, vom Vater unter dem Namen Napoleon II. zum Nachfolger bestimmt, blieb in Wien mit dem Titel eines Herzogs von Reichstadt und dem Namen Franz Joseph Karl, von Metternich bewacht und vom Großvater gehätschelt – ein Enkel außerhalb der Erbfolge, doch ein hübscher, gescheiter, lebhafter, liebenswürdiger Bub.

Als Sophie nach Wien kam, war Fränzchen, wie sie ihn nannte, dreizehn Jahre alt, ein Kind noch, ein Kindskopf zweifellos. Der Neunzehnjährigen, die schweren Herzens von ihrer Backfischzeit

Abschied nahm, fiel es leichter, wenn sie diese im Umgang mit dem »Herzbuben« ausklingen ließ. Schon malte sich dieser mit Kohlestift einen Schnurrbart, und bald sollte er »seine gnädigste Tante« ritterlich verehren. Er unterhalte sie durch seine Galanterie, gestand die zweiundzwanzigjährige Sophie; der Sechzehnjährige habe ihr erklärt, er werde ihr täglich einen Blumenstrauß aus seinem Garten bringen. »Ich hatte ihn kürzlich ausgescholten, daß er mich oft so ungestüm anpackt, um mich zu küssen, und sagte ihm, daß nur Kinder solche Dinge tun und nicht ein junger Mann wie er.«

Dennoch tat es ihr gut, so begehrt zu werden, schwärmerisch veranlagt, wie sie war, von ihrem gänzlich unromantischen Gemahl in ihrem Gefühlsleben alles andere als verwöhnt. Sie wandelte mit Napoleons Sohn durch den Park von Schönbrunn, sie lasen einander Gedichte vor, hörten gemeinsam Musik, gingen zusammen ins Theater, bewunderten die Schauspielerin Wilhelmine Schröder in Grillparzers *Ein treuer Diener seines Herrn*, begeisterten sich an der Sängerin Giuditta Pasta in Rossinis *Tancred*: »Ich konnte den Mund nicht mehr zubringen, so war ich in Ekstase.« Sie konnte sich mit dem nun Achtzehnjährigen, der eine Leutnantsuniform trug, schon sehen lassen, obwohl er immer blässer und durchsichtiger wurde, schon von der Schwindsucht gezeichnet – aber dies machte ihn für ein empfindsames Gemüt nur noch anziehender. Und tanzen konnte er! Im Fasching 1829 ließen sie keinen Ball aus, schritten in der Française aufeinander zu, wirbelten im Walzer.

Da war ein zweiter Märchenprinz, der Sophie den Hof machte: Gustav Wasa, der ehemalige Kronprinz von Schweden, dessen Vater von Napoleons Marschall Bernadotte entthront worden war und der sich nun in Wien aufhielt. Eine glänzende Erscheinung, umwittert von Unglück und Schwermut – das konnte Biedermeierdamen schon die Köpfchen verdrehen, auch Sophie. Gustav Wasa war Fünfundzwanzig, als sie nach Wien kam, und eine Zeitlang besuchte er sie jeden Tag, klagte ihr sein Schicksal, erfreute sich ihres Mitgefühls, brauchte sich keine Mühe zu geben, vom Herrn Gemahl angenehm abzustechen.

Kein Wunder, daß Sophie und ihre beiden Verehrer ins Gerede kamen, an einem Hof, wo so viele Schranzen herumstanden, in einer Stadt, in der so gern getratscht wurde. Das ging sogar so weit, daß man ihre Söhne Franz Joseph und Ferdinand Max die »Wasa-Buben« nannte, und die Anhänglichkeit des zweiten an Napoleon III. mit Sophie und dem Sohne Napoleons I. in Verbindung brachte. Beweise dafür gibt es nicht. Die Wahrscheinlichkeit spricht dagegen: der Charakter der Erzherzogin, die Physiognomie ihrer Kinder, die schiere Unmöglichkeit für eine so hochgestellte Hofperson, auch nur einen unbewachten Schritt zu tun.

Der Neckname »Prinz aus dem Salz« für ihren Erstgeborenen mochte schon eher zutreffen. Die Ärzte hatten sie ins Bad geschickt, und sie ließ alle Kuren über sich ergehen, niedergeschlagen über ihre beiden Fehlgeburten, auf das Wunder hoffend. Pyrawarth, das Eisen- und Moorbad nördlich von Wien, nützte nichts. Die Solbäder von Ischl im Salzkammergut bekamen ihr. Im November 1829 war sie wieder in anderen Umständen. Der Leibarzt Dr. Johann Malfatti wollte kein Risiko mehr eingehen: Er ließ die werdende Mutter nicht mehr an die frische Luft, sperrte sie in ihrem Zimmer in der Hofburg wie in einer Brutglocke ein. Im März setzte sie es durch, daß sie in einer Sänfte in das Kärntnertortheater getragen wurde, zur Oper *Die Stumme von Portici*, dann zu *Nina oder die Wahnsinnige aus Liebe*, wo sich die Sängerin Giuditta Pasta so »liebestoll von Kopf bis Fuß« aufführte, daß Franz Karl, der besorgte Gatte, die Schwangere ermahnte, sie nicht allzu genau anzusehen.

Ende Mai zog der Hof nach Schönbrunn, Frühlingsluft strömte durch die geöffneten Fenster, und als es Sommer wurde, durfte Sophie sogar ab und zu ins Freie. Aus München kamen Mutter und Schwester Maria, um ihr die Wartezeit zu verkürzen und beim freudigen Ereignis dabeizusein. Es wäre so weit, meldete am Nachmittag des 16. August 1830 die Hebamme Schmalzl. In der Hofkapelle wurde das Allerheiligste ausgesetzt. Im Schlafzimmer der Erzherzogin drängten sich die Anverwandten, und Hofdamen und Zofen, Minister, Generäle, Räte, Adjutanten und Lakaien. Die Geburt eines mutmaßlichen Thronfolgers war ein Staatsakt, der Zeugen erforderte und Schaulustige anzog. Beinahe hätte er sie überfordert, denn die Hebamme hatte sich geirrt, es dauerte und dauerte, doch niemand getraute sich wegzugehen, aus Angst, das Wesentliche zu versäumen. Erfrischungen wurden gereicht, es wurde geredet und gegähnt, schließlich richtete man sich für die Nacht auf Sesseln und Kanapees ein.

Man wartete noch am 17. August, den ganzen Tag und die darauffolgende Nacht. Sollte es wieder nichts werden? Endlich setzten die Wehen ein, die Wöchnerin schrie zum Erbarmen, was die Herren ganz kaputt machte und die Damen zuversichtlich stimmte, wie die bereits ernannte Erzieherin Louise Freiin von Sturmfeder: »Je mehr die Erzherzogin schrie, desto lebendiger wurden wir, denn, so sagte man, nur so kann es enden.« Die Ärzte mußten die Zange nehmen. »Nun war eine gräßliche Stille, dann wieder fürchterliches Schreien und Wehklagen, wo man nur von Zeit zu Zeit des guten Kaisers Stimme hörte, welche Mut zusprach; auf einmal, um 3/4 10, wurde alles laut: ›Das Kind ist da!‹, aber es schrie nicht. Wieder eine Pause, bis man endlich die Stimme hörte und die Kaiserin weinend uns allen um den Hals fiel und sagte: ›Es ist ein Sohn!‹«

Schönbrunn, 18. August 1830, 9.45 Uhr morgens: das Haus Habsburg hatte seinen Hoferben. Einundzwanzig Kanonenschüsse donnerten, die Wache trat unter Trommelwirbel ins Gewehr – was sie, wie der überglückliche Kaiser anordnete, auch künftig zu tun habe, wenn das erzherzogliche Baby sich nahe, sei es im Kinderwagen, sei es in der Kutsche, die mit sechs Rössern zu bespannen sei. Schon stand ein Hofstaat bereit: die Baronin Sturmfeder als Erzieherin, Aja genannt, eine Kindsfrau, ein Kindsmädchen, zwei Leiblakaien, eine Kindsköchin, eine Kammerfrau, eine Kammerfrau für die Kammerfrau und eine Küchenmagd.

Das Kind bekam die Namen Franz Joseph Karl, bei der Taufe am 20. August in Schönbrunn. Die noch etwas erschöpften Zeugen der Zeremonie, die »wie Gespenster in Gala« aussahen, hielten den Täufling für einen künftigen Kaiser von Österreich. Mit Sicherheit konnten sie dies nicht annehmen, und schon gar nicht konnten sie ahnen, daß dieser Kaiser 68 Jahre lang regieren und die Habsburger Monarchie mit ins Grab nehmen würde. Sie wußten nicht, daß dieses von ihnen so gepriesene Jahr 1830 den Anfang einer Entwicklung markierte, an dessen Ende der Untergang des alten Österreichs und des alten Europas stehen sollte.

1830. Die Donau trat über die Ufer, in Wien ertranken 74 Menschen, die meisten in ihren Häusern während des Schlafes überrascht. In England fuhr die erste Eisenbahn zwischen Liverpool und Manchester, die industrielle Revolution bekam Dampf. Griechenland wurde für souverän erklärt, ein Nationalstaat, der aus einem übernationalen Reich, der Türkei, herausgebrochen worden war. Das vom Wiener Kongreß geschaffene Königreich der Niederlande zerbrach, Belgien erkämpfte sich die Unabhängigkeit. Frankreich stürzte in der Juli-Revolution den nach der Vertreibung Napoleons wiederaufgerichteten Thron der Bourbonen, gab sich eine liberale Verfassung. Die revolutionären Wellen schlugen in den 1815 gegründeten Deutschen Bund hinein, nach Sachsen, Hessen-Kassel und Braunschweig, bis vor die Tore des Kaisertums Österreich, der Zitadelle der Restauration – nach Polen, wo sich Warschau vergeblich gegen St. Petersburg erhob, nach Italien, wo es Aufruhr in Modena, Parma und in der Romagna gab, der mit österreichischer Hilfe rasch niedergetreten wurde.

Die europäische Staatenordnung Metternichs war in Frage gestellt, und mit ihr sein österreichisches System. In Europa existierten nun zwei einander diametral entgegengesetzte Systeme, das der Legitimität und das der Volkssouveränität, die nebeneinander auf die Dauer nicht bestehen konnten. Diese weitverbreitete Meinung konstatierte Friedrich von Gentz, Metternichs Chefideologe, ohne sie gelten zu lassen: Eine Koexistenz sei durchaus möglich, zwar nicht im »abstrakten Grundsatz«, aber doch in der Praxis, wodurch sich »die Differenz zusehends verwische«.

Erzherzogin Sophie, die Mutter des präsumptiven Erben Österreichs, war scharfsichtiger und hellhöriger, suchte die Schatten auf ihres Sohnes Zukunft mit Wortschwällen zu verscheuchen: »Das kommt alles von diesem häßlichen, verächtlichen Frankreich. Warum zerstört der liebe Gott nicht Paris? Das ist meine Lieblingsidee.« Frankreich und Paris waren 1830 wie 1789 die Brutstätten der Ideen und Kräfte, die Österreichs Ordnung bedrohten, sie schließlich zerstören sollten.

Franz Joseph, der geborene Gegner der modernen Bewegung, wird ein langes Kaiserleben lang der Mutter bittere Erkenntnis gegenwärtig haben, zunächst die Existenz des Metternichschen Systems verteidigen und dann die von Gentz für möglich gehaltene Koexistenz von Vielvölkermonarchie und liberal-demokratischem Nationalismus versuchen, und beides wird ihm nicht gelingen können.

Schon der Säugling wurde als künftiger Herrscher von Gottes Gnaden behandelt. »Gottheitel« nannten ihn Hofdamen, was selbst der glücklichen Mutter und dem stolzen Großvater nicht behagte. Der kleine Franzi, wie Sophie ihn zärtlich nannte, war ein Baby wie jedes andere, nur besser gehegt, mehr gepflegt und mehr geplagt. »Das Kind des ärgsten Taglöhners wird nicht so gequält wie diese unglückliche kleine kaiserliche Hoheit«, klagte die Aja.

Die drei Wunden am Hinterkopf, welche die Zange bei der Geburt verursacht hatte, wurden mit Höllenstein ausgebrannt. Die ersten vier Wochen durfte das Kind nicht an die frische Luft. Dauernd hatte der kleine Erzherzog Audienzen zu geben, von der Mutter präsentiert: »Das liebe Kind ist so leutselig, die fremdesten Menschen sind ihm willkommen.« In seinem mit weißen Spitzen besetzten rosafarbenem Kleidchen sehe es aus wie Erdbeereis mit Schlagsahne, meinte der Herzog von Reichstadt, der nach wie vor hauptsächlich wegen Sophie kam.

Die Erzherzogin, schon ganz Kaiserinmutter, erhielt im Dezember 1830 eine Hiobsbotschaft: Die Ärzte befanden auf einmal, daß der eigentliche Thronfolger Ferdinand nicht apoplektisch, also schlaganfällig, sondern lediglich epileptisch, fallsüchtig, sei, und daß daher kein Hindernis bestehe, ihn zu verheiraten. Das wollte er nun auch, vielleicht wegen des Gehabes um seinen kleinen Neffen. Der Vater verschaffte ihm eine Frau, Prinzessin Marianna von Sardinien-Piemont. Sie wußte, was sie erwartete, mußte den kranken Ferdinand nehmen. Aber als sie ihm im Februar 1831 zugeführt wurde, erbleichte sie. Sie war keine Schönheit, aber ein gesundes Mädchen. »Daß Gott erbarme«, seufzte Kaiser Franz. Nur Metternich, der diese Ehe mit dem Hause Savoyen gestiftet hatte, um die Lage in Italien zu entspannen, verzog keine Miene, blieb ganz Staatsraison.

Erzherzogin Sophie war alarmiert. Ferdinand, gar nicht so krank, wie man angenommen hatte, erhielt nun eine Frau und bekam vielleicht sogar Kinder. Das konnte nur zu Lasten ihres Franzi gehen. Umsichtig wie immer befragte sie zuerst die Ärzte, vernahm, daß dem jungen Paar ein Kindersegen wohl kaum beschieden sein könne, und schrieb befriedigt ihrer Mutter nach München: Sie habe für ihren »ausgezeichneten Franz, für ihr Kind und für sich« nichts zu befürchten. Als die unglückselige Marianna in Wien eintraf, präsentierte ihr Schwägerin Sophie sofort ihren für diesen Anlaß besonders herausstaffierten Sohn. Die faulen Witze, welche die männliche Verwandtschaft über die angebliche Ehetauglichkeit des armen Ferdinand riß, ließen sie zwar »bis zum Weißen in die Augen erröten«, aber sie fand das Ganze doch bemerkens- und berichtenswert: »Ich glaube, wenn man Ferdinand nicht sagte, er solle von seinem Gattenrechte Gebrauch machen, er niemals daran denken würde, es zu tun.«

Jedenfalls blieb die Ehe kinderlos. Der Kaiser hatte seinen Enkel Franz Joseph Karl, und Sophie schenkte ihm noch mehr: 1832 Ferdinand Maximilian, 1833 Karl Ludwig und 1842 Ludwig Viktor, was Franz I. nicht mehr erleben sollte. Für Habsburgs Nachkommenschaft war also, dank der bayerischen Sophie, hinreichend gesorgt. Den anderen Enkel, der aus der Erbfolge ausgeschlossen blieb, den er aber ins Herz geschlossen hatte, mußte der Großvater noch selber beerdigen: den Herzog von Reichstadt, der 1832, mit 21 Jahren, der Schwindsucht erlegen war.

Bis zuletzt hatte er Sophie verehrt und Franzi geherzt, was der Erzherzogin gefiel: »Es ist ein hübscher Anblick, diesen reizenden jungen Mann anzusehen, wenn er meinen lieben Franzi in den Armen hält und mit ihm spielt. Sie haben beide ein so schönes Lächeln.« Im Frühling 1832 waren alle wieder unter dem Schönbrunner Dach, und Sophie begrüßte es, daß der Herzog von Reichstadt ganz nahe bei ihr wohnte. »Und dies neben meinem kleinen Franzi in dem Zimmer, das nächst jenem liegt, wo ich 1830 niedergekommen bin.« Nun konnte sie sich um den Kranken kümmern, obschon sie schon wieder hochschwanger war.

In der Nacht vom 13. auf den 14. Juni 1832 schlug der Blitz in den Doppeladler am Schloß Schönbrunn und riß ihm einen seiner beiden Köpfe ab. Am 6. Juli wurde Erzherzogin Sophie von ihrem zweiten Sohn, Ferdinand Maximilian, entbunden. Am 22. Juli starb Herzog Franz von Reichstadt, Napoleons Sohn. Metternich hatte eine Sorge weniger, Kaiser Franz war traurig, Sophie untröstlich über das »langsame Hinwelken, das tägliche Sterben dieses armen jungen Mannes im Frühling seines Lebens.«

Drei Jahre später, am 2. März 1835, starb Franz I. von Österreich. Die Leibärzte, die schon am jungen Reichstadt herumgepfuscht hatten, ließen den an Lungenentzündung erkrankten Greis sechsmal zur Ader, wogen die Blutmenge, fanden sie mit zwei Pfund und sechs Unzen zu schwer und wußten sich nicht mehr zu helfen. Schließlich ließen sie ihn ein siebtes und ein achtes Mal zur Ader. Das hielt der Kranke nicht mehr durch. Die Leichenöffnung ergab, daß alle Organe, das Herz ausgenommen, gesund gewesen waren. Ob der Großpapa gekreuzigt worden sei, fragte der noch nicht ganz fünfjährige Franzi; nur so konnte er sich, nach dem christlichen Grundunterricht, den Tod vorstellen.

Der kleine Erzherzog war bis dahin eher verzogen als erzogen worden. Hofdamen trugen ihn auf Händen, ein General tanzte vor ihm, daß die Ordenssterne klirrten. »Alle unsere Kinder werden durch Schmeicheleien verdorben, das ist das allerschädlichste«, hatte der verstorbene Kaiser geklagt. Der Ordnungssinn des Enkels, der sich durch pfleglichen Umgang mit Spielzeug ankündigte, war ihm willkommen gewesen, auch der Hang zum Soldatenspiel. Wenn die Hofburgwache ins Gewehr trat, war er vom Fenster nicht wegzubringen, bald sprach er Kommandoworte nach. Der Zweijährige hatte schon Gewehr, Säbel, Grenadiermütze und Tornister. Georg Ferdinand Waldmüller malte ihn so, in weißem Kleidchen und mit kriegerischem Zubehör – eine Biedermeieridylle noch.

Das Exerzieren lernte Franz Joseph vor dem Lesen, durch einen Korporal, von dem er auch die ersten Brocken Ungarisch aufschnappte. »Das, was Militär ist, ist mir das liebste«, erklärte der Fünfjährige, der zu Weihnachten eine Kürassieruniform bekommen hatte, während der zwei Jahre jüngere Bruder Ferdinand Maximilian – der spätere Kaiser von Mexiko – mit einem Harlekinkostüm vorlieb nehmen mußte. Der Sechsjährige erhielt ein Flaubertgewehr, schoß auf die Scheibe, traf, wie die Legende es will, oft ins Schwarze. Auch im Kriegsspiel übte er sich schon: Einmal stürmte er, seinen Kameraden mit der Fahne voran, ein kleines Fort im Park von Schönbrunn; anschließend marschierte die wackere Schar, ein Tambour voran, durch die Zimmerfluchten des Schlosses, bis zum großen Salon, wo die Jause bereitstand.

Langsam wurde es ernster. Mit vollendetem sechsten Lebensjahr war er der Kinderkammer entwachsen, kam er aus der Obhut der Aja in die Zucht des Grafen Heinrich Bombelles. Den Erzieher für die nächste, wichtige Entwicklungsphase eines künftigen Kaisers hatte Metternich ausgesucht.

Die Familie Bombelles war zuverlässig, legitimistisch bis auf die Knochen, die verkörperte Heilige Allianz. Der Vater, Marcus Maria, hatte als General dem König von Frankreich gedient, die Mutter, eine geborene Baronin Mackau, war Erzieherin Ludwigs XVI. gewesen. Die Revolution vertrieb ihn nach Österreich, wo seine Frau, mit der er vier Kinder hatte, verstarb. Daraufhin trat Marcus Maria in den geistlichen Stand, brachte es vom Dorfpfarrer in Mähren bis zum Bischof von Amiens im Frankreich der Restauration. Der Sohn Karl Bombelles, kaiserlich-österreichischer und königlich-französischer Offizier, wurde nach dem Tode des Grafen Adam Neipperg, des Oberhofmeisters und Gemahls Marie Louises, der Exkaiserin der Franzosen und Herzogin von Parma, dessen Nachfolger in beiden Funktionen.

Heinrich Bombelles war österreichischer Gesandter in Lissabon und Turin gewesen. Metternich hielt ihn nun für den geeignetsten Erzieher des präsumptiven Thronfolgers: »Ich reihe Bombelles unter die geringe Zahl von Menschen ein, die infolge einer angeborenen Neigung das dachten, was ich dachte, das sahen, was ich sah und das wollten, was ich wollte.« 1848 sollten die Wiener Revolutionäre den Grafen Heinrich Bombelles »Judas, den Erzschelm« nennen und ihn als »Urheber allen Unheils« in effigie hängen.

Für Sophie war dies der richtige Mann am richtigen Platz. Sie akzeptierte sofort den Vorschlag Metternichs, des Staatskanzlers, auf den man, wie sie meinte, mehr als zuvor hören sollte. Denn in diesem Österreich, das am dynastischen Erbrecht der Erstgeburt festhielt, hatte es niemand zu verhindern vermocht, daß die Mißgeburt Ferdinand nach dem Tode Kaiser Franz I. den Thron bestieg. So war nun Österreich eine absolute Monarchie ohne resoluten Monarchen geworden. Ferdinand I. soll zwar einmal befohlen haben: »Ich bin der Kaiser, und ich will Knödel!« Aber im allgemeinen überließ er seine Herrscherrechte der Staatskonferenz, in der Metternich nach wie vor den Ton angab, doch – was Sophie mit Sorge verfolgte – mit nachlassender Kraft. Sein System, das auch ihr System war, zeigte Schwachstellen.

Die Erzherzogin zog daraus ihre Konsequenzen. Da nicht anzunehmen war, daß Ferdinand einen Erben bekommen und selber lange regieren würde, und weil sie sich ihren Gemahl Franz Karl, den offiziellen Nachfolger, kaum als Kaiser vorstellen konnte, mußte ihr ältester Sohn baldmöglichst die Thronreife erlangen. Darauf war seine Erziehung auszurichten. Die Mutter nahm sich vor, den Schüler wie die Lehrer entsprechend zu überwachen.

So wurde viel, viel zu viel von dem Knaben verlangt. Der Sechsjährige erhielt in der Woche dreizehn Stunden Anfangsunterricht, in Religion, Deutsch, Französisch, Schreiben und Geographie; schon bald waren 18 1/2 Stunden zu bewältigen. Wie man das vermöchte, brachte ihm nachhaltig der Dienstkämmerer bei, Graf Johann Alexander Coronini-Cronberg, ein aufrechter, strenger, hölzerner Soldat und Beamter, ein – wie man es nannte – ärarischer Typ, was auch sein Zögling werden sollte: pflichteifrig bis zur Verbissenheit; gewissenhaft, fast skrupulös; sorgfältig, genau, pünktlich, pedantisch; fleißig, mehr noch: arbeitsbesessen; ordentlich und etwas eintönig; sparsam, ja geizig mit Worten und Taten; stets Haltung zeigend, bis an die Grenze der Erstarrung; immer im Dienst, der zur Routine gerann.

Die Erziehung glich immer mehr einer Dressur. Der Siebenjährige hatte 32 Unterrichtsstunden in der Woche, nun auch Ungarisch und Tschechisch, und Tanzen, Turnen, Fechten und Schwimmen. Die Lehrer und die Oberlehrerin, die Mutter, werteten die feste und klare Handschrift Franz Josephs als erfreulichen Ausweis seines Charakters, merkten nicht, daß sie eher auf Gründlichkeit im einzelnen als Aufgeschlossenheit für Zusammenhänge hindeutete. Wie hätte er auch die Wissensbrocken verdauen sollen, mit denen er immerfort gefüttert wurde! Italienisch und Polnisch kamen hinzu, damit er mit möglichst vielen Völkern seiner Monarchie reden könnte, und Lateinisch und Griechisch, wie es sich für einen Gebildeten gehörte. Musikstunden mußte er nehmen, obschon er dafür keinerlei Begabung zeigte. Mathematik lag ihm nicht, Buchhaltung schon eher. Naturgeschichte sagte ihm zu, Astronomie, Technologie und Philosophie mußten ihm eingepaukt werden. Von sechs Uhr früh, dem Wecken, bis neun Uhr abends, dem Schlafengehen, stand er unter dem Kommando des Stundenplans.

»Fünfzehn Jahre alt werde ich – nur noch wenig Zeit zur Erziehung! Also muß ich mich sehr anstrengen, mich zu bessern!« Man hatte ihm angewöhnt, ein Tagebuch zu führen, zur Rechenschaft vor sich selber, aber auch zur Überwachung. Man war mit ihm zufrieden, kam nicht auf den Gedanken, daß man ihn mehr verbogen als gebogen hatte. Nur sein körperliches Befinden litt darunter nicht; er war ein kerngesunder Bub, sollte ein robuster Greis werden. Aber der durchaus aufgeweckte Junge mußte unter dieser Pädagogik geistig niedergedrückt, passiv, angepaßt werden, einsilbig und phantasielos, was als Disziplin, Nüchternheit und Realitätssinn, als positive Eigenschaften eines künftigen Herrschers ausgegeben wurde.

Lehrbücher mußte er lesen, andere Bücher las er nicht. Sein bescheidenes Zeichentalent verkümmerte. Früh hatte er gelernt, das zu tun, was man von ihm erwartete, und da dies zu viel war, blieb die Entwicklung der Eigeninitiative gehemmt. Reagieren, nicht agieren stand allerdings einem Kaiser von Österreich an, die Unbeweglichkeit war die gepflegte Untugend des Systems, die Erfüllung auferlegter Pflichten die Tugend eines Monarchen von Gottes Gnaden.

Zuerst mußte er selbst gehorchen lernen, bevor ihm die anderen gehorchen sollten. »Wer selbst gearbeitet hat, wird nie Unmögliches fordern. Je mehr man daher die Schule dem Leben ähnlich gestaltet, desto besser«, erklärte Major Franz von Hauslab, seit 1843 militärischer Erzieher Franz Josephs. Die höheren Militärwissenschaften, das Spezialgebiet des Gelehrten in Montur, fesselten den Zögling weniger. Er blieb vom Soldatischen an sich angetan, der Bub, der die Uniform liebte, sich gern in Reih und Glied stellte, dem Paraden das schönste Schauspiel waren. Der künftige Oberste Kriegsherr mußte als Rekrut beginnen, gleich die Grundausbildung aller Waffengattungen mitmachen, als Infanterist, als Dragoner, als Artillerist, als Pionier.

Ein erzherzoglicher Gemeiner wurde rasch befördert. Zum 13. Geburtstag erhielt er die Uniform eines Obersten des Dragonerregiments Nr. 3 und dessen Inhaberschaft. Wie stolz und glücklich er darüber war! Und gar, als er ein Jahr später sein Regiment im mährischen Proßnitz besuchte! Der vierzehnjährige Erzherzog setzte sich, hoch zu Roß, an die Spitze seiner Dragoner, riß den Säbel aus der Scheide, gab das etwas stimmbrüchige Kommando »Galopp«, ließ sein Regiment vor dem kommandierenden General, seinem Vetter Erzherzog Albrecht, defilieren. Dieser war zufrieden: Beim Exerzieren sei der junge Oberst sehr hübsch und rasch geritten, wie ein alter Stabsoffizier; alle hätten seinen Schneid bewundert. Reiten konnte er, die Uniform stand ihm gut, das Martialische war durch natürliche Anmut und durch anerzogene Liebenswürdigkeit gemildert – wie den Dragonern in Proßnitz wird Franz Joseph zeitlebens seiner Armee voranreiten, von ihr verehrt, ja vergöttert werden, eine Sympathie auf Gegenseitigkeit.

Sein Leben lang sollte er das Soldatentum als schönes Spiel lieben, als Ordnungsmacht ansehen, als tragende Säule der Monarchie für unabdingbar halten. Den kriegerischen Ernst mochte er nicht, ein Feldherr ist er nie geworden. Schießen und töten tat er lieber auf der Jagd, die schon den Dreizehnjährigen faszinierte, ja berauschte. In Ischl, dem Sommersitz der kaiserlichen Familie, durfte er mit seinem Vater Franz Karl, der diese Tätigkeit eigentlich als einzige schätzte und auch beherrschte, zum ersten Mal auf die Gemsjagd – nicht ohne hinterher einen Aufsatz schreiben zu müssen. »Ich wartete einige Zeit, da kommt ein Gemsbock in leichten Sätzen einhergesprungen, von Zeit zu Zeit die Ohren spitzend ... Ich feuerte.« Noch schoß der Jäger herzlich schlecht: Er traf den Bock zuerst in den einen, dann in den anderen Vorderlauf, schließlich in »den Bauch, und aus den drei Wunden blutend, blieb das arme Tier, noch immer lebend, während der ganzen Jagd liegen. Meine ganze Freude, daß mein lange gehegter Wunsch sich erfüllt hatte, war ungeheuer.« Die Jagdleidenschaft hatte ihn gepackt und ließ ihn nicht mehr los.

Die Lehrer, die Mutter voran, gönnten ihm diese Zerstreuung, zumal sich ihre Anforderungen zunehmend ballten. Der Halbwüchsige hatte nicht nur die allgemeinen Haupt- und zusätzlichen Nebenfächer zu beherrschen, darin gewissermaßen ein privates, doch verschärftes Abitur zu machen. Er mußte auch und vor allem die Regierungsreife erlangen, durch besonderen Unterricht in den einschlägigen Disziplinen und bei den dafür geeignetsten Präzeptoren.

Die Religion galt der erzkatholischen Erzherzogin am meisten: weil sie vom bayerischen Hause aus gläubig war, und weil das Haus Habsburg auf die Heilige Allianz von Thron und Altar gegründet schien. Zum Lehrer in Theologie und Philosophie – wobei letztere eindeutig die Magd der ersten zu sein hatte – bestellte sie einen gleichgesinnten Geistlichen, Othmar Rauscher, damals Direktor der Orientalischen Akademie, später Kardinalerzbischof von Wien. Dessen Dogmatik war Franz Joseph zu hoch; er blieb auch hier auf dem Boden, schlicht, fast hausbacken fromm, persönlich der Kirche ergeben. Er schätzte ihre Formen wie alles Formale, doch sollte er das Wort »Gebt Gott, was Gottes ist, und dem Kaiser, was des Kaisers ist« im Zweifelsfall zu seinen Gunsten auslegen.

Geschichte, ein Grundfach für den Erben einer Dynastie, die ihre Legitimität in der Tradition verankert sah, gab Dr. Joseph Fick, ein Haus- und Hofhistoriker comme il faut. Die Guten, das waren für ihn die Herrscher und die ihnen ergebenen Beherrschten, als die Bösen wurden all jene bezeichnet, die an der von Gott gewollten und von der Obrigkeit gewährleisteten Ordnung rüttelten, Reformer oder gar Revolutionäre. Das Unheilsjahr der Weltgeschichte war 1789: Ein Vulkan hatte die Ideen von Freiheit, Gleichheit und Brüderlichkeit ausgespien, die Forderungen nach Verfassung und Nationalstaat. Die Heilige Allianz hatte den Krater geschlossen; ihn weiterhin geschlossen zu halten sei die Aufgabe eines Monarchen.

Der Kaiser – so wurde in einem weiteren Grundfach, der Jurisprudenz, gelehrt – habe nicht nur Rechte, sondern auch Pflichten, und beide gelte es, »mit beständigem Rückblick auf Moral« auszuüben. So sollte der Thronerbe lernen, »was er tun darf, ohne die Rechte anderer zu verletzen, andererseits aber, was er tun soll, um seine Untertanen zu beglücken und ein durchaus reines Gewissen zu behalten.« Richtschnur war dabei das Grundprinzip des österreichischen Staatsrechts: Alle unter der Krone Habsburgs zusammengefaßten Länder bildeten eine untrennbare und unteilbare Einheit, die es zu bewahren galt – doch die vereinten Königreiche, Fürstentümer, Grafschaften, Herrschaften und Provinzen behielten ihre überlieferten Verfassungen, Titel und Privilegien, die respektiert werden mußten.

Wie dies geschehen sollte, durch Verwaltung und Polizei im Innern und durch Diplomatie und Armee nach außen, lehrte der Meister selber. Seit November 1847 – Franz Joseph war nun siebzehn – hatte er sich jeden Sonntag beim Fürsten Metternich einzufinden, um die höheren Weihen eines Thronfolgers zu empfangen. Zu dieser Zeit war im Staatskanzler der Entschluß gereift, im Jahre 1848, wenn der junge Erzherzog volljährig wurde, Ferdinand I. zur Abdankung zu bewegen und Franz Joseph, unter Umgehung seines Vaters, auf den Thron zu setzen.

Die wichtigste Aufgabe des neuen Kaisers wäre dann – so Sonntagslehrer Metternich – das österreichische System, selbstverständlich mit Hilfe des immer noch rüstigen Schöpfers und bisherigen Bewahrers, zu erhalten – und damit den Frieden Europas. Das größte Unglück, das ein Land treffen könne, sei die Revolution, weil diese, ihrer Natur nach, alles zertrümmere. Den größten Fehler, den ein Monarch begehen könne, seien Reformen, wie sie die Liberalen forderten; denn »diese Leute schießen nur die Bresche, über welche die Radikalen in die Festung eindringen.« Das größte Übel für Österreich und Europa sei der Nationalismus, denn »der irrtümliche Begriff der Nationalität ist gleichbedeutend mit dem Rufe Krieg ohne Ende –, von allen gegen alle!«

Franz Joseph war ganz Ohr, und willens, sich solche Lehren von diesem Lehrer zu merken. Zum eigenen Nachdenken und kritischen Überprüfen hatte man ihn nicht angehalten. Was nicht ins System paßte, die krisenhaften Entwicklungen in Österreich, waren von ihm nach Möglichkeit ferngehalten worden, die wirklichen Zustände in der Monarchie ihm weithin verborgen geblieben. Und Metternich verheimlichte ihm, was er 1847 dem preußischen Diplomaten Graf Guido Usedom anvertraut hatte: »Ich bin kein Prophet, und weiß nicht, was wird. Aber ich bin ein alter Arzt und kann vorübergehende von tödlichen Krankheiten unterscheiden. An diesen stehen wir jetzt. Wir halten hier fest, solange wir können, aber ich verzweifle fast an dem Ausgang.«

NOCH SCHIEN DAS KAISERTUM ein altväterliches Reich zu sein: Getreidefelder und Viehweiden, Höfe, Dörfer und Kleinstädte, Schlösser und Klöster, ein Agrarland mit einer Gesellschaftsstruktur, die einer Pyramide glich – eine breite Basis von Bauern, eine nach oben strebende Schicht von Bürgern, eine schmale Spitze von adeligen Grundherren. Einer von ihnen, der Fürst Liechtenstein, könne hundert englische Meilen von Schlesien nach Niederösterreich reisen, ohne seinen Grund und Boden zu verlassen, schrieb der Schriftsteller Charles Sealsfield, der aus Mähren kam und eigentlich Karl Postl hieß.

Immer noch gab es die Fron, nicht mehr auf den Krongütern, wo sie 1821 so gut wie abgeschafft worden war. Seit 1846 bestand überall die grundsätzliche Möglichkeit des Loskaufs, mit der aber beide Seiten, Grundherr wie Bauer, einverstanden sein mußten, was sie praktisch sehr einschränkte. Viele Bauern waren ohnehin mit ihrem Los zufrieden, sie kannten nichts anderes, wollten sich nichts anderes vorstellen, und nicht wenige fühlten sich wohl unter feudaler Herrschaft, die durch patriarchalischen Großmut und österreichisches Laissez-faire gemildert war.

Doch auch Österreich begann sich zu industrialisieren. Noch gab es meist gewerbliche Kleinbetriebe, aber schon modernisierte Manufakturen, neue Fabriken. 1841 zählte man – ohne Lokomotiven und Schiffsantriebe – 223 Dampfmaschinen mit 2798 Pferdestärken (1840 in Preußen 608 Maschinen mit 11641 PS), davon 49 Prozent in der Textilindustrie, 24 Prozent im Bergbau, Hüttenwesen, Eisenindustrie und Maschinenbau, was ungefähr deren Anteil am Bruttoproduktionswert entsprach. Ein Drittel davon erwirtschafteten die Fabriken in Böhmen, ein Viertel in Wien und Niederösterreich, ein Fünftel in Mähren. Ungarn – in dieser Statistik nicht enthalten – war ohnehin, wie die Alpenregion oder gar Galizien, ein industriell zurückgebliebenes Gebiet. Und die italienischen Provinzen wurden im gesamtösterreichischen Wirtschaftssystem eher als Absatzmärkte denn als Produktionsstätten bewertet.

Erst allmählich und mit regionalen Schwerpunkten entwickelte sich die Industrie und, in ihrem Gefolge, ein neues gesellschaftliches Gefüge. Den Arbeitern ging es, wie überall in Europa, denkbar schlecht. Sie arbeiteten bis zu 16, ihre Frauen und Kinder bis zu 13 Stunden am Tage. Vorarbeiter benahmen sich übler als Gutsverwalter, körperliche Züchtigungen waren an der Tagesordnung. Die Löhne blieben niedrig und die Preise stiegen. Und lange nicht alle, die vom Land in die Stadt gezogen waren, fanden Arbeit und Brot. »Wir wollen arbeiten, wir wünschen den rechtmäßigen Nutzen und Wohlstand derjenigen, für die wir arbeiten; wir werden ihn nach Kräften heben und befördern – gebt uns nur um des Himmels willen Arbeit genug, um unser und unserer Familien Leben fristen zu können«, bettelte ein Wiener Textilarbeiter bei einem Fabrikherrn.

Noch waren auch Unternehmer nicht auf Gulden gebettet. Es fehlte an Kapital, man war auf Banken angewiesen, auf die Nationalbank, Rothschild oder Arnstein Eskeles, geriet in ihre Abhängigkeit. Privatinitiative war eine Eigenschaft, die in Österreich ökonomisch noch erlernt werden mußte und politisch noch lange behindert blieb. Der »Dritte Stand« hatte eine kümmerliche Position zwischen der zahlenmäßig kleinen, doch alles beherrschenden Aristokratie und dem Gros der arbeitenden und parierenden Bauern, Handwerker und einer entstehenden Arbeiterschaft.

Dem Staat war diese Gesellschaftsstruktur bequem, doch das ihr entsprechende Wirtschaftssystem brachte ihm nicht viel ein. Seit 1828 deckte die Grundsteuer nicht einmal mehr den Staatsschuldendienst, das Militär und der Beamtenapparat verschlangen Unsummen – die Finanzmisere Österreichs war sprichwörtlich geworden. Rußland, das am Fortleben des immer hinfälliger werdenden Wiener Regimes interessiert blieb, kam mit einer Finanzspritze zu Hilfe, sechs Millionen Silberrubel, wie Metternich angab – aber das war nur ein Tropfen auf den heißen Stein.

Erzherzogin Sophie las die Augsburger *Allgemeine Zeitung*, aus der man nicht alles, aber weit mehr erfuhr als aus den zensierten Wiener Blättern. Schon 1843 hatte sie einen Blick in die in Hamburg erschienene, im Kaiserreich verbotene Schrift *Österreich und dessen Zu-*

kunft riskiert. Dort hieß es: »Österreich ist im Verhältnis zu Europa das, was China in Asien ist.« Das bedeutete: Beide Reiche der Mitte seien von einer Mauer umgeben, hier wie dort gebe es Zöpfe, regierten Mandarine. Die Schlußfolgerung für Habsburg: Eine Veränderung des Regierungssystems sei überfällig, wenn die Monarchie vor einer Explosion des angehäuften Sprengstoffes, vor dem Untergang bewahrt werden sollte.

Der Verfasser der anonymen Schrift war Victor Freiherr von Andrian-Werburg, ein österreichischer Adeliger und Beamter, der sich gegen die Vorherrschaft der Aristokratie und Bürokratie, für die Einbeziehung des Bürgertums in die in Böhmen und Mähren, Nieder- und Oberösterreich sowie in den Alpenländern bestehenden landständischen Versammlungen aussprach. »Diese Lektüre quält mich und macht mich traurig«, gestand die Erzherzogin. Immerhin bildeten Andrian-Werburg und seine adeligen Gesinnungsfreunde eine wohlmeinende, gewissermaßen Seiner Majestät getreue Opposition, eine konservative, föderalistische Fronde gegen den aufgeklärt-absolutistischen Zentralismus. Zielscheibe war Metternich, der bei lebendigem Leibe versteinert schien, sein »antediluvanisches System«, gegen das auch ein so guter Österreicher wie Franz Grillparzer andichtete:

»Früh, eh' die Flut noch in die Welt gebrochen,
Gab es Geschöpfe, ob zwar wunderlich.
Des zeugen noch fossile Mammutknochen
Und das System des Fürsten Metternich.«

Die Flut der neuen Ideen stieg an, und schon gab es auch in Österreich eine bürgerlich-liberale Bewegung. Sie berief sich auf den Reformismus Kaiser Josephs II., den Josephinismus, zitierte ihn als Kronzeugen gegen Feudalismus, Klerikalismus und gegen den sich nicht mehr aufgeklärt-fortschrittlich, sondern reaktionär äußernden Absolutismus. Die liberalen Bürger hatten, wie die liberalen Adeligen, Evolution im Sinn. Das genügte den Radikaldemokraten nicht mehr, Akademikern, Handwerkern und Arbeitern, einer kleinen, noch nicht organisierten Gruppe; sie hatte den politischen und schon den gesellschaftlichen Umsturz im Visier.

Erzherzogin Sophie, der einzige Mann am Hofe, wie halb respektierlich, halb despektierlich gesagt wurde, war alarmiert. Sollte ihr

Sohn einen Scherbenhaufen erben? So konnte es nicht weitergehen: ein Kaiser, der nicht regierte, ein Staatskanzler, dessen Kurs sie zwar billigte, der aber das Staatsschiff so hart an den Wind gesteuert hatte, daß es zu kentern drohte. Jeder schien Metternich zu hassen, alle Kritik war auf ihn gerichtet. Sophie wurde einen unchristlichen Gedanken nicht mehr los: Wenn man diesen Sündenbock in die Wüste schickte, könnte man dann nicht die dunkelsten Wolken über Österreich, der Zukunft ihres Sohnes, verscheuchen?

Überdies war ein Schatten auf das bisher glänzende Verhältnis zwischen Sophie und Metternich gefallen. Zwar hatte auch der Staatskanzler auf Franz Joseph gesetzt, wollte ihn so bald wie möglich auf den Thron heben – doch so schnell, wie sich das die Mutter vorstellte, bereits um die Jahreswende 1847/48, schien ihm das nicht zu gehen. Wollte er hinhalten, finassieren, sie überspielen? Und wenn er es ehrlich meinte, wäre es dann ein Gewinn für den blutjungen Kaiser, den zwar erfahrenen, aber erstarrten und belasteten Metternich als eigentlichen Regenten zur Seite zu haben? Der kranke Ferdinand mochte einen Hausmeier brauchen, ihr Franz Joseph sollte selber – und natürlich mit ihrer Hilfe – regieren.

Sophie steckte sich hinter die Familie, die Erzherzöge, die mehr oder weniger untätig herumsaßen, wenig zu sagen hatten, weil Metternich alle bevormundete. Einigen, die sich nicht echauffieren wollten, war dies ganz recht, andere begannen aufzumucken, in erster Linie Erzherzog Johann, ein Außenseiter der Familie, der die Postmeisterstochter Anna Plochl geheiratet hatte und auch in der Politik nonkonformistische Neigungen bekundete. Sophie gelang es, so etwas wie eine oppositionelle Hofpartei auf die Beine zu stellen. Mit ihrem Segen forderten im Winter 1847/48 liberale Adelige und Bürger die Berufung gesamtösterreichischer Reichsstände als ersten Schritt zu einer Repräsentativverfassung.

Schreckte sie nicht der Vorgang in Frankreich, wo mit dem Zusammentritt der Generalstände die Revolution begonnen hatte? Die Erzherzogin dachte an das, was Hauptmann Karl Möring in den ihr gewidmeten, in Hamburg erschienenen *Sybillinischen Büchern aus Österreich* geschrieben hatte: »Der Kaiserstaat zählt wohl 38 Millionen Untertanen, aber nicht einen politischen Bürger, nicht einen Menschen, der aus moralischen und historischen Gründen als Österreicher stolz sein könnte.« Es sei höchste Zeit, daß aus Untertanen Bürger mit politischer Eigenverantwortung und Beteiligung an den Staatsgeschäften gemacht würden. Denn: »Das Fortbestehen des österreichischen Staates, als Länderkomplex und Monarchie, ist zur Erhaltung der Ruhe Europas, zum Wachstum und Gedeihen aller bürgerlichen Einrichtungen in Deutschland wie zur Zivilisation des Ostens sowohl historisch als moralisch gleich notwendig.«

Und Franz Joseph? Die Mutter scheint ihm ihre Sorgen verheimlicht, ihre Gegenmittel nicht offengelegt zu haben. Der Sohn sollte wohl mit unumwölkter Stirn und unbeflecktem Monarchensinn sein Erbe antreten. Jedenfalls erweisen ihn seine spärlichen politischen Äußerungen in dieser Zeit als einen Schüler Metternichs, der seine Lektion nicht unangebrachter Reflexion und unbequemer Konfrontation mit der Wirklichkeit auszusetzen gewillt war.

Vom Prinzen Albert von Sachsen, seinem Vetter und Freund, wußte er zu rühmen: Er habe »im Ganzen und besonders im Antiliberalen sehr richtige Ansichten«, zudem sei er, »was mir sehr viel Freude macht, verzweifelt, auf die Universität nach Bonn gehen zu müssen, wo er gezwungen sein wird, einen Professor zu hören, der wegen seiner schlechten politischen Grundsätze aus Göttingen vertrieben worden ist.« Friedrich Christoph Dahlmann war gemeint, der Wortführer der sieben Göttinger Professoren, die gegen die willkürliche Aufhebung der Verfassung durch den König von Hannover protestiert hatten – ein gemäßigter Liberaler, der eine konstitutionelle Monarchie forderte, damit die Monarchie mit Unterstützung des Volkes fortdauere, der also von den Gedankengängen der Erzherzogin Sophie nicht allzu weit entfernt war.

Doch Metternich hatte dem Thronerben eingeschärft: Der Liberalismus sei nur ein Schleier, der verschwinden werde, wenn der Radikalismus in Aktion trete. Eine Konstitution, und sei sie noch so gemäßigt, sei der Anfang vom Ende, der Revolution. Ungeschmälert müsse die monarchische Gewalt erhalten bleiben, gestützt auf Bürokratie, Armee und Kirche. Im Herbst 1847 berichtete Erzherzog Franz Joseph aus Böhmen seiner Mutter: Er habe das Glück gehabt, einem Geistlichen zu begegnen, der im Befreiungskrieg gegen Napoleon und die Ideen der Französischen Revolution mit der goldenen Tapferkeitsmedaille ausgezeichnet worden sei. »Solche, mit diesem Ehrenzeichen geschmückten Leute werden leider schon sehr selten; man muß sie daher sehr in Ehren halten, um den guten Geist, der gottlob noch in unserer Armee besteht, zu erhalten und dieselben in diesen schweren Zeiten brauchen zu können.«

Was auch geschehen mochte: Der Kaiser hatte seine Soldaten, die wie er, der Dragonerobrst, den inneren Feind, wenn es sein müßte, attackieren würden.

DAS FATALE für Habsburg war, daß das Verfassungsproblem, worüber man hätte reden können, untrennbar mit dem Nationalitätsprinzip verknüpft blieb, dessen Anerkennung das Vielvölkerreich infrage stellen, dessen Verwirklichung es zerstören mußte. Aber auch in Österreich wurden Konstitutionalismus und Nationalismus zusammengespannt, die Doppelforderung, daß jedes Volk seinen Nationalstaat wie seinen Verfassungsstaat haben sollte, auch im Bereich des Doppeladlers erhoben. Hier gab es zwar keine individuelle Freiheit und keine rechtliche Gleichheit, doch eine Gleichbehandlung der Nationalitäten hinsichlich der freien Entfaltung ihrer Sprache, Schulen, Kultur. Im fortgeschrittenen 19. Jahrhundert reichte das nicht mehr: Die Nationen verlangten die Souveränität, die Eigenstaatlichkeit.

Vorab die Italiener. Metternich hatte ihr in Einzelstaaten aufgeteiltes Land als »geographischen Begriff« bezeichnet, in dessen Geschicke eingegriffen und die Lombardei und Venetien in das restaurierte Kaisertum einbezogen. In Italien hatte Österreich wenig zu suchen, was nicht nur die Meinung der meisten Italiener, sondern auch vieler Europäer war. Mit Sympathie für die Nationalbewegung und mit Abscheu gegen die Fremdherrschaft wurden die verständlicherweise einseitigen Schilderungen von verfolgten Patrioten gelesen: die Memoiren des Grafen Federigo Confalioneri und *Meine Gefängnisse* des Dichters Silvio Pellico. Beide Lombarden waren auf dem Spielberg bei Brünn, im österreichischen Staatsgefängnis, lange Jahre eingesperrt gewesen, in Ketten gelegt, bei Wasser und Brot. Ihr Staatsverbrechen: Beziehungen zu politisch Gleichgesinnten im benachbarten Piemont und Verbindungen mit dem Geheimbund der Carbonari, der »Köhler«.

Das waren Habsburgs Erzfeinde in Italien: Die Widerstandsbewegung, die das »Risorgimento«, die »Wiederauferstehung« predigte, Einheit und Freiheit für die italienische Nation forderte, jeden

Aufruhr schürte, die Revolution vorbereitete. Und das Königreich Sardinien-Piemont, das sich anschickte, den Einiger Italiens mit staatlichen Mitteln zu spielen, gegen die Bourbonen im Königreich beider Sizilien, gegen die habsburgischen Nebenlinien in der Toskana, in Modena und Parma, vor allem gegen Habsburgs italienische Zitadelle, das Königreich Lombardei-Venetien.

Der Dritte im Bunde der italienischen Nationalbewegung, gewissermaßen die geistliche Gewalt, schien der Souverän des Kirchenstaates, Pius IX., zu werden. Er entstammte dem italienischen Grafengeschlecht Mastai-Feretti, und in diesem Haus, so der Vorgänger Gregor XVI., sei selbst die Katze liberal gewesen. Der neue Papst schockierte die »Apostolische Majestät« in Wien durch antiösterreichische Äußerungen und proitalienische Maßnahmen, eine Amnestie für Carbonari und die Aufstellung einer Nationalgarde. »Ein liberaler Papst! Das ist das Unerhörteste, was man sich denken kann!«, rief Fürst Metternich und stellte fest: »Die Revolution hat sich der Person Pius' IX. als eines Banners bemächtigt.« Die Fürstin Metternich bemerkte: »Man verkauft in Rom auf offener Straße Dolche, deren Griff die Tiara mit dem päpstlichen Wappen und der Umschrift ›Viva Pio nono‹ bildet. Man will also unter seinem Schutze morden.«

»Es lebe Pius IX., der König Italiens, der Befreier des Volkes! Nieder mit Österreich!«, riefen am 4. September 1847 Mailänder bei der Einführung des neuen Erzbischofs, des Italieners Romilli, des Nachfolgers des Deutschen Gaisruck. Am Neujahrstag 1848 begann in Mailand, der Hauptstadt der Lombardei, ein Boykott der Zigarren der österreichischen Tabakregie; es kam zu Zusammenstößen, als Rauchern die Zigarren aus dem Mund gerissen wurden und österreichische Soldaten, als Gegenmaßnahme, italienischen Passanten Zigarrenrauch ins Gesicht bliesen. Schon rauchte es; es war nur noch eine Frage der Zeit, bis alles in Flammen stand. »Der Radikalismus als ein fait accompli wird seinen Samen in Deutschland und Italien ausstreuen, bis er zum allgemeinen Ausbruch gelangt«, konstatierte Feldmarschall Graf Joseph Radetzky, österreichischer Militärbefehlshaber in der Lombardei und Venetien. Vorsichtshalber zog er 80000 Mann in Norditalien zusammen. Mit Reformen, die man in Wien ohnehin zu spät und mit halbem Herzen anvisiert hatte, war nichts mehr auszurichten. »Wir verlangen von Österreich nicht«, erklärte der Venezianer Daniele Manin, »daß es menschlich und liberal sei, sondern daß es aus Italien verschwinde.«

»In Italien geht es noch immer sehr bunt zu, und wer weiß, was daraus entstehen wird«, bemerkte Franz Joseph im Herbst 1847. Zwei Jahre vorher war er kurz in Norditalien gewesen, auf seiner ersten Reise in nicht-deutsche Teile der Monarchie. Ins Ausland – von einem kurzen Besuch bei den Verwandten in Sachsen abgesehen – ließ man ihn ohnehin nicht; sein Leben lang sollte er ein introvertierter Österreicher bleiben.

Aber war dieses Österreich nicht eine bunte Welt für sich? In Verona ließ Radetzky, ein Onkel in Feldmarschallsuniform, für den 15jährigen Franz Joseph und seine jüngeren Brüder Ferdinand Max und Karl Ludwig einen Militärballon in der antiken Arena steigen. In Venedig fuhren die Buben in der Gondel durch den Canale Grande zum Markusplatz; man zeigte ihnen am Dom die altehrwürdigen Bronzepferde, die Napoleon nach Paris entführt und der Großvater, Kaiser Franz, wieder zurückgeholt hatte.

Franz Joseph glich einem wohldressierten Pferd, dem man Scheuklappen angelegt hatte, damit es von widrigen Erscheinungen nicht erschreckt und von seiner Aufgabe abgelenkt werde. Er sollte das sehen, was man ihm zeigen zu können glaubte, nicht die Unruhe im Lande, sondern die fest und treu stehenden Soldaten und Beamten, Honoratioren und Ehrenjungfrauen, und Bauern, das Fußvolk der Könige.

So war es in Böhmen, das Erzherzog Franz Joseph 1847 besuchte: Triumphpforten, das »Gott erhalte«, die Fürsten Schwarzenberg und Windisch-Graetz, die ihn abschirmten und ihm zum rechten Eindruck verhalfen: »In Böhmen herrscht gottlob noch der beste Geist, was man aus der Freude ersehen kann, welche die Leute überall bei unserer Ankunft bezeigen, und der Kreishauptmann Elbogen hat mir erzählt, daß die vielen schlechten fremden Zeitungen, welche unvermeidlich über die bayerische und sächsische Grenze in das Land kommen und die sehr viel gelesen werden, nur einen guten Einfluß auf die Leute haben, weil sie aus denselben ersehen, daß es bei uns doch noch besser leben ist als draußen.«

Dem Thronfolger war entgangen, sollte entgehen, daß im Königreich Böhmen, dem wirtschaftlich und sozial fortgeschrittensten Kronland, ein rückwärts gewandter Nationalismus entwickelt und dem traditionalistischen Universalismus Habsburgs entgegengestellt wurde.

Tschechische Professoren, die noch Deutsch sprachen und schrieben, entdeckten ihre eigene Sprache und mit ihr – nach dem Vorbild der deutschen Romantik – die eigene Geschichte, die eigene Kultur, das tschechische Volkstum. Fand man nichts, erfand man etwas: Wenzeslaw Hanka, Bibliothekar am Böhmischen Nationalmuseum in Prag, veröffentlichte die *Königinhofer Handschrift*, ein mittelalterliches Heldenlied, das als tschechisches Nationalepos gefeiert wurde – bis Thomas Masaryk, der später die tschechoslowakische Republik gründete, die Fälschung entlarvte. Der Historiker Franz Palacky schrieb – zunächst in Deutsch – eine *Geschichte Böhmens*, die zur Bibel der tschechischen Nationalbewegung wurde, in ihrer humanitären, europäischen Gesinnung sozusagen das Neue Testament. Der Journalist Karel Havliček fügte ein Altes Testament hinzu, das Gebot des Zahn um Zahn, die Predigt des »metaphysischen Hasses« gegen den Nationalfeind Österreich.

Die Ideologie der Intellektuellen verband sich mit Interessen des gewerbe- und handeltreibenden Mittelstandes – auch hier war das Bildungs- und Besitzbürgertum der Träger des Nationalismus und Konstitutionalismus. Noch gab in Böhmen der Feudaladel den Ton an, und er war im Großen und Ganzen deutsch grundiert, kosmopolitisch gestimmt, österreichisch gesinnt, schwarz-gelb, kaisertreu. Er lebte in der Tradition des Heiligen Römischen Reiches, dem das Königreich Böhmen angehört hatte und das nun auch dem Deutschen Bund angegliedert war. Der Adel beherrschte die böhmischen Stände, die althergebrachte Privilegien besaßen, die es gegen den Wiener Absolutismus zu bewahren galt. Staatsbürgerliche Rechte begannen tschechische Patrioten zu fordern, und die Vereinigung Böhmens, Mährens und Österreichisch-Schlesiens unter der Krone des heiligen Wenzel, unter tschechischer Vorherrschaft zu verlangen.

Eine alarmierende Vision: Die eine Hälfte der Bevölkerung könnte die andere Hälfte unterdrücken, denn den Tschechen stand eine fast gleichstarke Gruppe anderer Nationalitäten gegenüber, worunter die Deutschen die größte und kulturell wie wirtschaftlich die wichtigste waren. Nationalistische Forderungen der einen müßten nationalistische Forderungen der anderen hervorrufen, das

Ende könnte die Vertreibung der einen durch die anderen sein. Metternich prophezeite: Wenn eines Tages die deutschen Böhmen ihre Heimat räumen und diese »ein tschechischer Staat wird, dann wird die slawische Flut vorrücken bis vor die Tore von Dresden und Regensburg. Dann wird die ganze Rassengliederung und die ganze Weltkonstellation sich ändern.« Doch es gab tschechische Patrioten, die erkannt hatten, wie notwendig ein übernationaler Staatsverband für das gegebene Völkergemisch sei; ihr Ziel war nicht ein souveräner Nationalstaat, sondern die Selbständigkeit in einem föderalisierten Österreich.

An das äußerste Ende Österreichs, in das Königreich Galizien und Lodomerien schickte man den Thronfolger wohlweislich nicht; denn hier hatte es bereits gekracht. 1846 war die nationalpolnische Bewegung – Adelige, Offiziere, Akademiker – aus den Gräben der Verschwörung gestiegen und zum offenen Angriff übergegangen. In den Rücken fielen ihr ruthenische Bauern, die auf einen günstigen Augenblick gewartet hatten, um mit ihren polnischen Grundherren abzurechnen. So kam es zu einer für österreichische Verhältnisse kuriosen Koalition zwischen der Staatsautorität und der Sozialrevolution gegen den Feudalismus.

Der geschlagene polnische Adel begriff: Er machte seinen Frieden mit Habsburg, das seinen Besitzstand garantieren konnte. Ohnehin war es angenehmer, unter der von Gemütlichkeit und Schlamperei gemilderten österreichischen Herrschaft zu leben, als – wie andere Teile der polnischen Nation – unter der russischen Knute oder unter dem preußischen Stiefel. Mit Zustimmung Rußlands und Preußens annektierte Österreich 1846 die 1815 gebildete Republik Krakau, die Agitationszentrale der nationalpolnischen Bewegung. Eine Vereinigung des geteilten Polens war in noch weitere Ferne gerückt.

Vom Nationalstolz der Ungarn erhielt Franz Joseph einen ersten Eindruck im Oktober 1847. Der Erzherzog vertrat den Kaiser von Österreich in dessen Eigenschaft als König von Ungarn bei der Einsetzung Erzherzog Stephans, des Statthalters, als Obergespan des Pester Komitats, also als Leiter eines ständischen Selbstverwaltungsbezirks. Dazu war der Thronerbe zum Oberst des Regiments Kaiserhusaren Nr. 1 ernannt worden, um eine Uniform zu bekommen, die den Ungarn, den »Husaren Europas«, gefallen konnte.

Im Komitatshaus zu Pest erwarteten ihn die herausstaffierten

Magnaten, mit juwelenbesetzten Nationalkostümen, Reiherfedern auf den Pelzmützen, Prunksäbeln – halb Mittelalter, halb Orient. Der kleine Husar aus Wien nahm sich unter ihnen aus wie ein Täubchen unter radschlagenden Pfauen. Tapfer las er seine Rede vom Blatt, in Ungarisch, und die »süße Muttersprache« aus deutschem Munde ging den Ungarn wie Honig ein, sie stießen die Säbel klirrend auf den Boden und riefen Haljuk, hört, hört, und Eljen, Heil!

So konnte sie ein Habsburger begeistern, wenn er ihre Sprache redete, ihre Vorrechte anerkannte, ihre Wünsche erfüllte. Sie waren etwas Besonderes, und stolz darauf bis zur Arroganz: von nichteuropäischer Herkunft, mit ugrischem Idiom, der Krone des heiligen Stephan und den Privilegien des Hochadels wie der Landjunker, die den Mangel an irdischen Gütern durch nationalen Enthusiasmus auszugleichen suchten. Das Königreich Ungarn war eine Adels-Oligarchie, die – seit 1526 – nur widerstrebend Habsburger zu ihren Königen gewählt und dafür stets den Preis ihrer föderalistisch-ständischen Sonderrechte verlangt hatte.

In der Vergangenheit wurzelte das magyarische Selbständigkeitsstreben, das nun, unter modernen Einflüssen, mächtig emporschoß: der Nationalromantik, die ein so gefühlsbetontes Volk im Innersten bewegte, und der Nationalstaatsidee, die es mit angeborenem Radikalismus ergriff. Noch gab es Ungarn, die ihr Königreich als einen, wenn auch eigenständigen Teil des Kaisertums ansahen. Schon saßen an der Magnatentafel des Reichstages in Preßburg Magyaren, die dieses Verhältnis auf eine bloße Personalunion beschränken wollten. Und an der Ständetafel, im Unterhaus, wurde bereits die Loslösung von Habsburg, der ungarische Nationalstaat gefordert.

Die ungarischen Nationalisten wollten selber unabhängig sein, doch andere in Abhängigkeit bringen: die dreieinhalb Millionen Kroaten, Slowaken, Deutsche, Rumänen und Serben, die in Ungarn neben den vier Millionen Magyaren lebten. Von sich eingenommen, wie sie waren, überzeugt von der Überlegenheit ihrer Sprache und Kultur, pochend auf ihre Herrenrolle und historische Mission glaubten sie, die Nationalitäten minderer Qualität zu beglücken, wenn sie diese zu sich emporhoben, aus ihnen Magyaren machten. Vor allem die Kroaten, stolz auf ihre Geschichte und ihr Volkstum, waren anderer Meinung. Doch schon mußten sie sich des Ungarischen als Amtssprache bedienen, was vorher das Latein gewesen war.

Ein Slowake, der sich als Magyar fühlte, mit der Inbrunst des Renegaten, war Ludwig Kossuth, der Führer der Radikalen. Der verarmte Kleinadel, die Avantgarde der Revolution, hielt den landlosen Landjunker für einen der seinen, alle Ungarn waren von der Gewalt seiner Rede hingerissen. Überdies galt er als politisch Verfolgter: Er war 1837 wegen Hochverrats zu einer mehrjährigen Gefängnisstrafe verurteilt, 1840 amnestiert worden. Am 18. Oktober 1847 – zwei Tage nach dem Auftritt Franz Josephs in der ungarischen Hauptstadt – wurde Kossuth als Deputierter des Pester Komitats in den Reichstag gewählt. Bei dessen Eröffnung am 12. November 1847 in Preßburg war Franz Joseph anwesend, im Gefolge des Kaisers Ferdinand, der als König von Ungarn die Honneurs machte, ohne daß, wie bisher, die Thronrede durch eine Ergebenheitsadresse des Reichstages beantwortet worden wäre.

Ludwig Kossuth hatte dies verhindert. Sein Freund Michael Stancsics veröffentlichte eine ungarische Grammatik, in der, in Beispiele für Gesprächsformen gekleidet, mit dem Haß gegen Habsburg die Abscheu vor den Deutschen gelehrt wurde: »Wer ist der König von Ungarn?« – »Der deutsche Kaiser von Österreich.« – »Wo wohnt der König von Ungarn?« – »In der deutschen Provinz Österreich zu Wien.« – »Wer ist ein Landesverräter?« – »Der Deutsche. Er nährt sich von den Einkünften Ungarns.« In Pest wurde ein Verein gegründet, dessen Mitglieder sich zum Nichtbesuch des deutschen Theaters verpflichteten, bis es niederbrannte, unter Eljen-Rufen von Magyaren.

Der Nationalismus wurde ein ruinöses Geschäft auf Gegenseitigkeit. Auch die deutschen Österreicher waren bereits von ihm erfaßt. Vor kurzem noch hatte sich ihr nationales Bewußtsein, wenn sich ein solches überhaupt artikulierte, damit zufriedengegeben, daß die Führungspositionen der Monarchie in Diplomatie, Verwaltung und Armee vornehmlich von Deutschen besetzt waren, daß man deutschsprachige Dichter und Künstler nannte, wenn nach der österreichischen Kultur gefragt wurde.

Mit Franz Grillparzer hielten sie die deutsche Sprache für die einzig mögliche Staatssprache des Kaisertums, einen engen kulturellen Zusammenhang der Deutschen innerhalb und außerhalb Österreichs für notwendig. Mit Metternich stimmten sie überein, daß der Deutsch-Österreicher zwar Deutscher sei, doch Österreicher bleiben wolle, daß eine »Vereinigung der Deutschen in ein Deutschland« nicht wünschenswert, ein föderatives Verhältnis das Maximum sei – wie einst im Heiligen Römischen Reich so jetzt im Deutschen Bund. Ihm war Österreich nur mit den Gebieten beigetreten, die zum alten Reich gehört hatten: Nieder- und Oberösterreich, Steiermark, Kärnten, Krain, Salzburg, Tirol, Vorarlberg, Friaul, Triest, Böhmen, Mähren und Österreichisch-Schlesien.

Dem österreichischen Reichsprinzip wurde zunehmend der deutsche Nationalgedanke entgegengesetzt: Der Deutsche Bund von 1815 sollte aufgelöst, alle Deutschen sollten in einem »geschlossenen« Nationalstaat vereint werden, alle Nichtdeutschen daraus ausgeschlossen bleiben. Dieser revolutionären Idee konnte ein Deutsch-Österreicher auf drei Wegen begegnen: Wie Metternich, der sie von Österreich fernzuhalten suchte, weil sie das Vielvölkerreich in seine nationalen Einzelteile zerlegt hätte. Wie Großösterreicher, die das Kaisertum erhalten und es als Ganzes in ein neues, von Wien und vom Deutschtum beherrschtes Reich einbringen wollten. Oder wie Großdeutsche, welche die nichtdeutsche Spreu vom deutschen Weizen sondern, die deutschen Kerngebiete einem deutschen Nationalstaat anschließen und die übrigen Nationalitäten Österreichs sich selber überlassen wollten.

Noch war die deutsch-nationale Bewegung ein kleines Fähnlein, das getrennt von den anderen Nationalbewegungen im Kaisertum marschierte, doch mit ihnen gemeinsam die übernationale Monarchie schlagen wollte.

Ein deutsch-nationaler Wortführer, Frank Schuselka aus Budweis in Böhmen, lobte den politischen Ernst, wie er ihm auf der Universität Jena begegnet war, und tadelte den Leichtsinn der Wiener: Essen, Trinken und Spaßmachen seien ihre Kardinaltugenden, alle Tage sei Sonntag, immer Fasching, allerorten ertöne Musik, und die Welt schien sich nur zu ihrer Freude zu drehen. Schuselka lebte seit Anfang der Vierzigerjahre in Jena und Hamburg; er nahm nicht wahr, daß die Kaiserstadt ihren Biedermeiercharme mehr und mehr verlor.

1847 war ein bedrückendes Jahr: Mißernte, Börsenkrach, Wirtschaftkrise. Der Absatz stockte, Unternehmen brachen zusammen,

Arbeitslosigkeit griff um sich. Es gab wenig und teures Brot, die Wohnungsnot war unbeschreiblich, da immer mehr Menschen vom Lande in der Stadt ihr Fortkommen suchten und kaum einen Unterschlupf fanden. Die Kaiserstadt war vollgestopft mit darbenden Handwerkern, hungernden Arbeitern, mißmutigen Beamten und räsonierenden Intellektuellen.

»Zum Tanzen kommt die junge Welt fast gar nicht«, bemerkte im Januar 1848 Carl Friedrich Graf Vitzthum von Eckstädt, sächsischer Legationssekretär in Wien. »Droht doch ein naher Ausbruch des Vulkans, auf dem wir seit dreiunddreißig Jahren so sorglos gelebt haben. Fürst Metternich ist sehr ernst und versicherte neulich, eine solche und so allgemeine Konfusion sei ihm in seiner ganzen Laufbahn noch nicht vorgekommen. Ja, ja, ›die Welt ist aus den Fugen‹, und wir harren dessen, der da kommen soll, sie wieder einzurichten.«

DER SIEBZEHNJÄHRIGE ERZHERZOG FRANZ JOSEPH spielte Theater, die Hauptrolle des Fritz Hurlebusch in Kotzebues Komödie *Der Wirrwarr*. Im Alexander-Zimmer der Hofburg, wo Zar Alexander I. während des Wiener Kongresses gewohnt hatte, war die Bühne aufgeschlagen. Die Aufführung fand am 9. Februar 1848 statt, in Anwesenheit des ganzen Hofes, mit dem Kaiser an der Spitze. Die Kaiserin ließ sich entschuldigen, die schlechten Nachrichten aus ihrer italienischen Heimat hätten sie mitgenommen: Ausschreitungen in Mailand, Aufruhr in Sizilien, eine Verfassung in Neapel.

Den anderen war noch zum Lachen zumute, über den *Wirrwarr*, über Hurlebusch, diesen Hallodri, der jeder Falle entging, alle hinters Licht führte, stets obenauf schwamm, über den höfischen Mitspielern, Komtessen, einem Sohn Metternichs und seinem Bruder Karl Ludwig, dem Nachtwächter. Ferdinand Max, Merdinand Fax genannt, dem die Rolle des Hurlebusch eher als dem etwas gravitätischen Bruder auf den Leib geschrieben gewesen wäre, bekam sie nicht, durfte nicht mitmachen. Die Mutter hatte befunden, daß der Thronerbe auch im Theater die Hauptperson zu sein habe.

Franz Joseph hatte auch diese Rolle brav gelernt, sein Bestes gegeben, höflichen Beifall geerntet, ohne überzeugend gewesen zu sein. Er mag dies empfunden haben, da er angehalten worden war, sich immer und über alles Rechenschaft abzulegen. Neuerdings führte er neben dem Tagebuch auch ein Wirtschaftsbuch, über die Taschengeldeinnahmen und die Ausgaben für Handschuhe, Unterhosen, Jagdhut, Almosen, Mandelseife, Bonbonnieren, Rosensträuße und Zigarren. Er rauchte schon, der angehende Kavalier, und begann jungen Damen Komplimente und Präsente zu machen, sah gut aus in seiner Husarenuniform, tanzte gern, jetzt im Fasching bis in die frühen Morgenstunden, am 24. Februar, auf seinem ersten Ball bei Hof.

Es war ein Tanz auf dem Vulkan. An diesem 24. Februar 1848 wurde in Paris König Louis Philippe gestürzt, die Republik ausgerufen. Ein Volkshaufe plünderte das Tuilerienschloß. Am Wiener Hof erfuhr man es durch die Augsburger *Allgemeine Zeitung*. Franz Joseph las die Berichte vor, die Mutter kommentierte: »Das ist die Wiederholung von 1793!« Damals, in der ersten französischen Revolution, war die 1789 errichtete konstitutionelle Monarchie beseitigt, die Republik errichtet worden, und der König wie die königstreuen Liberalen hatten das Schafott besteigen müssen. Die erzherzogliche Familie war darüber unterrichtet, sie las zur Zeit die 1847 erschienene *Histoire des Girondins* von Alphonse de Lamartine, das Drama der Vernichtung der gemäßigten Girondisten durch die radikalen Jakobiner, die Tragödie der königlichen Familie.

Nun, diesmal konnten sich der König und die Seinen nach England hinüberretten. In der Hofburg atmete man auf, dachte man nach. Hatte Louis Philippe nicht selber das Unheil heraufbeschworen, der Orleans, der sich durch eine Revolution gegen die legitime Dynastie der Bourbonen auf den Thron setzen ließ, der »Bürgerkönig«, der die Liberalen alles tun und lassen ließ, bis er nun mitsamt seiner Bourgeoisie von der Bildfläche verschwinden mußte?

Metternich hatte stets gewarnt, den Liberalen den kleinen Finger zu geben, weil dann die Radikalen die ganze Hand verlangen würden. Schon geriet Erzherzogin Sophie in Versuchung, ihr negatives Urteil über den Staatskanzler zu revidieren. Franz Joseph, der fleißig seine Sonntagsschule besuchte, bekam noch mehr Respekt vor dem Meister. Und dieser fühlte sich wieder einmal bestätigt. Auf 1789 sei 1793 gefolgt, resümierte er, auf den Liberalismus von 1830 der demokratische Radikalismus von 1848, dessen Erbe sei der Sozialismus und »hinter dem Sozialismus steht die materielle Anarchie, welche das Chaos ist – das heißt das reine Nichts.«

Doch immer mehr Österreicher brauchten keinen Ausleger der Vergangenheit und keinen Deuter der Zukunft – sie wollten endlich eine Gegenwart mit persönlichen Freiheiten, staatsbürgerlichen Rechten, nationalem Spielraum, und eine solche Gegenwart war für sie nur ohne Metternich vorstellbar. Wie überall in Europa, wo sich der Unmut angehäuft hatte, zündete der Funke der Pariser Februar-Revolution, in Preußen, in Sachsen, in Süddeutschland, vor allem aber in der morschen Habsburgermonarchie. Sie bot Brennstoff genug für das Feuer des Konstitutionalismus und Nationalismus. Ihre Galionsfigur war ein Staatsmann, der allen Ansturm auf sich zog, als Verkörperung der Alleinherrschaft und der Vaterlandslosigkeit, das Fortschrittshindernis schlechthin.

Das Signal gab Ludwig Kossuth vor dem ungarischen Reichstag in Preßburg am 3. März 1848. Zum Sturze Metternichs und seiner Helfershelfer: »Aus den Bleikammern des Wiener Systems weht eine verpestete Luft uns an, die unsere Nerven lähmt, unseren Geistesflug hemmt. Die Quelle allen Übels liegt in der verkehrten Politik der österreichischen Minister.« Der Hausmeier, nicht des Herrscherhauses, das es zu sichern gelte, durch konstitutionelle und nationale Stützpfeiler: »An uns ist es, die Dynastie zu retten, ihre Zukunft an die Verbrüderung der verschiedenen Völker Österreichs zu binden, statt des schlechten Bindemittels der Bajonette und des Beamtendrucks den festen Kitt einer freien Verfassung zu geben.« Ludwig Kossuth appellierte an Erzherzog Franz Joseph: Auf ihn, den hoffnungsvollen Sproß des Hauses Habsburg, warte die Erbschaft eines glänzenden Thrones, vorausgesetzt, daß er seine Kraft aus der Freiheit schöpfe, den Fortschritt seiner Völker fördere und nicht an einem verwesten Regierungssystem festhalte.

Die Mutter des künftigen Kaisers verstand: Metternich mußte weg. Seiner dritten Frau, Fürstin Melanie, erklärte Erzherzogin Sophie: Man könnte einen Menschen durch einen anderen ersetzen, ohne daß dies den geringsten Unterschied in der Welt machte. Wiens liberale Bürger und Adelige meinten indessen mit Kossuth, daß es ein Unterschied wie zwischen Hölle und Himmel wäre, ob Metternich bliebe oder ein neuer Mann an seine Stelle träte, ein noch unbeschriebenes Blatt, auf das sie ihre Forderungen eintragen könnten: Freiheit für Presse und Rede, mehr Rechte für den Landtag, die Berufung von Reichsständen, eine Verfassung.

Noch reichte man Petitionen ein, bat höflich darum, so frei sein zu dürfen, frei werden zu wollen. In der Universität wurde freilich schon gefordert, man sollte sich die Freiheit nehmen. Bürger versuchten Banknoten gegen Hartgeld umzutauschen. In den Vorstädten gärte es; Lebensmittel waren teurer geworden. Vor dem Palais eines Bankiers, der einen Ball gab, wurde gerufen: Man solle nicht tanzen, wenn das Volk kein Fleisch habe.

Der 12. März 1848 war ein Sonntag. Der Studentengottesdienst war gut besucht, anschließend wurde in der Aula diskutiert. Der gütige Kaiser Ferdinand empfing eine Abordnung der Universität, nahm eine gegen Metternich gerichtete Petition entgegen, versprach huldvolle Erwägung. Der Polizeiminister stellte zusätzlich tausend Geheimpolizisten ein. An die Garnison wurden scharfe Patronen ausgegeben. Erzherzogin Sophie las anonyme Briefe, die sie aufforderten, dem Fortschritt eine Bahn zu brechen. Am Nachmittag ging sie, wie gewohnt, mit Franz Joseph auf der Bastei spazieren.

Der 13. März war der Geburtstag Kaiser Josephs II., der schon längst in der Kapuzinergruft ruhte, in seinem schlichten Kupfersarg inmitten des barocken Totenpomps der Habsburger, so wie er in der Erinnerung fortleben wollte und fortlebte: als aufgeklärter Reformer, als Volkskaiser. Um sein Reiterstandbild vor der Hofburg scharten sich Wiener, die sich einen Kaiser nach seinem Vorbild wünschten, und der in Imperatorengeste ausgestreckte Arm Josephs II. schien ihr Vorhaben zu segnen: den Sturz Metternichs, die Erlangung staatsbürgerlicher Grundrechte, die Errichtung einer konstitutionellen Monarchie.

Im Landhaus in der Herrengasse waren die niederösterreichischen Stände zusammengetreten, um die Reformwünsche zu beraten. Eine Volksmenge, darunter Studenten in geschlossener Formation, wartete auf das Resultat, wartete lange. Ein Volksredner war zur Stelle, Adolf Fischhof, Arzt am Wiener Allgemeinen Krankenhaus, kein radikaler Danton, ein gemäßigter Mirabeau, der ein Bündnis zwischen dem Monarchen und seinen Völkern verlangte, für diese mehr Freiheit, für jenen weniger Macht und für alle eine glorreiche Zukunft. Mehr sagte Fischhof nicht, aber es war genug, die Menge aufzuputschen, zunächst gegen die Stände, die nicht zu

Stuhle kamen, denen nachgeholfen werden sollte: Das Landhaus wurde gestürmt, die Ständeversammlung derart eingeschüchtert, daß sie sich stante pede in die Hofburg verfügte, um die Volksbegehren vorzubringen.

Hier herrschten Furcht und Ratlosigkeit. Die kaiserliche Familie war wie bei einem Gewitter zusammengerückt; die Frau des Erzherzogs Karl hatte ihre masernkranken Kinder im Speisezimmer der Erzherzogin Sophie untergebracht. Diese ließ Franz Joseph nicht aus den Augen, während ihr Bubi, der sechsjährige Ludwig Viktor, vom Fenster aus den im Burghof postierten Soldaten Äpfel und Zigarren zuwarf. Ununterbrochen beriet die Staatskonferenz. Metternich und Erzherzog Ludwig, der nominelle Vorsitzende, riefen nach Soldaten. Erzherzogin Sophie drängte zum Nachgeben, zumal sie gehört hatte, die Menge vor dem Ständehaus sei in Beifall ausgebrochen, als bei der Verlesung von Kossuths Reichstagsrede die in den Thronfolger Franz Joseph gesetzten Hoffnungen angesprochen wurden.

Inzwischen hatte es die ersten Toten gegeben. Ein Volkshaufe, der das Mobiliar des Landhauses zerschlug, bombardierte mit dessen Trümmern das anrückende Militär. Erzherzog Albrecht, den Oberkommandierenden, traf ein Stuhlbein, ein Hauptmann brach zusammen. Soldaten gaben Feuer, die Menge wich zurück, auf dem Pflaster blieben vier tödlich getroffene Männer und eine zertrampelte Frau. Die Menge kam wieder, Studenten, Arbeiter, Bürger, vom vergossenen Blut zu einer Bewegung verbunden. Barrikaden wurden errichtet, Finanzämter, Polizeigebäude und die Villa Metternichs am Rennweg verheert, Läden geplündert, Doppeladler heruntergerissen, Schilderhäuser umgeworfen. Es gab weitere 45 Tote.

Es wäre eine Schande für die Bürger Wiens, wenn sie nicht an der Seite des Militärs mit den Straßenkrawallen fertigwürden, sagte Metternich dem Weinhändler Scherzer, Oberleutnant der Bürgergarde, der erwiderte: »Durchlaucht, hier handelt es sich nicht um einen Straßenkrawall, sondern um eine Revolution.« In der Hofburg gaben sich die Abordnungen die Klinke in die Hand, und jede verlangte: »Metternich muß weg!«

Erzherzogin Sophie und Erzherzog Johann bedeuteten dem Kaiser, es sei nun höchste Zeit, den Staatskanzler fallenzulassen, wenn man sich nicht die Finger verbrennen wolle. Gegen 21 Uhr erklärte Metternich seinen Rücktritt. Ferdinand I. meinte: »Schließlich bin doch ich der Souverän und habe zu entscheiden. Sagt dem Volk, daß ich allem zustimme.« Metternich antwortete: »Die Aufgabe meines Lebens war, für das Heil der Monarchie auf meinem Standpunkte zu wirken; glaubt man, daß mein Verbleiben auf demselben dies Heil gefährdet, so kann es für mich kein Opfer sein, selben zu verlassen.« Der Atlas einer Welt, nun außer Dienst: Man dürfe nicht behaupten, er hätte die Monarchie mit sich davongetragen. »Weder ich noch jemand anderer hat Schultern stark genug, um eine Monarchie davonzutragen. Verschwinden Monarchien, so geschieht es, weil sie sich selbst aufgeben.«

Der fünfundsiebzigjährige Metternich verließ am späten Abend die Hofburg und ging hinüber in die Staatskanzlei am Ballhausplatz, wo er fast vierzig Jahre lang gewirkt hatte. Seine Frau erwartete ihn: »Sind wir nun tot?« »Ja, meine Liebe, wir sind tot.« Noch gab er Lebenszeichen: In der Nacht suchte er Kaiserin Marianna auf und beschwor sie, den Kaiser nicht zu drängen, jetzt schon zurückzutreten und die Zügel dem blutjungen Franz Joseph zu überlassen. Zuerst müsse wieder Ordnung im Staate geschaffen werden, und mit dem Blutpreis, den dies koste, dürfte der künftige Kaiser nicht belastet werden. Dann schlich sich der Fürst wie ein Dieb davon. Bankier Salomon Rothschild hatte ihm tausend Dukaten Reisegeld zugesteckt. Am 20. April 1848 erreichte er England, dessen Liberalismus er verachtet hatte und das nun auch ihm Asyl gewährte.

Wien hatte am 14. März 1848 geflaggt: Das Schandmal der Reaktion war gefallen, das Denkmal des Fortschritts, Joseph II., erhielt ein Blumengebinde, und zur Feier des Tages wurden in den Vorstädten Fabriken angezündet. Studenten bewaffneten sich. Noch hatte man die erste Konzession der Krone nicht verdaut, verlangte man schon mehr. Wien gleiche einem Baby, das daranginge, ein Beefsteak zu verzehren, bemerkte ein britischer Diplomat.

Hatte Metternich nicht doch recht gehabt? Die Staatskonferenz, in Angst vor der eigenen Courage, betraute einen felsenfesten Monarchisten, Feldmarschalleutnant Fürst Alfred zu Windisch-Graetz mit der Militär- und Zivilgewalt in Wien – wozu Metternich noch geraten hatte. Als er den Belagerungszustand verhängen wollte, bewog Erzherzogin Sophie die Staatskonferenz, seine Vollmachten zu widerrufen. Von ihr souffliert, nahm Gemahl Franz Karl zum erstenmal das Wort »Konstitution« in den Mund. Natürlich behagte ihr das nicht, doch um ihrem Sohn den Thron zu sichern, war sie bereit, auch mit Liberalen zu paktieren.

So gab man weiter nach, mit der Linken, während die Rechte bestrebt blieb, zu bremsen. Am 14. März wurde Pressefreiheit gewährt, die man durch ein angekündigtes Pressegesetz im Zaume zu halten gedachte. Eine Nationalgarde durfte gebildet werden, aber nur in Wien. Am 15. März wurde eine Verfassung versprochen, in der Hoffnung, das Schwergewicht auf die Vorrechte der Krone und nicht auf die Rechte des Volkes legen zu können. Doch zu meinen, sich nur ein bißchen Volkssouveränität gestatten zu können, war so ähnlich, wie wenn man an ein bißchen Schwangerschaft geglaubt hätte. Die Unberührtheit des monarchischen Prinzips war dahin, die Volksherrschaft gezeugt.

Zunächst mochte die Wiener Revolution als eine Art Fortsetzung des Faschings mit anderen Kostümen erscheinen. In dunkelblauer Phantasieuniform, mit Riesenkalabreser, Straußenfeder und schwarz-rot-goldener Schärpe ritt der Theaterdirektor Friedrich Kaiser auf den Michaelerplatz und verkündete den Anbruch der tollen Tage. »Ohne Kaiser geht's halt net«, scherzten Wiener und meinten es ernst. Studenten trugen am Abend des 14. März ein blumenumkränztes Bild des guten Kaisers Ferdinand durch die festlich erleuchtete Stadt, und es wurde, wie ein Akademiker bemerkte, so begrüßt, »wie sich fromme Christen vor dem Sakramente neigen«. Anderntags fuhr der Kaiser in personam durch Wien, von Lebehochs begleitet, mit Tränen in den Augen, nach links und rechts grüßend: »Mein gutes, liebes Volk, ich gewähre euch alles!«

Neben Ferdinand I. saß in der offenen Kutsche Erzherzog Franz Joseph, steif und blaß. Die Ereignisse der letzten Tage lasteten auf dem Siebzehnjährigen. Metternich, der Meister, zu dem er aufgeschaut hatte, vom Katheder verstoßen, alles, was er ihn gelehrt und was er sein Leben lang bewahren wollte, in Frage gestellt! Warum hatte man seine Warnungen überhört, sein Ceterum censeo mißachtet, eine losgetretene Lawine sei nicht mehr zurückzubeordern? Franz Joseph suchte Halt, schien bereits auf Windisch-Graetz zu setzen, der wieder Ordnung schaffen wollte; jedenfalls rannte er nach der Entscheidung der Staatskonferenz für das Verfassungsversprechen zu ihm und stieß hervor: Man habe dem Kaiser die Unterschrift entlockt!

Doch er blieb im Bannkreis seiner Mutter, die ihn selbst bei seinen Religions- und Geschichtsstunden beaufsichtigte, die weitergingen, als sei alles beim alten geblieben. Die Mutter mußte ja wissen, was ihm und seiner Zukunft frommte: Die Mutter wird's schon richten.

IHRES TRIUMPHES ÜBER METTERNICH wurde Erzherzogin Sophie nicht froh. »Überall Geister der Unordnung und des Aufruhrs«, vermerkte sie in ihrem Tagebuch. Eine Abordnung aus Ungarn war nach Wien gekommen, Kossuth darunter, um im aufgewühlten Wasser zu fischen. Sie bekam die Zusage eines ungarischen Ministeriums, einer eigenen Regierung. Teilte man den Reichsapfel damit nicht in zwei Hälften? »Alle Tage eine schlechte Botschaft«, klagte die Erzherzogin. »Mein Gott, erbarme Dich unser!«

18. März 1848: Barrikaden in Berlin, Straßenkämpfe in Mailand. 19. März: Das Militär in Wien muß in die Kasernen, das Militär in Berlin aus der Stadt – die Bürgerwehren behaupten ihre Plätze. 20. März: Abdankung König Ludwigs I. von Bayern, Sophies Stiefbruder. 21. März: Aufruhr in Venedig. 22. März: Räumung Mailands durch Radetzky. 23. März: Daniele Manin Präsident der Republik Venedig. 24. März: Sardinien-Piemont erklärt Österreich den Krieg. 25. März: Eine Armee Papst Pius IX. marschiert gegen die »Apostolische Majestät« Ferdinand I. 26. März: Truppen vor der Wiener Hofburg, Aufregung, falscher Alarm. »Großer Gott, wie wird das enden?« Die Erzherzogin kam aus dem Jammern nicht heraus.

Am 2. April wehte vom Stephansturm eine schwarz-rot-goldene Fahne, das Zeichen deutscher Einheit. Studenten zogen zur Hofburg, sangen das von Ernst Moritz Arndt gedichtete Nationallied »Was ist des Deutschen Vaterland?« – eine Frage, die darin beantwortet wurde: »So weit die deutsche Zunge klingt / Und Gott im Himmel Lieder singt / Das soll es sein! / Das, wackerer Deutscher, nenne Dein!« Deutsch wurde in weiten Teilen der Habsburger Monarchie gesprochen, und die deutsch-nationale Bewegung verlangte nun, die Deutsch-Österreicher sollten sich an das deutsche

Nationalreich anschließen, das zu gründen man in Frankfurt daranging.

Dies war die schlimmste Nachricht; denn eine Erfüllung dieser Forderung hätte die Auflösung des Vielvölkerreiches bedeutet. Was aber tat der gute Kaiser Ferdinand? Er ließ sich eine schwarz-rotgoldene Fahne in die Hand drücken, duldete, daß sie auf der österreichischen Kaiserresidenz gehißt wurde! Kein Wunder, daß zwei Tage später die für das Frankfurter Vorparlament, den Vorläufer der Nationalversammlung, gewählten Wiener Abgeordneten vom Kaiser die in der Schatzkammer der Hofburg aufbewahrten Insignien des Heiligen Römischen Reiches verlangten, um sie in Frankfurt »zur Verfügung des deutschen Volkes« zu stellen.

»Es ist ein verzweiflungsvoller Zustand von Erregung und Wahnsinnstaten«, klagte Sophie. Die Monarchie schwankte in ihren Grundfesten, die überkommene Ordnung des Staates und der Gesellschaft zerbrach, die italienischen Provinzen schienen schon verloren, die Ungarn in der Abspaltung, und nun auch noch die Deutsch-Österreicher auf dem Abmarsch in ein anderes, ein deutsches Reich begriffen zu sein.

Nur die Tschechen schienen gemerkt zu haben, was sie an Österreich hatten, aus nationalem Eigeninteresse freilich, nicht aus Anhänglichkeit an Habsburg. Zunächst verlangten sie – zusammen mit den liberalen Deutschen – die Gleichberechtigung der beiden Sprachen und die Vereinigung von Böhmen, Mähren und Österreichisch-Schlesien, einen gemeinsamen Landtag. Bald aber spaltete sich das Prager Nationalkomitee: Deutsche wollten Böhmen, das zum Heiligen Römischen Reich gehört hatte und nun auch dem Deutschen Bund eingegliedert war, auf der Frankfurter Nationalversammlung vertreten wissen, Tschechen befürchteten, sie könnten ihr Selbstbestimmungsrecht durch ein Infragestellen Österreichs verlieren – entweder an ein deutsches Nationalreich oder an das russische Imperium.

Der Historiker Franz Palacky beschwor diese Zukunftsvision, formulierte die Absage an Frankfurt. Der erste Grund: Er sei kein Deutscher, sondern ein Böhme slawischen Stammes. Der zweite Grund: Die deutsche Nationalversammlung werde »notwendigerweise darauf ausgehen wollen und werden, Österreich unheilbar zu schwächen, ja es unmöglich zu machen – einen Staat, dessen Erhaltung, Integrität und Kräftigung eine hohe und wichtige Angelegenheit nicht meines Volkes allein, sondern ganz Europas, ja der Humanität und Zivilisation selbst ist und sein muß.«

Palacky erklärt: »Sie wissen, welche Macht den ganzen großen Osten unseres Weltteils innehat; Sie wissen, daß diese Macht, schon jetzt zu kolossaler Größer herangewachsen, von innen heraus mit jedem Jahrzehnt in größerem Maße sich stärkt und hebt, als solches in den westlichen Ländern der Fall ist und sein kann; daß sie, im Innern fast unangreifbar und unzugänglich, längst eine drohende Position nach außen angenommen hat, und wenngleich auch im Norden aggressiv, dennoch, vom natürlichen Instinkt getrieben, vorzugsweise nach dem Süden sich auszubreiten sucht und suchen wird; daß jeder Schritt, den sie auf dieser Bahn noch weiter vorwärtsmachen könnte, in beschleunigtem Lauf eine neue Universalmonarchie zu erzeugen und herbeizuführen droht, d. i. ein unabsehbares und unnennbares Übel, eine Kalamität ohne Maß und Ende, welche ich, ein Slawe an Leib und Seele, im Interesse der Humanität deshalb nicht weniger tief beklagen würde, wenn sie sich auch als eine vorzugsweise slawische ankündigen wollte.«

Dem russischen Expansionsdrang – so Palacky – könnten die Völker Südosteuropas nicht allein, sondern nur vereint widerstehen: »Die wahre Lebensader dieses notwendigen Völkervereins ist die Donau; seine Zentralgewalt darf sich daher von diesem Strome nicht weit entfernen, wenn sie überhaupt wirksam sein und bleiben will. Wahrlich, existierte der österreichische Kaiserstaat nicht schon längst, man müßte im Interesse Europas, im Interesse der Humanität selbst sich beeilen, ihn zu schaffen.« Wenn er seine Mission weiterhin erfüllen sollte, müßte dieser Kaiserstaat freilich zu einer Föderation gleichberechtigter Nationalitäten umgestaltet werden.

Das aber wollten die Ungarn nicht, die föderalistisch nur nach außen, aber zentralistisch im Innern waren, eine Gleichberechtigung der Nationalitäten innerhalb der Grenzen ihres Königreiches nicht duldeten und – wie Palacky es formulierte – verlangten, »daß man vor allem Magyare, und dann erst Mensch sein müsse.« Dem widersetzten sich in erster Linie Südslawen. Eine kroatische Nationalversammlung in Agram wählte den Obersten des 1. Banal-Regiments, Joseph Freiherrn von Jellačić zum Banus (Statthalter) des Vereinigten Königreichs Kroatien, Slawonien und Dalmatien und damit zum Führer der antimagyarischen Unabhängigkeitsbewegung.

Der Kaiser von Österreich beeilte sich, als König von Ungarn diese Wahl zu bestätigen; noch einmal versuchte er es mit dem alten Imperatorenrezept des »Teile und herrsche!« Andererseits wollte man in Wien das Band zu den Magyaren nicht gänzlich abreißen lassen. So fuhr der Kaiser und König, in Begleitung und mit Unterstützung der Erzherzöge Franz Karl und Franz Joseph, auf dem Dampfer donauabwärts nach Preßburg. Ferdinand I. segnete die »April-Gesetze« des ungarischen Reichstags ein: Bauernbefreiung, Aufhebung politischer und finanzieller Privilegien des Adels, Ausdehnung des Wahlrechts. Und unterschrieb die Zumutung, daß er künftig nur noch pro forma herrschen, aber nicht mehr regieren solle. Dafür war nun das ungarische Ministerium in Pest zuständig, mit Ludwig Graf Batthyany als Ministerpräsident und Ludwig Kossuth als Finanzminister.

Franz Joseph war die Fahrt nach Preßburg als Gang nach Canossa erschienen. Die Heimkehrenden wurden von Studentenschaft und Bürgerwehr mit Dankesbezeigungen empfangen, was seine Bedenken noch verstärkte. Er trug nun ständig Uniform, als suchte er in ihr Halt. Wo wäre sein Platz in diesem Umbruch? Wien wurde immer unsicherer. Der Kaiser wollte ihn schon als Statthalter nach Böhmen schicken, doch das war der Mutter nicht geheuer, Windisch-Graetz riet ab, und so kam man auf die Idee, den Thronerben Radetzky in Italien anzuvertrauen.

Ein naheliegender Gedanke: Die Armee erschien als letztes Reduit der Monarchie, und Feldmarschall Radetzky als ihr eherner Fels. Der aus Böhmen stammende Graf verkörperte die österreichische Kriegsgeschichte: Schon im Türkenkrieg von 1787 war er als Kürassieroffizier dabeigewesen, hatte gegen die französischen Revolutionäre und Kaiser Napoleon gekämpft, ihn als Generalstabschef der alliierten Armeen besiegen helfen. Dann hatte er sich vornehmlich militärwissenschaftlichen Studien gewidmet, war bei Metternich mit neuen Ideen und bei Hofe wegen seiner Schulden angeeckt, und schließlich, als es brenzlig wurde, 1831 zum Oberbefehlshaber in Italien ernannt worden. Seine Armee machte er zu einer Mustertruppe, von den Soldaten als »Papa Radetzky« verehrt, von den italienischen Patrioten als Zwingherr gehaßt. Inzwischen war er 81

Jahre alt geworden, liebenswürdig und lebhaft wie eh und je, mit unverändert gutem Appetit und – von seiner verschwenderischen Frau getrennt – ein untadeliger Liebhaber der Wäscherin Giuditta Maragalli, mit der er vier Kinder hatte.

Die Aufrührer ließ er wissen: »Noch ruht der Degen fest in meiner Hand, den ich durch 65 Jahre mit Ehren auf so manchem Schlachtfeld geführt; ich werde ihn gebrauchen, um die Ruhe eines jüngst noch so glücklichen Landes zu schützen, das nun eine wahnsinnige Partei in unübersehbares Elend zu stürzen droht.« Dieser war es zwar gelungen, Radetzky aus Mailand zu verdrängen, aber beim nächtlichen Ausmarsch, die Porta Romana hinter sich, hatte er sich noch einmal umgewandt und gegrollt, er werde wiederkommen.

Franz Joseph zweifelte nicht daran. Danach hatte er sich lange gesehnt, daß aus dem Soldatenspiel endlich einmal Ernst würde, daß er beim Siegen dabeisein dürfte. Er bekam eine Feldausrüstung, drei Pferde und einen Adjutanten, Major Alexander Graf Mensdorff-Pouilly. Am 25. April 1848 wurde der Erzherzog in Marsch gesetzt. Es war der Tag, an dem die Wiener die Verkündung der »Konstitution des Vaterlandes« feierten, obgleich sie mit dieser vom Kaiser einseitig in Kraft gesetzten, die kaiserlichen Vorrechte wahrenden Verfassung nicht lange zufrieden sein konnten.

Die Mutter begleitete den in der Uniform der Kaiserhusaren ausrückenden Sohn bis zur Auhofallee. Er konnte nicht schnell genug im Feldlager eintreffen; am 27. April war er bereits in Bozen, schrieb nach Hause: Er brenne darauf, daß den Piemontesen bald eine ordentliche Schlacht geliefert werde. Die Diplomaten sollten dieses Strafgericht ja nicht vermasseln! »Denn dies wäre eine Schande; wir sind es unserer Ehre, unserem Vaterlande, unserer Stellung vis-à-vis von ganz Europa, unserer braven Armee schuldig, nicht eher zu ruhen, bis wir unsere Provinzen von den Piemontesen gereinigt und den Doppeladler über Turin aufgepflanzt haben.«

Am 29. April war Franz Joseph in Verona, dem Hauptquartier Radetzkys, in der Bastion, die mit Peschiera, Mantua und Legnago das Festungsviereck, die Zitadelle Oberitaliens, bildete. Noch war sie die Fluchtburg der österreichischen Armee, nun sollte sie die Ausfallstellung zur Rückeroberung der Lombardei und Venetiens werden.

Radetzky war nicht gerade entzückt, den Thronfolger zu sehen, der erklärte, er hoffe, bald ins Feuer zu kommen. Der Feldmarschall las den Brief der Mutter: »Mein Herzblut übergebe ich Ihren treuen Händen«, und schrieb zurück: Er habe nun nicht weniger als sechs Erzherzöge hier, die in diesem Wirrwarr schwer zu hüten seien. Wäre es nicht angebracht, Franz Joseph, solange die Straße nach Tirol noch offen sei, dorthin in Sicherheit zu bringen? Er habe dies der Kaiserlichen Hoheit auch vorgeschlagen. »Allein der junge Prinz erwiderte mit ritterlichem Sinn, daß seine Abreise einen nachteiligen Eindruck hervorbringen würde und daß es Höchstihm von seinen Eltern zur besonderen Pflicht gemacht worden sei, keiner Gefahr auszuweichen.«

Der alte Fuchs wollte sich mit diesem Hinweis natürlich salvieren, falls dem hohen Herrn etwas zustieße. Wenn er aber nun schon da war, sollte man die Gelegenheit benutzen, den künftigen Kaiser von der Unentbehrlichkeit der Armee und der Einmaligkeit ihres Oberbefehlshabers zu überzeugen. Und ihn als Fürsprecher für deren Forderungen zu gewinnen. Das fiel nicht schwer: »Die Piemontesen sind uns so überlegen, daß, wenn nicht bald Hilfe kommt, die Armee sich hier schwer wird halten können«, schrieb Franz Joseph schon am 1. Mai nach Wien. »Darum machen Sie, liebe Mama, daß man Truppen schicke.«

Peschiera und Mantua waren bedroht, und schon standen die Piemontesen vor Verona. Am Morgen des 6. Mai rückte Infanterie gegen die der Stadt westlich vorgelagerten Höhen vor, die von den Österreichern besetzt waren. Die Italiener griffen an, bei Santa Lucia, das aufgegeben werden mußte. Das nebenan liegende Corps des Feldzeugmeisters d' Aspre von Hoobreuk war in der Flanke gefährdet – und damit der ihm als Ordonanzoffizier zugeteilte Thronfolger. Schon schlug neben Franz Joseph eine Kanonenkugel ein, sein Pferd bäumte sich auf; man kam mit dem Schrecken davon. Der Feldzeugmeister schickte ihn nach hinten, zu einer in Reserve stehenden Husarendivision.

Den Piemontesen ging unter den österreichischen Gegenangriffen bald der Atem aus; sie räumten Santa Lucia und zogen sich zurück. Franz Joseph setzte sich hin und schrieb der Mutter: »Ich habe zum ersten Male die Kanonenkugeln um mich pfeifen gehört und bin ganz glücklich.« Erleichtert war Radetzky, der nach Wien berichtete: Seine kaiserliche Hoheit habe sich mehrmals im lebhaftesten Feuer befunden und die größte Ruhe und Kaltblütigkeit an den Tag gelegt.

Aus der k. k. Reichshaupt- und Residenzstadt kamen keine so ermutigenden Nachrichten. Demokraten, die nicht eine vom Kaiser befohlene, sondern eine vom Volk beschlossene Verfassung wollten, drängten am 4. Mai 1848 den gemäßigten Ministerpräsidenten Ficquelmont aus dem Amt. Franz Joseph, der sich nach seiner Feuertaufe als ganzer Mann fühlte, geriet in Harnisch: »Es ist höchste Zeit, daß man diesen Exzessen, die in einem konstitutionellen Lande vorfallen, ein Ende macht.« Ein angehender Gegenrevolutionär nun, und einer, der ausgezogen war, zu erfahren, daß gegen Demokraten nur Soldaten hülfen. »Wie man hier bei der so ausgezeichnet gesinnten Armee über die Zustände in Wien schimpft, läßt sich denken.« Hier seien noch Treue und Anhänglichkeit zu Hause, hier werde energischer regiert als dort: »Wer da nicht pariert, und wenn es Fürsten oder Geistliche wären, wird arretiert und energisch bestraft.«

In Wien überstürzten sich die Ereignisse. Die bewaffneten Radikalen, Akademische Legion und Nationalgarde, bildeten ein Zentralkomitee, erhoben sich am 15. Mai, belagerten die Hofburg, erpreßten ein neues, weitergehendes Zugeständnis: die Berufung eines Reichstages, der eine demokratische Verfassung beschließen sollte, mit allgemeinem Wahlrecht und Einkammersystem. Die Nationalgarde übernahm neben der regulären Truppe die Bewachung der Hofburg. Saß der Kaiser bereits in der Falle? Stand, wie 1793 in Paris, ein Tuilerien-Sturm bevor?

Die kaiserliche Familie floh am 17. Mai aus Wien, in aller Heimlichkeit. Sophies Privatsekretär wurde vorausgeschickt, mit einem wertvollen Diamanten und dem vorhandenen Bargeld. Man täuschte eine Spazierfahrt vor. Am 19. Mai war man in Innsbruck; die treuen Tiroler hatten die Pferde ausgespannt und den Wagen in die Stadt gezogen. Die Wiener waren entsetzt, als sie die Hofburg leer fanden. Ohne Kaiser konnten sie sich die Kaiserstadt nicht vorstellen, und auch nicht den konstitutionellen Fortschritt. Per Eilpost ging eine Delegation nach Innsbruck ab, mit dem Auftrag, das untertänigste Ersuchen um baldige Heimkehr Seiner Majestät in die getreue Haupt- und Residenzstadt zu Füßen des Allerhöchsten

Thrones niederzulegen. Und die dringende Bitte, Erzherzog Franz Joseph nach Wien zurückzubeordern.

Sein Platz sei mehr denn je bei der bewaffneten Ordnungsmacht, befand der Thronerbe. Das Herrscherpaar, seine Eltern und Brüder in Innsbruck zu wissen, beruhigte ihn. »Aber bleiben Sie alle um Gottes Willen dort!« Hatte sich nicht Ludwig XVI. von Versailles nach Paris zurückschleppen lassen, auf dem Wege zum Schafott? »Wenn es auch die Minister begehren, so muß man es doch nicht tun, denn sie wollen es nur, um selbst sicher zu sein, und solchen Spitzbuben liegt wenig an der Sicherheit des Hofes.« Radetzky hatte ihn bestärkt: Wenn man mit den eingedrungenen Piemontesen fertig sei, werde man sich die aufrührerischen Wiener vornehmen.

Der Vergleich mit der Französischen Revolution hinkte nicht. Auch in Wien drückten die Jakobiner die Girondisten, die Radikalen die Gemäßigten an die Wand. Am 26. Mai 1848 läutete die Sturmglocke vom Stephansturm, Straßenpflaster wurden aufgerissen, Barrikade auf Barrikade errichtet. Ein »Ausschuß der Bürger, Studenten und Garden für Sicherheit, Ordnung und Wahrung der Volksrechte« entstand, noch eine revolutionäre Nebenregierung, doch schon auf dem Marsch zur revolutionären Diktatur.

In Sanguinetto, im Hauptquartier Radetzkys, lief am 5. Juni ein Brief der Erzherzogin Sophie ein: Der Herr Sohn möge sich sofort nach Innsbruck verfügen. Nach dem Thronerben werde verlangt: vom Ministerium in Wien, das ihn gerne in der Hofburg sähe, vom böhmischen Nationalausschuß, der ihn gerne als Statthalter in Prag hätte, und natürlich von der sich sorgenden Mutter. Franz Joseph verließ ungern die brave Armee, um sich »in die schrecklichste Existenz zu begeben«. Vorerst begab er sich in das sichere Innsbruck, und blieb auch dort.

Prag kam nicht mehr in Frage. Dort hatte es einen Aufstand gegeben. Die Fürstin Windisch-Graetz, die dem Spektakel vom Fenster ihres Palastes aus zuschauen wollte, war von einer Kugel tödlich getroffen worden, der Fürst trieb die Rebellen zu Paaren, errichtete eine Militärregierung. Nach Wien schickte man den Erzherzog Johann als Regenten, den Philipp Egalité der Habsburger, der mit der Volksbewegung sympathisierte und, wenn er von ihr überrollt werden sollte, sich selber unter die Räder gebracht hätte. Überdies hatte ihn die deutsche Nationalversammlung zum Reichsverweser erkoren, zum »Reichvermoderer«, wie man bei Hofe sagte.

In Frankfurt, nicht in Wien, sah Erzherzog Johann die wichtigere Aufgabe. So gab er zu bedenken, ob man nicht Franz Joseph schon zu seinem 18. Geburtstag am 18. August, dem Tage seiner Volljährigkeit, auf den Thron heben, mit ihm ein neues Kapitel aufschlagen sollte, eine unbeschriebene, unbelastete Seite. Die Mutter weihte den Sohn in diese Überlegungen ein. Noch schien es ihr zu früh zu sein, ihre Trumpfkarte, die letzte der Dynastie, auszuspielen, und Erzherzog Ludwig bestärkte sie darin: »Ich glaube, der Franzi sollte jetzt auf keinen Fall verwendet und dadurch vor der Zeit abgenützt werden. Auf ihm beruhen unsere Hoffnungen für die Zukunft. Wenn die Reihe an ihn kommt, muß er ganz unbefangen eintreten.«

Zunächst erhielt Franz Joseph einen neuen, verläßlichen Obersthofmeister, den 40jährigen Obersten Karl Graf Grünne, bisher in Diensten des Palatins Erzherzog Stephans, der Sophie durch seinen Widerspruch gegen dessen magyarenfreundliche Politik angenehm aufgefallen war. Auch der Unterricht wurde nach den im Feldlager verbrachten Ferien wieder aufgenommen: Religion beim Domherrn Columbus, Staatsrecht bei Dr. Albaneder, Geschichte bei Professor Jäger. Und Einführung in die Hofpolitik durch Erzherzogin Sophie.

Anschauungsunterricht erlaubte man ihm nicht. Die Bitte Erzherzog Johanns wurde abgelehnt, Franz Joseph zur Eröffnung des verfassunggebenden Reichstages nach Wien zu senden. So versäumte er am 22. Juli 1848 den Einzug von 383 Abgeordneten aus allen habsburgischen Ländern, außer Ungarn und Lombardei-Venetien, in die Hofreitschule. Die hohe Schule des Parlamentarismus wurde noch nicht geritten, im ersten Anlauf aber schon ein feudalistisches Hindernis genommen: Man beseitigte die Fron der Bauern, Robot genannt, gegen eine entsprechende Entschädigung, verfügte die Gleichheit aller Bürger vor dem Gesetz.

Die Kaiserstadt habe sich völlig verändert, fand Alexander von Hübner, ein Diplomat aus Metternichs Schule: »Wir befinden uns eben in voller Revolution. Die Gassen Wiens sagen es deutlich genug. Man sieht fast nur ungewaschene Studenten in fragwürdiger Toilette, Nationalgardisten, die nicht wissen, wie sie sich mit ihren Säbeln zu benehmen haben, Proletarier und Hetären niederster Art.« Richard Wagner hingegen, der königlich-sächsische Hofkapellmeister und Opernkomponist, sah nur Theaterhelden: »Die Nationalgarde, ziemlich ganz militärisch gekleidet, mit breiten, seidenen dreifarbigen Schärpen, die Studenten in altdeutschen Röcken, mit Federhüten auf den Köpfen, langen Bajonettflinten und Säbeln stehen Wacht. Ich habe fast lauter schöne Leute gesehen. Und noch dieser Reichtum, dieses Leben!«

Aus dem Londoner Exil grollte Metternich: »Aus dem, was heute einer Schöpfung gleicht, wird das Gegenteil einer Schöpfung herkommen. Zwei Gewalten beherrschen die Welt: die Wirklichkeit und der Roman. Beide liegen in der Natur des menschlichen Geistes. Die Resultate werden schlechte, wenn die Menschen aus ihren zugewiesenen Fächern hinaustreten, wenn praktisch geborene Individuen Poeten und wenn Poeten Gesetzgeber und Volksleiter werden.« Der in Wien lebende norddeutsche Dichter Friedrich Hebbel, der am liebsten selber österreichischer Reichtagsabgeordneter geworden wäre, meinte hingegen: »Der Mensch nutzt der Welt ohne Zweifel durch seine primitiven Kräfte am meisten, und das sind in mir die poetischen. Aber, wer kann während eines Erdbebens malen? Und wer kann das Erdbeben malen? Ohnehin wird für mich die Politik jetzt um so sicherer zur Poesie, je gründlicher ich sie selbst durchmache.«

Poesie und Politik, welche die k. k. Zensurbehörde bisher auseinanderzuhalten suchte, verwoben und verwirrten sich in diesem Schöpfungsjahr. In der Musik zumal, der speziellen Wiener Ausdrucksform: Johann Strauß, der Sohn, schuf einen Revolutionsmarsch, Johann Strauß, der Vater, einen »Marsch der Nationalgarde«, und dann, nach Radetzkys entscheidendem Sieg über die Piemontesen bei Custozza am 25. Juli 1848, »für das Pianoforte komponiert und der k. k. Armee gewidmet«, den Radetzky-Marsch – in dem der neue Marschtakt sich kaum im Zaume halten konnte, wieder in den gewohnten und geliebten Walzertakt auszubrechen. Auch Franz Grillparzers schwarz-gelbe Gesinnung kam wieder strahlend hervor, in seiner Hymne auf Radetzky, der mit der Lombardei den Kaiserlichen wieder ihr Selbstbewußtsein zurückgegeben hatte:

»Glück auf, mein Feldherr, führe den Streich!
Nicht bloß um Ruhmesschimmer,
In deinem Lager ist Österreich,
Wir andre sind einzelne Trümmer.

Aus Torheit und aus Eitelkeit
Sind wir in uns zerfallen;
In denen, die du führst zum Streit,
Lebt noch ein Geist in allen.«

Poesie und Politik konnten sich auch anders verquicken, wie in Ludwig Kossuth, dem starken Mann im ungarischen Ministerium, Führer der demokratischen Bewegung, Troubadour und Tribun der ungarischen Revolution, Romantiker und Realist, halb Byron, halb Robespierre. Der Kaiser und König in Innsbruck (und hinter ihm die Erzherzogin Sophie) unterstützte die kroatischen und serbischen Rebellen wider die Stephanskrone, gegen seine eigene Krone? Er wollte in Ungarn wieder tatsächlich regieren, Gesetze des ungarischen Ministeriums und Reichstags verwerfen? Ihn gelüstete, das Rad der Revolution wieder auf Reaktion zurückzudrehen? Er hetzte die Kroaten des Banus Jellačić gegen die Magyaren?

Nun denn, er konnte sie haben, die totale Revolution und den totalen Krieg! So Kossuth: »Zu den Waffen also, wer ein Mann ist! Die Weiber sollen zwischen Vesprem und Stuhlweißenburg ein furchtbares Grab schaufeln, in das entweder der ungarische Name, die ungarische Nation oder unsere Feinde verscharrt werden und über dem entweder eine Prangersäule mit dem ungarischen Namen und der Inschrift ›So straft Gott die Feigheit!‹ stehen wird oder der immergrüne Freiheitsbaum, aus dem, wie einst zu Zeiten Moses', Gottes Stimme ertönen wird: ›Der Ort, auf dem du stehst, ist heiliges Land!‹«

Am Tage von Custozza, der Radetzky wieder nach Mailand zurückbrachte, war Franz Joseph in Innsbruck gefirmt worden. Am 12. August, als man den Ungarn wie den Wienern, ermutigt von den Erfolgen in Böhmen und Italien, die Zähne zu zeigen begann, war der kaiserliche Hof in die k. k. Reichshaupt- und Residenzstadt zurückgekehrt: ein blasser, auf seine Knie starrender Ferdinand, eine hinter ihrem Lorgnon weinende Sophie, und der Thronfolger, der dem schwarz-gelb gesinnten Hübner besser gefiel: »Der ernste, fast finstere Ausdruck, nicht ohne einen Anflug edler Entrüstung, auf dem Antlitz des Erzherzogs Franz Joseph wirkte auf mich wie ein Licht- und Hoffnungsstrahl.« Die Wiener riefen wieder »Hossiannah«, die Nationalgarde stand Spalier, von Nußdorf bis Schönbrunn. Franz Joseph trug seine Husarenuniform; das Ansinnen, sich als Nationalgardist zu camouflieren, lehnte er ab.

Der Mutter las er das antimagyarische, antirevolutionäre Manifest des Banus Jellačić vor, das dieser erlassen hatte, als sein Heerhaufen am 11. September 1848 über die Drau in Richtung Donau vorgestoßen war: 40000 Grenzer, Banalisten, Oguliner, Sankt Georger, Broder, Gradiskaner, Likaner, Sereschaner, schlecht bewaffnet, doch gut kaiserlich gesinnt, unter dem Kommando des siebenundvierzigjährigen Edelmannes, der Soldat war und Dichter, auch er Politiker und Poet, der die Gefühlssaiten seiner Kroaten zum Klingen brachte.

»Auf ihr Helden, auf nach Wien!
Dem Kaiser droht Gefahr.
Bringst du, o Banus, uns dahin,
Hier ist die Grenzerschar!«

Die Gegenrevolution hatte begonnen, gestern gegen Italiener und Tschechen, heute gegen die Magyaren, und vielleicht schon morgen marschierte sie auf Wien. Dort hatte sich das Lager der März-Revolution gespalten: hier bürgerliche und adelige Liberale, die im Reichstag und in der Nationalgarde dominierten, dort noch bürgerliche und schon proletarische Radikale, die sich in der Studentenorganisation »Aula«, im Demokratischen Klub und in Arbeitervereinen sammelten. Sie richteten sich auf einen Zweifrontenkampf ein: gegen das liberale Bürgertum, den Profiteur der Revolution, und gegen das wiedererstarkende Kaisertum, die drohende Reaktion.

Am 21. September 1848 flammte es wieder in Wien; das Feuer wurde von kaiserlichem Militär und bürgerlicher Nationalgarde Seite an Seite erstickt. Die Glut schwelte weiter, genährt von wachsender Wut über die Säbelherrschaft in Mailand und Prag, den Pandurenzug gegen Budapest und Wien, die kaiserlichen Maßnahmen gegen die Magyaren. Nach dem Rücktritt des Palatins Erzherzog Stephan wurde Feldmarschalleutnant Franz Graf Lamberg zum Kommissar für Ungarn ernannt. Nun ergriff Kossuths Verteidigungsausschuß die Regierungsgewalt, Lamberg wurde auf der Pester Kettenbrücke erschlagen – von Studenten aus Wien und fanatisierten Magyaren, den Bundesgenossen der totalen Revolution.

Die Kaiserlichen schlugen zurück, vorerst mit dem Manifest vom

3. Oktober: Der ungarische Reichstag wurde für aufgelöst erklärt, der Belagerungszustand verhängt und Jellačić, der Kroate, zum Statthalter und Oberbefehlshaber aller ungarischen Truppen ernannt. Das war der endgültige Bruch, der offene Krieg. Die niedergeschlagenen Eltern versuchte Franz Joseph aufzurichten: »Er kam und hob unseren Mut wieder etwas, indem er uns Ratschläge gab, die eines jungen Mannes von sechsundzwanzig oder achtundzwanzig Jahren würdig gewesen wären, und er ist doch erst achtzehn Jahre alt«, notierte Sophie am 4. Oktober. Am selben Tag erschien im Wiener *Studenten-Courier* ein anonymes Gedicht:

»Weil denn die Herrn von bess'rem Blut
Die neue Zeit nicht lernen,
So hängt die Herren kurz und gut
Hoch, hoch an die Laternen!«

Zwei Tage später hing der achtundsechzigjährige Theodor Graf Baillet de Latour, k. k. Feldzeugmeister und Kriegsminister, an einem Laternenpfahl vor seinem Ministerium. »Ein Arbeiter schlug dem Kriegsminister den Hut vom Kopfe, andere fingen an, ihn bei den Haaren zu reißen, er suchte sich mit den Händen zu wehren, welche bereits bluteten«, berichtete ein Platzoberleutnant der Nationalgarde. »Endlich gab ihm ein als Arbeiter gekleideter Magyar einen tödlichen Schlag mit dem Hammer von rückwärts auf den Kopf, und ein Mann in einem grauen Rock mit einem Pioniersäbel einen Hieb über das Gesicht, ein anderer einen Bajonettstich durch die Brust.« Der Jubel wollte kein Ende nehmen, Sacktücher wurden in das Blut getaucht. Schließlich wurde der Leichnam an einem Gaskandelaber aufgeknüpft, mit zwei Militärmantelriemen. »So hing Latour da, anfangs in Frack und Bluse, dann im Hemd, Unterkleidern und Socken, endlich ganz nackend bis in die späte Nacht.«

Die Wiener Oktober-Revolution hatte sich an einem Befehl des Kriegsministers entzündet. Ein Grenadierbataillon sollte gegen die Ungarn ausrücken, verweigerte den Gehorsam, wurde von Nationalgardisten, Studenten und Arbeitern gedeckt. Eine Straßenschlacht entbrannte, auf der Taborbrücke fiel General von Bredy, selbst in der Stephanskirche wurde gekämpft. Am Morgen des 7. Oktober 1848 war die Stadt in den Händen der Radikalen.

Um halb sechs Uhr in der Frühe weckte Franz Joseph seine Mutter: Man müsse Wien Hals über Kopf verlassen. Siebentausend Mann – Jäger, Nassau-Infanterie und Kürassiere – bildeten die Eskorte. Franz Joseph ritt neben den Kaleschen des Kaiserpaars und der Eltern. Sophie hatte als einzige daran gedacht, Geld mitzunehmen. Mit dem Hof verließen rund 20000 Wiener die Stadt, auch viele Reichstagsabgeordnete. Zurück blieb eine revolutionäre Diktatur unter Cäsar Wenzel Messenhauser, Oberleutnant a. D. und Verfasser von Freiheitsgedichten, ein linker Rumpfreichstag und bewaffnetes Volk.

In Krems ging die kaiserliche Karawane über die Donau, in Brünn zog man mit kaisertreuen Bauern ein, der Fluchtweg wurde zu einer Triumphstraße – überall Fahnen, Musik, Treuekundgebungen. Am 14. Oktober war man am Ziel: im mährischen Olmütz, am rechten Ufer der March, in einer starken Festung und einer angenehmen Stadt. Der Fürsterzbischof, einer der reichsten der Monarchie, stellte sein Schloß zur Verfügung, für das Kaiserpaar und die Eltern Franz Josephs. Der volljährige Thronfolger bezog eine eigene Residenz, das Palais des Dompropstes.

Bei Sophie meldete sich Fürst Alfred Windisch-Graetz, Standesherr, Großgrundbesitzer, Militärgouverneur von Böhmen, nun Feldmarschall und Oberbefehlshaber aller kaiserlichen Truppen, außer Radetzkys italienischer Armee. Ohne zu fackeln, hatte er seine Soldaten in Marsch gesetzt, darunter das Regiment Latour mit schwarzen Fahnen, das sich geschworen hatte, den gemordeten Chef zu rächen. Auf Wien, das wichtiger war als Pest, ging nun auch Jellačić vor, mit seinen Grenzern gegen das Zentrum, das sie Mores lehren wollten. Von Jugend auf hatte der Provinzler davon geträumt, »vor die Mauern Wiens zu ziehen und durch den Mund meiner Kanonen mit dieser feigen und blödsinnigen Bevölkerung zu sprechen«. Der Kroate verachtete die Wiener »Backhendl-Fresser«, die ganze deutsche Sippschaft: Einzeln habe er den Deutschen ganz gern, aber als Nation gehörten die Deutschen bis auf weiteres ins Narrenhaus.

Aus München, vom abgedankten König Ludwig I., kam eine Ermunterung: AEIOU, Habsburgs Devise, bedeute auch: »Auf Erden ist Österreich unzerstörbar.« Kaiserliche Offiziere schrieben mit Blut auf ihre Säbel die Buchstaben WIR, die Anfangsbuchstaben von Windisch-Graetz, Jellačić und Radetzky, der drei Generäle, die sich anschickten, das alte Österreich für einen neuen Kaiser zurückzuerobern.

FRANZ JOSEPH war der Ernst der Situation aufgegangen. Die Mutter suchte ihn zwar durch theoretischen Unterricht von der Wirklichkeit abzulenken. Doch ihn interessierte weit mehr eine neue Erfindung, der Telegraph, der nun täglich, beinahe stündlich, Meldungen von Windisch-Graetz übermittelte. Er postierte sich neben den Apparat, nahm Depeschen in Empfang, eilte mit ihnen zu den Seinen, konnte sie nicht laut genug vorlesen.

23. Oktober 1848: Windisch-Graetz steht vor Wien, wo Jellačić und die aus der Stadt gewichene Garnison auf ihn gewartet haben; die Kaiserlichen zählen 70000 Mann und 200 Geschütze. 24. Oktober: Dem »Sitz der Insurrektion« ist das Wasser abgegraben. 25. Oktober: Windisch-Graetz läßt die Wiener wissen, wer die Waffen gegen ihn erhebe, werde standrechtlich verfolgt. 26. Oktober: Die Kaiserlichen besetzen den Nordbahnhof und die Nußdorfer Linie. 27. Oktober: Wien ist von einem Feuergürtel umgeben. 28. Oktober: Der Generalangriff beginnt. 29. Oktober: Sonntag und Waffenstillstand. 30. Oktober: Die schon beschlossene Übergabe wird von den Belagerten gebrochen, die – vergebens – ein ungarisches Entsatzheer erwarten. 31. Oktober: Windisch-Graetz bombardiert die Innenstadt, nimmt sie ein. 1. November: Auf dem Stephansturm weht die schwarz-gelbe Fahne. Die Kalabreser sind verschwunden, man trägt wieder Zylinder und Handschuhe.

Fürst Windisch-Graetz hatte erreicht, was er sich im März-Sturm, als alles wankte und stürzte, vorgenommen hatte: die Wiederaufrichtung der kaiserlichen Autorität in Wien. Der einundsechzigjährige Feldmarschall war ein Soldat alter Schule, gewohnt, alle Hindernisse mit gesenktem Haupte, einem harten Schädel anzugehen. Bei Leipzig hatte er gegen Napoleon gekämpft und hielt seitdem – wie Metternich – die Revolution für Satanswerk. Für ihn, den konservativen Feudalherren und ständischen Föderalisten, hatte die

Revolution freilich nicht erst mit Kossuth und Messenhauser begonnen, sondern mit Kaiser Joseph II., diesem progressiven, bürokratischen, zentralistischen Habsburger, für Windisch-Graetz ein Widerspruch in sich selbst. Den Hauptfeind sah er in den zu großdeutschen Demokraten ausgewachsenen Josephinern – und diese galt es nun zu treffen.

Doch fiel das Strafgericht nicht so hart aus, wie es Geschlagene befürchtet und Sieger erwartet hatten. Nach deren Rechtsbegriffen war der Aufruhr Hochverrat, der Kampf gegen die Kaiserlichen Widerstand gegen die Staatsgewalt, der nach der Verhängung des Belagerungszustandes den Kriegsgesetzen unterlag. Windisch-Graetz, der Herr der Situation, konnte sich nicht nur auf den Geist, sondern auch auf die Buchstaben des Gesetzes berufen. Aber er konnte nicht halb Wien vor das Kriegsgericht stellen, und er mochte nicht zu viele Märtyrer schaffen. Zudem lag er mit sich selbst im Widerstreit, war in den letzten Monaten merklich gealtert, der geborene Herr und berufene Profos, von Grillparzer charakterisiert:

»Wem, Windisch-Graetz, vergleich ich dich,
Um nicht nach Bildern fern zu haschen?
Mir bist du der alte Metternich,
Nur statt in Strümpfen, in Gamaschen.«

Das Strafgericht war hart genug. Es gab 144 Verurteilungen. Hingerichtet wurden 24 Menschen, darunter der Stadtkommandant Messenhauser, der Vorsitzende des Demokratenklubs Becher, der Journalist Jellinek und die Mörder Latours. Und der Abgeordnete der Frankfurter Nationalversammlung Robert Blum, der als Abgesandter der demokratischen Opposition ins aufständische Wien gekommen war. Es sei noch viel »Latourisieren« nötig, damit die Revolution den Sieg davontrage, hatte er gewettert, und als Hauptmann im »Elitecorps« wacker gegen Windisch-Graetz gekämpft. Zum Tod durch den Strang verurteilt, wurde die Strafe in Pulver und Blei verwandelt, weil kein Henker aufzutreiben war.

Julius Fröbel, einen anderen Sendboten aus Frankfurt und Waffenbruder der Wiener, war ebenfalls nach § 4 im 62. Artikel der Theresianischen Gerichtsordnung sein Todesurteil verlesen, aber im selben Atemzug wieder aufgehoben worden, »in Berücksichtigung der aus den Untersuchungsakten geschöpften Milderungsgründe«.

Fröbel, auf freien Fuß gesetzt, führte die Begnadigung auf seine im September 1848 erschienene Schrift *Wien, Deutschland und Europa* zurück – eine demokratische Interpretation der habsburgischen Reichsidee: »Die gegenwärtige Eifersucht der Nationalitäten ist nichts als eine vorübergehende Erscheinung von vorzugsweise negativem Charakter . . . Die Entstehung eines Staatenbundes, der aus ganz Deutschland, Polen, Ungarn und den südslawischen und wallachischen Ländern besteht, sich unter einer Verfassung, ähnlich der nordamerikanischen Freistaaten, vereinigt, und Wien zu seiner Bundeshauptstadt hat, liegt in den Bedingungen der Zeit und ist die richtigste politische Kombination, auf welche die denkenden Männer der Gegenwart hinsteuern müssen.«

Windisch-Graetz hätte auch Blum lieber abgeschoben, doch sein Schwager, der auf seine Empfehlung berufene neue Ministerpräsident, war für das standrechtliche Verfahren gewesen, und sein Vorschlag auf Begnadigung war dann zu spät gekommen. Fürst Felix Schwarzenberg, Politiker im Generalsrang, wurde der eigentliche starke Mann der Reaktion.

Er war nun so alt wie das Jahrhundert, und weiter über die Mitte seines Lebens hinaus, als es einem Achtundvierzigjährigen angestanden hätte. Frühzeitig ergraut, mit länglichem Kopf und schmalem Gesicht, glanzlosen Augen und matten Gesten, hochgewachsen und überschlank, in enganliegendem weißem Uniformrock, glich er dem Schemen eines Kavaliers, einem österreichischen Ahnenbild. Doch der äußere Eindruck täuschte. Hinter dieser Fassade wohnte ein scharfer Geist und eine rege Phantasie, eine unbändige Energie und eine kaum gebändigte Leidenschaft. Und an Lebenskraft, von der er so viel vergeudet hatte, war immer noch so viel vorhanden, daß er die jetzt an ihn gestellte Lebensaufgabe anpacken konnte.

Bisher hatte er in den Tag hineingelebt, der Sproß eines hochfeudalen Stammes, aus dem Geschlecht der Fürsten zu Schwarzenberg, das in Böhmen, Bayern und in der Steiermark sprichwörtlich reich begütert war. Der Neffe des Feldmarschalls Fürst Karl Schwarzenberg, der als Oberbefehlshaber der gegen Napoleon operierenden Alliierten sich als Zauderer erwiesen hatte, wurde ein schneidiger Kürassier und bald, da es nichts zu fechten gab, ein Diplomat, eher ein Salonlöwe als ein Aktenfuchs, ein Windhund jedenfalls. Aus Sankt Petersburg wie Lissabon mußte er verschwinden, weil er sich in oppositionellen Zirkeln, in denen man ungezwungener lebte, zu wohlgefühlt hatte. In London kam es zum Eklat: Seine Liaison mit Lady Ellenborough, der Frau des Lordsiegelbewahrers, blieb nicht geheim, der Scheidungsprozeß vertrieb den österreichischen Diplomaten nach Paris, wohin ihm die Lady folgte, eine Tochter gebar und ihn dann mit ihr sitzenließ.

Schwarzenberg blieb unverheiratet, ohne die Frauen zu meiden, doch war viel Routine dabei, und diese nützte ihn ab, ermüdete und langweilte ihn. Er fing Forellen, besuchte die Anatomie, las in den mystischen Schriften des Thomas von Kempen; sich systematisch eine umfassende Bildung anzueignen, hatte er keine Lust und fand er keine Zeit. Für einen österreichischen Diplomaten langte es allemal, zum Legationsrat in Berlin, Gesandten in Turin, Parma und Neapel.

Das Jahr 1848 brachte ihn aus dem Trott. Schwarzenberg fand, daß in Radetzkys Armee das Lager Österreichs und sein Platz sei. Als Brigadekommandeur focht er in Oberitalien, bekam einen Armschuß, wurde zum Feldmarschalleutnant befördert. Auf Erzherzog Franz Joseph, dem er im Hauptquartier Radetzkys begegnete, machte er einen bleibenden Eindruck. Einen Metternich in Generalsuniform glaubte der Thronerbe vor sich zu haben, Österreich in der Potenz.

Metternich hatte Schwarzenberg zwar gefördert, aber nicht als Schüler gewonnen. Schon durch ihre Herkunft blieben sie getrennt. Der Rheinländer war nie ganz Österreicher geworden, und die großen Familien, zu denen die Schwarzenbergs gehörten, hatten ihn, obwohl sie seine Politik goutierten, nie als einen der ihren akzeptiert. Was bei Metternich ein Ergebnis des Nachdenkens und der Erfahrung war, die Erkenntnis der österreichischen Staatsraison, hatte Schwarzenberg von Hause aus mitbekommen, als selbstverständlichen Besitz. Zudem – und das war ausschlaggebend – gehörten sie zwei verschiedenen Generationen an.

Für Metternichs Handeln waren universale Prinzipien und allgemeingültige Normen maßgebend gewesen, die allerdings in einer Doktrin erstarrten. Schwarzenberg neigte von Natur aus zum Unbeständigen und Wechselhaften; er lebte in einer Epoche, die den Realismus dem Idealismus vorzuziehen begann. So wurde er ein Realpolitiker, der behauptete, die Zeit der Prinzipien sei vorbei, ein

Machtstaatsmann, der erklärte, »daß eine minder strenge Rechtsauslegung und Anwendung der Rechtsgrundsätze oft zum Gebot der Selbsterhaltung werde, daß nur Taten und nicht Rechtssätze Tatsachen zu bewältigen vermöchten.« Und der meinte – im Unterschied zum parlierenden und lavierenden Metternich –, daß die Formulierung einer Politik noch nicht die Politik selber sei, daß Politikmachen und Kriegführen die gleichen Eigenschaften erforderten: Entschlossenheit, Kühnheit, Mut.

»Fürst Schwarzenberg ist ein kalter, nüchterner Verstand mit einem österreichischen Herzen; er ist nicht Teutomane, nicht Russophile; er weiß seinem Willen das Ziel zu stecken und mit Festigkeit demselben zuzugehen«, bemerkte der württembergische Gesandte. Das war, kurz und bündig, Schwarzenbergs Ziel: Niederwerfung der Revolution, Restauration der Monarchie, Einbindung der wieder von Staatsbürgern zu Untertanen und von Nationen zu Regionen degradierten Teile in einen Einheitsstaat, Wiederherstellung Österreichs als deutsche und europäische Großmacht. Diesem Ziel näherte er sich Schritt für Schritt.

Zunächst nahm Schwarzenberg die Erzherzogin Sophie für sich ein. Schon auf dem Wege nach Olmütz war er zur Stelle, erschien er als der richtige Mann zur richtigen Zeit. Dann galt es, Ministerpräsident Johann Philipp von Wessenberg loszuwerden, diesen Zwitter, halb Monarchist, halb Demokrat. Am 1. November 1848 trat Schwarzenberg an seine Stelle, zunächst vertretungsweise, und begann seine Amtstätigkeit mit der Vertagung des Wiener Reichstags und dessen Wiedereinberufung nach Kremsier, der Sommerresidenz des Erzbischofs von Olmütz, in Reichweite des Hofs. Noch war der monarchische Weizen nicht reif, mußte man das konstitutionelle Unkraut dulden.

Inzwischen wurde eine neue Regierung gebildet, »ein prächtiges Kabinett aus lauter Premierministern«, wie ein Engländer bemerkte. Schwarzenberg, der Ministerpräsident und Außenminister, war der Premier dieser Premiers, und der Rechtsaußen. Ein liberaler Adeliger besetzte das Innenressort, Franz Graf Stadion, der es fertiggebracht hatte, als Verwaltungschef in Triest und Galizien ein gutes Andenken zu hinterlassen. Handelsminister wurde Karl Ludwig Bruck, Elberfelder Buchbindersohn, Mitglied der Frankfurter Nationalversammlung und Protestant dazu. Justizminister blieb

Alexander Bach, Wiener Rechtsanwalt und März-Revolutionär, der schon auf dem Wege vom demokratischen Saulus zum absolutistischen Paulus war.

Schwarzenberg bildete ein gegenrevolutionäres Kabinett mit liberalem Feigenblatt, versprach eine konstitutionelle Monarchie, bekannte sich zur »Gleichberechtigung aller Volksstämme«, verwarf die großdeutschen Bestrebungen in Frankfurt wie Wien und bekannte sich als Großösterreicher: »Österreichs Fortbestand in staatlicher Einheit ist ein deutsches wie ein europäisches Bedürfnis . . . Erst wenn das verjüngte Österreich und das verjüngte Deutschland zu neuer, fester Form gelangt sind, wird es möglich sein, ihre gegenseitigen Beziehungen staatlich zu regeln.«

Ein verjüngtes, wiedererstarktes Österreich brauchte einen jungen, unverbrauchten Kaiser. Mit dem alten und kranken, durch seine Konzessionen an die Revolution diskreditierten Ferdinand war kein Staat mehr zu machen. Und auch nicht mit dem nominellen Thronfolger Franz Karl, der mit Metternich intrigiert und mit dessen Gegnern geliebäugelt hatte, ein hohles, schwaches, schwankendes Rohr. Schwarzenberg dachte an den Husaren, dem er bei Radetzky begegnet war, den Erzherzog Franz Joseph, und seine Überlegung traf sich mit der lang gehegten Absicht der Erzherzogin Sophie. Endlich hatte sie den Verbündeten gewonnen, den sie brauchte, der sich durchsetzte. Er, Schwarzenberg, sollte den Karren aus dem Dreck ziehen? Wohlan, aber nur unter der Bedingung, daß er ein neues Pferd vorspannen konnte.

Kaiser Ferdinand, der abdanken sollte, wurde am wenigsten gefragt. Kaiserin Marianna hatte sich dies schon lange gewünscht. Franz Karl, immerhin erst sechsundvierzig, mußte überredet werden, was Sophie, geübt darin, übernahm. War aber Franz Joseph, eben erst Achtzehn geworden, nicht zu jung, zu unerfahren? Die Mutter sah das anders, der Vater darüber hinweg, und Schwarzenberg, dem starken Mann, konnte es nur recht sein.

Franz Joseph, mit dem man schließlich auch noch reden mußte, schlief schlecht, verlor den Appetit, magerte ab. Im Unterricht wurde ihm einiges abverlangt, als wollte man ihm noch möglichst viel mitgeben. Zuviel war es ohnehin nicht, eine solide Allgemeinbildung, nicht mehr. Zunehmend hatte er sich in der Öffentlichkeit zu zeigen, genauer gesagt, in der Armee, so vor kaisertreuen ungarischen Infanteristen, die von ihm bewirtet wurden und ihn hochleben ließen.

Sie riefen »Franz Joseph«, und diesen Namen sollte er auch als Kaiser tragen, was keine Selbstverständlichkeit war. So hatte noch kein österreichischer Monarch geheißen. Mutter wie Vater sowie der Sohn hätten Franz II. vorgezogen, zu Ehren des Großvaters. Schwarzenberg widersprach: Franz II., das könnte so verstanden werden, als wollte man das Werk Franz I., des Kaisers Metternichs, fortsetzen. Der Name Franz sei nur tragbar in Verbindung mit Joseph, der Erinnerung an den Reformkaiser. Franz Joseph I., als Inbegriff von Tradition und Fortschritt, der erste seines Namens – und der erste Sieg des Ministerpräsidenten über seinen Kaiser.

DER 2. DEZEMBER 1848 war zunächst der große Tag der Erzherzogin Sophie. Sie hatte sich entsprechend angezogen: weißes Moirékleid, rosa Blüten im Haar, um den Hals das Geschmeide aus Türkisen und Diamanten, das ihr der Gemahl zur Geburt Franz Josephs verehrt hatte, ihres Ersten, der nun – achtzehn Jahre und dreieinhalb Monate danach – zum Kaiser von Österreich erhoben werden sollte.

»Ich danke für alles, was Sie für uns getan haben«, sagte sie zu Windisch-Graetz und Jellačić, die sich in Galauniform zur Stelle gemeldet hatten. Auch Schwarzenberg sonnte sich in ihrer Huld. Die beiden Generäle hatten die Oktoberrevolution niedergeworfen, der Ministerpräsident war dabei, die politischen Konsequenzen daraus zu ziehen. Als Paladine wurden sie von Hofchronisten bezeichnet, tapfere Ritter und treue Beschützer ihres Gebieters, während sie sich eher für Hausmeier hielten, die Lenker des Herrschers, die Leiter des Staates.

Die Erscheinung des jungen Kaisers ließ den Hofmalern kaum etwas zum Beschönigen: weißer Rock, rote Hosen, eine schlanke, ranke Gestalt, ein gesundes, frisches, offenes Gesicht, noch ohne Bart, fast knabenhaft, mit sanften Augen, vollen Lippen und weichem Kinn; nur die abstehenden Ohren galt es zu korrigieren, wenn das Bildnis so bezaubernd-schön sein sollte, wie es die Staatsraison erheischte: ein Jüngling, makellos, unbeschrieben, lilienrein, Habsburgs Neubeginn und letzte Hoffnung.

Der alte Kaiser Ferdinand machte wie immer gute Miene zu dem Spiel, das mit ihm getrieben wurde. Vor den im Thronsaal der erzbischöflichen Residenz zu Olmütz versammelten Zeugen verlas er alles, was man ihm aufgesetzt hatte: »Wichtige Gründe haben Uns zu dem unwiderruflichen Entschluß gebracht, die Kaiserkrone niederzulegen, und zwar zugunsten Unseres geliebten Neffen, des durchlauchtigsten Erzherzogs Franz Joseph, Höchstwelchen Wir für großjährig erklärt haben, nachdem Unser geliebter Herr Bruder, der durchlauchtigste Herr Erzherzog Franz Karl, Höchstdessen Vater, erklärt haben, auf das Ihnen nach den bestehenden Haus- und Staatsgesetzen zustehende Recht der Thronfolge zugunsten Höchstihres vorgenannten Sohnes unwiderruflich zu verzichten.«

Franz Joseph I. beugte vor seinem Vorgänger das Knie. Der Onkel neigte sich zu ihm herab, legte ihm die Hände auf den Kopf und sprach: »Gott segne dich, bleib nur brav, Gott wird dich schützen.« Den Dank wehrte er ab: »Laß nur, es ist gern geschehen.« Dann zog sich das Exkaiserpaar zurück, packte seine Sachen und fuhr nach Prag, auf das Altenteil im Hradschin. Dort lebte »Ferdinand der Gutmütige« noch bis zum 29. Juni 1875. Bei jedem Mißgeschick seines Nachfolgers, also oft, pflegte er zu sagen: »Das hätt' ich auch zusammengebracht.«

In Olmütz herrschten am 2. Dezember 1848 nur Glück und Sonnenschein. Die Frauen weinten natürlich, doch es waren Freudentränen. »Viribus unitis« (»Mit vereinten Kräften«) hieß der Wahlspruch des neuen Kaisers, und wen er damit meinte, zeigte er schon am ersten Tag: Er versicherte sich mündlich des Beistands von Windisch-Graetz, Jellačić und Schwarzenberg, erbat sich schriftlich Rat von dem in Italien unabkömmlichen Radetzky. Graf Grünne, der Vertrauensmann der Mutter, wurde zum Generaladjutanten und Chef der Zentralkanzlei des Allerhöchsten Armeeoberkommandos ernannt. Dann nahm Franz Joseph I. eine Parade der Garnison von Olmütz ab, seiner Truppen, die ihm die abgefallenen Gebiete zurückerobern, sein Kaiserreich im Innern wie nach außen sichern sollten.

Der Mitwirkung des Volkes und der Völker konnte man dabei noch nicht entraten. »Fest entschlossen, den Glanz der Krone ungetrübt zu erhalten, aber bereit, Unsere Rechte mit den Vertretern unserer Völker zu teilen, rechnen Wir darauf, daß es mit Gottes Beistand und im Einverständnis mit den Völkern gelingen werde, alle Länder und Stämme der Monarchie zu einem großen Staatskörper zu vereinen.« Das war, in der Proklamation zum Regierungsantritt, die Handschrift des Ministerpräsidenten Schwarzenberg: Absage an Absonderungsbestrebungen der Ungarn, Italiener und Deutschen, Ankündigung eines österreichischen Einheitsstaates. Und das war, in der Antwort auf die Huldigungsadresse der Volksvertretung, die unverblümte Meinung des neuen Kaisers: »Ich freue mich über den Ausdruck der loyalen Gesinnungen des Reichstages. Ich erwarte, daß er sich möglichst beeilen werde, mir den Verfassungsentwurf vorzulegen, damit ich ihn prüfen und meiner kaiserlichen Sanktion unterziehen kann.«

»Von Gottes Gnaden« wollte er Kaiser sein, auf die Hervorhebung seiner Herrscherwürde und gebührenden Abstand von den Beherrschten bedacht, kein »konstitutioneller Kaiser« wie der nachgiebige Ferdinand, nicht von den Paragraphen einer Verfassung oder gar von der Gunst des Volkes abhängig. Noch war er ein Kaiser »von Kanonen Gnaden«, wie Windisch-Graetz konstatierte. Doch er sollte sowohl ein »erster Diener seines Staates« nach dem Vorbild des aufgeklärten Absolutismus des 18. Jahrhunderts werden als auch ein geweihter Herrscher im Sinne des Mittelalters und ein legitimierter Monarch nach den Vorstellungen der Heiligen Allianz – in der Begründung der Regierungsgewalt Franz, der Enkel des Kaisers der Restauration, in der Ausübung der Regierungsgewalt Joseph, ein Nachfahre des Reformkaisers.

Franz Joseph I. eben, der erste Habsburger, der diese Kombination versuchen wollte, eines Herrschaftsbegriffes, der immer mehr veraltete, und von Herrschertugenden, die zunehmend als Untugenden empfunden wurden. Franz Joseph der Letzte deshalb, der letzte Monarch alter Schule, der 68 Jahre, viel zu lange regieren, sich selbst überleben und sein Österreich sterben sehen sollte.

An der Schwelle zur zweiten Hälfte des 19. Jahrhunderts, bei seinem Regierungsantritt, sah man seine und die eigene Zukunft eher in rosigem Licht. »Ein Caesar von achtzehn Jahren! Ein kühner Wurf, ein Vabanque! Alles gewonnen, oder alles verloren! Ich glaube das erstere. Ich hoffe es!«, bemerkte der sächsische Diplomat Graf Vitzthum. Der britische Außenminister Lord Palmerston meinte, Franz Joseph sei zwar noch jung, aber er werde eine gute Figur machen, wenn er sich zu Pferde der Truppe und dem Volke zeige, und er könnte Österreich wiederherstellen, wenn er fähige Generäle und gute Minister zur Seite habe. Beides hatte er, was selbst Metternich anerkannte, der nicht mehr mit von der Partie sein konnte, aus dem Exil den jungen Kaiser ermahnte, er solle mit seinen neuen Ratgebern so regieren, wie er es ihn gelehrt habe. Und die Wiener? Franz Grillparzer griff wieder in die Leier, sang das »Österreichische Volkslied«:

»Gott erhalte unsern Kaiser
Und in ihm das Vaterland!
Der du Kronen hältst und Häuser,
Schirm ihn, Herr, mit starker Hand.«

Erzherzogin Sophie vermeldete ihren Sieg dem Erzherzog Ludwig, dem alten Vertrauten: »Unter uns gesagt – wir dürfen uns eingestehen, wir haben einen guten Kampf gekämpft, als schwache Weiber, aber in Gottes Hand.« Natürlich war sie nun ganz glückliche und stolze Kaiserinmutter, vermerkte jeden der ersten Schritte ihres Kaisersohnes, seine »gar edle, freundliche und doch bestimmte Art, sich einem jeden zu nahen«, und sie nahm sich vor, auch die weiteren Schritte mit Rat und Tat zu begleiten, mehr noch: zu lenken.

Schwarzenberg, der das gleiche vorhatte, blieb distanzierter, doch nicht unbeeindruckt: »Sein Verstand ist scharf, sein Fleiß in den Geschäften, besonders in seinem Alter, bewunderungswürdig«, bemerkte der Ministerpräsident, nachdem er seinen Herrn eine Zeitlang beobachtet hatte. »Er arbeitet ernstlich wenigstens zehn Stunden am Tage, und wie viele Vorträge der Minister, von ihm selbst bemängelt, zurückkommen, weiß niemand besser als ich.« Franz Joseph habe Würde und Anstand, sei gegen jedermann überaus höflich, wenn auch etwas trocken, keineswegs gefühlvoll und gemütlich im Wiener Sinne. »Er ist aber allgemein zugänglich, geduldig und hat den guten Willen, allen gerecht zu werden. Er hat einen gründlichen Abscheu vor jeder Lüge und ist vollkommen verschwiegen.« Vor allem aber – und was wäre in dieser Situation nicht notwendiger gewesen – sei er mutig und unverzagt: »Er ist physisch und moralisch ein furchtloser Charakter, und ich glaube, daß er hauptsächlich deshalb jede Wahrheit, auch die bitterste, verträgt, weil sie ihn nicht abschreckt. Die Zeit wird ihn noch selbständiger machen.«

Vorerst war Franz Joseph noch dabei, den Übergang zwischen unbeschwerter Jugend und verantwortungsvollem Herrscheramt zu finden. In der Kirche kniete er nun allein auf seiner Betbank, im Theater saß er in der Mitte der Hofloge, zwischen Mutter und Vater; der Ministerkonferenz hatte er zu präsidieren. Immer und überall erschien er in Uniform, die ihm Haltung gab und sein Ansehen hob. Er kommandierte, diktierte, regierte, erledigte seine Regentenarbeiten wie vorher seine Schulaufgaben: anstandslos, pünktlich, gewissenhaft. Beinahe schien es, er ließe sich pausenlos einspannen, antreiben und beschäftigen, um keine Zeit für die Erkenntnis zu finden, welches Joch man ihm aufgebürdet habe.

Manchmal brach er aus, in schon männliche Zerstreuungen, Reiten, Tanzen, Jagen. Und immer noch in kindliches Spiel: Vierzehn Tage nach der Thronbesteigung warf die achtzehnjährige Apostolische Majestät mit ihren jüngeren Brüdern eine Glastüre in der Residenz ein, aus lauter Jux. Es war so etwas wie ein Polterabend, bevor der Ernst des Lebens endgültig begann.

DIE KAISERLICHE AUTORITÄT war ein Gebilde aus dünnem Glas, das jeden Augenblick zerspringen konnte, unter dem Druck der noch nicht kalmierten Revolution, und durch Ansprüche derjenigen, die vorgaben, den Herrscher zu stützen, doch ihn unter Kuratel stellen wollten. Franz Joseph, so jung er war, erkannte diese doppelte Gefahr. Von Anfang an war er ängstlich darauf bedacht, die kaiserliche Autorität vor jedem Windhauch, jedem Antasten zu bewahren, was ihn mitunter so mitnahm, daß er nicht schlafen konnte, ihn einmal sogar ohnmächtig werden ließ.

Im nahen Kremsier rüttelte der verfassunggebende Reichstag am Kaisertum Österreich: An der Souveränität des Monarchen, die durch die Souveränität des Volkes ersetzt werden sollte. An der staatstragenden Säule des Adels, der abgeschafft, zumindest seiner Privilegien entblößt werden sollte. An der übernationalen Struktur des Vielvölkerstaates, der – ohne Ungarn und Italien – in nationale Unterabteilungen zerlegt werden sollte. Das mochte im Sinne des Zeitgeistes gewesen sein, hätte vielleicht die Zukunftschancen Österreichs gefördert – dem Monarchen und seinen Paladinen mußte es als Sünde wider das geheiligte monarchische Prinzip, als

Verletzung der österreichischen Staatsraison, als Existenzgefährdung des Reiches erscheinen.

Der Gegenschlag erfolgte am 4. März 1849: Der Monarch, der Inhaber aller Staatsgewalt, und Ministerpräsident Schwarzenberg, sein Arm und Mund, oktroyierten eine Verfassung – unter Umgehung der konstituierenden Nationalversammlung, in Anknüpfung an den aufgeklärten Absolutismus Josephs II.: eine Reichsverfassung für Gesamtösterreich, einschließlich Ungarn, Gewährung staatsbürgerlicher Rechte und nationaler Gleichberechtigung – doch auf der Grundlage des monarchischen Prinzips, im Rahmen eines unteilbaren Einheitsstaates, unter Kontrolle einer zentralistischen Bürokratie. Das war die extreme Antwort der Gegenrevolution auf extreme Forderungen der Revolution, dem nationalen Partikularismus wurde eine übernationale Zentralisation entgegengesetzt, und beides konnte Österreich, diesem föderalistischen Wesen, nicht förderlich sein.

Jedenfalls war der Reichstag in Kremsier überflüssig geworden; am 7. März 1849 schickte man die Volksvertreter nach Hause. »Die Auflösung geschah durch Militärgewalt«, berichtete der Schweizer Gesandte. »Die Bestürzung der Mitglieder soll groß, die letzten Augenblicke der Versammlung sollen ergreifend gewesen sein.« Erzherzogin Sophie fühlte sich erleichtert: »Über die Schließung des Reichstages jubelten alle rechtlich Gesinnten, denn sie hat den letzten Rest von Schmach vom Kaiserreich genommen, für das es doch sehr demütigend war, Gesetze aus den Händen von solchen Menschen zu empfangen, die rastlos an seiner Vernichtung arbeiteten.« In Olmütz wurde ein Tedeum gesungen. Als der Kaiser danach sein Pferd bestieg, zeigte sich dieses störrisch; er gab ihm zornig die Sporen, sodaß es in einem Satz vorwärtsschoß. Ein Höfling sah darin ein Gleichnis: So würde der Monarch auch mit der Anarchie fertigwerden.

Zunächst machte ihm ein Paladin zu schaffen, Fürst Alfred Windisch-Graetz. Der Feldmarschall sollte die Ungarn zu Paaren treiben, was ihm nicht gelingen wollte. Nach der Besetzung Pests hatte ihn das Kriegsglück verlassen – nicht zuletzt deshalb, weil er nur mit halbem Herzen danach gegriffen hatte, nur widerstrebend gegen die ehemaligen Kameraden im ungarischen Heere zu Felde zog. Überdies wurmte ihn, daß er von Olmütz, dem Zentrum der Macht, so weit entfernt war, was er durch nur notdürftig als Ratschläge verhüllte Anweisungen an den jungen Kaiser wettzumachen suchte: »Ich habe eine Bitte, die für mein Wirken, für meine so schwere Stellung unerläßlich bleibt, daß vom Ministerrate nichts Wichtiges ohne mein Vorwissen Euer Majestät vorgelegt werde, daß Allerhöchstdieselben nicht zu entscheiden geruhen, ohne mir zu gestatten, davon vorher Kenntnis zu nehmen.«

Dieser Ton mißfiel nicht nur den Ministern in Olmütz, die den jungen Kaiser ihrerseits zu bevormunden suchten, sondern auch Franz Joseph, der nun Marschallsuniform trug und kommandieren wollte. Schwarzenberg behagte die Schelte des Schwagers an seiner Gesamtstaatsverfassung nicht; sie war dem föderalistischen Konservativen Windisch-Graetz zu liberal, zu demokratisch, zu zentralistisch. Schwarzenberg störte besonders, daß der Schwager selber Ministerpräsident werden, ihn verdrängen wollte. Schon schrieb die *Wiener Zeitung*: Es sei nicht richtig, daß der Feldmarschall zum Herzog von Friedland ernannt worden wäre. Mit diesem Dementi eines selbsterfundenen Gerüchts wurde die Erinnerung an Wallenstein beschworen, der seinem Kaiser über den Kopf gewachsen war und deshalb beseitigt werden mußte.

Auch Windisch-Graetz, den Retter der Monarchie, ereilte der Dank des Hauses Habsburg, indessen in einer Art und Weise, die einem humaneren Jahrhundert angemessen war. Der Dolch wurde durch die Intrige ersetzt. In deren Handhabung exzellierte Graf Grünne, der Generaladjutant. Er verfaßte den von Franz Joseph unterzeichneten Befehl an Windisch-Graetz, das Oberkommando an Feldzeugmeister Ludwig Freiherrn von Welden, einen Günstling und Mitintriganten Grünnes, abzugeben. Der Feldmarschall, dem der Kaiser noch kürzlich erklärt hatte, »Ihnen verdanken wir alles«, war tief getroffen: »Die Opfer, die ich dem Kaiserhaus gebracht, die unbedingte Hingebung, mit welcher ich Euer Majestät, Ihrer Dynastie, der Monarchie und der Armee gedient, und ich darf sagen, was ich dabei geleistet habe, läßt es nicht zu, daß ich noch die Zeichen von dem zu tragen imstande bin, was Sie mir nun nach dem Geleisteten so leicht zu entziehen keinen Anstand nehmen. Euer Majestät werden daher zu entschuldigen geruhen, die Welt kein nachteiliges Urteil über mich fällen, wenn ich mich bemüßigt finde, Allerhöchstdemselben alles an Würden und Dekorationen zu Füßen zu legen, was ich vom Kaiserhaus besitze.«

Von nun an sollte die österreichische Armee keinen eigenwilligen und befähigten Oberbefehlshaber mehr haben. Franz Joseph übernahm das Oberkommando höchstselbst, begann in der Fiktion zu leben, er übe es auch tatsächlich aus. Das tat jedoch, wenn auch verschwiegen und unauffällig, der zum Leiter der kaiserlichen Militärkanzlei aufgerückte Generaladjutant Grünne. Er schirmte seinen Kaiser gegenüber den Zivilisten ab und gab in seinem Namen »Allerhöchste Befehle« an die Militärs heraus. Schon im ersten Regierungsjahr war Franz Joseph der stumpfsinnigsten aller Bürokratien, der Militärbürokratie, anheimgefallen.

Noch gab es den alten Feldmarschall Radetzky, der, weit entfernt von Franz Joseph und Grünne, in Italien selbständig operierte. Dort stach den im Vorjahr besiegten König Karl Albert von Sardinien-Piemont der Hafer: Er kündigte den Waffenstillstand. In drei Tagen war er schimpflich geschlagen, am 21. März 1849 bei Mortara, am 23. März bei Novara. Karl Albert dankte ab und ging nach Portugal; sein Sohn Viktor Emanuel, der ein Jahrzehnt später mehr Glück haben sollte, bestieg den Thron. Am 24. August kapitulierte Venedig – das ganze Lombardo-Venetianische Königreich war wieder in österreichischer Hand. Sie wurde von den Italienern mehr und mehr als Faust des Zwingherrn empfunden.

Vor allem die Niederwerfung des Aufstandes in Brescia hinterließ brennende Wunden. Verantwortlich dafür zeichnete Feldzeugmeister Julius Freiherr von Haynau, ein unehelicher Sohn des Kurfürsten Wilhelm I. von Hessen-Kassel und der Apothekertochter Rebekka Ritter. Er eroberte Brescia in blutigem Straßenkampf, ließ einen Priester vom Altar weg verhaften und in vollem Ornat erschießen, legte den Überlebenden eine Kriegssteuer von sechs Millionen Lire auf. »Hyäne von Brescia« nannten ihn die Italiener, und Radetzky meinte: »Er ist mein bester General; aber er ist wie ein Rasiermesser; wenn man es benützt hat, muß man es in sein Futteral zurückgeben.« Das tat man freilich nicht, denn das Rasiermesser wurde noch gebraucht – in Ungarn.

Dort hatte der Nachfolger von Windisch-Graetz, der Feldzeugmeister Welden, kläglich versagt, nicht nur wegen eklatanter Unfähigkeit, sondern weil mit seiner Aufgabe auch ein richtiger Feldherr überfordert gewesen wäre. Ungarn führte einen nationalen Revolutionskrieg, dem sich die Armee der österreichischen Reaktion so wenig gewachsen zeigte wie 1792 das preußisch-österreichische Heer, das die französischen Revolutionäre besiegen sollte und es nur bis zur »Kanonade von Valmy« brachte.

Die Proklamation der Gesamtstaatsverfassung, die Ungarn seine alten Rechte nahm und ihm Kroatien, Slawonien, die Küstenlande an der Adria und Siebenbürgen absprach, reizte die Magyaren bis aufs Blut. Am 14. April 1849 erklärte der Reichstag in Debreczin das Haus Habsburg-Lothringen in Ungarn für abgesetzt. Ludwig Kossuth, nun als »Gouverneur« an der Spitze der Regierung, predigte den totalen Krieg. Die Österreicher mußten Siebenbürgen und die Hauptstadt Pest räumen, die Magyaren nahmen Ofen, marschierten auf Preßburg und Wien. »Ich selbst habe keine Hoffnung mehr, als unter den Trümmern begraben zu werden«, meldete der Unglücksrabe Welden.

Es war zum Russenholen, wie man in Olmütz sagte. Nikolaus I. rasselte schon lange ungeduldig mit dem Säbel, nur zu gern bereit, ihn zu ziehen, und Revolutionäre, wo auch immer, niederzuschlagen – der Zar von Rußland, die letzte aufrecht stehende Säule der Heiligen Allianz, nachdem Preußen und Österreich ins Wanken geraten waren. Schwarzenberg, der Außenpolitiker, wollte nicht unbedingt die Russen in Mitteleuropa engagieren; es war leichter, sie zu rufen, als sie wieder loszuwerden. Doch für alle Fälle glaubte man vorbauen zu müssen: Bereits am 16. April 1849 pries Franz Joseph den Zaren als »das letzte Bollwerk einer Gesellschaft, die bereit ist, den Schlägen ihrer unversöhnlichen Feinde zu erliegen«, und faßte ihn am gegenrevolutionären Portepee: »Ich bitte Sie zu glauben, Sire, daß ich inmitten der peinlichen Prüfungen, die die Vorsehung mir zubestimmt hat, seit Beginn meiner Regierung unaufhörlich Trost und Hoffnungsgründe aus der glücklichen Sicherheit schöpfe, in jeder Lage auf die unerschütterliche Freundschaft Euer kaiserlichen Majestät zählen zu dürfen.«

Am 1. Mai 1849 mußte dann der Kaiser dem Zaren einen Brandbrief schicken, mit der dringenden Bitte um Beistand gegen die ungarische Revolution, die »in kurzem den Umfang einer europäischen Kalamität annehmen könnte.« Nikolaus antwortete postwendend: Er habe seinen Truppen den Befehl gegeben, ihren österreichischen Waffenbrüdern zu Hilfe zu eilen. Er tat dies natürlich im eigenen Interesse, denn was heute in Ungarn geschah, konnte morgen in Polen passieren.

Zunächst wollte der dreiundfünfzigjährige Herrscher aller Reußen dem jungen Fant zeigen, wer in dieser Allianz das Sagen hatte. Franz Joseph wurde nach Warschau bestellt. In aller Heimlichkeit begab er sich dorthin, berichtete der Mutter am 21. Mai: »Er hat mich unendlich gütig und herzlich empfangen, und ich habe um 4.00 Uhr mit ihm tête-à-tête gespeist. Wir sind sehr schnell gereist, und besonders die russische Eisenbahn zeichnet sich durch Ordnung und gleichmäßiges bequemes Fahren aus. Überhaupt ist hier alles so ordentlich und ruhig, daß es wohltut.«

Die Umarmung des Zaren war herzlich, doch drückend und beengend. Selbstverständlich mußte die russische Interventionsarmee selbständig operieren und von einem Russen geführt werden. Feldmarschall Fürst Iwan Paskiewitsch sollte am linken Donauufer vorrücken, der neue österreichische Oberbefehlshaber Haynau am rechten Donauufer; von Süden her sollte Jellačić vorstoßen. Jeder nahm sich vor, der Erste in Buda-Pest zu sein. Nikolaus I. begab sich zu seiner Armee, ebenso Franz Joseph I.; jeder wollte dabei sein, wenn – wie es der Zar nannte – die Ordnung triumphierte, weil keiner dem anderen den Triumph allein gönnte.

Der achtzehnjährige Kaiser nahm seinen Bruder Ferdinand Max mit ins Feld, und beide hielten es für ein Kinderspiel. Begeistert berichtete der Jüngere, der gern übertrieb, von der ersten Feindberührung bei Raab: Der »herrliche Kaiser« sei mitten unter seinen Truppen in die Stadt eingedrungen, über eine brennende Brücke! Franz Joseph kommentierte am 29. Juni: »Die gestrige Einnahme von Raab war sehr hübsch.« Wenige Tage später stand er im Gefecht bei Komorn; eine Kugel schlug neben ihm ein. Schwarzenberg, der ihn auch im Felde nicht aus den Augen ließ, beendete die Soldatenspielerei. Franz Joseph und Ferdinand Max reisten nach Schönbrunn, wo die Mutter sie erwartete. Der Zar schickte das Georgskreuz für tapferes Verhalten vor dem Feind. Er selber blieb am Gegner, in gehöriger Distanz freilich, um beim Endsieg dabei zu sein.

Dieser ließ nicht lange auf sich warten. Zwar hatte Kossuth getönt: »Sie sollen nur kommen. Ungarn hat die Türkenzeit überstanden, es wird auch mit Österreichern und Russen fertigwerden.« Doch dem konzentrischen Angriff der drei Armeen konnten die Ungarn nicht lange standhalten. Am 1. Juli 1849 appellierte Kossuth verzweifelt an die Völker Europas: »Auf ungarischem Boden wird die Freiheit Europas entschieden. Mit diesem verliert die Weltfreiheit ein großes Land, mit dieser Nation einen treuen Helden!« Doch solche Worte zündeten nicht mehr im eigenen, ausgebrannten Land, und schon gar nicht bei den ruhebedürftigen Nachbarn. Die patriotischen Werte waren inflationiert, wie das Papiergeld, das die ungarische Notenpresse gedruckt hatte. Kossuth trat zurück, vergrub die Stephanskrone bei Orsova und flüchtete sich zu den Türken, nicht ohne einen Abschiedsbrief an Franz Joseph zu hinterlassen: »Gott sei mit Dir, König, vergiß nicht, daß die Nation nicht um Deinetwillen da ist!«

Das war, wie es Metternich vorausgesehen hatte, der Roman, und das die Wirklichkeit: Am 13. August 1849 ergaben sich die Reste der Revolutionsarmee unter Arthur Görgey den Russen bei Vilagos – 11 Generäle, 1426 Stabs- und Oberoffiziere, 30869 Mann, 7967 Pferde, 129 Geschütze, 29 Fahnen und 21 Standarten. Fürst Paskiewitsch meldete dem Zaren: »Sie, Majestät, und niemand anderer sind der Sieger, Ungarn liegt zu Ihren Füßen und der Krieg ist beendet.« Nikolaus I., der die Ungarn für sich gewinnen, einen Machtzuwachs für Rußland aus der Aktion der Heiligen Allianz erringen wollte, ermahnte den jungen Kaiser zur Milde gegenüber den Verirrten.

Franz Joseph war nach Ischl gereist, um seinen neunzehnten Geburtstag zu feiern. Die Mutter hatte alles arrangiert: Auf dem Tisch stand eine Torte mit neunzehn Kerzen, Tiroler Sänger intonierten das »Gott erhalte, Gott beschütze unsern Kaiser, unser Land«, und das Geburtstagskind schoß sich sechs kapitale Gamsböcke.

Anschließend beging der Kaiser einen folgenschweren Fehler: Unter seinem Vorsitz beschloß der Ministerrat am 20. August, daß alle ungarischen Aufrührer, vom Stabsoffizier aufwärts, vor das Kriegsgericht gestellt werden sollten. General Haynau, das Rasiermesser, stand bereit, Tabula rasa zu machen. Damit er es nicht zu arg triebe, wurde ihm aufgetragen, kein Todesurteil zu vollstrecken, das nicht von Wien bestätigt worden sei. Doch Haynau wollte sich in seiner Rachejustiz von niemandem behindern lassen. Der Kaiser und seine Minister gaben nach: Es genüge, die vollzogenen Todesurteile anzuzeigen.

Im Festungsgraben von Arad wurden am 6. Oktober 1849 dreizehn Generäle, die vordem in der österreichischen und dann in der ungarischen Armee gedient hatten, teils erschossen, teils gehängt, unter den Klängen »Gott erhalte, Gott beschütze unsern Kaiser, unser Land«. Am 25. Oktober wurden sechs Zivilisten hingerichtet, darunter der ehemalige ungarische Ministerpräsident Ludwig Batthyany, der urteilswidrig füsiliert werden mußte, weil er sich mit einem ihm von seiner Frau zugesteckten Dolch so schwer am Hals verletzt hatte, daß ihm keine Schlinge umgelegt werden konnte.

Der Zar gebot Einhalt. Er war verstimmt, daß die Generäle, die sich den Russen ergeben hatten, gehängt wurden, während diejenigen, die vor den Österreichern kapituliert hatten, den für einen Soldaten weniger schimpflichen Tod durch Pulver und Blei fanden. Er wäre glücklich, schrieb Franz Joseph an Nikolaus, könnte er, wie es ihm die persönlichen Gefühle eingäben, Gnade üben; aber das Wohlergehen des Staates mache ihm die Strenge zur heiligen Pflicht. Er fühlte sich nicht wohl in der Rolle des Racheengels, sah seinen blütenweißen Rock befleckt und ahnte, daß er die Blutspritzer nie mehr würde abwaschen können. Und die ängstlich gehütete kaiserliche Autorität hatte einen Sprung: Er war um die Russen nicht herumgekommen und mußte sich nun von ihnen dreinreden lassen, der Kaiser von Österreich, der vom Zaren von Rußland als Juniorpartner behandelt wurde.

Es wurde nun nicht mehr hingerichtet, doch rund 2000 Ungarn mußten teilweise langjährige Haftstrafen antreten. Ein dreiviertel Jahr später entließ Franz Joseph den vorher mit dem Großkreuz des Maria-Theresien-Ordens dekorierten Haynau – nicht nur, weil dieser sich in dem in den österreichischen Einheitsstaat eingeschmiedeten Ungarn wie ein Kolonialgouverneur aufgeführt hatte, sondern auch und vor allem, weil der General nahe daran gewesen war, sich als ein zweiter Windisch-Graetz, als ein neuer Wallenstein, zu profilieren. Weniger zählte in Wien, daß sich Haynau die Verachtung fast ganz Europas zugezogen hatte. Als er sich wenig später nach England wagte, wurde er in London von Bierkutschern verprügelt.

Respekt vor dem Henker und seinem kaiserlichen Herrn bezeugte ein konservatives Mitglied des preußischen Abgeordnetenhauses, der vierunddreißigjährige Otto von Bismarck. »Du hast so viel Mitgefühl für die etwaige Familie Batthyany«, hielt er seiner Schwiegermutter vor, »hast du denn keines für die vielen tausend unschuldiger Leute, deren Frauen und Kinder durch den wahnsinnigen Ehrgeiz oder die Selbstüberhebung dieser Rebellen, mit der sie, wie Karl Moor, die Welt auf ihre Weise beglücken wollen, zu Witwen und Waisen geworden sind? Kann die Hinrichtung eines Menschen auch nur irdischer Gerechtigkeit genugtun für die eingeäscherten Städte, die verwüsteten Provinzen, die gemordete Bevölkerung, deren Blut dem Kaiser von Österreich zuruft, daß ihm Gott das Schwert der Obrigkeit verliehen hat?«

Noch deckten sich die gegenrevolutionäre Staatsraison Preußens und Österreichs. Doch schon war man in Berlin und Wien darangegangen, die deutsche Nationalbewegung, die beiden nicht paßte, für die eigenen Interessen einzuspannen.

DIE REVOLUTION hatte beide herausgefordert, die Gegenrevolution sie zusammengeführt – Franz Joseph I. von Österreich und Friedrich Wilhelm IV. von Preußen. In der Reaktion sollten sie nun zusammenbleiben, wie es sich der Onkel in Berlin – er war mit einer Schwester der Erzherzogin Sophie verheiratet – persönlich wünschte. Nun habe man Muße zum Schmieden neuer Waffen, »zu immer energischerem Kampfe gegen die Menschen des Verderbens und Schreckens, vor denen wir unser Leben lang schwerlich Ruhe finden werden«, hieß es in seinem Glückwunschschreiben an den Neffen, nachdem Ungarn, mit russischer Hilfe, niedergeworfen, der letzte Herd der Revolution in Österreich ausgetreten war.

Der Preuße hatte das Sturmjahr besser überstanden als der Österreicher. Er war aus eigener Kraft mit dem Aufruhr in seinem Lande fertiggeworden, preußische Truppen hatten die Aufstände in Sachsen und Baden, ein letztes Aufbegehren der Revolution, niederkartätscht. Auf Preußen lasteten nicht so schwere Hypotheken wie auf Österreich: Es war ein jüngerer und deshalb modernerer Staat. Liberale und Demokraten hielten ihn – trotz seiner reaktionären Grundtendenz – für fortschrittlicher als das rückwärts gewandte Kaisertum.

Vor allem aber war Preußen – sah man von der polnischen Minderheit ab, die ohnehin nichts zu melden hatte – ein deutscher Staat, kein Vielvölkerreich. Das war im Jahrhundert der Nationalstaatsbewegung das Entscheidende: Während Österreich ständig in Gefahr stand, in seine nationalen Bestandteile auseinanderzufallen, entwickelte sich Preußen, der größte und stärkste »rein deutsche« Staat, fast naturgesetzlich zur deutschen Führungsmacht, zum Gründer und Beherrscher eines deutschen Nationalstaates.

Der machtstaatliche Dualismus zwischen Österreich und Preußen hatte eine neue, eine ideologische Dimension bekommen, die für Wien existenzgefährdend, für Berlin existenzfördernd war. Schon hatten deutsche Abgeordnete aus Österreich in der Frankfurter Paulskirche den Anschluß der deutschen Gebiete Österreichs an ein deutsches Nationalreich verlangt, dessen Krone freilich – nach Ansicht der »Großdeutschen« – der Habsburger tragen sollte. Die »Kleindeutschen«, näher an der Wirklichkeit und in der Oberhand, forderten einen »geschlossenen deutschen Nationalstaat« unter preußischer Führung. Schließlich bestimmte der Verfassungsentwurf der Frankfurter Nationalversammlung: Kein Teil des Deutschen Reiches dürfe mit nichtdeutschen Ländern zu einem Staate vereinigt sein. Zwischen einem deutschen und einem nichtdeutschen Lande, die dasselbe Staatsoberhaupt haben, dürfe nur eine Personalunion bestehen.

Damit war Österreich vor die Alternative gestellt, entweder seinen Vielvölkerverband zu lockern, wenn nicht aufzugeben – oder dem Reich der Paulskirche fernzubleiben. Friedrich Wilhelm IV., von der Tradition des Deutschen Bundes und des »friedlichen Dualismus« zwischen Preußen und Österreich geprägt, wollte weiterhin Habsburg und Hohenzollern im deutschen Rahmen sehen: »Scheiden Sie nicht aus Deutschland«, schrieb er im Dezember 1848 an den neuen, eben proklamierten Kaiser von Österreich. »In den deutschen Fragen müssen nach meiner heiligsten Überzeugung Österreich und Preußen Hand in Hand gehen.«

Franz Joseph I. dachte ähnlich: »Österreich ist weit entfernt, an eine Trennung von Deutschland zu denken«. Doch er hatte, an die Adresse der Nationalversammlung gerichtet, hinzuzufügen: »Aber Deutschlands eigenes Interesse gebietet, daß Österreich zu einem starken Ganzen vereinigt bleibe, denn nur dann vermag es Deutschland im Süden wider einen eroberungssüchtigen Nachbarn zum Schilde zu dienen und den hoffnungsreichen Osten der deutschen Bildung, der deutschen Auswanderung zu eröffnen.«

Aus ihm sprach Schwarzenberg, der den Stiel umdrehte. Er verkündete die Einheitsstaatsverfassung, die keiner nationalen Gruppe, auch und gerade der deutschen nicht, eine zur Separation führende Bewegungsfreiheit belassen wollte. Und er forderte ultimativ die Aufnahme des ganzen, zentralistisch zusammengefaßten Österreichs in einen neuen deutschen Bund. Das war die »Idee des Siebzigmillionen-Reiches«: 30 Millionen Deutsche in Preußen und den deutschen Mittel- und Kleinstaaten sollten mit den 40 Millionen Österreichern – Deutschen, Slawen, Magyaren und Romanen – zu einer mitteleuropäischen Föderation unter Führung Österreichs vereinigt werden.

Dies war eher ein defensiver Gedanke gegen die Ansprüche der deutschen Nationalbewegung und zur Verteidigung des österreichischen Staatsverbands, als die offensive Vorstellung eines habsburgischen Imperiums in Mitteleuropa. Doch die großösterreichische Idee war alarmierend genug, und Schwarzenberg, dem schwarzgelben Machiavelli, traute man einiges zu. Metternich erinnerte aus dem Exil daran, daß nicht der Zentralismus, sondern nur der Föderalismus als Staatsprinzip für Österreich, Deutschland und Mitteleuropa geeignet wäre – wie er es dem 1815 geschlossenen und 1848 suspendierten Bund zugrundegelegt hatte. England sah die »Balance of powers« gefährdet. In Frankreich erklärte Edmond About im Auftrag des neuen, nach der Vorherrschaft in Europa strebenden Napoleon: »Ein österreichisches Deutschland, das mehr als 70 Millionen Menschen in einer Hand vereinigte, hätte das europäische Gleichgewicht bedroht und die Mächte beunruhigt.« Der Zar von Rußland hatte noch die gegenrevolutionären Scheuklappen an und mochte nicht erkennen, daß ein starker mitteleuropäischer Bund den Interessen Rußlands, weil seine Expansion hemmend, entgegengesetzt gewesen wäre. In Preußen, das Schwarzenberg auf den zweiten Platz in Deutschland verweisen wollte, begann man die großösterreichische Idee durch eine großpreußische Politik zu konterkarieren.

In Frankfurt waren die Großdeutschen verunsichert: Die Föderalisten stießen sich am Zentralismus, die Liberalen am Absolutismus, die Realisten am Wolkenkuckucksreich Schwarzenbergs. Die Kleindeutschen bekamen endgültig Oberwasser. Am 27. März 1849 wurde in der Frankfurter Nationalversammlung die Verfassung des

Deutschen Reiches verabschiedet, von dem Österreich ausgeschlossen sein sollte. Der König von Preußen wurde zum Erbkaiser der Deutschen gewählt.

Noch gab es die alte Reichstradition und die gegenrevolutionäre Kameraderie zwischen Hohenzollern und Habsburg. Friedrich Wilhelm IV. lehnte die Frankfurter Kaiserkrone ab, für ihn ein »Diadem aus Dreck und Letten der Revolution, des Treubruchs und des Hochverrats geknetet«. Die legitime, seit 1806 ruhende Kaiserwürde, »das Diadem ›von Gottes Gnaden‹, das ihn, der es trägt, zur höchsten Obrigkeit Deutschlands macht, der man Gehorsam schuldet um des Gewissens willen, das kann man annehmen, wenn man in sich die Kraft dazu fühlt und die angeborenen Pflichten es zulassen. *Die* Krone aber vergibt keiner als Kaiser Franz Joseph – ich und unseresgleichen, und wehe dem, der es ohne uns versucht, und wehe dem, der sie annimmt, wenn ihr Preis der Verlust eines Drittels von Deutschland und der edelsten Stämme unseres deutschen Volkes ist.«

Die preußische Staatsraison deckte sich indessen nicht mehr mit dieser Auffassung Friedrich Wilhelms IV., des »Romantikers auf dem preußischen Thron«. Ihr Fernziel war die territoriale Ausweitung, die Vormachtstellung in Deutschland, ihr Nahziel mußte die Abwehr österreichischer Hegemoniebestrebungen sein. Der alte Metternich, der Jahrzehnte lang den »friedlichen Dualismus« zwischen Österreich und Preußen im Deutschen Bund praktiziert hatte, warnte: »Ist die Umbildung des Staatenbundes in ein einheitliches Reich ein nützliches Unternehmen? Ich sage nein . . . Der Ausspruch in dem Berliner Parlament ist vielsagend: ›Preußen kann in dem Verein nicht der Zweite sein.‹ Nicht der Zweite sein zu wollen, führt zum Austreten aus dem Verein oder zur Erstürmung des ersten Platzes.«

Doch Schwarzenberg wollte jetzt nicht nur in Österreich, sondern auch in Deutschland Nägel mit Köpfen machen. Das »Siebzigmillionenreich« unter dem Doppeladler schien ihm greifbar nahe zu sein, nach der Wiederbefestigung des österreichischen Kaiserstaates, der Auflösung der deutschen Nationalversammlung und bei anhaltender Rückendeckung durch Rußland. Preußen wehrte sich aus Selbsterhaltungstrieb, und weil es an einer deutschen Einigung unter preußischer Führung immer mehr Gefallen fand – allerdings zu den Bedingungen der monarchischen Staatsgewalt, nicht nach den Forderungen der Volkssouveränität. Immerhin protegierte Berlin das Erfurter Parlament, in dem kleindeutsche Restposten der Frankfurter Nationalversammlung mit ihren Reden Wasser auf die Mühlen der nun von Preußen angestrebten kleindeutschen Fürstenunion leiteten.

Österreich, das ausgeschlossen bleiben sollte, mußte dagegenhalten, und dabei bekam Schwarzenbergs Idee des Siebzigmillionenreiches die ersten Dellen. Denn die deutschen Fürsten, die es Preußen abspenstig zu machen galt, waren nicht mit der Aussicht auf ein von Wien beherrschtes mitteleuropäisches Reich zu gewinnen, sondern nur mit einer Rückkehr zum Deutschen Bund, der den mittleren und kleinen Staaten ihre Selbständigkeit garantierte.

Die Königreiche Sachsen und Hannover kehrten der preußischen Union den Rücken, die Königreiche Bayern und Württemberg hatten sich ihr nie zugewandt. Sie schlossen, mit dem Segen Österreichs, am 27. Februar 1850 ein Vierkönigsbündnis. Für den 10. Mai lud Österreich, die Präsidialmacht des Deutschen Bundes, alle ehemaligen Mitglieder zu einer Konferenz nach Frankfurt ein, um über die Restauration des alten Staatenvereins zu beraten. Aber nur 10 von 36 der deutschen Staaten folgten dem Ruf, die anderen hielten zu Preußen oder verhielten sich neutral. Bei der von Schwarzenberg betriebenen Wiedereröffnung des Deutschen Bundestages, am 2. September 1850 in Frankfurt, blieb Österreich mit seinen Anhängern allein.

Schon schien es, als würden Franz Joseph und Friedrich Wilhelm wie einst Friedrich und Maria Theresia gegeneinander marschieren. Einen Kriegsgrund hätte beinahe der Kurfürst von Hessen-Kassel geliefert. Dieser wollte alles, was ihm die Revolution abgetrotzt hatte, wieder an sich reißen. Weil er die bestehende Verfassung brach, verweigerten ihm die meisten Offiziere – »Spitzbuben« nannte sie Franz Joseph – und viele Verwaltungsbeamte und Richter den Gehorsam. Der Kurfürst erbat Hilfe vom Frankfurter Bundestag, unter Berufung auf die Interventionsklausel der Bundesverfassung.

Österreich war nur zu gern bereit, ein gegenrevolutionäres Exempel zu statuieren und die Funktionsfähigkeit des restaurierten Bundes zu demonstrieren. Preußen hingegen, das vor kurzem noch den badischen Aufstand niedergeschlagen hatte, machte nun Miene, die kurhessische Meuterei zu unterstützen, weil es das Wohlwollen der liberalen öffentlichen Meinung für seine kleindeutsche Unionspolitik brauchte und es auf eine Kraftprobe mit dem Rivalen in Wien ankommen lassen wollte.

Die in Frankfurt versammelte österreichische Fraktion des Bundestags beschloß die Bundesintervention in Kurhessen. Österreichische Truppen in einem Gebiet, das die preußischen Westprovinzen vom preußischen Kernterritorium trennte? Das Süddeutschland mit Hannover verband, Österreich eine Gasse nach Norddeutschland bot? Alarmiert von dieser Aussicht, zog Preußen Truppen in Thüringen und Westfalen zusammen. Österreich antwortete mit Manövern in Böhmen. Hier traf Franz Joseph seinen Freund und Verbündeten, den Kronprinzen Albert von Sachsen. Die Annäherung an Österreich bekam diesem persönlich schlecht: Als er mit sächsischer, also etwas gewaltsamer Forschheit an Erzherzog Albrecht, den kommandierenden General, heranritt, scheute dessen Pferd, schlug aus und zerschmetterte ihm ein Schienbein.

Franz Joseph bekam Fieber, als er kurz darauf in Bregenz am Bodensee mit den Königen von Bayern und Württemberg das weitere Vorgehen besprechen mußte. Mit der Bundesintervention in Kurhessen wurden bayerische Truppenteile und das österreichische 4. Jägerbataillon beauftragt. Sollte sich Berlin widersetzen, würde man dies als Bundesbruch deklarieren und – mit 150000 österreichischen, 50000 bayerischen und 30000 württembergischen Soldaten – die Bundesexekution gegen Preußen durchführen.

Nicht lange konnte Franz Joseph, der wegen seiner Erkrankung vorzeitig nach Schönbrunn zurückkehrte, sich in der heilen, heiteren Welt des Lustschlosses vom Ernst der Situation abkapseln. Zar Nikolaus, der sich zum Schiedsrichter berufen fühlte, ließ die Streithähne nach Warschau kommen. Zwei gegenrevolutionäre Staaten, die sich selber an die Gurgel wollten, anstatt gemeinsam die Revolution zu bekämpfen! Das durfte nicht wahr sein. Zudem konnte man beiden zeigen, wer in der reaktionären Riege das Sagen hatte: Rußland, die europäische Ordnungsmacht. Preußen, das die Rebellion in Kurhessen schürte, mußte zur Raison gebracht werden. Österreich, das nach den mitteleuropäischen Sternen griff, mußte im Zaum gehalten werden.

So kam Nikolaus dem Kaiser von Österreich in ungarischer Generalsuniform entgegen, was diesen zwar unangenehm berührte, aber auch zur Besinnung brachte. In Warschau vereinbarten Fürst Schwarzenberg und der preußische Ministerpräsident Graf Brandenburg, die Dinge nicht auf die Spitze zu treiben.

Doch der Konflikt nahm seinen Lauf. Am 1. November 1850 überschritten die vom Bund beauftragten Bayern und Österreicher die kurhessische Grenze, was die Preußen dazu bewog, ebenfalls in Kurhessen einzumarschieren. Berlin wie Wien machten mobil. Am 8. November fielen bei Bronzell die ersten Schüsse; ein paar Soldaten wurden verwundet, ein Pferd getötet, der alsbald als Opfer des deutschen Dualismus verklärte »Schimmel von Bronzell«. Daraufhin lenkte Preußen ein, signalisierte seine Abkehr von der kleindeutschen Union und seine Rückkehr in den Deutschen Bund.

Schwarzenberg hätte lieber losgeschlagen, die günstige Gelegenheit zur Degradierung des preußischen Rivalen genutzt. Franz Joseph fiel ein Stein vom Herzen. Er lud Erzherzöge und Minister samt Damen zu einem Friedensmahl ein, wobei er seine Spannung durch einen Jungenstreich zu lösen suchte: Die jüngeren Brüder mußten sich in einem der düsteren Gänge der Hofburg verstecken und – auf das allerhöchste Zeichen hin – die vorbeigehenden Damen durch einen vorgetäuschten Kriegslärm erschrecken.

Preußen mußte nach Canossa gehen, das heißt nach Olmütz, in die mährische Stadt, in der die Restauration Österreichs begonnen hatte und in der nun die Wiederherstellung seiner Machtposition in Deutschland besiegelt wurde. Am 29. November 1850 unterzeichneten Schwarzenberg und der neue preußische Ministerpräsident Manteuffel – der alte, Brandenburg, war inzwischen vor Aufregung gestorben – die »Olmützer Punktation«, unter den wachsamen Augen des russischen Schiedsrichters Meyendorff. In Kurhessen wurde der Kurfürst wieder installiert, Preußen demobilisierte und verzichtete auf eine von ihm geführte kleindeutsche Union. Österreich demobilisierte ebenfalls, wenn auch nicht so weitgehend wie sein Rivale.

Beide behielten die Hoffnung, auf den vereinbarten Ministerkonferenzen in Dresden ihre Vorstellungen einer Bundesreform verwirklichen zu können: Österreich seine Maximalforderung eines von ihm geführten Siebzigmillionenreiches, Preußen seine Minimalforderung einer Parität mit Österreich in einem nicht nur restaurierten, sondern auch renovierten Deutschen Bund. Beides war nicht möglich. So blieb nur die Wiederherstellung des alten Staatenvereins. Österreich gehörte ihm, wie bisher, nur mit einem Teil seines Staatsgebietes an, blieb immerhin die Präsidialmacht. Preußen mußte weiterhin die zweite Geige spielen, obwohl es in seiner Armee ein Machtinstrument besaß, das für einen wichtigeren Part prädestiniert war.

Im Mai 1851 trat der Frankfurter Bundestag, der Gesandtenkongreß der Mitgliedstaaten des Deutschen Bundes, wieder vollzählig zusammen. Als deutschen Frühling konnte dies die zwar besiegte, doch nicht beseitigte Nationalbewegung nicht empfinden. Auch Schwarzenberg war nicht zufrieden: »Meiner unmaßgeblichen Ansicht nach ist der alte Bundestag ein schwerfälliges, abgenütztes, den gegenwärtigen Umständen in keiner Weise genügendes Zeug; ich glaube sogar, daß die gründlich erschütterte, sehr wackelnde Boutique beim nächsten Anstoß von innen oder außen schmählich zusammenrumpeln wird.«

Zu dieser Ansicht gelangte auch der neue preußische Bundestagsgesandte Otto von Bismarck. Er hatte zwar zunächst die »Olmützer Punktation« gebilligt, weil sie den Frieden in Europa sicherte, das Einvernehmen zwischen beiden deutschen Mächten wiederherstellte und Preußen davor bewahrte, von den liberalen Unionspolitikern beherrscht zu werden. Aber später empfand auch er, wie viele Preußen, das von Österreich erzwungene Nachgeben als »Schmach von Olmütz«. Im täglichen diplomatischen Kleinkrieg mit dem österreichischen Bundestagspräsidenten gelangte der preußische Bundestagsgesandte zu der folgenschweren Meinung: »Unsere Politik hat keinen anderen Exerzierplatz als Deutschland, schon unserer geographischen Verwachsenheit wegen, und gerade diesen glaubt Österreich dringend für sich zu gebrauchen. Für beide ist kein Platz nach den Ansprüchen, die Österreich macht, also können wir uns auf die Dauer nicht vertragen. Wir atmen einer dem anderen die Luft vom Munde fort, einer muß weichen oder der andere ›gewichen werden‹«.

Schon anderthalb Jahrzehnte vor Königgrätz erklärte der bayerische Ministerpräsident von der Pfordten: »Der Kampf um die Vorherrschaft in Deutschland ist entschieden, und Österreich hat ihn verloren.« So klar sah Franz Joseph nicht. Sein Blick war umflort von den Erfolgen, die er in kurzer Zeit, in zweijähriger Herrschaft, erzielt hatte: die Wiederbefestigung der kaiserlichen Autorität in Österreich, die Wiederherstellung der österreichischen Vormachtposition in Deutschland. Nun galt es, dem Zaren zu zeigen, daß man beides der eigenen Kraft und nicht der fremden Hilfe verdankte.

Im Mai 1851 lud er Nikolaus I. nach Olmütz ein, wo er den Thron bestiegen, Preußen gedemütigt hatte und nun dem Herrscher aller Reußen imponieren wollte: mit 30000 paradierenden österreichischen Soldaten. Seine Armee – sie war sein Stecken und sein Stab, auf die gestützt er nun zum letzten Gefecht gegen die Restpositionen der Revolutionszeit antrat.

VIEL WAR OHNEHIN NICHT ÜBRIGGEBLIEBEN. Die oktroyierte, vom Monarchen dem Volke auferlegte Verfassung vom 4. März 1849 trat in ihren liberal-demokratischen Passagen nie in Kraft. Das vorgesehene Parlament konnte nicht gewählt werden. Versprochene Grundrechte galten nicht für Magyaren und Italiener, wurden für die anderen teilweise eingeschränkt, so durch ein »Gesetz gegen Mißbrauch der Presse«. Ungarn und Lombardei-Venetien standen unter Militärdiktatur, über Siebenbürgen, Galizien, Prag und Wien blieb der Belagerungszustand verhängt.

Nicht alle revolutionären Errungenschaften konnten indessen beseitigt werden. Die Gleichberechtigung aller Staatsbürger vor dem Gesetz, im Kaiserstaat ohnehin mit reichlicher Verspätung eingeführt, war nicht zu revidieren. Die Beschränkung des Feudalismus lag im Interesse des auch in Österreich aufsteigenden Bürgertums und – was dortzulande ausschlaggebend blieb – nicht zuletzt im Interesse des Adels, der durch die ihn schonende, ihn entschädigende Art der Bauernbefreiung seinen Grundbesitz behielt und Mittel für eine Beteiligung an der kapitalistischen Wirtschaft erhielt. Die Industrialisierung wurde dadurch gefördert.

Der Staat half nach. Ihm war daran gelegen, die restaurierte Monarchie ökonomisch zu kräftigen. Der bürokratische Zentralismus, den Schwarzenberg eingeführt hatte, konnte dirigistische Maßnahmen ergreifen. Der richtige Mann stand am richtigen Platz: Karl Ludwig Freiherr von Bruck. Als Gründer und Leiter des »Österreichischen Lloyds« in Triest war er einer der privaten Wirtschaftspioniere Österreichs gewesen, als Minister für Handel und Gewerbe lenkte er nun die staatliche Wirtschaftspolitik. Er beseitigte die ungarische Zollgrenze, machte Österreich zu einem einheitlichen Zollgebiet, errichtete Handelskammern, erweiterte das Eisenbahnnetz, schuf die Voraussetzungen für Aufschwung und Wohlstand.

Wirtschaftlich wurde der Fortschritt unter Dampf gesetzt, gesellschaftlich hingegen gebremst – und politisch sollte er zum Stillstand, wenn nicht gar zur Rückwärtsfahrt gebracht werden. Das war die Quadratur des Kreises, die einem blutjungen Monarchen zu lösen aufgegeben war. Franz Joseph hatte nie etwas anderes gelernt, als daß der Herrscher von Gottes Gnaden alle Macht im Staate innehabe und ausüben müsse. Daß ihm dieses gewaltige Amt, diese hohe Würde so früh, viel zu früh zugefallen war, machte ihn zwar selbstbewußt, verunsicherte ihn aber auch.

Sein Wesen wurde dadurch geprägt. Franz Joseph, von Natur aus ein in sich gekehrter, nach außen zurückhaltender Mensch, gab sich nun – in der ständigen Sorge, eine Blöße zu zeigen, seine Position zu schwächen – abweisend und unnahbar. Er trat nur noch in Uniform auf, die ihm selber Haltung aufzwang und anderen Habtachtstellung abnötigte. Er verschanzte sich hinter dem Protokoll und dem Zeremoniell. Er zwängte sich in einen Panzer, der ihn unverwundbar machen sollte, ihn aber auch unbeweglich machte, seine Entfaltung hemmte, schon den Zwanzigjährigen eher als die Statue eines Monarchen als einen Menschen aus Fleisch und Blut, mit Herz und Temperament, mit sympathischen Vorzügen und verzeihlichen Schwächen erscheinen ließ.

»Wenn er nicht Kaiser wäre, würde ich ihn für seine Jahre etwas zu ernst finden«, bemerkte Bismarck. Alles gleite über ihn hin wie über Marmor, meinte der russische Botschafter. Der sächsische Diplomat Graf Vitzthum beobachtete: »Wenn es sich um seine Autorität handelt, da pflegt der junge Herr nicht zu spaßen.«

Seine kaiserliche Autorität aber sah Franz Joseph stets gefährdet, weshalb er vorsichtig sein, sie ernstlich hüten zu müssen glaubte. Zunächst war sie vom Volk in Frage gestellt, das in der Revolution das Haupt erhoben hatte, dann aufs Haupt geschlagen worden war, doch auf eine neue Gelegenheit zum Aufstand lauerte und deshalb niedergehalten werden mußte, keinerlei Nachgeben und schon gar nicht ein Anbiedern erwarten durfte. Aber auch das Tun und Lassen der Werkzeuge der Gegenrevolution, seiner Mitarbeiter und Minister, verfolgte er mit Mißtrauen. Er brauchte sie, aber weil er auf sie angewiesen war, hielt er seine Autorität für angekratzt.

So gefiel ihm der Gedanke, die Märzverfassung, die ohnehin Papier war, zu Makulatur zu machen. Sie galt, trotz aller Einschränkungen im monarchischen Sinne, als ein Resultat der Revolution. Und sie bot seinen Ministern – zumindest theoretisch – die Möglichkeit, sich auf die darin niedergeschriebene parlamentarische Ministerverantwortlichkeit zu berufen. Ein kaiserlich-österreichischer Minister aber hatte nicht einer Volksvertretung, auch nicht sich selber, sondern einzig und allein dem Kaiser verantwortlich zu sein.

Der alte Metternich, die Pythia der neuen Restauration, bestärkte ihn darin: Man spreche fortwährend von »Ministern« statt von »kaiserlicher Regierung«; selbst in der amtlichen *Wiener Zeitung* müsse man lesen: »Seine Majestät haben auf Ministerratsbeschluß oder auf Antrag dieses oder jenes Ministers jemand ernannt oder etwas verfügt.« Ins selbe Horn stieß Karl Friedrich Freiherr von Kübeck, der Sohn eines Iglauer Schneiders, der es unter Metternich zum Baron und Präsidenten der Hofkammer, zum Leiter der österreichischen Finanz- und Wirtschaftspolitik gebracht hatte, und der nun, als persönlicher Berater, das Ohr des Kaisers fand. Dabei hatte er einen Konkurrenten in Innenminister Alexander Bach, dem Exrevolutionär und Erzreaktionär, der die Rückkehr zum Absolutismus jedoch konstitutionell zu kaschieren suchte. »Bach schmeichelt dem kaiserlichen Jüngling, der stark, kräftig und gefürchtet sein will«, eiferte Kübeck, »indem er ihm glauben zu machen sucht, daß er dies letzte hohe Ziel schon erreicht habe.«

Kübeck gewann einen Vorsprung: Der Kaiser ernannte ihn zum Präsidenten des Reichsrats, eines beratenden Organs, das einen Reichstag ein für allemal überflüssig machen sollte. Und das Ministerium im Zaume halten, Schwarzenberg vor allem, den zu selbstherrlichen Ministerpräsidenten. Nicht er, sondern Kübeck bekam den Auftrag, die Verfassung zu revidieren, mit dem Ziel, »das monarchische Prinzip zu befestigen, die kaiserliche Autorität nach allen Richtungen hin in ihrem durch Jahrhunderte bewahrten Machtumfange zu kräftigen, indem dies allein den Bestand und die nachhaltige Festigung der aus so verschiedenen Teilen bestehenden Monarchie dauernd verbürgen könne.«

Der Kaiser drängte zum »großen Schlag« gegen die Restbestände der Revolution, »fest entschlossen, seine Rechte mit niemandem zu teilen«, wie der Metternich-Schüler Hübner mit Genugtuung bemerkte. Schwarzenberg sprang auf den abfahrenden Zug. Die Verfassung galt ihm ohnehin nur als Fassade, hinter der ein persönliches Regiment geführt werden sollte, de jure des Kaisers, de facto des Ministerpräsidenten. Eine Einschränkung seiner Befugnisse meinte er verschmerzen, durch persönlichen Einfluß auf den Monarchen wettmachen zu können. Innenminister Bach schloß sich seinem Mentor Schwarzenberg an. Handelsminister Bruck, Justizminister Schmerling und Finanzminister Krauß, die konstitutionell gesinnt blieben, zogen die Konsequenzen, schieden aus dem Kabinett.

Der erste Streich gegen die Verfassung, ein Staatsstreich, erfolgte am 20. August 1851: Durch kaiserlichen Erlaß wurde die parlamentarische Ministerverantwortlichkeit aufgehoben, das Ministerium dem Willen des Monarchen unterworfen. Franz Joseph meldete der Mutter: »Wir haben das Konstitutionelle über Bord geworfen, und Österreich hat nur mehr *einen* Herren. Jetzt muß aber noch fleißiger gearbeitet werden. Danken wir Gott, daß wir in drei Jahren fast schon dort sind, wohin wir kommen wollten.«

»Gott sei gelobt«, schrieb Erzherzogin Sophie an den Rand des Briefes, dieser Freudenbotschaft für alle Reaktionäre. »Ich schätze mich glücklich, Euer Majestät nun wirklich als meinen Kaiser verehren zu können«, ließ sich Windisch-Graetz aus der Versenkung vernehmen. Der Zar gratulierte: »Wie habe ich mich gefreut, wie selig war ich über die großen und schönen Entschlüsse, die Du nach den Wünschen und Erkenntnissen Deiner edlen Seele für das Wohl Deines Vaterlandes gefaßt hast.« Metternich orakelte: »Als den wichtigsten Akt der neuen Zeit betrachte ich die kaiserliche Manifestation vom 20. August und dies, weil er die durch die Revolution verschüttete, auf das österreichische Reich allein passende Quelle der Macht und des Heiles wieder aufgedeckt und zugänglich gemacht hat.«

Metternich war zurückgekehrt, zunächst auf sein Besitztum Johannisberg im Rheingau, bereits in der Anreise auf Wien, das Plusquamperfekt, wie er sich bezeichnet hatte, das wieder im Präsens für das Futurum mitmischen wollte. Am 24. September 1851 traf der Achtundsiebzigjährige in der Hauptstadt des Kaiserreiches ein, aus der er vor dreieinhalb Jahren mit einem »Kreuzigt ihn!« vertrieben worden war und wo er nun mit »Hosiannah« empfangen wurde. Der Kaiser begab sich in das Palais am Rennweg, der Schüler zum Meister, begrüßte den Heimgekehrten, erbat seinen Rat, der so und nicht anders lauten konnte: Beseitigung der verbliebenen Reste der Verfassung, Tilgung der letzten Errungenschaften der Revolution.

Noch im alten Jahr sollte reiner Tisch gemacht werden. Am 31. Dezember 1851 erging das kaiserliche »Silvester-Patent«: Die Verfassung wurde aufgehoben, der Absolutismus wiederhergestellt. Nun war Franz Joseph – wie er sagte – nicht mehr ein »unverantwortlicher Monarch«, eine »Druckmaschine für Unterschriften«, sondern wieder der allmächtige Kaiser und unumschränkte Herr, im Alleinbesitz der legislativen, exekutiven und richterlichen Gewalt. Sein Wille galt nun wieder bis in die letzte Gemeinde, in den fernsten Winkel Österreichs. Seine Arme, die ausführenden Organe, waren die Minister und ein Heer von Beamten. Und die Armee, die auf die Person des Kaisers und nicht auf das Papier einer Verfassung zu schwören hatte, die bewaffnete Macht, die das Vielvölkerreich wie Faßdauben zusammenhielt, mit eisernem Band.

Kaiserwetter herrschte am 1. Januar 1852, die Sonne strahlte und – wie es der Erzherzogin Sophie schien – »alle Welt schwimmt im Glück über die Dekrete von heute morgen«. Denn die Regierung, auf solider monarchischer Basis wiederhergestellt, »beruht auf den guten Gesetzen alter Zeiten und fügt jene hinzu, die die modernen erfordern.« Der neue Absolutismus war in der Tat kein bloßer Aufguß des alten, vielmehr mit zeitgemäßen Elementen durchsetzt, in manchem ein »liberaler Absolutismus«, wie er genannt wurde, jedenfalls ein Zwitter aus restauriertem Legitimismus und modernisiertem Josephinismus, eine Reaktion, die auch reformierte, von oben herab, versteht sich, doch nicht ohne positive Folgen für unten und Fortschritte im Ganzen – primär in der Wirtschaft, sekundär in der Gesellschaft, auch im Unterrichtswesen und in der Verwaltung, doch kaum in der Politik.

Der Neo-Absolutismus war mehr antidemokratisch als antiliberal, reaktionär, doch nicht ausgesprochen feudalistisch, jedenfalls antiföderalistisch und zentralistisch, ein auf das mittelalterliche Gottesgnadentum gegründeter, doch mit den administrativen Mitteln einer modernen Bürokratie ausgeführter Etatismus. Der Neo-Absolutismus hatte Gegner links wie rechts: die liberale, demokratische und nationale Bewegung auf der einen, die landständischen, föderalistischen, feudalistischen Konservativen auf der anderen Seite. Er selber litt unter dem Widerstreit der beiden Seelen in seiner Brust, wurde dadurch geschwächt, sollte daran, nach der Erschütterung des Krieges von 1859, zugrundegehen.

Der Kaiser versuchte beides zu sein, der Alleinherrscher von Gottes Gnaden und der oberste Administrator seines Staates. »Es ist mein Wille«, stand an der Spitze der Dekrete, mit denen er den Untertanen seine Entschlüsse kundtat. Doch die Neubegründung des Absolutismus hatte er auch mit dem sich selbst gegebenen Auftrag kommentiert: »Jetzt muß aber noch fleißiger gearbeitet werden.« Nachdem Schwarzenberg am 5. April 1852 überraschend an Herzschlag verstorben war, gab sich Franz Joseph wiederum einen Ruck: »Ich werde jetzt noch mehr selbst machen müssen.« Und eröffnete den Ministern und Reichsräten, er selbst übernehme die Stelle des Ministerpräsidenten. »Nun, wo mein Name allein unter allen Verordnungen steht, ist jeder Tadel von derlei Maßregeln Hochverrat.«

Dem französischen Bürgerkönig Louis Philippe war nachgesagt worden, er hätte geherrscht, aber nicht regiert. Der neo-absolutistische Kaiser von Österreich wollte herrschen und regieren, und letzteres setzte er beinahe mit Administrieren gleich. Von früh bis spät saß er am Schreibtisch, bearbeitete Akten, ließ keinen Vorgang über Nacht unerledigt liegen, gab Audienzen, präsidierte Konferenzen, verhielt sich immer und überall so, als ruhe das Schicksal des Reiches tatsächlich einzig und allein auf seinen Schultern, des Atlas Austriae. »Er glaubt an sich selbst und an die Mission, die er zu erfüllen hat«, bewunderte ihn der sächsische Graf Vitzthum. Generaladjutant Grünne meinte loben zu sollen: »Der Herr wäre ein vortrefflicher Polizeiminister geworden, denn er sieht und weiß alles.«

Dennoch brauchte er Minister, eher Werkzeuge als Mitarbeiter freilich. Zum Außenminister bestellte er Karl Ferdinand Graf von

Buol-Schauenstein, einen Berufsdiplomaten, »ein Messer mit scharfer Spitze, aber ohne Schärfe«, wie Metternich bemerkte. In Abwesenheit des Kaisers durfte Buol den Ministerkonferenzen vorsitzen, indessen ohne die Kompetenzen eines Ministerpräsidenten. Der wichtigste Mann im Kabinett blieb Innenminister Alexander Bach. Der ehemalige Revolutionär, der in die Dienste der Reaktion getreten war und 1854 in den Freiherrenstand erhoben wurde, war der eigentliche Baumeister des Neo-Absolutismus, den man deshalb auch das »Bach'sche System« genannt hat.

Was das Ziel betraf, war Bach sich treu geblieben: die Überwindung des Metternichschen Systems, die er zunächst von unten her anstrebte, und dann, als sich dies als unmöglich erwies, von oben her in Angriff nahm. Als Justizminister von Ende 1848 bis Mitte 1849 hatte Bach die Bauernbefreiung durch Aufhebung der grundherrlichen Obrigkeitsrechte und Ablösung der Grundlasten durchgeführt. Als Innenminister schuf er eine zentralistische Verwaltungsorganisation, den österreichischen Beamtenstaat, in dem – vornehmlich deutsch-österreichische Bürokraten – einen stürmischen und zerstörerischen Fortschritt verhindern und einen langsamen aber sicheren Fortschritt ermöglichen sollten. In diesem autokratischen Wohlfahrtsstaat wurden die rechtlichen und administrativen Voraussetzungen für ein industrielles Wachstum und damit für die gesellschaftliche Entwicklung des Bürgertums geschaffen, diesem der Weg zu Besitz und – durch eine Reform des Unterrichtswesens – zu Bildung erleichtert.

Die Schattenseiten waren nicht zu übersehen. Die Nationalitätenfrage wurde durch die Herabsetzung von Kronländern zu Provinzen, durch die Unterdrückung jeder völkischen Regung auf die Dauer nur verschärft. Vor allem die Ungarn verwanden nie das Wirken der »Bach-Husaren«, der im Lande ausgeschwärmten deutschsprachigen Beamten, obwohl sie viele, vor allem wirtschaftliche Vorteile daraus gezogen hatten. Das ökonomisch geförderte und sozial aufsteigende Bürgertum konnte von den sich daraus ergebenden politischen Konsequenzen nicht lange abgehalten, durch blanke Gewalt niedergehalten werden.

Denn der Beamtenstaat des Alexander von Bach war zugleich der Polizeistaat des Johann Franz Kempen von Fichtenstamm, des Chefs der »Obersten Polizeibehörde«. Sie überwachte die Zeitungen, politisch Verdächtige, den staatlichen Apparat, den Innenminister eingeschlossen. Wie die Presse- und Vereinsfreiheit war auch das Schwurgericht wieder abgeschafft und die Prügelstrafe wieder eingeführt worden. Schließlich wurde das Kernstück des Josephinismus, die Unterordnung der Kirche unter den Staat, durch einen neuen Bund zwischen Thron und Altar ersetzt, das Konkordat von 1855, das den Staat beinahe zum Diener der katholischen Kirche machte.

Auf den ersten Blick war es beinahe wieder wie zu Zeiten des seligen Kaisers Franz und seines Staatskanzlers Metternich, die Ruhe nach dem Sturm, die Erschöpfung nach zu großer Anstrengung, die Sehnsucht nach Ordnung, so etwas wie ein neues Biedermeier – private Rekreation unter staatlicher Repression. Der Schein trog. Die neo-absolutistische Epoche war im Grunde eine Gründerzeit, in der die Fundamente einer neuen Ära gelegt wurden: für den Aufstieg des Bürgertums, eine Neuformierung der liberalen, demokratischen und nationalen Bewegung. Die Herausforderung des Monarchen, der sich so sicher wähnte, und seines Systems, das so festgefügt schien, war programmiert.

Das Ende der Heiligen Allianz

Noch tanzte man in Wien, voran der Kaiser. Wie ein fescher Leutnant in weißem Rock, roten Hosen und unternehmungslustig blitzenden Augen wirbelte er im Walzer, alles um sich herum vergessend, die Aktenberge, das Palaver der Minister, ein eben unterschriebenes Todesurteil, die Polizeiberichte über Unbotmäßigkeiten in den Provinzen. Selbst den ungarischen Csardas und die polnische Mazurka, die eine Zeitlang in Wien verpönt waren, tanzte man wieder, bei den Kammerbällen, den Hofbällen und dem Ball bei Hof, zu denen nur Damen geladen wurden, die den Nachweis von sechzehn adeligen Ahnen zu erbringen vermochten.

Die Komtessen umschwärmten den flotten Tänzer, dem man noch keine Braut appliziert hatte, dem selbst der Hofklatsch keine Liebesabenteuer nachsagen konnte. Die Etikette hielt sie nur mühsam zurück, daß sie sich um einen Tanz mit ihm rissen. Und in den Pausen umgaben sie ihn wie dienstwillige Geister, ihm jedes Wort von den Lippen und jeden Wunsch von den Augen ablesend und stets auf dem Sprung, ihm eine Tasse Tee, etwas Milch, ein Stückchen Zucker zu reichen, ihm fast jeden Gefallen zu tun.

Auch außerhalb des Hofes wurde er allmählich beliebter, zunächst bei der Wiener Gesellschaft, die ihre revolutionären Neigungen von ehedem durch Bekundungen einer schwarz-gelben Gesinnung vergessen machen wollte. So konnte es ihm passieren, daß die Besucher des Burgtheaters mehr auf die Hofloge als auf die Bühne schauten, bei einer Aufführung des *Othello* sich von ihren Plätzen erhoben, als die Worte fielen: »Ich trage seinen Namen nicht allein auf meinem Degen, sondern auch in meinem Herzen« – und den anwesenden Kaiser stürmisch feierten. Ins Theater ging Franz Joseph, der außer Akten kaum etwas las, auch wegen der Stücke gerne, falls sie nicht zu anspruchsvoll waren, wie etwa Goethes *Torquato Tasso*, von dem er schon im voraus wußte: »Mich wird es ungeheuer ennuieren.« Eine Aufführung von Shakespeares *Sommernachtstraum* glossierte er: »Es war ziemlich langweilig und ungeheuer dumm. Nur Beckmann mit einem Eselskopf ist amüsant.«

Das Schöngeistige blieb ihm ein Buch mit sieben Siegeln. Mit Phantasie war er nicht begabt, und das Hingerissensein schätzte er so wenig wie Metternich, der ihn gelehrt hatte: »Nur kein Pathos!«, und der sich selber rühmte, die verkörperte Prosa zu sein und niemals Roman und Geschichte zu verwechseln. »Einer seiner beliebtesten Gesprächsgegenstände ist es, gegen Exaltation und Enthusiasmus zu deklamieren«, berichtete Wilhelm von Humboldt über Metternich. Sein Schüler raisonierte und deklamierte nicht einmal. Nüchternheit und Besonnenheit waren bei ihm naturgegeben und hausgebacken.

Über Gott und die Welt dachte Franz Joseph wenig nach. Hienieden war sie kaiserlich-österreichisch geordnet, nicht zuletzt mit Hilfe der Kirche, und das Jenseits verdiente man sich mit einem Verhalten gegenüber Gott, das dem Verhältnis des Untertanen gegenüber dem Kaiser entsprach: Anständigkeit, Gehorsam, Pflichterfüllung, Anerkennung der Gesetze und Erfüllung der Gebote, Festhalten auch an kirchlichen Formen: der Liturgie, der Fronleichnamsprozession und der Feldmesse. Von Glaubenszweifeln war Franz Joseph so wenig heimgesucht wie von Zweifeln an seinem Gottesgnadentum. Die Apostolische Majestät repräsentierte den irdischen Teil einer festgefügten Weltordnung und respektierte deren überirdischen Teil.

Franz Joseph interessierte es kaum, ob es zwischen Himmel und Erde Dinge gäbe, von denen sich weder Schulweisheit noch Glaubensdogma etwas träumen ließen. 1853 war auch in Wien das Geisterbeschwören und Tischrücken Mode geworden. Erzherzogin Sophie, die darüber in der Augsburger *Allgemeinen Zeitung* gelesen hatte, veranstaltete eine Séance en famille, an der auch der Kaiser teilnahm. Der durch das Zimmer galoppierende Tisch amüsierte Franz Joseph, so daß er die Mutter bat, für die Hofgesellschaft im großen Speisesaal der Hofburg ein weiteres Tischrücken zu veranstalten. Für ihn war das nichts weiter als »eine Hetz«, eine Unterhaltung, eine Zerstreuung mehr. Die liebste blieb ihm die Jagd, auf Schnepfen, Hirsche, Gemsen und Auerhähne. Auch ritt er gerne in den Prater oder ging – wie jeder Wiener – auf der Bastei spazieren.

So auch am Mittag des 18. Februar 1853. Der Kaiser trug, wie stets, Uniform, diesmal die Ulanka der Ulanen. Begleitet war er nur von seinem Adjutanten Maximilian Karl von O'Donell. So leger ging es im alten Österreich zu, so sicher fühlte sich der Kaiser in seiner Reichshaupt- und Residenzstadt, die weiterhin im Belagerungszustand war, inmitten der Wiener, die Windisch-Graetz nicht vergessen konnten, das Wort des gekrönten Gegenrevolutionärs im Ohr hatten: die Aula der Universität müsse Kaserne bleiben. Die mittelalterliche Stadtbefestigung, die noch immer die Altstadt umgab und von den Vorstädten trennte, schien hinreichend Schutz zu bieten. Vom Stadtgraben drang Trommelwirbel herauf, ein beruhigender Klang.

Der Monarch beugte sich, in der Nähe des Kärntnertores, über die Wallbrüstung, um die exerzierenden Soldaten zu besichtigen. Da stürzte sich ein junger Mann von hinten auf ihn, mit einem langen, beidseitig scharf geschliffenen Messer und stach ihm ins Genick. Der Kaiser taumelte, die Ulanka färbte sich mit Blut, immerhin hatte der Uniformkragen den Stoß gedämpft, das Schlimmste verhütet. Der Adjutant zog den Säbel und drang auf den Attentäter ein, im Handgemenge stürzten beide zu Boden, ein Bürgersmann – der Fleischhauermeister Ettenreich – kam zu Hilfe, schlug wie besessen auf den Missetäter ein, bis ihm der Kaiser gebot: »Schlagen Sie ihn doch nicht!«

Franz Joseph hielt sich einigermaßen aufrecht, hatte sein Taschentuch auf die blutende Nackenwunde gedrückt. Endlich war auch die Polizei zur Stelle, nahm den Delinquenten fest, der »Eljen Kossuth!« rief – ein ungarischer Schneidergeselle namens Janos Libenyi, der sich das Messer auf dem Tandelmarkt gekauft und seit vierzehn Tagen den Kaiser bei seinen Spaziergängen auf der Bastei beobachtet hatte, bis er einen günstigen Augenblick für sein Vorhaben wahrnahm.

Der Kaiser ging in das nahegelegene Palais des Erzherzogs Albrecht. Der Adjutant suchte die starke Blutung mit Tüchern zu stillen, bis die Ärzte kamen und ihn in einem Wagen in die Hofburg brachten. Franz Joseph hatte noch so viel Kraft, daß er sich zunächst zur Mutter begab, um ihr sein Mißgeschick zu berichten, als wäre er als Kind beim Spielen hingefallen. Dann schor ihm der Leibchirurg die Haare und behandelte die Wunde; sie war einen

Zoll lang, klaffte bedrohlich, war aber nicht lebensgefährlich. Doch irgendwie hatte die Sehkraft gelitten; die Dinge um ihn herum schienen verschleiert zu sein.

Der Hof glaubte ein Menetekel zu sehen. Untergangsstimmung befiel ihn. War das Attentat nur der Auftakt eines Aufruhrs? Der Anfang vom Ende einer mühsam restaurierten Ordnung? Generaladjutant Grünne sah schwarz: »Zusammenfassen kann ich nur in Entsetzen über die jüngste Vergangenheit: Todesangst für die Zukunft.« Immerhin handelte man noch in der Gegenwart: Die Garnison wurde alarmiert und Artillerie herbeitelegraphiert, die Stadttore wurden geschlossen und die Bahnhöfe besetzt. Neben die Bestürzung trat die Erleichterung, daß nichts passierte, Libenyi offensichtlich ein Einzelgänger war. Und die Dankbarkeit für die Erhaltung des Kaisers. In der Stephanskirche wurde ein Tedeum gesungen, der treue Adjutant O'Donell in den Grafenstand erhoben, der tapfere Bürger Ettenreich belobigt.

Drei Wochen nach dem Attentat, nach dreißig Bulletins der Hofärzte über den Zustand des Monarchen, fuhr Franz Joseph, völlig wiederhergestellt, zum ersten Male aus, im offenen Wagen in den Prater. Ohne militärische Eskorte, ohne Polizeiaufgebot. Die Wiener wollten ihn höchstens ans Herz drücken; aus der Distanzierung war über das Mitleid eine Zuneigung geworden. Grillparzer schrieb wieder ein Gedicht. Das »Gott erhalte, Gott beschütze unsern Kaiser« schien nun wirklich eine Volkshymne geworden zu sein. Franz Joseph I. hatte die erste Stufe einer ansteigenden Popularität erreicht, mit der er in die Geschichte und – mehr noch – in die Legende eingehen sollte.

Diesem denkwürdigen Ereignis mußte ein Denkmal gesetzt werden – eine Kirche. Das war eine Idee der Mutter, und Bruder Ferdinand Max bat zur Kasse. 300000 Spender folgten dem Ruf. Metternich war selbstredend dabei: »Durch ein Gotteshaus drückt sich unser warmes Gefühl der Dankbarkeit gegen Gott, den Erhalter und Schützer unseres inniggeliebten Monarchen, glaube ich, jedenfalls am besten aus; zugleich kann die Anregung der Religion und Kunst in unserer jetzigen, leider so materiellen Zeit, nur heilbringend sein.« Nicht jede Spende wurde angenommen. Das Theater an der Wien, das die bei Hofe als „schlecht und irreligiös" bezeichnete Oper *Tannhäuser* des sächsischen Revoluzzers Richard Wagner aufführen wollte, bot an, die Einkünfte der Erstaufführung für die geplante Kirche zu spenden. Das wurde zurückgewiesen, und *Tannhäuser* blieb, drei Jahre noch, aus Wien verbannt.

Mit dem Bau der Votivkirche wurde 1856 begonnen, nach den Plänen von Heinrich Ferstel. Er hatte auf dem Reißbrett eine Kathedrale der französischen Hochgotik nachgezeichnet. Der Historismus hielt seinen Einzug in Wien, in die Hauptstadt eines Reiches, das mehr nach rückwärts als nach vorwärts blickte. Die Neu-Gotik entsprach dem Neo-Absolutismus, und dem im Konkordat von 1855 erneuerten Bund von Thron und Altar. Pius IX., den die Revolution in Rom aus einem vorsichtig-liberalen zu einem streng-konservativen Papst gemacht hatte, schickte Franz Joseph nach dem glücklich überstandenen Attentat einen Zahn des heiligen Petrus und die Ermahnung: »Um so stärker wird dieser Schutz sich auswirken, je mehr Euer Majestät in der schon begonnenen Ausführung des Vorsatzes verharren, die Rechte der Kirche Jesu Christi aufrechtzuerhalten und zu schirmen, von der wir allein das Rückführen der verderbten Ideen und der üblen Grundsätze in ihre richtige Bahn erwarten können.«

Das war Erzherzogin Sophie aus der Seele gesprochen. Seit dem Attentat trug sie ein Armband mit einem Herzen aus Diamanten und einem Rubin, der einen Blutstropfen versinnbildlichte, und einer blutigen Haarsträhne Franz Josephs. Immer noch, wenn auch mit der Delikatesse, die der Umgang mit einem Herrscher von Gottes Gnaden erforderte, leitete und lenkte sie ihren Sohn. Weniger zurückhaltend gab sie sich in einer Angelegenheit, die – wie sie glaubte – unmittelbar in ihrer Verantwortung lag: dem Sohn eine Frau zu vermitteln, den stets gefährdeten Kaiser sobald wie möglich zum Vater zu machen, damit der Fortbestand der Dynastie gesichert sei.

Ihre ersten Ehestiftungsversuche waren ohnehin mißglückt. Zunächst dachte sie an Prinzessin Sidonie von Sachsen, aus dem verwandtschaftlich verbundenen, politisch einwandfreien und obendrein katholischen sächsischen Königshaus. Doch Franz Joseph zog nicht mit: Die Auserwählte war ihm nicht hübsch genug, sie kränkelte und starb denn auch bald, kaum achtundzwanzig Jahre alt. Mit einem Kaiser konnte man nicht so verfahren wie mit einem Kronprinzen: Er hatte seinen eigenen Kopf und die Macht, ihn durchzusetzen. Und was man für ihn brauchte, war eine sozusagen schon fertige Kaiserin, nicht eine Kronprinzessin, die man noch zurechtbiegen konnte. Das erschwerte das Geschäft; Sophie hatte schlaflose Nächte.

Franz Joseph ging selber auf Brautschau. Ende 1852 reiste er nach Berlin, primär der Politik wegen. Es war an der Zeit, daß er Besuche seines Onkels, Friedrich Wilhelms IV., erwiderte und das seit Olmütz wenigstens äußerlich wiederhergestellte Einvernehmen der beiden reaktionären Mächte demonstrierte. Die Preußen, stolz darauf, daß sich endlich einmal ein Habsburger in ihre Hauptstadt bequemte, zeigten alles, was sie hatten, außer ihrer schimmernden Wehr auch die hübsche Prinzessin Anna, eine einundzwanzigjährige Nichte des Königs.

Das wäre etwas für ihn, eröffnete Franz Joseph der Mutter, obwohl er wußte, daß die Prinzessin schon so gut wie verlobt war, mit einem Prinzen von Hessen-Kassel. Erzherzogin Sophie war überaus einverstanden: eine Frau, die ihrem Buben gefiel, eine Prinzessin aus dem Hause Hohenzollern, der einzigen deutschen Dynastie, die den Habsburgern in etwa das Wasser reichen konnte, die Angehörige einer Herrscherfamilie, die wie die ihre der Revolution den Kampf bis aufs Bajonett angesagt hatte. Freilich, katholisch müßte die Protestantin schon werden, doch die Aussicht auf einen Kaiserthron sollte ihr eine Messe wert sein.

So schrieb Sophie ihrer Schwester Elise, der Königin von Preußen: »Ich frage Dich also unter dem Siegel allertiefster Verschwiegenheit, dessen ganze Bedeutung Du würdigen wirst, ob es keine Hoffnung gibt, daß diese traurige Heirat [mit dem Prinzen von Hessen-Kassel], die man dieser reizenden Anna auferlegt und die keinerlei Aussicht auf Glück für sie übrig läßt, vermieden werden könnte. Ich frage weiter, ob wir, wenn mein Sohn dann nach einem Zeitraum von einigen Monaten als Bewerber auftritt, hoffen dürften, daß die Kleine dem Beispiel ihrer Tante, der Kaiserin von Rußland, folgen und sich entschließen könnte, den katholischen Glauben anzunehmen.«

Von Schwester zu Schwester war eine Angelegenheit nicht zu regeln, welche die preußische Staatsraison so unmittelbar berührte. Diese verbot eine eheliche Verbindung, die in dieser dynastischen

Epoche Gewicht gehabt hätte, mit den Habsburgern, die man über kurz oder lang aus einem von den Hohenzollern geführten Deutschland verdrängen wollte. Noch konnte man nicht brüsk ablehnen, mußte Vorwände aufbauen: Die Prinzessin sei leider schon gebunden, ein Religionswechsel ohnehin nicht tunlich. Franz Joseph nahm dies nicht weiter tragisch, die Mutter aber verfiel in Torschlußpanik.

Ihre Ultima ratio war Bayern, ihr Heimatland, das Haus Wittelsbach, ihre Familie. Dort war man pro-österreichisch und gut-katholisch, und ihre Schwester Ludowika, die in der Verwandtschaft geheiratet hatte, den Herzog Maximilian in Bayern, verfügte über eine passende Tochter: die neunzehnjährige Helene, Nené genannt. Die schlanke und elegante, stille und verständige Nichte konnte sich die Tante in Wien recht gut als Kaiserin von Österreich vorstellen. Und die nahe Verwandtschaft? Das schien nicht zu stören, obschon sie doch lange genug unter dem Anblick des degenerierten Kaisers Ferdinand, dieses unglücklichen Produkts einer Verbindung zwischen Vetter und Base, gelitten hatte. Auch das Blut der Wittelsbacher war durch Verwandtenehen nicht besser geworden, was sich bald im Wahnsinn König Ludwigs II. und seines Bruders Otto offenbaren sollte.

Sophie wollte keine Zeit mehr verlieren. Ludowika fühlte sich geschmeichelt, und wenn sie es nicht gewesen wäre, hätte sie es nicht gewagt, der resoluten Schwester zu widersprechen. Sie beeilte sich, der Einladung der Erzherzogin Folge zu leisten, nach Ischl zu reisen, wo die Verlobung zustandegebracht werden sollte – in einer romantischen Umgebung, von der Franz Joseph, den man bisher nicht gefragt hatte, noch immer weich und mild gestimmt worden war. Und im richtigen Zeitpunkt, zum 23. Geburtstag des Kaisers, an dem er es gewohnt war, sich von seiner Mutter beschenken zu lassen.

Wohl aus Anstandsgründen hielt es Ludowika für angebracht, nicht nur Helene, die ausersehene Kaiserbraut, sondern auch deren jüngere Schwester mitzubringen, die fünfzehnjährige Elisabeth, genannt Sisi. Nicht ohne das Bedenken, ob dieser Wildfang nicht an den Stäben des habsburgischen Hofzeremoniells rütteln könnte. Denn Sisi, am 24. Dezember 1837 geboren, schaute zwar aus wie ein Christkind: ein liebes Gesicht, Rehaugen, goldschimmerndes Haar, eine mädchenhafte Figur, in der die fraulichen Formen schon angedeutet waren, noch in rosa Mousselin gehüllt – ein süßer Backfisch. Doch er war eher nach dem extravaganten Vater als der hausbackenen Mutter geraten, dem Hallodri Max, der nichts als Reisen, Gelage, Zitherspielen, Verseschmieden, Jagen, Pferde und Seitensprünge im Sinne hatte. Sisi war sein Liebling. Sie wanderte und sang mit ihm, liebte Tiere, ritt für ihr junges Leben gern. Und dichtete, das heißt, sie versuchte, überquellende Gefühle in Versform zu gießen – vor allem, nachdem sie glücklich-unglücklich für unerreichbar Männliches zu schwärmen begonnen hatte:

»Denn ach, ich kann ja nimmer hoffen,
Daß liebend je du dich mir neigst.
Die harte Wahrheit sah ich offen,
's Freundlichkeit nur, was du zeigst.«

Am 16. August 1853 erschien die bayerische Verwandtschaft in Ischl. Die Koffer waren noch nicht mitgekommen, sodaß sie im Reisekleid ihre erste Aufwartung, die Sophie kaum erwarten konnte, machen mußte: Ludowika, ganz treusorgende Mutter, die in ihrer Verlegenheit etwas hölzern wirkende Nené, und die unbekümmerte, weil nur am Rande beteiligte Sisi. Franz Joseph klammerte sich an seine Teetasse. Seine Mutter suchte das Gespräch in Gang und die Angelegenheit ins Rollen zu bringen. Vorsorglich hatte sie die Kapelle des Welser Kürassierregiments vor der Villa postiert, und deren mitreißenden Klängen war denn auch die Befangenheit nicht lange gewachsen.

Doch es lief anders als geplant. Am nächsten Morgen kam Franz Joseph ins Schlafzimmer der Mutter und begann zu schwärmen, aber nicht etwa von Nené, sondern von Sisi. Beim Diner sprach er kaum mit der neben ihm plazierten Nené, verschlang beinahe die auf der anderen Tischseite sitzende Sisi mit seinen Blicken. Zum Ball erschien Nené mit Efeu auf der Stirn, Sisi mit einem Diamantpfeil im Haar, mit dem sie, ganz unbeabsichtigt, ein Herz durchbohrte. Franz Joseph tanzte den Kotillon mit ihr, und der ganze Hof wußte nun, wen er gewählt hatte. Beim Geburtstagsessen am 18. August saß Sisi schon neben dem Kaiser, Nené am Ende des Tisches.

Franz Joseph wünschte sich etwas von seiner Mutter: sie solle ihre

Schwester fragen, ob Sisi nicht seine Frau werden könnte. Ludowika, die eine ihrer Töchter, gleich welche, als Kaiserin von Österreich sehen wollte, war einverstanden. Sisi hatte nichts einzuwenden. Am nächsten Abend verkündeten vom Siriuskogel die Leuchtbuchstaben FJ und E, von einem Brautkranz umgeben, die Verlobung Kaiser Franz Josephs I. von Österreich mit Elisabeth Herzogin in Bayern.

Der dreiundzwanzigjährige Monarch hatte sich wie ein Leutnant auf den ersten Blick in ein süßes Mädel verliebt, über beide Ohren, wie viele junge Leute seines Alters. Das hatte es bisher nicht gegeben: einen Kaiser, der nicht aus Staatsraison, sondern aus Liebe heiratete, der seine Flamme nicht zur Maitresse, sondern zur Gemahlin machte, der eine Alliance unter seinem Stand einging – das Haupt des Hauses Habsburg mit dem Sproß einer Wittelsbachischen Nebenlinie. Hals über Kopf hatte sich Franz Joseph verlobt, ohne sich die Braut genauer anzusehen, ohne sich zu fragen, ob die Fünfzehnjährige sich überhaupt zu einer passenden Frau, zu einer geeigneten Kaiserin entwickeln könnte. Er war zu jung Kaiser geworden, was ihn nur zu leicht zur Selbstherrlichkeit verführte, zuerst zum neoabsolutistischen »L'etat c'est moi«, und nun zu einem eigensinnigen »L'amour c'est moi«.

Das waren die beiden Hypotheken seines Lebens, die zu früh begonnene und zu lange währende Herrschaft, und die unüberlegte Bindung an eine zu junge, zu unfertige und – wie sich herausstellen sollte – nicht einmal mit sich selber, geschweige denn mit den Aufgaben einer Kaiserin fertigwerdende Frau. Der einzige Gewinn, den er daraus zog, war die anfängliche Mitfreude und dann das andauernde Mitleid seiner Untertanen, Popularität in jedem Falle, bei der Mitwelt und – verklärt in der Legende, verkitscht in Roman und Film – bei der Nachwelt.

Und Sisi? Sie war ohnehin nur pro forma gefragt worden, und was hätte sie anders antworten sollen, als daß sie sich glücklich schätze, einen so netten jungen Mann, der obendrein Kaiser von Österreich war, zu bekommen? Die Tage in Ischl waren für sie wie ein Traum, der so schnell vorüberflog, daß sie sich nicht klarzuwerden vermochte, wie sie ihn deuten sollte. Erst zu Hause, in Possenhofen am Starnberger See, den Kopf noch voller Gratulationen und Komplimente, doch das Liebesgeflüster des Bräutigams nicht mehr ständig im Ohr, begann sie ihre Gefühle zu sammeln, sie – wie gewohnt – in Versen zu verdichten:

»O Schwalbe, leih mir Flügel,
O nimm mich mit ins ferne Land.
Wie selig sprengt' ich alle Zügel,
Wie wonnig jedes fesselnd Band.

Oh! Schwebt' ich frei mit dir dort oben
Am ewig blauen Firmament,
Wie wollte ich begeistert loben
Den Gott, den man die Freiheit nennt.

Wie wollt' ich schnell mein Leid vergessen,
Die alte und die neue Lieb'.
Und niemals sollt' ein Schmerz mich pressen
Und nimmer wär' mein Auge trüb.«

Eine Schwalbe also, die sich nach Ungebundenheit sehnte, und nicht nach einem Nest. Der künftigen Schwiegermutter schwante so etwas. Als ihr Sohn sich nicht für die ihm zugedachte Nené, sondern für die ihm gefallende Sisi erklärt hatte, bekam sie Migräne. Dieser – zugegeben süße – Fratz sollte die verständige Frau werden, die sie ihrem Franzi wünschte, die hingebende Mutter eines Thronfolgers, wie sie die Dynastie brauchte, eine würdige Kaiserin von Österreich? Das konnte sich Sophie nicht vorstellen. Aber was sollte sie machen? Sie konnte den Kaiser nicht umstimmen, sie mochte ihre Schwester nicht kränken, es war höchste Zeit, Franz Joseph zu verheiraten, diesen vor Lebenskraft strotzenden, kaum mehr an den von ihr geführten Zügeln der höfischen Sittenstrenge zu haltenden jungen Mann.

Der Schwiegermutter blieb nur der Vorsatz, diese kindliche Sisi wie einen Wachsengel zurechtzukneten, nach den objektiven Anforderungen wie ihren subjektiven Vorstellungen. Und dafür zu sorgen, daß ihr Sohn die Dressur des Wildfangs und die Domestizierung der Schwalbe nicht hinderte, vielmehr unterstützte.

Noch in Ischl hatte sie damit begonnen. Zunächst galt es, dem in seiner Verliebtheit verblendeten Franz Joseph die Augen zu öffnen, damit er Sisi so zu sehen vermöchte, wie sie wirklich war: »Du hast recht, Sisi ist sehr hübsch, nur hat sie gelbe Zähne«, sagte sie dem

Sohn, und der Schwiegertochter, sie solle ihre Zähne besser putzen. Zum 16. Geburtstag schenkte sie ihr einen Rosenkranz. Von Franz Joseph bekam sie einen Papagei und die von seiner Mutter eingeschärfte Ermahnung: Sie dürfe die Erzherzogin, ihre Tante und Schwiegermutter in spe, nicht mehr duzen. Dies verlange die Hofetikette, die nun auch für sie verbindlich sei.

Geburtstagsfeier und Weihnachtsfest 1853 verliefen nicht mehr so strahlend wie die Augusttage in Ischl. Franz Joseph, der nach Possenhofen gekommen war, hatte der Tante einen schönen Gruß ihrer Schwester und die dringende Bitte auszurichten, sie solle Sisi nicht mehr so viel reiten lassen. Die Mutter hatte ihn schon so weit gebracht, daß er seine Braut genauer anschaute, was zu Konsequenzen führte, die dem preußischen Gesandten in München nicht verborgen blieben. »Wie Augenzeugen versichern«, berichtete er nach Berlin, »begleitete der Monarch während seines hiesigen Aufenthaltes jeden Schritt und jede Bewegung seiner Braut mit beobachtendem Blicke, und es soll seinem Scharfblick auch bereits der sehr bestimmte und entscheidende Wille, der einen Hauptzug in dem Charakter der jugendlichen Prinzessin bildet, nicht entgangen sein. Es scheinen in dieser Beziehung selbst bezeichnende Worte gefallen zu sein, und man will nach der diesmaligen Abreise des Kaisers eine gewisse ernste Stimmung im herzoglichen Palast wahrnehmen.«

Die äußeren Vorbereitungen der Verehelichung verliefen programmgemäß. Der Papst erteilte die erbetene Dispens für die nach kanonischem Recht verbotene Ehe zwischen den Geschwisterkindern. Der Ehevertrag wurde geschlossen: Die bescheidene Mitgift der Herzogin in Bayern – 50000 Gulden – sollte vom Kaiser von Österreich mehr als aufgewogen werden, durch 100000 Gulden zur »Widerlegung« des Heiratsgutes der Braut, mit einer Morgengabe von 12000 Dukaten (in neuen Gold- und Silbermünzen auszuzahlen), mit jährlich 100000 Gulden »Spenadelgeld« zur persönlichen Verwendung der Kaiserin. Eine glänzende Partie also, für die Elisabeth von zu Hause aus einigermaßen ausgestattet werden mußte: mit 54 Kleidern, 6 Schlafröcken, 16 Hüten, 6 Mänteln, 8 Mantillen, 5 Mantelets, 168 Hemden, davon ein Dutzend aus Batist mit Valenciennesspitzen, 168 Paar Strümpfen, 72 Unterröcken, 60 Unterhosen, 120 Paar Handschuhen.

Dann hieß es für Sisi Abschied nehmen, von Possenhofen, Eltern und Geschwistern, See und Bergen, Tieren und Bäumen, von ihrer Jungmädchenzeit. Am 22. April 1854 traf sie mit der »Franz Joseph« der k. k. privilegierten Donaudampfschiffahrtsgesellschaft in Nußdorf ein, in einem rosa Atlaskleid mit weißem Umhang, unter Kanonendonner, Vivatrufen, den Klängen der österreichischen Volkshymne und den Lobreden der Hofberichter: »Kaum hatte sich die Brücke gesenkt, so schwang sich der Kaiser mit der ihm eigentümlichen Lebendigkeit an Bord der ›Franz Joseph‹ hinüber, sprang die auf das Verdeck führenden Stufen rasch hinan und drückte einen Kuß auf die Stirn seiner mit allen Reizen der Jugend und Anmut strahlenden Braut.«

In Schönbrunn erhielt Elisabeth das Hochzeitsgeschenk des Kaisers, eine Diamantenkrone. Diese hatte im letzten Moment restauriert werden können, nach dem Malheur, das ihr zugestoßen war. Als die kaiserliche Familie das Prachtstück besichtigte, war die alte Karoline Auguste, Witwe Franz I., mit ihrer Mantille an der Krone hängengeblieben, hatte sie zu Boden gerissen. Ein schlechtes Vorzeichen erblickte die Erzherzogin Sophie darin. Würde wenigstens die Hochzeitsfeier reibungslos verlaufen? Vorsorglich hatte sie für die Kaiserin eine zuverlässige Obersthofmeisterin ausgesucht, die sechsundfünfzigjährige Gräfin Sophie Esterhazy-Liechtenstein. Diese gab Elisabeth als erstes zwei Schriftstücke zum Studieren: über den allgemeinen Ablauf der Vermählung und die besonderen Anweisungen für Braut und Bräutigam. Das spanische Hofzeremoniell nahm die Sechzehnjährige in Beschlag.

Anderntags hielt die Kaiserbraut ihren offiziellen Einzug in die Kaiserstadt. Elisabeth, in silberdurchwirktem rosa Atlaskleid, trug den Hochzeitsschmuck ihrer Schwiegermutter. Sie fuhr in der von Rubens bemalten Prunkkarosse, der acht Lippizaner vorgespannt waren. Die Großen des Reiches gaben ihr das Geleit, der Fürsterzbischof von Wien und der Primas von Ungarn, Generäle mit Federhüten, Minister in goldbestickten Fräcken, magyarische Magnaten in malerischer Nationaltracht. Halb Wien stand Spalier, die Straßen waren mit Blumen bestreut, die Häuser geschmückt. Vor der Hofburg wartete der Kaiser auf seine Braut. Er führte sie zuerst in die Burgkapelle, wo beide beichteten und kommunizierten, dann in ihre künftigen, prachtvoll ausgestatteten Gemächer. Ob es ihr schön genug wäre, fragte Franz Joseph. »Viel, viel zu schön«, erwiderte Elisabeth.

Am Abend des 24. April 1854 standen sie vor dem Altar der Augustinerkirche: Franz Joseph in ordenbesäter Marschallsuniform, Elisabeth in einem mit Myrten geschmücktem Schleppkleid, das Brautdiadem im Haar, einen Strauß weißer Rosen an der Brust. Fürsterzbischof Othmar von Rauscher, ein Lehrer des Kaisers, benützte diese, vielleicht die letzte Gelegenheit für fromme Ermahnungen, die er vorher mit Erzherzogin Sophie abgesprochen hatte; er sprach lange, viel zu lange – Kardinal Plauscher nannten ihn seitdem die Wiener. Endlich stellte er die Fragen, auf deren Antworten alle gespannt lauschten – ein lautes Ja des Kaisers, ein gehauchtes Ja der Kaiserin.

Die Gratulationscour wollte kein Ende nehmen. Franz Joseph genoß sie wie ein strahlender Gewinner. Elisabeth, abgespannt und blaß, litt sichtlich darunter. Ihr war nun vollends klargeworden, daß sie sich nicht mehr selber, auch nicht allein ihrem Manne gehörte – sie war nun die Kaiserin im Geschirr schwerer Aufgaben und lästiger Pflichten, so etwas wie eine öffentliche Institution. Und eine Schwiegertochter am Zügel der Schwiegermutter. Am Morgen nach der Hochzeitsnacht hatte sie bei ihr zum Frühstück zu erscheinen, gewissermaßen zum Rapport.

WOLKEN ZOGEN ÜBER DEM PRIVATLEBEN FRANZ JOSEPHS AUF. In der Außenpolitik, die der verliebte Kaiser etwas vernachlässigt hatte, gewitterte es bereits. Im Juli 1853 hatten russische Truppen den Pruth überschritten und die unter türkischer Hoheit stehenden Donaufürstentümer Moldau und Walachei besetzt. Im Oktober 1853 war dieser russischen Aggression die türkische Kriegserklärung gefolgt. Am 28. März 1854 – einen Monat vor der Kaiserhochzeit in Wien – waren England und Frankreich an der Seite der Türkei in den Krieg gegen Rußland getreten.

Die Friedensordnung des Wiener Kongresses war dahin, der Krimkrieg entbrannt, der das von Metternich geschaffene europäische Staatensystem veränderte und Franz Joseph vor eine außenpolitische Bewährungsprobe stellte, der er nicht gewachsen sein konnte.

Die im Lot und damit im Zaum gehaltenen fünf Großmächte Rußland, Österreich, Preußen, Frankreich und England, die Pentarchie von 1815, entsprach der Staatsraison der Habsburgermonarchie, deren Interessen man noch zusätzlich durch die Prinzipien der Heiligen Allianz abgesichert glaubte: keine Machterweiterung eines Teiles, der das friedensichernde Mächtegleichgewicht verschieben würde, keine Duldung revolutionärer Kräfte, die dieses konservative, den Frieden konservierende System sprengen müßten.

Der Status quo war die Existenzgrundlage Österreichs; wer ihn in Frage stellte, gefährdete mit dem Frieden in Europa den Fortbestand der Habsburgermonarchie. Von zwei Seiten war er ständig bedroht: Von Nachbarstaaten, die auf Expansion angelegt waren, Rußland, Preußen, Sardinien-Piemont. Und von den nationalstaatlichen Bewegungen, die von innen her das Vielvölkerreich aushöhlten und es von außen her annagten. Brisant wurde es für Wien, wenn sich das Machtinteresse eines Staates mit einer nationalen Ideologie verband – so das sardinische mit der italienischen, das preußische mit der deutschen. Oder wenn Frankreich, erneut nach der Vorherrschaft in Europa strebend, als staatlicher Protektor Sardinien-Piemonts und als ideologischer Nothelfer der italienischen Nationalbewegung auftrat.

Und Rußland seine Macht zu erweitern suchte, wie eh und je unter ideologischen Vorzeichen. Unter dem Panier der Heiligen Allianz war es in Ungarn erschienen. Unter dem Vorwand, die orthodoxen Christen vor dem Islam zu schützen, hatte es die Türkei angegriffen. Mit dem Rückenwind des Panslawismus wird es dann in den Balkan-Vorhof Österreichs eindringen und die slawischen Nationalitäten zum Abfall von der Donaumonarchie ermuntern.

Metternich hatte einiges, doch nicht alles vorausgesehen. Der Rationalist des 18. Jahrhunderts setzte auf die Staatsraison, der »Comte de Balance« kalkulierte die Machtinteressen und suchte sie mechanisch im Gleichgewicht zu halten. Metternich hatte auf dem Wiener Kongreß dafür gesorgt, daß Rußland nicht zu tief in den polnischen Apfel hineinbeißen konnte, zu mächtig wurde. Frankreich war restauriert und dadurch, wie er annahm, ruhig und verträglich geworden. Den Dualismus zwischen Preußen und Österreich meinte er im Deutschen Bund friedlich und schiedlich domestiziert zu haben. Womit Metternich nicht rechnete, war die Dynamik der nationalen, liberalen und demokratischen Ideen. Und der

Machtinstinkt der Staaten, der sie wie große Tiere dazu verleitete, in fremde Reviere einzubrechen, die Rivalen ausstechen, der Platzhirsch werden zu wollen.

Immerhin: Fast vierzig Jahre lang hatte das Gleichgewichtssystem einigermaßen funktioniert, war der Friede gewahrt geblieben. Blitzlichtartig hatte das Jahr 1848 die Durchschlagskraft der modernen Ideen gezeigt. Aus nackter Existenzangst waren die Monarchen Österreichs, Preußens und Rußlands noch einmal zusammengerückt, hatten sie ein Austragen ihrer immer mehr hervortretenden Interessengegensätze aufgeschoben, beileibe nicht aufgehoben. Die anderen Mitglieder der Pentarchie waren ohnehin eigene Wege gegangen: England, dem zwar die »Balance of powers« gelegen kam, dem aber die »Heilige Allianz« von Anfang an nicht geheuer gewesen war. Und Frankreich, das nach dem Ruhebedürfnis der Restaurationszeit, der Erholungspause des Bürgerkönigtums und der heilsamen Erschütterung der Februar-Revolution wieder nach den Sternen der Hegemonie griff.

Am 1. Dezember 1852 hatte Frankreich einen neuen Kaiser und Europa einen neuen Unruhestifter bekommen, Napoleon III., der sich in den Steigbügeln des Renommées seines großen Onkels in den Sattel geschwungen hatte. Als er sich noch nicht sicher fühlte, hatte er allen etwas versprochen: den Franzosen Ruhe und Ordnung, den Europäern den Frieden – »L' Empire c'est la paix«. Als er dann fest an der Macht saß, erinnerte er sich des Testamentes Napoleons I.: Es sei die heilige Pflicht Frankreichs, dafür zu sorgen, daß sich in ganz Europa die modernen Ideen durchsetzten, unter dem Schutz und Schirm der »Grande nation«, die sie hervorgebracht und schon einmal versucht hatte, sie den Nachbarn auf Bajonettspitzen zu bringen. Damals verlief die Stoßrichtung über den Rhein, nach West- und Süddeutschland, und über die Alpen, nach Italien. Müßte das nicht wieder so sein? War nicht den Deutschen wie den Italienern bis dato ein Nationalstaat vorenthalten geblieben?

Österreich war herausgefordert: Indirekt als Vormacht des Deutschen Bundes, die auch die Wacht am Rhein zu halten hatte. Direkt als Zwingherr der Lombardei und Venetiens sowie als Protektor der habsburgischen Nebenherrschaften in Italien. Und überhaupt als Haupthindernis der nationalstaatlichen Bewegung. Anfang der fünfziger Jahre schien Franz Joseph diese Gefahr noch nicht zu sehen. Jedenfalls kommentierte er die Thronbesteigung Napoleons III. – genau vier Jahre nach seiner eigenen: »Ich schwärme nicht für Louis Napoleon, aber er hat den Parlamentarismus getötet.«

Den Parlamentarismus hatte Nikolaus I. von Rußland gar nicht erst aufkommen lassen, und der Nationalismus der Ungarn war von ihm, Schulter an Schulter mit Franz Joseph, niedergetreten worden, im Namen der Heiligen Allianz. Dennoch hatte der Kaiser seine Vorbehalte gegen den Zaren. Persönliche, weil er zu offensichtlich als Juniorpartner behandelt wurde. Und sachliche: »Im Orient liegt unsere Zukunft, und wir werden Rußlands Macht und Einfluß in jene Grenzen zurückdrängen, aus welchen es nur durch die Schwäche und Uneinigkeit der früheren Zeiten nach und nach vordringen konnte, um langsam – und dem Kaiser Nikolaus vielleicht unbewußt – aber doch sicher unseren Ruin herbeizuführen. Es ist hart, gegen frühere Freunde auftreten zu müssen, aber in der Politik ist dies nicht anders möglich, und im Orient ist Rußland jedesmal unser natürlicher Feind.«

Das war im Geiste Metternichs gesprochen, und im Sinne von Außenminister Graf Buol-Schauenstein, der als österreichischer Gesandter in Sankt Petersburg die Russen kennengelernt hatte. Dazu mußte man nicht unbedingt den Dichter Fedor Iwanowitsch Tjutschew lesen, der Konstantinopel als russische Metropole reklamierte, das russische Reich von der Newa zum Nil, von der Elbe bis China, von der Wolga zum Euphrat, vom Ganges zur Donau ausgedehnt sehen wollte, und 1849 prophezeite: »Der Westen fault, der Westen stirbt. Alles geht im allgemeinen Zusammenbruch zugrunde und löst sich auf, das Europa Karls des Großen, das Europa von 1815, die Herrschaft des römischen Papstes, alle Throne des Westens, Katholizismus, Protestantismus, der längst verlorene Glaube an die Vernunft werden zum Wirrwarr verzerrt. Es wird ein riesiger Schiffbruch sein – aber über ihm wird schwimmen, groß wie die Bundeslade, das Russische Reich, größer als je.«

Ein Blick in den historischen Atlas zeigte, was man von Rußland in der Vergangenheit zu halten und in der Zukunft zu erwarten hatte. Noch im 17. Jahrhundert war die Westgrenze Rußlands zwischen Peipus-See, Smolensk, Kiew und der Ostspitze des Asowschen Meeres verlaufen. Im 18. Jahrhundert war sie an die Ostgrenze Ostpreußens, bis Brest-Litowsk und Odessa vorgeschoben worden. Im

19. Jahrhundert waren Finnland, das polnische Kernland um Warschau und Bessarabien dazugekommen. Ein Nachschlagen im Konversationslexikon zeigte, daß dieses riesige Reich Menschen und Material genug und damit die Macht besaß, sich noch weiter auszudehnen.

Unmittelbar nach Westen war dies in der Mitte des 19. Jahrhunderts nicht möglich. Hier stieß Rußland auf die Barrieren der Großmächte Preußen und Österreich, mit denen es überdies reaktionär verbündet war. Ein Auslauf schien im Südwesten gegeben. Dort grenzte Rußland an das Osmanische Reich, das der »kranke Mann am Bosporus«, der Sultan in Istanbul, kaum mehr zusammenzuhalten vermochte. Schon im 18. Jahrhundert hatte ihm die Zarin Katharina II. die Krim und ein Stück Landes nördlich davon entrissen. Nun griff Zar Nikolaus I. weiter in die türkische Konkursmasse hinein, nach den Donaufürstentümern Moldau und Walachei, Kerngebieten des späteren Rumäniens, und meldete bereits Ansprüche auf Bulgarien, Serbien und Bosnien an – die zwar alle eigene Staaten werden sollten, doch zugleich Satelliten des Russischen Reiches.

Rußland an der unteren Donau, auf dem Balkan, im südöstlichen Vorfeld der Donaumonarchie – Wien war alarmiert. In dieser Flanke konnte Österreich das starke Rußland nicht haben, wollte es lieber die schwache Türkei sehen. Die Osmanen waren lange die Erzfeinde Habsburgs gewesen, und es hatte viel Kraft gekostet, sie von den Toren Wiens, das sie 1683 belagert hatten, bis auf ihre gegenwärtigen Grenzen zurückzuwerfen. Ihr Machtbereich in Südosteuropa war noch groß genug, reichte vom Pruth im Osten bis an die Adria im Westen, stieß an die österreichischen Territorien Bukowina, Siebenbürgen, Banat, Slawonien, Kroatien und Dalmatien. Diese waren indessen nicht mehr bedroht, die angrenzenden türkischen Gebiete zu einer Pufferzone geworden, was sich schlagartig ändern müßte, wenn sie russischer Einflußbereich werden sollten.

So war die Habsburgermonarchie an der Erhaltung des Osmanischen Reiches interessiert, aus machtpolitischen und militärstrategischen Gründen. Und weil es – ähnlich wie Österreich – ein Reich war, das man nicht von Nationalisten zerstören lassen durfte, aus Prinzip und weil man den eigenen Nationalitäten ein zur Nachahmung herausforderndes Beispiel vorenthalten mußte. Deshalb ging man in Wien auf Petersburger Winke nicht ein, man solle gemeinsam über die Türkei herfallen und die Beute teilen. Das hätten England und Frankreich nicht geduldet, eine derartige Machterweiterung Rußlands und Österreichs und damit eine die »Balance of powers« gefährdende Verschiebung der Gewichte. Selbst auf Preußen, den Bruder im reaktionären Geiste und Rivalen in der deutschen und europäischen Politik, hätte man dabei kaum zählen können.

Wenige Jahre nach seiner Thronbesteigung war Franz Joseph schon mit dem Grundproblem der österreichischen Außenpolitik konfrontiert, das ihn die ganze lange Regierungszeit beschäftigen sollte. Seine Lösung glich derjenigen der Quadratur des Kreises: Stellte er sich gegen Rußland, verlöre er einen konservativen Freund und behielte einen imperalistischen Feind. Ginge er mit Rußland, behielte er einen konservativen Freund und bekäme einen stärker gewordenen imperialistischen Feind. Ginge er mit England und Frankreich, weckte er Revanchegelüste Rußlands, ohne Sympathien der Westmächte für das reaktionäre Österreich zu gewinnen. Stellte er sich gegen England und Frankreich, könnte er sich ideologische Gegner zu militärischen Feinden machen, etwa Frankreich am Po und Rhein, ohne daß er die russische Gefahr gebannt hätte.

So lag Neutralität im Krimkrieg nahe, die ihrerseits ihre Haken hatte. War sie strikte Nichtbeteiligung, eine ausgesprochen parteilose Haltung, konnte es passieren, daß beide Seiten den Lauen aus ihrem Munde spuckten. War sie aktive Neutralität, gar Schaukelpolitik, war vorauszusehen, daß man sich zwischen alle Stühle setzte – auf den Platz, den die Geschichte ohnehin für die Habsburgermonarchie ausersehen zu haben schien.

Alle drei Möglichkeiten hatten ihre Befürworter, die dem außenpolitisch unerfahrenen und diplomatisch unbegabten Kaiser in den Ohren lagen. Die Generalität wäre am liebsten an der Seite der Russen, der alten Kameraden aus Ungarn, gegen die Türken, und – wenn es sein müßte – auch gegen die Franzosen und Engländer marschiert. Der Außenminister, Graf Buol-Schauenstein, und der österreichische Gesandte in Paris, Alexander von Hübner, plaidierten für einen antirussischen, pro-westlichen Kurs. Dem alten Metternich, der schon gewußt hatte, warum er den Frieden in Europa als die Lebensbasis Österreichs gepflegt hatte, fiel in dieser in seinem System nicht vorgesehenen Situation nichts anderes ein als eine Verurteilung Rußlands, eine Warnung vor den Westmächten, die Empfehlung der Neutralität.

Er stehe vor einer »verwuzelten Frage«, klagte Franz Joseph. Der Zar schrieb werbende Briefe an den Kaiser, suchte ihn am Portepee der gegenrevolutionären Waffenbrüderschaft zu fassen, wollte ihm einreden, daß die Sorge um die orthodoxe Christenheit, der er sich selber so selbstlos verschrieben habe, auch die Angelegenheit der Apostolischen Majestät wäre. Da er wie ein Russe warb, wie ein Bär, zu aufdringlich eine Einlösung der österreichischen Dankesschuld für die russische Hilfe in Ungarn verlangte, allzusehr den »väterlichen Freund« herausstrich, versteiften sich die Bedenken Franz Josephs, die sachlichen, was die russische Gefahr, und die persönlichen, was die Sorge um seine Ebenbürtigkeit betraf.

Rußland war der Aggressor. Zunächst versuchte Österreich gemeinsam mit England, Frankreich und Preußen, die weniger am Weiterleben der Türkei als an der Fortdauer des europäischen Gleichgewichtssystems interessiert waren, mit diplomaten Einwänden den Zaren zur Raison zu bringen. Am 24. September 1853 – seine Truppen standen bereits in der Moldau und Walachei – begab sich Nikolaus nach Olmütz, um Franz Joseph umzustimmen. Er setzte auf seinen unwiderstehlichen Charme und den Genius loci: Hier war Franz Joseph, nach den ersten Erfolgen der Gegenrevolution, Kaiser geworden, von hier aus war die gemeinsame Niederwerfung Ungarns ausgegangen. Franz Joseph hatte sein Selbstbewußtsein mit 80 Bataillonen Infanterie, 74 Eskadronen Kavallerie und 28 Batterien Artillerie gestärkt, an deren Spitze er dem »Bruder, Freund und Verbündeten« gegenübertrat und sich nicht auf die Seite Rußlands hinüberziehen ließ.

Nikolaus gab nicht auf. Er lud Franz Joseph und den Prinzen Wilhelm von Preußen nach Warschau ein, in der Hoffnung, die Heilige Allianz, nun gegen Türken und Moslems, wiederbeleben zu können. Eine russische Truppenmasse erwartete sie, die auf das Kommando des Zaren wie ein Mann präsentierte; doch was imponieren sollte, erschreckte eher. Die Neutralitätserklärung Österreichs und Preußens war alles, was Rußland bekommen konnte. Dennoch behauptete Nikolaus am Ende des Treffens vor den Delegationen und Diplomaten, er bedanke sich für die guten Dienste, die ihm die verbündeten Mächte leisten wollten. Franz Joseph wurde dunkelrot im Gesicht, aus Zorn über eine solche Impertinenz, und aus Scham, daß er dem Zaren nicht deutlicher die Meinung gesagt hatte.

Er holte dies schriftlich nach: Nikolaus müßte ihm versichern, daß er die Donau nicht überschreiten werde, und, sollten ihn die Kriegsereignisse dazu zwingen, er keine territorialen Vergrößerungen anstrebe. Diese Versicherungen müsse er »notwendigerweise in den Händen haben, im Interesse Österreichs, das mich – Du wirst das verstehen – in erster Linie leiten muß.« Nun war der Zar entrüstet: »Die Verbündeten, auf die zu zählen ich ein Recht zu haben glaubte, lassen mich im Stich.«

Das war das Ende der Heiligen Allianz, doch nicht der Anfang einer Hinwendung Österreichs zu den Westmächten. Diese erklärten Rußland am 28. März 1854 den Krieg – Frankreich, weil Napoleon III. aus innenpolitischen Gründen außenpolitisches Prestige brauchte, England, weil es Rußland nicht an Bosporus und Dardanellen lassen wollte, beide interessiert am Funktionieren der Mächtebalance.

Der Kaiser der Franzosen begann den Kaiser von Österreich zu umwerben, was diesem nicht behagte, weil er mit einem Bonaparte nicht gerne von gleich zu gleich verkehrte, und weil es kaum im Interesse Österreichs lag, in den Krieg gegen Rußland an der Seite der Westalliierten einzutreten. Außenminister Buol drängte zwar in diese Richtung: Man müsse die einmalige Gelegenheit zu einer für Wien günstigen Lösung der orientalischen Verwicklung ergreifen, in einem Augenblick, »in dem ganz Europa sich mit einer seltenen Einmütigkeit über das übermütige Ausgreifen Rußlands empört zeigt.« Doch der Kaiser befand, Österreich müßte in einem solchen Krieg schwerere Opfer als die Seemächte bringen, dürfte – trotz eines am 20. März 1854 zustandegekommenen Schutz- und Trutzbündnisses – kaum mit der Unterstützung Preußens rechnen, könnte aus dem Konflikt geschwächt, nicht gestärkt hervorgehen. Franz Joseph hörte nach wie vor auf Metternich, der orakelte: »Ins Schlepptau kann sich der Staat der Mitte weder in der östlichen noch in der westlichen Richtung nehmen lassen.« Österreich müsse sich die »Freiheit der Bewegung« vorbehalten.

Es bewegte sich indessen von der Mittellinie weg, gegen Rußland. Truppen wurden in Galizien, der Bukowina und Siebenbürgen zusammengezogen, wodurch man auf der russischen Seite starke Kräfte band, die für den Einsatz auf dem türkischen Kriegsschauplatz und dann – nach der Invasion der Verbündeten – auf der Krim fehlten. Wien ging noch weiter. Am 3. Juni 1854 forderte es Petersburg zur Räumung der Donaufürstentümer auf. Das war eine »Sommation«, eine vor dem Zwangseinschreiten erlassene Aufforderung, ein Ultimatum.

Nikolaus tobte gegen die »Undankbarkeit und Illoyalität« Franz Josephs, der seine schönsten politischen Pläne zunichte mache. Doch er gab nach, zog seine Truppen aus der Moldau und Walachei zurück. An ihre Stelle traten Österreicher, gewissermaßen als Friedenssoldaten, im Namen der Aufrechterhaltung des europäischen Gleichgewichts. Die Friedensbedingungen wurden von Wien im Verein mit London und Paris formuliert, mit dem Ziel, Rußland in seine Schranken zurückzuweisen. Der Zar verwünschte diese »Perfidie ohnegleichen«, die er in erster Linie Österreich ankreidete.

Franz Joseph hatte sich von einer strikten Neutralitätspolitik, die am ehesten der komplizierten Interessenlage der Monarchie entsprochen hätte, zu einer Interventionspolitik hinreißen lassen, die lediglich die Türkei bis auf weiteres erhielt, dieses wie die Habsburgermonarchie anachronistisch gewordene Reich. Am 2. Dezember 1854, nachdem der Zar die Friedensbedingungen verworfen und das Kriegsglück sich auf die Seite der Verbündeten geneigt hatte, schloß Wien ein Bündnis mit London und Paris. Es führte zwar – trotz der Gesamtmobilmachung – nicht zum Kriegseintritt Österreichs, schien es aber an die Seite der Sieger zu bringen.

Doch Sieger blieben nur die Westmächte. Der Friede wurde 1856 nicht in Wien, sondern in Paris geschlossen, obwohl ein österreichischer Vermittlungsvorschlag die Friedensverhandlungen ausgelöst hatte, obgleich man eine Renovierung des Staatensystems des Wiener Kongresses im Auge hatte. Rußland mußte die Donaumündung abtreten, verlor die Kontrolle über die Donauschiffahrt, die man für frei erklärte. Die Schutzherrschaft über die Christen im Osmanischen Reich übernahmen die Großmächte gemeinsam, nahmen damit Rußland einen ideologischen Vorwand zu machtpolitischem Eingreifen. Das Schwarze Meer wurde neutralisiert, der Bosporus und die Dardanellen blieben in türkischer Hand, für fremde Kriegsschiffe gesperrt – den Russen war der Weg ins Mittelmeer verschlossen.

Der vor der russischen Aggression bestehende Status quo schien wiederhergestellt zu sein. Tatsächlich hatten sich die Gewichte zugunsten Frankreichs und Englands verschoben. »Das ist tatsächlich ein glorreicher Friede für die Verbündeten, den Österreich glücklich für sie von Rußland erlangt hat«, bemerkte ein italienischer Diplomat.

Napoleon III., der Gastgeber des Pariser Friedenskongresses, begann sich als Schiedsrichter Europas aufzuspielen. Die Lorbeeren des Krimkrieges steckte er sich an seinen Hut: die Siege an der Alma, bei Inkerman, die Erstürmung des Malakoff-Turms in Sewastopol. Die französische Armee hatte sich bewährt, ihr unter Napoleon I. errungenes und nach 1815 verlorenes Selbstbewußtsein wiedergewonnen – die Waffe zur Durchsetzung neuer Vormachtsansprüche war geschmiedet. Ihr nächstes Einsatzfeld wurde bereits abgesteckt: Norditalien. Sardinien-Piemont hatte an der Seite der Westmächte Krieg gegen Rußland geführt, was ihm beider diplomatische und dann auch die militärische Unterstützung in der Auseinandersetzung mit Österreich eintragen sollte.

Auch England ging gestärkt aus dem Krimkrieg hervor. Die »Balance of powers« auf dem Kontinent, die Voraussetzung seiner Weltmachtpolitik, war wiederhergestellt, auch wenn die Gewichtung sich verändert hatte, jetzt schon zu ungunsten Rußlands und zugunsten Frankreichs, bald schon zu ungunsten Österreichs und zugunsten Preußens. Die Türkei blieb als Riegel vor Rußland intakt und damit die Seeherrschaft Englands im Mittelmeer. Die Liberalen hatten das reaktionäre Österreich nie geschätzt, die Konservativen verloren den Respekt vor der österreichischen Diplomatie, und der viktorianische Moralismus entrüstete sich, aus dem Munde des Prinzgemahls Albert: Die Falschheit Habsburgs verdiene sprichwörtlich zu werden.

Preußen hatte sich zwar nicht aufrichtiger, aber geschickter als Österreich verhalten. Das fiel ihm auch leichter, weil vom russischen Balkanvorstoß seine Interessen nicht unmittelbar verletzt worden waren, und weil es nicht, wie das Vielvölkerreich wegen Italiens, von den Westmächten einiges zu befürchten hatte. Der Po locke Napoleon III. mehr als der Rhein, meinte der preußische Bundestagsgesandte Otto von Bismarck, Sprecher der pro-russischen konservativen Partei. Es gab auch eine pro-englische, liberale

Richtung, die sich an die Seite der Westmächte gegen Rußland stellen wollte. König Friedrich Wilhelm IV. hielt die Mittellinie ein, wich von seinem Neutralitätskurs nicht ab, nahm die Verstimmung Englands und Frankreichs in Kauf, sowie den Unmut des Zaren, der grollte: »Mein Schwager geht jeden Abend als Russe ins Bett und steht jeden Morgen als Engländer wieder auf.«

Und die Verbitterung Franz Josephs, der Preußen und den Deutschen Bund in seine Interventionspolitik hineinziehen wollte. Unter dem Strich kam für Preußen Gewinn heraus: Österreich, der Rivale in Deutschland, war geschwächt worden, durch das Einvernehmen zwischen Frankreich und Sardinien-Piemont, vor allem durch die Entzweiung von Rußland und Österreich.

Nikolaus I. war am 2. März 1855, mitten im Krimkrieg, gestorben – aus Zorn und Gram über den Verrat des Habsburgers, wie es in Petersburg hieß. »Österreich wird die Welt durch die Größe seiner Undankbarkeit in Erstaunen setzen«, hatte Schwarzenberg gesagt, Franz Joseph bestätigt. Die Ernennung des Verblichenen zum Inhaber eines österreichischen Kürassierregiments und eine vierwöchige Hoftrauer in Wien waren nicht dazu angetan, die österreichischen Fehler zu beschönigen und die russische Feindseligkeit zu besänftigen. Der neue Zar, Alexander II., gab Wien die Schuld an seiner Niederlage, und nahm sich vor, dies bei Gelegenheit heimzuzahlen. Seine Bevollmächtigten beim Pariser Kongreß behielten die Hüte auf, wenn die Österreicher erschienen. Graf Orlow sagte zum französischen Außenminister Graf Walewski: »Wir haben uns als brave Doggen, die wir sind, gegenseitig zerrissen. Aber jetzt wollen wir so zusammenarbeiten, daß unser Streit nicht diesem Köter Österreich zugutekommt.«

Ihn dauere der junge Kaiser, hatte der russische Botschafter in Wien, Baron Meyendorff, gesagt: »Seine Politik hat uns Russen so tief verletzt, daß er darauf zählen kann, keine ruhige Stunde mehr zu haben, solange er regiert.« Schon jetzt hatte Franz Joseph Sorgen genug. Österreichs halbe Neutralität und halbe Parteinahme trug ihm die Nachteile eines Krieges und keine Vorteile des Friedens ein. 611 Millionen Gulden kosteten die Mobilmachung und die Stationierung der Truppen in den Donaufürstentümern, unter denen die Cholera kaum schrecklicher gewütet hatte, als es Pulver und Blei vermocht hätten. Österreich war völlig isoliert; es hatte die revolutionären Kräfte als Feinde behalten und sich die reaktionäre Macht Rußland zum Feind gemacht. Allein auf sich gestellt ging es in die kommenden Auseinandersetzungen um Italien und Deutschland, ohne dem unvermeidlichen Konflikt mit Rußland zu entgehen.

Hätte sich Franz Joseph anders verhalten können? Was die diplomatischen Mittel und Maßnahmen betrifft, sicherlich: Sie hätten der Mittellage Österreichs entsprechen, von Vorsicht und Zurückhaltung geprägt und auf Vermittlung und Ausgleich gerichtet sein müssen. Doch selbst ein Metternich wäre der fatalen Situation der Mittelmacht Österreich kaum mehr gewachsen gewesen, dem nun in voller Schärfe hervortretenden Mehrfrontenkonflikt zwischen einem expansiven Rußland und einem aggressiven Frankreich, zwischen einem zur nationalen Einigung Italiens entschlossenen Sardinien und einem zur nationalen Einigung Deutschlands getriebenen Preußen.

Die Verantwortung lastete auf dem neo-absolutistischen Kaiser, der auch in der Außenpolitik alles allein beurteilen und entscheiden wollte, sich zumindest den Anschein gab, es zu tun. »Es ist wie ein Fluch des Himmels über diesem habsburgischen Geschlecht«, sagte Meyendorff, in Ahnung der vorherbestimmten Ausweglosigkeit seines Schicksals. Doch die von Grillparzer angesprochenen halben Mittel, die auf halbem Wege zur halben Tat führten – sie waren persönliches Versagen, auch des jüngsten Herrschers des edlen Hauses.

DAS HAUS HABSBURG stand einsam zwischen den Großmächten, und in seinen häuslichen Angelegenheiten war Franz Joseph in die Auseinandersetzungen zwischen seiner Mutter und seiner Frau geraten. Auch hier zauderte er, auf welche Seite er sich stellen sollte, war ihm die Wahl nicht leicht gemacht, zwischen der Frau, die er liebte, und der Mutter, die er brauchte. Der leidige Hausstreit behinderte ihn in der heiklen Außenpolitik, und umgekehrt; die Nichteinmischung, die als vernünftiger wie bequemer Ausweg erschien, barg auch im Konflikt zwischen Schwiegermutter und Schwiegertochter die Gefahr, daß er es mit beiden verdarb.

Fortune hatte er auch im Privatleben nicht. Die Frau, die er sich wie einen Paradiesvogel eingefangen hatte, fühlte sich am Wiener Hofe, als Kaiserin, keineswegs wie im Paradies, sondern wie in einem mit goldenen Gittern versehenen Käfig, im düsteren Schloß Laxenburg, im Korsett der Hofetikette, im Geschirr der zeremoniellen Pflichten, umgeben von Hofdamen, die sie sich nicht selber aussuchen durfte, beaufsichtigt von der Schwiegermutter, die sie nie aus den Augen ließ, sie unaufhörlich kritisierte und korrigierte, mit einem Flitterwöchner, der wegen dringender Staatsgeschäfte kaum Zeit für sie hatte, einem Manne, der sie zwar aufrichtig liebte, doch ohne Phantasie, mit zu selbstverständlichem Besitzerstolz. Die sechzehnjährige Elisabeth, zu früh und zu schnell verheiratet, von Natur aus empfindlich und empfindsam, von Hause aus an Freizügigkeit bis zur Extravaganz gewöhnt, fühlte sich schon kurz nach der Vermählung wie ein gefangener Vogel, der sich zunächst bedauerte und bemitleidete, dann zu hacken und schlagen begann und schließlich nach Möglichkeiten zum Ausfliegen ausspähte.

»Oh, daß ich nie den Pfad verlassen,
Der mich zur Freiheit hätt' geführt.
Oh, daß ich auf der breiten Straßen
Der Eitelkeit mich nie verirrt!

Ich bin erwacht in einem Kerker,
Und Fesseln sind an meiner Hand.
Und meine Sehnsucht immer stärker –
Und Freiheit! Du, mir abgewandt!

Ich bin erwacht aus meinem Rausche,
Der meinen Geist gefangen hielt,
Und fluche fruchtlos diesem Tausche,
Bei dem ich Freiheit! Dich – verspielt!«

Dieses Gedicht schrieb Elisabeth am 8. Mai 1854, genau vierzehn Tage nach der Hochzeit. Zunächst hatte sie sich noch über das Hofprotokoll mokiert, über die Unterschiede von »Allerhöchsten« und »Höchsten« Frauen, von »palast- und appartmentmäßigen Damen«: Erstere, 229 Damen aus den großen Adelsgeschlechtern, hatten den »großen Zutritt« zur Kaiserin, konnten zu jeder Zeit zu jedem Cercle erscheinen. Letztere durften nur nach genehmigter Anmeldung und zu bestimmten Stunden ihren Hofknicks machen. Schon die Hochzeitsfeierlichkeiten hatte Elisabeth als quälend empfunden, das ständig Immittelpunktstehen, Angestarrtwerden, Haltungzeigen, der immerwährende Garderobewechsel, die obligaten Handküsse, die Pflicht zur höflichen Konversation, das Majestätsein.

Und so ging das weiter: Frühstück bei der Schwiegermutter, Familiendiner mit ledernen Erzherzögen und steifen Erzherzoginnen, Audienzen, Ausfahrten, Visiten, Empfänge, Soiréen, Bälle – immer nur Marionette des spanischen Zeremoniells, neben sich, wenn es gut ging, den Gatten, der sich ebenfalls wie an Drähten bewegte, und sie belehrte, das sei nun einmal ihr Beruf. Wann immer sie konnte, flüchtete sich Elisabeth zu ihren Tieren, die sie aus Possenhofen mitgebracht hatte: den Papageien, denen sie das Sprechen beibringen konnte, den Hunden, die ihr gehorchten. Und sie begann wieder zu reiten, am liebsten parforce, als wollte sie sich gewaltsam Auslauf verschaffen, ihr trübsinniges Gemüt auslüften, vielleicht sogar in der Hoffnung, sich das Genick zu brechen, damit alles aus und zu Ende sei.

Dieses Reiten schicke sich nicht für eine junge Frau, befand die Schwiegermutter. Wenn Elisabeth es in Laxenburg nicht mehr aushielt, nach Wien wollte, wo ihr Frischangetrauter tagsüber am Schreibtisch saß, bedeutete ihr Erzherzogin Sophie: »Es ist unschicklich für eine Kaiserin, ihrem Manne nachzulaufen, und dort- und dahin zu kutschieren wie ein Fähnrich.« Als sie die ersten Anzeichen einer Schwangerschaft bei der Schwiegertochter bemerkte, ließ sie ihren Sohn schriftlich wissen, daß er nun seine Frau zu schonen habe. »Auch glaube ich, daß Sisi sich nicht zu sehr mit ihren Papageien abgeben sollte, da zumal in den ersten Monaten man sich so leicht an den Tieren verschaut, die Kinder Ähnlichkeit mit ihnen erhalten. Sie sollte sich lieber im Spiegel und Dich anschauen. Dies Verschauen lass' ich mir gefallen.«

Sie meinte es gut und wollte das Beste, die fast fünfzigjährige, nun auch äußerlich matronenhaft gewordene Sophie. Ihr Sohn, der es sich in den Kopf gesetzt hatte, ein so unfertiges und für ihn so unpassendes Mädchen zu heiraten, sollte eine von ihr erzogene und zurechtgebogene Frau bekommen. Der Kaiser, der sich eine Liebesheirat statt einer Vernunftehe geleistet hatte, mußte eine von ihr geformte und genormte Kaiserin erhalten. Von Anfang an hatte sie sich vorgenommen, die Enkel, vornehmlich den Thronfolger, selber großzuziehen – sie, die darin Erfahrung hatte und wußte, worum es ging, um die Zukunft der Dynastie. Und Sisi? Sie hatte sich zu fügen, wie sich einst Sophie zu fügen hatte, der über persönlichem Fühlen und Denken stehenden habsburgischen Hausraison.

Die Mutter rechts, die Gemahlin links, Franz Joseph in der Mitte – hingezogen zur einen, verpflichtet der anderen, auf Vermittlung bedacht, vom Verdikt beider bedroht. Was auf Bauernhöfen und in Bürgerhäusern nichts Außergewöhnliches war, widerfuhr nun auch dem Hof- und Hausherrn des Kaiserreiches. Es lag weder in der Natur Franz Josephs noch im habsburgischen Herkommen, daß er klare Verhältnisse schuf. So hörte er weiter auf seine Mutter und suchte es seiner Frau rechtzumachen, was ihm die Liebe Sophies erhielt und diejenige Elisabeths entzog, eine Liebe, die er ohnehin nie so recht besessen hatte.

Kinder kamen: Am 5. März 1855 ein erstes Mädchen, das selbstverständlich den Namen Sophie erhielt, das die Schwiegermutter sofort in ihre Obhut nahm, während Elisabeth, kaum aus dem Wochenbett, wieder zu reiten begann. Und am 15. Juli 1856 eine zweite Tochter, Gisela. Die Schwiegermutter verhehlte nicht ihre Enttäuschung, daß es wieder kein Sohn und Thronfolger war. Franz Joseph tröstete sich damit, daß seine Frau – nun fast neunzehn – voll erblüht war, zu einer Schönheit, die ihn hinriß, und Elisabeth, die sich deren Wirkung bewußt war, zu einem Affront gegen Sophie bewog.

Nun wollte sie ihre Kinder in der Hofburg näher bei sich haben, weniger um sie selber zu erziehen, als sie der Schwiegermutter zu entziehen. Zum ersten Mal stellte sich Franz Joseph gegen Mama. Aber nur brieflich, denn mündlich hätte er dies auch jetzt noch nicht gewagt. Bald schon ein zweites Mal. Auf Drängen der Frau und gegen den Widerstand der Mutter, die sich um die Gesundheit der Kinder sorgte, nahm im Frühjahr 1857 das Kaiserpaar die zweijährige Sophie und die noch nicht einjährige Gisela mit nach Budapest. Die Kinder bekamen Durchfall und Fieber; die kleine Sophie starb.

Nun war die Schwiegermutter wieder obenauf. Elisabeth begann zu resignieren, sich mehr und mehr abzukapseln, vom Gemahl, vom Hof, vom Leben im Kaiserreich.

Gewissen Pflichten konnte sich die Kaiserin nicht entziehen, beispielsweise in der Fronleichnamsprozession hinter dem Allerheiligsten zu schreiten, an der Seite des Kaisers, wo sie auch der Schwiegermutter gefiel: »Das junge Paar war schön, begeisternd, rührend, die Haltung der Kaiserin entzückend, fromm, in sich gekehrt, fast demütig.«

Jede Fronleichnamsprozession war ohnehin so etwas wie ein Triumphzug der Erzherzogin Sophie. Denn sie hatte das Konkordat von 1855 zuwege gebracht, das der katholischen Kirche eine Stellung im öffentlichen Leben einräumte, wie sie das fortgeschrittene 19. Jahrhundert nicht mehr für möglich gehalten hätte. Dieses »rein mittelalterliche Konkordat«, wie selbst die fromme Kaiserin Eugenie in Frankreich sagte, schränkte die Souveränität des Kaiserstaates beinahe mehr ein, als es eine liberale Verfassung vermocht hätte. Doch es gab der Krone die Weihe des Gottesgnadentums und dem alten Österreich eine unverwechselbare Patina.

»Seit Wir durch die Fügung des Allerhöchsten den Thron Unserer Ahnen bestiegen haben«, leitete Franz Joseph das Konkordat ein, »war Unsere unablässige Bemühung darauf gerichtet, die sittlichen Grundlagen der geselligen Ordnung und des Glückes Unserer Völker zu erneuern und zu befestigen. Umso mehr haben Wir es für Unsere Pflicht erachtet, die Beziehungen des Staates zu der Katholischen Kirche mit dem Gesetze Gottes und dem wohlverstandenen Vorteile Unseres Reiches in Einklang zu setzen. Zu diesem Zwecke haben Wir mit dem Oberhaupte der Kirche eine umfassende Vereinbarung geschlossen.«

Es waren Vereinbarungen, die der Kirche Rechte zurückgaben, die ihr fast überall und selbst in Österreich vom übermächtig werdenden Staat genommen worden waren, so der freie Verkehr der Gläubigen und Geistlichen untereinander sowie mit Rom, Zuständigkeiten der Bischöfe in kirchlichen Angelegenheiten, etwa Pfarreien zu gründen oder Wallfahrten zu veranstalten. Es waren aber auch Zugeständnisse an die Kirche darunter, die Staatsbürokraten wie Liberale gleicherweise kritisierten. Eher harmlose, wie die Bestimmung, daß bei der Verpflegung der kaiserlichen Armee die Fastenvorschriften zu beachten seien. Und schwerwiegende im Erziehungs- und Bildungswesen: nur katholische Lehrer an katholischen Volksschulen, Mittelschulen und Gymnasien, kirchliche Schulaufsicht, das Recht der kirchlichen Autoritäten, »Bücher, welche der Religion und Sittlichkeit verderblich sind, als verwerflich zu bezeichnen« – und die Verpflichtung der staatlichen Autoritäten, deren Verbreitung zu verhindern.

Es wäre nicht Österreich gewesen, wenn man das mit der rechten Hand der Kirche Gegebene nicht mit dem von der linken Hand dem modernen Säkularismus Gewährten wieder einigermaßen ausgeglichen hätte. Unterrichtsminister Leo Graf Thun-Hohenstein paßte das Schulwesen den Bedürfnissen des aufsteigenden Bürgertums an. Neben das achtklassige Gymnasium, das die Fundamente der humanistischen Bildung und damit des europäischen Geistes sichern mußte, stellte er die Realschule, die mit Mathematik, Naturwissenschaften und Neusprachen dem wirtschaftlichen wie gesellschaftlichen Fortschritt dienen sollte, und natürlich dem Staate, der daraus Nutzen zu ziehen gedachte.

Alles umfaßte und jedem diente die Universität. Sie erhielt mehr Selbständigkeit: Wahl der Professoren durch die Fakultäten, Berufung auch von Ausländern, Freiheit der Forschung und Lehre bis an die weiter ausgedehnten Grenzen der Staatsraison und die – trotz Konkordat – nicht allzu eng gezogenen Schranken der Kirchengläubigkeit. Die Wiener Universität wurde zum »schönsten und wertvollsten Juwel der österreichischen Krone« wie zu einer europäischen Alma Mater moderner Wissenschaften, vor allem der Medizin.

Karl von Rokitansky aus Königgrätz exzellierte in pathologischer Anatomie; Joseph Skoda aus Pilsen war eine Koryphäe für Herz- und Brustkrankheiten; Ferdinand von Hebra aus Brünn wurde der Begründer der wissenschaftlichen Dermatologie, der Lehre von den Hautkrankheiten; Joseph Hyrtl aus Eisenstadt schrieb ein in viele Sprachen übersetztes *Lehrbuch der Anatomie*; Ernst Wilhelm von Brücke aus Berlin, ein Physiologe, wurde der erste protestantische Rektor der Wiener Universität; auf der Insel Rügen war Theodor Billroth geboren, der bedeutende und vielseitige Chirurg, der schließlich zum Mitglied des österreichischen Herrenhauses ernannt wurde und ein Denkmal im neuen Universitätsgebäude erhielt.

Den »Sieg des Lichts über die Finsternis« stellt das Deckengemälde im Festsaal des im Stil der italienischen Renaissance errichteten Komplexes dar. Die Neue Universität wurde ein Wahrzeichen der Wiener Ringstraße. Deren Bau befahl Kaiser Franz Joseph am 20. Dezember 1857, und da er damit nicht zuletzt die Wiener beschenken wollte, erschien seine Order am 25. Dezember als »Weihnachtsbotschaft« in der *Wiener Zeitung*:

»Es ist mein Wille, daß die Erweiterung der inneren Stadt Wien mit Rücksicht auf eine entsprechende Verbindung derselben mit den Vorstädten ehemöglichst in Angriff genommen und hiebei auch auf die Regulierung und Verschönerung meiner Residenz- und Reichshauptstadt Bedacht genommen werde. Zu diesem Ende bewillige Ich die Auflassung der Umwallung und Fortifikationen der inneren Stadt, sowie der Gräben um dieselbe. Jener Teil der durch Auflassung der Umwallung der Fortifikationen und Stadtgräben gewonnenen Area und Glacis-Gründe, welcher nach Maßgabe des zu entwerfenden Grundplanes nicht einer anderweitigen Bestimmung vorbehalten wird, ist als Baugrund zu verwenden.«

Das war zunächst eine städtebauliche Maßnahme. Die mittelalterlichen Basteien waren ein Panzer geworden, der nicht mehr schützte und immer mehr beengte: die Innenstadt, die Atembeschwerden bekam, in Wohnungsnot geriet, keinen freien Quadratmeter mehr für private und öffentliche Bauten aufwies. Die dem Mauerring vorgelagerten Außenbezirke hatten sich üppig ausgedehnt, 34 Vorstädte waren eingemeindet, ohne daß Wien, das nun über 430000 Einwohner zählte, eine Stadt aus einem Guß geworden wäre. Sie zerfiel nach wie vor in die höfische und bürgerliche Innenstadt und die – trotz der eingesprenkelten Adelspaläste – kleinbürgerlich-proletarische Außenstadt. Sie sollten endlich zu einer Stadteinheit zusammengefügt werden, durch Beseitigung der im Wege stehenden Basteien, durch die an ihrer Stelle angelegte Ringstraße, die mit einem Saum von Staatsgebäuden, Theatern, Museen, Hotels und Geschäftshäusern das Ganze zusammenhalten sollte.

Nicht nur die Stadt, sondern auch das Reich. Da es zentralisiert werden sollte, brauchte es eine Zentrale, in der alles Leben konzentriert war, eine Metropole, die alle Provinzstädte überstrahlte, einen Mittelpunkt, nach dem sich alles ausrichtete, einen Einigungspunkt aller österreichischen Völkerschaften, Bollwerk der Tradition wie Bauplatz des Fortschritts, eine würdige k. k. Residenz- und Reichshauptstadt eben. Franz Joseph hatte dies erkannt. Eine schier endlose Regierungszeit lang baute er an diesem Wien, an seiner Ringstraße – dem Boulevard der Kaiserherrlichkeit, dem steinernen Band, das die Habsburgermonarchie umfassen und zusammenschließen sollte.

Die Wiener selber blieben zugeknöpft, gegenüber Urbanistik wie Reichsraison. Neuerungen an sich abhold, mochten sie einem Vorhaben nichts abgewinnen, das ihnen Vertrautes, Liebgewordenes, die gute alte, die Biedermeierzeit nahm: den Spaziergang auf der Bastei, den Blick zum Wiener Wald, Erinnerungen an lauschige Platzerl im Stadtgraben. Friedrich von Amerling, der dieses gemütliche Wien ihnen aus der Seele gemalt hatte, bat vergeblich den Kaiser, die Bastei und das Wiener Herz zu schonen. Was tauschten sie denn dafür ein? Baugruben, Lärm, Geschäftigkeit, Profit für wenige, die Grundstücksspekulanten, Baulöwen, Ringstraßenmillionäre. Und öffentliche Gebäude, die demonstrierten, daß ihnen die Staatsmacht über den Kopf zu wachsen begann.

Deren Schildhalter waren mit der Beseitigung der Befestigungen keineswegs einverstanden. Vor einer gegnerischen Armee boten sie schon lange keinen Schutz mehr, wohl aber vor dem inneren Feind, der in den Vorstädten hauste und vom inneren Bezirk der Monarchie, der Wiener Altstadt, abgehalten werden mußte. Fielen die Fortifikationen, konnte man nicht mehr einfach die Tore schließen und das Feuer von günstigen und geschützten Positionen aus eröffnen. »Die Wälle werden fallen«, klagte der Polizeiminister Kempen von Fichtenstamm. »Alle Republikaner jubeln, die Zeitungen streuen dem Kaiser Weihrauch für diesen Akt; ich aber glaube, daß Habsburgs Zukunftssprossen diese Übereilung bedauern werden.«

Er kannte seinen Kaiser noch lange nicht. Franz Joseph modernisierte nur so weit, wie es unumgänglich war, und ohne die militärischen Notwendigkeiten außer Acht zu lassen. Was nützte eine neue Hauptstadt, wenn sie nicht gesichert war, ein steinernes Abbild der Monarchie, das nicht vor dem Umsturz bewahrt werden konnte? Die Ringstraße wurde so breit, wie die Gewehrgeschosse reichten, Schußfeld für die Geschütze war geschaffen, und Raum für Kavallerieattacken. An strategisch wichtigen Punkten legte man Kasernen wie Festungen an.

Das Militärische war auch hier das wichtigste: In einem Reich, das sich ständig innerer wie äußerer Gegner erwehren mußte. In diesem Österreich, das nicht, wie Preußen, eine Armee war, die einen Staat besaß, sondern ein Staat, der sich in der Armee darstellte und erhielt. Für einen Kaiser, der nicht mehr aus der Uniform herauskam.

Solferino

VON DEN BASTEIEN, die zum Abbruch bestimmt waren, feuerten am 18. Januar 1858 die Geschütze den letzten Gruß für Feldmarschall Johann Joseph Wenzel Graf Radetzky von Radetz, in dessen Lager Österreich gewesen war und der nun zu Grabe getragen wurde. Zehn Monate nach seiner Pensionierung war er im 92. Lebensjahr an Lungenlähmung in Mailand gestorben und nach Wien überführt worden, zu einem Leichenbegräbnis, das diesem Retter der Monarchie würdig sein sollte.

Im Waffenmuseum des Wiener Arsenals war Radetzky aufgebahrt worden, inmitten des romanisch-maurisch-byzantinischen Komplexes, den der neo-absolutistische Kaiser auf einer beherrschenden Höhe im Südosten der Stadt als eine Art k. k. Escorial errichten ließ: Festung, Kaserne, Waffenlager und militärischer Ruhmestempel in einem. Hier hatte man die sterblichen Überreste des Feldmarschalls deponiert, des Ritters des Ordens vom Goldenen Vlies, Trägers des Großkreuzes des Militär-Maria-Theresien-Ordens und 44 anderer hoher Auszeichnungen – doch nur für eine Nacht, als hätte man sich gescheut, diesen glorreichen Soldaten mit einem Museum österreichischer Waffengeltung länger als unbedingt notwendig in Verbindung zu bringen.

Am nächsten Tag holte man »den ältesten Veteranen meiner Armee, ihren sieggekrönten Führer, meinen treuesten Diener« – wie ihn Franz Joseph in einem Armeebefehl tituliert hatte – in die Reichshaupt- und Residenzstadt ein. Es war eine Parade, wie sie Wien noch nie gesehen hatte und nie mehr sehen sollte. 20000 Soldaten waren aufgeboten. Den Leichenzug eröffnete das Dragonerregiment Prinz Eugen, mit dessen Namen nun der Radetzkys in einem Atemzug genannt werden sollte. Sechs Rappen zogen den Leichenwagen, dem – wie bei jedem Begräbnis eines österreichischen Generals – ein Ritter in voller Rüstung folgte, ein Mahnmal der Tugenden, die es zu verkörpern gegolten hatte.

Vor dem Kärtnertor wartete der Kaiser, an der Spitze der Garnison. Er saß fröstelnd auf einem Schimmel, ein eisiger Ostwind zerzauste die grünen Federn seines Marschallshutes – an diesem österreichischen 18. Januar, an dem es beinahe scheinen wollte, als würde nicht nur ein Mensch, sondern ein Reich zu Grabe getragen. Mit gesenktem Säbel grüßte der Kaiser seinen toten Feldherrn, der Radetzkymarsch erklang, ein Trauermarsch nun, kein Avanciermarsch mehr. Mit »ergriffenem« Säbel – wie es hieß – führte Franz Joseph den Leichenzug in die Stadt, zur Einsegnung in die Stephanskirche, dann zur »Einwaggonierung« im Nordbahnhof.

Denn Radetzky wurde nicht – wie es der Kaiser gewünscht hätte – in der Kapuzinergruft beigesetzt, sondern – wie es der letzte Wille des Verstorbenen war – bei seinem »alten Freund Pargfrieder« in Klein-Wetzdorf in Niederösterreich, im sogenannten Heldenberg. Das glich schon eher einer zwielichtigen, doppelbödigen Posse, wie sie vielleicht Nestroy hätte einfallen können, obwohl sie auf einer österreichischen Bühne niemals hätte aufgeführt werden dürfen. So etwas war nur in der Wirklichkeit des alten Österreichs möglich.

Joseph Pargfrieder war Armeelieferant und dabei steinreich geworden, was ihm jedoch, der sich für einen unehelichen Sohn des Volkskaisers Joseph II. hielt, nicht genügte. Zum Kriegsgewinn wollte er Heldenruhm addieren. Einen Sandhügel neben seinem Schloß bestückte er mit Büsten von Offizieren, die mit dem Theresienorden, und Unteroffizieren, die mit der Goldenen Tapferkeitsmedaille ausgezeichnet worden waren – sämtliche vom k. k. Hofhistorienbildhauer Ramelmayer geschaffen, in der Fabrik eines Herrn Mohrenberg in Zink gegossen und mit Goldbronze angestrichen. Das Kommando führten die Büsten von 44 Feldherren der k. k. Armee, das Oberkommando 22 gekrönte Habsburger; Franz Joseph stand über allen. Außerdem waren der Kriegsgott Mars, griechische Jünglinge und mittelalterliche Ritter, Parzen und Klageweiber zur Stelle.

Den Mittelpunkt dieses Freilicht-Pantheons bildete ein Obelisk, in dem 24 Stufen zu einer Gruft hinabführten. Hier ruhte bereits Feldmarschall Max Freiherr von Wimpffen, der ehemalige Generalstabschef Erzherzog Karls in den napoleonischen Kriegen. Er hatte seine sterblichen Überreste dem Pargfrieder vermacht, der für seine Schulden aufgekommen war. Radetzky hatte sich gegen dasselbe

Ansinnen eine Zeitlang gesträubt (»Schauen S', da ist dieser Kerl, der Pargfrieder. Der kommt immer wieder und sekkiert mich, daß ich ihm testamentarisch meinen Leichnam vermachen soll«), aber schließlich, im Angesicht seines Schuldenberges, doch nachgegeben.

Am 19. Januar 1858 konnte Pargfrieder den teuren Leichnam entgegennehmen. Nur Kaiser Franz Joseph, dem er den Heldenberg abgetreten hatte, durfte mit ihm hinter dem Sarg die Gruft betreten. Ein Platz für den Armeelieferanten war freigehalten, der sich dann – in den Ritterstand erhoben – im Tode von zwei leibhaftigen Feldmarschällen wie von zwei Löwen bewachen ließ. »Wir sind nicht tot, weil wir schweigen«, stand über der Gruft geschrieben, und »Weh dem, der unsere Ruhe stört.«

Dieser Heldenberg sei »ein äußerst lächerliches Etablissement, das einige Ähnlichkeit mit einem Wachsfigurenkabinett hat, nur mit dem Unterschied, daß die Berühmtheiten hier in effigie ausgestellt sind und dort in ihren Särgen die Leichname«, mokierte sich Friedrich Hebbel. Dieser seltsame Heldenberg mochte manchem als Sinnbild erscheinen: eines Reiches, in dessen martialische sich tragikomische Züge mischten, seiner Zelebritäten, die einen Stich ins Makabre bekamen, einer stolzen Armee, die Armeelieferanten ausgeliefert schien, jedenfalls finanziellen Schwierigkeiten ausgesetzt blieb.

»Gott erhalte die österreichische Armee, ich, der Finanzminister, kann's nicht mehr«, seufzte der zuständige Ressortchef. Ein Heer von 62 Infanterie- und 37 Kavallerieregimentern, nebst Artillerie und Spezialeinheiten, die bewaffnete Macht, als »Hebel der monarchischen Gewalt« vom Kaiser gehegt und gepflegt, drohte den Staatshaushalt aus den Angeln zu heben. Schon die neuen Uniformen, die den Wandel seit der Revolution bezeugen und die Armee der Reaktion zur bestgestellten, jedenfalls zur bestgekleideten machen sollten, hatten Unsummen verschlungen. Sie sahen prächtig aus in ihrer neuen »Adjustierung«, die Husaren in der Attila, die Ulanen in der Ulanka, und auch die Grenadiere in ihren doppelreihigen weißen Waffenröcken.

Daraus schon zu schließen, wie der Sachse Vitzthum, daß man die »kriegstüchtigste Armee der Jetztzeit« vor sich habe, war zumindest voreilig. Auf dem Exerzierplatz und bei der Parade erfüllte sie sicherlich die in sie gesetzten Erwartungen. Nach dem »Abrichtungs-Reglement« wurde gedrillt, mit fast gemütlich klingenden Kommadoworten freilich. Der Kommißbetrieb nahm mitunter groteske Formen an. In einem Regiment wurden alle Mäntel in gleicher Höhe, vom Boden an gemessen, abgeschnitten, in einem anderen verwandte man viel Zeit und Mühe darauf, die Soldaten mit gleichmäßig braun gefärbten Tornisterdeckeln ausfindig zu machen und ins letzte Glied zu stellen, damit das Auge eines von hinten nahenden Vorgesetzten nicht durch unregelmäßige Farbschattierungen gereizt werden könnte.

Die Gefechtsausbildung kam darüber zu kurz. Die Offiziere waren unterbezahlt, die Mannschaften schlecht verpflegt, die Bewaffnung weitgehend veraltet. In den Stäben wurde intrigiert, auf allen Ebenen organisiert, umorganisiert und reorganisiert, was bei der mäßigen Begabung des Österreichers auf diesem Gebiet das Durcheinander eher vermehrte. Ein Kriegsministerium gab es nicht mehr, nur ein »Allerhöchstes Oberkommando«, das der Kaiser innehatte, doch der Generaladjutant und Chef der Militärkanzlei, Karl Graf Grünne, leitete. Eigentlich nur für Personalien zuständig, machte er Personalpolitik, mehr noch, Politik, neutralisierte den Generalquartiermeister und Generalstabschef Heinrich Freiherrn von Heß, der als Radetzkys rechte Hand, sein Gneisenau gewissermaßen, für dessen Siege in Italien verantwortlich gezeichnet hatte.

Heß war nun 70, Radetzky war mit 90 – nach 72 Dienstjahren – pensioniert worden, und das konnte noch als zu früh erscheinen, wenn man seinen Nachfolger im Oberkommando in Italien betrachtete: den neunundfünfzigjährigen Feldzeugmeister Graf Franz Gyulai. Sein Freund Grünne hatte ihn auf diesen Posten gebracht, eigentlich geschoben, denn Gyulai, der seine Bequemlichkeit liebte und vielleicht auch seine Grenzen erkannte, sträubte sich zunächst. »Was der alte Esel, der Radetzky, mit 80 Jahren gekonnt hat, wirst Du auch noch zustandebringen«, hatte Grünne gesagt und seine Ernennung durchgesetzt, beim Kaiser, der – ganz im Sinne seines Generaladjutanten – äußerte, er könne sich auf Gyulai wie auf keinen anderen verlassen. Der Schweizer Gesandte sah ihn sich näher an: »Dieser Mann ist ein schroffer, hochmütiger Charakter, seine militärischen Kenntnisse sollen nicht sehr bedeutend, ja einzelne behaupten, unter Null sein, auch ist er seines barschen Wesens wegen in der Armee nicht sehr beliebt.«

Gyulai war zu nonchalant für einen Militär und zu kommißköpfig für einen Feldherren. Einer seiner ersten Befehle, der vom Hauptquartier in Verona erging, war die Anordnung, daß jeder Offizier und jeder Mann bei Paraden einen schwarzen Schnurrbart zu tragen – also etwa einen blonden zu färben oder, falls überhaupt keiner vorhanden, selbigen mit Stiefelwichse zu simulieren hätte. Einem solchen General war nun die italienische Armee anvertraut, die Radetzky jahrzehntelang zur schlagkräftigsten Truppe Österreichs einexerziert, die 1848/49 Felderfahrungen gesammelt und Lorbeer an ihre Fahnen geheftet, die letzten kriegsentscheidenden Siege der kaiserlichen Armee, wie sich herausstellen sollte, errungen hatte.

Gyulai war eine Fehlbesetzung, und das in einem Augenblick, da sich Kriegswolken zusammenzogen. Die italienische Nationalbewegung war bei ihrem Avanti geblieben, ihr bewaffneter Arm, das Königreich Sardinien-Piemont, rüstete zu neuem Eingreifen, hatte sich in Napoleon III. eines mächtigen Partners versichert. War der Nachfolger Radetzkys, war die österreichische Armee einer kriegerischen Auseinandersetzung überhaupt noch gewachsen? Mit den Piemontesen allein war sie fertig geworden, den inneren Feind vermochte man unschwer niederzuhalten. Aber konnte sie einen Kri[illegible] von europäischen Ausmaßen gewinnen – diese k. k. Armee mit ihrem schönen Glanz und ihrer brüchigen Substanz?

Franz Joseph ahnte nicht, daß mit Radetzky, der von Napoleon I. bis Karl Albert von Sardinien dabeigewesen war, eine glorreiche Epoche der österreichischen Militärgeschichte eingesargt wurde. Er sah nur die Uniformen, die Paraden, seine schimmernde Wehr, und mochte sich für einen Soldatenkaiser halten. Doch er war nur zum Soldatenspielen aufgelegt, nicht wirklich für den kriegerischen Ernst bereit, und schon gar nicht darauf vorbereitet. Er brauchte die Armee als Stütze seines Throns, er schätzte sie als alle Nationalitäten umfassendes Lager Österreichs, er liebte das Militär, aber er war kein Militarist. Und auch kein Feldherr, wie sich bald erweisen sollte.

Was sich in Norditalien zusammenbraute, hatte der Kaiser auf seiner Rundreise im Lombardo-Venetianischen Königreich gesehen, wenn auch nicht in seinem ganzen Ausmaß erfaßt. Es begann in Triest mit einem schlechten Vorzeichen. Auf der Staatsbarke zersprang eine imposante Kaiserkrone aus Kristallglas in tausend Stücke. Franz Joseph ließ sich nicht abschrecken: »Diesmal muß man seine Person rücksichtslos einsetzen«, bedeutete er dem besorgten Polizeiminister.

Am 25. November 1856 erschien der Kaiser in Venedig, an seiner Seite die Kaiserin. Elisabeth, die strahlend-schöne Frau, würde italienisches Eis zum Schmelzen bringen, versprach man sich, ohne zu begreifen, daß man im Fanatismus eines Nationalitätenkampfes nicht mehr auf menschliche Schwächen einer Nation zählen konnte. Das Kaiserpaar wurde kühl empfangen, als es zur Piazzetta fuhr, zwischen den Steinfassaden der Paläste und einer schweigenden Menschenmauer. Im kaiserlichen Palast wurde es mit einer Innendekoration in den Farben der italienischen Trikolore konfrontiert: In dem in Weiß und Rot gehaltenen Speisesaal war ein grüner Teppich gelegt worden. Die venezianische Gesellschaft boykottierte den Staatsempfang, von 130 Geladenen kamen nur 30, und diese mußten sich, auf dem Wege vom Anlegeplatz der Gondeln bis zum Palasttor, von der Menge beschimpfen lassen.

Franz Joseph und Elisabeth verbrachten das Weihnachtsfest in gedrückter Stimmung; der Christbaum mußte aus dem Botanischen Garten geholt werden – ein Zeichen dafür, daß man in Venedig eben nicht heimisch war.

In Verona, dem mit Weißröcken vollgestopften Hauptquartier der italienischen Armee, hätte man sich wohler fühlen können, wenn nicht gerade der Tag der Gnocchi gewesen wäre, das Volksfest, bei dem sich auch das Kaiserpaar mit Kartoffelnockerln füttern lassen sollte, was seiner Würde nicht zu bekommen schien. Durch Brescia wehte noch die Grabesluft, die General Haynau hinterlassen hatte. Was würde das Kaiserpaar erst in Mailand erwarten, der Hochburg des Widerstandes gegen die österreichische Herrschaft? Der Gnadenakt einer Amnestie für politische Gefangene und der Rückgabe beschlagnahmter Güter politischer Flüchtlinge hatte nicht den erhofften Erfolg gehabt. Um wenigstens ein Volksspalier für den Einzug des Monarchen zu haben, wurde in der ländlichen Umgebung eine Lira für jeden geboten, der dazu in die Stadt kommen wollte. Und das Gerücht ausgestreut, »Francesco Giuseppe« werde eine Steuersenkung mitbringen.

So waren es in erster Linie Bauern, die am 15. Januar 1857 den Kaiser in Mailand empfingen, schweigend allerdings, nur die Augen neugierig aufgerissen. Adelige und Bürger, die treibenden Kräfte einer Loslösung von Österreich und eines Anschlusses an Sardinien-Piemont, benutzten diesen Tag zu einer nationalen Demonstration. Eine Mailänder Delegation überreichte in Turin eine Geldsammlung zur Anschaffung von Geschützen, die man bald gegen Habsburg gerichtet sehen wollte. In der Scala, bei der Galavorstellung für das Kaiserpaar, waren zwar die Logen besetzt, aber nicht von den adeligen Abonnenten, sondern von ihren Dienstboten. Beim Staatsempfang blieben die Österreicher unter sich, waren nur ein paar Außenseiter der Mailänder Gesellschaft erschienen, die Spießruten durch ihre Standesgenossen laufen mußten, die sich vor dem Palast als Aufpasser postiert hatten.

Vergebens suchte der Kaiser durch Gnadenerweise die Feindseligkeit aufzutauen, durch Milderung der politischen Justiz, Erleichterung der Steuerlast, Zuschüsse für die Theater und eine Spende zur Restaurierung von Leonardo da Vincis »Abendmahl« in der Kirche Santa Maria delle Grazie. Die Fertigstellung des Mailänder Doms war ohnehin den Österreichern zu verdanken, die Wirtschaft war gefördert worden und der Wohlstand gestiegen.

Doch die Patrioten in der Lombardei und in Venetien verlangten weit mehr: die Entlassung aus dem habsburgischen Vielvölkerreich, die Eingliederung in einen italienischen Nationalstaat. Das wollte und konnte Franz Joseph nicht gewähren. Das Risorgimento hielt er sowieso für eine Angelegenheit überspannter Adeliger und übergeschnappter Intellektueller, nicht des immer noch gesunden und braven Volkes, die Los-von-Wien-Bewegung schrieb er weniger inneren Antrieben als äußeren Umtrieben zu. »Die unerfreulichen Zustände«, bemerkte er, »sind in dem schlechten Geiste eines großen Teils der höheren Stände zu suchen, in ihrer unglaublichen Furcht vor der revolutionären Partei und der piemontesischen Presse.«

Immerhin entschloß sich der Kaiser zu einem gewissen Kurswechsel: Feldmarschall Radetzky, der 1848/49 die italienischen Revolutionäre und den König von Sardinien-Piemont besiegt hatte, in seiner Doppeleigenschaft als Militär- wie Zivilgouverneur des wiedergewonnenen Lombardo-Venetianischen Königreiches immer noch eine Besatzungsherrschaft verkörperte, wurde durch ein am 28. Februar 1857 in Mailand ergangenes Handbillet pensioniert. Zum Militärbefehlshaber ernannte Franz Joseph den Feldzeugmeister Gyulai, zum Zivilgouverneur seinen Bruder, den vierundzwanzigjährigen Erzherzog Ferdinand Max.

Die Teilung der Funktionen Radetzkys sollte nicht nur ein Entgegenkommen an die Italiener demonstrieren; sie entsprach auch der Einschätzung des jüngeren durch den älteren Bruder. Zur Hebung des Ansehens des Kaisertums bei progressiven Italienern war dieser sich liberal gebende Habsburger vielleicht geeignet, wohl kaum aber zur Aufrechterhaltung der inneren wie der äußeren Sicherheit, der Machtinteressen der Monarchie.

Das Verhältnis zwischen den beiden Brüdern war nicht das beste. Sie waren zu verschieden, die Söhne der Erzherzogin Sophie, die ihren Ersten schätzte und ihren Zweiten liebte. Das Emotionale, Sentimentale, Romantische ihrer Jugendzeit schien in Ferdinand Max fortzuleben, aber auch das Verschwommene, Schwärmerische, Unstete, das sie selber gezügelt hatte und das bei Franz Joseph weder im positiven Ansatz noch im negativen Auswuchs vorgekommen war. Mit allen Komplexen eines Zweitgeborenen behaftet, glaubte Ferdinand Max sich unaufhörlich selbst bestätigen, durch ein ungezwungenes Leben von dem in die Pflicht genommen Bruder unterscheiden, von dessen Österreich sich freischwimmen zu müssen, und zwar im buchstäblichen Sinne des Wortes: als Seemann.

Mit Achtzehn – dem Alter, da sein Bruder den Thron bestieg – war Erzherzog Ferdinand Max zum Marineleutnant ernannt und nach Triest versetzt worden, in Österreichs Tor zur Welt. Mit Einundzwanzig war er Korvettenkapitän, mit Zweiundzwanzig Konteradmiral und Marineoberkommandant, Chef der kleinen Kriegsflotte der Kontinentalmacht Österreich, die sein Reich wurde, mit dem er sich seine Welt erobern wollte. Mit seinen Schiffen, den Riesenspielzeugen eines nicht erwachsen werdenden Jungen, ein Reich schwellender Segel und hurrarufender Matrosen, die Welt seiner Phantasie. Auf Fahrten im Mittelmeer und später im Südatlantik suchte er die blaue Ferne zu erhaschen, ohne die heimischen Schatten loszuwerden, die Erfahrung machend, die schon Horaz gemacht hatte: »Wer Meere durcheilt, kann wohl den Himmelsstrich wechseln, doch nicht die Stimmung der Seele.«

Mit Fünfundzwanzig lief er in den Hafen der Ehe ein, in dem es für ihn stürmischer werden sollte als auf dem freien Meer. »Sie ist klein, das ist gut, sie ist brünett und ich blond, das ist auch sehr gut, sie ist sehr gescheit, das ist wohl etwas bedenklich,« charakterisierte Ferdinand Max seine Braut. Prinzessin Charlotte von Belgien hatte eine tatsächlich bedenkliche Eigenschaft: Sie war geradezu krankhaft ehrgeizig, ganz die Tochter ihres Vaters, Leopolds I., Königs der Belgier, dieses emporgekommenen deutschen Duodezfürstensprosses, eines Coburgers, welcher als Onkel der Königin Viktoria von Großbritannien dieser zu einem coburgischen Prinzgemahl verhalf und seiner Tochter Charlotte die Einheirat in das Haus Habsburg ermöglichte.

Dabei wurde mit dem Gedanken gespielt, daß dieses Österreich vielleicht einmal einen dem Zeitgeist eher entsprechenden Monarchen als den gegenwärtigen brauchen könnte – seinen nächsten Bruder, Ferdinand Max, der wegen seines Nonkonformismus als liberal gelten mochte. Und bis dato war die Ehe zwischen Franz Joseph und Elisabeth ohne männlichen Erben geblieben.

Ferdinand Max und Charlotte, das Gouverneurspaar im Lombardo-Venetianischen Königreich, konnte seine Enttäuschung kaum verhehlen, als am 21. August 1858 dem Kaiserpaar auf Schloß Laxenburg bei Wien ein Thronfolger geboren wurde – Kronprinz Rudolf von Habsburg, den der überglückliche Vater alsogleich durch Armeebefehl zum Oberst ernannte. Für Charlotte war dies umso bitterer, als sie keine Kinder bekommen konnte. Und Ferdinand Max wurmten noch mehr die ständigen Mahnbriefe des Kaisers, dem er nichts recht machen konnte, der es anscheinend schon längst bereut hatte, daß er in einer schwachen Stunde dem für schwächlich angesehenen Bruder das hohe Staatsamt anvertraut hatte. Jetzt beispielsweise war er darüber ungehalten, daß in Oberitalien die Geburt des Kronprinzen nicht gebührend gefeiert worden sei. »An Offenheit habe ich es Dir gegenüber nicht fehlen lassen«, schrieb Franz Joseph an Ferdinand Max, »und werde Dir auch künftig meine Ansichten, und, wenn es notwendig ist, meinen Willen klar und unumwunden mitteilen.«

So ging das von Anfang an. Der knauserige Kaiser nahm Anstoß an der Hofhaltung seines Vizekönigs in Lombardei-Venetien, an den rauschenden Festen in den Prokurazien in Venedig, im Palazzo

Reale in Mailand oder auch nur an den Diners im Gelben Palast zu Monza, der Residenz des Gouverneurspaares, zu denen täglich 20 bis 30 Personen geladen waren, Dalmatiner in Nationaltracht Wache hielten, Lakaien in Livreen des 18. Jahrhunderts aufwarteten und Mohrenpagen den Kaffee servierten. So hatte es Ferdinand Max in Algier gesehen, und sich vorgenommen, es so bald wie möglich nachzuahmen: »Es sagt meinem Geschmack zu, diese Extravaganzen der Natur, Mohren, Zwerge, Heiducken und Hofnarren um mich zu sehen; es schickt sich freilich nicht in unser jetziges, gar so vernünftiges Jahrhundert, weil der Mohr nach unseren geläuterten Begriffen viel kostet, aber keine Prozente einträgt; er zeigt nur den Reichtum einer Haushaltung wie im Hühnerhof der Pfau.«

Ansonsten suchte er mit dem Jahrhundert Schritt zu halten, schon um Italien und Europa zu zeigen, daß hier ein leider Zweitgeborener am Werke war, der sich vom Erstgeborenen in zeitgerechter Weise, also positiv abhob. Ferdinand Max gab sich aufgeschlossen gegenüber italienischen Wünschen, abweisend gegenüber dem Wiener Zentralismus. Die Lombarden und Venetianer honorierten dies nicht, weil sie keine liberalen, sondern überhaupt keine Österreicher mehr haben wollten, weil sie vielleicht auch das Gehabe des Gouverneurs durchschauten. Die österreichischen Beamten fühlten sich desavouiert, die Militärs in Verona waren ungehalten, der Kaiser in Wien wurde ungnädig.

Immer eindringlicher erinnerte er den Bruder daran, daß er vornehmlich zu repräsentieren und nicht zu regieren, daß er das Ansehen der Monarchie zu heben und nicht herabzusetzen habe. Franz Joseph tadelte nicht nur generell, sondern auch konkret: »Die Studentendemonstrationen in Padua hätten gehindert werden sollen, denn 300 Studenten sollen sich nicht verabreden können, ohne daß die Behörde es weiß.« Er erteilte nicht nur allgemeine, sondern auch detaillierte Anweisungen: »Ich bitte Dich nun, nachdem Du ein Jahr die Polizeizustände studiert hast, mir einen vollkommen ausgearbeiteten Vorschlag zur definitiven Organisation dieses wichtigen Zweiges zu unterlegen und Dir dabei die dringende Notwendigkeit der Zentralisation vor Augen zu halten.«

Ferdinand Max widersprach: Das Land habe Grund zur Klage, der Italiener könne weder den Liberalismus noch den Absolutismus ertragen, eine Mittellinie zwischen Nachgeben und Zähnezeigen sei angebracht. Lange hielt er seinen Mittelweg nicht durch, die Widerstände auf beiden Seiten waren zu stark, sein eigener Wille zu schwach. Der Mutter, Erzherzogin Sophie, klagte er: »Wären nicht die religiösen Pflichten, ich wäre schon längst ferne von diesem Lande der Qual, wo man die Demütigung doppelt fühlt, eine tat- und gedankenlose Regierung, die der Verstand vergebens zu verteidigen sucht, repräsentieren zu müssen.« Und: »Wo es brennt, da helfe ich bis zum letzten Augenblick und sollte ich mitten in den Flammen stehen; wo es gilt, den Karren der Mittelmäßigkeit mit fortzuwälzen, da spanne man andere Gäule an.«

Der Karren war bereits verfahren, und der Ausbruch eines Brandes kündigte sich an. Ferdinand Max hatte schon um die Jahreswende 1858/59 sein bewegliches Gut aus dem lombardo-venetianischen Königreich geschafft, seine Frau nach Triest in Sicherheit gebracht. »Ich sitze hier festgebannt und einsam wie ein Eremit im weiten Palaste von Mailand«, notierte er am 24. Januar 1859. Er saß nicht mehr lange. Feldzeugmeister Graf Gyulai kam mit der Armee, wurde am 20. April mit der Militär- und Zivilgewalt betraut – das Gouverneursamt des Erzherzogs Ferdinand Max erlosch.

Ein neuer Radetzky war vonnöten. Der Krieg stand vor der Tür. Nicht nur mit den Italienern, die man nach wie vor nicht fürchtete, sondern auch mit den Franzosen, und das hieß mit dem dritten Napoleon, der den Ruhm des ersten erneuern wollte.

In den Pariser Tuilerien, wo Napoleon III. Hof wie ein Parvenü hielt, mit falschem Glanz und echtem Flitter, wurde Österreich der Fehdehandschuh überreicht. Beim Neujahrsempfang 1859 sagte der Kaiser vor versammeltem diplomatischen Corps dem österreichischen Botschafter Hübner: »Ich bedaure, daß unsere Beziehungen nicht so gut sind, wie ich es wünschte, ich bitte Sie aber, nach Wien zu berichten, daß meine persönlichen Gefühle für den Kaiser immer die gleichen sind.«

Franz Joseph wollte zunächst den ernsten Sinn dieser diplomatisch verpackten Worte nicht wahrhaben, zumal er sich persönlich nicht ungeschmeichelt fühlte. Die Finanzwelt verstand sofort. In London wurde der österreichischen Staatskasse eine Anleihe von vier Millionen Pfund verweigert. An der Frankfurter Börse fielen österreichische Staatspapiere von 81 auf 38 Gulden. Auslandskredite wurden gekündigt, österreichische Effekten zurückgegeben. In Wien entwertete sich das Papiergeld, das Bankhaus Arnstein-Eskeles brach zusammen, mit 14 Millionen Gulden Passiva.

Mailänder steckten aus Piemont geschmuggelte Zigarren zu Freudenfeuerchen an. »Sigari Cavour« nannte man sie, zu Ehren des Grafen Camillo Benso di Cavour. Der Ministerpräsident des Königreiches Sardinien, der Staatsmann des Risorgimento, hatte die italienische Führungsmacht gestärkt, Frankreich als Bundesgenossen gewonnen und Österreich isoliert. »Ich glaube«, bemerkte er am 29. Januar 1859, »daß die Eventualitäten der Zukunft uns nicht lange warten lassen. Denn wir haben Österreich in eine Sackgasse getrieben, aus der es nicht herauskann, ohne mit Kanonen zu schießen.«

Napoleon III. war zum Protektor der italienischen Nationalbewegung prädestiniert. Der Kaiser der Franzosen, den Franz Joseph bald einen Jakobiner, Carbonaro und Kronenräuber nennen sollte, war ein geborener Nationalist, ein gelernter Verschwörer, zum Umsturz der europäischen Ordnung von 1815 programmiert. Dieser durch Volksabstimmung berufene und auf die Volksgunst angewiesene Monarch mußte seine Stellung im Inland durch Erfolge im Ausland festigen. Der neue Bonaparte hielt sich für die Inkarnation der fortschrittlichen Tendenzen des Jahrhunderts, mußte sich also als Erzfeind des alle rückschrittlichen Tendenzen verkörpernden Habsburgers geben.

Dennoch hatten die Italiener nachzuhelfen. Drastisch erinnerten Carbonari ihr ehemaliges Mitglied an seine Versprechen. Am 14. Januar 1858 wurde ein Bombenanschlag auf das vor der Pariser Oper vorfahrende Kaiserpaar verübt. Der verhaftete Attentäter, Felice Orsini, erklärte, dies sei die Quittung für Napoleon gewesen, der nichts zur Befreiung Italiens unternommen habe. Der Kaiser kapierte. Er ließ ein Testament Orsinis veröffentlichen, in dem es hieß: »Befreien Sie mein Vaterland und der Segen von 23 Millionen Menschen folgt Ihnen in die Nachwelt.« Und ließ hinzufügen: Es sei unangebracht, ausgerechnet jenen Herrscher zu beseitigen, der als einziger etwas für die Befreiung Italiens tun könne und auch tun wolle.

Cavour stieß nach, mit geschickteren, wenn auch nicht unbedingt feineren, jedenfalls wirksamen Mitteln. Dieser Machiavelli des 19. Jahrhunderts verheiratete die fünfzehnjährige Prinzessin Clotilde, die Tochter seines Königs, mit dem sechsunddreißigjährigen Vetter Napoleons III., Prinz Plon-Plon genannt, der keinen guten Ruf besaß. Das Eheband sollte die Häuser Bonaparte und Savoyen verknüpfen, vielleicht auch die Kaiserin Eugenie besänftigen, die Viktor Emanuel II., dieser plumpe Mann in Aussehen und Auftreten, in Paris besucht und schockiert hatte: »Man hat mir erzählt, daß die französischen Tänzerinnen keine Höschen tragen. Wenn das stimmt, dann ist für mich hier das Paradies auf Erden.«

Der ebenso schönen wie sittsamen Eugenie mochte noch weniger gefallen, daß Cavour ihrem Gatten obendrein eine Maitresse verschafft hatte, die Contessa Virginia Castiglione. Als Kind hatte sie der Thronprätendent Napoleon auf den Knien geschaukelt, als junge Frau war sie zu Viktor Emanuel II. in Beziehungen getreten, ihr Cousin Cavour nahm sie mit nach Paris und berichtete nach Turin: »Eine schöne Gräfin ist in die Diplomatie Piemonts eingereiht worden. Ich habe sie ermutigt, mit dem Kaiser zu kokettieren und ihn, wenn notwendig, zu verführen.« Die Staatsraison erforderte es, Napoleon ergab sich noch rascher als gewöhnlich, auf ihre Verdienste verwies die Contessa gerne: »Wollt Ihr wissen, was diesen einträglichen Krieg von 1859 bewirkt hat? Das ... und das ... und das« – wobei sie auf die Waffen ihres Körpers deutete. Als sie 1867, mit siebenunddreißig Jahren, starb, wollte sie in ihrem teuersten Kleidungsstück begraben werden, »im Batist- und Spitzennachthemd von Schloß Compiègne, 1857«.

Im Jahr darauf zeigte sich Napoleon erkenntlich: »Richten Sie Monsieur de Cavour aus, daß wir ganz gewiß zu einem Einvernehmen kommen werden.« Am 21. und 22. Juli 1858 konferierten der Kaiser und der Ministerpräsident in aller Heimlichkeit im Vogesenort Plombières, nahe der französisch-piemontesischen Grenze. Napoleon versprach, Sardinien in einem Krieg gegen Österreich, bei der Gewinnung der Lombardei und Venetiens beizustehen, gegen die Abtretung von Savoyen und Nizza – falls Österreich angreife. Diese Bedingung focht Cavour nicht an: »Ich werde Österreich zwingen, uns den Krieg zu erklären.« Wann er dieses Kunststück zustandebringen wolle, fragte ihn Odo Russel, ein britischer Diplomat. Cavour antwortete: »In der zweiten Maiwoche 1859.«

Niemand in Europa glaubte daran, daß Österreich angreifen werde, weil dies gegen alle Regeln der Raison des Vielvölkerreiches gewesen wäre. Sein Wohl und Wehe war mit der Aufrechterhaltung des Staatensystems des Wiener Kongresses untrennbar verbunden; es durfte nichts unternehmen, was diese Friedensordnung hätte gefährden können. Und es besaß nicht die Mittel, einen Krieg zu führen, und keine Kraft, ihn zu gewinnen. Doch Cavour kannte seine Österreicher. Er rechnete mit der Ungeduld der Generäle, der Unfähigkeit der Diplomaten und der Unerfahrenheit des achtundzwanzigjährigen Kaisers. Und seine Rechnung ging auf.

Ende Januar 1859 rieten die Militärs im Kabinett zu einer Verstärkung der Armee, Finanzminister Bruck war dagegen, Außenminister Buol meinte, Turin habe kein Geld und Paris keine Lust, einen Krieg zu beginnen – der Kaiser gab allen recht und tat nichts. Mitte Februar meldete Gyulai aus Oberitalien: Sardinien rüste fieberhaft. Generalstabschef Heß verlangte eine Gegenrüstung, Buol sprach von einem möglichen Sturze Cavours – der Kaiser blieb optimistisch.

Anfang April meinte Hübner in Paris, die Luft rieche nach Pulver, Heß und Grünne mahnten zur Vorsicht, doch nun spielte Buol den starken Mann: »Angesichts der immer steigenden Drohungen Piemonts muß Österreich dessen Entwaffnung selbst in die Hand nehmen und diese von Sardinien peremptorisch fordern« – also ein für allemal in sofort bindender Form. Der Kaiser hörte auf Buol, begann einen Präventivkrieg zu goutieren, der ihm – wie er hoffen mochte – die italienischen Sorgen mit einem Schlage verscheuchen könnte. Zumal er ein Eingreifen Frankreichs nicht für sicher hielt, und, sollte es wirklich dazu kommen, er es mit seinem Außenminister hielt: »Es ist gar nicht denkbar, daß Preußen in einem großen Kriege gegen Frankreich nicht mit Österreich gehen würde.«

Das war eine Rechnung ohne den preußischen Wirt. Dieser dachte nicht daran, selber die Zeche für eine Erhaltung, wenn nicht gar eine Erweiterung der Machtstellung Österreichs zu bezahlen. Schon eher war ihm daran gelegen, daß der Rivale in Italien zur Ader gelassen würde, damit er Kraft für die unvermeidliche Auseinandersetzung in Deutschland verlöre. So holte sich der nach Berlin entsandte Erzherzog Albrecht eine Absage, die freilich so formuliert war, daß der Schwarze Peter an Wien ging. Prinzregent Wilhelm, der nicht so zimperlich war wie der durch Krankheit ausgeschaltete König Friedrich Wilhelm IV., verlangte als Gegenleistung die Übertragung des Oberbefehls über die deutschen Truppen am Rhein – was Franz Joseph nicht akzeptierte.

Nicht nur Preußen, auch der Deutsche Bund, dessen Präsidialmacht Österreich war, blieb abseits, entgegen der Erwartung Franz Josephs, daß ihn die deutschen Brüder nicht sitzenlassen würden. Zwar waren die alten anti-französischen Töne wieder zu hören, und vielen Deutschen – vor allem in Süd- und Westdeutschland, aber auch in Hannover und Sachsen – schien der Rhein am Po und vice versa verteidigt werden zu müssen, gegen den neuen Napoleon, den Erbfeind schlechthin. Doch der Kaiser, der seine Nationalitäten, einschließlich der deutschen, an der Kandare hielt, machte als Vorreiter des deutschen Nationalgedankens keine rundum überzeugende Figur. Das Lombardo-Venetianische Königreich gehörte ohnehin nicht zum Gebiet des Deutschen Bundes. Und wenn der Krieg, was anzunehmen war, auf Oberitalien beschränkt bleiben sollte, gab es wenig Anlaß, den altersschwachen Staatenverein in ein Kriegsabenteuer zu stürzen. So blieb Österreich ohne Bundeshilfe.

Das reaktionäre Rußland hätte eigentlich den Usurpator Napoleon verachten und die italienische Nationalrevolution bekämpfen müssen. Aber mit Petersburg durfte Wien nicht mehr rechnen. Der Zar konnte es kaum erwarten, dem Kaiser von Österreich den Allianzbruch heimzuzahlen. Er ließ deshalb den Kaiser der Franzosen wissen, er werde sich in einem österreichisch-französischen Konflikt so verhalten, wie sich Franz Joseph im Krimkrieg verhalten hatte: theoretisch neutral, praktisch auf Seiten des Stärkeren, in diesem Falle Frankreichs. Ein entsprechender Geheimvertrag wurde am 3. März 1859 geschlossen.

Blieb England, das an der Aufrechterhaltung des Staatensystems von 1815 interessiert war, dazu Österreich brauchte, und den Frieden. Ein Handicap war die englische Abneigung gegen das reaktionäre Regime in Wien. Als Ausweg erschien eine europäische Konferenz, auf der die italienische Frage zum Nutzen der Mächtebalance und im Sinne des Zeitgeistes entschärft werden sollte. Dies aber gefiel Österreich nicht, das bei einem solchen Treffen allein dagestanden wäre.

Franz Joseph erging es wie einem Mann, der beim Zuknöpfen seines Rockes am Anfang das falsche Knopfloch erwischt hat und dann bis zum Schluß alles falsch macht. Es endete – am 19. April 1859 – mit der Absendung des Ultimatums an Sardinien-Piemont, binnen drei Tagen abzurüsten, widrigenfalls die österreichische Armee diese Aufgabe übernehmen würde. Darauf hatte Cavour nur gewartet. Er verwarf das am 23. April in Turin eingetroffene Ultimatum am 26. April, mit der Entrüstung eines Ehrenmannes, der den Gegner in der Falle hatte, mit der Genugtuung eines Propheten, dessen Voraussage sogar noch etwas früher eingetreten war.

Da Franz Joseph die Ablehnung mit der Eröffnung des Krieges gegen Sardinien-Piemont beantworten mußte, war für Frankreich der Bündnisfall gegeben. Österreich stand vor aller Augen als Aggressor da – allein auf sich gestellt, was keine starke Position war. Denn die militärischen Rüstungen hatte man über den diplomatischen Operationen beinahe vergessen.

Die großen Worte vermochten daran nichts zu ändern. Er habe das Schwert ergriffen, um den Anfeindungen gegen die unbestreitbaren Rechte seiner Krone und den unverletzten Bestand des ihm von Gott anvertrauten Reiches ein Ende zu setzen, erklärte Franz Joseph im Manifest an seine Völker. »Ich erfülle damit eine schwere, aber unvermeidliche Regentenpflicht.« Sich selber fragte er, ob er nicht falsch beraten worden sei und deshalb vielleicht nicht richtig gehandelt habe.

Mit seinen Ratgebern stand es allerdings nicht zum besten. Buol, der Außenminister, taktierte zu viel und überblickte zu wenig: Er sehe nur das, was vor ihm stehe, aber nichts von dem, was kommen werde, hatte Metternich bemerkt. Bach, der Innenminister, stimmte im Zweifelsfall mit Buol. Bruck, der Finanzminister, dachte, nicht ohne Grund, zuerst an seine Kasse. Heß, der Generalstabschef, war durch den Vorzimmerkampf mit Grünne, dem Generaladjutanten, zermürbt. Und dieser war gegen alle, weil er der einzige im Ohr des Kaisers bleiben wollte. Jeder hatte im Kabinett mal diesen, mal jenen Standpunkt vertreten, alle hatten gegeneinander, durcheinander geredet. Und nun versuchte jeder jedem die Verantwortung für diese »verpanschte Geschichte«, wie Erzherzog Albrecht sagte, zuzuschieben.

Die Militärs schoben sie auf die Zivilisten, die Zivilisten auf die

Militärs, der Generaladjutant auf den Außenminister: »Nun befinden wir uns in einer Katastrophe, in der Österreich dem mit der Revolution verbündeten Frankreich und Piemont gegenüber allein steht.« Der Außenminister schob die Verantwortung weiter, auf den Monarchen: »Ich kann mich nicht in kaiserliche Entscheidungen einmischen«, erklärte Buol einem englischen Vermittler. »Sie scheinen uns nicht zu kennen, wenn Sie denken, daß wir in solchen Dingen von dem einmal eingeschlagenen Weg wieder abweichen. Wir haben einen jungen und ritterlichen Kaiser, dem die Würde und Ehre seines Landes teuer ist.«

Guter Rat wäre diesem vor allem teuer gewesen. Zu spät hatte er ihn bei Metternich zu holen versucht. Der Fürst saß in seinem Palais am Rennweg wie in einer Loge im Welttheater. Was er sah, mißfiel ihm sehr, wenn er auch die Genugtuung nicht zu unterdrücken vermochte, daß alles so gekommen war, wie er es vorausgesagt hatte. Über Buol konnte er nur noch den Kopf schütteln. Das Ziel, die Bekämpfung der Nationalrevolution, blieb richtig, doch die Methoden seines Nachfolgers waren stümperhaft. Am 20. April sprach Franz Joseph bei Metternich vor. »Nur um Gotteswillen kein Ultimatum an Sardinien«, sagte der Fürst. »Es ist gestern abgegangen«, antwortete der Kaiser.

Am 4. Mai 1859, zu Beginn des Krieges, wurde Außenminister Buol entlassen, dem man die außenpolitische Isolierung ankreidete. Am 23. Oktober, nach dem verlorenen Krieg, mußte Generaladjutant Grünne gehen, den man für falsche militärische Personalentscheidungen und für eine verfehlte Vorzimmerpolitik verantwortlich machte.

Der Alleinverantwortliche blieb im Amt: der Monarch, der allein herrschen, regieren, befehlen, Souverän, Ministerpräsident und Oberbefehlshaber in einem sein wollte – und das nicht vermochte, nicht vermögen konnte, aus Gründen, die in der Sache wie in der Person lagen. Weil Franz Joseph aber die Alleinherrschaft beanspruchte, ist ihm auch die Hauptschuld zuzusprechen, zunächst für das diplomatische, dann für das militärische Versagen.

VON ANFANG AN war alles schief gelaufen. Am 26. April 1859 hatte Cavour das Ultimatum abgelehnt, am 27. April war Gyulai befohlen worden: »Sie haben die Offensive gegen Sardinien und gegen die mit ihm verbündeten Franzosen zu ergreifen« – und zwar unverzüglich, ohne langes Fackeln. Doch der Oberbefehlshaber in Oberitalien überschritt nicht – wie erwartet – am 28. April den Ticino, den Grenzfluß zwischen der Lombardei und Piemont. Zunächst – am 29. April – erließ er einen Aufruf an seine Soldaten, in dem er Parallelen zwischen diesen und den Siegern von Custozza und Novara und sich selber und Feldmarschall Radetzky zog.

Aber Österreichs italienische Armee – immerhin fünf Armeekorps mit 150000 Mann – war nicht mehr in dem guten Zustand von 1848/49, Ausrüstung und Ausbildung ließen zu wünschen übrig, und sogar mit der Verpflegung haperte es. Feldzeugmeister Gyulai war alles andere als ein zweiter Radetzky. Am liebsten hätte er das sichere Viereck der Festungen Verona, Peschiera, Mantua und Legnago gar nicht verlassen, weil er die Mängel seiner militärischen Organisation und vielleicht auch sich selber kannte, und überhaupt die Defensive dem österreichischen Geist entsprochen hätte.

Am 30. April bequemte er sich dann doch zum Vormarsch. Von planvoll und zügig konnte keine Rede sein. Es hemmten die überschwemmten Reisfelder der Lomellina und der Streit zwischen dem Oberbefehlshaber und seinem Stabschef, Franz Freiherrn von Kuhn. Dieser wollte schnurstracks auf Turin marschieren, die Piemontesen, deren militärischer Ruf nicht der beste war (Italien sei das Land der Feigen, höhnten die Weißröcke), vernichtend schlagen – bevor die Franzosen zur Stelle waren. Noch schwammen Truppentransporter in Richtung Genua, schleppte sich Regiment auf Regiment, in pausenlosem Regen, über die Alpenpässe.

Gyulai ließ seine Armee einen Monat lang durch die zu Morast gewordene Po-Ebene waten, mal hierhin, mal dorthin, ohne die Piemontesen zu einem entscheidenden Treffen zu stellen. Schließlich reichte es ihm. Am 3. Juni zog er sich wieder über den Ticino, in die Lombardei zurück. Da es wieder nach Hause zu gehen schien, wollten gleich mehrere Korps auf einmal über die Brücke von Vigevano, ein heilloses Durcheinander war die Folge. Auf den Fersen folgte der Feind, dem man Zeit gelassen hatte, sich glücklich zu vereinen, 120000 Franzosen mit 60000 Piemontesen, unter dem Kommando Kaiser Napoleons III. Als man später König Viktor Emanuel II. für die Erfolge von 1859 ein Denkmal setzen wollte, wehrte er ab: »Nicht mir, sondern dem Gyulai wäre ein Monument dafür zu entrichten, daß er uns vor dem Eintreffen der Franzosen so geschont hat.«

Franz Joseph hatte die Kreuz- und Querzüge seiner italienischen Armee mit wachsendem Mißbehagen verfolgt. Dieser Gyulai enervierte ihn. Konnte man sich denn auf keinen mehr verlassen, mußte man alles selber machen? Die Armee war noch immer das Lager Österreichs, und wenn es dort keinen Radetzky mehr gab, mußte man eben selber hin – der Oberste Kriegsherr als kommandierender Feldherr! Das schien auch deshalb geboten, weil Napoleon III. seine Truppen selber befehligte. Der Kaiser von Österreich hatte zum Duell gegen den Kaiser der Franzosen anzutreten, der Verteidiger der alten Ordnung gegen den Matador der Revolution.

Zunächst suchte er noch einmal Metternich auf. Der Meister hatte eben seinen 86. Geburtstag gefeiert, in körperlicher Hinfälligkeit und geistiger Klarsicht: »Ich *war* ein Fels der Ordnung.« Immer noch baute Franz Joseph auf ihn. Auf seinen Vorschlag hatte er anstelle Buols den Grafen Johann Bernhard von Rechberg und Rothenlöwen zum Außenminister ernannt, einen Diplomaten aus der Schule Metternichs. Nun fragte er ihn um Rat, was vor seinem »demnächstigen Abgehen zur Armee« festzulegen sei, falls ihm etwas zustoße, bezüglich der Regentschaft während der Minderjährigkeit des Thronfolgers, der Versorgung von Frau und Kindern. Und wie Österreich fernerhin regiert werden sollte, nach welchen Grundsätzen, mit welchen Methoden? Der Greis fühlte sich geehrt, aber überfordert. Er brachte einen Entwurf für ein privates und ein politisches Testament des Kaisers nicht mehr zustande. Seine Kräfte nahmen so rasch ab wie die Chancen Österreichs, den Kampf gegen Napoleon und das Risorgimento zu gewinnen.

Noch einmal rief der Kaiser seine Minister zusammen, am 28. Mai. Der italienische Krieg müsse zu einem europäischen Krieg ausgeweitet werden, eröffnete er ihnen, ohne ihnen zu erklären, wie man Preußen und den Deutschen Bund zu Verbündeten gewinnen und Rußland davon abhalten könnte, auf die Seite Frankreichs und Sardiniens zu treten. Für einen europäischen Konflikt müßten alle Kräfte Österreichs aufgeboten werden, verlangte Franz Joseph. Wie man das bewerkstelligen solle, angesichts der angespannten Kassenlage, fragte Finanzminister Bruck. »Ich weiß wohl«, erwiderte der Kaiser, »daß dieser Zweck nur durch große und empfindliche finanzielle Opfer zu erreichen ist, und bedaure lebhaft, daß sie durch die Gewalt der Umstände unvermeidlich geworden sind.« Der Finanzminister blieb fest: Selbst wenn man einen solchen Krieg gewinnen würde, wäre man ruiniert.

Franz Joseph war in moroser Stimmung, als er tags darauf Abschied von den Seinen nahm. Er hatte wenig geschlafen und schlecht geträumt. Das Frühstück erschien ihm wie eine Henkersmahlzeit. Die Mutter war in Tränen aufgelöst. Die Gemahlin, die sich bisher herzlich wenig um die Angelegenheiten des Kaisers gekümmert hatte, wollte nun auf einmal nicht von seiner Seite weichen, partout mit ihm ins Feld ziehen. Zu allem Überfluß begann auch noch im Schloßpark eine Eule mit ihren Klagerufen. Franz Joseph war bedrückt und erleichtert zugleich, als er das alles hinter sich gebracht hatte, sich auf den Weg an die Front machen konnte, in Begleitung der Generäle Grünne und Heß.

Die Gedanken an Zuhause begleiteten ihn. »Meine liebste Engels-Sisi«, schrieb er am 31. Mai, nach der Ankunft in Verona, »die ersten Augenblicke nach dem Aufstehen benütze ich, um ... Dir wieder zu sagen, wie sehr ich Dich liebe und wie ich mich nach Dir und den lieben Kindern sehne. Wenn es Dir nur recht gutgeht und Du Dich fleißig schonst, wie Du es mir versprochen hast ... Suche Dich auch recht viel zu zerstreuen, um nicht traurig zu sein.« Das tat sie denn auch. Die Schwiegermutter bekam wieder Grund zum Ärger, der Leibarzt, Hofrat Seeburger, zur Beschwerde über die Kaiserin: »Sie entspricht weder als solche noch als Frau ihrer Bestimmung; während sie eigentlich unbeschäftigt ist, sind ihre Berührungen mit den Kindern nur höchst flüchtig, und während sie um den abwesenden edlen Kaiser trauert und weint, reitet sie stundenlang zum Abbruche ihrer Gesundheit.«

Und sie ritt nicht allein. Stallmeister Henry Holmes war oft an ihrer Seite, ein flotter Reiter und fescher Kavalier. Die Kunde drang ins Feldquartier, und der Kaiser mußte sich auch noch darum kümmern: »Wegen Deinem Reiten habe ich nachgedacht. Mit Holmes allein kann ich Dich nicht reiten lassen, denn das schickt sich nicht.« Sein »einziger, schöner Engel« sollte es mit dem Oberstjägermeister versuchen. Und überhaupt nicht so viel reiten. »Versprich mir das. Du ermüdest mir sonst gar zu sehr und wirst mir zu mager.« Und: »Ich bitte Dich, um der Liebe willen, die Du mir geweiht hast, nimm Dich zusammen, zeige Dich manchmal in der Stadt, besuche Anstalten. Du weißt gar nicht, was Du mir dadurch helfen kannst. Das wird die Leute in Wien aufrichten und den guten Geist erhalten, den ich so dringend brauche.«

Die österreichische Armee und mit ihr das Kaiserreich schienen von allen guten Geistern verlassen zu sein. Am 4. Juni 1859 wurden bei Magenta, auf dem lombardischen Ufer des Ticino, 56000 Österreicher von 48000 Franzosen angegriffen und besiegt. Die Weißröcke waren hungrig und erschöpft gewesen, dennoch hatten sie sich tapfer geschlagen, hätten vielleicht standgehalten, wenn sie besser geführt worden wären. Korpskommandanten gingen auf eigene Faust zurück, Generalstabschef Kuhn lag mit Furunkulose zu Bett, Oberbefehlshaber Gyulai gab die Schlacht bereits verloren, als ihr Ausgang noch offen war. Er befahl den Rückzug, der erst hinter dem Mincio zum Stehen kam. Die Lombardei war verloren.

Franz Joseph feuerte Gyulai, übernahm selber den Oberbefehl, den einundsiebzigjährigen Heß als Generalquartiermeister an seiner Seite, den Generaladjutanten Grünne wie immer im Genick. »Es sind große Fehler in der Führung der Armee gemacht worden, oder vielmehr, es sind günstige Momente versäumt worden, aber die Truppen sind gut, vom besten Geiste beseelt, sehr kampflustig, und so bin ich guten Mutes ... Ich sehe mit Beruhigung in die Zukunft, bin entschlossen, den Kampf bis aufs Äußerste fortzusetzen.« Es wäre ein großes Wunder, meinte hingegen der Divisionskommandeur Graf Crenneville, »eine so mißhandelte, schlecht verpflegte, elend disponierte Armee siegreich zu sehen.« Am wenigsten vermochte ein solches Wunder der neue Oberbefehlshaber zu bewirken, der Monarch, der die Feldmarschallsuniform trug ohne den Feldmarschallsstab führen zu können, und es nicht über sich brachte, einen anderen in seinem Namen führen zu lassen.

Beispielsweise den Feldzeugmeister Heß, der immerhin Radetzkys Generalstabschef gewesen war und immer noch als der beste strategische Kopf Österreichs angesehen werden durfte. Wie er aber in dem auch im Felde geltenden Hofprotokoll eingestuft war, zeigte sich am 23. Juni. Nach der Messe – es war Fronleichnamstag – bestieg man im Hauptquartier Villafranca die Equipagen: die erste der Kaiser, die zweite Grünne und Generäle der Militärkanzlei, die dritte – eine alte Postkutsche – der Generalquartiermeister Heß. So fuhr man dem Feind entgegen. Franz Joseph hatte den Vormarsch über den Mincio befohlen, um den Alliierten eine Schlacht zu liefern.

Am Morgen des 24. Juni 1859 sollte angegriffen werden, nach dem Abkochen, denn diesmal wollte man gesättigte Soldaten in den Kampf schicken. Doch der Feind wartete das nicht ab. Bereits in aller Herrgottsfrühe fielen die ersten Schüsse, entwickelten sich Gefechte, die sich zur Schlacht von Solferino auswuchsen. Sie war in vollem Gang, als Franz Joseph um 9.00 Uhr in Volta, hinter seinen Linien, eintraf. An einer Front von zwanzig Kilometern Breite, vom Südende des Gardasees bis zu den ersten Reisfeldern der Po-Ebene, lieferten sich 133000 Österreicher und 151000 Franzosen und Piemontesen eine entsetzliche Schlacht.

Franz Joseph war überrascht, daß das Ganze schon so weit und ohne ihn gediehen war. Und auch ohne den zuständigen Armeekommandanten, den Grafen Schlick, der erst geweckt werden mußte. Feldzeugmeister Heß und sein Stabschef Ramming begannen zu diskutieren, wie vorgegangen werden sollte; schließlich wurde beschlossen, den Feind durch General Benedek im Norden und General Wimpffen im Süden umfassen zu lassen. Inzwischen stieß Napoleon gegen das schwache Zentrum vor. Die Franzosen erstürmten Solferino und San Cassiano. Auf dem linken Flügel kam Wimpffen nicht voran, auf dem rechten Flügel konnte Benedek die Piemontesen zwar etwas zurückwerfen, sah sich dann aber selber in die Defensive gedrängt.

Das Schlachtenglück war nicht bei den Österreichern, konnte es nicht sein. Ihre Kanonen, für die Maria Theresia Pate gestanden hatte, waren den französischen Geschützen mit ihren gezogenen Rohren unterlegen. Das Lorenzgewehr war zwar besser als das Miniégewehr, aber diesen Vorteil machte die französische Infanterietaktik zunichte: der Bajonettangriff wie das Plänklergefecht, mit dem schon die Tirailleurs des ersten Napoleon die Soldatenmauern der Österreicher und Preußen ins Wanken gebracht hatten. Noch immer glich die k. k. Armee einer Truppe des Ancien régime, die in der Formation unter Kontrolle gehalten werden mußte, die man nicht in Einzelkämpfer auflösen und für Einzelgefechte einsetzen konnte. Es liefen ohnehin genug davon, Lombarden, Venetianer, Kroaten, Magyaren.

Im großen und ganzen schlugen sich die österreichischen Soldaten so tapfer und ausdauernd, daß sie ein besseres Kommando verdient hätten, und nicht das, was der Militär Crenneville »vage Dispositionen und Instruktionen« und der Zivilist Hübner »pyramidale Unfähigkeit« nannte. Das war zwar noch auf Gyulai und Konsorten gemünzt, galt aber auch für das neue, vom Kaiser höchstselbst geführte Kommando.

Auf dem Feldherrenhügel Franz Josephs schlugen französische Granaten ein. Die drückende Sommerhitze, die Freund wie Feind genug zu schaffen gemacht hatte, entlud sich mit einem gewaltigen Gewitter. Sein Blitzen und Donnern übertraf das Feuern der Kanonen und übertönte den Lärm der Schlacht. Regengüsse schienen das vergossene Blut abwaschen zu wollen. Die Gesamtverluste der Österreicher betrugen 22350, der Franzosen 12000, der Piemontesen 5500 Mann. Die Toten zu begraben und die Pferdekadaver zu verbrennen, war man noch tagelang beschäftigt. Verwundete lagen in Kirchen und Ställen, auf den Straßen und in den Weinbergen, starben dahin wie die Fliegen.

Am 24. Juni 1859, gegen 16.30 Uhr, hatten die Österreicher die Schlacht verloren gegeben und den Rückzug angetreten, über den Mincio, in das Festungsviereck, auf morastigen Wegen, durch Regen und Schwüle. Zwei Tage später, in Verona, zog Franz Joseph Bilanz, in einem Brief an seine Frau. Er schilderte den Verlauf der Schlacht, soweit er ihn übersehen hatte, suchte zu erklären, warum er – angesichts eines drohenden Durchbruchs des Feindes – den Befehl zum Rückzug geben mußte, wie er im Gewitter, einer wahren Sintflut nach Valeggio geritten, von dort aus nach Villafranca gefahren sei, einen fürchterlichen Abend verbracht habe, in einer Konfusion von Blessierten, Flüchtlingen, Wagen und Pferden.

»Das ist die traurige Geschichte eines entsetzlichen Tages, an dem viel geleistet worden ist, aber das Glück uns nicht gelächelt hat. Ich bin um viele Erfahrungen reicher geworden und habe das Gefühl eines geschlagenen Generals kennengelernt. Die schweren Folgen unseres Unglücks werden noch kommen, aber ich vertraue auf Gott und bin mir keiner Schuld, auch keines Dispositionsfehlers bewußt.«

So äußerte er sich, aber insgeheim mochte er sich fragen, ob er nicht doch Fehler gemacht oder Richtiges unterlassen habe. Oder mit sich hadern, warum ihm alles danebenging, zu Hause wie im Feld. Oder auch nur sich bemitleiden, daß er kein Glück hatte: als Ehemann, als Diplomat und nun auch noch als Feldmarschall. Das hatte er sich doch schon als Knabe gewünscht: seine Armee zum Siege zu führen, an der Spitze seiner siegreichen Truppen in die Hauptstadt zurückzukehren, als stolzer Triumphator und strahlender Held.

Damit war nun nichts. Franz Joseph reagierte zwiespältig. »Gott straft uns hart und wir sind wohl nur am Beginne noch ärgerer Leiden, allein diese muß man mit Ergebenheit tragen und in allem seine Pflicht tun.« Das klang nach Hiob, ein angehender Stoiker sprach aus ihm, der ahnte, daß ihm nichts erspart bleiben würde, dem Herrscher eines Reiches, über dem der Zeitgeist anscheinend schon den Stab gebrochen hatte, einem Habsburger freilich, der bis zuletzt auf seinem Posten bleiben müßte. Doch der Endzwanziger reagierte auch anders, geradezu entgegengesetzt, wollte dann wieder von Soldaten und Schlachten, von Politik und Geschichte nichts mehr wissen, den ganzen Krempel hinschmeißen, nichts wie heim zu Frau und Kind, in die Ruhe von Laxenburg und in den Frieden seiner Träume. »Ich bleibe so lange hier, bis die Armee hinter der Etsch ist und die wichtigsten Einleitungen für die Zukunft getroffen sind, dann fliege ich nach Wien« – zu seiner Engels-Sisi, die er nicht auch noch verlieren wollte.

Dann blieb er doch noch etwas in Italien, wie es ihm die Pflicht gebot und es ihm die Erzherzöge Rainer und Albrecht sowie Außenminister Rechberg dringend anrieten. »So bleibe ich bis halben Juli hier bei meinen Truppen.« Und klammerte sich an die Hoffnung, daß es doch noch zu einem europäischen Krieg käme, Preußen und der Deutsche Bund den österreichischen Bruder nicht im Stiche ließen, Frankreich am Rhein angegriffen würde und dann auch am Po besiegt werden könnte. »Doch muß man jetzt die Hoffnung noch nicht aufgeben, daß Preußen und Deutschland uns doch noch helfen werden, und so lange ist an Verhandlungen mit dem Feinde nicht zu denken.«

Doch Preußen ging seinen eigenen Weg, und die Mittel- und Kleinstaaten folgten ihm, als wäre bereits Berlin und nicht mehr

Wien der Vorort des Deutschen Bundes. Sie erwarteten von der preußischen Militärmacht die Sicherung des Bundesgebietes vor dem »Erbfeind« Frankreich, die ihnen das in Oberitalien gebundene Österreich nicht gewähren konnte. Die Wacht am Rhein hielt Preußen aus doppeltem Interesse: Um sich selber, vorab seine Westprovinzen, vor dem neuen Napoleon zu schützen, und um den Deutschen zu zeigen, daß sie bei ihm besser als bei Österreich aufgehoben seien. So blieb Preußen – und mit ihm der Deutsche Bund – im österreichisch-französischen Krieg neutral, mobilisierte aber und marschierte am Rhein auf.

Mit Sorge sahen das die Kampfhähne in Oberitalien: Napoleon, der keinen Zweifrontenkrieg brauchen konnte, und Franz Joseph, der Preußen nicht als Vormacht des Deutschen Bundes haben wollte. Ein rascher Friedensschluß bot sich beiden als Ausweg an, ein Schlupfloch freilich, in dem sie beide Federn lassen mußten. Denn die Bedingung konnte für Napoleon nur sein, daß er sich mit der Lombardei begnügte und auf Venetien verzichtete, was die Italiener gegen ihn aufbringen mußte. Und für Franz Joseph, daß er die Lombardei abschrieb, was sein Ansehen bei den Deutschen kaum heben konnte.

Eine rasche Beendigung des Krieges schien für Franz Joseph auch deshalb geboten, weil seine Niederlage sein Reich angeschlagen hatte, was sich bei den Kaisertreuen in Niedergeschlagenheit und bei der Opposition in Hochstimmung ausdrückte – die Magyaren beispielsweise kamen aus dem »Eljen«-Rufen gar nicht mehr heraus. Franz Joseph, der Oberbefehlshaber, konnte sich keinem zweiten Solferino aussetzen, und überhaupt und endlich wollte er seine Ruhe haben.

Was ihn gleicherweise verärgerte wie verunsicherte, war die Unausweichlichkeit, daß er, der Kaiser von Gottes Gnaden, mit Napoleon, dem Kaiser durch Volksabstimmung, persönlich verhandeln sollte, mit diesem »Erzschuften«, wie er in privatim titulierte. Napoleon, der die Initiative ergriff, schlug »seinem Herrn Bruder« einen Waffenstillstand vor, und »Eurer Majestät guter Bruder Franz Joseph« ließ wissen, daß er damit einverstanden sei. Die Lombardei könne er aufgeben, Venetien müsse er behalten. »Weiteres lasse ich mir in dem mir verbleibenden Gebiet keine freiheitliche Änderung des bisherigen Regierungssystems aufzwingen.«

Napoleon demonstrierte Franz Joseph, daß er ihm nicht nur an militärischer Macht und politischem Geschick, sondern auch an persönlichem Charme überlegen war. Er habe nie Haß oder Animosität gegen Österreich oder seinen Souverän gehegt, eröffnete er Prinz Alexander von Hessen, der eine Zusammenkunft beider Monarchen vorbereitete. »Es gibt entschieden noch keinen Sieger und keinen Besiegten.« Die Charme-Offensive wurde am 11. Juli in Villafranca verstärkt, als der Kaiser der Franzosen dem Kaiser von Österreich gegenübertrat. Dies nahm Franz Joseph ziemlich mit; er verließ das Konferenzzimmer mit rotem Kopf und dunklen Augenschatten.

Unangenehm wurde Napoleon dann schriftlich. Noch am 11. Juli schickte er Franz Joseph einen Brief, in dem er mit gefälschten Berichten operierte: Petersburg sei mit den französischen Friedensbedingungen ohnehin einverstanden, aber auch Berlin habe ihn wissen lassen, daß bei einer Ablehnung Österreich weder auf moralische noch auf materielle Unterstützung rechnen dürfe. Franz Joseph ließ sich nur zu gern ins Bockshorn jagen, denn von der Perfidie Preußens war er von vorneherein überzeugt. So stimmte er sofort zu, trat die Lombardei an Frankreich ab, das sie an Sardinien-Piemont weitergab, bedang sich aber aus, daß die vertriebenen Souveräne der Toskana und von Modena wieder eingesetzt werden sollten.

Zur Unterzeichnung der Friedenspräliminarien (die im November durch den Frieden von Zürich bestätigt wurden) schickte Napoleon den Prinzen Plon-Plon, dem Franz Joseph erklärte: »Ich hoffe, der Friede kommt ohne Kongreß oder dergleichen zustande. Sie werden in Berlin sehr erstaunt sein; ich bin nicht böse darüber. Ich ziehe es aber vor, dem Kaiser Napoleon nachzugeben als einem Kongreß.«

So weit war es also mit dem Kaiser von Österreich gekommen, daß er selber den Friedensschluß durch europäischen Kongreßbeschluß, einen Grundsatz und eine Grundbedingung der Metternichschen Staatenordnung, verwarf. Mit dieser ging es zu Ende, und mit ihr mit dem Deutschen Bund und dem friedlichen Dualismus zwischen Wien und Berlin. Und mit dem neo-absolutistischen System in Österreich, dem innenpolitischen Relikt der Ära Metternich.

Der sechsundachtzigjährige Metternich war in Ohnmacht gefallen, als er von der Niederlage bei Magenta erfuhr. Am 11. Juni 1859 – Franzosen und Piemontesen standen bereits in Mailand – verschied er. »Der Körper starb von unten ab«, bemerkte der Leibarzt, »das Öl der Lampe war ausgegangen.« Am 15. Juni – neun Tage vor Solferino – wurde Fürst Metternich in der Karlskirche zu Wien eingesegnet und nach Plaß in Böhmen überführt, in die Familiengruft, über der »Pax vobis« geschrieben stand. »Unser alter Staatskanzler ist auch hinübergegangen«, notierte Friedrich Hebbel. »Mir kommt es vor, als ob jetzt die Uhr von Europa zerschlagen wäre.«

Was es für Österreich geschlagen hatte, war dem General Crenneville bewußt: »Wenn der Kaiser mit der Idee zurückkommt, das jetzige Regierungssystem aufrechtzuerhalten und durch Hilfe des Konkordats und der militärischen Günstlinge zu regieren, so wird die Monarchie einer trüben Zukunft entgegengehen; dieses System ist durch und durch faul und muß brechen.« Dabei war Crenneville aus schwarz-gelbem Holz geschnitzt. Oppositionelle drückten sich drastischer aus. »In Wien«, bemerkte Außenminister Rechberg, »feierte die Börse den Verlust der Schlacht von Solferino mit einer Hausse.« Die Bourgeoisie hielt nicht das Vaterland, sondern das System für besiegt – »die Konkordatssoldaten«, »der Freiheit Henkersknechte«, den Neo-Absolutismus.

Der Kaiser kam nach Wien zurück, versetzte sechzig Generäle in den Ruhestand, ersetzte Generaladjutant Grünne durch den Grafen Crenneville und schickte sich an, das Staatsschiff wieder flottzumachen, mit Hilfe der bürgerlichen Liberalen. Der Preis, den sie forderten, dünkte ihm hoch: eine Verfassung, und zwar schnell. Er versuchte, ihn möglichst niedrig zu halten.

Sein erstes Angebot war das »Laxenburger Manifest« vom 15. Juli 1859: »Es muß meinem Herzen wohltun, meinen geliebten Völkern die Segnungen des Friedens wieder gesichert zu sehen, und sind mir diese doppelt wertvoll, weil sie mir die notwendige Muße gönnen werden, meine ganze Aufmerksamkeit und Sorgfalt nunmehr ungestört der erfolgreichen Lösung der mir gestellten Aufgabe zu weihen: Österreichs innere Wohlfahrt und äußere Macht durch zweckmäßige Entwicklung seiner reichen geistigen und materiellen Kraft, wie durch zeitgemäße Verbesserungen in Gesetzgebung und Verwaltung dauernd zu begründen.«

Vom Stil allerhöchster Verlautbarungen wie vom Inhalt allergnädigster Verfügungen wollte der Monarch nicht Abstand nehmen. Doch um Zugeständnisse kam er nicht herum, an das liberale Bürgertum, ohne das auch in Österreich nichts mehr laufen wollte.

Die wirtschaftliche Entwicklung, vom neo-absolutistischen Staat geplant und gefördert, wurde von der Bourgeoisie übernommen und vorangetrieben, brachte sie gesellschaftlich nach oben, sollte ihr nun auch politischen Gewinn bringen. Auch in Österreich wurde industrialisiert, vor allem in Böhmen, Mähren und Niederösterreich, in Gebieten, die zum Deutschen Bund gehörten mehr als in den anderen. 1857 wurden 45 Millionen Doppelzentner Steinkohle gefördert – Brennstoff für Dampfmaschinen in den Fabriken, die Triebkräfte der Produktion, für Dampflokomotiven und Dampfschiffe, die Vehikel des Fortschritts. Großunternehmen entstanden, wie die Prager Eisenindustrie-Gesellschaft oder die gräflich Waldsteinsche Maschinenfabrik in Pilsen, das spätere Skoda-Werk.

Privatkapital brachte die Wirtschaft in Schwung. Neue Banken wurden gegründet, so die Österreichische Credit-Anstalt für Handel und Gewerbe, die Bahnbau und Industrialisierung unterstützte, während die Nationalbank vom Staat überbeansprucht wurde, der ihr 1862 fast 222 Millionen Gulden schuldete. Die privaten Eisenbahngesellschaften erschlossen einen gewaltigen Wirtschaftsraum. 1857 erreichte die Südbahnlinie Wien-Graz-Triest die Adria. Sie führte über den Semmering, durch 15 Tunnel und über 16 Viadukte, die 1854 fertiggestellte erste der großen Gebirgsbahnen Europas, das technische Meisterstück Karl von Ghegas.

Die Privatunternehmer waren zunächst an einer Liberalisierung der Wirtschaftsgesetzgebung interessiert. 1859 wurde durch die Gewerbeordnung das Zunftwesen abgeschafft und die Gewerbefreiheit eingeführt, ein Anstoß für die »erste Gründerzeit« gegeben. Ökonomisch gestärkt, verlangte das Bürgertum nun auch Mitwirkung an der politischen Willensbildung. Das widerstrebte einem Staat, der schon die Wirtschaft, hätte er es nur gekonnt, am liebsten selber betrieben hätte. Und der die monarchische Herrschaftsform und die bürokratische Herrschaftsausübung kaum gelockert hätte, wenn er nicht bisher gebundene Energien hätte freisetzen müssen – zur Abwendung des finanziellen Bankrotts, eines innenpolitischen Debakels und des außenpolitischen Machtverfalls.

Zu viel gedachte Franz Joseph nicht zu konzidieren. Am leichtesten fiel ihm die Opferung einiger Sündenböcke. Außenminister Buol, dieser hochnäsige Ultra, war bereits durch den Grafen Rechberg ersetzt, einen Konservativen mit liberalen Streifen und verbindlichen Umgangsformen, der auch den seit Schwarzenberg nicht mehr verliehenen Titel eines Ministerpräsidenten bekam. Innenminister Alexander von Bach, der Innenarchitekt des neo-absolutistischen Systems, wurde nach Rom abgeschoben, als Botschafter beim Heiligen Stuhl. Sein Nachfolger, der polnische Graf Goluchowski, bisher Chef der galizischen Landesverwaltung, war kein Zentralist wie Bach, aber auch kein so tüchtiger Bürokrat. Polizeiminister Kempen von Fichtenstamm mußte Alexander von Hübner weichen, der als Botschafter in Paris westliches Flair bekommen hatte; da er aber im Geruch stand, ein unehelicher Sohn Metternichs, zumindest sein Geisteskind zu sein, konnte er sich nicht lange halten.

Karl Ludwig von Bruck, der einer neuen Mannschaft am besten angestanden hätte, wurde am übelsten mitgespielt. Aus Protest gegen das persönliche Regiment des Monarchen war er als Handels- und Gewerbeminister zurückgetreten, 1855 als Finanzminister zurückgeholt worden, als der einzige Fachmann weit und breit. Die Sanierung der österreichischen Finanzen wäre ihm um ein Haar geglückt, wenn nicht der unglückselige Krieg dazwischengekommen wäre. Nun schob man ihm den drohenden Staatsbankrott in die Schuhe. Und brachte ihn sogar – völlig ungerechtfertigt – mit der Korruption in der Militärverwaltung in Beziehung. Als er bei einem einschlägigen Strafprozeß als Zeuge aussagen mußte, bot er dem Kaiser seinen Rücktritt an.

Franz Joseph lehnte ihn ab, bei der Audienz, in der er Bruck nur Huldvolles ins Gesicht sagte. Zu Hause fand der Finanzminister dann ein Handbillet des Kaisers vor, in dem ihm in dürren Worten seine Amtsenthebung mitgeteilt wurde. Bruck, verzweifelt über das Verhalten des Monarchen, schnitt sich mit einem Rasiermesser die Kehle durch.

Eine Denkschrift, *Die Aufgaben Österreichs*, hatte er hinterlassen, in der er »gesetzliche Freiheit nach innen und wirksame föderative Freiheit nach außen« verlangte – also eine Verfassung für das Kaiserreich und eine Reform des Deutschen Bundes. Beides hing zusammen: Der Kaiserstaat Österreich vermochte sich nur durch eine

Liberalisierung zu erhalten, und er konnte seine Position in Deutschland nur behalten, wenn er den nationalen und liberalen Vorstellungen der Deutschen durch eine entsprechende Kursänderung in Österreich entgegenkam.

Vorsichtig drehte Franz Joseph das Steuerruder in eine Richtung, die er für fortschrittlich hielt. Am 20. Oktober 1860 erließ er »zur Regelung der inneren staatsrechtlichen Verhältnisse der Monarchie« ein »beständiges und unwiderrufliches Staatsgrundgesetz« – das Oktoberdiplom. Damit fiel er zwar einige Striche vom Absolutismus ab, war aber keineswegs auf liberalen Kurs gegangen. Ein Reichstag, eine repräsentative Volksvertretung, war nicht in Sicht. Statt dessen sollten die wiederbelebten beziehungsweise neuberufenen Landtage, also ständische Körperschaften, in die Gesetzgebung eingeschaltet werden, sowie der Reichsrat, dieses nur unwesentlich veränderte Beratungsorgan des neo-absolutistischen Monarchen. Das erschien den Liberalen im allgemeinen und den zentralistischen Deutschen und Ungarn im besonderen als Rückschritt in ständisch-föderalistische Zustände – was es auch war, von dem Altkonservativen Goluchowski angeregt.

Schon zwei Monate später mußte Goluchowski gehen, und wieder zwei Monate darauf verschwand das als »beständig und unwiderruflich« angekündigte Oktoberdiplom – ein Intermezzo im Verfassungsspiel. Der neue Ministerpräsident kannte die Noten des modernen Konstitutionalismus. Anton Ritter von Schmerling, ein alter Gegner Metternichs, war Mitglied der Nationalversammlung und Innenminister der Reichsregierung in Frankfurt gewesen, hatte als österreichischer Justizminister die Schwurgerichte eingeführt und sein Amt mit Anbruch der neo-absolutistischen Ära niedergelegt. Schmerling war für die deutsch-österreichischen, das heißt für die tonangebenden Liberalen der richtige Mann: josephinisch-aufgeklärt, gemäßigt-liberal, großbürgerlich und großdeutsch.

Der Kaiser schätzte ihn nicht, aber brauchte ihn, als das für ihn letzte, gerade noch erträgliche Aufgebot einer notgedrungenen Liberalisierung. Der große, etwas ungeschlachte, nachlässig gekleidete Mittfünfziger erinnerte ihn an einen Bürgergardisten der Märzrevolution, oder an einen Kommerzialrat aus der Provinz. Schmerling meinte von sich selber, er sei eigentlich von Natur aus Soldat und nicht einer jener Politiker, die ewig in Aufregung seien und ständig an etwas drehen müßten. Das befehlsgewohnte, ja herrische Temperament einer höheren Charge hatte er zweifellos, aber er war auch ein Politiker von Format, der wußte, was er wollte, und dem der Atem dabei nicht so schnell ausging.

Sein Ziel hätte auch dem Kaiser gefallen können, wenn ihm der Weg dorthin sympathischer gewesen wäre. Schmerling wollte Österreichs Stellung in Deutschland nicht nur verteidigen, sondern ausbauen – ein Großösterreicher beinahe, wie der selige Schwarzenberg. Doch dieser Achtundvierziger setzte nicht auf die blanke Macht, sondern – darin ein echter Liberaler – auf die Schubkraft des progressiven Beispiels: Nur ein Österreich, das im Innern den Anschluß an die Zeit gefunden hätte, könnte als deutsche Lokomotive eingesetzt werden, für die fällige Modernisierung des Deutschen Bundes. Und umgekehrt: Wer in Deutschland ankommen wollte, mußte in Österreich die Nationalidee wie den Verfassungsgedanken mitkommen lassen.

Da er aber dabei nicht nur an eine fällige liberale Konstitution, sondern auch an einen von den Deutsch-Österreichern getragenen und ausgeführten Zentralismus dachte, untergrub er im Innern das Reich, das er nach draußen vergrößern wollte. Sein Versuch, das Bachsche System mit liberalen Mitteln fortzuführen, sollte sich als schwere Belastung für das Vielvölkerreich erweisen. Denn dessen Lebensgesetz war der Föderalismus, seine Überlebenschance bestand in einem Bündnis freier und gleichberechtigter Nationalitäten. Und auch die einzige Möglichkeit, den Deutschen Bund zu erhalten, lag in der Durchsetzung des föderativen Prinzips – eben in dem, was Bruck die »gesetzliche Freiheit im Innern und die wirksame föderative Freiheit nach außen« bezeichnet hatte.

Wenn Schmerling nun daranging, das deutsche Element – das hieß das vornehmlich in deutschsprachigen Reichsteilen wirtschaftlich und gesellschaftlich reüssierte Bürgertum – als Herrschaftsfaktor einzusetzen, dann nützte er vielleicht auf kürzere Sicht den österreichischen Interessen in Deutschland, schadete aber jedenfalls auf längere Sicht Österreich und damit dem Ganzen.

Der Kaiser, an den Zentralismus des neo-absolutistischen Systems gewöhnt, sah nur die Vorteile für die deutsche Politik und die Nachteile für seine Alleinherrschaft, noch nicht die Belastungen für den Bestand des Vielvölkerreiches. So setzte er Schmerlings liberale und zentralistische Gesamtstaatsverfassung durch das Februarpatent von 1861 in Kraft: ein neuer Reichsrat, fast schon ein Parlament, Zweikammersystem, Herrenhaus (mit erblichen und vom Monarchen berufenen Mitgliedern), Haus der Abgeordneten (343 indirekt, von den Landtagen gewählte Mitglieder). Die Wahlordnung sicherte dem »deutsch-freisinnigen« Bürgertum eine ausschlaggebende Position.

»Es gilt der Welt zu zeigen, daß die politischen, nationalen und kirchlichen Verschiedenheiten doch keine unüberwindlichen Hindernisse vernünftiger Verständigung sind«, betonte der Kaiser am 1. Mai 1861, bei der Eröffnung des neuen Reichsrates. Es zeigte sich aber, daß Schmerlings Verfassung keineswegs der Reichsweisheit letzter Schluß war. Der wiederhergestellte ungarische Landtag hatte sich geweigert, Vertreter in den Reichsrat nach Wien zu schikken, und wollte auch keine Steuern mehr genehmigen, keine Rekruten mehr ausheben lassen. Venetien stand schon mit einem Fuß im italienischen Nationalstaat. Tschechen und Polen hatten nur unvollständig und unter Verwahrungen gewählt, und ihre Vertreter kamen nicht zu allen Sitzungen oder gingen gleich wieder weg.

Die Gesetzesproduktion des »Schmerlingtheaters«, wie die Wiener sagten, hemmte dies kaum, und sie fiel entsprechend aus, im Sinne und nach den Interessen des deutsch-österreichischen Bürgertums – so 1862 Gesetze zum Schutze der persönlichen Freiheit und zum Schutze des Hausrechtes, und ein Handelsgesetzbuch. Der Kaiser hatte nun die Gesetze mit der Einleitung in Kraft zu setzen: »Mit Zustimmung beider Häuser Meines Reichsrates finde ich anzuordnen, wie folgt . . .«.

Damit mochte er sich abfinden, aber niemand konnte verlangen, daß ihm dies gefiel. Ein redegewandter Parlamentarier kam ihm, der seine Reden vom Blatt ablesen mußte, wie ein Schwätzer vor. Fraktionen und Parteien hielt er für Spaltpilze, von denen es ohnehin schon zu viele gab. Das ganze Parlament paßte ihm nicht, und er nahm sich vor, argwöhnisch darüber zu wachen, daß es die enggezogenen Grenzen seiner Kompetenzen nicht überschritt und in den immer noch beherrschenden Bereich des Monarchen eindrang.

Mit dem Februarpatent sei »bereits die äußerste Grenze der nach der Allerhöchsten Willensmeinung zulässigen Beschränkung der souveränen Macht erreicht«, erklärte er seinen Ministern, denen er das Versprechen abforderte, den Thron »gegen Abnötigung weiterer Zugeständnisse« zu verteidigen. »Insbesondere mache ich noch zur Pflicht, daß der bezeichnete Wirkungskreis des Reichsrates streng gehandhabt und alle Einmischung diese Körpers in die Führung der auswärtigen sowie der Armeeangelegenheiten und die Geschäfte der Heeresleitung auf das entschiedenste zurückgewiesen werde.«

Die Minister blieben weiterhin ihm verantwortlich; eine parlamentarische Ministerverantwortlichkeit wie etwa in England schien für Österreich undenkbar. Die Minister und die ihnen nachgeordneten Beamten waren nach wie vor die ausführenden Organe des allerhöchsten Willens – bürokratische Werkzeuge, die durch den nun auch parlamentarisch angetriebenen Zentralismus eher noch geschärft wurden.

Die Diplomatie vertrat weiterhin den Monarchen bei anderen Monarchen, und keine Änderung der Konstitution vermochte ihre Verfassung zu verbessern. Aufzupassen galt es auf die Armee, des Kaisers stärksten Arm, der durch die Niederlage in Italien geschwächt war und nun durch ein bürgerliches und das hieß Militärausgaben gegenüber zugeknöpftes Parlament gelähmt werden könnte. Hier hatte sich eine Quelle von Unzuträglichkeiten aufgetan, die immer stärker sprudeln sollte. 1865 etwa setzte der Reichsrat den Stand der Infanteriekompanien auf 54 Mann herab.

Anfangs der Sechzigerjahre plagte sich der Oberste Kriegsherr ab, das durch Solferino angschlagene Selbstbewußtsein seiner Soldaten wieder zu heben, die Lücken in Mannschaftsstärke und Ausrüstung zu schließen, die Verbände umzugruppieren, den steifen Uniformstehkragen durch einen weichen Umlegekragen zu ersetzen, die Generalität zu verjüngen.

Auch Generalquartiermeister Heß wurde pensioniert, dem der Kaiser nicht nur sein Alter ankreiden, sondern vielleicht auch vorwerfen mochte, daß er sich ihm bei Solferino nicht als rettender Engel aufgedrängt hatte. An seine Stelle trat der zum Feldzeugmeister beförderte Ludwig August von Benedek, ein Kommißkopf und Gamaschenknopf, der als Truppenkommandeur in Italien Tapferkeit gezeigt und Fortune gehabt hatte, und nun als der geeignete Mann zur Wiederaufrichtung der Armee erschien. Auch ein Kriegsminister wurde wieder berufen, der vor allem den Militärhaushalt im

Reichsrat zu verfechten hatte. Er erhielt zudem Kompetenzen, die der geschaßte Grünne an sich gerissen hatte.

Der Generaladjutant war die Graue Eminenz des neo-absolutistischen Systems gewesen, und manchmal hatte man das Gefühl gehabt, als bewegte sich der Kaiser an Grünnes Drähten. Ein solcher Eindruck, so wenig schmeichelhaft er war, kam ihm jetzt nicht ungelegen. Schickte er Grünne in die Wüste, konnte dies als eine sachliche Neuorientierung und die persönliche Zügelergreifung des Monarchen erscheinen. Der neue Generaladjutant, Franz Graf Folliot de Crenneville, aus lothringischer Familie, war kein glatter Intrigant wie Grünne, sondern ein untadeliger Kavalier und aufrechter Soldat, der Kritik an der bisherigen Militärkanzlei geübt hatte, vornehmlich jedoch in Briefen an seine Frau. Würde nun alles anders? In Wien sagte man bald, bisher habe der Kaiser das getan, was Grünne wollte, nun tue er das, was Crenneville will.

Die alte Sorge um seine Autorität war wieder da, und sie lastete schwerer, weil begründeter auf ihm. Bisher hatte Franz Joseph aufpassen müssen, daß ihn seine Berater nicht zu sehr bedrängten, ihm Raum für die persönliche Entwicklung und die eigene Entscheidung blieb, daß vor allem außerhalb des Kabinetts nicht der Eindruck entstehen konnte, der Kaiser sei Wachs in den Händen der Kamarilla. Nun hatte er einen neuen Generaladjutanten, der zurückhaltender als der bisherige zu sein schien, andere Minister, die ihm nicht so nahestanden und ihn deshalb auch nicht so beeinflussen konnten.

Doch was bisher eine interne Frage gewesen, war nun ein öffentliches Problem geworden: die Beschränkung der kaiserlichen Autorität durch eine Verfassung, die Beeinträchtigung des monarchischen Willens durch eine Volksvertretung. Was bisher eine methodische Frage der persönlichen Herrschaftsausübung gewesen war, wurde nun ein prinzipielles Problem der monarchischen Herrschaftsform. War er noch ein Kaiser von Gottes Gnaden, wenn er sich nicht nur vor dem Allerhöchsten, sondern auch vor seinen Untertanen verantworten mußte? War er noch der monarchische Souverän, wenn er zwar die Mitregierung des Volkes in konstitutionellen Schranken hielt, aber dadurch die Volkssouveränität bereits grundsätzlich anerkannt hatte?

Ein Kompromiß zwischen dem monarchischen und dem demokratischen Prinzip mochte in England und in Frankreich möglich sein, doch kaum in Österreich. In einem Staat war eine Teilung der Herrschaft denkbar, in der Praxis vielleicht sogar dem Ganzen nützlich. Doch Österreich war kein Staat im modernen Sinne, sondern eine altehrwürdige Dynastie, die ihre Völker herrschend zusammenhielt.

Daran hatte erst wieder Erzherzog Albrecht, dieser Erzhabsburger, erinnert, in seiner Sorge um die das Haus Habsburg symbolisierende und seinen Fortbestand garantierende kaiserliche Armee. Diese sei es bisher gewohnt gewesen, »dem Hause Österreich, nicht dem liberalen und abstrakten Begriff des Staates zu dienen, für selbes, in welchem sich das Vaterland gewissermaßen verkörperte, zu bluten und zu sterben.« Die Konsequenz: »Das Herrscherhaus muß durch eine breite Kluft von allen Untertanen getrennt sein.« Würde dieser Grundsatz, die Basis seines Bestehens, aufgegeben, »so muß es ver- und zerfallen gegenüber seiner zusammengewürfelten Völkerfamilie, deren einziges Bindemittel so oft (und auch jetzt wieder) das Haus und dessen Armee waren, gegenüber den demokratischen, alles nivellierenden Tendenzen der Jetztzeit.«

War dieser Zug der Zeit überhaupt aufzuhalten? Franz Joseph hatte das lange, viel zu lange angenommen. Und es auch versucht, ohne subjektiven wie objektiven Erfolg. So war er unvermittelt auf den längst abgefahrenen Zug aufgesprungen, nicht aus eigenem Antrieb, sondern weil er aus dem Debakel von Solferino herauskommen mußte. Bis zuletzt hatte er sich gesträubt: Er werde keine Beschränkung der monarchischen Gewalt durch eine Verfassung gestatten, lieber allen Stürmen trotzen, hatte er noch im Juni 1860 erklärt. Dann hatte er nachgegeben, nicht ohne sich selber zuzusprechen: »Wir werden zwar etwas parlamentarisches Leben bekommen, allein die Gewalt bleibt in meinen Händen und das Ganze wird den österreichischen Verhältnissen gut angepaßt sein.«

Schließlich, bei Erlaß des Februarpatents 1861, hatte er sich vorgenommen, den Verfassungszug wenn schon nicht aufzuhalten, dann zumindest abzubremsen. Doch ein Bremser war eben kein Lokomotivführer, und der Kaiser von Österreich fortan weniger ein Agierender als ein Reagierender – gegen eine Entwicklung, die er zu verzögern, aber nicht anzuhalten vermochte.

Königgrätz

Uns war das Glück einer ruhigen Epoche nicht zuteil«, klagte der Dreißigjährige. »Eine solche Niederträchtigkeit einer- und Feigheit andererseits, wie sie jetzt die Welt regiert, ist doch noch nie dagewesen; man fragt sich manchmal, ob alles, was geschieht, wirklich wahr ist.« Unmut hatte ihn befallen, die Unruhe ließ ihn nicht mehr los, das Unglück folgte ihm auf den Fersen.

Mit seiner Frau kam er nicht zurecht, genauer gesagt, sie entzog sich ihm. Elisabeth hatte mit in den Krieg nach Italien gewollt, weniger um bei ihrem Manne zu sein, als um sich so richtig auszuleben, ihre Parforceritte zu steigern, sich von der langweiligen Geborgenheit und lähmenden Sicherheit des höfischen Daseins zu emanzipieren – so zu sein, wie sie es wollte, im Felde zu zeigen, was die Frau wert war. Franz Joseph hatte sie nicht mitgenommen, ihr diese Gelegenheit zur Selbstdarstellung und Selbstverwirklichung nicht geboten. Nun interessierte sie es auch nicht mehr, was alles passierte: die Niederlage von Solferino, die Folgen für die Monarchie, die Niedergeschlagenheit des Kaisers.

Ihrem Mann trug sie nach, daß er sie mit der Schwiegermutter alleingelassen hatte, der spitznasiger und spitzzüngiger werdenden Sophie, die nichts von einem Abbau ihres Absolutismus wissen wollte. Sie verübelte es ihm, daß er – obwohl sie nun über ein halbes Jahrzehnt lang verheiratet waren und sie ihm drei Kinder geboren hatte – immer noch an den Rockschößen seiner Mutter hing. Sie konnte es nicht verstehen, daß der Kaiser, der mit seinem Federhut wie ein stolzer Gockel aussah, im Kampfe mit den »Katzelmachern« Federn lassen mußte, und – was sie besonders verdroß – der stolze Habsburger es nicht verhindern konnte, daß ihre Schwester Maria, die Königin von Neapel-Sizilien, von den italienischen Nationalisten um Thron und Land gebracht wurde.

Sie konnte es nicht mehr ertragen, daß sie Franz Joseph immer noch als die kleine süße Sisi behandelte, sie tätschelte und verhätschelte, das Vögelchen, das er sich in Verliebtheit eingefangen hatte und zu seinem Plaisir in einem Luxusgehege hielt. Seine ständigen Ermahnungen, die zwar gut gemeint waren, aber wohl in erster Linie der Erhaltung seines Besitzes, eines schönen und gesunden Weibchens, dienlich sein sollten, gingen ihr auf die Nerven. So wenn er aus dem Felde schrieb: Sie solle nachts schlafen und nicht lesen und schreiben, sie müsse mehr essen, damit sie nicht zu mager werde, sie dürfe nicht so viel reiten, habe ihre Gesundheit zu schonen – für ihn, für die Kinder, für die Dynastie. Seine Vorhaltungen wegen ihrer Ausritte mit dem Stallmeister nahm sie weniger als Äußerungen eifersüchtiger Liebe denn als Ausdruck eigensüchtiger Sorge um die Reputation der Kaiserin und damit des Kaisers. Sich selber schien er Ausnahmen zu genehmigen: Man munkelte von einer polnischen Gräfin.

Das hielt sie nicht lange durch. Elisabeth, die weit über ein gesundes Selbstbewußtsein hinaus ichbezogen war, die mimosenhaft, ja krankhaft empfindlich auf alles reagierte, was ihre Egozentrik berührte, war mit den Nerven bald herunter. Sie wollte weg, nichts wie weg: von der Schwiegermutter, die ihr überlegen war, von den Kindern, die ihr zuviel abverlangten, von dem Gemahl, der sie zu sehr beanspruchte, von diesem düsteren Laxenburg, in dem sie Gespenster zu sehen wähnte, von Wien, über das die Wolken des Unglücks aufgezogen waren. Sie solle sich am Gardasee oder an der Adria erholen, schlug Franz Joseph vor. Nein, sie hielt es nicht länger in seinem Österreich, sie zog es in die Ferne, zum Licht, auf eine Insel, möglichst einsam und weit weg – nach Madeira.

»Oh die Weiber, die Weiber«, seufzte Generaladjutant Crenneville, »mit und ohne Krone, in Seide oder Perkal gekleidet, haben sie Kaprizen und wenige sind ausgenommen.« Franz Joseph war galanter, liebte schließlich seine Frau, war ernstlich um ihre Gesundheit besorgt, gönnte ihr ein Ausspannen. Der Kaiser mußte indessen bedacht bleiben, daß alles in Formen vor sich ging, die kein Gerede aufkommen ließen. Die Hofärzte konnten zwar nur Halsweh diagnostizieren, doch sie attestierten eine Lungenaffektion. Das Mitgefühl war entsprechend, in Österreich und Europa, nur nicht bei der Schwiegermutter, die von einer »unglücklichen Reise« sprach. Queen Victoria schickte ihre Yacht, der Gatte gab ihr einen unbeschränkten Kreditbrief mit.

Während der Überfahrt wurden alle seekrank, nur die Patientin nicht. Auf Madeira wunderte sich das portugiesische Empfangskomitee, eine so frische und gesunde Erholungsuchende begrüßen zu können. Graf Louis Rechberg, den der Kaiser zum Krankenbesuch schickte, berichtete nach Wien: »Ihr Husten jetzt soll in gar keinem Verhältnis besser sein als vor ihrer Reise hierher, sie hustet aber auch im allgemeinen wenig . . . Moralisch ist aber die Kaiserin schrecklich gedrückt, beinahe melancholisch, wie es in ihrer Lage wohl nicht anders möglich ist – sie sperrt sich oft beinahe den ganzen Tag in ihrem Zimmer ein und weint.«

Weihnachten 1860 und ihren 23. Geburtstag feierte sie allein. Der Gatte hat ihr eine Spieldose geschickt, die Schwiegermutter einen heiligen Georg. Am 28. April 1861 machte sich Elisabeth wieder auf den Heimweg, den sie, so gut es ging, in die Länge zog, mit Zwischenstationen in Cadix und Sevilla, auf Mallorca und Korfu. Hier gefiel es ihr besonders gut, und sie wäre gern länger geblieben, wenn Franz Joseph ihr nicht auf der Yacht »Fantasie« entgegengefahren wäre. Die Kur seiner Frau – ein halbes Jahr war sie weggewesen – hatte ihn 188935 Gulden und 18 1/2 Kreuzer gekostet, eine Ausgabe, die sich gelohnt zu haben schien: Sisi sah blühend aus, schöner als je zuvor.

Doch kaum in Wien, ging das Getue wieder los: das Gezänk mit der Schwiegermutter, das Quengeln über die Repräsentationspflichten, das Hofballkopfweh und das Kalteschulterzeigen. Elisabeth badete zu kalt, schnürte sich zuviel, aß zuwenig, hatte zu nichts Lust, drangsalierte ihre Umgebung und frustrierte ihren Gatten. Und begann wieder zu husten, bis die Hofärzte eine Lungenkrankheit feststellten und eine Kur auf Korfu verschrieben, was sie sich in den Kopf gesetzt hatte. »Ich habe noch nie gehört«, wunderte sich der Gesandte Großbritanniens, unter dessen Hoheit Korfu stand, »daß Ärzte diesen Ort, wo es doch auch Malaria gibt, als Sommeraufenthalt für solche Kranke empfehlen.« Außenminister Rechberg verstand es auch nicht. In den Zeitungen, die kecker, aber noch nicht unverschämt geworden waren, konnte man immerhin einiges zwischen den Zeilen lesen. Und die Wiener zerrissen sich die Mäuler über den schiefhängenden Haussegen in der Hofburg.

Das Zerwürfnis war kaum mehr zu verhehlen, zwischen dem Kaiser, der auch in der Ehe kein Fortune hatte, und der Kaiserin, die ihr

Glück in blauer Ferne suchte. Schon auf der Hinreise brauchte sie den Arzt nicht mehr, auf der Insel begann sie zu wandern, segeln und schwimmen. Am liebsten saß sie am Strand und spiegelte sich im Meer. Nur die Visite des Grafen Grünne störte sie, des alten Vorzimmerhengstes und nunmehrigen Oberststallmeisters. Der ebenso besorgte wie mißtrauische Gemahl hatte ihn geschickt. Er sollte herausfinden, wie es wirklich um die Kaiserin bestellt war, und das fiel ihm nicht allzu schwer.

Franz Joseph entschloß sich, die Ausreißerin zurückzuholen, weniger in der Hoffnung, daß sich zwischen ihnen wieder alles einrenken würde, als in der Erwartung, dem Gerede über seine seltsame Frau und ihre merkwürdige Ehe ein Ende machen zu können. So weit war es mit ihm gekommen, dem Einunddreißigjährigen, der nun sieben Jahre verheiratet war, und dem schon die ersten sieben Jahre kein ungetrübtes Glück gebracht hatten. Wie sollte das erst weitergehen!

Hatte die Mutter nicht doch recht gehabt, mit ihrer – leider etwas zu schonend vorgebrachten – Meinung, daß dieses ichsüchtige Mädchen keine Frau für ihren Sohn und dieser verzogene Fratz keine Kaiserin für Österreich sei? Vielleicht hätte sie besser an einen deutschen Duodezhof gepaßt, dem es weniger ausgemacht hätte, wenn er auf den Kopf gestellt worden wäre, zu einem Großherzog, der mehr Zeit für sie gehabt hätte. Vielleicht hätte die »Engels-Sisi« einen Erzengel gebraucht, einen starken Geist und eine feste Hand, und nicht einen Mann, der sich »ihr Männeken« nannte, der sich steif bewegte, etwas unbeholfen war, keine großen Sprünge machte. Keinen Gatten, der sich seiner selbst nie ganz sicher war und deshalb im Formalen blieb, mehr Gentleman als Liebhaber. Einen Gemahl, der die Rücksicht nicht übertrieben hätte, eben nicht den Kaiser von Österreich, der sich keinen Eklat leisten konnte und auch jetzt wieder gute Miene zu dem Spiel machen mußte, das mit ihm getrieben wurde.

»Gott schütze ihn und bewahre ihn vor allem Übel«, betete die Mutter, als er sich am 10. Oktober 1861 auf den Weg machte, zu einem Canossa-Gang. Auf Korfu fand er seine Sisi so, wie sie ihm Grünne geschildert hatte: gesund und munter; sogar stärker war sie geworden. Und energischer. Nein, nach Wien ließe sie sich nicht einmal von dem kaiserlichen Postillon zurückbringen! Auf halbem

Wege könnte sie ihm vielleicht entgegenkommen, bis Venedig, also immerhin nach Österreich, unter gewissen Bedingungen freilich: Die Kinder müßten der Schwiegermutter entzogen und zu ihr geschickt werden, und die Esterhazy müßte weg, die ihr von Sophie aufgezwungene Obersthofmeisterin. Der Kaiser sah keinen anderen Ausweg, willigte ein, nicht unfroh darüber, daß er das Schlimmste verhütet hatte. Und daß sie ihm erlaubt hatte, er dürfe sie ab und zu besuchen.

Allein kehrte Franz Joseph nach Wien zurück, in die Einsamkeit seines Herrscheramtes, einsam nun auch zu Hause. Am 26. Oktober 1861 traf Elisabeth auf der Dampferfregatte »Lucie« in Venedig ein, eine Woche später kamen die Kinder, die fünfjährige Gisela und der dreijährige Rudolf. Nur in der ersten Wiedersehensfreude und im Auskosten des Triumphes, sie der Schwiegermutter weggenommen zu haben, kümmerte sie sich um sie, dann ging sie wieder ihren Passionen nach.

Dazu gehörte neuerdings das Sammeln von Photographien weiblicher Schönheiten. Der Außenminister wurde bemüht: Alle diplomatischen Vertreter Österreichs sollten entsprechende Bilder auftreiben. Der Botschafter in der Türkei, von dem Konterfeis von Haremsdamen verlangt wurden, geriet in Verlegenheit: Erstens werde in einem islamischen Lande selten photographiert, zweitens Frauen noch seltener, und drittens könnte er keinem weismachen, daß er etwaige Bilder nicht für sich, sondern für seine Kaiserin haben wolle.

Dreimal kam Franz Joseph auf Besuch, Ende November 1861, im März und Mai 1862, und jedesmal wurde er kühl empfangen, von seiner Frau und von den Venezianern. »Armer Kaiser«, seufzte Crenneville, »hat bessere Zeiten, ein glücklicheres Interieur verdient.« Jedesmal verdroß es Franz Joseph, daß die Damen der Gesellschaft mit der Kaiserin nicht verkehrten. Einmal explodierte vor seinem Wagen eine Petarde, eine Knallkapsel. Die Venezianer ließen dem Kaiserpaar ihren Unmut spüren, daß Solferino lediglich die Lombarden befreit hatte, sie weiterhin das österreichische Joch tragen mußten, dem Königreich Italien ferngehalten wurden, das am 17. März 1861 proklamiert worden war.

Den ersten König, Viktor Emanuel II., den die Italiener »Rè galantuomo« nannten, bezeichnete Franz Joseph I. als einen Länder-

und Taschendieb, und Giuseppe Garibaldi, den Freischarenführer, als einen Räuber und Briganten. Im Zusammenwirken von monarchischer Gewalt und revolutionärer Bewegung hatte das Risorgimento gesiegt, und Solferino war das Startzeichen zum Endspurt gewesen. Toscana, Parma, Modena und Teile des Kirchenstaates schlossen sich durch Volksabstimmung Sardinien-Piemont an, die »Rothemden« Garibaldis eroberten Sizilien und Neapel. Wermutstropfen waren im italienischen Freudenbecher. Napoleon nahm sich, als Kriegsentschädigung für 1859, Savoyen und Nizza, und hielt weiterhin das päpstliche Rom besetzt, wie es die fromme Eugenie und die französischen Katholiken wünschten. Ein unerlöstes italienisches Land blieb Venetien, über das immer noch der Kaiser von Österreich gebot.

Der französische Finanzmann Emile Pereire empfahl dem Kaiser Franz Joseph, Venetien, das ihn ohnehin mehr koste als einbringe, kurzerhand zu verkaufen, gegen 600 Millionen Gulden – eine verlockende Summe, wenn man bedachte, daß das Jahr 1859 Österreich ein Defizit von 280 Millionen Gulden gebracht hatte und von einer 1860 aufgelegten Anleihe von 200 Millionen nur 76 Millionen gezeichnet worden waren. Das Geld hätte Franz Joseph schon brauchen können, aber die Ehre litt es nicht, daß ein Reichsteil verschachert würde. »Bevor wir die kleinste Parzelle unseres Gebietes abtreten, sind wir bereit, unseren letzten Apfel, unseren letzten Kreuzer zu opfern«, erklärte Rechberg.

Rechtstitel verkaufte man nicht, man hielt sie fest, auch wenn es sinnlos schien, trat sie höchstens nach einem verlorenen Krieg ab, gegen den Preis des Blutes, das man dabei vergossen hatte. Die Gelegenheit dazu sollte sich bald bieten. Denn Franz Joseph war entschlossen, nicht nur seinen Restposten in Italien zu behalten, sondern auch seine Vormachtposition in Deutschland zu befestigen. Auch hier stand er mit dem Rücken zur Wand: gegen eine Nationalbewegung, die vielleicht nicht so leidenschaftlich wie die italienische, doch kaum vernünftiger war, und gegen eine rivalisierende Macht, den preußischen Staat, der weit mehr und bessere Divisionen hatte als das italienische Königtum.

Immerhin: Franz Joseph fühlte sich als Deutscher, die Habsburger hatten die Krone des Heiligen Römischen Reiches Deutscher Nation getragen, auch eine Vorrangstellung im Deutschen Bund bekommen. Unter dem Banner der deutschen Tradition glaubte der Kaiser von Österreich den Kampf um die deutsche Zukunft bestehen zu können.

Vor der Hofburg in Wien wurde das Reiterdenkmal für Erzherzog Karl enthüllt, »den beharrlichen Kämpfer für deutsche Ehre«. Veteranen von Aspern waren dabei, die dieser österreichische Feldherr Anno 1809 zu einem Schlachtensieg gegen Napoleon I. geführt hatte. Die Fahne des Infanterieregiments Zach, die er dabei hochgehalten hatte, wurde nun vor seinem Standbild gesenkt, und seine Kampfparole zitiert: »Unsere Sache ist die Sache Deutschlands. Mit Österreich war Deutschland selbständig und glücklich; nur durch Österreichs Beistand kann Deutschland wieder beides werden.«

Franz Joseph dachte an das »Laxenburger Manifest an seine Völker«, das er fünfzig Jahre nach Erzherzog Karls »Aufruf an die deutsche Nation« von 1809 erließ – nach der Niederlage von Solferino, die nicht zuletzt dem Verhalten Preußens zuzuschreiben war, das für Österreich und Deutschland nicht so mutig eingetreten war wie 1809 Österreich für Preußen und die gesamte Nation: »Der warmen und dankbar anzuerkennenden Teilnahme ungeachtet, welche unsere gerechte Sache in dem größten Teile von Deutschland, bei den Regenten wie bei den Völkern gefunden hat, haben sich unsere ältesten und natürlichen Bundesgenossen hartnäckig der Erkenntnis verschlossen, welche hohe Bedeutung die große Frage des Tages an sich trage.«

Nun, auch 1809 war Preußen nicht an die Seite Österreichs getreten. Damals – in den Fesseln der Franzosen – hatte es nicht gekonnt, 1859 hatte es nicht gewollt. Es war eben nicht – wie Franz Joseph annahm – der älteste und schon gar nicht ein natürlicher Bundesgenosse. Otto von Bismarck, der sich als preußischer Bundestagsgesandter mit seinem politisch wie protokollarisch den Vorrang beanspruchenden österreichischen Kollegen herumschlagen mußte, sah das 1856 anders: »Der deutsche Dualismus hat seit tausend Jahren gelegentlich, seit Karl V. in jedem Jahrhundert regelmäßig durch einen gründlichen inneren Krieg seine gegenseitigen Beziehungen reguliert, und auch in diesem Jahrhundert wird kein anderes als dieses Mittel die Uhr der Entwicklung auf ihre richtige Stunde stellen können.«

Also nicht Krieg an der Seite Österreichs gegen den französischen Erbfeind, sondern Krieg gegen den deutschen Intimfeind Österreich und gegen die deutschen Staaten an seiner Seite – wie es Bismarck 1859, nun preußischer Gesandter in Sankt Petersburg, präzisierte: »Die gegenwärtige Lage hat wieder einmal das große Los für Preußen im Topf, falls wir den Krieg Österreichs mit Frankreich sich scharf einfressen lassen und dann mit unserer ganzen Armee nach Süden aufbrechen, die Grenzpfähle im Tornister mitnehmen und sie entweder am Bodensee oder dort, wo das protestantische Bekenntnis aufhört zu überwiegen, wieder einschlagen.«

Davon ahnte Franz Joseph nichts, aber schon das, was er bemerkte und begriff, brachte ihn außer sich. »Dieser schmähliche Auswurf von Preußen« hatte ihn im Krieg gegen Napoleon im Stich gelassen und wollte ihm den ersten Rang im Deutschen Bund streitig machen. Zuwider war ihm dieser Bruder schon immer gewesen, weil er eben so ganz anders war, beinahe so, wie er manchmal den Österreicher gern gesehen hätte: stramm und tüchtig, ein gehorsamer Untertan und brauchbarer Soldat. Dann war er wieder ganz froh, daß der Österreicher nicht so war wie der Preuße: nicht so großmäulig und kraftmeierisch, auch einmal fünf gerade sein ließ, nicht immer Habtacht stand und sich ständig am Riemen riß.

Genug konnten sie anscheinend nie bekommen, die Preußen und ihr Staat. Ganz klein hatte er angefangen, in der Streusandbüchse des Heiligen Römischen Reiches, dessen Krone die Habsburger trugen. Dann hatte sich der Kurfürst von Brandenburg die preußische Königskrone aufgesetzt, und die Hohenzollern waren daran gegangen, sich ein Königreich zu schaffen, ihre über ganz Norddeutschland, von Ostpreußen über die Mark bis zu den niederrheinischen Territorien verstreuten Landesteile zu einem Staat zusammenzuschmieden. Von Anfang an war Preußen auf Eroberung angelegt gewesen, denn die zwischen dem Streubesitz liegenden fremden Gebiete galt es einzuverleiben, den Gesamtbesitz abzurunden und zu erweitern – durch die Armee, die diesen Staat zustandebrachte und zusammenhielt, ihn vereinigte und vereinnahmte.

Im Geschichtsunterricht hatte Franz Joseph gelernt, wie dieses Preußen gewachsen war, vornehmlich durch Kriege und auf Kosten des Reiches, des Kaisers und Österreichs. Friedrich II., den sie den Großen nannten, entriß Maria Theresia Schlesien und profitierte schon von der ersten polnischen Teilung. Friedrich Wilhelm II. erwarb weitere polnische Gebiete. Friedrich Wilhelm III. gewann einiges, wie Münster und Paderborn, durch die Säkularisation, und viel durch den Wiener Kongreß: die Provinz Sachsen, die Rheinlande und Westfalen. In Zahlen ausgedrückt: 1701, als das Königreich Preußen proklamiert wurde, besaß es 112524 Quadratkilometer mit 1650000 Einwohnern. 1861, als Franz Joseph ein Haltesignal geben wollte, 279030 Quadratkilometer mit 19600000 Einwohnern.

Noch störten Hannover und Kurhessen sowie kleinere Staaten die territoriale Staatseinheit. Als Pfähle im Fleisch des preußischen Körpers wurden sie in Berlin immer mehr empfunden. Doch ihre Entfernung hinderte der Deutsche Bund, der seinen 35 Mitgliedern, auch den kleinsten und schwächsten, die eigenstaatliche Souveränität und die territoriale Unversehrtheit garantierte. Und Österreich, das als Primus inter pares dieses Staatenbundes über den Status quo und damit über den Frieden wachte. »Ich sehe in unserem Bundesverhältnis ein Gebrechen Preußens«, betonte Bismarck 1859, »welches wir früher oder später ferro et igni (mit Eisen und Feuer) werden heilen müssen, wenn wir nicht beizeiten in günstiger Jahreszeit eine Kur dagegen vornehmen.«

Dieser Otto von Bismarck war am 8. Oktober 1862 zum preußischen Ministerpräsidenten und Minister des Auswärtigen ernannt worden. Wilhelm I., der nach dem Tode des lange leidenden Friedrich Wilhelms IV. vom Prinzregenten zum König avanciert war, setzte diesen Stockpreußen als Ultima ratio, als letztes Mittel ein: gegen das Abgeordnetenhaus, das sich weigerte, die Gelder für eine Verstärkung der Armee zu bewilligen. Doch das Machtinstrument mußte geschärft werden, zur Erreichung des Zieles, das sich Wilhelm schon 1849 gesteckt hatte: »Daß Preußen bestimmt ist, an die Spitze Deutschlands zu kommen, liegt in unserer ganzen Geschichte.«

Bismarck, der den Charakter eines Majors und die Haltung eines königstreuen Junkers besaß, war willens und in der Lage, mit den staatsfeindlichen Parlamentariern fertig zu werden. Er schickte die Abgeordneten nach Hause, regierte ohne genehmigtes Budget, schliff ohne die Volksvertreter das preußische Schwert. Wozu er es einzusetzen gedachte, hatte er ihnen nicht verhehlt: »Nicht auf Preußens Liberalismus sieht Deutschland, sondern auf seine Macht; Bayern, Württemberg, Baden mögen dem Liberalismus indulgieren, darum wird ihnen doch keiner Preußens Rolle anweisen; Preußen muß seine Kraft zusammenfassen und zusammenhalten auf den günstigen Augenblick, der schon einige Male verpaßt ist; Preußens Grenzen nach den Wiener Verträgen sind zu einem gesunden Staatsleben nicht günstig; nicht durch Reden und Majoritätsbeschlüsse werden die großen Fragen der Zeit entschieden – das ist der große Fehler von 1848 und 1849 gewesen – sondern durch Eisen und Blut.«

Herrn von Bismarck gegenüber sei größte Vorsicht geboten, warnte Außenminister Rechberg den österreichischen Gesandten in Berlin. Franz Joseph, der schon so viel Schlechtes über den preußischen Ministerpräsidenten gehört hatte und noch viel Schlimmeres hören sollte, konnte sich nur schwach an ihre Begegnung in Ofen im Jahre 1852 erinnern. Bismarck hatte die Audienz beim Kaiser im Gedächtnis: »Ein schönes Auge, besonders wenn er lebhaft wird, und ein gewinnender Ausdruck von Offenheit, namentlich beim Lächeln.« Ein Mann also, der ihm nicht unsympathisch war, mit dem man aber auch fertig werden konnte, und der ein Reich hinter sich hatte, das mehr beanspruchte als es vermochte. Der Kaiser von Österreich sollte ihn schon noch kennenlernen, diesen zum äußersten entschlossenen und das Mögliche herausholenden Machtpolitiker. Und ihn auch persönlich unangenehm finden, den bulligen Mann mit der Fistelstimme, mit den schweren Tränensäcken unter den Augen, die andeuteten, daß er viel trank, aß und schlecht schlief, und noch seine Verdauungsbeschwerden dem Gegner zur Last legte.

Seine konservative, ja reaktionäre Gesinnung hätte dem Kaiser von Österreich gefallen können, wenn er diese nicht ausschließlich dem König von Preußen, sondern auch den gemeinsamen Angelegenheiten der gegenrevolutionären Monarchien, dem Heiligen-Allianz-Partner Österreich vor allem, entgegengebracht hätte. Doch dieser Bismarck war ein preußischer Schwarzenberg, das heißt ein Machtmensch ohne die Großzügigkeit und die Nachlässigkeiten eines österreichischen Aristokraten, ein preußischer Landjunker eben, der verbissen seinen Acker pflügte, kleinkariert auch im Großen, das er anstrebte, das Gehorchen gewöhnt und versessen darauf, anderen befehlen zu können. Und ein Opportunist, der nicht davor zurückscheute, die National-Liberalen, die er 1848 wie 1862 bekämpft hatte, die er nicht auf den monarchischen Weiden grasen lassen wollte, als Zugochsen vor den preußischen Karren zu spannen.

Die National-Liberalen ließen sich das gefallen, weil ihnen der königlich-preußische Wagen immer noch lieber war als der kaiserlich-österreichische. Weil sie annahmen, daß sie nur unter preußischer Führung ihr Ziel, einen deutschen Nationalstaat, erreichen könnten. Und weil sie hofften, daß schlußendlich sie, die Zugkräfte, und nicht der Fuhrmann, die Richtung angeben würden.

Schon die Frankfurter Nationalversammlung war, von den »Kleindeutschen« motiviert, auf das preußische Geleise geraten, dabei freilich steckengeblieben. 1859 kam der Wagen wieder in Fahrt, angetrieben von den anti-napoleonischen Emotionen und – anläßlich des 100. Geburtstages Friedrich von Schillers – von den Schwüren deutscher Eidgenossen, die endlich »ein einig Volk von Brüdern« werden, nicht hinter den Italienern zurückstehen wollten, die eben ihren Nationalstaat bekamen.

1859 wurde in Eisenach, am Fuße von Luthers Wartburg, der »Deutsche Nationalverein« gegründet. Sein Ziel war ein von Preußen geführter, rein deutscher, primär protestantischer, den politischen Ideen des Bürgertums entsprechender wie ihren ökonomischen Interessen nützender Nationalstaat – mit einem Rückgriff auf die Reichsverfassung von 1849 und der Fortsetzung des wirtschaftlichen Fortschritts in dem bereits seit 1834 auf Preußen ausgerichteten kleindeutschen Zollverein.

Der 1850 restaurierte Deutsche Bund stand dabei im Wege. Er verkörperte alles, was der bürgerliche Nationalismus verachtete: Er war altmodisch, übernational, föderalistisch, viel- und kleinstaatlich, illiberal und undemokratisch, militärisch schwach, wirtschaftlich gehemmt, mit zu vielen Nichtdeutschen (8 Millionen Slawen, 500000 Romanen und sogar 6000 Griechen und Armeniern) und zu vielen Katholiken (23 Millionen). Und das, weil Österreich an dieser Ausgeburt des Metternichschen Geistes und dieser Mißgeburt des Wiener Kongresses festhielt, auch weiterhin die Präsidialmacht spielen wollte.

Der Deutsche Bund und Österreich – den einen galt es aufzulösen und das andere auszuschließen. Hierin waren sich die kleindeutsche Nationalbewegung und der preußische Machtstaat einig, und das war es, was sie zusammenbrachte und zusammenhielt.

In Österreich zitierte man noch immer den Preußen Wilhelm von Humboldt, dessen Charakterisierung des Deutschen Bundes mit der eigenen übereinstimmte: Seine föderative Gliederung entspreche dem Nationalcharakter der Deutschen. »Die Nationen haben, wie die Individuen, ihre durch keine Politik abzuändernden Richtungen. Die Richtung Deutschlands ists, ein Staatenverein zu sein.« Und, so Humboldt, der Deutsche Bund habe eine europäische Aufgabe, die Sicherung des Friedens: »Das ganze Dasein des Bundes ist mithin auf Erhaltung des Gleichgewichts durch innewohnende Schwerkraft berechnet; diesem würde nun durchaus entgegengearbeitet, wenn in die Reihen der europäischen Staaten, außer den größeren deutschen einzeln genommen, noch ein neuer, kollektiver eingeführt würde« – also anstelle des Deutschen Bundes und des friedlichen Dualismus seiner beiden Großmächte ein Nationalstaat, wie er den Kleindeutschen vorschwebte und ihn Bismarck ansteuerte.

Natürlich entsprach beides der Raison d'être Österreichs, die föderative Gliederung wie die übernationale Ordnung, und es mußte, um weiter zu existieren, den preußischen Zentralismus wie den kleindeutschen Nationalismus ablehnen, am Status quo festhalten, den Frieden bewahren. War das aber nicht mehr als nur Interessenpolitik? Der Deutsche Bund hatte ein Vierteljahrhundert lang seine Friedensfunktion erfüllt, die Eintracht unter den deutschen Brüdern gesichert, indem er verhinderte, daß stärkere Staaten über schwächere Mitglieder herfielen. Sollte auch dieser ideelle Wert erhalten bleiben, kam man nicht daran vorbei, den Deutschen Bund zu modernisieren, zu reformieren.

Dem Kaiser von Österreich hatte sich diese Erkenntnis aufgedrängt, und er ging ans Werk, das freilich dem Versuch des Füllens eines Danaidenfasses glich: Wasser des guten Willens in ein von Zeittendenzen durchlöchertes Gefäß.

An Hilfskräften fehlte es nicht. Die Staatsraison der Mittel-,

Klein- und Kleinststaaten – von Bayern über Nassau bis Schaumburg-Lippe – forderte die Erhaltung des Bundes, hätte eine Bundesreform mitbetreiben müssen, tat es auch, aber nur bis zu dem Punkt, an dem der Eigennutz den Blick auf den Gemeinnutz versperrte. Noch gab es einzelstaatlichen Patriotismus – vor allem in den Königreichen Bayern, Württemberg, Hannover und Sachsen –, dem die Eigenständigkeit der Vaterländer ein Herzensbedürfnis war, eine Triebkraft zur Bewahrung der Bundesstruktur durch ihre Neubewährung hätte sein können, wenn nicht so oft Föderalismus mit Partikularismus verwechselt worden wäre.

Und da waren die »Großdeutschen«, die sich schon in der Frankfurter Paulskirche den »Kleindeutschen« entgegengestellt hatten, und nun auch der neuen Herausforderung begegneten. Am 22. Oktober 1862 wurde in Frankfurt am Main der »Deutsche Reformverein« gegründet, mit dem Ziel: Reform des Deutschen Bundes unter Beibehaltung der föderativen Struktur, aber mit einer modernen, dem nationalen und konstitutionellen Zeitgeschmack entsprechenden Innenarchitektur, ein mitteleuropäisches Gebäude mit einem österreichischen und einem preußischen Flügel. Die Zusammensetzung der Mitgliedschaft glich der buntscheckigen Landkarte des Deutschen Bundes, den es zu reformieren galt: Verfechter eigenstaatlicher Interessen und Visionäre einer europäischen Einigung, Konservative, Katholiken, Liberale, Demokraten, vor allem Süddeutsche, aber auch Hannoveraner und Hessen, sogar Rheinländer und Westfalen, die sich mit der preußischen Herrschaft in ihrem Stammgebiet noch nicht abgefunden hatten und Deutschland eine preußische Herrschaft ersparen wollten.

»Der großdeutschen Partei kommt es auf das Zusammenbleiben Deutschlands und Österreichs an: das ist der Kern ihres politischen Glaubensbekenntnisses«, stellte Julius Fröbel fest, einst demokratischer Abgeordneter der Frankfurter Nationalversammlung, nun ein publizistischer Verfechter der großdeutschen Bundesreform. Konkret gab es verschiedene Konfessionen. Die einen glaubten an das Heilige Römische Reich mit seiner religiösen Basis, feudalistischen Hierarchie und ständischen Gliederung. Die anderen hofften auf einen modernen Bundesstaat mit einer liberalen und demokratischen Verfassung. Dazwischen gab es die verschiedensten Gruppen, Grüppchen und Einzelgänger. Der großdeutsche Reformverein war beinahe so diffus und kompliziert, ungelenk und schwerfällig wie das alte Österreich, dem er mit Herz und Hand ergeben war.

Schmerling setzte diese Hilfstruppe für die großdeutschen Ideale wie für die großösterreichischen Interessen ein. Beides sah er stets zusammen. Er hatte eine Konstitution im Kaiserreich durchgesetzt, um sie als moderne Waffe für moralische Eroberungen in Deutschland einzusetzen. Und er wollte den Deutschen Bund reformieren, damit er seine Reform in Österreich erhalten und ausbauen konnte. Der Kaiser folgte seinem Ministerpräsidenten, weil er beides brauchte, Konsolidierung im Innern und Fortschritte draußen, in Deutschland, dem einzigen Auslauf, der ihm verblieben war. Zu weit wollte er indessen nicht gehen, weg von der österreichischen Realität und hin ins großdeutsche Traumreich; er konnte seine Position im Bund nicht durch eine Schwächung seiner Stellung im Kaisertum stärken.

Der Nationalgedanke war ohnehin ein zweischneidiges Schwert für das Vielvölkerreich – man hätte eigentlich von »mitteleuropäischen«, nicht »großdeutschen« Zielen sprechen sollen. Den Begriff »Volksvertretung« wünschte er weder im österreichischen Hausgebrauch, noch in den Bundesreformplänen – von »verfassungsmäßigen Vertretungen« könnte gesprochen werden. Zu einer Gratwanderung schickte sich Franz Joseph an: Kam er zu weit in Richtung der nationalen und konstitutionellen Forderungen ab, gefährdete er sein Reich. War er zu vorsichtig, war in Deutschland weder moralisch noch politisch etwas zu gewinnen. Die daraus resultierende Fortbewegungsart, ein vorsichtiges Tasten eher als ein zielbewußtes Schreiten, konnte selbst von Großdeutschen nicht als zweckmäßiger Führungsstil angesehen werden.

Die Kleindeutschen vermochte er ohnehin nicht zu gewinnen, die national eingeschworenen Liberalen und die dem ökonomischen Fortschritt ergebenen Bürger. Wirtschaftspolitisch war längst die Entscheidung für Preußen gefallen, durch den von ihm gegründeten »Deutschen Zollverein«, aus dem Österreich ausgeschlossen blieb. Vergebens hatte Karl Ludwig von Bruck Schwarzenbergs Idee eines »Siebzigmillionenreiches« mit einer mitteleuropäischen Zollunion zu untermauern versucht. Österreich auf der einen und alle übrigen deutschen Staaten auf der anderen Seite waren bereits zwei verschiedene Wirtschaftsräume geworden, und kein noch so großzügiges politisches Angebot aus Wien hätte die nach Berlin orientierten Wirtschaftsminister, Industriellen und Handeltreibenden veranlassen können, ihre gewinnbringende geschlossene Gesellschaft in Frage zu stellen.

Schließlich war ein österreichischer Bundesreformplan zustandegekommen. Der Bundeszweck, bisher auf die Erhaltung der Sicherheit und der Unabhängigkeit der Mitgliedsstaaten beschränkt, sollte in Richtung eines nationalen Staatswesens erweitert werden: »Förderung der Wohlfahrt der deutschen Nation und Vertretung ihrer gemeinsamen Anliegen«, und »Gemeinsamkeit der Gesetzgebung im Bereiche der dem Bunde verfassungsgemäß zugewiesenen Angelegenheiten, Erleichterung der Einführung allgemeiner deutscher Gesetze und Einrichtungen im Bereiche der gesetzgebenden Gewalt der Einzelstaaten«.

Als ausführende Bundesgewalt, mit Sitz in Frankfurt, war ein fünfköpfiges Direktorium vorgesehen, mit Österreich, Preußen und Bayern als ständigen Mitgliedern; auf den beiden anderen Plätzen sollten sich die übrigen Bundesstaaten abwechseln. Den geschäftsführenden Vorsitz sollte Österreich innehaben, den Bundesrat zur Seite, die ständige, durch Bevollmächtigte ausgeübte Vertretung der Bundesstaaten. Daneben war noch eine indirekt von den Parlamenten der Einzelstaaten gewählte Versammlung der Bundesabgeordneten geplant, die nur alle drei Jahre tagen dürfte. Und ihre Gesetze sollten der Bestätigung durch die ebenfalls in diesem Turnus zusammentretende Vollversammlung der souveränen Fürsten und Bürgermeister der freien Städte bedürfen.

»Es ist ein wichtiges Unternehmen, das ich beginne, es kann aber, mit Gottes Segen, gute Früchte tragen. Es ist der letzte Versuch, Deutschland zu einigen, um es der Aufgabe gewachsen zu machen, die es zum Gleichgewicht und Frieden Europas erfüllen solle – es ist das letzte Mittel, um die vielen Souveräne Deutschlands vor dem Untergang durch die wachsende Revolution zu retten.« Das war Franz Josephs Antwort auf die deutsche Frage, der österreichischen Reformweisheit letzter Schluß. Kleindeutsche Liberale sahen darin eine umgekehrte Echternacher Springprozession – einen Schritt vorwärts und zwei Schritte zurück. Der preußische Ministerpräsident Bismarck witterte Konkurrenz und entschloß sich zur Abstinenz.

Der Kaiser von Österreich lud alle Souveräne des Deutschen Bundes zu einem Fürstentag in Frankfurt ein. Unter seinem Vorsitz sollte die Bundesreform nach österreichischen Vorstellungen in Angriff genommen, durch einen neuen Reichstag, vom Habsburger, dem Erben der alten Kaiser.

Auf eine Erneuerung des 1806 untergegangenen Heiligen Römischen Reiches Deutscher Nation hofften romantisch bewegte Patrioten, wie der Heidelberger Anton Christ, ein Achtundvierziger: »Jetzt wird das Tagesgebet jedes Vaterlandsfreundes: Gott beschütze Franz den Kaiser!« Eher an ein modernes Nationalreich dachte der Norddeutsche Friedrich Hebbel, an eine Einigung Deutschlands mit einem Kaiser und ohne die Fürsten: »Was soll es mit all den kleinen Königen, Großherzögen, Herzögen, Kurfürsten, die müssen vor der künftigen Majestät ihre Krönlein ablegen und die Vasallen eines mächtigen deutschen Kaisers werden.« Daß Franz Joseph dafür der einzig Mögliche und auch der Richtige sei, befand Hermann Orges, Redakteur der Augsburger *Allgemeinen Zeitung* nach einer Unterredung: »Alles, was der Kaiser an positiven Dingen sagte, war sehr deutsch und liberal.«

In Frankfurt am Main, dem Wahlort und der Krönungsstadt deutscher Könige und Kaiser, seit 1848 der Brennpunkt nationaler Hoffnungen, im Palais des Bundestages, über dem die schwarz-rot-goldene Fahne wehte – in der prädestinierten Hauptstadt Deutschlands erwarteten den präsumptiven deutschen Kaiser die deutschen Fürsten, die als seine Paladine vorgesehen waren: die Könige von Bayern, Sachsen, Hannover und Württemberg, der Kurfürst von Hessen, die Großherzöge von Baden, Hessen-Darmstadt, Sachsen-Weimar, Oldenburg, Mecklenburg-Schwerin und Mecklenburg-Strelitz, die Herzöge von Nassau, Braunschweig, Anhalt-Dessau, Sachsen-Meinigen, Sachsen-Coburg, Sachsen-Altenburg, die Fürsten von Schwarzburg-Rudolstadt, Schwarzburg-Sondershausen, Liechtenstein, Waldeck, Reuß jüngere Linie und Schaumburg-Lippe, die regierenden Bürgermeister von Frankfurt, Hamburg, Bremen und Lübeck. Auch Prinz Heinrich der Niederlande war zugegen, als Vertreter des Königs, dessen Gebiete Luxemburg und Limburg zum Deutschen Bund gehörten.

Nur ein wichtiger Souverän fehlte: König Wilhelm I. von Preußen. »Leider will sich Preußen durch Eifersucht und Verblendung an dem Werk nicht beteiligen, wodurch die Sache sehr erschwert wird; dafür kommen die Zustimmungen von allen Seiten, ja selbst von Regierungen, die bis jetzt ganz Preußens Sklaven waren.« Franz Joseph war verärgert über das Fernbleiben des Königs von Preußen, dem er in Bad Gastein, wo Wilhelm zur Kur weilte, persönlich die Einladung überbracht hatte. Zugleich war er erleichtert darüber, daß er, ohne das auf Gleichrangigkeit pochende Preußen, unangefochten der Erste in Frankfurt sein konnte. Das hob sein Selbstbewußtsein, verhalf ihm zum erwünschten Eindruck auf die Versammlung. Er erschien nicht nur als geborener Souverän, sondern auch als souveräner Präsident, entschlossen und energisch, aber auch einsichtig und taktvoll, respektheischend und Sympathie genießend.

Der Bund der Väter solle im Geiste der Jetztzeit erneuert und durch Teilnahme der Völker mit frischer Lebenskraft erfüllt und befähigt werden, Deutschland mit Ehre und Macht, in Sicherheit und Wohlfahrt als ein unzertrennliches Ganzes zusammenzuhalten bis in die spätesten Tage! Die Begrüßungsrede des Kaisers traf den Ton, den die deutsche Öffentlichkeit hören wollte, und war so unbestimmt, wie es die deutschen Fürsten wünschten. Auch der runde Tisch gefiel ihnen, an dem am 17. August 1863 die erste Sitzung stattfand – an ihm gab es keinen Vorsitz, waren alle gleichrangig, und er war grün, was Hoffnung erwecken mochte, aber auch auf theoretischen Charakter hindeutete.

Dann schritt man zum Festmahl im Ahnensaal des Thurn und Taxischen Palais. Die Stadt Frankfurt, die Gastgeberin, wollte die Herrschaften nicht nur fürstlich bewirten, sondern auch zeigen, daß sie Repräsentationspflichten einer Bundeshauptstadt zu erfüllen vermochte. Mit Gerichten der französischen Haute cuisine freilich, 37 an der Zahl, darunter »Le Potage Chevalière«, »Le Quartier de Boeuf Historique«, »Les Suprêmes des Perdreaux au Congrès des Princes«, »Les Cotelettes de Poulets à l'Impériale« und »Les Cascades diplomates«. Außer einem 1858er »Château Lafite« und »Champagne des Souverains« wurden erlesene deutsche Weine gereicht, Hochheimer und Aßmannshäuser, sowie ein 1858er Rauenthaler, die Flasche zu neun Taler, ein rechter Fürstenwein, wie er fortan auch hieß.

Als Digestif war ein Feuerwerk vorgesehen, mit Märchenszenen aus Tausendundeinernacht und, als Höhepunkt, der Monumentalgestalt der Germania, der deutschen Traumfigur in Brillantfeuer. Doch es wollte nicht klappen, Germania fiel in sich zusammen – ein schlechtes Vorzeichen. Es verfolgte Franz Joseph an seinem 33. Geburtstag am 18. August, und am Tag darauf, als die Fürsten auf das kaiserliche Eingangswort zurückkamen – »Wahren wir bundestreu in allem den Platz, der dem mächtigen Preußen gebührt« –, und beschlossen, den in Baden-Baden kurenden Wilhelm I. durch den König von Sachsen an den gemeinsamen Tisch bitten zu lassen. Die *Frankfurter Zeitung* glossierte: Ein Fürst sei gesehen worden, der einer Marguerite Blütenblatt auf Blütenblatt ausgezupft hätte, dabei murmelnd, »er kommt nicht, er kommt« – bis er zu dem Schluß gelangt sei: »er kommt nicht.«

Er kam nicht. Bismarck hielt den König an den Rockschößen zurück, notierte seinen Erfolg: »Der König von Sachsen, der klügste aller Diplomaten, erwartete unseren Herrn schon, um ihm in aller Liebe die österreichische Schlinge um den Hals zu werfen; dabei halfen ihm dreißig deutsche Fürsten schriftlich und einige uns nahestehende Damen mündlich; der 20. August war ein schwerer Tag, am Abend hatte unser armer König einen Nervenanfall, ich war todmüde, konnte aber dem König von Sachsen einen Brief bringen, der dreißig lange Nasen für Frankfurt enthielt.«

Bismarck ergriff eine Karaffe und schmiß sie zu Boden. Irgendetwas habe er zertrümmern müssen, bekannte er, um seine Spannung loszuwerden. Er zertrümmerte die Hoffnungen auf eine Bundesreform durch und mit Österreich, griff zu einer neuen Karaffe, einem von Preußen gegründeten und geführten Deutschland ohne Österreich.

Ohne Preußen ging es in Frankfurt nicht. Die »durchlauchtigsten Herren Vettern«, laut Crenneville eine »sonderbare Kollektion von Fürsten, mitunter kuriose Exemplare mit verschiedenen Gesinnungen«, verfochten ihre Sonderinteressen und verwiesen auf die Unmöglichkeit, ohne Preußen zu Rande zu kommen, wenn sie sich festgefahren hatten. Für alle Fälle verwässerten sie den österreichischen Bundesreformplan; so sollte das Bundesdirektorium sechs statt fünf Mitglieder zählen. »Die Sitzungen waren lang und anstrengend, und außerdem hatten wir eine Menge Besprechungen und mußten in einemfort mit Mißtrauen, Ängstlichkeit und grenzenloser

Dummheit kämpfen, sodaß die Nerven in beständiger Aufregung und Spannung blieben« – so machte sich Franz Joseph Luft, indem er brieflich der Mutter sein Herz ausschüttete.

Zerstreuungen gab es, doch angemessene kaum. Auch dieser Kongreß tanzte, wenn er auch weniger vorwärtskam als der Wiener Kongreß, und ein Ball in der Villa des Bankiers von Bethmann nicht mit einem Ball in der Hofburg des Kaisers zu vergleichen war, wie es dem griesgrämigen Crenneville nicht entging: »Anwesend Souveräne mit Gemahlinnen, Diplomaten, Aristokraten, Soldaten, Bankiers, Juden, Christen, schöne Toiletten, die Gemahlin des österreichischen Botschafters in Paris, Fürstin Pauline Metternich, in einer reizenden Toilette, die vorne aus einem kleinen Bukett, rückwärts aus keinerlei Stoff besteht; zum Glück ist sie sehr mager.« Einmal besuchte Franz Joseph in Zivil und strengstem Inkognito die Spielbank in Homburg, und einen richtigen Zirkus, »nach dem Zirkus der Fürsten«.

»Unser erster deutscher Fürstentag trennt sich nunmehr, und dies mit dem Wunsche, daß ein zweiter sobald als möglich ihm folgend alle Glieder des großen Ganzen vereinigen und unsere Bemühungen krönen möge«, erhoffte sich der Kaiser in der Schlußsitzung am 1. September 1863. Es blieb ein österreichischer Wunsch. Zwar stimmten 24 der 30 Versammelten der auf den österreichischen Vorschlägen basierenden »Frankfurter Reformakte« zu, doch mit der Hintertüre: Sie fühlten sich an dieses Dokument nur so lange gebunden, »bis die hier nicht vertretenen Bundesglieder den ihnen mitgeteilten Entwurf entweder definitiv abgelehnt oder uns ihre Gegenvorschläge eröffnet haben.«

So war die Entscheidung über die Bundesreform in die Hände Preußens, genauer gesagt, Bismarcks gelegt. Er stellte Gegenforderungen, die Franz Joseph nicht annehmen mochte: Vetorecht für Berlin, Parität Preußens mit Österreich, direkte Wahlen zu einem Nationalparlament. Schließlich stellte im Oktober 1863 eine Ministerkonferenz in Nürnberg der »Frankfurter Reformakte« den Totenschein aus.

Der erste Anlauf zu einem neuen Deutschen Bund, einer mitteleuropäischen Föderation, war gescheitert, der Schwung für immer dahin. Weil man in Wien zwar theoretisch immer einen Mittelweg suchte, aber praktisch stets von einem Extrem ins andere fiel, vergaß man nun den deutschen Reichsberuf und die deutschen Bundesgenossen, die immer noch pro-österreichisch gesinnten, zumindest am Deutschen Bunde hängenden Mittel- und Kleinstaaten, und die großdeutsche Bewegung. Der Kaiser wählte den Ausweg, auf den ihn Bismarck lockte und Außenminister Rechberg drängte: eine direkte Verständigung zwischen den beiden deutschen Großmächten – auf dem Rücken des Deutschen Bundes und auf Kosten der deutschen Patrioten. Die Enttäuschung über den Fürstentag brachte ihn dazu, und die Erwartung, man könnte der aufziehenden Krise um Schleswig-Holstein in österreichisch-preußischer Zweisamkeit begegnen.

ALS DIE SACHE MIT SCHLESWIG-HOLSTEIN BEGANN, mußte mancher in Wien erst auf der Landkarte nachsehen, wo es lag, und nachschlagen, was es mit ihm auf sich hatte. Um die komplizierte Angelegenheit zu begreifen, mußte man weit in die Geschichte zurückgehen.

1460 hatten sich die Herzogtümer Schleswig und Holstein in Personalunion mit dem dänischen Königtum verbunden und dabei die Zusicherung erhalten, daß sie selbständig und »up ewig ungedeelt« bleiben sollten. Das ging einigermaßen gut, bis der moderne Etatismus und der Nationalismus kamen, der dänische Staat eine einheitliche Verfassung, dänische Nationalisten eine Dänisierung Schleswigs und deutsche Nationalisten die Einbeziehung des unteilbaren Schleswig-Holsteins in den Deutschen Bund verlangten, zu dem seit 1815 nur Holstein gehörte.

1848 hatte die deutsche Nationalbewegung nach Schleswig-Holstein gegriffen, und Preußen, das es für sich allein haben wollte. Drei Kriege waren geführt worden, der erste und der zweite durch preußische und deutsche Bundestruppen, der dritte von Schleswig-Holsteinern allein. 1852 hatte das von England, Frankreich, Österreich, Preußen und Rußland sowie Schweden (nicht aber vom Deutschen Bund) garantierte Londoner Protokoll den Status quo bestätigt. 1863 ging es wieder los. Mit Friedrich VII. war das dänische Königshaus ausgestorben. Der durch das Londoner Protokoll bestimmte Nachfolger, der Herzog von Sonderburg-Glücksburg, verfügte als Christian IX. die Einverleibung Schleswigs in den dänischen Gesamtstaat. Der bereits für den Verzicht seines Hauses mit Geld abgefundene Erbprinz Friedrich von Augustenburg sah darin einen Vertragsbruch und proklamierte sich zum Herzog von Schleswig-Holstein.

Früher hätte dies einen Erbfolgestreit ergeben, nun forderte die deutsche Nationalbewegung einen Volkskrieg gegen Dänemark, den gewaltsamen Anschluß der vereinigten Herzogtümer an den Deutschen Bund. Das Lied »Schleswig-Holstein, meerumschlungen, Schleswig-Holstein, stammverwandt«, war in aller Munde, wurde auch an der Donau gesungen. Der Wiener Gemeinderat ersuchte den Kaiser um Mithilfe bei der Heimholung des weit entfernten, doch deutschen Landes, und bekam zu hören: »Ich werde selbstverständlich gewissenhaft meine Pflicht als deutscher Fürst erfüllen und, so gut ich kann, die verfassungmäßigen Privilegien der Herzogtümer zu erhalten suchen. Doch kann ich Ihnen die Bemerkung nicht ersparen, daß in der Gebarung Wiens große Unordnung herrscht und der Gemeinderat sich daher, bevor er sich mit fernliegenden, nicht in seinen Wirkungskreis gehörigen politischen Fragen befaßt, mehr um die eigenen Angelegenheiten kümmern sollte.«

Die erste Reaktion entsprach den österreichischen Grundsätzen wie Interessen. Der Souverän eines Vielvölkerreiches mußte schon das Verlangen nach einem Volkskrieg zurückweisen, der Monarch des auf der Friedensordnung des Wiener Kongresses beruhenden Kaiserreiches auf die Paragraphen des von den europäischen Mächten, der alten Pentarchie, garantierten Londoner Protokolls pochen. Höchstens konnte er auf das für derartige Fälle vorgesehene Instrumentarium des Deutschen Bundes zurückgreifen, eine Bundesexekution zur Sicherung des Bundesgebietes empfehlen.

Mit Billigung der Präsidialmacht Österreich kam sie zustande. Sachsen und Hannover besetzten nur das zum Bund gehörende Holstein. An das Dänemark zugesprochene Schleswig wollte das auf die Verbindlichkeit internationaler Verträge angewiesene und entsprechende Rechtstitel achtende Österreich nicht tasten – zunächst nicht, aus richtigem Instinkt und vernünftiger Überlegung.

Die deutsche Nationalbewegung verlangte mehr: nicht Bestätigung des Londoner Protokolls, sondern die Einverleibung Schleswig-Holsteins in den Deutschen Bund und in ein anvisiertes Reich. Bismarck wollte etwas anderes, zwar auch die vereinigten Herzogtümer, aber einzig und allein für Preußen. Dazwischen stand Österreich: Der Kaiser, der zu heftig mit dem Nationalismus geflirtet hatte, als daß er ihm nun die kalte Schulter hätte zeigen können. Und seine Diplomatie, die stets mehr auf ein Einvernehmen mit Preußen, der zweiten deutschen Großmacht, als auf den Deutschen Bund gesetzt hatte, der im bisherigen Zustand zu schwach war und, nationalistisch aufgeladen, zu gefährlich werden konnte.

Hier setzte Bismarck den Hebel an. Er wollte die Großmacht Österreich auf die Seite der Großmacht Preußen bringen, weil er sich dreierlei davon versprach: Erstens, Wiens Anerkennung der Gleichrangigkeit Berlins. Zweitens, die Distanzierung Österreichs vom Deutschen Bund, um dieses Preußen im Wege stehende Gebilde zu unterminieren und Österreich bei seinen natürlichen Bundesgenossen, den Mittel- und Kleinstaaten, zu diskreditieren. Drittens, um Habsburg die Sympathien deutscher Patrioten zu nehmen, die es durch seine Reformpolitik gewonnen hatte, während er die Antipathien gegen Hohenzollern durch die Befürwortung eines direkt gewählten Nationalparlaments zu dämpfen suchte.

Das waren die Nahziele, und dies das Fernziel Bismarcks: Das von seinen Partnern isolierte Österreich sollte von seinem Rivalen, mit dem es sich eingelassen hatte, zum entscheidenden Zweikampf gestellt werden. Einen Kriegsgrund versprach er sich vom unausweichlichen Streit um die gemeinsam gewonnene Beute, die er allein für sich behalten wollte.

So schlug Bismarck ein zweiseitiges Vorgehen der beiden Großmächte gegen Dänemark zur Besetzung Schleswig-Hosteins vor – unter Ausschluß des Deutschen Bundes und der deutschen Öffentlichkeit. Franz Joseph ging ihm auf den Leim. In einer preußisch-österreichischen Punktation suchte sich Wien zwar gegen einseitige Annektionsgelüste Preußens durch Paragraphen abzusichern, was es aber im gleichen Zug durch seine Mißachtung von Rechtsgrundsätzen selber entwertete. Wie Berlin verpflichtete es sich, Mehrheitsbeschlüsse des Deutschen Bundes gegen das zweiseitige Vorgehen als null und nichtig zu betrachten. Das war ein Punktsieg gegen den Deutschen Bund wie gegen die ureigensten Prinzipien und Interessen Österreichs. Bismarck sollte sich darauf berufen, als er zum entscheidenden Schlag gegen beide ausholte.

Österreich und Preußen forderten Dänemark am 16. Januar 1864 auf, binnen 48 Stunden die dem Londoner Protokoll zuwiderlaufende Gesamtstaatsverfassung zurückzunehmen, auf eine Eingliederung Schleswigs zu verzichten – widrigenfalls sie zur Besetzung schreiten würden. Wieder war ein Ultimatum die Ultima ratio der österreichischen Politik; die schlimmen Erfahrungen, die man damit 1859 gemacht hatte, schienen vergessen zu sein. Franz Joseph hoffte, die militärische Scharte von damals auswetzen zu können, gegen einen schwachen Gegner und an der Seite eines starken Partners. Dem Kommandanten des ins Feld rückenden Armeekorps, Feldmarschalleutnant Ludwig Freiherr von Gablenz, gab er den Befehl mit auf den weiten Weg: »Pflegen Sie gute Waffenbrüderschaft mit der Armee meines hohen Alliierten, des Königs von Preußen, halten Sie strenge Manneszucht bei den Ihnen unterstellten Truppen, und rufen Sie den alten Geist Radetzkys an, um meine durch das Unglück vom Jahre 1859 gedrückte Armee wieder aufzurichten.«

In den hohen Norden und einen kalten Winter, des »stammverwandten« Schleswig-Holsteins wegen, zogen 29000 Österreicher, 4 Infanterie- und eine Kavalleriebrigade, meist Polen, Magyaren und Tschechen. Die österreichischen Kriegsschiffe unter Kommodore Wilhelm von Tegetthoff waren hauptsächlich von Italienern und Kroaten bemannt. Den Oberbefehl über die Österreicher wie über die 46000 Preußen führte der preußische Generalfeldmarschall Friedrich Graf von Wrangel, der 1848 die deutschen Bundestruppen in Schleswig-Holstein kommandiert und dann in Berlin die Demokraten schikaniert hatte.

Mit dem preußischen Staatslied: »Ich bin ein Preuße, kennt ihr meine Farben«, und nicht mit dem deutschen Nationallied »Schleswig-Holstein, meerumschlungen« waren seine Soldaten, ohne die Bundesstaaten, durch die sie marschierten, lange zu fragen, in Holstein eingerückt. Hier wären sie beinahe mit den Bundestruppen zusammengestoßen, welche die Festung Rendsburg besetzt hielten. Die Hannoveraner und Sachsen zogen sich zurück, verschreckt durch die Drohung Bismarcks, preußische Soldaten würden sich nicht genieren, auch auf deutsche Soldaten zu schießen. »Man muß sich nur in die Gefühle der Bundestruppen hineindenken«, kommentierte der österreichische Feldzugsteilnehmer Hauptmann Wilhelm Gründorf von Zebegeny, »die da schon mehrere Wochen in Holstein stehen und von Tag zu Tag den Befehl zum Vorgehen über die Eider erwarten, als sie plötzlich gewahr werden, daß man sie nur als Popanz hingestellt hat.«

Franz Joseph hatte kein Organ für die Gefühle der Bundestruppen. Er war ganz Ohr für Siegesmeldungen seiner Österreicher, die in Schleswig eindrangen und die Dänen zurückwarfen. Am 3. Februar 1864 stürmte die (seitdem »die eiserne« genannte) Brigade des Grafen Gondrecourt den Königshügel bei Schleswig und zwang die Dänen, die Befestigung zwischen Eider und Schlei, das Danewerk, zu räumen. Franz Joseph gratulierte sich zu diesem ersten österreichischen Sieg seit Radetzky, und nahm sich vor, den eisenharten Gondrecourt zum Erzieher des Kronprinzen Rudolf zu machen. Am 6. Februar hatte Gablenz die dänische Nachhut ereilt und sie bei Översee, südlich von Flensburg, gestellt und die Brigade Nostitz zum Sturmangriff über ein deckungsloses Feld von einem halben Kilometer gejagt; es gab in einer Stunde 78 Tote und über 300 Verwundete, und für Gablenz das Kommandeurkreuz des Maria-Theresien-Ordens.

Die Brigade Nostitz wurde wegen der Aufschlagfarben ihrer Infanteristen die »schwarz-gelbe« genannt – war das nicht ein erhebendes Zeichen für alle Schwarz-Gelben, alle kaisertreuen Österreicher? Es kam noch zu einem dritten siegreichen Gefecht, bei Veile in Jütland, am 8. März. Und das alles, bevor die Preußen auch nur einen nennenswerten Erfolg erzielt hatten! Erst am 18. April erstürmten sie die Düppeler Schanzen und vereinnahmten alle militärischen Lorbeeren dieses Krieges.

Mit »lebhafter Freude« erfüllt, dankte der Kaiser dem Feldmarschalleutnant Gablenz, daß endlich wieder einmal ein fähiger Kommandeur tapfere Soldaten zum Siege geführt und »die ruhmvollen Fahnen Österreichs mit neuem Glanze umgeben, die in der Geschichte begründete Achtung der Welt für Meine brave Armee abermals gesteigert« hat. Er setzte den Schlachtenmaler Fritz l'Allemand in Marsch, der dieses einmalige Ereignis in Öl festhalten sollte. Die steirischen Neunerjäger sangen das Lied: »Bis auf die Knie im Schnee / dös war bei Översee«. Es hagelte goldene Tapferkeitsmedaillen, in der Größe eines preußischen Talers, mit einem Geldwert von 50 Gulden und doppelter Löhnung während der aktiven Dienstzeit, silberne Tapferkeitsmedaillen Erster Klasse, ebenfalls talergroß, aber nur mit halber Löhnung als Zulage, und silberne Tapferkeitsmedaillen Zweiter Klasse, die nur so groß wie ein österreichischer Gulden waren und nichts weiter eintrugen.

Auf seine Soldaten konnte er wieder stolz sein, »die einzige wahre Stütze ihres Souveräns«, wie sich Sophie freute, die endlich eine Glückssträhne bei ihrem Sohn entdeckt zu haben glaubte. Gleichzeitig ärgerte sie sich, daß Reichsratsabgeordnete die Wiederbelebung der Armee der neuen Verfassung zuschrieben: »Als ob die Haltung der Soldaten irgendetwas damit zu tun hätte!« Der Stabschef des Feldmarschalleutnants Gablenz war über einen Untergebenen ungehalten, der in einem Armeebefehl formuliert hatte: »Soldaten, das Vaterland blickt stolz auf euch, ihr tapferen Söhne.« Der Österreicher habe kein Vaterland, wurde ihm bedeutet, der Soldat habe nur einen allerhöchsten Kriegsherrn. An diesem Grundpfeiler Österreichs wollte man nicht rütteln lassen, zumal in einem Augenblick, da sich diese kaiserliche Armee bewährt zu haben schien.

Der Augenzeuge Wilhelm Gründorf von Zebegeny setzte Fragezeichen. Könnten die Österreicher, die schon in Schleswig und Jütland so sehr unter der Kälte litten, einen Winterfeldzug in Rußland durchstehen? Oder auch nur einen Sommerfeldzug gegen die Preußen, die das Zündnadelgewehr hatten, diesen schnell feuernden Hinterlader, einen Generalstab mit hoher Intelligenz und sittlichem Ernst, und den preußischen Unteroffizier, der dem österreichischen haushoch überlegen sei?

Bismarck, von den militärischen Vorzügen Preußens von Hause aus überzeugt, begann den Krieg gegen Österreich einzufädeln. Noch genoß man in Wien den gemeinsamen Sieg über Dänemark, der so leicht gefallen war, und sah einem Frieden entgegen, der schon nicht zu schwierig werden würde. »Die Allianz mit Preußen war die einzig richtige Politik«, bemerkte Franz Joseph am 2. August 1864, einen Tag nach dem Vorfriedensvertrag, »aber sauer machen sie es einem mit ihrer Grundsatzlosigkeit und ihren burschikosen Streichen.« Immerhin schienen sie das Protokoll zu achten. König Wilhelm und sein Außenminister Bismarck begaben sich zu den Friedensverhandlungen in die Kaiserstadt. Allerdings mit der, wenn auch noch verschleierten Absicht, das gemeinsam errungene Schleswig-Holstein sich allein anzueignen.

König Wilhelm mochte man so etwas kaum zutrauen, diesem soignierten Greis mit dem Flügelbart, der aussah wie der Weihnachtsmann, mit dem sie in Norddeutschland die Kinder bescherten. Der siebenundsechzigjährige Bruder des verstorbenen Onkels Friedrich Wilhelms IV. erschien Franz Joseph als ein Monarch des alten Stils, Ehrenmann vom Scheitel bis zur Sohle, ganz Edelpreuße von der Spitze seiner Pickelhaube bis zu den Nägeln seiner Stiefel. Er wußte auch, daß Wilhelm nicht ungern zum Frankfurter Fürstentag gekommen wäre, wenn ihn Bismarck nicht daran gehindert hätte – dieser Krautjunker im Diplomatenfrack, dem die Machtgier und die Unternehmungslust aus den Augen blitzten, wenn er sich herbeiließ, die gewöhnlich halb gesenkten Augenlider etwas zu heben. Es gab Österreicher, die auf ihn starrten wie das Kaninchen auf die Schlange, oder solche, die ihn als die Verkörperung alles Unösterreichischen bewunderten, wie des Kaisers Generaladjutant Crenneville, der an Bismarck schätzte, daß er wisse, was er wolle, führe und sich nicht schieben lasse. Franz Joseph wurde es unbehaglich, wenn er Bismarck sah oder von ihm hörte: »So lange Bismarck bleibt, wird keine vollständige Ruhe.«

So kam nur ein Friede zustande, der die Tür zu einem Konflikt der Sieger offenhielt. Am 30. Oktober 1864 schlossen Österreich, Preußen und Dänemark den Frieden zu Wien. Der dänische König entsagte allen seinen Rechten auf Schleswig-Holstein zugunsten des Kaisers von Österreich und des Königs von Preußen. Und verpflichtete sich, alle Verfügungen anzuerkennen, die beide Monarchen über die Herzogtümer treffen würden. Welche, das wußten Franz Joseph und Wilhelm noch nicht so recht, nur Bismarck, der einen Weg eingeschlagen hatte, an dessen Ende ein preußisches Schleswig-Holstein stehen sollte.

Zunächst akzeptierte Bismarck ein österreichisch-preußisches Kondominium über das »up ewig ungedeelte« Schleswig-Holstein, wohl wissend, daß die gemeinschaftliche Regierung in der Stadt Schleswig nicht lange funktionieren könnte. Was würde Österreich dann tun? Preußen die Alleinherrschaft überlassen, gegen eine Kompensation, etwa eine militärische Garantie für Venetien oder gar eine Abtretung preußischer Gebiete, einen Teil Schlesiens oder ganz Hohenzollerns – wie es Außenminister Rechberg anstrebte, aber nicht durchsetzen konnte und zurücktrat? Oder der öffentlichen Meinung sowie der Bundestagsmehrheit folgen und Schleswig-Holstein unter dem Augustenburger als neuen Mitgliedstaa des Deutschen Bundes installieren – was Bismarck mit allen Mitteln zu verhindern suchen würde? Man war wieder in der Zwickmühle, und weder der Kaiser vermochte ihr zu entrinnen, noch sein neuer Außenminister, Feldmarschalleutnant Graf Alexander Mensdorff-Pouilly, der 1848 Franz Josephs Adjutant in Italien gewesen war und von ihm immer noch als solcher angesehen wurde.

Ob der Rücktritt Rechbergs, der die Allianz zwischen Wien und Berlin geknüpft hatte, »die Beziehungen zwischen den beiden Ländern verschlechtern könnte?«, ließ Bismarck seinen König beim Kaiser anfragen. »Unsere gemeinsame Aktion«, antwortete Franz Joseph, »ist mein persönliches Werk und meine ernstliche Sorge wird unverändert dahin gerichtet sein, unser Bündnis ungeschwächt zu erhalten und noch mehr zu befestigen. Du weißt, wie unerschütterlich ich überzeugt bin, daß unsere Allianz die sicherste Schutzwehr der bestehenden Rechtsordnung gegen die großen politischen und sozialen Gefahren unserer Zeit bildet.«

Insgeheim mochte er sich fragen, ob die gemeinsame Aktion mit Preußen und gegen den Deutschen Bund nicht doch ein Fehler gewesen sei. Nach außen mußte er an der Fiktion festhalten, daß alles, was Wien machte, richtig war, weil eben alles er selber entschied. Zur Selbstabsolution gab es die Prinzipien der Heiligen Allianz. Zur Selbsttäuschung war er willens: »Das Verhältnis zu Preußen«, erklärte er der besorgten Mutter, »der Grundpfeiler unserer Politik ist trotz Zeitungsgeschrei nicht schlechter geworden und wird sich trotz der in Berlin zu überwindenden Schwierigkeiten hoffentlich noch befestigen.«

Am Zweibund mit Preußen wolle er festhalten, aber auch dem Deutschen Bund wieder entgegenkommen, zwei Dinge also auf einmal tun, die sich nicht auf einen Nenner bringen ließen. Die Anerkennung des Augustenburgers brachte ihm zwar Pluspunkte beim Frankfurter Bundestag und in der öffentlichen Meinung, die freilich die früheren Minuspunkte nicht wettmachen konnten. Eine Wendung gegen Bismarcks Annektionsabsichten mußte zum Zusammenstoß mit der Großmacht Preußen führen, ohne daß er in den Mittelstaaten starke Bundesgenossen gewonnen hätte. Die deutsche Nationalbewegung lief ohnehin gegen Österreich. Die Sympathien, die es für sein Einschwenken auf die Augustenburger Linie und damit für das Selbstbestimmungsrecht der Schleswig-Holsteiner erwarb, wußte Bismarck rasch zu dämpfen. Er lockte wieder mit einem direkt gewählten Nationalparlament und handelspolitischen Vorteilen im kleindeutschen Zollverein.

Das minderte für Preußen, nicht für Österreich den nationalen Mißkredit, den die Konvention von Gastein (14. August 1865) beiden Großmächten einbrachte. Sie hielten zwar theoretisch an der gemeinsamen Souveränität über beide Herzogtümer fest, teilten aber faktisch Schleswig-Holstein, für dessen Unteilbarkeit der Krieg gefordert und geführt worden war: Preußen übernahm die Verwaltung in Schleswig, Österreich in Holstein. Es war nicht das erste Mal und nicht das letzte Mal, daß Mächte in der Teilung eines Gebietes, das die eine der anderen nicht ganz gönnen wollte, der staatsmännischen Weisheit letzten Schluß sahen. Und daß die aggressive Macht dabei den Hintergedanken hegte, auf dem Umweg über die Teilung eines Tages doch das Ganze zu bekommen.

Franz Joseph, der mit seinem Teil zufrieden war, atmete auf und umarmte den zur Ratifizierung der Konvention nach Salzburg gekommenen Wilhelm. Bismarck, der nicht nur einen Teil, sondern das Ganze wollte, schickte sich an, aufs Ganze zu gehen – den Krieg mit dem Rivalen zu wagen. Die preußische Armee war gestärkt, in Italien stand ein Bundesgenosse für einen Zweifrontenkrieg gegen Österreich bereit, von Rußland, das dem Kaiser immer noch grollte, war wohlwollende Neutralität zu erwarten, und Frankreich wußte noch nicht, was es tun sollte, den Verfall des Vielvölkerreiches beschleunigen oder eine Vergrößerung Preußens verhindern. Einen Kriegsgrund würde die nicht gelöste schleswig-holsteinische Frage zu gegebener Zeit schon bieten.

Franz Joseph hatte Bismarcks Spiel noch nicht durchschaut. Er glaubte, er habe im Bündnis mit Preußen und im Krieg gegen Dänemark Österreichs Ansehen und Macht wieder gestärkt. Er konnte nicht glauben, daß er »pour le roi de Prusse« gearbeitet hatte, was ihm selber nichts und diesem alles eintragen sollte.

OPTIMISTISCH trat der Kaiser in das Jahr 1866 ein. Er sah keine Wolken am europäischen Horizont, nur einige Wölkchen in Österreich, die ihn kaum beunruhigten. Sein Adjutant Crenneville war gedämpfter Hoffnung: »Der liebe Gott könnte schon nach achtzehn schweren Prüfungsjahren dem armen Kaiser glücklichere Zeiten zuteil werden lassen.«

An das Kreuz mit seiner Frau schien er sich gewöhnt zu haben. Elisabeth war zwar aus ihrem venezianischen Schmollwinkel herausgekommen, in Wien erschienen, und eine Zeitlang hatte Österreich geglaubt, wieder eine Kaiserin und er, eine verständige Frau zu haben. Er verwöhnte sie nach seinen Vorstellungen, schenkte ihr die schönsten Pferde, sorgte dafür, daß ihr die gebührenden Ehren erwiesen wurden, von den Hofchargen wie von den Wachtposten.

Aber es ging nicht lange gut. Elisabeth entzog sich wieder ihren öffentlichen Pflichten, saß im Schloß und kämmte stundenlang ihr meterlanges Haar, turnte an Ringen und Hanteln, um noch schlanker zu werden, als sie es schon war. Und begann sich wieder krank zu fühlen, begab sich zur Kur nach Kissingen, ließ den Mann und die Kinder wieder allein. Auch wenn er sie als Kaiserin brauchte, fand sie Ausflüchte. So im Frühjahr 1864 in Kissingen, als sie nicht zu einem Diner mit dem Zarenpaar erschien, weil sie das Wellenbad zu sehr angegriffen habe. Oder im Sommer 1864, als sie in Schönbrunn dem Essen für den König von Preußen fernblieb, weil sie sich angeblich nicht wohlfühlte.

Im August 1865 waren Elisabeth und Franz Joseph in Ischl zusammen, doch die Schwiegermutter war auch wieder dabei. Die Gattin stellte ein Ultimatum: »Ich wünsche, daß mir vorbehalten bleibe unumschränkte Vollmacht in allem, was die Kinder betrifft, die Wahl ihrer Umgebung, den Ort ihres Aufenthaltes, die komplette Leitung ihrer Erziehung, mit einem Wort, alles bleibt mir ganz allein zu bestimmen, bis zum Moment ihrer Volljährigkeit. Ferner wünsche ich, daß, was immer meine persönlichen Angelegenheiten betrifft, wie unter anderem die Wahl meiner Umgebungen, den Ort meines Aufenthaltes, aller Änderungen im Haus etc. etc., mir allein zu bestimmen vorbehalten bleibt.«

Franz Joseph gab im ersten Schrecken nach. Der »eiserne« General Gondrecourt, der Erzieher des Kronprinzen, ein Günstling der Erzherzogin Sophie, wurde entfernt. An seine Stelle trat der weniger harte, eher zu weiche Oberst Latour von Thurnbug, der den siebenjährigen Rudolf, ein frühreifes, altkluges Kind, mit Wissensstoff vollzustopfen begann – wie es die Mama wünschte.

Elisabeths Erziehungseifer ließ bald nach, ihren Teilsieg über die Schwiegermutter kostete sie nicht lange aus, die durch das Nachgeben des Gatten erkaufte eheliche Eintracht hielt nicht lange. Am 13. Dezember 1865 – ihr Mann weilte in Ungarn – reiste sie Hals über Kopf nach München. Franz Joseph ließ telegraphisch den jungen König Ludwig II. bitten, sie nicht am Bahnhof zu empfangen, damit nicht wieder geredet würde. An Weihnachten und ihrem Geburtstag war er mit den Kindern allein. Am 30. Dezember wurde Elisabeth von ihrer Mutter nach Wien zurückgebracht. Silvester feierten sie zusammen, und den Anbruch des Schicksalsjahres 1866.

Eine Reise nach Ungarn stand bevor, und das war ein Grund für Elisabeth, sich als Kaiserin von Österreich wohlzufühlen, genauer gesagt, als Königin von Ungarn. Sie hatte Ungarisch gelernt, sich eine ungarische Vorleserin, Ida von Ferenczy, genommen, die mit Julius Graf Andrassy in Verbindung stand, der die Phantasie ihrer Herrin schon seit langem beschäftigte. Der nun zweiundvierzigjährige Magnat war nach der Niederwerfung des ungarischen Aufstandes in Abwesenheit zum Tode verurteilt und in effigie gehenkt worden. Im Exil, mit entsprechenden Mitteln von zu Hause versehen, in England und Frankreich hatte er den Salonlöwen gespielt. 1857 amnestiert, war er in die Heimat zurückgekehrt, wo er als einer der Führer der gemäßigten, das heißt an einer weiteren Verbindung mit Habsburg zu ungarischen Bedingungen interessierten Nationalpartei von sich reden machte.

Bei einem Hoffest war Elisabeth dem »schönen Gehenkten«, wie ihn die Pariser Damen genannt hatten, zum ersten Mal begegnet: einem hochgewachsenen, dunkelbärtigen, glutäugigen Mann in pelzverbrämter Magnatenuniform, halb Zigeunerbaron, halb Palatin. Ihr erschien er als die Verkörperung des Landes, das sie mit ihrer Seele suchte: die Puszta, auf der sie ihr Pferd auslaufen und ihr Gemüt auslüften lassen durfte, die fernen Horizonte, denen sie unaufhörlich entgegenreiten konnte, ohne daß sie ein Ende genommen hätten, ein weites Land, in dem ihre Träume Platz zu finden schienen. Und in dem es Kavaliere gab, die sich mittelalterlich kostümierten und sich wie Märchenprinzen benahmen, und mit dem nüchternen, steifen, phantasielosen Österreich sowenig zu tun haben wollten wie sie selbst.

Franz Joseph sah die Ungarn anders, als leicht durchgehende und schwer zu bändigende Wildpferde, die man am kurzen Zügel nicht halten konnte, und mit denen man es am längeren Zügel versuchen mußte. Der Wiener Zentralismus war gelockert, der ungarische Reichstag wieder einberufen worden. Franz Joseph hatte ihn im Dezember 1865 in ungarischer Marschallsuniform eröffnet und einen Ausgleich in Aussicht gestellt, das heißt die Gewährung von so viel Selbständigkeit, wie es der Bewahrung des Reiches nicht abträglich war – also wieder einmal einen Mittelweg, der sich als ein Holzweg erweisen sollte. Vorerst schien man auf einer Triumphstraße zu sein. Als das Kaiserpaar am 29. Januar 1866 nach Budapest kam, wollten die Eljen-Rufe kein Ende nehmen. Sie galten vornehmlich Elisabeth, in der die Ungarn, Andrassy an der Spitze, nicht nur eine schöne Frau, sondern auch die Fürsprecherin ihrer Forderungen feierten.

Als der erste Jubel verrauscht war, präsentierten die Ungarn die Rechnung. Franz Deak, ein gemäßigter Achtundvierziger, nun Führer der konservativ-konstitutionellen Mehrheit, hatte sie formuliert. Ungarn sei bereit, seine historischen Rechte mit den Bedingungen der Sicherheit und Großmachtstellung des Gesamtreiches in Einklang zu bringen. Wenn die ungarische Verfassung von 1848 wiederhergestellt, ein Parlament und eine Regierung gebildet würden, könnte das staatlich selbständige Ungarn mit Österreich nicht nur durch das gemeinsame Staatsoberhaupt, sondern auch durch eine gemeinsame Außenpolitik und Armee verbunden sein. Also zwei Staaten, gemeinsame Reichsangelegenheiten, und ein Herrscher, der Kaiser von Österreich und König von Ungarn.

Das war ein großer Brocken für Franz Joseph, der den Zentralismus gewöhnt war, ihn als Attribut seines Absolutismus gebraucht hatte, und nicht gern auf einmal auf beides verzichten wollte. Die Alleinherrschaft hatte er schon abbauen müssen, durch eine Reichsverfassung, die immerhin noch zentralistisch war. Aber das Schmerlingsche Februarpatent funktionierte nicht: die Slawen boykottierten es, die Ungarn ignorierten es, lediglich die Deutschen profitierten von ihm. Aber mit diesen allein war kein Reich zu machen. Die Stellung in Italien war bereits eingedrückt, die Position in Deutschland nicht auszubauen – am wenigsten, wie Schmerling geglaubt hatte, unter Berufung auf eine Verfassung, die den Deutsch-Österreichern das Sagen ließ. Österreichs Zukunft schien im Donauraum zu liegen. Und in dessen Zentrum saßen die Ungarn.

Im Sommer 1865 trennte sich der Kaiser vom deutsch-liberalen Zentralisten Schmerling und ernannte den Grafen Richard von Belcredi, Statthalter in Böhmen, zum Ministerpräsidenten. Im Herbst wurde die Reichsverfassung von 1861 außer Kraft gesetzt – eine Absage an die Liberalen im allgemeinen und die Deutsch-Freisinnigen im besonderen. Und ein Entgegenkommen an alle Konservativen und Föderalisten, insbesondere an die auf ihre historischen Rechte pochenden Ungarn. Eine neue Verfassungsvereinbarung wurde angekündigt, auf dem »Weg der Verständigung mit den legalen Vertretern der Länder der ungarischen Krone«, nicht ohne das Versprechen, das Ergebnis den Vertretungen der anderen österreichischen Reichsteile vorzulegen, »um ihren gleichgewichtigen Anspruch zu vernehmen und zu würdigen.«

Aber wollte er das tatsächlich? War nicht wieder einmal eine Verfassung in Österreich aufgehoben worden, weil dem Kaiser die ganze konstitutionelle Richtung nicht paßte? Jedenfalls war eine österreichische Gesamtstaatsverfassung – die letzte, wie es sich herausstellen sollte – beseitigt worden. Das erboste die fortschrittlichen Deutsch-Österreicher und konnte den Kaisertreuen nicht behagen, die in Österreich zu finden waren und nicht in Ungarn, dem der Kaiser auf einmal so gewogen schien.

Erzherzog Albrecht, der Treueste der Treuen, begehrte auf: In Wien sei man erbittert, wie der Kaiser und besonders die Kaiserin die Ungarn hofierten. Der Kaiser wisse sehr wohl, was er wolle und was er nicht wolle, und er sei nicht der Kaiser von Wien, sondern aller seiner Königreiche und Länder und fühle sich in jedem gleicherweise zu Hause – ließ Franz Joseph dem Erzherzog durch seinen Generaladjutanten mitteilen.

Der Mutter, die den Ungarn die Revolution nicht vergessen und das Liebäugeln mit der Schwiegertochter nicht verzeihen konnte, schrieb der Sohn: »Ich höre, daß man in Wien wieder dem allgemeinen Bedürfnisse Genüge leistet, sich zu fürchten, und zwar diesmal in der Angst, ich könnte hier Konzessionen machen, ein Ministerium bewilligen etc. etc. Das alles fällt mir natürlich gar nicht ein. Aber weil man hier nicht mit der Türe ins Haus fallen kann und ich den rechten Augenblick mit Ruhe abwarte, wo ich meine Meinung erneut sagen werde, macht man sich in Wien die Emotion, alles für verloren zu halten und wie gewöhnlich zu schimpfen. Gott beschütze einen vor den Wiener Gutgesinnten!«

Den Budapester Schlechtgesinnten gedachte er keineswegs zu weit entgegenzukommen. Die ungarische Verfassung von 1848 bestätigte er zwar im Prinzip, forderte aber die Revision jener Bestimmungen, die seine monarchische Autorität in Frage stellten. Eine parlamentarisch verantwortliche Regierung wollte er den Ungarn wie allen Österreichern nicht zugestehen. Deak und Andrassy verlangten jedoch eine moderne Verfassung, keinen konstitutionell verbrämten Absolutismus. Die Linke, die an Kossuth glaubte, war ohnehin für die völlige Unabhängigkeit, für die endliche Trennung von Habsburg. Insofern war selbst Franz Joseph schon vom Parlamentarismus berührt, als er das tat, was Parlamentarier in einer festgefahrenen Angelegenheit zu tun pflegen: Er setzte eine Kommission ein.

»Es geht hier langsam«, berichtete er der Mutter am 17. Februar 1866 aus Budapest, »aber es wird gehen, mit Festigkeit einerseits, mit Vertrauen und Freundlichkeit und richtiger Behandlung des ungarischen Nationalcharakters andererseits.« Es ging dann auch, aber nicht ganz so, wie er es sich vorgestellt, und schneller, als er es erwartet hatte: durch einen Krieg, in dem er seine Positionen in Deutschland und Italien verlor, durch eine Katastrophe, die ihn zu einem Ausgleich mit Ungarn zu ungarischen Bedingungen verleitete – damit ihm der Rest des Reiches erhalten bliebe.

BISMARCK kam Zug um Zug seinem Ziel näher: der Lösung der deutschen Frage durch eine preußische Antwort. Zunächst setzte er den Rivalen in den Elbherzogtümern schachmatt. Eine für das Selbstbestimmungsrecht der Schleswig-Holsteiner demonstrierende Volksversammlung im österreichisch besetzten Altona nahm er zum Anlaß eines geharnischten Protestes: Wenn ausgerechnet das Kaiserreich fortfahre, die Revolution zu fördern und das monarchische Prinzip zu schwächen, müsse das Königreich die »intime Gemeinsamkeit der Gesamtpolitik beider Mächte« für beendet ansehen.

Es ging ihm um die Annexion Schleswig-Holsteins und »das Aufgehen Deutschlands in Preußen und damit die Umgestaltung Preußens zu Deutschland«. Dabei scheute er nicht vor einem Appell an die Nationalrevolution zurück, also vor dem, was er eben noch

Österreich vorgeworfen hatte. Am 9. April 1866 ließ Bismarck im Frankfurter Bundestag den Antrag stellen, »eine aus direkten Wahlen und allgemeinem Stimmrecht der ganzen Nation hervorgehende Versammlung einzuberufen, um die Vorlagen der deutschen Regierungen über eine Reform der Bundesverfassung zu beraten.« Bismarcks Bundesprojekt, meinte der französische Gesandte in Berlin, Benedetti, »ist nur ein Hilfsmittel, erdacht, um das Wiener Kabinett zu reizen und in Deutschland Verwirrung anzurichten, um Zeit zu gewinnen und um von allen Seiten Rüstungen hervorzurufen.«

Die Franzosen merkten erst hinterher, daß auch sie überspielt worden waren. Napoleon III. lebte in der von Bismarck genährten Hoffnung, er könnte für eine Duldung der Machterweiterung Preußens in Deutschland die Rheingrenze bekommen. So war er zur Neutralität in einem preußisch-österreichischen Konflikt bereit, aber ließ sich dafür auch noch von den Österreichern einen Preis bezahlen. Im Geheimvertrag vom 12. Juni 1866 verpflichtete sich Wien, Venetien an den französichen Treuhänder Italiens abzutreten und aus der preußischen Rheinprovinz einen unabhängigen deutschen Staat zu machen – falls es bei einem Waffengang in Deutschland erfolgreich sein sollte.

Wenn es um den eigenen Vorteil ging, scherte man sich in Wien weder um den Deutschen Bund noch um die nationalen Interessen. Preußen stand ihm dabei nicht nach, war ihm eine Nasenlänge voraus. Schon am 8. April 1866 hatte es mit Italien ein geheimes Angriffsbündnis gegen den deutschen Bundesgenossen Österreich geschlossen, und gegen den Deutschen Bund, dessen Verfassung den Mitgliedern verbot, Allianzen einzugehen, die sich gegen den Bund als ganzen oder einzelne Bundesstaaten richteten. »Das Interesse Preußens ist mir das einzige Gewicht, dem ich bei Abwägung unserer Politik die normale Geltung beilege«, meinte jedoch Bismarck.

Die Interessen seines Staates wollte auch Franz Joseph wahren, doch nicht unbedingt um den Preis eines Krieges – weniger, weil er ihn grundsätzlich verabscheut hätte, sondern weil er damit 1859 keine guten Erfahrungen gemacht hatte. Vorsicht war deshalb geboten, und das Zaudern lag ihm sowieso. Noch im Februar 1866, als Preußen bereits die Zweisamkeit aufgekündigt hatte, war er unschlüssig. Sollte man den Krieg vorbereiten, um den Frieden erhalten zu können?, fragte er im Ministerrat, und fand die Antwort, man solle dies zunächst noch mit diplomatischen Mitteln versuchen. Im März begann man dann zu rüsten, mit jener Schwerfälligkeit, die man für Gründlichkeit hielt. Im April erklärte Außenminister Mensdorff der preußischen Regierung, ein Angriff gegen ein Bundesmitglied liege Österreich fern. Und Franz Joseph versicherte dem Zaren: »Die Aufrechterhaltung des Friedens ist nicht nur mein heißester Wunsch, sondern ein Bedürfnis, dessen ganze gebieterische Notwendigkeit ich fühle.«

Die Generalität hörte das weniger gern, hätte die Armee lieber heute als morgen auf Kriegsfuß gesetzt, schimpfte offen auf die Diplomaten und murrte insgeheim gegen den Kaiser. »Wir sind matt in jeder Richtung«, notierte Crenneville in sein Tagebuch. »Seine Majestät ist gedrückt, ich sehe, daß er sich nicht entschließen kann, weder zum Frieden noch zum Kriege.« Am 21. April entschloß er sich zur Mobilmachung der Südarmee, nachdem er von den Rüstungen in Italien erfahren, von dem Bündnis zwischen Preußen und Italien Wind bekommen hatte. Nun begann auch Preußen mobilzumachen. Die Frühlingsluft roch nach Pulver.

»Was die politischen Verhältnisse anbelangt, so geht es immer mehr dem Krieg entgegen«, bemerkte der Kaiser am 3. Mai 1866, »und ich kann mir nicht denken, wie er noch mit Ehre zu vermeiden sein könnte.« Eine Verständigung mit Preußen sei nur durch einen Verzicht Österreichs auf seine Stellung in Deutschland zu erkaufen, doch das käme für ihn nicht infrage. »So muß man dem Krieg mit Ruhe und mit Vertrauen auf Gott entgegensehen, denn nachdem wir schon so weit gegangen sind, verträgt die Armee eher einen Krieg als einen langen, aufreibenden Frieden.«

Auf beiden Seiten rüstete man zum Krieg, in Preußen mit Energie und Effizienz, in Österreich mit Ruhe und Gottvertrauen, jenem Fatalismus, der einem absteigenden Reiche anstand. Die preußische Heeresreform hatte die Armee vermehrt und gestärkt, ihr etwas vom Geist Friedrichs des Großen eingehaucht, und auch ein neuer Gneisenau war zur Stelle: Generalstabschef Helmuth von Moltke, Denker und Rechner, Stratege und Organisator, »der Schweiger und der Macher«. Er hatte den Kriegsplan zu entwerfen und die Operationen zu leiten, eine Streitmacht von 355 000 Mann zu lenken. Die Artillerie war etwas altmodisch, dafür die Infanteriebewaffnung umso moderner. Mit dem Zündnadelgewehr, einem Hinterlader, konnten fünf gezielte Schüsse in der Minute abgegeben werden.

Das österreichische Lorenzgewehr, ein Vorderlader, schaffte gut einen Schuß in der Minute. Wenn der Gegner besser schießen konnte, müßte man ihn eben durch einen massierten Bajonettangriff unterlaufen, wie es von den Franzosen 1859 vorexerziert worden war. Das hatte Franz Joseph so imponiert, daß er die Stoßtaktik im »Abrichtungs-Reglement« von 1862 vorschreiben ließ, nicht bedenkend, gegen welche preußische Feuerwand die österreichischen Infanterieformationen anlaufen würden. Das war auch für die Kavallerie zu befürchten, den ganzen Stolz der k. k. Armee, die Kürassiere, Dragoner, Husaren und Ulanen, die zu Todesritten gegen die Gewehrschlünde des feindlichen Fußvolkes verdammt waren. Die österreichische Artillerie konnte sich mit ihren gezogenen Geschützen gegenüber der preußischen sehen lassen.

An Kampftruppen vermochte Österreich, bei 34 Millionen Einwohnern, 320000 Mann auf die Beine zu stellen, also nicht einmal so viel wie Preußen, das nur 19 Millionen Einwohner zählte. 1861 hatte das Kaiserreich 19,6 Prozent seines Staatshaushaltes für die Armee ausgegeben, Preußen hingegen 27,5 Prozent. Der Kaiser pflegte sich an einer Sollstärke von 850000 Mann zu sonnen, aber diese stand nur auf dem Papier. Die altbekannte Finanzmisere war daran schuld, neuerdings auch die Lust des Reichsrates, das Heeresbudget zusammenzustreichen. Von der Wehrdienstpflicht waren zu viele befreit, Akademiker, Abiturienten, Angehörige bestimmter Berufe, und jeder, der tausend Gulden aufbrachte, konnte sich einen Ersatzmann kaufen. Das Niveau der Rekruten war entsprechend, der Ausbildungsstand ließ zu wünschen übrig. »Wie hätten wir gegen die Preußen aufkommen können! Wir haben wenig gelernt, und das sind studierte Leute«, klagte Feldzeugmeister Benedek hinterher.

Ludwig von Benedek, Befehlshaber der österreichischen Nordarmee, ein gebürtiger Ungar, war mit vierzehn Jahren in die Wiener Neustädter Militärakademie eingetreten. In Italien hatte er sich 1848/49 wie 1859 ausgezeichnet, und da erfolgreiche Generäle in Österreich rar geworden waren, galt er als der Inbegriff aller militärischen Tugenden. Ein fähiger Troupier war er zweifellos, doch sein strategischer Horizont blieb beschränkt und als Feldherr wurde er überfordert. Er selber wußte das: Ihm fehle das höhere strategische Wissen zur Führung zahlreicher Truppenverbände, hatte er schon 1848 bekannt, und danach wenig unternommen, diese Lücke zu schließen. Dennoch war er 1860 Chef des Generalstabs und zugleich Armeeoberbefehlshaber, zunächst in Ungarn, dann in Italien, geworden, hatte zwei Ämter inne, von denen jedes einzelne für ihn schon zu viel war. »Meine Nerven, infolge vierzigjähriger Dienstanstrengungen, vieler Fieber und endlich Tausender von Abführmitteln, die ich gebraucht, sind so abgenützt und liegen für innere und äußere Eindrücke so nackt und bloß, daß ich schon seit Jahren nur unter oft heftigen Schmerzen und nur mit äußersten Anstrengungen den Anforderungen des Dienstes genüge«, offenbarte 1863 der achtundfünfzigjährige Benedek und bat um seine Versetzung in den Ruhestand.

Doch er wurde noch gebraucht, von seinem Kaiser, der einen braven Soldaten auch für einen guten Soldaten hielt, auf einen volkstümlichen, wenn auch verbrauchten General nicht verzichten wollte, einen Truppenführer schätzte, der stets Fortune gehabt hatte und wohl auch weiterhin Fortune haben würde. Vor einem Zweifrontenkrieg, gegen Preußen und Italien, stehend, brauchte Franz Joseph zwei Oberbefehlshaber, einen für die Nordarmee und einen für die Südarmee. Nur zwei Generäle kamen für ihn infrage: Erzherzog Albrecht und Benedek. Blieb das Problem, wen er wohin schicken sollte.

Benedek, der fast sein ganzes Soldatenleben lang in Oberitalien gedient hatte, wäre wohl noch am ehesten auf dem südlichen Kriegsschauplatz angebracht gewesen, den er kannte und wo er den schwächeren Gegner vor sich hatte. Der achtundvierzigjährige Erzherzog Albrecht, Feldzeugmeister und Armeeinspekteur, jünger, mobiler und ein strategischer Kopf durchaus, hätte wohl an die wichtigere und schwierigere Nordfront gehört. Doch er hatte sich 1848 in Wien und anschließend in Ungarn unpopulär gemacht, konnte also eher in Italien eingesetzt werden, wo es gegen Nationalismus und Liberalismus ging, als gegen Preußen, wobei man die deutsche Nationalbewegung gern als Bundesgenossen gehabt hätte. Ausschlaggebend wurde, daß Erzherzog Albrecht ein Angehöriger des Erzhauses war, der nicht der Gefahr ausgesetzt werden durfte, sich von den Preußen schlagen zu lassen, und die Chance bekommen sollte, die Italiener zu züchtigen.

Der Kaiser ließ Benedek kommen und trug ihm den Oberbefehl über die Nordarmee an. Der inzwischen einundsechzig Jahre alt und noch pensionsreifer gewordene Feldzeugmeister lehnte ab. Daraufhin faßte ihn Erzherzog Albrecht am Portepee, Benedek gab nach, nicht ohne den Vorbehalt: »Ich bin für den deutschen Kriegsschauplatz ein Esel, während ich in Italien vielleicht von Nutzen sein könnte. Wir spielen Vabanque, ich bringe dem Kaiser meine bürgerliche und militärische Ehre zum Opfer und wünsche nur, daß er nicht bereuen möge, mir dieses Kommando übertragen zu haben.«

Wenigstens wollte er noch rasch die preußische Geographie studieren, nachschauen, wo Spree und Schwarze Elster lägen. Doch nur der Stielersche Handatlas stand dafür zur Verfügung. Sein Generalstab, hoffte er, würde es schon richten. Aber auch dieser war nicht dazu geschaffen, die Operationen einer Armee von 230.000 Mann zu leiten. Von Erzherzog Albrecht ließ er sich als Generalstabschef Gideon von Krismanić aufreden, der als ehemaliger Chef des Topographischen Büros zwar die Landkarten zu lesen, aber nicht die operativen und strategischen Fragen zu beantworten verstand. Vorsichtshalber hatte sich Benedek noch einen zweiten Generalstabschef geholt, Alfred von Henikstein, der mit Krismanić zu konkurrieren begann, eigentlich für die Katz, weil er den Krieg schon für verloren hielt.

Noch hatte er nicht begonnen, Bismarck war erst dabei, den formellen Kriegsgrund zu konstruieren. Am 7. Juni 1866 rückten die Preußen in das nach der Gasteiner Konvention von den Österreichern verwaltete Holstein ein. Am 10. Juni schlug Bismarck eine Bundesreform vor, die den Ausschluß Österreichs aus einem nach den national-liberalen Vorstellungen modernisierten Deutschen Bund verlangte. Der Rivale sollte bis aufs Blut gereizt, den Kleindeutschen der bevorstehende Bruderkrieg als nationale Notwendigkeit hingestellt werden.

Österreich erklärte den Bundesfrieden für gebrochen, der Bundestag beschloß am 14. Juni die Mobilisierung des nichtpreußischen Bundesheeres. Daraufhin verlas der preußische Bundestagsgesandte eine vorbereitete Erklärung: Preußen trete hiermit aus dem Deutschen Bunde aus und erkläre diesen als Ganzen für erloschen. Das Bundespräsidium erwiderte, der Deutsche Bund sei ein unauflöslicher Verein, bestehe also weiter. Der Habsburger Franz Joseph erklärte: Preußen zerreiße das Nationalband der Deutschen, erstrebe die Teilung Deutschlands, beschwöre den unheilvollsten, einen Krieg Deutscher gegen Deutsche herauf.

Preußen begann am 16. Juni 1866 den Bruderkrieg mit dem Einmarsch in Hannover, Kurhessen und Sachsen. Das waren deutsche Staaten, die dem Deutschen Bund und mit ihm Österreich die Treue hielten, wie auch Bayern, Württemberg, Baden, Hessen-Darmstadt, Nassau, Sachsen-Meiningen, Reuß ältere Linie, Frankfurt und Liechtenstein. Gegen den Deutschen Bund und damit für Preußen erklärten sich die kleineren norddeutschen Staaten. Militärisch zählte für Berlin nur der Allianzpartner Italien, weil er eine österreichische Armee an der Südfront band. Die deutschen Bundesgenossen Österreichs besaßen kein kriegsentscheidendes Gewicht. Die Bundestruppen zogen zwar mit schwarz-rot-goldenen Armbinden gegen die Preußen, doch selbst der großdeutsche Schwabe und spätere österreichische Minister Albert Schäffle erklärte, ein Krieg für die abgelebte Bundesverfassung sei für keinen Familienvater das Leben eines Sohnes oder das Einkommen eines Jahres wert.

Am 29. Juni kapitulierte die hannoversche Armee bei Langensalza. Die kurhessischen Truppen wichen nach Süden aus. An der Fränkischen Saale und am Main wurden die süddeutschen Truppen zurückgeworfen, Frankfurt, Darmstadt, Würzburg und Nürnberg von den Preußen besetzt. Die sächsische Armee retirierte samt König und Regierung nach Böhmen, wie es Franz Joseph seinem Jugendfreund und Jagdgefährten Kronprinz Albert nahegelegt hatte: »Man muß vereinigen, was man vereinigen kann.« Die Sachsen überließen kampflos ihr Land den Preußen gegen das vage Versprechen des Österreichers: »Meine feste Überzeugung ist es, daß – wenn wir siegreich aus diesem Kampfe hervorgehen sollten – das Königreich Sachsen jedenfalls durch einen Gebietszuwachs entschädigt und gekräftigt werden müßte.« Im übrigen hoffe er, den Kronprinzen bald im Feuer wiederzusehen.

Doch diesmal blieb Franz Joseph daheim. Wenn schon Erzherzog Albrecht dem Risiko einer Niederlage nicht ausgesetzt werden konnte, dann erst recht nicht der Chef des Hauses Habsburg. Ein zweites Solferino, eine wiederum vom Kaiser unmittelbar zu verantwortende militärische Katastrophe hätte das Reich kaum mehr vertragen. Nicht noch einmal wollte er das Gefühl eines geschlagenen Feldherren kennenlernen, zumal er inzwischen eingesehen hatte, daß er eigentlich kein Feldherr war. Nur das letzte Wort wollte er sich vorbehalten. Dann beanspruchte er doch das erste Wort, eher gedämpft freilich, aber er hätte damit rechnen müssen, daß von einem befehlsgewohnten Soldaten wie Benedek auch die leiseste Andeutung befolgt werden würde. Und er hätte dieses Wort nicht mündlich durch einen jungen Generalstabsoffizier übermitteln lassen dürfen, es übereifrigen Interpretationen aussetzen.

Der sechsunddreißigjährige Oberstleutnant Friedrich von Beck saß erst seit drei Jahren im Vorzimmer des Kaisers. Doch dieser hatte sich schon so an ihn gewöhnt, daß er seinem Flügeladjutanten die Rolle eines Postillons der allerhöchsten Strategie anvertraute. Das Motiv war eher moralisch als militärisch. Den sächsischen Kameraden, dem er den Rückzug nach Böhmen empfahl, wollte er dort nicht alleinlassen und den nachstoßenden Preußen preisgeben.

Benedek aber stand mit seiner Hauptmacht bei der mährischen Festung Olmütz, die ihm einen doppelten Vorteil zu bieten schien: Von diesem strategischen Schlüsselpunkt aus könnte er die Offensive gegen Schlesien ergreifen, oder er könnte eine Defensive durchstehen, gedeckt durch die militärische wie ideologische Zitadelle des Kaisertums. Und seine Armee war noch nicht einsatzbereit. Die Mobilmachung war im k. k. Tempo vonstatten gegangen, die Regimenter waren nicht vollzählig, die Ausrüstung mangelhaft: teilweise elendes Schuhwerk, miserables Sattelzeug, verrottete Fahrzeuge, die man mit frischer Ölfarbe zusammenzuhalten suchte.

Nein, er könne dem allerhöchsten Wunsche nicht willfahren, einen »Linksabmarsch« seiner Hauptmacht von Mähren nach Böhmen nicht durchführen, bekam Beck von Benedek zu hören. Doch der Flügeladjutant kam zweimal wieder, brachte das Verlangen des Kaisers, weil er sich selber von Mal zu Mal wichtiger nahm, immer nachdrücklicher vor. Schließlich traf noch ein Telegramm des Monarchen ein: »Die Ereignisse in Deutschland machen den Beginn der Operationen dringend erwünscht. Da aber die militärischen Interessen die entscheidenden sind, so überlasse ich es Ihnen, den Zeitpunkt zum Beginn des Vormarsches zu bestimmen, und erwarte telegraphischen Bericht über ihren Entschluß.« Benedek, der von Anfang an nicht so recht wußte, was er tun sollte, tat nun das, wozu ihn Beck drängte und was er, nach dem Telegramm des Kaisers, als seine eigene Entscheidung ausgeben konnte. Am 16. Juni entschloß er sich zum »Linksabmarsch«.

Am 20. Juni überbrachte ein Parlamentär die preußische Kriegserklärung, kurz bevor die 1., 2. und die Elbarmee aus Sachsen, der Lausitz und Schlesien in Böhmen einmarschierten. »Getrennt marschieren, vereint schlagen«, war das Motto Moltkes. Benedek machte es andersherum. Er marschierte vereint und versäumte es, die noch weit auseinandergezogenen preußischen Armeen getrennt zu stellen, zunächst die aus Schlesien vordringende, der er mit seiner Hauptmacht am nächsten gekommen war.

Am 28. Juni erreichte der sich nur langsam bewegende österreichische Heerwurm die Festung Josefstadt, eine Position, die ungefähr gleich weit weg war von den preußischen Angriffskeilen, die auf seine Flankenkorps stießen, sie im Westen wie im Osten durchstießen, sich von beiden Seiten Benedeks Hauptmacht näherten, um sie vereint zu schlagen. Wenn er nicht eingeschlossen werden wollte, mußte er nach Süden ausweichen. Am 30. Juni telegraphierte er nach Wien: »Débâcle des 1. und sächsischen Armeekorps nötigt mich, den Rückzug in der Richtung nach Königgrätz anzutreten.«

Der Kaiser saß in der Burg, fast ganz allein, weil die Familie und der Hof schon in Schönbrunn waren. Er ließ sich das Essen aus der »Stadt Frankfurt« bringen und wartete auf Nachrichten aus Böhmen und Oberitalien. Zunächst kam eine gute. Am 24. Juni, fünf Tage nach der Kriegserklärung Italiens, schlug Erzherzog Albrecht den König Viktor Emanuel bei Custozza, auf dem historischen Schlachtfeld, auf dem die Italiener ein Abonnement für Niederlagen zu haben schienen. Das war ein Grund zum Feiern, weniger die Meldung, das X. Korps unter Gablenz habe Teile der aus Schlesien eindringenden 2. preußischen Armee bei Trautenau zurückgeworfen. Denn das war nur ein Teilerfolg, der an dem unglücklichen Verlauf des böhmischen Feldzuges nichts zu verändern vermochte. Während die Wiener noch witzelten, der Bismarck werde sich am »Bened-eck« stoßen, begann es Hiobsbotschaften zu hageln.

Die sächsische Armee und mit ihr das österreichische Korps Clam-Gallas wurden, von Benedek im Stich gelassen, von der preußischen Übermacht erdrückt – genau das war eingetreten, was der den Sachsen nibelungentreu ergebene Franz Joseph durch einen rechtzeitigen Linksabmarsch des Hauptheeres hätte vermeiden wollen. Und dieses wurde nun in die Schachmatt-Stellung von Königgrätz zurückgezogen. Der Kaiser machte sich Luft mit einem Donnerwetter gegen die Generäle, denen er das Sagen gelassen und die nicht in seinem Sinne gehandelt hatten. Clam-Gallas und Henikstein wurden zurückberufen, und Postillon Beck mit einem Handschreiben zu Benedek geschickt: »Im Falle Sie durch Verwundung oder Krankheit gezwungen würden, das Oberkommando zu übergeben, so ernenne ich den ... zu Ihrem Nachfolger.« Der Feldzeugmeister habe Vollmacht, den Namen seiner Wahl einzusetzen. Doch diesen Wink mit den Zaunpfahl verstand er nicht.

Und die Lage überblickte er nicht, obwohl er unaufhörlich zwischen seinen Truppen hin- und herritt, sich bereits wundgeritten hatte. Er vermochte nur Trümmer, Unordnung und Niedergeschlagenheit zu sehen. Am 1. Juli telegraphierte er dem Kaiser: »Bitte Euer Majestät dringend, um jeden Preis Frieden zu schließen. Katastrophe für Armee unvermeidlich.« Beck sekundierte in einer Depesche an Generaladjutant Crenneville: »Waffenstillstand oder Frieden unumgänglich, weil Rückzug kaum ausführbar sein wird.« Der Kaiser hielt Kriegsrat und ließ zurücktelegraphieren: »Einen Frieden zu schließen unmöglich. Ich befehle – wenn unausweichlich – Rückzug in größter Ordnung anzutreten. Hat eine Schlacht stattgefunden?«

Dazu kam es am 3. Juli 1866, an einem trüben, regnerischen Tag, zur Schlacht bei Königgrätz oder Sadowa, wie sie von Franzosen, wohl der besseren Aussprache wegen, genannt werden sollte.

Benedek machte seinen letzten, entscheidenden Fehler: Er erwartete den Feind vor und nicht hinter der Elbe, als wollte er dem Gegner den Angriff erleichtern und sich selber den Rückzug abschneiden. Unter dem Oberbefehl König Wilhelms stürmte die 1. Armee frontal gegen die Höhenstellung der Österreicher, gegen die Geschützschlünde ihrer Artillerie. Die Elbarmee versuchte den linken Flügel des Feindes einzudrücken. Schon blieb der Angriff liegen. Die österreichischen Generäle Festetics und Thun warfen eigenmächtig ihre beiden Korps dem geschwächten linken Flügel der 1. Armee entgegen und entblößten dadurch die rechte Flanke Benedeks. In diese stieß – wie es Moltke geplant hatte – die in Eilmärschen herangeführte, gerade noch rechtzeitig eintreffende 2. (schlesische) Armee des Kronprinzen Friedrich Wilhelm.

Für Benedek war das unfaßbar. »Plauschen S' nicht«, fuhr er den

Generalstabsobersten Neuber an, der ihm das Aufbrechen der österreichischen Schlüsselstellung bei Chlum meldete. Vergebens warf er dann Reserven an die eingedrückte Front, ließ er die Reiterei attakkieren und die Artillerie Sperrfeuer schießen. Die Niederlage konnte nicht abgewendet, nur der Rückzug einigermaßen gedeckt werden.

In der Schlacht bei Königgrätz waren sich 215 000 Österreicher und 221 000 Preußen gegenübergestanden, zusammengedrängt auf einen Raum von acht bis zehn Kilometer Breite und drei bis fünf Kilometer Tiefe. Er wurde ein Massengrab: für 330 Offiziere und 5 328 Mann der Österreicher, 15 Offiziere und 120 Mann der Sachsen, 99 Offiziere und 1830 Mann der Preußen. Die Gesamtverluste der Österreicher – einschließlich der Verwundeten, Vermißten und Gefangenen – betrugen 1 313 Offiziere und 41 499 Mann, der Preußen 359 Offiziere und 8 794 Mann.

Die Schlacht hatte vom ersten Angriff der Preußen um 8.00 Uhr morgens bis zum letzten Schuß der Österreicher um 9.00 Uhr abends gedauert. In diesen dreizehn Stunden war die ganze Kriegsgeschichte des 19. Jahrhunderts abgerollt: noch Kavallerieattacken wie im Manöver und das Avancieren österreichischer Infanterie wie bei der Parade, die Offiziere mit gezogenen Säbeln hoch zu Roß voran, die Soldaten mit gefällten Bajonetten, unter wehenden Fahnen und mit der Regimentsmusik, die den Radetzkymarsch spielte. Und schon das Schnellfeuer der preußischen Zündnadelgewehre, das die österreichischen Reihen lichtete, und die Kanonade der österreichischen Artillerie, die an kommende Materialschlachten denken ließ.

Am 3. Juli 1866 , am Tage von Königgrätz, harrte der Kaiser in der Hofburg der Dinge, auf Schlimmes, wenn auch nicht das Schlimmste gefaßt. Die Kaiserin war bei ihm. Sie hatte es in Ischl nicht ausgehalten, war nach Wien geeilt, um dabeizusein, wenn das Unglück hereinbrach. Um 7.00 Uhr abends kam das Telegramm: »Schlacht bei Königgrätz, die Armee geschlagen, auf der Flucht nach der Festung, in Gefahr, dort eingeschlossen zu werden.«

Franz Joseph bat seine Frau, zur Mutter hinüberzugehen und ihr zu sagen, es stünde schlecht bei der Nordarmee. Erzherzogin Sophie stürzte herbei, fand den Sohn ruhig, doch es war die Starre der Betäubung. Gott gieße in ihren Sohn wie in ein Gefäß alle Schmerzen, alle Leiden, alle Enttäuschungen, klagte die fromme Frau. »Sein Wille geschehe, aber möge er einmal all diesen langen Leiden ein Ende machen und meinem armen Sohn bei dessen eifrigen, unaufhörlichen Anstrengungen, seine peinliche Pflicht zu erfüllen, endlich bessere Tage schenken.« Elisabeth dachte an ihren Sohn, schrieb an den Erzieher des in Ischl gebliebenen Kronprinzen, er solle das arme Kind nicht verlassen, das eine so traurige Zukunft habe. »Wir haben nichts mehr zu verlieren, also lieber in Ehren ganz zugrundegehen.«

Der Kaiser zog seine Paradeuniform an, weißen Waffenrock, rote Hosen, grünen Federhut. Er mußte den König von Sachsen vom Bahnhof abholen, der noch mehr als er verloren hatte, nicht nur eine Armee, sondern sein ganzes Land. Das Hofprotokoll funktionierte noch: Der Nordbahnhof war hellerleuchtet, mit Blumen geschmückt und Teppichen ausgelegt. Mitten in der Nacht, um 2.45 Uhr, kam der Zug mit König Johann an, der beinahe wie Moltke aussah, und seinem Ministerpräsidenten Friedrich Ferdinand von Beust, der Bismarck nicht ausstehen konnte.

Viel hatten sie einander nicht zu sagen. Im Hofwartesaal stand Johann ohne Land schweigend am Fenster. Franz Joseph, der Kaiser des militärisch geschlagenen, vom Schicksal gezeichneten Österreichs, ging ruhelos zwischen den roten Polstersesseln auf und ab.

Der Anfang vom Ende

DER KAISER habe keine Armee mehr, gestand Feldmarschalleutnant Gablenz und ersuchte um Waffenruhe. Prinz Friedrich Karl, der Waffenbruder im dänischen Feldzug, nun Befehlshaber der siegreichen 1. preußischen Armee, erwiderte: »Wenn die Österreicher um Waffenstillstand bitten, müssen die Preußen marschieren.« Sie marschierten auf Wien. Bürgermeister Andreas Zelinka bat den Kaiser, Wien zur offenen Stadt zu erklären und neue Minister zu berufen, Österreich eine freiheitliche Verfassung zu gewähren. Vor der Hofburg riefen Wiener: »Es lebe Kaiser Maximilian!« Sie schienen die Abdankung Franz Josephs zu verlangen, zugunsten seines Bruders, der in Mexiko den Reaktionär spielte und in Österreich immer noch als Liberaler galt.

»Meine Völker! Vertrauet auf euren Kaiser«, proklamierte der Monarch. »Österreichs Völker haben sich nie größer als im Unglück gezeigt.« Die Venetianer betraf das schon nicht mehr; Franz Joseph hatte soeben den Rest seines Lombardo-Venetianischen Königreiches an Napoleon III. und damit an Italien abgetreten, als Vorauszahlung für eine Friedensvermittlung zwischen Preußen und Österreich. Die Magyaren witterten Morgenluft: Die Radikalen sehnten die Armee des Königs von Preußen und dessen ungarische Fremdenlegion unter dem Revolutionsgeneral Georg Klapka herbei, die Gemäßigteren um Deak und Andrassy erwarteten vom geschlagenen Habsburger ihre Selbständigkeitserklärung. In Prag waren die Preußen vom Erzbischof und Bürgermeister empfangen worden. Wiener postierten sich auf dem Kahlenberg, um als erste die Pickelhauben zu sehen.

In der Hofburg wurde gepackt. Die Kleinodien der Schatzkammer, Folianten und Handschriften der Hofbibliothek, alle Wertsachen sollten donauabwärts geschafft werden. Die Kaiserin wurde mit den Kindern nach Budapest vorausgeschickt, nicht nur, um sie in Sicherheit zu bringen, sondern auch zur Absicherung der habsburgischen Position, wozu niemand geeigneter zu sein schien als Elisabeth, »Ungarns schöne Vorsehung«. Sie sah sich weniger als Fürsprecherin österreichischer Wünsche, denn als Befürworterin ungarischer Forderungen. Andrassy müsse Außenminister werden, war das erste, was Franz Joseph von seiner Gemahlin zu hören bekam. Als er nicht sofort darauf reagierte, erhielt er einen Brandbrief: Wenn er in letzter Stunde nicht einmal mehr einen uneigennützigen Rat annehmen wolle, dann sei ihm nicht mehr zu helfen, »dann bleibt mir nichts mehr übrig, als mich mit dem Bewußtsein zu beruhigen, daß ich, was immer auch geschehe, Rudolf einmal ehrlich sagen kann: Ich habe alles getan, was in meinen Kräften stand. Dein Unglück habe ich nicht am Gewissen.«

Das hatte ihm gerade noch gefehlt, daß die Kaiserin von Österreich die ungarischen Erpresser favorisierte, die seine Schwäche auszunützen suchten. Seine Vermutung, weniger politische Vernunft als Schwärmerei für die Ungarn im allgemeinen und für den Ungarn Andrassy im besonderen habe sie dazu verleitet, stärkte nur noch sein Mißtrauen. »Habe Deak im geheimen kommen lassen«, telegraphierte er. »Lasse Dich daher mit Andrassy nicht zu weit ein.« Dann hielt er es doch für opportun, auch Andrassy nach Wien zu zitieren. Er kam sofort, einen Brief Elisabeths in der Tasche. »Ich fand ihn übrigens wie früher immer, zu wenig präzis in seinen Ansichten und ohne die notwendige Rücksicht auf den übrigen Teil der Monarchie«, schrieb er zurück. Überdies passe ihm nicht, daß ihre Budapester Villa eine Außenglastüre habe: »Da kann man gewiß hineinsehen, wenn Du Deine Waschungen vornimmst, und das ängstigt mich.«

Elisabeth kränkte es, daß er Andrassy immer noch nicht zum Aussenminister ernannt hatte. Sie fühle sich wieder unwohl, ließ sie ihn wissen, und bekam zur Antwort: »Ich bin oft selbst darüber erstaunt, wie ich solche Ereignisse und eine solche Reihe namenlosen Unglücks und Schmerzes so ruhig und ohne Erschütterung meiner Gesundheit ertragen kann.« Daraufhin fuhr sie nach Wien, um Andrassy persönlich zu protegieren. Der Kaiser blieb unzugänglich, die Kaiserin kehrte nach Budapest zurück. »Wenn Du auch recht bös und sekkant warst, so habe ich Dich doch so unendlich lieb, daß ich ohne Dich nicht sein kann«, schrieb er ihr, kaum daß sie weg war. Nein, sie wolle nicht zurückkommen, er könne sie ja besuchen, antwortete sie, und ließ ihn spüren, daß sie beleidigt sei, weil er sie in Sachen Andrassy nicht erhört hatte.

Nun reichte es ihm. »Da Du einsehen mußt«, betonte er postwendend, »daß ich jetzt im Augenblicke eines wieder beginnenden Krieges in Italien und der Friedensverhandlungen mit Preußen nicht von hier weg kann, daß es gegen meine Pflicht wäre, mich auf Deinen ausschließlich ungarischen Standpunkt zu stellen und diejenigen Länder, welche in fester Treue namenlose Leiden erduldeten und gerade jetzt der besonderen Rücksicht und Sorgfalt bedürfen, zurückzusetzen, so wirst Du begreifen, daß ich Euch nicht besuchen kann . . . So muß ich mich eben trösten und mein lange gewöhntes Alleinsein wieder mit Geduld tragen. In dieser Beziehung habe ich schon viel auszuhalten gelernt, und man gewöhnt's endlich.«

Auch in anderer Beziehung mußte er einiges schlucken. Bismarck hatte sich zu Friedensverhandlungen bequemt, weil er eine Einmischung Frankreichs befürchtete, Habsburg genug gedemütigt hatte, der preußischen Armee ein Totlaufen in den Weiten Österreichs ersparen wollte und überhaupt diese Donaumonarchie als Gegengewicht zu Rußland erhalten wollte. Der am 26. Juli im südmährischen Nikolsburg vereinbarte Vorfriede und am 23. August 1866 in Prag unterzeichnete Friedensvertrag erschien dem König von Preußen zu weich und dem Kaiser von Österreich hart genug. Preußen nahm Österreich zwar kein Land weg; nur Venetien war abgeschrieben, trotz des Landsieges Erzherzog Albrechts bei Custozza und des Seesieges Tegetthoffs bei Lissa. Selbst die staatliche Selbständigkeit und territoriale Unversehrtheit Sachsens konnte sich Franz Joseph ausbedingen. Doch das halbbankrotte Österreich mußte 20 Millionen Taler Kriegsentschädigung zahlen, auf seine Rechte an Schleswig-Holstein verzichten und im voraus die von Preußen in Norddeutschland beabsichtigten Annexionen anerkennen.

Nun hatte Bismarck die freie Hand, die ihm Franz Joseph nicht zugestehen wollte, nach dem Bundesrecht nicht zugestehen konnte. Preußen nahm sich – außer Schleswig-Holstein – das Königreich Hannover, das Kurfürstentum Hessen, das Herzogtum Nassau und die freie Stadt Frankfurt, wuchs von 280000 auf 350000 Quadratkilometer an, vermehrte sich von 19 auf 23,5 Millionen Einwohner.

Nun hatte es die von seinen Königen angestrebte territoriale Staatseinheit und die von Bismarck vermißte Korpulenz für seine Rüstung. Was noch dazwischen- und danebenlag, einschließlich Sachsens, wurde in den vom Hohenzoller beherrschten Norddeutschen Bund hereingenommen. Schon war der Anschluß der unabhängig gebliebenen, nach ihrer Niederlage an der Seite Österreichs glimpflich behandelten süddeutschen Staaten – Bayern, Württemberg, Baden und Hessen-Darmstadt – anvisiert. Die Mainlinie sei eine Haltestelle, an der Deutschlands Einigungszug Kohlen und Wasser einnehme, um demnächst weiterzudampfen, erklärte Johannes Miquel, ein Führer der kleindeutschen Nationalliberalen, die nach Königgrätz über Bismarcks preußischen Verfassungsbruch hinwegsahen und nur noch Preußens Gloria und die Einheit Deutschlands im Auge hatten.

Die folgenschwerste Bestimmung enthielt Artikel IV des Friedensvertrages von Prag: »Seine Majestät der Kaiser von Österreich erkennt die Auflösung des bisherigen Deutschen Bundes an und gibt seine Zustimmung zu einer neuen Gestaltung Deutschlands ohne Beteiligung des österreichischen Kaiserstaates. Ebenso verspricht Seine Majestät, das engere Bundes-Verhältnis anzuerkennen, welches Seine Majestät der König von Preußen nördlich von der Linie des Mains begründen wird, und erklärt sich damit einverstanden, daß die südlich von dieser Linie gelegenen deutschen Staaten in einen Verein zusammentreten, dessen nationale Verbindung mit dem Norddeutschen Bunde der näheren Verständigung zwischen beiden vorbehalten bleibt und der eine internationale unabhängige Existenz haben wird.«

Das war der Wendepunkt der deutschen Geschichte. Der Deutsche Bund von 1815, der ideell wie territorial, in seiner föderativen Gliederung wie in seiner Friedensfunktion als Fortsetzung des Heiligen Römischen Reiches Deutscher Nation gelten mochte, wurde zerstört. Preußen, das die nationalen und konstitutionellen Hoffnungen an seine Fahnen geheftet hatte, löste gewaltsam den deutschen Dualismus, verstieß Österreich aus der alten, übernationalen Reichsgemeinschaft und ging daran, ein neues Reich zu gründen, das nur ein Nationalstaat sein konnte: fast rein-deutsch, wie es die romantischen Sprachkundler und Volkstümler ersehnten; rechtsstaatlich, wie es Liberale, aber nicht parlamentarisch, wie es Demokraten erhofften; eine Fürstenföderation unter der Vorherrschaft des größten und stärksten, des Königs von Preußen, wie es die kleindeutschen Unitarier hinnahmen und die deutschen Fürsten hinnehmen mußten.

Auf mögliche Folgen für Europa hatte der Preuße Wilhelm von Humboldt, ein Mitbegründer des Deutschen Bundes, verwiesen: Das friedenssichernde Gleichgewicht würde gestört, wenn in der Mitte des Kontinents an die Stelle des mitteleuropäischen Staatenbundes ein deutscher Nationalstaat träte: »Niemand könnte dann hindern, daß nicht Deutschland als Deutschland auch ein erobernder Staat würde, was kein echter Deutscher wollen kann; da man bis jetzt wohl weiß, welche bedeutenden Vorzüge in geistiger und wissenschaftlicher Bildung die deutsche Nation, so lange sie keine politische Richtung nach außen hatte, erreicht hat, aber es noch unausgemacht ist, wie eine solche Richtung auch in dieser Rücksicht wirken würde.«

Für Österreich war die Auflösung des alten Bundes der Anfang vom Ende. Das Kaisertum glich seither einem Felsen, der von außen her verwitterte und von innen her gespalten und gesprengt wurde – in erster Linie von seinen Nationalitäten. Deutsch-Österreicher beklagten den Verlust von gesamtdeutschen Verbindungen, versuchten wenigstens im Vielvölkerreich zu dominieren, erwogen bereits einen Anschluß an das deutsche Nationalreich. Die Ungarn verlangten die nationale Selbständigkeit, die Slawen wollten ihnen nicht nachstehen.

Das Reich begann zu bröckeln. Die Trennung Österreichs von Deutschland, erklärte 1867 der bayerische Diplomat Otto Graf von Bray-Steinburg, bedeute »die gefahrvolle Entziehung der Basis, auf welche das Gleichgewicht und das friedliche Beisammensein der österreichischen Nationalitäten gegründet war. In der Tat war Österreich eine wahrhaft deutsche Großmacht nur durch seine Stellung in Deutschland, und hieraus ergab sich der feste Kitt, der alle Teile der Monarchie zu einem festen Ganzen vereinigte.«

1866 wurde nicht nur der Traum eines »Siebzigmillionenreiches«, einer mitteleuropäischen Föderation unter Führung Habsburgs, endgültig zerstört, sondern auch die bisherige Großmachtexistenz Österreichs infrage gestellt. Seiner Positionen in Deutschland und Italien verlustig, wurde es zur »Donaumonarchie«, auf den

Donauraum beschränkt, auf einen Auslauf im Südosten verwiesen, wo es über kurz oder lang zum Zusammenstoß mit Rußland kommen mußte.

»In der Annahme der Friedensbedingungen liegt eine wesentliche Einengung (oder vielmehr Vernichtung) der Großmachtstellung Österreichs«, schrieb die Wiener *Neue Freie Presse* im Sommer 1866. »Wenn dieser Staat aus den Friedenskonferenzen auch an seinem Gebiet unverkürzt hervorgehen sollte, ... so wäre doch seine deutsche Stellung, der traditionelle Stolz und, bei gehöriger Benützung, eine der ergiebigsten Quellen seiner Macht dahin. Österreich sähe dann eine große deutsche Macht neben sich, deren Einfluß neben dem unseren um so bedeutender wäre, je mehr sie uns an Homogenität der Bevölkerung und an intellektueller und volkswirtschaftlicher Entwicklung überragte. Preußens Wort wäre das entscheidende in allen mitteleuropäischen Fragen, und Österreich könnte seinen Einfluß höchstens noch gegen den Orient geltend machen.« Rückhaltlos dem Nationalitätenhader preisgegeben, sei Österreich das Schicksal des Osmanischen Reiches beschieden und seinem Kaiser das Los des kranken Mannes an der Donau.

»Deutschland ist der Punkt, auf dem am Ende die Geschicke des gesamten Kontinents ruhen. Gut oder schlecht wird es den Ausschlag geben.« Das hatte Metternich gesagt. Sein Schüler Franz Joseph schien zunächst, in der ersten Betäubung, die Bedeutung dieser Aussage nicht zu begreifen, eher erleichtert zu sein, den deutschen Klotz am österreichischen Bein loszuwerden. »Aus Deutschland treten wir jedenfalls ganz aus, ob es verlangt wird oder nicht«, schrieb er seiner Frau drei Wochen nach Königgrätz, am 23. Juli 1866, »und dieses halte ich nach den Erfahrungen, die wir mit unseren lieben deutschen Bundesgenossen gemacht haben, für ein Glück für Österreich.« Am 28. Juli, nach dem Vorfrieden von Nikolsburg, atmete er auf: »Was die Preußen im übrigen Deutschland machen und was sie stehlen werden, weiß ich nicht, geht uns auch weiter nichts an.«

Der Habsburger, dessen Vorfahren jahrhundertelang die römisch-deutsche Kaiserkrone getragen hatten und der selber noch der Präsident des Deutschen Bundes gewesen war, der Kaiser von Österreich reagierte im ersten Moment wie ein überforderter und amtsmüder Atlas, dem man die Last von den Schultern genommen hatte. Oder wie ein Fuchs, der die unerreichbar gewordenen Trauben für sauer erklärte. Oder auch nur als ein Ehemann, der seiner Frau die bittere Wahrheit wenigstens etwas versüßen, vor ihr nicht als der große Verlierer und unentwegte Versager dastehen wollte.

Der Mutter, der er nichts vormachen konnte, die wußte, daß eine Welt zusammengebrochen war, schrieb er am 22. August 1866, einen Tag vor der Unterzeichnung des Friedens von Prag: »Erst jetzt kommt man so recht auf alle die Infamie und den raffinierten Betrug, dem wir zum Opfer gefallen sind. Das war alles zwischen Paris, Berlin und Florenz (der provisorischen Hauptstadt Italiens) lange vorbereitet, und wir waren alle sehr ehrlich, aber sehr dumm.« Das war die sich selbst gegebene Ehrenerklärung eines Ritters in einer unritterlich gewordenen Zeit. Der Offenbarungseid eines Monarchen des 19. Jahrhunderts, daß er nicht das Vermögen eines Machiavelli, nicht die in dieser rauh und borstig gewordenen Zeit erforderlichen staatsmännischen Eigenschaften besaß, auch keinen österreichischen Bismarck gefunden hatte.

Und es dämmerte ihm, daß das Debakel von Königgrätz das Menetekel des Kaisers Franz Joseph sein könnte: Mene – gezählt, die Tage seiner Herrschaft. Tekel – gewogen die Dynastie und zu leicht befunden. Upharsim – zerstückelt, eines Tages, das Reich der Habsburger. Der Mutter gestand er ein: »Es ist ein Kampf auf Leben und Tod, der noch lange nicht aus ist, und es ist mit Berechnung auf unsere vollkommene Zerstörung abgesehen. Wenn man die Welt gegen sich und gar keinen Freund hat, so ist wenig Aussicht auf Erfolg, aber man muß sich so lange wehren, als es geht, seine Pflicht bis zuletzt tun und endlich mit Ehre zugrunde gehen.«

UM DAS SCHIFF noch möglichst lange über Wasser zu halten, mußte er wieder Ballast abwerfen, neue Segel setzen, den Kurs ändern. Das war schon 1859, nach Solferino, notwendig geworden, erst recht nun 1866, nach Königgrätz.

Zunächst waren wieder Sündenböcke der Staatsraison zu opfern, genauer gesagt, dem Unfehlbarkeitsanspruch des Monarchen. Denn er mochte nicht zugeben, daß der immer noch die Alleinherrschaft beanspruchende und deshalb auch die Hauptverantwortung tragende Kaiser einen unfähigen Armeeoberbefehlshaber, trotz dessen begründeten Einwendungen, ernannt hatte. Das mußte jetzt geahndet werden, nicht am Bestaller, sondern am Bestallten. Erzherzog Albrecht bestärkte ihn darin, in der nachträglichen Vermutung, daß er selber es im Norden genau so gut gemacht hätte wie im Süden, und in der hochmütigen Erleichterung, daß einem Kleinadeligen und nicht einem Angehörigen des Erzhauses das Unglück passiert war.

Erzherzog Albrecht hatte am 26. Juli 1866 den Oberbefehl über die geschlagene Nordarmee übernommen, am Tage der Unterzeichnung des Waffenstillstandes von Nikolsburg, als der Habsburger sich nicht mehr zu exponieren brauchte und auch nicht mehr blamieren konnte. Den abgelösten Feldzeugmeister Benedek hatte Generaladjutant Crenneville beschieden: »Seine Majestät der Kaiser haben anzubefehlen geruht, daß gegen Eure Exzellenz eine Voruntersuchung rücksichtlich der Hochdero Kommando anvertrauten Armee, des ganzen mangelhaften Dienstbetriebes und der unglücklichen Operationen mit selber, vom Zeitpunkt der Übernahme des Armeekommandos in Olmütz bis zum Tage der Übergabe dieses Kommandos eingeleitet werde.«

So wurde Benedek, der seiner Aufgabe als Armeebefehlshaber so wenig gewachsen war wie Franz Joseph der seinigen als Oberster Kriegsherr, stellvertretend für alle Schuldigen des Systems vor eine kriegsgerichtliche Untersuchungskommission in Wiener Neustadt zitiert. Der zum Oberst beförderte Beck, der den Feldzeugmeister im Namen des Kaisers zum »Linksabmarsch« nach Böhmen gedrängt hatte, formulierte die peinlichen Fragen. Benedek beantwortete sie nicht im einzelnen, sondern nahm pauschal alle Verantwortung auf sich. »Die Regierung soll froh sein, daß ich nicht schwätze«, bemerkte er in einem Brief. Erzherzog Albrecht nahm ihm das Versprechen ab, auch fernerhin zu schweigen. Er schwieg bis ins Grab.

Die andere Seite war nicht so rücksichtsvoll. Zwar wurde die Untersuchung vom Kaiser niedergeschlagen, der geahnt haben mag, daß mit Benedek auch er vor dem Tribunal gestanden hatte. Doch der Feldzeugmeister mußte seinen Abschied nehmen. Und bekam den Dank des Hauses Habsburg schriftlich nachgereicht, durch die offizielle *Wiener Zeitung*, die ihn nicht nur als Alleinschuldigen brandmarkte, sondern auch als Trottel hinstellte: »Es gibt kein Gesetzbuch, das den Mangel höchster geistiger Begabung straffällig erklärt und wohl nichts erübrigt in ähnlichen Fällen als die unerläßliche Sühne, welche in der sofortigen bleibenden Entfernung des Betreffenden aus einem unangemessenen Wirkungskreise liegt.« Benedek, der noch bis 1881 lebte, hinterließ das Schlußwort: »Ich bin mit mir selber und mit aller Welt fertig geworden, bin mit mir vollkommen im reinen – nur habe ich dabei all meine Soldatenpoesie eingebüßt.«

Der Fall Benedek blieb ein untilgbarer Fleck auf dem Ehrenschilde Franz Josephs. Das Entgegenkommen an die Ungarn, ja das Entgegeneilen in der Panik nach Königgrätz war mehr als ein moralisches Versagen – ein folgenschwerer politischer Fehler. Denn der sogenannte Ausgleich war nichts anderes als die Annahme der ungarischen Bedingungen, die Teilung des Reiches zwischen Deutschen und Magyaren, eine Verurteilung der anderen Nationalitäten zu Völkern zweiter Klasse, der entscheidende Hieb zur Aufspaltung Österreichs, dessen Staatsgrundgesetz, die Pragmatische Sanktion von 1713, die untrennbare und unteilbare Einheit aller habsburgischen Länder verordnet hatte.

Schon vor dem Krieg von 1866 war mit den Ungarn verhandelt worden. Noch hatte Franz Joseph gezögert, das Reich wie einen Apfel auseinanderzuschneiden, wohl wissend, daß die beiden Hälften zwar weiterhin zueinander passen, aber eben nur locker aufeinandersitzen würden, beim ersten Rütteln auseinanderfallen könnten. Nun tat er es doch, weil er meinte, nicht anders handeln zu können, beziehungsweise weil ihm andere eingeredet hatten, daß er es tun müßte.

Da war zunächst seine Frau, die für Andrassy durchs Feuer ging und ihrem Mann die Hölle heiß machte. Sie habe die Niedergeschlagenheit des Kaisers benützt, um die »spezifisch und egoistisch ungarischen Bestrebungen« nachdrücklich zu fördern, bemerkte Ministerpräsident Belcredi, der nun, wie schon Außenminister Mensdorff, gehen mußte. Beide Ämter erhielt Friedrich Ferdinand von Beust, den Bismarck nicht mehr als sächsischen Ministerpräsident duldete und für den der Sachsenfreund Franz Joseph etwas tun zu müssen glaubte. Er bekam einen »Reichsdeutschen«, der wenig Sinn für die österreichische Reichsaufgabe mitbrachte, das Kaisertum auf die beiden Pfeiler der Deutschen und der Ungarn stützen wollte, auf daß es zur Revanche für Sadowa instandgesetzt werde.

Beust, der als mittelstaatlicher Politiker im Deutschen Bund den Föderalismus favorisiert hatte, verfocht nun den österreichisch-ungarischen Dualismus, der für das Kaisertum kaum weniger verhängnisvoll werden sollte, als es der deutsche Dualismus für das alte Reich und den Bund von 1815 gewesen war.

Die Ungarn wußten nicht nur Elisabeth, sondern auch Franz Joseph richtig zu behandeln. Der Kavalier, der er war, konnte stets durch die wahrhafte oder auch nur geheuchelte Ritterlichkeit anderer eingenommen werden. »Was fordert Ungarn?«, hatte der Kaiser den Wortführer der Magyaren, Franz Deak, nach der Katastrophe gefragt. »Nach Königgrätz nicht mehr als vor Königgrätz«, hatte dieser geantwortet. War das nicht ein Ehrenmann, dem man die Hand reichen, mit dem man zu einem Ausgleich kommen konnte, jedenfalls angenehmer und zufriedenstellender als mit einem Radikalinski wie Kossuth? Halb gezogen, halb hingesunken geriet Franz Joseph auf einen Weg, der sich als schiefe Bahn erweisen sollte.

Am 14. November 1866 gab der Monarch dem ungarischen Reichstag kund, daß er Deaks Ausgleichsplan anzunehmen gedenke, den Ungarn ein parlamentarisch verantwortliches Ministerium zubilligen wolle – ohne vorher seine anderen Völker zu befragen, was er vor Königgrätz versprochen hatte. Am 11. Februar 1867 ernannte er Julius Andrassy zum ungarischen Ministerpräsidenten, drei Tage nachdem Elisabeth, die schon wieder zu reisen begonnen hatte, nach Wien zurückgekommen war. Am 18. Februar 1867 ließ er im ungarischen Reichstag die Wiederherstellung der Verfassung von 1848 verkünden. »Wenn mir meine Aufgabe recht sauer wurde«, bekannte er dem Kronprinzen Albert, »so dachte ich an den König, dessen Lage noch härter ist, und an das arme, treue Sachsen.«

Als König von Ungarn hatte er mit seinem Volk einen Vertrag, den Ausgleich, zu schließen, und dieses regelte seine Beziehungen zu Österreich und dessen Kaiser durch ein vom Reichstag verabschiedetes Verfassungsgesetz. An die Stelle der bisherigen Reichseinheit unter dem Kaiser von Österreich, der unter anderem auch König von Ungarn war, trat eine Personal- und Realunion zwischen zwei verschiedenen und gleichgestellten Staaten mit eigenen Regierungen und Parlamenten – der »im Reichsrat vertretenen Königreiche und Länder« und der »Länder der heiligen ungarischen Stephanskrone«, wie es offiziell hieß, der österreichischen und der ungarischen Reichshälfte, wie es die noch in der Reichstradition Lebenden bezeichneten, während diejenigen, die das Wort »Reich« nicht mehr hören wollten, sich an geographische Begriffe hielten, »Zisleithanien« und »Transleithanien«; die Leitha, ein rechter Nebenfluß der Donau, bildete stellenweise die Grenze.

In der österreichischen Waagschale lagen 20 Millionen Menschen, 5452 Quadratmeilen und folgende Länder: die Erzherzogtümer Österreich unter der Enns und ob der Enns, die Herzogtümer Salzburg, Steiermark, Kärnten und Krain, die Gefürsteten Grafschaften Görz und Gradiska, die Markgrafschaft Istrien und die Stadt Triest, die Gefürstete Grafschaft Tirol und das Land Vorarlberg, das Königreich Böhmen, die Markgrafschaft Mähren, das Herzogtum Schlesien, das Königreich Galizien, das Herzogtum Bukowina und das Königreich Dalmatien. In der ungarischen Waagschale lagen 15 Millionen Menschen, 5853 Quadratmeilen und folgende Länder: das Königreich Ungarn, das Königreich Kroatien und Slawonien, das Großfürstentum Siebenbürgen und die »Militärgrenze«, der Landstrich von der Adria bis Siebenbürgen, an der alten Grenze zur Türkei.

Franz Joseph nannte sich nun Kaiser von Österreich und Apostolischer König von Ungarn (der heiligen Stephanskrone wegen) – der Personalunion entsprechend, die für beide Teile die gleiche habsburgische Thronfolgeordnung vorschrieb. Die Österreichisch-Ungarische Monarchie war zudem durch eine Realunion verbunden: Durch »gemeinsame Angelegenheiten« – eine einheitliche Außenpolitik, eine gemeinsame Armee und Marine, ein dafür zuständiges Finanzwesen. Und durch »Angelegenheiten von gemeinsamem Interesse«, wie Wirtschaft, Verkehr, Währung, Zoll- und Steuerwesen. Für die »gemeinsamen Angelegenheiten« gab es gemeinsame Ministerien: Ministerium des Äußeren, Kriegsministerium und Finanzministerium. Sie waren den »Delegationen« verantwortlich, den vom österreichischen Reichsrat wie vom ungarischen Reichstag alljährlich entsandten Ausschüssen, die für die konstitutionelle Behandlung aller gemeinsamen Angelegenheiten und Interessen zuständig waren. Sie tagten abwechselnd in Wien und Budapest, gleichzeitig, aber getrennt, und durften sich nur schriftlich verständigen – die Reichsteilung sollte stets sichtbar bleiben.

Sophie, österreichische Erzherzogin
und geborene Herzogin von Bayern,
die Mutter des Kaisers Franz Joseph
mit ihrem ältesten Sohn.

Links oben:
Kaiser Franz Joseph I.
mit seinen Brüdern,
den Erzherzögen Karl Ludwig,
Maximilian und Ludwig Viktor
(Aufnahme um 1860).

Links unten:
Die Trauung Kaiser Franz Josephs
mit Elisabeth am
24. Mai 1854 in Wien.

Unten:
Kaiserin Elisabeth von Österreich
als Herzogin von Bayern zu Pferd
(Gemälde von Carl Piloty
und F. Adam).

Kaiser Franz Joseph von Österreich
auf dem Fürstentag in Frankfurt/Main
im Jahre 1863.

Rechts oben:
Das Kaiserpaar auf einem Spaziergang in Schönbrunn
(Stahlstich von 1854).

Rechts unten:
Der Kaiser von Österreich als König von Ungarn
auf dem Krönungshügel in Preßburg.

Kronprinz und Erzherzog Rudolf während seiner Prager Dienstzeit (Aufnahme um 1877).

Links: Besuch von Kaiser Wilhelm I. in Wien.

Unten:
Kaiser Franz Joseph mit dem russischen Zaren Nikolaus bei einem Jagdausflug in Mürzzuschlag.

Hochzeitsbild des Kronprinzen Rudolf
mit seiner Gemahlin Stephanie von Belgien
und den Eltern des Brautpaares.

»K. u. k.«, kaiserlich und königlich, hieß nun, was die gemeinsamen, »k. k.«, kaiserlich-königlich, was die ausschließlich österreichischen, und »k.«, königlich, was die ausschließlich ungarischen Sachen betraf. Es gab fortan drei Regierungen, die österreichische, die ungarische und die »Reichsministerien«, drei gesetzgebende Körperschaften, den österreichischen Reichsrat (mit Herrenhaus und Abgeordnetenhaus), den ungarischen Reichstag (mit Oberhaus und Repräsentantenhaus) und die »Delegationen«.

Die Doppelmonarchie war ein kompliziertes Gebilde, und nicht besonders stabil. Überdies waren Sprengsätze eingebaut. Schon wurde eine ungarische Landwehr aufgestellt, Honved (»Vaterlandsverteidiger«) genannt, nach den Revolutionstruppen von 1848, mit ungarischer Dienstsprache und ungarischen Wappen und – als eher unfreiwilliges Gegenstück – eine österreichische Landwehr. Das traf den Kaiser besonders, der nach wie vor in der Armee das alle Reichsteile und Völkerschaften umfassende »Lager Österreichs« sehen wollte und sich nun drei Armeen gegenübersah, der gemeinsamen, der ungarischen und der österreichischen. Das war der Preis, den er Andrassy für die Einführung der allgemeinen Wehrpflicht nach preußischem Muster zu zahlen hatte. An die Stelle des alten, deutsch geprägten, allein auf den Kaiser eingeschworenen und ausgerichteten Berufsheeres begann ein Völkerheer zu treten.

Auch in anderen Bereichen war mit Komplikationen zu rechnen. Alle zehn Jahre sollten neue Ausgleichsverhandlungen zwischen den beiden Teilen stattfinden, in denen die »Quote«, der beiderseitige Kostenanteil für die gemeinsamen Angelegenheiten, neu festgesetzt werden sollte. Schon jetzt bestritt die österreichische Hälfte 70 Prozent, die ungarische nur 30 Prozent. Auch das Zoll- und Handelsbündnis sollte von Zeit zu Zeit überprüft werden. Immerhin war durch die turnusmäßigen Ausgleichsverhandlungen eine Chance geboten, das Ganze neuen Entwicklungen anzupassen – wenn beide Hälften einigermaßen miteinander auskommen wollten. Wenn nicht, konnten sie für neue Forderungen, ja Erpressungen der Ungarn benützt werden, um nicht nur mehr Selbständigkeit, sondern auch mehr Verfügungsgewalt über das Ganze zu erreichen.

Eine »Monarchie auf Kündigung« sei die Doppelmonarchie, hieß es deshalb. Der Kaiser habe sich den Rebellen von ehedem ausgeliefert, meinte der österreichische Diplomat Alexander von Hübner, immer noch schwarz-gelb bis auf die Knochen. »Ohne Konsequenz, ohne Festigkeit geht es nicht; ein Rosselenker, der ohne Zügel und Peitsche fahren zu können glaubt, wird zumindest umwerfen«, murrte Crenneville, der mit dem kaiserlichen Fuhrmann nicht mehr zufrieden war. Der Generaladjutant mußte gehen. Franz Joseph duldete kein Nörgeln an seinem Nachgeben, das ihm nicht leicht gefallen war, und keine Kritik an einem Kompromiß, der ihm nicht erspart blieb, wenn er nicht schon jetzt umwerfen wollte. Niemand konnte wissen, daß es noch ein halbes Jahrhundert gut gehen, Fuhrwerk wie Fuhrmann erhalten bleiben sollten.

Die Krönung zum König von Ungarn, die jetzt erst möglich geworden war, hob das Selbstbewußtsein Franz Josephs und schien ihm die Vermutung zu erlauben, daß die Ungarn fortan eine verläßliche Stütze seines Thrones sein würden. Eine solche Begeisterung war ihm noch nirgends entgegengeschlagen, selbst wenn er in Abzug brachte, daß die Magyaren in ihrem König in erster Linie sich selber feierten, und in zweiter ihre schöne Königin. Elisabeth wäre mit sich noch zufriedener gewesen, wenn sie nicht so viele Zeremonien durchstehen, ja sogar dazu hätte herhalten müssen, den Mantel des heiligen Stephan, den Krönungsmantel des Königs, nach altem Brauch höchstpersönlich auszubessern, die Löcher in den Krönungsstrümpfen zu stopfen, also einmal die Hausfrau zu spielen.

Sie selber trug ein funkelnagelneues Brokatkleid von Worth in Paris, weiß und silber, mit schwarzer Samttaille, mit Edelsteinen und Fliederblüten übersät. Franz Joseph war in dem einst himmelblauen, nun ziemlich verschossenen und schäbig gewordenen Mantel aus dem Mittelalter ganz historische Würde. Am 8. Juni 1867 setzten ihm in der Ofener Krönungskirche der Fürstprimas und Andrassy, der in effigie Gehenkte, die Stephanskrone aufs Haupt. Elisabeth wurde sie nur über die Schulter gehalten, was aber genügte, die Herzdame zur Herzkönigin Ungarns zu machen. Im Krönungseid gelobte Franz Joseph, die Freiheiten und Rechte der Ungarn zu beschützen. Der Finanzminister warf Gold- und Silberstücke unter das Volk. Der König ritt auf einem Schimmel auf den Krönungshügel, schwang den Säbel nach allen vier Himmelsrichtungen und Weltgegenden. Ungarn in Nationaltracht revanchierten sich mit Geschenken, darunter einem Krönungshügel samt Majestät aus Zuckerwerk.

Franz Joseph und Elisabeth, das ungarische Königspaar, zog sich aus dem Budapester Trubel in die Stille von Ischl zurück. Am 14. August 1867 klagte die Gattin, den ganzen Tag könnte sie weinen, sie wolle nicht mehr reiten, nicht mehr spazierengehen, alles auf der Welt sei ihr Pomade: »Vielleicht bin ich in der Hoffnung.« Wenn es ein Bub würde, sollte er Stephan heißen. Jedenfalls wollte sie ihr viertes Kind in Ungarn zur Welt bringen, worin sie Andrassy bestärkte. Ein in Ofen von Elisabeth geborener Stephan – wäre das nicht ein präsumptiver König für ein unabhängiges Ungarn? Am 22. April 1868 gebar sie ein Mädchen, das den Namen Marie Valerie erhielt. Das ungarische Kind wurde ihr Lieblingskind.

Aus dem einheitlichen Reich war nun das geworden, was sein Wappentier schon längst angedeutet hatte: ein Adler mit zwei Köpfen, die in verschiedene Richtungen blickten, und schon, was heraldisch nicht ausgedrückt wurde, ein Staatswesen mit zwei Leibern, ein Unikum jedenfalls.

Der Dualismus war das Lebensgesetz Habsburgs geworden. In sich selber hatte ihn Franz Joseph von Anfang an getragen, mit ihm leben müssen: der Gespaltenheit zwischen dem Amtsanspruch des Gottesgnadentums und der aufgeklärt-bürokratischen Amtsausübung, halb Franz I., halb Joseph II. Nun war sein Reich gespalten, dem Widerstreit zwischen Österreich und Ungarn, Deutschen und Magyaren ausgesetzt, und schon gebar dieser Dualismus neue Dualismen, in Zisleithanien, unter den »im Reichsrat vertretenen Königreichen und Ländern«, zwischen Deutschen und Slawen vor allem. Und Hand in Hand mit der Reichsteilung ging die endgültige Einführung des Verfassungsstaates, wie es im Zuge der Zeit lag, doch von Franz Joseph nur als weiterer Rückzug in der permanenten Begradigung der Front gegen Nationalismus und Konstitutionalismus angesehen werden konnte. Das ergab eine neue Entgegengesetztheit, zwischen der Monarchensouveränität und der Volkssouveränität, ein Dualismus, der im Grunde bereits zu seinen Ungunsten gelöst war.

Nachdem er in der ungarischen Hälfte die Rechte des Reichstages anerkannt und ein parlamentarisch verantwortliches Ministerium hingenommen hatte, mußte er in der österreichischen Hälfte nachziehen. Die 1865 sistierte Verfassung von 1861 wurde wieder in Kraft gesetzt, mit fortschrittlichen Veränderungen. Das Resultat, die Dezemberverfassung von 1867, war an liberalen Prinzipien ausgerichtet. Sie garantierte staatsbürgerliche Grundrechte wie Glaubens- und Gewissensfreiheit, Gleichberechtigung aller »Volksstämme«, Anerkennung ihrer Rechte auf Wahrung ihrer Nationalität und Sprache. Die richterliche Gewalt war unabhängig geworden. Die gesetzgebende Gewalt lag beim Reichsrat, dem Herrenhaus mit geborenen und ernannten Mitgliedern, und dem Abgeordnetenhaus. Dessen Mitglieder – anfangs 203, später 353 – wurden zunächst von den Landtagen, seit 1873 direkt gewählt, allerdings nach einem Vierklassenwahlrecht, gestaffelt nach dem Steueraufkommen – eine Regelung, die den Interessen des besitzenden Bürgertums entsprach.

Die vollziehende Gewalt blieb in der Hand des Kaisers. Aber er mußte sie nun durch verantwortliche Minister ausüben lassen, die er freilich nach seinem Gutdünken ernennen und entlassen konnte. In diesem konstitutionellen, nicht parlamentarischen System behielt der Monarch einen weitgefaßten, persönlich ausfüllbaren Entscheidungsbereich, auch wenn dieser nun verfassungsmäßig begrenzt war. Der Armee konnte er weiterhin befehlen, das Wehrbudget setzten die gesetzgebenden Körperschaften fest. Seine Regierungsakte mußten vom zuständigen Minister gegengezeichnet werden, der damit die Verantwortung übernahm. Und jeder Minister konnte vom Reichsrat vor dem Staatsgerichtshof zur Rechenschaft gezogen werden.

Das war der Wendepunkt im Herrscherleben Franz Josephs. Als absolutistischer Kaiser hatte er begonnen und sich eigentlich stets gefühlt. Zum konstitutionellen Kaiser war er nun im Jahre 1867 geworden, und die Fahrt schien in Richtung parlamentarischer Demokratie zu gehen. Er nahm sich vor, das Steuerruder nicht aus der Hand zu lassen, aber loyal und korrekt den Kurs beziehungsweise die Gesetze einzuhalten, die man ihm abgerungen hatte und wohl auch weiterhin abringen würde. »Es ist ein recht hartes Brot, das ich habe«, seufzte er, doch er war willens, es sich rechtschaffen zu verdienen.

Die Liberalen, die nun obenauf schwammen, waren keine Revolutionäre, eher Konservative, die ihre wirtschaftlichen Vorteile, gesellschaftlichen Positionen und politischen Vorrechte erhalten wollten. Weltanschaulich rüttelten sie umso mehr an einem Grundpfeiler der Ordnung: an der Kirche, genauer gesagt, am Konkordat von 1855, das ihr eine dem modernen Geiste entgegengesetzte mittelalterliche Stellung eingeräumt hatte. So folgte dem Verfassungskampf, der vergleichsweise sanft geführt worden war, ein Kulturkampf, in dem hart gerungen wurde, da es um die höchsten Güter der Menschheit zu gehen schien, wie die eine Seite meinte, und um die heiligen Rechte Gottes, wie die andere glaubte. Die freisinnige Mehrheit des Reichsrates setzte die »Maigesetze« durch: Gleichberechtigung der Konfessionen, Wiedereinsetzung des staatlichen Eherechts und Beseitigung des konfessionellen Charakters der staatlichen Schulen.

Nun wurde auch die dritte Säule des alten Kaisertums gefällt: nach dem monarchischen Absolutismus und dem österreichischen Einheitsstaat die weltliche Macht der katholischen Kirche, welche die Voraussetzung für den Bund von Thron und Altar gewesen war. Erzherzogin Sophie, in der Hofburg noch immer für Glaube und Sitte zuständig, war entsetzt: »Ich fürchte nicht für die Religion, ich fürchte für die Dynastie.« Franz Joseph, der schon immer der Meinung zuneigte, man solle dem Kaiser geben, was des Kaisers sei, fiel hier das Nachgeben am leichtesten, erhielt er doch von der einen Hand des Liberalismus einiges von seiner Macht zurück, was ihm dieser mit der anderen Hand reichlich genommen hatte. Den Linzer Bischof Franz Joseph Rudigier, der zum Widerstand gegen die Maigesetze und damit gegen die Staatsgewalt aufgerufen hatte, ließ der Kaiser, hier ganz Josephiner, vor Gericht stellen, erließ ihm aber sogleich, eingedenk der alten Bruderschaft von Monarchismus und Klerikalismus, die vierzehntägige Arreststrafe.

Noch stand, wenn auch ausgehöhlt, das Konkordat, und es wäre wohl, wie so manches faktisch niedergelegte und formal aufrechterhaltene Altösterreichische noch lange dagestanden, wenn nicht die Kirche zu starken Wind gemacht hätte. Nach der Verkündung des Dogmas der päpstlichen Unfehlbarkeit auf dem Vatikanischen Konzil 1870 konnte der Kaiser das Konkordat nicht mehr stützen. »Die Aufkündigung ist mir auch schwer geworden«, rechtfertigte er sich vor der Mutter, »doch habe ich mich dazu entschlossen, weil es der mildeste und nach meiner Ansicht richtigste Vorgang gegenüber den unglückseligen Beschlüssen Roms war und weil dadurch an den Rechten und der Stellung der Kirche in Österreich nichts geändert wird.«

Nicht einmal ein Komma vom Konkordat sei übriggeblieben, beschwerte sich Papst Pius IX., nachdem 1874 die Staatsgesetze über die Regelung der äußeren Rechtsverhältnisse der katholischen Kirche, über die Beiträge des geistlichen Pfründenvermögens zum Religionsfonds und über die gesetzliche Anerkennung von Religionsgesellschaften beschlossen worden waren. »Eure Majestät werden erkennen«, schrieb der Heilige Vater, »welche politische Gefahr darin liegt, sich auf die Forderungen einer Partei einzulassen, welche die Throne und Altäre umstürzen will.« Der Kaiser erkannte das wohl, aber dem Papst war nicht bewußt geworden, daß ein konstitutioneller Monarch nicht mehr alles tun konnte, was er für richtig hielt. Nur zu bremsen vermochte er noch. Nun sei man weit genug gegangen, bedeutete er seinen Ministern, verhinderte die gesetzliche Verpflichtung zur Zivilehe und versicherte: »Zu einem Bruche mit der Kirche will ich nimmermehr die Hand bieten.« Aber er ahnte, daß der Kulturkampf immer wieder ausbrechen und mit dem alten Nationalitätenstreit und neuen sozialen Konflikten bei der Selbstzerstörung der Donaumonarchie konkurrieren würde.

Die den österreichischen Reichsrat beherrschenden Liberalen waren weltanschaulich Freisinnige, wirtschaftlich und gesellschaftlich Bürgerliche, von deutscher Bildung und Einbildung, Zentralisten, welche »die im Reichsrat vertretenen Königreiche und Länder«, die deutschen wie die slawischen, zu einer Einheit zusammenfassen und von Wien aus regieren wollten. Dazu hielten sich die Deutsch-Liberalen wegen ihrer nationalen, kulturellen und ökonomischen Überlegenheit ermächtigt – ein Herrenvolk, das sich zur Herrschaft über andere Völker berufen wähnte.

Ministerpräsident Fürst Carlos Auersperg war ein böhmischer Aristokrat mit liberalem Herzen und deutschem Sinn. Sein 1868 gebildetes »Bürgerministerium« war ein Klub deutsch-nationaler Achtundvierziger. Innenminister Karl Giskra stieg über die deutsch-mährische Partei empor und stolperte später über seine Finanzgebarung im Verwaltungsrat der Lemberg-Czernowitzer Eisenbahn. Justizminister Eduard Herbst, ein Führer der deutschen Partei im böhmischen Landtag, war so etwas wie ein ideologischer

Einpeitscher der liberalen Zentralisten, ein ebenso wortgewaltiger wie giftverspritzender Redner. Ihr publizistisches Organ war die auf das Jahr 1848 zurückgehende Wiener *Neue Freie Presse*: antiklerikal, großbürgerlich, deutsch-national, mit einem gepflegten Feuilleton und einem umfangreichen Wirtschaftsteil.

Was hier geschrieben und gefordert wurde, lief auf einen zwar liberalisierten, aber halbierten Schwarzenberg hinaus: einen konstitutionellen Einheitsstaat in jeder der beiden Hälften des geteilten Reiches. Der Absolutismus war in Österreich wie in Ungarn abgeschafft, aber der Zentralismus im Dualismus geblieben, hier wie dort von einem einzigen Staatsvolk beansprucht. Die liberalen Deutschen wollten die Tschechen, Polen, Ruthenen, Rumänen, Kroaten, Slowenen, Serben und Italiener regieren. Die liberalen Magyaren wollten über Slowaken, Deutsche, Rumänen, Kroaten, Ruthenen und Serben dominieren. In der Theorie sahen beide die Österreichisch-Ungarische Monarchie als ein Tête-à-tête zweier großer Völkerpersönlichkeiten. In der Praxis war das nicht so einfach. Wenn die Monarchie doch nur aus Deutschen und Magyaren bestünde, seufzte Andrassy, wie leicht wären dann die beiden Teile zu regieren, und welches Glück wäre das für das Ganze!

Die magyarischen Herrenreiter ließen ihrer Egozentrik die Zügel schießen. Das Nationalitätengesetz von 1868 bestimmte alle Bürger Ungarns zu Mitgliedern der einen und unteilbaren Nation, nach dem Vorbild des revolutionären Frankreichs. Dabei gab es einen wichtigen Unterschied. Die Franzosen, die 1789 eine demokratische Nation wurden, waren schon immer eine Sprach- und Kulturnation in einem einheitlichen staatlichen Rahmen gewesen. Ungarn war zwar eine historische Nation, wurde nun ein Nationalstaat, aber es bestand nicht aus einer Nationalität, sondern aus mehreren Nationalitäten. Neben den 5,5 Millionen Magyaren gab es 2,7 Millionen Rumänen (Moldauer und Walachen, wie sie damals genannt wurden), 2,4 Millionen Kroaten und Serben, 1,8 Millionen Slowaken, 1,7 Millionen Deutsche und 0,5 Millionen Ruthenen. Die Magyaren erklärten sich zum Staatsvolk, ihre Sprache zur Staatssprache, kleinlich auf ihre Herrenrolle bedacht, doch großzügig bereit, jeden als freien und gleichen Staatsbürger anzuerkennen, der sich zur ungarischen Brüderlichkeit bekannte.

Den neuen Zentralismus, nicht den alten Föderalismus hatten sie im Sinn. Siebenbürgen verlor seine Selbständigkeit, die rumänische (58 Prozent) und deutsche (10 Prozent) Bevölkerung sollte magyarisiert werden. Das waren die Slowaken schon weitgehend, als ungarische Bürger slowakischer Abstammung. Die Sprachgruppen durften ihr kulturelles Leben weiter pflegen, hatten ihre Schulen und Gymnasien; die Universitäten freilich waren ungarisch – die Elite mußte magyarisch sein, der Geist sich magyarisch artikulieren.

Nur die Kroaten kamen besser weg, wie es Franz Joseph, eingedenk ihrer Verdienste um das Kaiserhaus in den Sturmjahren 1848 und 1849, nur für recht und billig hielt. Zunächst, 1867, lösten die Ungarn den kroatischen Landtag auf, setzten pro-magyarische Beamte ein, sorgten für eine ihnen gewogene Mehrheit bei den nächsten Wahlen. 1868 schloß dann der ungarische Reichstag mit dem neuen kroatischen Landtag ein Abkommen, eine Art inner-ungarischen Ausgleich. Das Königreich Kroatien und Slawonien wurde zwar nicht in seinem alten Umfang wiederhergestellt, und es mußte sich Ungarn unterordnen, aber es erhielt eine beschränkte Selbstverwaltung. Von den Landeseinkünften flossen 56 Prozent nach Budapest, der Rest blieb für innere Angelegenheiten, Verwaltung und Schulwesen. Darüber befand der Landtag in Agram und der vom ungarischen Ministerpräsidenten vorgeschlagene und vom ungarischen König ernannte Statthalter, der Banus. Die Amtssprache blieb Serbokroatisch.

Die Magyaren knallten mit der Peitsche des staatlichen Zentralismus und lockten mit dem Zuckerbrot kultureller Minderheitenrechte – und kamen damit ganz gut voran. Die deutschen Zentralisten waren nicht so temperamentvoll, zurückhaltender mit dem Peitschenknall und knauseriger mit dem Zuckerbrot, in ihren Vorstellungen von einer Germanisierung rigoros, in der Ausführung eher unsicher und zögernd – politisch also weniger erfolgreich.

Sie hatten es auch in der Sache schwerer. In den Ländern der ungarischen Krone gab es fast 45 Prozent Magyaren, in den im »Reichsrat vertretenen Königreichen und Ländern« nur etwas über 35 Prozent Deutsche. Die Magyaren bildeten eine kompakte Masse im Zentrum ihres Königreiches. Die Deutschen waren zwar in den Alpenländern unter sich (von den Slowenen in der Steiermark und in Kärnten sowie den Italienern in Tirol abgesehen), doch in Böhmen und Mähren, den Hauptschauplätzen des anhebenden Nationalitätenkampfes, lebten sie in Rand- und Streulagen. In Galizien war der Kaiser weit und der Zar nahe. Und die Tschechen öffneten sich dem Panslawismus, dem Glauben, daß alle Slawen vom russischen »Kaiser aller Slawen« vereinigt werden sollten, der Hoffnung, daß einst »alle slawischen Bäche ins russische Meer fließen« würden.

»Der Tag, an dem man den Dualismus proklamiert, wird zugleich durch unwiderstehliche Notwendigkeit der Geburtstag des Panslawismus in seiner am wenigsten erfreulichen Gestalt werden«, schrieb 1865 der Tscheche Franz Palacky, der 1848 vor einer russischen Universalmonarchie im Zeichen des Panslawismus gewarnt und für die Erhaltung der österreichischen Vielvölkermonarchie plädiert, nicht nach Frankfurt in die deutsche Nationalversammlung gewollt hatte. 1867, nach dem Ausgleich zwischen Wien und Budapest, fuhr Palacky von Prag nach Moskau, wo sich die Slawen – mit Ausnahme der Polen – Brüderschaft gelobten. Palackys Schwiegersohn Franz Rieger, ein Führer der gemäßigten tschechischen Nationalpartei, hatte 1866, als Österreich am Boden lag, erklärt: »Vor allem wollen wir, daß das Reich weiterbesteht, denn in seiner Existenz sehen wir und alle anderen hier versammelten Völker die Garantie für unsere nationale Existenz.« Nun fuhr Rieger nach Paris, wo ihm Napoleon III. Mut machte und die *Revue des Deux Mondes* sekundierte: »Österreich muß ein föderalistischer Staat werden, oder es gibt bald kein Österreich mehr.«

Die Stunde eines gesamtösterreichischen Föderalismus hatte Franz Joseph durch die Einführung des österreichisch-ungarischen Dualismus verstreichen lassen. Ministerpräsident Belcredi hatte eine habsburgische Föderation, die »vereinigten Königreiche« Österreich, Ungarn, Böhmen, Polen und Südslawien vorgeschlagen und der dualistischen Lösung widersprochen: Es könne nicht gutgehen, wenn man die slawische Mehrheit des Reiches vor den Kopf stoße – die über 16 Millionen Tschechen, Slowaken, Polen, Ruthenen, Slowenen, Kroaten und Serben, denen nur knapp 9 Millionen Deutsche und 5,5 Millionen Magyaren gegenüberstanden.

Doch eben dieses Übergewicht der Slawen war für Deutsche wie Magyaren ein Grund, die Föderalisierung abzulehnen, die dualistische Lösung, das heißt die Doppelherrschaft der deutschen und magyarischen Minderheit anzustreben. Der Föderalist Belcredi mußte gehen, die deutschen und ungarischen Zentralisten kamen, weil der Kaiser entschieden hatte: »Ich verhehle mir nicht, daß die slawischen Völkerschaften der Monarchie die neue Politik mit Mißtrauen ansehen werden, allein nie wird es die Regierung allen Nationen recht machen können. Daher muß man sich auf diejenigen stützen, die am meisten Lebenskraft besitzen – und das sind die Deutschen und die Magyaren.«

Die Bevorzugung zweier Nationalitäten, die Beschränkung auf zwei Staatsvölker war eine Sünde wider den Geist des Vielvölkerreiches, eine Selbstverstümmelung des übernationalen Kaisertums. Der Dualismus konnte mit der Notlage nach Königgrätz entschuldigt, nicht gerechtfertigt werden. Aber wäre nicht wenigstens eine Wiedergutmachung in der österreichischen Reichshälfte ratsam gewesen, durch eine Gleichstellung aller »im Reichsrat vertretenen Königreiche und Länder«, durch eine Föderalisierung Zisleithaniens?

Das verlangten vor allem die Tschechen: die Wiedervereinigung der Länder der Krone des Heiligen Wenzels (Böhmen, Mähren, Schlesien), die Garantie ihrer »politischen und nationalen Identität« durch eine eigene Verfassung. Um ihrer Forderung Nachdruck zu verleihen, blieben die Tschechen auch dem neuen Reichsrat fern, demonstrierten unter freiem Himmel, gründeten ein tschechisches Nationaltheater. Böhmens Bevölkerung war zu drei Fünfteln tschechisch, zu zwei Fünfteln deutsch. Dennoch besaßen die Deutschen die Mehrheit im böhmischen Landtag. Weil sie ihren gesellschaftlichen wie politischen Vorrang behaupten, sich nicht von den Tschechen majorisieren lassen wollten, wurden die Deutschen in und aus Böhmen und Mähren zum deutsch-nationalen Stoßtrupp Österreichs, zur treibenden Kraft des Zentralismus.

Als die Preußen abgezogen waren, besuchte der Kaiser Böhmen und Mähren, den Kriegsschauplatz, lobte die Haltung der Bevölkerung, gab sich leutselig, redete viel, nur nicht über das, was die Tschechen eigentlich von ihm hören wollten. In Prag wurde ein tschechischer Schneider verhaftet, weil er ein Attentat auf »Prochazka« beabsichtigt haben sollte, wie Franz Joseph von Tschechen genannt wurde, nach einem weitverbreiteten Familiennamen, der »Spaziergang« bedeutete und der dem deutschen »Meier« oder »Schulze« entsprach. Schließlich ließ sich der Kaiser zu einem Zugeständnis herab. Er schickte die in der Schatzkammer der Hofburg verwahrte böhmische Königskrone nach Prag zurück, wo sie im Veitsdom ausgestellt wurde, ohne den dazugehörigen König freilich, weil Franz Joseph keine Krönung wie in Budapest wollte. Prag wurde unruhig, der Belagerungszustand verhängt.

Dann zog eine tschechische Mehrheit in den böhmischen Landtag ein, die Deutsch-Liberalen hatten 1870 auch bei anderen Landtagswahlen Einbußen erlitten, das »Bürgerministerium« zerbrach. Franz Joseph hatte sich nun lange genug über die Deutsch-Freisinnigen geärgert, weniger über ihre zentralistische Haltung als über ihre antiklerikalen Töne und ihr Dreinreden in seine Entscheidungen. Nach der preußisch-deutschen Reichsgründung waren die Deutsch-Nationalen nicht mehr als Einsatzreserve für eine neue österreichische Deutschlandpolitik gefragt, und Bismarck wollte Anschlußwillige nicht haben, sollte ihnen sogar empfehlen: »Pflegen Sie Ihre Beziehungen zur Dynastie in höherem Maße, als es mitunter in der Vergangenheit geschehen ist.«

Wäre es jetzt nicht an der Zeit gewesen, sich von den deutschen Zentralisten abzusetzen und den slawischen Föderalisten entgegenzukommen? Alte Fehler zu korrigieren? Das schien nun ohnehin sein Regierungsstil zu werden, daß er Fehler, die er machen mußte oder machen wollte, im Nachhinein wieder zu verbessern suchte, stets hinterherhinkend und nachklappend, wobei er mit dem Nachbessern im Einzelnen das Schlimmerwerden im Ganzen nicht verhindern konnte.

Die Zentralisten hatten zu hoch gespielt, die Slawen gereizt: Tschechen waren auf die Straße gegangen, Polen forderten die Autonomie Galiziens, Slowenen verlangten ein slowenisches Königreich, in Dalmatien rebellierten die Bocchesen, die Anrainer der Bucht von Cattaro, aus dem Abgeordnetenhaus des Reichsrates waren die Tschechen, Polen, Slowenen, Istraner und Bukowinaer ausgezogen, obendrein die Tiroler, denen die antikirchliche Politik nicht paßte – die Deutsch-Liberalen waren nun unter sich. So konnte es nicht weitergehen, ein neues Kabinett mußte her. Im Februar 1871 ernannte der Kaiser einen Konservativen und Föderalisten zum Ministerpräsidenten, den Grafen Karl von Hohenwart, bisher Statthalter von Oberösterreich. Das neue Regierungsprogramm entwarf der Handelsminister, der aus Schwaben stammende, an der Wiener Universität lehrende Volkswirt und Soziologe Albert Schäffle.

Der Kaiser wollte es von ihm persönlich erläutert haben. Schäffle traf einen verstimmten und mißmutigen Franz Joseph an, der aber aufmerksam zuhörte, Interesse an allem zeigte, auch an dem, was ihm wie böhmische Dörfer vorkommen mußte. Professor Schäffle rekapitulierte sein Buch *Kapitalismus und Sozialismus*, worin er den ersten verwarf und den zweiten nicht empfahl. Ihm schwebte ein genossenschaftliches System vor, in dem auch der kleine Mann wirtschaftlich und gesellschaftlich vorankommen sollte, aus den Fängen der Kapitalisten befreit, aber nicht den Zwängen des Sozialstaates ausgeliefert. Der Politiker Schäffle zog daraus die Konsequenz: Schluß mit der Vorherrschaft der großbürgerlichen Liberalen, kein sie begünstigendes Klassenwahlrecht, weg mit dem von ihnen vertretenen deutschen Zentralismus. Und angefangen mit der politischen Gleichberechtigung der Nationalitäten, in erster Linie der Tschechen, der Föderalisierung der österreichischen Reichshälfte, der Einführung des allgemeinen und gleichen, eines demokratischen Wahlrechts.

Wenn Franz Joseph die Geschichte der Französischen Revolution geläufig gewesen wäre, hätte ihn der Vortrag Schäffles an den Vorschlag Mirabeaus an Ludwig XVI. erinnern können: Er sollte mit der unteren Klasse gegen die obere paktieren und damit den Untergang der Monarchie abwenden. Der König hatte dies nicht verstanden, und dem Kaiser war nicht einzureden, daß er mit Kleinbürgern und Arbeitern, mutmaßlichen Revolutionären, besser fahren könnte als mit den Aristokraten, den geborenen, und den Großbürgern, den selbstgemachten gesellschaftlichen Stützen der Monarchie.

Gegen eine vorsichtige Föderalisierung hatte Franz Joseph nichts einzuwenden. Zwei Tschechen und ein Pole wurden in das Kabinett Hohenwart-Schäffle berufen. Galizien sollte die gewünschte Autonomie erhalten. Den Tschechen versprach der Kaiser im Septemberreskript von 1871, er werde sich zum König von Böhmen krönen lassen und die Rechte des Königreiches in seinem Eid bestätigen. Ein Nationalitätengesetz für Böhmen wurde vorgelegt, das die Gleichstellung der Tschechen und Deutschen vorsah. Schäffle handelte mit den Führern der tschechischen Nationalpartei 18 »Fundamentalartikel« aus. Die österreichische Reichshälfte sollte in einzelne Gliedstaaten, vorab Böhmen, unterteilt werden, mit einem Delegiertenkongreß und einem Senat als gemeinsamer Vertretung – natürlich mit dem Kaiser an der Spitze, der zugleich Fürst der einzelnen Kronländer gewesen wäre.

Die Deutschen Böhmens, jedenfalls ihre Stimmführer, tobten gegen den beabsichtigten Ausgleich mit den Tschechen. »Wir haben nicht bei Sedan gesiegt, um die Heloten der Tschechen zu werden«, rief einer, als gehörte er schon zum Deutschen Reich und nicht mehr zu Österreich. Friedrich Hebbel wurde zitiert: »Auch die Bedientenvölker rütteln / Am Bau, den jeder totgeglaubt. / Die Tschechen und Polacken schütteln / Ihr strupp'ges Karyatidenhaupt.« Die deutschen Zentralisten wetterten gegen die beabsichtigte Föderalisierung Zisleithaniens, unisono mit den Ungarn. Diese befürchteten Rückwirkungen auf die von ihnen an der Kandare gehaltenen Slawen in Transleithanien, waren aufgebracht, daß ihre Herrenvolkrolle infrage gestellt wurde, indem ein Volk wie die Tschechen ebenso wie die Magyaren zur Ehre eines Ausgleichs kommen sollte. Und die Schwarz-Gelben wollten den schon geteilten Reichsapfel nicht noch weiter teilen lassen.

Die »Fundamentalartikel«, die eine grundlegende Veränderung Österreichs bewirkt und vielleicht bessere Zukunftschancen geboten hätten, wurden dem Kaiser vorgelegt und am 10. Oktober 1871 im Ministerrat behandelt. »Reichsaußenminister« Beust meinte, er könne keine Außenpolitik mehr machen, wenn er außer Ungarn auch Böhmen und noch weitere Kronländer fragen müßte. Überdies entfremde man durch eine Gleichberechtigung der Slawen die Deutsch-Österreicher, das eigentliche Reichsvolk, dem Kaisertum. Der ungarische Ministerpräsident Andrassy verbat sich eine Gleichrangigkeit Böhmens mit Ungarn und drohte mit Konsequenzen für das Verhältnis der beiden Reichshälften.

Der Kaiser hörte sich alles an, gewahrte die Mehrheit nicht auf Seiten der Föderalisten, und entschied, daß die »Fundamentalartikel« zur Vorlage für den Reichsrat nicht geeignet seien. Ob die Tschechen ihre Forderung nicht mildern könnten? Nein, das wollten sie nicht. So wurde denn der Föderationsplan im Archiv der versäumten Möglichkeiten der Habsburgermonarchie abgelegt. Das Kabinett Hohenwart-Schäffle trat zurück. Die deutsch-liberalen Zentralisten waren wieder am Zug, mit dem Ministerium des Fürsten Adolf Auersperg, des jüngeren Bruders des Präsidenten des vormaligen »Bürgerministeriums«.

Die Deutsch-Böhmen triumphierten,die Tschecho-Böhmen warfen dem Kaiser vor, er habe sein Versprechen gebrochen. Die Dynastie verlor bei den Tschechen Respekt wie Sympathie. Der Nationalitätenkampf war eröffnet, zwischen Deutschen und Tschechen, auf dem Boden der gemeinsamen Heimat Böhmen. Bis zu ihrem Ende sollte die ganze Monarchie davon erzittern.

Franz Joseph, der »Prochazka« der Tschechen, der geduldete König von Ungarn, der von den Deutsch-Liberalen bedrängte Kaiser von Österreich, »ein liebender, nur nicht immer starker Vater seiner bunten und unvergleichlich schwer zu regierenden Völkerfamilie«, wie Schäffle meinte – Franz Joseph, der Pechvogel, wie er sich selber nannte, hatte wieder Federn lassen müssen. Die Zeiten waren schlecht für Monarchen im allgemeinen und für Habsburger im besonderen. Der Kaiser von Österreich wurde drangsaliert, den Kaiser von Mexiko, seinen Bruder Ferdinand Max, hatten sie füsiliert.

DIE TODESNACHRICHT AUS MEXIKO erreichte das österreichische Kaiserpaar auf Trauerbesuch in Bayern. Erbprinz Max von Thurn und Taxis, der Gemahl von Elisabeths älterer Schwester Nené, die man beinahe mit Franz Joseph verheiratet hätte, war in Regensburg gestorben. Auf dem Wege nach Possenhofen, wohin er die Witwe begleitete, erfuhr der Kaiser am 30. Juni 1867 in München, daß ein Habsburger von den mexikanischen Republikanern wie ein gewöhnlicher Aufrührer mit Pulver und Blei hingerichtet worden war.

Am 19. Juni 1867 hatte der Traum des Erzherzogs Ferdinand Max, sich fern von Österreich als Kaiser von Mexiko ein eigenes Reich zu schaffen, ein jähes Ende gefunden. Sieben Schüsse waren vom Exekutionskommando auf den fünfundreißigjährigen Herrn im schwarzen Gehrock, mit den wasserblauen Augen und dem blonden Flügelbart, abgefeuert worden, auf dem Cerro de las Campanas, einem kakteenbewachsenen Hügel vor der Stadt Queretaro. Er war sofort tot gewesen.

Drei Jahre, nachdem der zweitgeborene Habsburger die mexikanische Kaiserkrone angenommen hatte, war sie ihm von den mexikanischen Republikanern wieder entrissen worden. Ein Kriegsgericht verurteilte den Fremdling zum Tod durch Erschießen, weil er das Werkzeug einer ausländischen Intervention gewesen sei, sich unrechtmäßig die Souveränität angeeignet habe. Man könne doch den Bruder des Kaisers von Österreich, den Cousin der Königin von Großbritannien, den Schwager des Königs der Belgier, den Cousin der Königin von Spanien nicht einfach füsilieren, beschwor der diplomatische Vertreter des Königs von Preußen den Präsidenten der Mexikanischen Republik.

Benito Juarez, ein Indio, blieb hart. Vielleicht wollte er den Azteken Montezuma rächen, der vor knapp 350 Jahren von spanischen Söldnern Habsburgs um Thron und Leben gebracht worden war. Jedenfalls wollte er ein revolutionäres Exempel gegen das monarchische Prinzip statuieren und der Welt zeigen, daß Kolonialvölker die Kolonialmächte nicht nur zu besiegen, sondern auch zu demütigen vermochten.

Franz Joseph war betroffen, als europäischer Monarch, als Chef des Hauses Habsburg und als Bruder. Zunächst dachte er an die Mutter. Er eilte zu den Eltern, um die Nachricht zu überbringen. »Erschossen, erschossen!«, schluchzte Erzherzogin Sophie. Von diesem Schlag erholte sich die vordem so resolute Frau nie mehr; mit ihr war nun die Seele des schwarz-gelben Widerstandes gegen den Zeitgeist gebrochen. Fortan lebte sie ihrem Kummer und wünschte sich nur noch, in der Kapuzinergruft zwischen ihrem Sohn Ferdinand Max und dem Herzog von Reichstadt zu ruhen, dem von der Schwindsucht dahingerafften Jugendfreund und dem von Republikanern hingerichteten Lieblingssohn. Zwischen den beiden Männern, denen das – wenn auch mit bitterem Ende – beschieden war, was sie sich versagen mußte: ein Leben wie ein Traum.

Eine Gestalt schönsten, reinen Rittertums, die emporstrebende Seelen lehren werde, daß es etwas Höheres gebe als das bloße Leben und dessen Genuß – das rief der österreichische Dichter Adalbert Stifter dem Kaiser von Mexiko nach, und er sprach von dem »Irrtum eines großen Herzens, das verkauft und verraten wurde.« Das war auf Napoleon III. gemünzt, der Ferdinand Max in das mexikanische Abenteuer gelockt und ihn dann alleingelassen hatte.

Aber konnte das nicht auch auf Franz Joseph bezogen werden, der seinen Bruder nicht zurückgehalten, ihn vielleicht nicht ungern hatte ziehen lassen? Den Bruder, der ganz andersartig war als er, der sich jedenfalls von ihm in jeder Beziehung abheben wollte. Und der deshalb manchem als der aufgeschlossenere, beweglichere, beinahe liberale Habsburger erschienen war, als eine menschlich sympathische wie politisch wünschenswerte Alternative zu dem selbstsicheren und engherzigen, prinzipienfesten und prinzipienstarren, erzkonservativen Kaiser.

Die ungleichen Brüder hatten sich nie gut verstanden, und sie waren aneinandergeraten, als Ferdinand Max im Lombardo-Venetianischen Königreich den Vizekönig aus eigenen Gnaden und – wie Franz Joseph meinte – zu Habsburgs Schaden gemimt hatte. Daß ihm sein Bruder ein neues Regierungsamt in Österreich gab, konnte er kaum mehr erwarten.

So saß der dreißigjährige Erzherzog in seinem im normannischen Stil erbauten Miramar bei Triest, in einem Königsschloß ohne Königreich. Wie eine Kommandobrücke stand es auf einer Felsenklippe über dem Adriatischen Meer. Das Arbeitszimmer war wie eine Kajüte eingerichtet, mit Bullaugen, Hängematte, Karten und Navigationsinstrumenten. Im Salon waren in das Blau der Tapete goldene Anker gesenkt. Doch den unruhigen Geist hielt es nicht lange im grünen Schatten des Parks, neben einschläfernden Brunnen, im aufreizenden Duft des Lorbeers. Auf seiner Dampfjagd »Phantasie« schweifte er immer wieder über das Meer, rastete auf der Insel Lacroma vor Dubrovnik, seinem zweiten Besitz, wo die Ruinen eines Klosters lagen und die Einsamkeit herrschte, die er im selben Atemzug genoß und beklagte:

»Wenn von Kraft dir die Seele strotzt,
Jugend dir anspannt die Sehnen,
Dein Gemüt den Stürmen trotzt,
Die Gedanken weit sich dehnen,
Und du bist gebannt?
Und du bist verkannt?
Furchtbar ist es für den Mann,
Geist und Kraft in sich zu wissen –
Und daß, wo er helfen kann,
Hilfe gegen sein Gewissen.

Drum hinab, hinab,
Steig ins dunkle Grab.«

In diese Stimmung versunken, erschien dem Erzherzog das Angebot der mexikanischen Kaiserkrone wie eine Fata Morgana. Sollte er ihr folgen? Vernunftgründe dagegen gab es genug. Napoleon III., der ein Expeditionskorps nach Mexiko entsandt hatte, wollte in erster Linie Schulden eintreiben, welche die republikanische Regierung Juarez nicht zurückzahlen wollte, aber er dachte auch daran, die Trikolore in Amerika aufzupflanzen, das französische Imperium, das Napoleon I. auf Europa begrenzt hatte, weltweit auszudehnen. Kaiserin Eugenie träumte von einer mexikanischen Dependence der lateinischen-katholischen Zivilisation, und wer wäre als Statthalter dazu geeigneter gewesen als ein Habsburger, ein Nachfahre des Universalkaisers Karls V.?

Ein Veto war von den Vereinigten Staaten von Amerika zu erwarten, die sich in der Monroe-Doktrin eine Einmischung europäischer Mächte in die westliche Hemisphäre verbeten hatten. Die USA waren zwar seit 1861, dem Beginn des Bürgerkriegs, mit sich selber beschäftigt, doch man konnte sich an den fünf Fingern abzählen, daß sie sich der französischen Intervention widersetzen würden, sobald sie wieder freie Hand bekommen hätten. In Mexiko waren die Republikaner nur zurückgedrängt, nicht geschlagen. Die Konservativen und Klerikalen bildeten eine Minderheit, konnten sich nur auf den Spitzen der französischen Bajonette halten, mußten fallen, wenn diese zurückgezogen wurden – und mit ihnen der Monarch, der sich etwas vorspiegeln hatte lassen. Auf französische Versprechungen konnte nicht gebaut werden, aus subjektiven Gründen, die in Napoleons Charakter lagen, und wegen der objektiven Gegebenheiten.

Dennoch griff Ferdinand Max nach der mexikanischen Kaiserkrone, weil sie ihn selber faszinierte und weil sie ihm von anderen so verlockend hingestellt wurde. Napoleon appellierte an den Idealisten: Ein ganzer Kontinent müsse der Anarchie und dem Elend entrissen werden. Eugenie beschwor den Romantiker: In einem Lande unbegrenzter Möglichkeiten könnte er sich ein Reich nach seinem Träumen schaffen. Die mexikanischen Emigranten schmeichelten seiner Eitelkeit: Die Kleider eines Kaisers von Mexiko seien auf einen Edelmann seiner Statur zugeschnitten.

Im letzten Moment wäre er beinahe zurückgezuckt, nicht etwa, weil er das Spiel durchschaut hätte, sondern weil ihm Entscheidungen nicht lagen, er Kreuzfahrten zwischen seinen Stimmungspolen liebte, der Schwebezustand zwischen Traum und Wirklichkeit seiner Seelenlage entsprach. Da nahm seine Frau die Sache in die Hand. Charlotte war ebenso unbefriedigt wie Ferdinand Max, doch sie konnte nicht wie er in dieser Frustration ein beinahe wollüstiges Behagen finden. Sie wollte heraus aus dem goldenen Käfig Miramar, wo sie sich nur von ihrem Mann und dem Meer anöden lassen konnte. Sie mußte weg von Österreich, wo für den Zweitgeborenen kaum mehr eine Chance für die Thronfolge bestand, für den Bruder des Kaisers kein angemessenes Amt zu haben war, und seine Frau im Schatten der Kaiserin blieb, Elisabeths, die weit schöner war als sie und Kinder hatte.

Mexiko war Charlottens Kanaan, in das sie ziehen wollte, fest entschlossen, den zaudernden Ferdinand Max mitzuziehen. Sie ging davon aus, daß sie als Kaiserin von Mexiko mehr sein würde als nur die Gemahlin des Kaisers, die Mitregentin nämlich, wahrscheinlich sogar, wie sie sich und ihren Mann kannte, die eigentliche Herrscherin. Das sagte sie ihm nicht, sie packte ihn an seiner empfindlichsten Stelle: Er müsse Manns genug sein, mit seinen Bedenken fertigzuwerden, er solle endlich seinen Mann stehen – in Mexiko. Im Gefängnis von Queretaro, kurz vor seiner Hinrichtung, klagte Ferdinand Max, er sei hier, weil er seiner Frau gefolgt sei.

An Warnungen hatte es nicht gefehlt. Die Mutter wollte es nicht übers Herz bringen, ihren Liebling in ein Abenteuer ziehen zu lassen, dessen Ausgang ungewiß war, dessen Anfang nichts Gutes verhieß, wie es Gräfin Ida Hahn-Hahn, eine Freundin Sophies, ausdrückte: »Nie würde ich mich an den Schmerz gewöhnen können, einen Nachkommen Rudolfs von Habsburgs und Maria Theresias als gekrönten Vasallen der Inkarnation der Lüge (Napoleon) zu sehen, denn dieser Mephistopheles hat nichts so sehr im Auge, als Österreich zu demütigen und zu lähmen.« Die Erzherzogin hatte ihren Sohn bekniet, die »Unglückskrone« auszuschlagen, doch ihr Brief war von Charlotte mit der Bitte beantwortet worden, sie solle sie beide nicht unglücklich machen. »Das ist der Kummer meines Lebens«, seufzte die Mutter beim Abschied.

Franz Joseph hatte manchmal seinen aufmüpfigen Bruder dorthin gewünscht, wo der Pfeffer wächst. Doch es war ihm ferngelegen, ihn ins Verderben stolpern zu lassen. Wenn dies manchmal so schien, so deshalb, weil er sich zweideutig benahm. Aber was sollte er denn machen? Hätte er ihm die Annahme der Krone untersagt, wäre ihm Mißgunst vorgeworfen worden. Hätte er ihn ohne Warnung ziehen lassen, wäre er als Kain bezeichnet worden. Der Kaiser mußte – anfangs der Sechzigerjahre – auf die öffentliche Meinung im eigenen Land wie auf die auswärtigen Beziehungen zu Frankreich, dem präsumptiven Partner in einer Auseinandersetzung mit Preußen, Rücksicht nehmen. Und Franz Joseph war halt so, ging die Mittellinie entlang, wo er Gefahr lief, von beiden Seiten scheel angesehen zu werden.

Das Persönliche war hier wie stets nicht ausschlaggebend; es galt die Interessen der Dynastie und des Staates zu wahren. In diesem Falle hieß das: Der Kaiser von Mexiko konnte keine direkte Unterstützung des Kaisers von Österreich erwarten, weil die Donaumonarchie keine Seemacht mit imperialen Zielen war und sie sich nicht mit den offenen (wie den USA) und den versteckten (wie Frankreichs Konkurrenten England) Gegnern einer ausländischen Intervention in Mexiko anlegen durfte. Ganz zu schweigen davon, daß es den Kaiserlichen im eigenen Land unverständlich gewesen wäre, wenn das zwischen Solferino und Königgrätz stehende Österreich seine ohnehin schwindenden Kräfte in Übersee verzettelt hätte. Und daß es für die Anti-Kaiserlichen ein Stein des Anstoßes gewesen wäre, wenn der Habsburger seine Hand nun auch noch zur Unterdrückung anderer Völker geliehen hätte.

Die Staatsraison erforderte eine strikte Trennung der österreichischen und der mexikanischen Angelegenheiten, die Hausraison den Verzicht des zum Kaiser von Mexiko avancierenden Erzherzogs Ferdinand Max auf alle seine Rechte als Mitglied des Hauses Habsburg, vornehmlich auf jegliche Erbfolge. Man hat Franz Joseph vorgeworfen, daß er diese Bedingung erst im fortgeschrittenen Stadium der mexikanischen Kaiserfrage gestellt habe. Aber konnte er nicht voraussetzen, daß sein Bruder damit von Anfang an gerechnet haben mußte? Und war die Hervorhebung dieser Bedingung nicht vielleicht die Ultima ratio, den Bruder zur Besinnung zu bringen? Oder wollte er ihn wirklich so weit in Richtung Mexiko sich verrennen lassen, daß ihm nichts anderes mehr übrig blieb, als die Brücken hinter sich abzubrechen?

Jedenfalls kam es zum Bruch zwischen den beiden Brüdern. Eine Zuwendung aus dem Familienfonds und die Anwerbung eines österreichischen Freiwilligenkorps war das Äußerste, was Franz Joseph zugestand. Einen Augenblick lang loderte die Empörung in Ferdinand Max empor, der den Mexikanern und Napoleon faktisch schon sein Ja-Wort gegeben hatte, dann fiel sie wieder, wie alle seine dramatischen Gefühlsregungen, in sich zusammen, um unter der Asche weiterzuglühen, bis zum nächsten Aufflammen. Charlotte griff wieder ein. Sie reiste nach Wien, wo sie der Kaiser, Kavalier wie immer, am Bahnhof abholte. In der Hofburg redete sie drei Stunden lang auf den Schwager ein, der keine Miene verzog und keinerlei Zugeständnis machte.

Am Morgen des 9. April 1864 kam der Kaiser von Österreich nach Miramar, um sich vom designierten Kaiser von Mexiko einen Familienpakt, den Verzicht auf dessen erzherzogliche Rechte unterschreiben zu lassen, und der Bruder Franz Joseph, um vom Bruder Ferdinand Max Abschied zu nehmen. Sieben Erzherzöge und drei Minister hatte er als Zeugen des Staatsaktes mitgebracht. Vorher sprachen die beiden Brüder zwei Stunden lang unter vier Augen. Die Spuren der Auseinandersetzung waren noch in ihren Gesichtern zu sehen, als sie zur Unterzeichnung schritten.

Nur Charlotte strahlte, denn der Weg nach Mexiko war nun frei. Nach einem kurzen Mittagessen, das anderen, nur nicht den unmittelbar Betroffenen wie eine Henkersmahlzeit vorkam, verabschiedeten sich die beiden Brüder in korrekter Förmlichkeit. Erst als er schon vor seinem Hofzug stand, gab sich Franz Joseph einen Ruck, wandte sich Ferdinand Max zu, schloß ihn unter Tränen in seine Arme, küßte ihn ein letztes Mal.

Als ihn die mexikanische Delegation am nächsten Tag als Kaiser Maximilian von Mexiko hochleben ließ, war er totenbleich. Am 14. April 1864 stach die österreichische Fregatte »Novara« in See, das frischgebackene mexikanische Kaiserpaar an Bord. Noch während der Überfahrt unterzeichnete Maximilian einen von Charlotte aufgesetzten Widerruf des Verzichtes auf seine erzherzoglichen Rechte. In diesem Dokument appellierte er, über den Kaiser hinweg, an die »treuen unter Habsburg-Lothringens Kaiserkrone vereinten Völker, deren Provinziallandtage einzig und allein im Einvernehmen mit Uns Änderungen an den Grundgesetzen der Pragmatischen Sanktion hätten vornehmen können.«

Dem Kaiser in Wien kam dies bald zu Ohren. Ein Habsburger, sein Bruder, der den Souverän umgehen und sich direkt an das Volk wenden wollte – das war ein unerhörter Vorgang in der Geschichte der Dynastie, ein Grund zur Entrüstung, vielleicht auch zur Erleichterung, einen solchen Habsburger losgeworden zu sein.

Franz Joseph schwieg, doch Maximilian nahm kein Blatt vor den Mund: »Meine Individualität, dieses selbsteigene Etwas, entspricht nicht den Ansichten meines älteren Bruders, dies hat er mich bei jeder Gelegenheit auf die unzweideutigste, schonungsloseste, ja oft kränkendste Weise fühlen lassen. Mein Freimut, mein burschikoses, offenes Wesen genieren, meine liberalen Ansichten schockieren ihn, meine ungebundene Zunge fürchtet er, mein aufbrausendes Temperament erschreckt ihn, meine auf Reisen gesammelten Weltanschauungen erregen seine Eifersucht. Er ist der Herr, ihm ist die Macht, die mein strenges Rechtsgefühl jederzeit anerkennt, was bleibt mir also unter solchen Verhältnissen vom Standpunkt der Klugheit und der religiösen Gefühle übrig, als auszuweichen?«

Soweit er auch auswich, er wurde den Bruder nicht los, das, was er anklagend dessen Schatten nannte, und das, was er uneingestanden für ein Vorbild hielt. Während der Seereise tüftelte er am Protokoll des mexikanischen Kaiserhofs, das nicht weniger minutiös und verbindlich sein sollte als die spanische Etikette der Wiener Hofburg: Wie man sich bei einer Audienz verhalten müsse, welche Hofchargen welche Dienste auszuüben hätten, wie die Gäste beim Hofdiner zu plazieren wären, welche Orden und Ehrenzeichen verliehen werden könnten, wie die Palastgarde uniformiert sein sollte.

Und auch der mexikanische Habsburger wollte seine Hofburg, sein Schönbrunn und sein Laxenburg haben. Wie Franz Joseph wollte er ein persönliches Regiment führen, so unnahbar wie nötig und so huldvoll wie möglich, vom Schreibtisch aus regieren, Akten unterzeichnen und die Berichte der Geheimpolizei lesen, sich wie sein Bruder mit Herrschaftswissen anreichern. Er vergaß, daß er nicht das Sitzfleisch dazu hatte, nicht die Beharrlichkeit, ja Sturheit, daß das Pflichtgefühl seiner Vorstellung kaum eine Entsprechung in seinem Willen fand.

Er war nicht Franz Joseph, und Mexiko war nicht Österreich. Maximilian blieb von den Franzosen abhängig, hatte keine richtige Armee, nur Fremdenlegionäre und einheimische Söldner, keine

Hofräte, Bezirkshauptleute, Stuhlrichter und Gendarmen, zwar neue Gesetzbücher, an die sich aber kaum jemand hielt, und eine Kasse, mit der verglichen die österreichische geradezu ein Nibelungenhort war. Vor allem hatte er Untertanen, die ein »Gott erhalte« nicht einmal sangen, wenn er vor ihnen stand, die sich meist gar nicht blicken ließen.

So kam es, wie es kommen mußte. Das mexikanische Kaiserreich blieb auf eine – allerdings beträchtliche – Anzahl von Generälen, Ministern, Kammerherren, Hofdamen, Stallmeistern, Leibärzten, Lakaien, Kutschern, Köchen, Gärtnern und Palastwachen beschränkt, und auf jene, die von ihm profitierten, Großgrundbesitzer, höhere Geistlichkeit, Geschäftsleute und Glücksritter aller Art. Die Konservativen wollte Maximilian nicht verlieren und die Liberalen konnte er nicht gewinnen. Die Republikaner nahmen zu und drangen vor. Juarez wurde von den USA unterstützt; 1865 war der Bürgerkrieg mit dem Sieg der Nordstaaten beendet worden. Schließlich zwangen die Nordamerikaner Napoleon III., der ohnehin keine Lust mehr hatte, ein Faß ohne Boden zu füllen, die Kredite zu sperren und die französischen Truppen abzuziehen, den Kaiser und sein Reich im Stich zu lassen – trotz der Versprechungen, von denen sich Maximilian und Charlotte hatten blenden lassen.

Franz Joseph kam nicht zu Hilfe, weil er nicht konnte und weil er nicht wollte. Ein Krieg mit Preußen und Italien stand bevor, er mußte seine Kräfte zusammenhalten, ging immerhin so weit, eine beschränkte Anwerbung weiterer Freiwilliger für Mexiko zu gestatten. Aus den kaiserlichen Sammlungen in Wien schickte er dem Bruder zum Aufbau eines mexikanischen Nationalmuseums Montezumas Schild und den Bericht des Spaniers Cortez an Karl V., wie dieser dem Azteken Schild und Herrschaft genommen hatte. Nun war der Indio Juarez dabei, Maximilian I. Stück für Stück seines Reiches wegzunehmen. Schließlich stellte Franz Joseph auf amerikanischen Druck die Freiwilligenwerbung in Österreich ein; 2000 Legionäre, die in Triest bereits eingeschifft worden waren, mußten wieder an Land gehen.

Er sei es gewöhnt, daß ihn die Seinen nie begriffen hätten, klagte Maximilian, ihn vielleicht erst begreifen würden, wenn es zu spät wäre. Er litt an Dysenterie und dachte an Abdankung. Von Napoleon wie von Franz Joseph allein gelassen, wollte er nun auch allein sein, aber daheim, in seinem Refugium an der Adria, fern von Mexiko, das seiner nicht würdig war, fern von Paris, wo der Verrat hauste, fern von Wien und seinem Rabenbruder.

Sie sei nicht gewillt, bis sie Siebzig sei, in Miramar das Meer anzustarren, bedeutete Charlotte ihrem Gatten, und in einer Denkschrift der Kaiserin an den Kaiser ließ sie ihn wissen: »Abdanken heißt, sich selbst verurteilen, sich selbst ein Unfähigkeitszeugnis ausstellen, und das ist nur annehmbar bei Greisen und Blödsinnigen, das ist nicht Sache eines Fürsten von 34 Jahren voller Leben und Zukunftshoffnungen.« Und: »Die Souveränität ist das heiligste Besitztum, das es unter Menschen gibt; man verläßt den Thron nicht, wie man aus einer Versammlung fliehen will, die ein Polizeikorps umschlossen hält. In dem Augenblick, da man die Geschicke einer Nation übernimmt, tut man dies auf eigene Gefahr, und es steht einem nicht frei, sie zu verlassen.«

Charlotte bewog Maximilian zum Bleiben. Sie selber reiste nach Europa, um Hilfe zu holen. Zunächst nach Paris, zu dem mächtigen Mann, der mit dem von ihm kreierten Kaiser von Mexiko einen Beistandsvertrag geschlossen und ihm schriftlich versichert hatte: »Ich bitte Sie, stets auf meine Freundschaft zu zählen und sicher zu sein, daß Ihnen meine Unterstützung bei der Erfüllung der Aufgabe nicht fehlen wird, die Sie mit so viel Mut auf sich nehmen.« Charlotte kam einen Monat nach Königgrätz, Eugenie sann auf Rache für Sadowa und Napoleon, von seinem Blasenstein, der Opposition und Bismarck geplagt, erklärte der Bittstellerin: »Es wäre gut, wenn sich Ihre Majestät keinen Illusionen hingäbe.«

Nach Wien fuhr sie erst gar nicht. Sie wußte, daß sie bei Franz Joseph nichts ausrichten konnte, nach Königgrätz noch weniger als vorher. Er wollte nicht einmal mehr den Namen seines Bruders hören, seitdem Wiener »Hoch lebe Kaiser Maximilian« gerufen hatten, wobei sie nicht an den gegenwärtigen Kaiser von Mexiko, sondern an einen neuen, liberaleren, besseren Kaiser von Österreich gedacht haben dürften. War denn überhaupt von dieser am Anfang ihres Endes stehenden Monarchie noch etwas zu erwarten? Österreich werde zum Magyarenreich und sei erledigt, schrieb Charlotte ihrem Gatten nach Mexiko. Allein die österreichische Flotte habe sich ehrenhaft und ruhmvoll geschlagen, aber man habe die Hand dessen verkannt, der sie geschaffen.

»Erzherzog Ferdinand Max« hieß das Flaggschiff Tegetthoffs, der die Italiener in der Seeschlacht bei Lissa besiegt hatte. Das siegreiche Geschwader lag vor Triest, als Charlotte zu einem Zwischenaufenthalt nach Miramar kam, und seine Mannschaft war an Deck angetreten, um in der Gemahlin den ehemaligen Marinekommandanten zu ehren. Charlotte ging an Bord des Flaggschiffes, um Maximilians alten Gefährten zu grüßen und dem Sieger von Lissa zu gratulieren. Das hatte auch Franz Joseph vorgehabt, unterließ es aber: »Die nächste Zeit kann ich nicht nach Triest«, berichtete er Elisabeth, »da die mexikanische Majestät bereits von Paris unverrichteter Dinge nach Miramar abgereist ist, und so bleibe ich jetzt hier, bis sie wieder abreist.«

Im Schloß fand Charlotte ein Abbild der mexikanischen Kaiserkrone vor, die mit Dornen umwunden war. Die Kaiserin war kaum wiederzuerkennen, so hatte sie sich in den letzten zwei Jahren verändert. Die sechsundzwanzigjährige Frau war hager und spitz geworden, ihre Augen glänzten wie im Fieber, die eingefallenen Wangen waren hektisch gerötet. Auch in der Septemberhitze legte sie Mantille und Schal nicht ab. Und sie aß kaum etwas, schälte sich ab und zu eine Orange, fühlte sich am wohlsten unter den Fächerpalmen und Trauerweiden im Park. »Alle Welt staunt vor diesen zwei Werken des abwesenden Fürsten, die Schlacht bei Lissa und Schloß Miramar«, schrieb sie Maximilian nach Mexiko, berichtete ihm von der Flottenparade zu seinen Ehren. »Morituri te salutant. Es ist der letzte Gruß der Marine, dann verläßt sie Triest und vielleicht die Geschichte . . . Ihre Mission ist vollendet. Die Deinige auch.«

Noch hatte Charlotte eine allerletzte Hoffnung: den Papst. Sie fuhr nach Rom. Pius IX. könnte Napoleon und Franz Joseph ins Gewissen reden, ein Konkordat mit Maximilian abschließen, das ihm die Unterstützung des mexikanischen Klerus sichern mochte. Doch der Papst wollte für sie nur beten. Ihre Verzweiflung steigerte sich zum Verfolgungswahn, zum Irrsinn. »Eure Heiligkeit, helfen sie mir! Alle, die mit mir kamen, alle, die draußen vor der Tür warten, trachten mir nach dem Leben! Sie wollen mich auf Napoleons Befehl vergiften«, flehte sie in der Privataudienz den Heiligen Vater an. Ins Hotel »Roma« am Corso zurückgekehrt, schrieb sie den Satz nieder: »Todo es inutil – alles ist vergebens.«

Am nächsten Morgen – am 30. September 1866 – ließ sie sich zur

Fontana di Trevi fahren, aus der sie gierig trank, dann bestand sie darauf, mit dem Papst zu frühstücken. Doch trank sie die Schokolade erst, nachdem eine Katze daran geleckt hatte. Abends lief sie aus dem Hotel, zum Vatikan, und begehrte von den aufgeschreckten Prälaten Nachtquartier. Man telegraphierte den Grafen von Flandern herbei, Charlottens Bruder. Er brachte die zunehmend Geistesgestörte nach Miramar, zurück an den Ausgangspunkt ihrer großen Illusion.

Ein Jahr später holte sie die Familie heim nach Belgien; sie sollte nicht auf österreichischem Boden, in den Händen der Habsburger bleiben. Charlotte war »nur Haut und Knochen und voll Angst vor allem und jedem«. In Bouchout, einem Wasserschloß bei Brüssel, lebte sie noch bis 1927, überlebte die Bonapartes und die Habsburger, starb mit 86 Jahren. Jahr für Jahr war sie im Frühling in einen Kahn im Schloßgraben gestiegen und hatte erklärt: »Heute fahren wir nach Mexiko.«

Am 15. Mai 1867 übergab Maximilian seinen Degen dem Partisanenführer Escobedo; Queretaro, das letzte Bollwerk der Kaiserlichen, war gefallen. Sein Gefängnis wurde das Kapuzinerkloster der Stadt, ein Vorstadium der Kapuzinergruft in Wien. Wenn er wieder frei käme, würde er den *Don Quichote* lesen, sagte er seinem Sekretär Blasio. Am 16. Juni verlas man ihm das Todesurteil. Er bat, Trauring und Rosenkranz seiner Mutter zu überbringen. Seinem Bruder Franz Joseph schrieb er einen Abschiedsbrief: »Für Fehler, die ich begangen, für Kummer und Verdruß, die ich Dir im Leben bereitet, bitte ich Dich aus ganzem Herzen um Verzeihung.«

Schon die Nachricht von der Gefangennahme Maximilians hatte diesen umgestimmt. Er telegraphierte nach Amerika, daß er die Verzichtserklärung des Erzherzogs Ferdinand Max annulliert, »den ehemaligen Kaiser von Mexiko« wieder in alle seine ererbten Rechte als Mitglied des Hauses Habsburg-Lothringen und Zweiter in der Thronfolge eingesetzt habe. Das konnte Juarez nicht rühren, Maximilian nicht retten. Die Nachricht von der Hinrichtung traf Franz Joseph wie ein Blitz. Mehr als jeder offizielle Nachruf offenbarte die an Albert von Sachsen gerichtete Anzeige, ein waidmännisches Gedenken, wie sehr ihm der Tod des Bruder naheging: »Es scheint mir noch immer wie ein Traum, wenn ich daran denke, daß er nicht mehr mit uns ist, nie mehr mit uns jagen wird.«

Der Kaiser befahl dem Vizeadmiral Wilhelm von Tegetthoff, die sterblichen Überreste heimzuholen, auf der Fregatte »Novara«, mit der Maximilian nach Mexiko gekommen war. Im September 1867 stand Tegetthoff vor seinem toten Marinekommandanten. Die einbalsamierte Leiche war nach Mexiko-Stadt, in die Spitalkapelle von San Andres überführt worden. Auf dem Transport war das über dem Antlitz angebrachte Sargfenster zerbrochen, die Scherben hatten die Nase zerschnitten. Der Bart war ohnehin von Souvenirjägern gestutzt worden. »Das Gesicht ist schrecklich entstellt, fletschende Zähne und hervorstechende Augen, die man, wie ein Zeitungsblatt neulich meldete, von einer heiligen Ursula ausborgte.«

Präsident Benito Juarez wollte die Leiche »Erzherzogs Ferdinand Max« erst herausgeben, wenn ein schriftliches Ersuchen der österreichischen Regierung eingegangen sei. Er verlangte – und erhielt – eine offizielle Distanzierung Wiens vom mexikanischen Kaiserreich und eine Anerkennung des republikanischen Regimes, mehr noch: die Legitimierung des Selbstbestimmungsrechts einer neuen Nation durch eine alte Macht, die Besiegelung des Endes der Kolonialepoche in Lateinamerika, die mit dem Habsburger Karl V. begonnen und mit dem Habsburger Maximilian I. aufgehört hatte.

Am Abend des 17. Januar 1868 erreichte die sterbliche Hülle des Kaisers von Mexiko endlich Wien. Der Südbahnhof war nicht besonders geschmückt. Es schneite, als der Sarg auf einem Sechsspänner zur Hofburg gebracht wurde. Fenster waren erleuchtet und Walzerklänge zu hören – man feierte Fasching in Wien. Die Familie war versammelt, nur Kaiserin Elisabeth fehlte, was Erzherzogin Sophie bitter vermerkte. Anderntags geleitete sie den Sarg in die Kapuzinergruft, wo er in einen Metallschrein gelegt wurde, damit er den Jahrhunderten widerstehe, bis zum Jüngsten Tag.

»Warum, zum Teufel, Maximilian und Charlotte bedauern?«, meinte in Paris der Sozialist Georges Clemenceau. »Sie sind alle zauberhaft, diese Leute, schon fünf-, sechstausend Jahre ist es so. Sie haben das Rezept für alle Tugenden und das Geheimnis aller Grazie. Sie lächeln – wie anmutig! Sie weinen – welch ein Drama! Sie erlauben euch, am Leben zu bleiben – welch ungeheure Freundlichkeit! Sie treten euch zu Boden – gebt die Schuld daran den unglückseligen Umständen, die sie dazu gezwungen haben! Ich kenne kein Bedauern mit solchen Leuten.«

Franz Joseph kannte diesen merkwürdigen Nachruf nicht. Aber er mochte geahnt haben, daß sich im Schicksal Maximilians gerafft und geballt das vollzogen hatte, was ihm selber, wenn auch gedehnt und gestreckt, bevorstand: der unvermeidliche Untergang, mit Anstand freilich, und nicht ohne Würde.

Nachsommer

Zum Kondolieren waren Kaiser Napoleon III. und Kaiserin Eugenie am 18. August 1867 nach Salzburg gekommen. Erzherzogin Sophie hatte sich in Ischl eingeschlossen, wollte den »Mörder ihres Sohnes« nicht sehen. Franz Joseph war nichts anderes übriggeblieben, als den »Erzschuft von Villafranca« – wie er ihn seit der für ihn schmerzlich verlaufenen Begegnung im Jahre 1859 genannt hatte – zu empfangen. Er brauchte ihn als Gegengewicht gegen Preußen, das nach Königgrätz den Norddeutschen Bund gegründet hatte und schon nach den süddeutschen Staaten griff.

Elisabeth war gerne mit von der Partie. Sie wollte sehen, wer die schönste Kaiserin in Europa sei, sie oder Eugenie, und sie zweifelte nicht daran, daß ihr der Preis zufallen würde. Die Kaiserin der Franzosen war eine klassische Schönheit, mit blauen Augen und goldblonden Haaren, und in der Krinoline, dem modischen Reifrock, glich sie einer von Velasquez gemalten spanischen Königin. Doch sie war elf Jahre älter und einen Kopf kleiner, und sie besaß nicht den melancholischen Charme und romantischen Reiz Sisis. Deren Schwager Karl Ludwig, nicht gerade ein unparteiischer, doch dezenter Schiedsrichter, befand: Kaiserin Eugenie sei »ganz belle femme, mais la très humble servante de la nôtre«.

Kaiser Napoleon war nun fast sechzig, ein Greis schon, mit einem Oberkörper, der immer länger, und Beinen, die immer kürzer zu werden schienen, schwammigen Zügen und trüben Augen, von denen die ausgezwirbelten, steifgewichsten Schnurrbartspitzen kaum abzulenken vermochten. Bei seinen Gesten, die matter geworden waren, fielen die vom Nikotin der Zigaretten gebräunten Fingerkuppen auf. Napoleon war nicht gesund und politisch nicht mehr auf der Höhe. Die wachsende Opposition im eigenen Lande machte ihm zu schaffen. Das mexikanische Debakel war ihm in die Knochen gefahren. England saß am längeren imperialistischen Hebelarm,

Preußen war zu mächtig geworden, Österreichs Niederlage bei Königgrätz und Sadowa hatte Frankreichs Stern verdunkelt.

Sie wären nun gegebene Bundesgenossen gewesen, Franz Joseph und Napoleon, die sich einst auf dem Schlachtfeld von Solferino gegenübergestanden waren. Doch beide zauderten. Der Kaiser von Österreich, weil ihm der Franzose Oberitalien und den Bruder genommen hatte, und weil die Monarchie so mit sich selbst beschäftigt war, daß an eine aktive Außenpolitik, womöglich mit neuer kriegerischer Verwicklung, nicht gedacht werden konnte. Der Kaiser der Franzosen zögerte, weil er sich von Preußen immer noch Kompensationen für sein Stillhalten im Jahre 1866 versprach und er es deshalb nicht über Gebühr reizen wollte. Und schließlich, weil er dieses anachronistische Österreich immer noch nicht mochte.

Der gemeinsamen Interessen willen mußten die Verbindungen gepflegt werden. Im Herbst 1867 fuhr Franz Joseph nach Paris, ohne Elisabeth, die in anderen Umständen war, sich bereits neben Eugenie hatte sehen lassen und als die Schönere befunden worden war, die sich nichts dabei dachte, ihren Mann allein in dieses Sündenbabel fahren zu lassen, weil sie eben nicht so viel für ihn empfand, um eifersüchtig werden zu können.

Paris war gerade in diesem Jahr eine Reise wert. Die Weltausstellung demonstrierte den Fortschritt der Menschheit, und die französische Metropole präsentierte sich als Welthauptstadt der Zivilisation. Napoleon, der sich für den Primus der Monarchen hielt, umarmte »seinen Bruder« Franz Joseph auf der Gare de l' Est. Im Tuilerienschloß empfing ihn Eugenie in blauem Atlaskleid, mit Maiblumen und Diamanttropfen im Haar. Am meisten imponierten ihm die Soldaten: Grenadiere mit Tschakos, Zuaven in Rot und Blau, Husaren und Chasseurs, Lanciers und Kürassiere. Zum Paradieren hatten sie Platz auf den Boulevards, auf den Avenuen, die wie Strahlen vom Etoile ausgingen, wo der Triumpfbogen stand, das Ruhmeszeichen Napoleons I., das seinen Abglanz auf Napoleon III. warf.

»Ich habe viel von Paris erwartet, aber ich bin dennoch paff, denn so überwältigend schön dachte ich es mir doch nicht«, schrieb Franz Joseph nach Hause, und: »Man kann nur immerfort staunen über alles Großartige, Schöne und Nützliche, was man sieht. Es ist wie ein Traum.« Auf dem Marsfeld war eine Mammutschau des Fortschritts aufgebaut, eine Mustersammlung all dessen, wozu es die Menschheit gebracht hatte und wozu sie es noch bringen würde: Lokomotiven, Maschinen, ein neues Metall namens Aluminium, eine Mustersiedlung für Arbeiter, eine Kruppkanone und ein Feldlazarett. Das Industriezeitalter und die Epoche der Materialkriege hatte begonnen, und auch dem Kaiser von Österreich erschien das wie ein schöner Traum.

Doch die Vergangenheit ließ ihn nicht los. Er sah den Kerker, in dem Marie Antoinette, die Tochter Maria Theresias, auf ihre Hinrichtung gewartet hatte. In der Oper wurde als Galavorstellung *Don Carlos* gegeben, ausgerechnet das Stück, das an eine schmerzliche Episode in der Geschichte des Hauses Habsburg erinnerte, und das der Italiener Verdi komponiert hatte, dessen Name ein Fanal für das Risorgimento gewesen war: »Viva *VERDI* – Viva *V*ittorio *E*manuele *R*e *d'* *I*talia«. Die Schmach, die ihm Napoleon III. zugefügt hatte, war wieder gegenwärtig. Die politischen Gespräche blieben deshalb verbindlich-unverbindlich, wie Außenminister Beust resümierte: »Wir sind verbunden, ohne gebunden zu sein.«

Das Reisen hielt Franz Joseph nicht, wie sein unglücklicher Bruder und seine unstete Gattin, für eine erstrebenswerte Daseinsform; er war und blieb ein introvertierter Österreicher, der sich am wohlsten innerhalb der Grenzpfähle seines Reiches und der vier Wände seines Hauses fühlte. Die Briefe, die er seiner Frau schrieb, waren deshalb mehr als die üblichen Beteuerungen eines allein in Paris weilenden Ehemannes: Sie zeugten von Häuslichkeit und Heimweh. »Dämchen habe ich recht viele und recht hübsche gesehen. Ich denke aber nur an Dich, mein Engel, Du kannst ruhig sein.« Und: »Ich unterhalte mich überhaupt sehr gut. Und doch sehne ich mich unendlich nach Hause zu Euch, mein einziges wirkliches Glück.«

Zwei Jahre später reiste er wieder, noch länger und weiter weg, und wiederum war der Anstoß von Napoleon III. gekommen. Er hatte Ferdinand Max nach Mexiko verführt und brachte es nun fertig, dessen Bruder hinter dem Ofen hervor, in den Orient zu locken – zur Eröffnung des Suezkanals zwischen dem Mittelmeer und dem Roten Meer, der nach Plänen des Österreichers Negrelli vom Franzosen Lesseps erbaut worden war. Der Kaiser von Österreich war – wie andere Fürstlichkeiten – eingeladen, dem Triumph französischer Ingenieurkunst und napoleonischer Weltgeltung beizuwohnen.

Auch diesmal fuhr Franz Joseph allein, ohne die ansonsten so reiselustige Gemahlin. Er wäre lieber daheim geblieben, aber der Aussenminister hatte befunden, daß Österreich, das nach dem Orient schaue, vertreten sein müsse. Und zwar durch den Kaiser höchstpersönlich, der die Rolle des Kavaliers der ohne ihren Gatten kommenden Kaiserin Eugenie nicht etwa dem preußischen Kronprinzen Friedrich Wilhelm überlassen könne. Preußen dürfe Österreich nicht auch noch im Orient die Schau stehlen.

Wenn schon, dann wollte er eine Wallfahrt ins Heilige Land damit verbinden, in dem seit Friedrich III., seit 1430, kein habsburgischer Herrscher mehr gewesen war. Auf dem Hinweg machte er in Konstantinopel Station, beim Sultan des zerfallenden Osmanischen Reiches. Der »kranke Mann am Bosporus«, Abd al-Asis, entfaltete eine Pracht, die den Kaiser an ein vorweggenommenes Pompes funèbres, ein Leichengepränge, hätte erinnern können, wenn er Derartiges nicht auch in seinem Österreich eher für ein Zeichen unvergänglicher Würde gehalten hätte.

Es war wie ein Märchen aus »Tausendundeinernacht«, das auch den nüchternen Franz Joseph ergriff, der in schwarzem Rock und grauen Hosen durch diesen Basar schritt, als habe er sich einen Panzer angelegt. Der Sultan hatte dem Kaiser seinen Palast zur Verfügung gestellt, aus dem der Harem ausquartiert worden war, ohne daß sich das Stimulans der Phantasie verflüchtigt hätte. Die 800 Hofpferde wurden ihm gezeigt, darunter der 30 Jahre alte arabische Schimmel des Großherrn, und die im 16. Jahrhundert nach Konstantinopel verbrachte Bibliothek des ungarischen Königs Matthias Corvinus; als sie der Gast zu offensichtlich bewunderte, wurde sie ihm geschenkt. So wußte der Sultan den Kaiser zu beglücken, nicht zuletzt durch eine abendliche Lustfahrt auf dem Bosporus, dessen beide Ufer, das europäische und das asiatische, durch Bogen bengalischen Feuers verbunden waren. Das Goldene Horn machte seinem Namen Ehre, und die Kuppeln und Minaretts der Moscheen hoben sich wie Scherenschnitte vom purpurnen Abendhimmel ab.

Auf seiner Dampfjagd »Greif« fuhr der Kaiser dann ins Heilige Land, nicht als Kreuzritter, sondern als friedfertiger Pilger, in der Aureole eines Herrschers von Gottes Gnaden freilich, und mit dem glanzvollen Protokoll eines Gastes des Großherrn. In Jaffa erwarteten ihn türkische Würdenträger, Soldaten und Beduinen, Araberpferde und 500 Dromedare, die das Hoflager zu transportieren hatten, darunter ein vier Zentner schweres silbernes Bett, das jeden Morgen zerlegt und jeden Abend wieder zusammengebaut wurde. Als die Karawane vor Jerusalem ankam, stieg der Kaiser vom Roß, kniete nieder, küßte die geweihte Erde und betete. Dann ritt er, unter dem Jubel der Menge, in die Heilige Stadt, zum Grab des Erlösers, wo er nichts weiter als ein Wallfahrer war, beichtete, kommunizierte und Devotionalien erstand.

Am 17. November 1869, um 9.30 Uhr, begann die Einweihungsfahrt auf dem Suezkanal. Die Spitze des Konvois bildete der »Aigle« mit Kaiserin Eugenie an Bord, dahinter der »Greif« mit dem Kaiser von Österreich, und darauf sollte eigentlich die »Grille« mit dem Kronprinzen von Preußen folgen. Doch zwei österreichische Dampfer drängten sich vor, hängten Friedrich Wilhelm ab, auf den nach siebenstündiger Fahrt in Ismaïla neuer Ärger wartete. Hier gab es eine »Rue de l' Impératrice« und eine »Rue François«, doch keine »Rue Hohenzollern«.

Selbstverständlich war der Kaiser von Österreich der Tischherr der Kaiserin der Franzosen bei der Festivität, die Ismail Pascha, der Khedive von Ägypten, gab. Eugenie trug ein hellrotes Kleid und eine juwelenbesetzte Tiara, Franz Joseph eine gelbe Weste und hellgraue Hosen. Er ließ sich vom preußischen Kronprinzen in kein politisches Gespräch verwickeln, obgleich sie in Tuchfühlung gekommen waren, in einem halbfertigen Palast, der 800 Menschen faßte und in dem sich einige Tausend drängten. »Außi möcht' ich«, stöhnte Franz Joseph.

Immerhin war der Preuße vor dem Österreicher in Kairo, was ihn zu der Siegesmeldung veranlaßte: »Ich glaube, daß wir vielleicht dem für Kaiser Franz Joseph bestimmten Empfang den obersten Schaum abgeschöpft.« Nicht für ihn, sondern für den Österreicher war ein Triumphbogen errichtet, von hier lebenden Landsleuten. Friedrich Wilhelm wurde auf einem Nildampfer untergebracht, Franz Joseph im vizeköniglichen Schloß Gezireh. Die Jagdleidenschaft packte ihn, als er im Garten seltsame Vögel sah; er ließ sich sein Gewehr holen und erlegte zwei der Exoten; ausgestopft nahm er sie mit nach Hause.

Schließlich sah er der Sphinx ins rätselvolle Antlitz und bestieg die viereinhalbtausend Jahre alte, 137 Meter hohe Cheopspyramide. Schon wollte er auf halbem Wege umkehren, als ihn sein Führer, ein Ägyptologe, darauf aufmerksam machte, daß seit Friedrich Barbarossa kein Kaiser bis zur Spitze gelangt sei. »Was würde man in Europa dazu sagen, wenn ich bei beschwerlichen Dingen ermatte und umkehre?«, sagte Franz Joseph und stieg im Schweiße seines Angesichtes weiter.

Die Aussicht lohnte sich kaum, nackte Wüste und die nur spärlich von Grün bedeckte wüstengelbe Stadt. Aber er hatte selbst in diesem gottverlassenen Ägypten bewiesen, daß der Kaiser von Österreich immer im Dienst war.

ER WAR NUN AN DER SCHWELLE DER VIERZIG. Gealtert hatte ihn Friedrich Wilhelm von Preußen gefunden, sein lichter gewordenes Haar ganz kurz geschoren, das Gesicht halb verdeckt von einem Schnurr- und Backenbart. Franz Joseph camouflierte das, was in seinen Zügen eingegraben war, die Resignation, die ein Habsburger nicht zeigen durfte.

In Italien war der Nationalismus, der Erzfeind Österreichs, bereits am Ziel. Noch residierte Viktor Emanuel in Florenz, weil die eigentliche Hauptstadt, Rom, von französischen Truppen besetzt war, den letzten Stützen der weltlichen Macht des Papstes. Doch die Einverleibung des restlichen Kirchenstaates in den Nationalstaat, die Ernennung der »Ewigen Stadt« zur Kapitale des Königreichs Italien war nur noch ein Frage kurzer Zeit. Im Mai 1870 verweigerte das Bankhaus Rothschild der Kurie eine Anleihe von 60 Millionen Lire, im September 1870 schossen die königlichen Truppen bei der Porta Pia eine Bresche in die Stadtmauer, Viktor Emanuel zog in den Quirinal, Pius IX. schloß sich im Vatikan ein. Italien war nun endlich geeint – bis auf das Trentino, Görz, Triest und Fiume, österreichischen Gebieten, die zur »Irredenta«, zum »unerlösten Land« erklärt wurden und möglichst bald heimgeholt werden sollten.

In Deutschland stand die Nationalstaatsbewegung kurz vor dem Ziel: dem Anschluß der süddeutschen Staaten an den von Preußen geführten Norddeutschen Bund. Napoleon III. widersetzte sich noch, und auch Franz Joseph hätte sich sträuben müssen, gegen eine weitere Verschiebung der europäischen Machtgewichte zu Ungunsten Österreichs, gegen ein neues deutsches Reich, das wie ein Magnet auf die Deutsch-Österreicher wirken könnte. Und »Rache für Sadowa« zu nehmen, wäre primär seine Angelegenheit gewesen.

Doch was sollte er machen? Er konnte keinen neuen Krieg führen, jedenfalls durfte er sich nicht einer weiteren Niederlage aussetzen, denn dies wäre das Ende der Habsburgermonarchie gewesen. Der Nachkomme der römisch-deutschen Kaiser konnte sich nicht mit dem französischen »Erbfeind« gegen die deutsche Einigungsbewegung wenden, die Ungarn wollten eh nicht, und die Slawen sympathisierten mit Rußland, das immer noch dem Kaiser Franz Joseph grollte, wegen dessen Verrats am Zaren Nikolaus im Krimkrieg. Bismark baute darauf und sorgte dafür, daß sich 300000 Russen zum Einmarsch in Galizien bereithielten, falls Österreich an die Seite Frankreichs gegen Preußen-Deutschland treten sollte.

So kam zwischen Wien und Paris nur eine »Entente passive« zustande. Zwar versicherte Franz Joseph im Sommer 1869 Napoleon, Österreich betrachte die Sache Frankreichs als die seine. Doch mehr als ein Versprechen wohlwollender Neutralität im Falle eines preußisch-französischen Konflikts konnte er nicht geben. Außenminister Beust hätte nur zu gerne die Sachsen gerächt, freilich mit scharfen, nicht mit stumpfen Waffen, Erzherzog Albrecht schmiedete an einem gemeinsamen Kriegsplan, allerdings mit der Maßgabe, daß die Franzosen vorangehen sollten.

Napoleon mußte die »Rache für Sadowa« schon allein übernehmen, von allen guten Wünschen aus Wien begleitet. Von Anfang an ging in dem von Frankreich an Preußen erklärten Krieg alles daneben. Die bayrische Sophie verstand ihre Landsleute nicht mehr, »den traurigen Enthusiasmus« aller Deutschen, auch der Bayern, »die glauben, für ein Deutschland zu kämpfen, während sie dies nur für Preußen tun, das sie schließlich alle gänzlich erdrücken wird.« Die ersten Siege der vereinten Norddeutschen und Süddeutschen Anno 1870 kommentierte der Kaiser: »Die Katastrophen in Frankreich sind fürchterlich und für unsere Zukunft nicht tröstlich. Der französische Leichtsinn und die Ungeschicklichkeiten, die dort begangen werden, übersteigen die Grenzen.« Nach der Schlacht bei Sedan und der Gefangennahme Napoleons klagte Franz Joseph: »Die Preußen haben unerhörtes Glück, und es wird jetzt noch schwerer mit ihnen auszukommen sein, umso mehr, als das übrige Europa von einer entsetzlichen Mattigkeit und Indolenz ist.«

Selbst nach Königgrätz mochte er geglaubt haben, daß er noch einen Fuß in der Tür zu Deutschland gehabt hätte, und erwartet haben, daß sie ihm ein Sieg Frankreichs wieder öffnen würde. Die Preußen und die nun an ihrer Seite kämpfenden und siegenden Süddeutschen und Sachsen traten den letzten Hoffnungsfunken aus. In Versailles wurde am 18. Januar 1871 ein neuer deutscher Kaiser proklamiert, der Hohenzoller, nicht der Habsburger, das »Zweite Reich« geschaffen, aus dem Österreich ausgeschlossen blieb.

Die preußische Reichsgründung mußte schwerwiegende Folgen für Europa haben, für das überkommene Gleichgewichtssystem, das nun aus dem Lot zu geraten schien, insbesondere für die Habsburgermonarchie, die in der alten Friedensordnung verankert war. »Die uns drohende Gefahr«, prophezeite Beust, »ist die Übermacht des unter Preußens Oberherrlichkeit geeinigten Deutschland, wodurch nicht allein die anderen Großmächte und Österreich insbesondere herabgedrückt werden, sondern auch die Zersetzung der Monarchie vermöge der Einwirkung auf die deutsche Bevölkerung vorbereitet wird.«

Schon intonierte der Wiener Männergesangverein die »Wacht am Rhein«. Von Tiroler Bergen leuchteten Freudenfeuer über die endliche Rache für Andreas Hofer, vollzogen von Wilhelm I. an Napoleon III.. Resolutionen deutsch-österreichischer Klubs verlangten einen »innigen Anschluß an das wiedergeeinigte Deutschland«. Siegesfeiern für Preußen-Deutschland waren zwar in Österreich verboten, aber die Polizei griff nicht überall durch – selbst dieses Haus- und Hofinstrument Habsburgs begann stumpf zu werden.

»Aus den Zeitungen ersehe ich«, depeschierte der Kaiser an den Ministerpräsidenten, »daß trotz des Verbots doch öffentliche Siegesfeiern stattfinden. Ist es wahr, und kann eine solche Mißachtung der Autorität geduldet werden?« Früher hatte er so etwas rechtzeitig in den Geheimberichten gelesen, nun mußte er es nachträglich aus den Gazetten erfahren. Und seine Frage war nicht zu seiner Zufriedenheit zu beantworten, der Herausforderung der Autorität konnte nicht mehr hinreichend begegnet werden.

War sein Herrschaftsanspruch nicht anachronistisch geworden? Die alten Reichsvölker, Deutsche und Italiener, hatten endlich ihre Nationalstaaten bekommen. Deren Monarchen, Kaiser Wilhelm und König Viktor Emanuel, identifizierten sich mit ihrer, mit einer

Nation, was die französischen, spanischen und englischen Monarchen von jeher getan hatten. Selbst der Zar von Rußland, das eigentlich auch ein Vielvölkerreich war, bekannte sich zu einer, der russischen Staatsnation.

Das konnte er nicht, der Kaiser von Österreich und König von Ungarn, ein Reichsvolk, das deutsche etwa, zur Staatsnation erklären, und das wollte er auch nicht. Der Habsburger war der Herrscher vieler Völker, vor ihm waren alle gleich, er hatte für jedes dazusein, mußte ein Vielvölkerreich vereinen und verkörpern. Doch dies war noch universales Mittelalter, vielleicht eine vorweggenommene übernationale Zukunft, paßte jedenfalls nicht in die Gegenwart, das 19. Jahrhundert, die Epoche des Nationalstaates. Österreich-Ungarn erschien mehr und mehr als ein zeitwidriges Spätreich, und sein Kaiser und König als ein Monarch auf Abruf.

Das hatte die Habsburgermonarchie mit dem Osmanischen Reich gemein, auch den gefährlichsten äußeren Feind – Rußland, das die panslawistische Ideologie pflegte und einen nationalen Imperialismus betrieb. An der Schwelle der Siebzigerjahre des 19. Jahrhunderts formulierte Nikolaj Danilewskij in seinem Buch *Rußland und Europa* das Programm der Zertrümmerung Österreich-Ungarns wie der Türkei, deren Aufteilung in verschiedene nationale Staaten – unter der Schutzherrschaft Moskaus. Das wäre das Ende Europas, meinte der 1870 zurückgetretene österreichisch-ungarische Kriegsminister Franz von Kuhn, der vergebens einen Präventivkrieg gegen Rußland gefordert hatte: »Ob jetzt oder später, einmal muß dieser Kampf ausgefochten werden, je früher desto besser . . . Tritt der Kampf später ein, so finden wir Rußland mit jedem Jahre stärker.« Man müsse diesen Riesen rechtzeitig schwächen und ganz auf Asien verweisen, »soll nicht die Erde über kurz oder lang unter zwei Mächten, die Nordamerikaner und die Russen, geteilt werden.«

Doch Österreich-Ungarn, gebrechlich und anfällig wie es geworden war, konnte sich keinem Sturm mehr aussetzen. Lag in dieser Schwäche nicht auch ein Vorteil? »Denn ihr haben wir es zu verdanken, daß uns der Krieg des Jahres 1870 noch im tiefsten Rüstungs-Negligé überraschte und daß daher das schöne Österreich von den üblichen traurigen Folgen unserer Schlagfertigkeit verschont geblieben ist«, schrieb der Wiener Feuilletonist Daniel Spitzer. Der

Spott barg Wahrheit: In der Erhaltung des Friedens lag die einzige Chance der Fortdauer der Habsburgermonarchie. Aber wenn Österreich auch stillhielt, stillhalten mußte, würden es dann die anderen tun, die Deutschen und Italiener, die übermütigen Nationalisten, die Franzosen, die gedemütigten Nationalisten, die Russen, die geborenen Imperialisten?

Die Friedensordnung des Wiener Kongresses war nun endgültig dahin. In der jetzigen Epoche von »Blut und Eisen«, meinte der österreichische Diplomat und Schriftsteller Julian Klaczko, »wo ein Martialgesetz zum Gebrauche behelmter Diplomaten das ersetzt hat, was ein zurückgebliebenes und vorurteilsvolles Europa das Völkerrecht zu nennen beliebte, heute wird es einem schwer, ein Gefühl des Erstaunens, fast des Unglaubens zu unterdrücken, wenn man die Protokolle jener Wiener Konferenzen durchliest, wo alles nur Anstand, Höflichkeit, Urbanität und gegenseitige Achtung atmet.« Es gebe keine einzige diplomatische Tradition, die nicht hinweggefegt worden sei, kommentierte der britische Konservative Benjamin Disraeli: »Das Gleichgewicht der Mächte ist völlig zerstört.«

Die Nachbarn waren beunruhigt durch die Gründung eines militärisch und wirtschaftlich starken Deutschen Reiches in der Mitte des Kontinents, die bis dahin föderativ gegliedert, locker organisiert gewesen war, was dem Frieden gedient hatte. Nun ballte sich hier eine gewaltige Macht zusammen, aus preußischen Energien und nationalen Emotionen, die sich eines Tages über Europa entladen könnte, mit Blitz und Donner. Die aufziehende Gewitterwand bedrückte Franz Joseph. Preußen war ihm nie sympathisch gewesen, den deutschen Nationalismus mußte er fürchten, beides zusammen, in der potenzierten Form des Deutschen Reiches, ließ Unheil erwarten.

»Ich sehe sehr trüb in die Zukunft, die noch trauriger werden dürfte als die Gegenwart«, klagte der Kaiser eines Reiches, das nicht nur von außen, sondern auch im Innern mehr denn je bedroht schien. Zum Nationalitätenstreit, der durch den Triumph des Nationalismus in Deutschland und Italien sowie das Anwachsen des Panslawismus verschärft wurde, kam ein gesellschaftlicher Konflikt, die Auseinandersetzung zwischen dem indessen auch in Österreich etablierten Kapitalismus und dem auch dortzulande aufkeimenden Sozialismus.

Ein Signal kam aus dem Westen, in diesem Unheilsjahr 1871. In Paris stand die »Kommune« auf, wurde die rote Fahne gehißt, der soziale Umsturz gepredigt, die Warnung an die Wand gemalt: »Die monopolistischen Ausbeuter glauben, das Volk könne immer gegängelt werden. Sie scheinen zu vergessen, daß es manchmal plötzlich erwacht!« Noch hatte man in Wien die Nachrichten von der Schilderhebung des Königs von Preußen zum Deutschen Kaiser nicht verdaut, als man Schreckensmeldungen vernahm, die an die Nieren gingen: Barrikadenkämpfe in Paris, Tuilerienbrand, Geiselerschießungen, die Revolution, die sich selber charakterisierte: »Sie ist das Ende der alten staatlichen und klerikalen Welt, des Militarismus, der Bürokratie, der Ausbeutung durch Manipulationen der Börse.«

Die Sanduhr sah Erzherzogin Sophie ablaufen: »Der Höhepunkt des Ruhmes Österreichs ist überschritten. Er schwindet jetzt unter den Schlägen der Revolutionäre schnell dahin, aus Mangel an moralischem Mut, Grundsätzen und Religion, aus Materialismus und unter dem verderblichen Einfluß der unsinnigen und falschen Ideen, die jetzt die Welt regieren.« Wie stets suchte sie die Erscheinungen zu erfassen, immer noch legte sie an diese die Maßstäbe einer Zeit, in der die Welt heil gewesen zu sein schien, in Ordnung gehalten durch den Bund von Thron und Altar.

Auch dieser war nun endgültig zerbrochen. Die Bresche, welche die italienischen Nationalisten, Liberalen und Freimaurer in die römische Porta Pia und damit in die katholische Kirche geschlagen hatten, war nach Sophies Überzeugung auch eine Bresche in die Wiener Hofburg und in die Habsburger Monarchie. Noch wurde im Karfreitagsgebet des Kaisers gedacht, nicht mehr des Imperators Romanorum, sondern des Kaisers von Österreich, der seinerseits – wie Konkordatsstreit und Kulturkampf zeigten – dem weltanschaulichen Liberalismus Tür und Tor öffnen, die Trennung von Staat und Kirche vollziehen mußte.

Das war nicht mehr die Welt, in der die Mutter leben mochte. Viele Tugenden, die ihr von Jugend auf galten, schienen infrage gestellt zu sein, viele Untugenden, die sie selber zu vermeiden und bei ihren Kindern zu verhindern getrachtet hatte, schienen sich durchzusetzen, mehr noch, positiv gewertet zu werden: materielle Gewinnsucht, Neid und Mißgunst, Machtgier, Kriegslust, das Hassen und Vernichten im Namen einer angeblichen Verbesserung der Welt. Gesündigt wurde auch zu ihrer Zeit, aber man war sich bewußt geblieben, wogegen man sich versündigt hatte. Jetzt aber meinten immer mehr Menschen, sie hätten richtig gehandelt, wenn sie Böses taten oder Gutes unterließen, oder sie waren einfach nur indifferent, lau und wurstig geworden. Der alte Beichtspiegel schien außer Kraft gesetzt, die Umwertung der Werte im Gange zu sein und eine neue religiöse und moralische Ordnung war nicht in Sicht.

Die siebenundsechzigjährige Erzherzogin Sophie legte sich zum Sterben nieder. Am 9. Mai 1872 hatte sie das Burgtheater besucht, wo es, wie immer, heiß und zugig gewesen war. Anschließend wollte sie noch Frühlingsluft schöpfen, setzte sich in der Hofburg auf ihren Balkon an der Bellaria, träumte vor sich hin, schlief ein und erwachte erst am Morgen mit einer schweren Erkältung, der tödlichen Krankheit.

Der Burgplatz war mit Stroh bestreut, um den Lärm der Kutschenräder und Soldatenstiefel zu dämpfen. Kaiserin Elisabeth hatte man aus Meran herbeigeholt, die Schwiegertochter, die es der Schwiegermutter nie rechtmachen konnte, die es längst aufgegeben hatte, mit ihr zu rechten und nun kaum mehr vom Sterbebette wich. Auch dem Tod machte es Sophie nicht leicht; dreizehn Stunden dauerte ihr letzter Kampf, bis er am 28. Mai 1872, um drei Uhr morgens, zu Ende war.

Das Sterbekreuz Maria Theresias wurde Sophie auf die Brust gelegt – der Erzherzogin, die der Kaiserin in manchem geglichen, die Geschicke der Dynastie fast ebenso nachhaltig bestimmt hatte. Sie trotzte dem Sturm von 1848, brachte ihren Ältesten auf den Thron, den sie von Kind an gelenkt und auch als Kaiser noch geleitet hatte – nach ihrem Kompaß, der die Himmelsrichtung anzeigte und Orientierung in den Zeitläuften gab. »Das festeste Band zwischen dem Heute und der Vergangenheit ist gelöst«, notierte Gräfin Festetics, Hofdame Elisabeths. »Der Kaiser geht unten auf seinem Balkon auf und ab, jetzt um elf Uhr nachts, das zeigt die tiefe Erregung seiner Seele. Gewöhnlich ist er um neun schon zu Bett.«

FRANZ JOSEPH hatte mit der Mutter den Mentor verloren, die Lehrerin, Beraterin, Führerin. Fest, ja starr konnte er auch ohne sie sein, das war seine Natur, in Fleisch und Blut waren ihm die Gebote und Maximen übergegangen, die sie ihm beigebracht hatte, und aus Instinkt pflegte er auch weiterhin das zu tun, was sie von ihm erwartet hätte. Was ihm nun abging, immer mehr fehlen sollte, war die durch die Mutter vermittelte geistige und moralische Begründung und Rechtfertigung seines Halts und seines Verhaltens. Die anerzogene und durch Erfahrung angepaßte Form blieb, doch die Substanz wurde kaum mehr angereichert, der Inhalt verkümmerte.

Seine Frau konnte hierin die Mutter nicht ersetzen, ihm weniger denn je das geben, was er jetzt noch nötiger gehabt hätte. Elisabeth, eine Mittdreißigerin schon, 1874 zum ersten Mal Großmutter (die älteste Tochter Gisela, mit dem Prinzen Leopold von Bayern verheiratet, hatte ein Mädchen zur Welt gebracht), die immer noch schöne und attraktive Frau fühlte sich am wohlsten weit weg von Wien und ihrem Mann: In Meran etwa, wo sie mit einem zahmen Bären und Affen spielte. Im ungarischen Lustschloß Gödöllö, wo sie mit dem »dear Mister Holmes« den Fuchs jagte. In der Normandie, wo sie sich, vom Reitlehrer Allen angefeuert, beim Springturnier beinahe das Genick gebrochen hätte. In England, wo sie mit Captain Middleton ausritt, was den Gemahl die Kleinigkeit von 106516 Gulden und 93 Kreuzer kostete – den Kaiser, den sie immerhin in London im Wachsfigurenkabinett der Madame Tussaud bestaunt und dies »ungeheuer amüsant, aber doch teilweise sehr grauslich« gefunden hatte.

Und wenn Elisabeth einmal zu Hause war, verdroß sie Franz Joseph mit ihrem hypochondrischen Getue, ihrem Schlankheitskult, den Spatzenportionen, die sie zu sich nahm, ihrer verrückten Turnerei und der pausenlosen Pflege ihrer Schönheit, die noch gar nicht so pflegebedürftig war. Allein das Waschen ihrer prachtvollen langen Haare benötigte fast einen ganzen Tag, bedurfte einer Unmenge rohen Eidotters und bis zu zwanzig Flaschen Franzbranntweins. Jedes verlorene Haar beklagte sie so sehr, daß es sich ihre Friseuse angewöhnte, beim Kämmen ausgegangene Haare klammheimlich verschwinden zu lassen, der Herrin einen blitzblanken Kamm zu präsentieren.

Selbst in Wien war man vor ihren Eskapaden nicht sicher. Im Fasching 1874 – der Gatte hatte in Sankt Petersburg zu tun – ging sie heimlich zur Redoute im Großen Musikvereinssaal, in einem Domino aus gelber Seide, mit rotblonder Perücke und schwarzer Spitzenmaske. Begleitet war sie von ihrer Hofdame Ida Ferenczy, die einen roten Domino trug, die Kaiserin mit Gabriele anzusprechen und ihr eine Herrenbekanntschaft zu vermitteln hatte. Es traf einen sechsundzwanzigjährigen, stattlichen Ministerialbeamten namens Fritz Pacher, der schon an der kostbaren Maske merkte, daß er es mit einer großen Dame zu tun bekam, überdies dem Geplauder des gelben Dominos entnahm, wen er vor sich hatte. Er spielte mit, als österreichischer Beamter seine Grenzen kennend, als fescher Wiener seine Möglichkeiten nutzend.

Sie sahen sich nicht wieder, auch nicht maskiert, schrieben sich noch eine zeitlang, er postlagernd an die Unbekannt-Bekannte, sie direkt an seine Adresse, mit verstellter Handschrift, unter dem Namen Gabriele. »Manchen Tag saß ich stundenlang am Fenster und starrte in den trostlosen Nebel, dann war ich wieder pudelnärrisch und stürzte mich von einer Unterhaltung in die andere.« Und: »Du willst von meinem Treiben und Leben wissen? Es ist nicht interessant. Ein paar alte Tanten, ein bissiger Mops, viele Klagen über meine Extravaganz ... und Du hast mein Leben mit all seiner Öde und Geistlosigkeit und verzweiflungsvollen Langeweile.« Und: »Denke Dir nur die Schwäche, ich habe Heimweh, Heimweh nach diesem leichtsinnigen, sonnigen Wien, aber auf Katzenart nach dem Ort, nicht nach den Menschen.«

Auch ihrem Mann schrieb Elisabeth, doch anders, freundlich, liebenswürdig, aufgeräumt, ihm Einblicke in ihre Ungereimtheiten ersparend und ihm das Mitgefühl, geschweige denn ein Mittragen seiner persönlichen und politischen Bürden verweigernd. Auch Franz Joseph schrieb Briefe an den »guten Engel meines Lebens«, beschwor, ja bettelte ihn, ein solcher auch zu sein, blieb Kavalier bis zur Selbstentäußerung, zeigte Nachsicht bis zur Gleichgültigkeit, hatte aber kein Verständnis für das, was er, den Gefühlsbekundungen eher genierten, der prosaisch an der Erde haftete, ihre »Wolkenkraxlerei« nannte. »Er froissiert sie in dieser Richtung trotz aller Anbetung«, meinte die Gräfin Festetics, die ihn mit den Augen Elisabeths sah. »Der Kaiser hat Verstand, schnelle Auffassung, aber die Phantasie hat nicht Zeit zu wirken.« Seine Begriffe seien eindeutig und fest umrissen, aber es spanne sich keine Ideenbrücke von einem zum anderen. »Es fehlt die Zeit, sie zu bauen, und so fehlen den Gefühlen auch die Nuancen.«

Feinfühlig, ja sensitiv wie Elisabeth war, hatte sie den Kern erfaßt: Nichts bestimme das Wesen Franz Josephs so sehr wie eine außerordentliche Empfindsamkeit, die er zu verbergen trachte. Auch die Mutter hatte dies erkannt, doch eine solche Eigenschaft als abträglich für einen Herrscher befunden, ihn bewogen, sich dagegen zu wappnen, ihm geholfen, jenen Panzer anzulegen, den er nicht mehr abschnallen konnte. Elisabeth ihrerseits unternahm nichts, die versteckten Gefühlssaiten zum Klingen zu bringen, was einer Gattin angestanden hätte. Und die Kaiserin war außerstande, die Aufgabe zu übernehmen, der die Mutter gerecht geworden war: neben dem Kaiser die Dynastie zu repräsentieren, mit ihm das Reich zu erhalten, für ihn zu beten und zu arbeiten, hinter ihm stützend zu stehen, wenn er ins Wanken geriet.

Eine mitfühlende Frau hatte er nie gehabt, die mitdenkende Mutter verloren. Der Rest war Einsamkeit. Sie war ohnehin das Schicksal eines Monarchen, der sich als Herrscher von Gottes Gnaden fühlte und Abstand zu den beherrschten Menschen hielt, der keine Mitarbeiter, sondern nur Werkzeuge seines Willens, Vollzugsorgane seiner einsamen Entschlüsse um sich haben wollte. In einer Zeit, die eine solche Begründung der Herrschaft nicht mehr anerkannte und deren Ausübung in solcher Weise für unzureichend fand, mußte er immer mehr vereinsamen. Zum Amtsgebundenen kam das Persönlichkeitsbedingte: Ins Schneckenhaus sah er sich immer mehr verwiesen, nicht ohne sich dabei wohlzufühlen.

Dem Gegebenen entsprach seine Begabung, aus der Not machte er eine Tugend, die düstere Isolierung des Menschen erhöhte er zur splendid isolation des Monarchen. Er umgab sich mit einem Strahlenkranz des Zeremoniells und des Protokolls, der ihn zugleich anziehend und unnahbar machte. Er umgürtete sich mit Formen und Formalitäten, die ihn selber disziplinieren, andere zur Ordnung anhalten, das Ganze zusammenhalten sollten. Er trachtete danach, stets gleich gekleidet, gestimmt und gesinnt zu sein, um in der Erscheinungen Flucht das Bleibende zu repräsentieren. Er suchte in ewig gleicher Tageseinteilung ständig zur selben Stunde dasselbe zu tun, als wollte er die Zeit daran gewöhnen, im Verrinnen zu verweilen. Die Statik war der Habitus eines Herrschers, der ein Reich verkörperte, das die moderne Dynamik mehr und mehr zu überrollen drohte.

Schon der Vierziger sah auf den ersten Blick beinahe so aus, wie der Achtziger noch aussehen sollte. Die Uniform war sein Dienstanzug, und da er fast immer im Dienst war, sah man ihn kaum ohne den einfachen Waffenrock oder in Generalsgala, mit Kappe oder Federhut, und in jenen Hosen, die als das Non-plus-ultra an männlicher Eleganz galten, kerzengerade abfallend, »nit voll«, wie Ludwig Thoma konstatierte, »sondern als wenn die Hose leer waar«. (Unterhosen waren verpönt.) Die österreichische Uniform war die schönste der Welt, »ein Kleid für Florettfechter, für Fußspitzengeher, nicht für Fersentreter«, wie Otto Friedländer bemerkte. Sie stand dem Kaiser gut, paßte zu seiner schlanken Figur, zu seinem federnden Schritt, zu seiner lässig-eleganten Haltung, und wenn er die Absätze zusammenklappte, nicht zusammenschlug, so daß die Sporen an den penibel geputzten, halblangen Militärstiefeln nur leise klirrten, dann war er das alte Österreich in Person: eher kommod als stramm, chevalresk, nicht martialisch.

Auf die Adjustierung legte der Kaiser den größten Wert, und das neulateinische Wort bedeutete in österreichischer Übersetzung: die Dinge in Richtigkeit bringen, übereinstimmend machen, nicht nur einfach sich ordentlich anzuziehen. »Ein richtig gehandhabtes Adjustierungswesen gehört zu den Stützen einer Monarchie (wie eine weise bestimmte Tischordnung, ein fein dosiertes Titelwesen)«, erkannte ein Urgroßneffe, Erzherzog Leopold Ferdinand von Habsburg-Toskana, als es zu spät war, er schon den Familienhabitus abgelegt hatte und sich Leopold Wölfling nannte: »Ich sage, daß die Monarchie im Prinzip gefallen war, an dem Tage, da das Tragen beliebigen Gewandes für alle einriß oder erlaubt wurde.«

Der Kaiser war immer adjustiert, angemessen angezogen, in der richtigen äußeren und damit auch inneren Verfassung – und er wußte, warum er das von sich wie von den anderen verlangte. Erzherzöge hatten vor ihm in Paradeuniform, Minister in Frack und schwarzer Krawatte zu erscheinen, was er auch von den Leibärzten bei der Konsultation verlangte. Hofklatsch darüber kümmerte ihn nicht: Als er einmal, an Bronchialkatarrh erkrankt, in der Nacht einen Hustenanfall bekam, holte der Kammerdiener den Doktor herbei, der sich in der Eile nur einen Rock übergezogen hatte. Der Kaiser, blau-rot vom Husten, dem Ersticken nahe, habe beim Anblick des nicht richtig adjustierten Arztes abwehrend die Hände erhoben und geröchelt: »Frack! Frack!« Auch erfunden wäre diese Geschichte nicht unrichtig: Die Kleiderordnung galt ihm als Gleichnis der hierarchischen Ordnung.

Das Bild des Monarchen, das die Untertanen vor sich haben sollten, hatte stets das gleiche zu sein, ähnlich einprägsam wie die Darstellungen von Gottvater auf den Altargemälden. Das Markanteste war der »Kaiserbart«, der die – wenn auch nicht ausgeprägte, so doch hinreichend unsympathische – Habsburgerlippe wie das für einen Herrscher viel zu weiche Kinn verbergen, dem Gesicht einen entschlossenen Ausdruck geben und zugleich patriarchalische Milde ausdrücken sollte – Sankt Nikolaus und Knecht Ruprecht in einer Person. Die ungewöhnliche Kleinheit des Kopfes fiel durch das lichter werdende Vorderhaupt und die damit höher wirkende Stirn immer weniger auf. Den blauen Augen war ein leichter »Silberblick« eigen, der eine gewisse Tücke andeuten, jedenfalls den Betrachter irritieren konnte, wie es nur recht und billig war. Denn das Amts-Image des Kaisers sollte etwas vom Antlitz der Sphinx haben: Respekt wie Zuneigung heischend, Ehrfurcht einflößend, immer rätselhaft bleiben.

So blickte sein Bildnis von den Wänden aller Amtsstuben seines weiten Reiches. So hatten es die Auserwählten vor sich, die zur Audienz zugelassen wurden, was nicht nur ungarischen Magnaten und Wiener Finanzbaronen widerfahren konnte, sondern auch einem Bergbauern in Tiroler Tracht oder der schwarzverschleierten Witwe eines Unteroffiziers, die sich für den überlassenen Tabakladen zu bedanken hatte. Theoretisch konnte jeder Untertan respektive Staatsbürger bei vorheriger Anmeldung eine »allgemeine Audienz« erwirken (während man zu einer »speziellen Audienz« geladen wurde); in der Praxis waren es, in einer langen Regierungszeit, etwa hunderttausend. Der Kaiser empfing in seinem Arbeitszimmer, meist am Schreibtisch stehend, die alleruntertänigsten Anliegen huldvollst anzuhören geruhend, allergnädigst, wenn auch oft nichtssagend antwortend – Augenblicke der Leutseligkeit, die jäh beendet waren, wenn er mit einem kaum merklichen Nicken des Kopfes und einem fast unhörbaren Klappen der Absätze die Audienz schloß, die Wand der Majestät wieder vor sich aufrichtete.

Die Zeit bemaß er nicht nur anderen, sondern auch sich selber haargenau, in gleichförmiger, ständig wiederkehrender Einteilung. Die dem Kaiser gegebene Zeit wollte er ökonomisch ausnützen, die seinem Reich eingeräumte Frist schien er durch Fixierung des Ablaufs des Geschehens am Verstreichen zu hindern suchen. Nichts konnte ihn mehr verstimmen als eine Störung oder gar ein Durcheinanderbringen seines beinahe bis auf die letzte Minute geregelten täglichen Lebens. Es soll Wiener gegeben haben, die ihre Uhren nach den Fahrten des Kaisers zwischen Schönbrunn und der Hofburg gestellt haben.

Um 5.00 Uhr, im Alter schon um 4.00 Uhr, stand Franz Joseph auf, der die Menschheit in Frühaufsteher und Spätaufsteher einzuteilen pflegte, Ersteren seinen Respekt und Letzteren seine Verachtung spüren lassend. In einer Gummibadewanne ließ er sich abseifen, zog sich – mit Hilfe des Kammerdieners – an, hielt seine Morgenandacht, frühstückte mit Kaffee und Kipfeln, etwas Butter und Schinken, machte sich noch im Morgengrauen an sein Tagewerk. Ordonnanzen häuften Berge von Akten in seinem Arbeitszimmer, durch die er sich hindurchackerte, den ganzen langen Vormittag, nur durch Vorträge von Hofchargen, Kanzleichefs, Generälen und Ministern unterbrochen. Er arbeitete auch noch den halben Nachmittag, nach einer kurzen Mittagspause. Es gab meist gekochtes Rindfleisch (Tafelspitz war seine Leibspeise) oder Naturschnitzel, bald nur noch ein Gulasch oder ein paar Würstel. Immer häufiger aß er an seinem Schreibtisch, ohne den Blick von den Akten zu wenden, und auch die kurzen Verdauungsspaziergänge schenkte er sich immer öfter. Um 5.00 Uhr nachmittags war die Stunde des Diners, das er gern im Familienkreis einnahm; doch mehr und mehr mußte er allein speisen, und er gewöhnte sich daran. Um 9.00 Uhr ging der Kaiser, der mit den Bauern aufgestanden war, mit den Bauern zur Ruhe.

Mit der Zeit bekam er einen Schreiberbuckel, was bezeugte, daß der Uniformierte kein Soldatenkaiser, sondern ein Beamtenkaiser war, der erste Diener seines Staates und der oberste Hofrat seines Reiches. »Quod non est in actis, non est in mundo – was nicht in den Akten steht, ist nicht in der Welt«, dieser Grundsatz des schriftlichen Prozesses war auch die Maxime seines Regierens, das mehr ein Administrieren war. Nur das Aktenkundige, nicht die ganze Wirklichkeit kam in schriftlicher Fassung, in vorschriftsmäßiger Form auf seinen Schreibtisch, doch er widmete sich ihm so, erledigte es in einer Weise, als hätte er tatsächlich die Welt in toto, sein ganzes Reich vor sich, als müßte er über dessen Wohl und Wehe befinden, durch Aktenstudium und Aktenerledigung, Randbemerkungen (»So ist es«, »Oho«, »Unglaublich«), Korrektur von Schreib- und Satzzeichenfehlern, Zustimmung oder Ablehnung (»Ich finde auf diesen Antrag nicht einzugehen.«).

Für unablässige Schreibtischarbeit sorgten die Hofämter, Militärkanzlei, Kabinettskanzlei, drei Ministerien (das österreichische, das ungarische und das beiden Reichshälften gemeinsame). Vortrag ließ er sich nur halten, wenn es unumgänglich war. Er hatte einen Vorgang lieber schriftlich vor sich, mit wohlgesetzten, distanziert gehaltenen Einlassungen aller Beteiligten, ohne Ablenkung durch Stimmaufwand, Mienenspiel, einen locker sitzenden Knopf oder ein sympathisches Gesicht. Zu nahe durfte ihm niemand treten. Selbst Minister pflegte er – der sich selber erhoben hatte – in gebührendem Abstand vor sich stehen zu lassen, die Hand reichte er ihnen selten, und wenn ihm etwas nicht paßte, schlug er die Unterschenkel gegeneinander – ein Alarmzeichen, das den Vortragenden veranlassen sollte, en reculant, rückwärts gehend, der Tür zuzustreben.

Ansprechen durfte man den Kaiser nicht, man mußte von ihm angesprochen werden. Er setzte die Achtung seines Bereiches voraus, respektierte aber auch mehr und mehr die Zuständigkeiten der Untergebenen, hörte auf den Rat von Fachleuten, fragte sie aber nur das, was in ihre Kompetenzen fiel, hielt es für unstatthaft, wenn diese die Grenzen der Ressorts anderer zu überschreiten suchten. Den verantwortlichen Ministern hatte er – eine Folge des Konstitutionalismus – einen gewissen Handlungsspielraum einräumen müssen. Aber der Außenminister war eben nur für die auswärtigen Beziehungen da, und wenn er sich etwa zu innenpolitischen Vorgängen auslassen wollte, warnte ihn ein Räuspern davor, sich mit etwas zu befassen, was nicht seines Amtes war. »So manch einer, der dawider handelte, hatte sich gefallen lassen müssen, daß der Kaiser das Gespräch brüsk abbrach und sich auf dem Absatz umdrehend von ihm abwandte«, bemerkte Erich Graf Kielmansegg, ein Spitzenbeamter, der es wissen mußte. »Parlamentarier hatten es in dieser Beziehung noch am besten, denn in den Kreis der Politik gehört so ziemlich alles; allein etwas, das nicht den Wahlkreis oder das Kronland des Betreffenden anging, ward nicht gern gehört und brachte stets die Gefahr eines ungnädigen Blickes oder des Stehengelassenwerdens mit sich.«

Die meisten wußten, was sich gehörte, und ersparten es ihm, unhöflich zu werden, was ihnen nicht immer zum Vorteil gereichte. »Er ist gewohnt, daß man ihm ehrerbietig und sanft entgegenkommt«, bemerkte die Kaiserin. »Wenn ihn also jemand in den besten Formen um etwas bittet, von dessen Unerfüllbarkeit er überzeugt ist, so kann er in liebenswürdiger Weise und mit Angabe von Gründen das Ersuchen ablehnen, so schwer es ihm auch fällt, nein zu sagen. Tritt jedoch jemand schroff und selbst verletzend an ihn heran, so kann er so überrascht sein, daß er gewissermaßen in sich zusammensinkt und die gestellte Forderung erfüllt.»

Das konnte ihm passieren, weil er, von Hause aus die Höflichkeit in Person, gegen Unhöflichkeit nicht gewappnet war. Selbst seine strikten Befehle, die unbedingten Gehorsam verlangten, waren in die Watte vollendeter Manieren verpackt: »Ich bitte«, hieß es da, oder »Ich hoffe«. Pünktlichkeit galt als die Höflichkeit der Könige, und weil er Kaiser war, mochte er dieselbe übertreiben, wurde er mitunter überpünktlich, was das Protokoll mehr durcheinanderbringen konnte, als wenn er zu spät gekommen wäre. Mit Gunstbezeigungen war er sparsam, ja geizig. Das sprichwörtlich gewordene »Es war sehr schön, es hat mich sehr gefreut«, war ein Lob, das er noch am ehesten austeilte, weil es eine kleine Münze war, stets parat in der Hosentasche, für alles und jedes passend, und ihm für eine kleine Ausgabe einen großen Gegenwert an Zuneigung und Popularität eintrug.

Ärar wurde in Österreich die Staatskasse genannt, ärarisch war das, was dem Staat gehörte, ärarisch wurde aber auch zu einer Eigenschaft, die der erste Diener des Staates, der Kaiser, primär zu verkörpern hatte: haushaltend mit dem, was spärlich gegeben war. Privatim neigte er zu einer Strapazierung dieser Tugend. Hemden und Socken, die er aufgetragen, Zahnbürsten, die er abgenützt hatte, wurden mit dem Stempel »A« (»Ausgemustert«) versehen und versteigert; der Erlös kam der Dienerschaft zugute. Neue Sachen verunsicherten ihn. »Der Morgen war schön, aber kalt, und ich fror ziemlich, da ich meinen Paletot nicht anzog«, berichtete er einmal aus Bad Gastein. »Mein Kammerdiener hatte mir aus Irrung einen ganz neuen Waffenrock gegeben und um diesen zu schonen, wollte ich keinen Paletot darüber anziehen, da die Stickerei am Kragen und Aufschlag durch die Reibung zu viel leidet.«

Ärarisch war er, fast asketisch. Er schlief auf eisernem Feldbett, kasteite sich durch selbstauferlegte Pflichten, doch was und vor allem wie er aß und trank, rückte ihn eher in die Nähe eines angelsächsischen Puritaners als eines Benediktiners. Frühstück und Mittagessen waren frugal. Das Diner um 5.00 Uhr nachmittags bestand zwar in der Regel aus sechs Gängen (Suppe, Fisch, zwei Braten, Mehlspeise, Dessert), was aber nicht bedeutete, daß der Kaiser von allem nahm, diesem oder jenem gehörig zusprach. Ein Glas österreichischen Weins oder ein Seidl bayerischen Biers genügte ihm. Vor dem Schlafengehen genehmigte er sich höchstens noch saure Milch und trocken Brot. Er aß und trank hastig, wie wenn er etwas Lästiges möglichst schnell hinter sich bringen wollte, auch an der Hoftafel, an der alle zu speisen aufhören mußten, wenn der Kaiser Messer und Gabel aus der Hand legte, weshalb es sich Erzherzöge angewöhnt haben sollen, hinterher ins »Sacher« zu gehen, um sich sattzuessen.

Und die Liebe? Schwägerin Charlotte, die hierin nicht allzu kompetente Frau des unglücklichen Bruders Ferdinand Max, soll zwar geäußert haben, der Appetit nach Frauen habe Franz Joseph aus den Augen gesprochen. Wenn dem so gewesen sein sollte, wäre er ziemlich ungesättigt geblieben. Die Flitterjahre waren vorbei, seine Frau ging ihm aus dem Weg, und von Seitensprüngen konnte schon längst keine Rede mehr sein. Selbst der Hofklatsch war nicht fündig geworden. Aus den Akten ergab sich erst recht nichts, und »quod non est in actis, non est in mundo«, wie der Kaiser selber befunden hätte.

Seine einzige Passion war die Jagd. »Hunger und Durst nach Gebirgsjagd und Gebirgsluft« hatte er immer. In seinen zahlreichen und ausgedehnten Revieren suchte er seine Freude, fand sie beim Achten auf jedes Geräusch und jede Bewegung, beim Anpirschen und beim Erlegen eines Rehbocks oder eines Hirschs, in waidgerechtem Verhalten. Natürlich war er stolz auf seine Beute; allein zwischen 1848 und 1861 brachte er 28876 Stück Wild zur Strecke. Vorwürfe deswegen hörte er nicht, und wenn ihm welche zu Ohren gekommen wären, hätte er sie nicht verstanden. Seine Jagdleidenschaft machte ihn eher populär, den großen Herren in einfacher Jägerjoppe, Lederhose (er lasse sie von seinem Kammerdiener »einreiten«, hieß es), Kniestrümpfen, genagelten Stiefeln und mit seinem alten Jägerhut – so etwas wie ein kleiner Dienstanzug.

In großer Uniform nahm er Paraden ab, was er gern tat, auch wenn hier schon die Pflicht die Neigung überwog. Zu Pferde machte er die beste Figur, ein guter Reiter, der Herrscher hoch zu Roß, selbstbeherrscht, wie angegossen, fast schon ein Denkmal seiner selbst. So sollten ihn nicht nur seine Soldaten, sondern auch seine Völker vor sich haben, im Blick behalten, sich an ihm ausrichten und von ihm ausrichten lassen, den Kaiser, der noch bei Metternich gelernt hatte: »Wo alles wankt, ist vor allem nötig, daß irgendetwas beharre, wo der Suchende sich anschließen, der Verirrte seine Zuflucht finden kann.«

Der Vierziger schon hatte seine endgültige persönliche Form erreicht, gehärtet durch die Schicksalsschläge einer zwanzigjährigen Herrschaft. Er errang sie in einer Phase, da auch sein Reich die Endform gefunden hatte. Sie konnten nicht wissen, der Kaiser wie seine Untertanen, daß er noch einmal vierzig Jahre regieren, die k. u. k. Monarchie noch fast ein halbes Jahrhundert bestehen würde. Doch sie begannen zu ahnen, daß das eine mit dem anderen untrennbar zusammenhing – es dauerte, solange er lebte.

Ein Nachsommer war dem alten Österreich beschieden, ein milder Herbst, ein spätes Glück. Humanistisch gebildete Leute pflegten dies Halkyonische Tage zu nennen. Wie die griechische Sage berichtet, hatte sich Halkyone nach dem Schiffbruch ihres Gatten Keyx ins Meer gestürzt, beide lebten als Eisvögel – Halkyonen – fort, und während ihrer Brutzeit, im Dezember, ließ Zeus alle Winde ruhen, für Tage glücklicher Stille. Das Bild war gut gewählt. Ein höheres Schicksal, jedenfalls nicht der Kaiser, auch wenn er noch glauben mochte, die Geschicke seines Reiches zu bestimmen, schenkte diese friedvollen Tage und Jahre. Und andere Kräfte, als die von ihm persönlich und der von ihm verkörperten Herrschaftsform ausgehend, verliehen der k. u. k. Monarchie einen neuen Auftrieb, eine letzte Blüte.

Aus dem Unglück schien das Glück zu erwachsen. Solange der Kaiser kommandieren konnte und genug Kräfte zu kommandieren hatte, verlor er zwei Kriege, 1859 und 1866, Gebiete und Untertanen, seine Positionen in Italien und Deutschland. Nun war er in die Defensive gedrängt, zu einer passiven Rolle gezwungen, und sein Reich zwar noch nicht Objekt, aber schon nicht mehr Subjekt der großen europäischen Politik.

Doch die Frontbereinigung nützte der Verteidigung, und den – immer noch stattlichen – Rest half ihm der Staatsmann zu bewahren, der ihn am empfindlichsten getroffen hatte: Otto von Bismarck. Er erklärte das Deutsche Reich für saturiert, also in seinen neuen Grenzen gesättigt und mit seiner endlich errungenen Machtstellung zufrieden. Nun wollte er diese Größe in das europäische Kräftespiel einfügen, das Gleichgewicht wiederherstellen, eine neue Friedensordnung schaffen – also das im letzten Drittel des 19. Jahrhunderts versuchen, was Metternich in der ersten Hälfte geglückt war.

Dazu brauchte Bismarck das von ihm geschwächte, doch weiterhin als feste Größe gewertete Habsburgerreich. »Die Erhaltung der Österreichisch-Ungarischen Monarchie als einer unabhängigen starken Großmacht ist für Deutschland ein Bedürfnis des Gleichgewichtes in Europa, für das der Friede des Landes bei eintretender Notwendigkeit mit gutem Gewissen eingesetzt werden kann.« Und: »Was sollte an *die* Stelle Europas gesetzt werden, welche der österreichische Staat von Tirol bis zur Bukowina bisher ausfüllt? Neue Bildungen auf dieser Fläche könnten nur dauernd revolutionärer Natur sein.« Bismarck brauchte Österreich aus machtpolitischen wie ideologischen Gründen, zur »Erhaltung der bestehenden Verhältnisse und der staatlichen Ordnung«, als »Bürgschaft für den Frieden und die Ruhe Europas«.

Selbst der Preußenfresser Beust war gerührt und angetan: »Als Grundpfeiler des nun einzuschlagenden Systems stellt sich uns sonach dar: faktisches Prädominieren Mitteleuropas in der Waagschale der europäischen Geschicke durch vorläufige Verständigung Österreich-Ungarns und Preußen-Deutschlands in allen brennenden Tagesfragen, mit dem ausgesprochenen Zwecke der Einhaltung des Weltfriedens.« Dem Kaiser fiel es nicht leicht, auf diese Linie einzuschwenken, auch wenn ihn dies an Metternich erinnern mochte, ohne ihm die Erkenntnis des Unterschieds zu ersparen: Damals war Österreich der Seniorpartner gewesen, nun war ihm der Juniorpartner über dem Kopf gewachsen.

Immerhin tat Wilhelm I. den ersten Schritt, kam im Sommer 1871 zu Franz Joseph I. nach Ischl. Der Preuße führte sich mit den Worten ein: Er habe, ehe er den Bruderkrieg von 1866 begann, acht Tage lang im Gebet mit Gott gerungen. Der Österreicher machte gute Miene zu dem Spiel, das mit ihm getrieben wurde. Dem Grafen Crenneville gegenüber, den er Kaiser Wilhelm zuteilte, nahm er kein Blatt vor den Mund: »Ich bedauere, Sie mit solch einer unangenehmen Mission betrauen zu müssen, verlasse mich aber auf Ihren so besonderen Takt.« Crenneville verstand: »Ich gehe wie immer für Euer Majestät auch in die Hölle.« Außenminister Beust mußte mit seinem Kollegen Bismarck drei Wochen lang im Hotel Straubinger in Bad Gastein wohnen und konferieren. Zum Abschluß trafen sich noch einmal die beiden Kaiser in Salzburg. Dabei ließen sie sich aus Versehen auf frisch gestrichenen, feuchten Sesseln nieder. Wer hatte nun wen angeschmiert?

Jedenfalls hatte für Beust, den Bismarck in Gastein als seinen »objektivsten und liebenswürdigsten Gegner« gefrotzelt hatte, die Stunde geschlagen. Der Kaiser schickte ihm seinen Kabinettsdirektor, der ihm die Seidene Schnur à la Habsburg überbrachte: Er solle selber seine Entlassung erbitten. Franz Joseph hatte deshalb keine gute Presse. Die Liberalen verargten ihm den Sturz eines Deutschen und Protestanten, und die Ernennung eines Ungarn zum neuen Außenminister der k. u. k. Monarchie – des Grafen Julius Andrassy, der das Hohenzollernreich mehr als das Habsburgerreich zu schätzen schien. Bismarck konnte zufrieden sein, und Kaiserin Elisabeth, seine hohe Gönnerin, strahlte.

Der ungarische Ministerpräsident hatte in Budapest eine gute Figur gemacht, ein Zigeunerbaron in der Uniform eines Honvedgenerals. Konnte er aber auf dem diplomatischen Parkett auftreten? Als außenpolitischen Dilettanten bezeichnete ihn der deutsche Botschafter, Freiherr von Werther. Doch Andrassy war zu dieser Zeit genau der richtige Mann am richtigen Platz – der Erfüllungsgehilfe der Bismarckschen Politik des Gleichgewichts und der Friedenssicherung. Er selber meinte: »Wir sind aus Deutschland hinausgeworfen worden, und das ist gut. Wir haben Italien verloren und sind dadurch stärker geworden. Wir wollen nichts annektieren und bloß Ruhe haben.«

Als Dritten im Bunde der innenpolitisch konservativen und außenpolitisch friedensbewahrenden Mächte wünschte Bismarck das zaristische Rußland, was Andrassy weniger behagte, was aber er und sein Kaiser hinnehmen mußten. So fuhr Franz Joseph im September 1872 zur »Dreikaiserverständigung« nach Berlin, warf sich, zum Händedruck mit Wilhelm I., in preußische Uniform (»Es kommt mir vor, als zöge ich nun gegen mich selbst ins Feld«), und dann, zum Bruderkuß mit Alexander II., in russische Gala. Der Zar empfing ihn als ungarischer General, was – bei positiver Auslegung – an die Heilige Allianz, an die gemeinsame Niederwerfung der Revolution erinnern mochte, in negativer und näherliegender Deutung indessen an die Absicht der Imperialisten und Panslawisten gemahnte, Österreich-Ungarn zu zerschlagen und mit seinen Trümmern das russische Machtgebäude auszubauen.

Einen solchen Ausblick in die Zukunft verstellte Bismarck mit dem Paravent des Gedenkens an die Völkerschlacht bei Leipzig, in der Russen, Österreicher und Preußen die Franzosen besiegt hatten. Die Gegenwart sollte drei engumschlungene, von Bismarck in Positur gestellte Monarchen vor Augen haben. »Ich wünschte«, verriet er dem britischen Gesandten, »daß die drei Kaiser eine liebliche Gruppe bilden wie Canovas drei Grazien, damit Europa ein lebendiges Symbol des Friedens sehe und Vertrauen gewinne. Ich wollte, daß sie schweigend zusammenstehen und den Leuten erlauben, sie zu bewundern. Aber ich war entschlossen, ihnen kein Gespräch zu gestatten, und das habe ich durchgesetzt, so schwer es war, weil alle drei sich für größere Staatsmänner halten, als sie sind.«

Man posierte wieder, im Jahr darauf, diesmal in Schönbrunn, vor einer besonders geeigneten Kulisse. Die Barockanlage war ein Memento an Österreichs Größe, und das Rokoko-Interieur erinnerte an rosige Wölkchen am Abendhimmel nach einem langen schönen Tag. Das »Schönbrunner Gelb« war nicht die Originalfarbe, sondern eine Erfindung des zeitgenössischen Historismus, eine sinnreiche freilich. Denn die gold-gelbe Fassade schien vollgesogen zu sein mit der Sonnenwärme der alten guten Zeit, genug, um noch viele Nachkommen daran zu wärmen.

In der »Schönbrunner Konvention« versprachen sich Kaiser Franz Joseph I. und Zar Alexander II. am 6. Juni 1873, den Frieden in Europa »durch eine direkte und persönliche Verständigung zwischen den Souveränen« zu erhalten, wenn nötig zu erzwingen. Der Russe machte dabei ein Gesicht, als habe er in einen sauren Apfel gebissen und warte nur auf eine Gelegenheit, das Nichthinuntergeschluckte, weil Nichtschmeckende und Unverdauliche, wieder auszuspucken. Kaiser Wilhelm I. holte seine Unterschrift in Wien am 22. Oktober 1873 nach – das »Dreikaiserabkommen« war geschlossen. Als Vierter im Bunde hielt sich König Viktor Emanuel von Italien in Reserve, auch er bereit (wenn auch wegen der immer noch von Österreich beherrschten »unerlösten Gebiete« Italiens nicht unbedingt in der Lage), einen Schlußstrich unter die Vergangenheit zu ziehen, um des Friedens willen.

Von dessen Segnungen hatten sich die Monarchen persönlich überzeugt – auf der Weltausstellung in Wien. Das fortgeschrittene 19. Jahrhundert wollte zeigen, wie weit es die Menschheit gebracht hatte. Die wiederhergestellte Habsburger Monarchie suchte zu demonstrieren, was sie zu leisten imstande war. Krisen hatten sie geschüttelt, innenpolitische Operationen und Amputationen von Reichsteilen waren notwendig gewesen. Sie hatte viel verloren, freilich auch Ballast, konnte nun freier atmen, sich leichter bewegen, ihre verbliebenen, immer noch reichen Kräfte entfalten.

Voraussetzung für den inneren Aufschwung war der äußere Friede. Andrassy sah beides zusammen: »Das Ziel der österreichisch-ungarischen Politik ist es vor allem, dem Bauern sagen zu können: Du kannst deine Saat in Ruhe bestellen; sie wird nicht verwüstet werden. Zweitens, der Stadt sagen zu können: Du kannst deine Häuser bauen; sie werden nicht zerstört werden.« Frieden und Fortschritt gingen Hand in Hand, weshalb es nicht verwunderlich war, daß im Panoptikum der Weltausstellung friedliebende Monarchen wie friedensbedingte Errungenschaften gezeigt wurden, die unter deren Schirm die Untertanen hervorgebracht hatten.

Wissenschaft, Technik, Verkehr, Industrie – auch Österreich-Ungarn konnte sich sehen lassen. Die Wiener Universität exzellierte in der Medizin, aber auch andere Fakultäten waren beachtenswert, hatten Koryphäen aufzuweisen. Der Geologe Eduard Suess, der Botaniker Julius Wiesner und der Physiker Ludwig Boltzmann legten naturwissenschaftliche Fundamente für den technischen und industriellen Aufbau. Die Nationalökonomen Karl Menger und Eugen Böhm von Bawerk formulierten Gesetze des kapitalistischen Wirtschaftssystems. Der deutsche Jurist Rudolf von Jhering, der von 1868 bis 1872 in Wien lehrte, gab der bürgerlichen Gesellschaft eine liberale Rechtfertigung, schrieb *Über den Grund des Besitzschutzes* und *Der Kampf ums Recht*: Jeder Bürger sollte seine unabdingbaren Menschenrechte bekommen und bewahren.

Die kaiserliche Akademie der Wissenschaften bildete den Generalstab, die Technische Hochschule, die bereits 1815 gegründet worden war, die Offiziersschule des Fortschritts. Erfinder gab es auch in einem Reich, dem das Neue verdächtig war, das mit Neuheiten im Verzug blieb. Neuerer interessierte schon deshalb alles, was nicht nur mit mehr geistiger Aufklärung, sondern auch mit buchstäblich mehr Licht zusammenhing: So erfand man in Wien das Zündholz (Weilhöfer), das Paraffinieren der Hölzchen (Trevany), die Verwendung des Phosphors als Zündmasse (Romer), das »Entgiften« des Phosphors (Schrötter), die Holzschneide- und Tauchmaschinen der Zündholzindustrie (Preschel). Das Taschenfeuerzeug wie dessen künstlicher Zündstein war Carl Auer von Welsbach zu verdanken, der überdies das Gasglühlicht und die erste brauchbare elektrische Metallfadenlampe erfand, weshalb er der »österreichische Edison« genannt wurde.

In der Ausführung der hier und anderswo gemachten Erfindungen, in der Anwendung der technischen Errungenschaften verhielten sich Österreicher im allgemeinen so ähnlich wie bei allem, was ihnen auferlegt wurde – man zeigte sich anstellig, aber echauffierte sich nicht. Selbst die Wiener, die sich nicht so gern strapazierten, entwickelten ein beachtliches Gewerbe, wobei sie nach Möglichkeit bei ihren Liebhabereien blieben: Textil, Bekleidung und Putzwaren, Nahrungs- und Genußmittel (Bier), Möbel, Porzellan, Gläser, graphisches Gewerbe, Musikinstrumente – aber auch Metallverarbeitung und Maschinenbau.

Immer mehr Menschen brauchten Arbeit und Brot. 1870 war die Einwohnerzahl der Hauptstadt auf 615 000 angestiegen, das Reich zählte nun fast 40 Millionen Menschen, und ein weiteres Anwachsen war vorauszusehen. Die Beschäftigten in Industrie und Gewerbe nahmen ständig zu. Aber selbst noch um die Jahrhundertwende waren fast 70 Prozent der Bevölkerung in der Landwirtschaft tätig (im Deutschen Reich 35 Prozent). Eine gute Ernte blieb somit ein Wirtschaftsfaktor ersten Ranges. 1866, im Jahre von Königgrätz, hatte es eine Rekordernte gegeben, die »sieben fetten Jahre« begannen, die man die »Gründerzeit« nannte – weil ständig neue Unternehmen gegründet, Gewerbe und Handel in die Höhe getrieben wurden, auf dem soliden agrarischen Fundament und in einer Ära des Friedens.

Während es 1867 erst 154 Aktiengesellschaften gab, wurden 1869 allein 141 und 1872 sogar 376 Aktiengesellschaften neu gegründet. Zwischen 1867 und 1872 wurden pro Jahr im Durchschnitt 707 Konzessionen erteilt; zwischen 1862 und 1867 waren es 578 gewesen. Neue Großbetriebe und Großbanken waren darunter; es wurde mehr gebaut, mehr produziert, mehr gehandelt. Von 1869 bis 1873 stieg die Einfuhr des für die industrielle Verarbeitung bestimmten Rohmaterials um 40 Prozent, die Ausfuhr von Fertigwaren um 30 Prozent. Nach dem Verlust Venedigs blühte der Seehafen Triest auf, die Donaudampfschiffahrtsgesellschaft meldete Rekordumsätze, das Eisenbahnnetz wurde dichter und dichter, immer mehr Schienen, Lokomotiven und Waggons wurden benötigt, immer mehr Waren wurden befördert – der Kreislauf der neuen Konjunktur belebte die alte Monarchie.

Der Staat, der mehr Steuern erhielt, sich zusehends erholte, förderte diese Entwicklung, steuerte sie durch den Wechsel vom Schutzzoll zum Freihandel und eine unternehmerfreundliche Wirtschaftsgesetzgebung. Die treibenden Kräfte waren indessen die Staatsgewalten nicht mehr. Am ehesten noch die liberalen Minister und Abgeordneten, die nun am Ruder waren und sich für ihre ökonomischen Prinzipien wie Interessen in die Riemen legten. Und am wenigsten der Kaiser, der noch im Feudalismus verwurzelt war und das schwindelerregende Aufschießen des Kapitalismus kopfschüttelnd verfolgte.

Haupttriebkraft und Hauptnutznießer war das nun auch in Österreich reüssierende Großbürgertum. Eine neue, die »zweite Gesellschaft« trat neben die alte Aristokratie und ihre Unterabteilung, den Militär- und Beamtenadel. Die eine war durch Geburt die »erste Gesellschaft«, der andere durch Verdienste ausgewiesen. Nun sollte das Verdienen zum Maßstab werden.

Dem Kaiser, traditionsbewußt, standesstolz und ärarisch wie er war, ging das gegen den Strich. Aber was sollte er schon machen, wenn ihn ein Bourgeois wie Jonas Königswarter um Zuerkennung des Freiherrenstandes bat, mit nichts weiter als der Aufzählung seiner Karriere: »Chef des im Jahre 1810 begründeten Bankhauses Moriz Königswarter, k. k. Börsenrat, Präses des Vorstandes der Wiener israelitischen Kultusgemeinde, Präsident des Verwaltungsrates der privaten böhmischen Westbahn, Direktor der Kaiser-Ferdinand-Nordbahn, Verwaltungsrat der privaten Theiß-Eisenbahn, Ausschuß der privaten ersten Donaudampfschiffahrtsgesellschaft, Bürger von Wien.« Oder wenn ihn der »Wienerberger Ziegelkönig« Heinrich Drasche um Erhebung in den Ritterstand ersuchte, mit dem alleruntertänigsten Hinweis, daß er »für das Baufach in Wien nicht allein durch die Erzeugung des massenhaften Ziegelbedarfs, sondern auch direkt dadurch gewirkt, daß er mit dem Ankauf der Stadterweiterungsplätze Wiens begonnen und zehn Baustellen auf denselben selbst verbaut hat.«

Auf ihre Art und Weise hatten sich diese Reichgewordenen um das Reich verdient gemacht, die Bankiers, Industriellen und Großkaufleute, die nun vom Kaiser Zinsen in Form von Orden und Titeln und damit Standeserhöhungen heischten. Diese Bourgeoisie mehrte die Wirtschaftskraft und damit die Steuereinnahmen des Staates, förderte, das heißt beschäftigte Künstler und Wissenschaftler, finanzierte und erbaute ihm seine Ringstraße, in der er die Macht des Kaisers und die Größe des Reiches symbolisieren wollte, schaffte und scheffelte dafür, daß die alte Monarchie den Anschluß an die neue Zeit bekam.

Die Weltausstellung 1873 schien mit dem Fortschrittsstand die Fortschrittsmacher zu rühmen. Diese fünfte Schau ihrer Art war die bisher größte. Die Ausdehnung des Ausstellungsgeländes im Prater übertraf die von 1867 in Paris um das Fünffache. 50000 Aussteller, davon 12000 aus Österreich-Ungarn, wurden gezählt. 70000 Quadratmeter allein bedeckte der Hauptpalast mit einer 900 Meter langen Halle, 28 Quergalerien und mit dem »achten Weltwunder«, der Rotunde, in der Mitte, über deren Triumphportal der Wahlspruch Franz Josephs stand: »Viribus unitis – mit vereinten Kräften«, und deren Riesenkuppel alle Sehenswürdigkeiten des 19. Jahrhunderts umfaßte – bei der Eröffnung am 1. Mai auch den Kaiser, der nun fast schon ein Vierteljahrhundert regierte und immer noch jung genug schien, mit der Gründerzeit eine neue Epoche zu beginnen.

Selbst der Berliner Feuilletonist Julius Rodenberg war hingerissen: »Dort, in der Mitte des Riesenbaues, über dem Blumenparterre, erhebt sich eine Thronestrade – und dort, über dem lieblichen Farbenspiel der Palmen, Kamelien und Azaleen ist ein Schimmer von Bändern und Geschmeiden, von Uniformen und Roben, von Weiß und Rot und Orangegelb – und nun, da ein Sonnenstrahl von oben durch die Glaskuppel fällt, leuchtet und blitzt und flimmert alles zusammen in bunter Herrlichkeit – und die Fontäne steigt und das Lied erklingt in seiner einfach herzigen Weise, die auch uns so wohlbekannt ist und die wir seit der Kindheit Tagen so sehr geliebt – das Lied: ›Gott erhalte Franz den Kaiser!‹ – und durch alle Transsepte und Seitenhallen wälzt sich ein tausendfältiges Hoch.«

Indessen tropfte von den Wänden der Rotunde der feuchte Mörtel, denn der »Riesengugelhupf« war – einen Wiener wunderte es kaum – nicht rechtzeitig fertig geworden. Es regnete an diesem 1. Mai, und überhaupt hielten dieser Wonnemonat und diese Weltausstellung nicht das, was sie versprochen hatten. Es endete mit einem Defizit von 15 Millionen Gulden, weil man so hoch hinauswollte und zu wenig Besucher kamen, immerhin sieben Millionen. Die Preise schreckten ab, die alle Wiener aus der Gelegenheit zu schlagen suchten, vom Hotelier bis zum Fiaker. Die Cholera erschien als ungebetener Gast und forderte 2000 Todesopfer.

Und dann fielen die Kurse, kam die Katastrophe. Neun Tage nach der Eröffnung der Weltausstellung durch den Kaiser, am 9. Mai 1873, einem Freitag, ein Uhr mittags, wurde die Wiener Börse von der Polizei geschlossen. Der aus Industriepapieren erbaute Gründerturm fiel wie ein Kartenhaus zusammen: Aktien verloren bis zu 70 Prozent ihres Kurswertes, Spekulanten waren pleite, kleine Leute, die der Börsenschwindel erfaßt hatte, kamen um ihr Erspartes. Banken fallierten, Fabriken mußten schließen, Bauvorhaben wurden eingestellt, Arbeiter entlassen. Dem Börsenkrach folgte eine Wirtschaftskrise – ein »schwarzer Freitag« fürwahr.

Jäh und tief war der Sturz vom Weltausstellungshoch in die Weltuntergangsstimmung. Unter den zahlreichen Selbstmördern war der Feldmarschalleutnant Ludwig von Gablenz, der 1864 wie 1866 Lorbeeren errungen und sich nun mit Aktien übernommen hatte. Er hätte das doch wieder in Ordnung gebracht, sagte der Kaiser der Witwe, warum sich denn ihr Mann nicht an ihn gewandt habe? Es stellte sich heraus, daß Gablenz zwar ein Gesuch eingereicht hatte, dieses aber nicht dem Monarchen vorgelegt worden war – weil in seinem eigenen Vorzimmer Spekulanten saßen, die nicht auf sich aufmerksam machen wollten.

Der Kaiser feuerte seinen Generaladjutanten Graf Gustav Bellegarde. Mit Nobilitierungen von Bankiers und Industriellen war er fortan zurückhaltender. Liberale Politiker, die den Börsenschwindel gedeckt hatten oder gar an unsoliden Gründungen beteiligt gewesen waren, ließ er seine Ungnade spüren. Schuldlos Geschädigten – vor allem Handwerkern und Kleinbetrieben – sollte der »Franz-Joseph-Fonds zur Unterstützung der Wiener Gewerbeleute« über erste Schwierigkeiten hinweghelfen. Vielleicht dachte er wie Ferdinand Kürnberger, der Wiener Schriftsteller und Sekretär der Schiller-Stiftung, der am Tag nach dem Börsenkrach schrieb, daß der »schwarze Freitag« keineswegs Unglück gebracht habe: »Seit gestern können ehrliche Leute wieder über die Straße gehen, und Menschen, welche arbeiten, werden nicht mehr Dummköpfe genannt. Seit gestern heißt ein Dieb wieder Dieb und nicht mehr Baron. Nie hat ein schöneres Gewitter eine verpestetere Luft gereinigt.«

Der Wirtschaftsaufschwung war ohnehin nur gebremst, nicht aufgehalten. Die Wiener hatten ihren leichten Sinn nicht eingebüßt. Militärkapellmeister Fahrbach der Jüngere komponierte eine »Krachpolka«. Johann Strauß, der seinen Pappenheimern 1867 über den Verlust der Positionen an Rhein und Po mit seinem Walzer »An der schönen blauen Donau« hinweggeholfen hatte, tröstete sie nun mit der Operette *Fledermaus*, mit dem Lied: »Glücklich ist, wer vergißt, was nicht mehr zu ändern ist.« Unveränderliches, das man gar nicht in Vergessenheit geraten lassen wollte, hatte die Gründerzeit ohnehin hinterlassen: die Ringstraße.

AUCH ZUR OUVERTÜRE hatte Johann Strauß aufgespielt, die »Demolierer-Polka«, zu deren Klängen die Basteien niedergerissen wurden, daß die Röcke flogen und der Staub stob und sich wie Mehltau auf das alte Wien legte. Strauß suchte den Lärm der gigantischen Baustelle zu übertönen, die Unrast, welche die Stadt seit dem Ende der Fünfzigerjahre erfaßt hatte, in schnellen Dreivierteltakt zu transponieren, zum neuen Lebensrhythmus zu stilisieren.

Vortänzer war das Großbürgertum. Es beeilte sich, den Willen des Kaisers zu erfüllen, seiner Residenz- und Reichshauptstadt den Rang einer Weltstadt zu verleihen, mit dem riesigen Ordensband der Ringstraße. Die Kosten hatten die Neureichen zu tragen. Sie erstanden sündteure Bauplätze auf dem aufgelassenen Befestigungsgrund, stockten den Stadterweiterungsfonds auf, schafften die Mittel für die staatlichen Repräsentationsbauten herbei. Und errichteten die ersten Neubauten an der Ringstraße, Residenzen für Finanzbarone, die in Effekten machten und auf Effekt aus waren, Paläste für Schlotbarone, Machtzentren industrieller Imperien, Grandhotels, Schlösser des Großbürgertums, in die man nicht hineingeboren zu sein brauchte, in deren Marmorhallen, Wintergärten und Himmelbetten man sich einmieten konnte.

Dem Kaiser mochte es nur recht sein, wenn sich Palast an Palast reihte, die Fassadenfluchten sich verlängerten, sein Paradeprojekt Gestalt annahm, ohne daß sich mit dem Ende des Bauens ein Ende des Reiches hätte absehen lassen. Und solange sich die »zweite Gesellschaft« bewußt blieb, wo ihr Platz in der Hierarchie war, sie der »ersten Gesellschaft« nicht allzu nahe trat, vor allem sein eigenes Hoflager respektierte – auch im Grundriß der Ringstraße. Kolowrat-Ring (der heutige Schubert-Ring) und Park-Ring waren vornehmlich eine Domäne des Geburtsadels, Opern- und Kärtner-Ring ein Quartier der Finanzgrößen. Der Platz vis-à-vis der Hofburg – Burg-Ring und Franzens-Ring – blieb Repräsentationsgebäuden vorbehalten, Museen, Parlament, Rathaus und Universität. In der Mitte der Ringstraße, zwischen dem großbürgerlich-adeligen und dem höfisch-repräsentativen Teil war der Platz des Opernhauses, sinnigerweise, denn große Oper wurde hier wie dort gespielt.

Von Hause aus war das nicht der Stil Franz Josephs, die Wandlung vom Biedermeier zum Kraftmeier machte er selber nicht mit. Aber er hatte sich überzeugen lassen, daß eine andere Zeit einen anderen Stil erforderte, daß das alte Reich ein neues Gehäuse brauchte, zur ruhmvollen Fortdauer des Imperiums und ad maiorem Imperatoris gloriam.

»Majestät, jetzt wird viel gebaut in Wien. Aber die vielen Baustile gefallen mir gar nicht. Es ist wie eine steinerne Speisenkarte.« Das sagte ihm der Biedermeiermaler Friedrich von Amerling, und der Kaiser erwiderte: »Ich habe darauf keinen Einfluß geübt. Das müssen die Künstler besser verstehen.« Daraus sprach die bewußte Achtung der Zuständigkeiten anderer, vielleicht auch die unbewußte Erkenntnis, daß das Stilmenu der Ringstraße die angemessene Architektur für ein alle Epochen umfassendes und erhaltendes Spätreich sei, und die überladene Pracht der Innenausstattung ein vorteilhafter Rahmen für das Bild eines Kaisers, dem es immer schon an Farbe gemangelt hatte und dessen Konturen zu verschwimmen begannen.

Der Historismus, die Wertschätzung und Überschätzung des Geschichtlichen, und der Eklektizismus, der Rückgriff auf Gehabtes in der Zusammenstellung des Gewollten – einer Reichshauptstadt auf Abruf stand es an, Stile und Figuren der Vergangenheit zu ihrem eigenen Denkmal zu verwenden. Der Kunst der Staatsmänner, die es immer noch verstanden, unterschiedliche Völker und eine widersprüchliche Gesellschaft zusammenzuhalten, entsprach die Fähigkeit der Architekten, verschiedenartige Elemente zusammenzufügen – zu einem einigermaßen harmonischen, jedenfalls imponierenden Ganzen. Barockes Schöpfertum vibrierte noch in den Ringstraßenbaumeistern, auch wenn es ein Nach-Barocken war: der Mut zum großen Wurf, der Sinn für Perspektive, das Maß für Symmetrie, die Kraft zur Synthese.

Der Stil eines jeden Gebäudes bestimme sich durch historische Assoziation, befand der Planer Gottfried Semper. In der Votivkirche kopierte Heinrich Ferstel die hochgotische Kathedrale des französischen Mittelalters, mit zwei Türmen, als wollte er den Fortschritt gegenüber der eigenen Vergangenheit demonstrieren, in der es die Stephanskirche nur zu einem Turm gebracht hatte. Die Wiedergeburt der heidnischen Antike hatte derselbe Ferstel vor Augen, als er die Universität im Stil der italienischen Renaissance errichtete. Das Neue Rathaus schuf Friedrich von Schmidt in Anlehnung an das Brüsseler Hôtel de Ville, unter Berufung auf die spätgotische Blütezeit des Bürgertums. An die griechische Demokratie dachte Theophil Hansen, als der den Parthenon des Parlaments hinstellte. Gottfried Semper und Karl Hasenauer bedienten sich im Arsenal des Barock, imitierten die Kuppel von Val-de-Grace in Paris und die Treppenhäuser des Schlosses von Caserta bei Neapel, zimmerten die Archen des Kunsthistorischen und des Naturhistorischen Museums, in denen Nachfahren ererbte Kleinodien über die Sintflut der Massenproduktion hinwegzuretten suchten.

Die von August von Siccardsburg und Eduard van der Nüll erbaute Hofoper galt als Nachklang florentinisch-französischer Frührenaissance, als Double der Pariser Opera: mit Hofloge, Bürgerrängen, Galerien für Studenten, Plüsch und Spiegel, Wandelhallen für Privilegierte – die Hofburg der neuen Gesellschaft, die hier Zuschauer und Akteur in einem war. Das Burgtheater, von Semper entworfen, von Hasenauer errichtet, entstand als Kreuzung aus römischem Kapitolspalast und venezianischer Markusbibliothek, mit prunkvollen Treppenhäusern, welche die Ringstraßenhorizontale in der Vertikalen fortsetzten, bis hinauf zum Himmel aus Goldstuck und den Deckenfresken, die den griechischen Gott Dionysos wie einen Hanswurst auf dem Marktplatz von Rothenburg ob der Tauber verherrlichten.

Der Kaiser wurde nervös und gereizt, wenn er nur das Wort »Burgtheater« hörte. Wie fast alle Wiener konnte er lange nicht den Abbruch des alten Burgtheaters am Michaelerplatz verwinden, das so viele und schöne Erinnerungen beherbergt hatte, und sich nicht so ohne weiteres an den »goldenen Sarg« gewöhnen, in dem Geist und Tradition ein Staatsbegräbnis Erster Klasse erhalten zu haben schienen. »Feineres Sprechen, sonst ein Vorzug des Burgtheaters, ist unmöglich geworden«, klagte der Kritiker Ludwig Speidel. Der Schauspieler Hugo Thimig, der die »Neronische Schöpfung« anprangerte, bedauerte es, daß Franz Joseph kein besserer Nero war: »Zu einem Machtspruche, der uns Hilfe brächte, fehlt ihm das moralische Rückgrat, die nachempfindliche Teilnahme.«

Im Parlament höre man nichts, im Rathaus sehe man nichts, und im Burgtheater höre und sehe man nichts, witzelten Wiener. Äußerlich bot das Rathaus einen großartigen Anblick, das Innere jedoch war verschachtelt und verwinkelt, mit vielen Zimmern, in die kaum Tageslicht fiel – ein Sinnbild des neuen Bürgertums, wie vermutet werden mochte. Die Akustik im Plenum des Parlaments war so miserabel, daß sich die Herren Reichsratsabgeordneten eine laute Sprache angewöhnten, was die zunehmende Verwilderung der parlamentarischen Sitten erklären konnte. Die Ringstraßenschöpfer heiligten die Mittel, nicht den Zweck, den Baumeistern war nicht der Grundriß, sondern die Fassade wichtig, den Innenausstattern nicht das Funktionale, sondern die Dekoration.

Der Dekorateur für alles und jeden war Hans Makart. Der Salzburger, der 1840 als Sohn eines Zimmeraufsehers in Schloß Mirabell geboren worden war und das Barock in der Perspektive des Epigonen in sich aufgenommen hatte, wurde 1868, auf Empfehlung des Obersthofmeisters Konstantin Fürst Hohenlohe-Schillingsfürst, vom Kaiser nach Wien berufen. Makart war ein kleiner, schmächtiger Mann, der gern in Samt und Seide und in blanken Stiefeln ging, an den Gestiefelten Kater erinnerte oder, »mit dem venezianisch dekorativen Bart« an einen »Miniatur-Dogen«, wie es Hermann Bahr vorkam. Sich selber in Positur zu setzen, auffallend zu drapieren und pompös zu dekorieren, war sein persönliches Anliegen, das er in großem Maßstab als Makart-Stil auf ganz Wien übertrug, ein Schöpfer und das Symbol der Ringstraßenepoche.

Sein Stil war Rekapitulation und Kompilation: noch einmal Tizian, Veronese, Rembrandt, Rubens, und alle zusammen in effektvollem Finale. Makart schuf Kolossalgemälde wie den »Triumph der Ariadne«, einen Cancan nackter Leiber, der den deutschen Schriftsteller Karl Gutzkow an einen vergrößerten Lampenschirm für ein Bordell denken ließ. Der »Einzug Karls V. in Antwerpen« glich einer Opernbühne: phantastische Kulissen, eine dramatische Szene, prächtige Kostüme und verschwimmende Gesichter. Oder einem Redoutensaal: große Damen aus den Ringstraßenpalästen in historischen Masken, Halbweltdamen vom Ringstraßenkorso geziemend entschleiert – als wenn, wie Daniel Spitzer sagte, der Kaiser nicht seinen Einzug in Antwerpen, sondern auf einem Kostümball im Wiener Fasching hielte.

Makart malte Wien, wie dieses sich sehen wollte, zu schön um wahr zu sein, als Märchenstadt eines Märchenreiches, erfüllt nicht nur von Musik, sondern auch vom Rausch der Farben – von leuchtenden, satten, überreifen, pompeianischen Farben. Von Tönen war Wien stets übergequollen, im Tanz hatte es immer geschwelgt – nun setzte Makart die Töne in Farbe, ließ die Bilder wirbeln, und wurde als Malerkönig, wie Johann Strauß als Walzerkönig, ein Herzkönig Wiens, ein vergötterter Diktator.

Audienzen gewährte er in seinem Atelier in der Gußhausstraße. Im Schatten der Kuppel der Karlskirche hatte er sich für 127000 Gulden ein pseudo-barockes Reich eingerichtet, das die Ausmaße einer Fabrikhalle hatte und mehr einem Serail als einer Werkstatt glich: vollgestopft mit Perserteppichen, Zimmerpalmen, Schnitzkredenzen, Plüschsofas, Marmorbüsten und den Haremsdamen seiner Bilder, ein Lager von Versatzstücken eher als ein komponiertes Bühnenbild. Diesen Prunkrahmen füllte er mit seinen Atelierfesten, von denen ganz Wien, meist hinter vorgehaltener Hand, sprach. Täglich empfing er hier zwischen 16.00 Uhr und 17.00 Uhr, Einheimische und Fremde, schöne Frauen zumal. Tout Wien suchte es ihm gleichzutun: Man trug »Makart-Rot«, »Makart-Hut«, »Makart-Kragen«, man kostümierte, möblierte und gerierte sich wie der Meister. Und stellte sich zu allem Überfluß »Makart-Bouquets« ins bürgerliche Wohnzimmer, kunstvoll arrangierte Gebilde aus welken Blättern, vertrockneten Gräsern und vergoldeten Palmwedeln.

Kaiserin Elisabeth, der Formalismus in jeder Form zuwider war, ließ Makart spüren, was sie von seiner Machart hielt. Eines Tages erschien sie unangemeldet in seinem Atelier. Schweigend trat sie vor das Kolossalgemälde »Venedig huldigt Caterina Cornaro«, schweigend stand der Meister neben ihr, auf ein Wort der Anerkennung oder gar eine Geste der Huldigung wartend. Doch Elisabeth warf nur einen Blick auf das Bild, wandte sich an Makart und sagte: »Wie ich höre, haben Sie ein paar schottische Windhunde, kann ich sie sehen?« Die Hunde wurden vorgeführt, die Kaiserin betrachtete sie eine zeitlang und rauschte davon.

Der Kaiser ging erst gar nicht hin. Die Kunst zu fördern, gehörte zu seinem Beruf, doch niemand konnte erwarten, daß sie ihm unter der Hand zu einer Liebhaberei wurde. Was Makart machte, paßte ohnehin nicht zu einem Menschen, der sich auch nicht in einem Farbenrausch verlieren wollte, und für einen Monarchen, der keine Mode mitmachen durfte, das also, was gerade üblich war, dem Augenblicksgeschmack entsprach, schon morgen von einer neuen Mode verdrängt werden könnte – denn der Kaiser, der schon gestern da war und auch morgen noch da sein wollte, war einem langlebigen, dauerhaften Stil verpflichtet. Sein Mobiliar blieb schlicht und zweckmäßig, nicht einmal vom Barock der Hofburg und dem Rokoko Schönbrunns hatte er sich hinreißen lassen, von Stilen, die der Repräsentation und Glorifizierung der Dynastie dienten. Mit dem Talmi der Gründerzeit konnte und durfte er erst recht nichts anfangen; denn Makart konterfeite, kleidete und richtete das Bürgertum ein, das wirtschaftlich und gesellschaftlich aufgestiegen war und nun auch seinen eigenen Stil im Leben und in der Kunst verlangte.

Ein einziges Mal avancierte Hans Makart zum k. k. Hofregisseur – als er die Feier zur Silbernen Hochzeit des Kaiserpaares inszenierte, den Festzug arrangierte, allen ihre Rolle gab, den 14000 Teilnehmern, den 230000 Zuschauern, dem Kaiser und der Kaiserin, ganz Wien Theater spielen ließ. Als Freilichtbühne war die Ringstraße gerade groß und ihre Kulisse gerade großartig genug: die geschmückten, herausstaffierten Fassaden der Paläste, die aufgepflanzten Türme, die Thronhimmel der Kuppeln und die Alleebäume, die schon so weit herangewachsen waren, daß ihre Äste mit Sitzbrettern, luftigen Logenplätzen versehen werden konnten.

Sein gewaltigstes Gemälde war dieser Festzug am 28. April 1879, den Makart mit lebendigen Menschen in historischen Kostümen malte, Gestalten zu Fuß und zu Pferde, in Gruppen zusammengestellt, auf Festwagen angeordnet, in lebenden Bildern komponiert. Die Akteure hatte er in die Tracht des 16. Jahrhunderts gesteckt – der hohen Zeit der Habsburger, als im Reiche Karls V. die Sonne nicht untergegangen war. Voraus zogen Herolde der Stadt Wien in weiß-roten Wämsern, Bannerträger der schwarz-gelben österreichischen und der weiß-blauen bayerischen Farben (eine Huldigung für die Wittelsbacherin Elisabeth), Musikanten in Landsknechtsmontur, mit Kniehosen und Baretten, von denen die Federn schwankten, im Winde sich wiegten und bogen.

Dem Jagdbuche Kaiser Maximilians I., des letzten Ritters, schienen die Waidmänner entsprungen zu sein. Unter den Altadeligen, deren Ahnen bereits damals Jagdherren gewesen waren, tummelte sich der neuadelige Baron Albert Rothschild, der dafür tief in die Tasche greifen, den Festzug mitfinanzieren mußte. Die Bürger hatten darin ihren festen Platz: die Wagen der Zünfte, der Bäcker mit einer Riesenbrezl, der Zuckerbäcker mit einer Hochzeitstorte von riesigem Durchmesser, der Wirte mit einem Hundertliterweinfaß. Keine historischen Vorbilder hatte Makart für die Darstellung der Errungenschaften des 19. Jahrhunderts, doch er bewältigte auch dieses, wie ihm die *Wiener Zeitung* bescheinigte: »Das Meiste erblaßte aber, als der Zug der Eisenbahnen aufleuchtete. Voran die elementar schwarz-rot gekleideten Diener mit den hellroten Signalscheiben, dann gewaltig und gebieterisch kühn wie das Element selbst der wunderbar prächtige Festwagen in seiner wahrhaft künstlerisch-vollendeten Gestalt, goldglänzend, feuersprühend und lichtblitzend wie das Dampfroß selbst.«

Das größte Aufsehen erregte dennoch der nach einem Entwurf Albrecht Dürers gebaute Triumphwagen, der das einherführte, worin Wien seit jeher geglänzt hatte und auch weiterhin glänzen würde: die Schönheit seiner Frauen. Das Hier und Heute repräsentierten die Schwestern Klinkosch, eine Baronin Teschenberg und Schauspielerinnen von der Hofoper, vom Burgtheater und dem Stadttheater, darunter die dreiundzwanzigjährige Katharina Schratt, die der Kaiser in Shakespeares *Der Widerspenstigen Zähmung* gesehen hatte. Die Hauptperson war aber immer noch Hans Makart selbst, der an der Spitze der Künstler ritt, als Rubens in schwarzem Samt. Mit der Natur, das heißt der Unfügsamkeit seines Schimmels konfrontiert, hätte er beinahe eine schlechte Figur gemacht, obwohl man ihm das lammfrommste Tier gegeben, ihn angeschnallt hatte und von zwei Dienern führen ließ. Er war nicht sattelfest; sein Federhut kam abhanden, der Degen fiel aus der Scheide. Immerhin konnte er das vor dem Äußeren Burgtor errichtete Festzelt in einigermaßen aufrechter Haltung passieren, den Kaiser grüßen, und die Kaiserin, die einen weitausladenden Makart-Hut mit weißer Feder aufhatte.

Franz Joseph genoß das ihm dargebrachte Festspiel. »Während meiner mehr als dreißigjährigen Regierung« – dankte er dem für den reibungslosen Ablauf zuständigen Innenminister, nicht etwa dem für die künstlerische Gestaltung zeichnenden Makart – »habe ich nebst manchen trüben Stunden auch viele Freuden mit meinen Völkern geteilt, aber eine reinere, innigere konnte mir wohl kaum geschaffen werden als in den letztvergangenen Tagen.« Hatten ihm nicht mit den Wienern alle seine Völker gehuldigt? War dieser Festzug nicht so etwas wie ein einziger, hochbeladener Erntewagen gewesen, mit dem die Früchte seiner Arbeit in die Scheuer gebracht wurden? Auf der Ringstraße, seiner Via triumphalis, die aus einer reichen Vergangenheit in eine reiche Zukunft zu führen schien?

Geerntet aber wurde im Sommer, gedankt im Herbst, wenn der Winter vor der Tür stand. Galt das nicht auch für ihn wie für sein Reich? Er stand nun an der Schwelle der Fünfzig. »Zum ersten Mal in meinem Leben fühle ich mich sehr müde und ruhebedürftig«, vertraute er Albert von Sachsen an, dem besten, vielleicht einzigen Freund. Nach außen ließ er sich nichts anmerken, aber es kostete ihn schon Mühe, stets und ständig als der schneidige Mann und strenge Monarch dazustehen, das Bild zu rechtfertigen, das allen vorgestellt worden war und das sich alle von ihm gemacht hatten.

Zu seinem Selbstschutz gehörte es, daß er an Krankheit und Tod nicht erinnert werden wollte, wie Gräfin Festetics gewahrte: »Für Franz Joseph, den kräftigen, gesunden Menschen, der unberufen nie krank war, gibt es nur Leben oder Tod. Dazwischen ist nichts, kein Verständnis dafür. Wird jemand krank, ist er ganz paff, und der Tod im Bette, so siech, ist für ihn etwas Überraschendes, Erschreckendes. Wie bei Hof übrigens alles, was traurig ist, verschwiegen und rosa angestrichen wird, so macht man es auch da, als ob man es damit verhindern könnte.«

Die Mutter, die wichtigste Wegweiserin und treueste Weggefährtin, war nun schon sieben Jahre tot. Im Vorjahr war auch der Vater, Erzherzog Franz Karl, gestorben, was Schmerz verursacht und eine Lücke hinterlassen hatte: Der alte Herr, der von sich sagte, er gehe zu Fuß wie ein Bürger und fahre sechsspännig wie ein Kaiser, hatte in seiner Mittelmäßigkeit eine gewisse Mittlerfunktion ausgeübt, zwischen Dynastie und Volk, im Herrscherhaus selber. Die Familie war immer schwerer zusammenzuhalten, Erzherzöge zügelten kaum noch ihre Lust, aus der Reihe zu tanzen. Schon hatte der Monarch und Familienchef den dreiundzwanzigjährigen Johann Salvator, der offene Kritik am kaiserlichen Militär wie an der kaiserlichen Außenpolitik gewagt hatte, von der Artillerie zur Infanterie strafversetzen müssen.

Großvater war er auch schon, 25 Jahre verheiratet, und auch der Glanz der Silberhochzeit konnte nicht darüber hinwegtäuschen, daß er mit seiner Frau mehr Unglück als Glück gehabt hatte. Sie war umgekehrt derselben Meinung, verhehlte es kaum: Die zweiundvierzigjährige Silberbraut hatte sich zur Meßfeier grau in grau gekleidet, was ihre schlanke Figur unterstrich und ihrer Stimmung entsprach. Einen Monat vor dem Fest war sie erst aus Irland zurückgekommen, wo sie wieder mit Captain Middleton geritten war. Nicht ein Überschwang der Gefühle hatte sie heimgetrieben, sondern eine Überschwemmung in Szegedin, die wachsende Kritik von Österreichern und Ungarn, die es nicht verstanden, daß ihre Kaiserin und Königin sich im Ausland kostspieligen Vergnügungen hingab, während zu Hause das Wasser stieg und der Kaiser und König immer einsamer wurde. Schon ging eine freche Bemerkung um, auf Französisch, der Delikatesse und des Wortspiels wegen: Gewöhnliche Paare feierten Silberhochzeit »après vingt-cinq ans de ménage«

(nach 25 Jahren gemeinsamen Haushalts, Familienlebens), das Herrscherpaar »après vingt-cinq ans de manège (nach 25 Jahren Reitbahn, Zirkus also).

Der einzige Sohn, der Kronprinz, stimmte den Kaiser kaum zuversichtlich. Rudolf war nun fast einundzwanzig, bereits für mündig erklärt und als Oberst beim Infanterieregiment Nr. 36 in Prag. Zum Soldaten mangelte es ihm allerdings an Disziplin. Frühreif, nervös und vorlaut schon als Kind, war er der bayerischen Verwandtschaft nachgeschlagen, wie seine Mutter ein Wolkenkraxler geworden, der allem nachstieg, was er für romantisch hielt, König Ludwig II. ebenso wie dem Liberalismus, der für alles schwärmte, was anders war als das, was der Vater vorlebte und er selber einmal als Kaiser verkörpern sollte. Immerhin wirkte er zur Silberhochzeit an den »Lebenden Bildern aus der österreichischen Geschichte« mit, trat als der mittelalterliche Rudolf I. auf, ließ an einen weiteren herrschenden Rudolf denken. Das Testament, das der Kronprinz wenige Tage vorher abgefaßt hatte, kannte der Kaiser allerdings nicht: »Unsere Zeit erfordert neue Ansichten, Reaktion ist überall, besonders aber in Österreich, der erste Schritt zum Untergang. Diejenigen, die Reaktion predigen, sind die gefährlichsten Feinde, sie habe ich immer verfolgt, vor ihnen warne ich!«

Über dreißig Jahre regierte nun Franz Joseph I., schon klagend: »Ich habe das Faß der Danaiden zu füllen.« Das hieß, eine nie endende, doch vergebliche Arbeit tun, wie die Töchter des griechischen Königs Danaos, die in der Hochzeitsnacht die ihnen aufgezwungenen Männer umgebracht hatten und deswegen in der Unterwelt unaufhörlich Wasser in ein durchlöchertes Faß schöpfen mußten. Wie lange hatte er noch die Kraft dazu, und wie lange noch würde das Wasser reichen und das Faß halten? Das war eben anders als in der griechischen Sage: Im diesseitigen Österreich konnte es nicht ewig so weitergehen, auch wenn man sich vormachte, daß alles unvergänglich, unendlich sei – die Ringstraße, der Festzug aus einer großen Geschichte in eine glänzende Zukunft, das Reich.

War vielleicht alles Selbsttäuschung? Das Schloß Maria Theresias war nie »schönbrunn-gelb« gewesen, die Donau war nicht so schön blau wie bei Johann Strauß, die Ringstraßenbaumeister blufften und Hans Makart zauberte aus dem Hut. Er verspüre Lust, »ein kleines Gastspiel als Kassandra zu eröffnen«, schrieb Daniel Spitzer, der die Herbststürme heraufziehen sah.

Herbststürme

Auf tönernen Füssen stand der Friede und damit das Habsburgerreich. Bismarck, der geschäftsführende Compagnon, jonglierte zwar gekonnt mit den »fünf Kugeln« Deutschland, Österreich-Ungarn, Rußland, Frankreich und Großbritannien, beherrschte vollendet das Gleichgewichtsspiel. Doch seiner Kondition waren Grenzen gesetzt, und die Mächte, die es auszubalancieren, die Größen, die es einzuordnen galt, waren immer weniger berechenbar.

Metternich hatte es auch mit verschiedenen, ja entgegengesetzten Interessen zu tun gehabt, aber bei ihrem Ausgleich konnte er auf ein allen europäischen Monarchien gemeinsames Wertsystem zählen, in dem die Achtung vor dem Gleichgesinnten und die Aufrechterhaltung einer gemeinsamen Gesellschafts- und Staatsordnung vor der eigenen Machterweiterung rangierten. Auf die Heilige Allianz beriefen sich nun die Kaiser von Österreich, Rußland und des Deutschen Reiches, aber sie meinten es nicht mehr so ernst – am ehesten noch Franz Joseph I., der bei Metternich in die Schule gegangen war und von einer Restauration des alten Friedenssystems nur profitieren konnte, am wenigsten Zar Alexander II. Rußland, als imperialistische Macht auf Expansion angelegt und von der Ideologie des Panslawismus vorangetrieben, griff nach der Konkursmasse der Türkei auf dem Balkan, mußte dabei in die Interessensphäre der Donaumonarchie eingreifen.

Dem standen die Bruderküsse nicht entgegen, die Zar Alexander mit Franz Joseph 1872 in Berlin, 1873 in Wien und 1874 in Petersburg austauschte. Zum ersten Mal betrat ein Kaiser von Österreich die russische Hauptstadt, die Peter der Große aus den Sümpfen der Newa gestampft und ihr ein nach Europa gewandtes Gesicht gegeben hatte: Schlösser in französisch-italienischer Manier, Regierungsgebäude in preußischem Kasernenstil, die Kasansche Kathedrale, eine mißglückte Nachbildung der Peterskirche in Rom, und der Zar selber auf dem Denkmalsroß, seinen Russen voranreitend, in Richtung Westen. Alexander steckte seinen Gast in ein russisches Dampfbad: heiße Freundschaftsbeteuerungen, ein Fest, bei dem 12000 Kerzen brannten, und die kalte Dusche eines Besuchs am Grab Nikolaus I., des Zaren, den Franz Joseph im Stich gelassen hatte und der darüber aus Gram gestorben war.

Respekt wie Reue sollte der Kaiser von Österreich empfinden, sich künftig russenfreundlicher verhalten, beim nächsten Coup, den der Zar schon vorhatte. Seine Agenten schürten die Unabhängigkeitsbestrebungen der Slawen und Christen, die immer noch das türkische Joch tragen mußten. 1875 kam es zum Aufstand in der Herzegowina, anschließend in Bulgarien. 1876 erklärten Serbien und Montenegro der Türkei den Krieg, russische Freiwillige waren zur Stelle, und die russische Diplomatie warb um Bundesgenossen, die an der Seite und zum Vorteil des Zaren den Sultan vom Balkan vertreiben sollten.

Der erste Adressat war der Kaiser von Österreich, von dem erwartet wurde, daß er aus dem Schaden des Krimkriegs klug geworden sei, sich anders verhalten würde als vor zwei Jahrzehnten. Franz Joseph hatte in der Tat dazugelernt, nicht vergessen, was eine zugeschlagene Tür für ein isoliertes Österreich bedeutete, aber auch behalten, daß es nicht in seinem Interesse lag, den Russen die Tür zum Balkan zu öffnen. So blieb er zwar wiederum neutral, aber er versuchte seine Neutralität besser als damals zu verkaufen, und zwar so, daß die Russen sich zufrieden gaben und er einen Vorteil daraus zog.

Bei einem Treffen auf Schloß Reichstadt in Nordböhmen hatte der Zar dem Kaiser die beiderseitigen Vorteile einer gemeinsamen Aufteilung der Türkei vor Augen gestellt. Dann hatte er – wie Nikolaus I. – Briefe geschrieben, Wien zur Beteiligung an einem Krieg gegen Konstantinopel gedrängt. Franz Joseph hatte diesmal elastischer geantwortet, dem Zaren nicht nachgegeben, ihn aber auch nicht vor den Kopf gestoßen , sich weder von den Pro-Russen noch den Anti-Russen in Österreich-Ungarn beeinflussen lassen. Schließlich war ein Geheimvertrag zustandegekommen: Österreich ist der Sache Rußlands gewogen, mischt sich aber in einen russisch-türkischen Krieg nicht ein. Rußland begnügt sich mit der Angliederung

Bessarabiens und einer weiteren Verselbständigung der Balkanvölker, allerdings ohne Schaffung eines neuen slawischen Balkanstaates. Österreich erhält Bosnien und die Herzegowina, bis dato türkisches Gebiet.

Franz Joseph war mit sich zufrieden. Er glaubte, sich endlich als Diplomat bewährt zu haben, ganz allein, denn diesmal hatte er sich von seinem Außenminister nicht dreinreden lassen, dem Ungarn Andrassy, der am liebsten seine Mitrevolutionäre von 1848/49 gerächt hätte. Ohne sich am Krieg zu beteiligen, schien ihm ein Anteil an der Kriegsbeute sicher: Bosnien und die Herzegowina, ein Gebiet von 50000 Quadratkilometern und über einer Million Einwohnern, mehr Steinen als Brot. Doch es war von strategischer Wichtigkeit: Der dalmatinische Küstenstreifen könnte endlich an einem soliden Landblock befestigt werden. Und es war, mehr noch, von reichspolitischer Bedeutung: Der Kaiser, der bisher nur Land verloren hatte, könnte endlich Land gewinnen, ein »Mehrer des Reiches« werden. Dies erfüllte ihn mit Genugtuung. Im Grunde war ein Monarch ein Bauer geblieben, der den Verlust eines Ackers nicht verschmerzte und sich abrackerte, ein anderes Stück Grund und Boden zu bekommen, und wenn es nur ein unfruchtbares Feld wäre.

Nun mußten die Russen nur noch den Krieg anfangen und ihn gewinnen, aber daran hatte er keinen Zweifel gehegt, und die Ereignisse gaben ihm recht. Im April 1877 überschritten russische Truppen den Pruth, im Juni die Donau; im Juli war der strategisch wichtige Schipka-Paß genommen. Er wünsche »seinem lieben Freund und Alliierten alles Glück«, prostete Franz Joseph an einer Militärtafel und hätte dabei beinahe sein Geheimabkommen verraten. Bald mußte er ernüchtert feststellen, daß sein »Freund« zu viel Glück hatte, zu übermütig wurde: Im Januar 1878 standen die Russen vor Konstantinopel, im März unterwarf sich in Santo Stefano der Sultan den Friedensbedingungen des Zaren: Rumänien (das Bessarabien an Rußland abtritt), Serbien und Montenegro, durch türkische Gebiete vergrößert, werden souveräne Staaten; Bulgarien, bis an die Ägäis ausgedehnt, wird ein autonomes, der Türkei tributpflichtiges, tatsächlich aber von Rußland beherrschtes Fürstentum. Von einer Annexion Bosniens und der Herzegowina durch Österreich ist nicht mehr die Rede, nur noch von einer vorübergehenden Besetzung.

Das ging Franz Joseph zu weit, so stand es nicht im Geheimvertrag: ein zu kurz gekommenes Österreich-Ungarn, eine zu sehr geschwächte Türkei, ein zu sehr gestärktes Rußland, der Balkan als russisches Einflußgebiet. Hatte Andrassy nicht doch recht gehabt, der am liebsten gegen den Erzfeind Ungarn, das reaktionäre Rußland zu Felde gezogen wäre? Hatte sich der Diplomat Franz Joseph überlisten, der Neutralitätspolitiker hereinlegen lassen? Der Außenminister drängte zum Krieg, der Kaiser wollte den Frieden bewahren, beide befehdeten und zermürbten sich, verfielen schließlich auf den letzten Ausweg der österreichischen Außenpolitik: die Einberufung eines europäischen Kongresses, nach Wien, versteht sich.

Er kam dann auch zustande, aber in Berlin. Bismarck übernahm die Rolle des »ehrlichen Maklers« zwischen Wien und Petersburg, zwischen London, das einer weiteren Ausbreitung Rußlands auf Kosten des Osmanischen Reiches und zu Lasten der britischen Orientposition entgegentreten wollte, und dem Zaren, dem es, allein auf weiter Flur, unheimlich zu werden begann. Der Konferenzort war auf ausdrücklichen Wunsch der Russen gewählt worden, weil sich der Deutsche Kaiser wirklich neutral, wenn auch eher indifferent verhalten hatte, und weil der neue Metternich eben nicht in der Hauptstadt Österreich-Ungarns, sondern in der des Deutschen Reiches saß.

»Ich gehe in der sicheren Erwartung nach Berlin, daß Rußland sich meinen Bedingungen werde fügen müssen«, schwadronierte Andrassy, der Husar, dem der Kongreß als eine Fortsetzung des Krieges, der ihm verwehrt worden war, erschien, auf dem er mit friedlichen Mitteln sein Kriegsziel zu erreichen hoffte: die Eindämmung Rußlands. Die Gewinnung der Kriegsbeute beziehungsweise des Friedenspreises, Bosniens und der Hercgowina, lag ihm weniger am Herzen, aber das hatte ihm der Kaiser aufgebunden.

Unter dem Druck Österreich-Ungarns wie Großbritanniens und der Vermittlung des Deutschen Reiches mußte Rußland – am 13. Juli 1878 – im Frieden von Berlin nachgeben, hinter Santo Stefano zurückgehen. Die Angliederung Bessarabiens an Rußland und die Unabhängigkeit Rumäniens, Serbiens und Montenegros wurden zwar bestätigt, aber Bulgarien – das Rußlands Hauptstützpunkt werden sollte – erhielt statt 164000 nur 64000 Quadratkilometer, statt 4,5 nur 1,85 Millionen Einwohner, blieb auf Sofia und das Gebiet zwischen Donau und Balkan beschränkt, bekam nicht Mazedonien – und damit für sich und seinen Schirmherren Rußland keinen Zugang zum Mittelmeer. Und die russischen Truppen sollten sich nach neun Monaten aus Bulgarien zurückziehen.

Österreich-Ungarn wurde nicht die Annexion, nur die Okkupation, die militärische Besetzung und einstweilige Verwaltung Bosniens und der Herzegowina zugestanden. Andrassy hatte nicht mehr gewollt. Wem sollten denn diese Gebiete einverleibt werden, der österreichischen oder der ungarischen Reichshälfte? Weder die Magyaren noch die Deutsch-Österreicher wollten sie haben, weil beide durch eine Stärkung des slawischen Elements eine Schwächung ihrer völkischen Vorherrschaft befürchteten. Andrassy ging sogar so weit, dem Sultan die Souveränität über Bosnien und die Herzegowina ausdrücklich zu bestätigen.

Der Kaiser war indigniert. Wie hatte er sich auf eine Abrundung seines Reiches gespitzt! Nun hatte er nichts Ganzes, nur etwas Halbes, das ihn freilich nicht weniger als ein Ganzes kostete. Denn Bosnien und die Herzegowina mußten erst regelrecht erobert werden, mit 150000 regulären österreichisch-ungarischen Soldaten gegen Haufen einheimischer Freischärler und Verbände türkischer Hilfstruppen. Und sie waren noch nicht erobert, da stritten sich schon die Politiker darüber, ob sie militärisch oder zivil verwaltet, Zisleithanien oder Transleithanien zugeschlagen werden sollten, wer die Kosten für die Entwicklung dieser halbzivilisierten Gegend zu tragen hätte.

»Die Verlegenheiten, die für Österreich nach innen und außen aus der Okkupation resultieren, werden endlos sein«, meinte ein neutraler Beobachter, der Schweizer Gesandte in Wien. Mit einer Verlegenheit wie beim Empfang der bosnisch-herzegowinischen Huldigungsdelegation vermochte der Kaiser fertigzuwerden. Beim Galadiner in Schönbrunn erhielten auch die Okkupierten, wie üblich, zum Abschluß goldene Mundschalen mit parfümiertem Wasser und einer darin schwimmenden Blüte – für diskrete Reinigung nach dem Mahl. Ein Bosniak, deren Funktion verkennend, führte seine Schale zum Mund und trank sie auf einen Zug aus. Die jungen Erzherzöge, albern wie immer, wären beinahe laut herausgeplatzt. Der Kaiser aber, gentlemanlike wie stets und zu jedem, ergriff ebenfalls seine Mundschale und leerte sie bis auf den Grund.

Aus anderen Verlegenheiten, in die ihn Bosnien und die Herzegowina brachten, konnte er sich nicht so souverän heraushelfen. Schon jetzt wurde er ihres Erwerbs – der eigentlich eine Erbpacht war – nicht froh. Schon wußte er, daß der Zar sein Zurückstecken-müssen auch ihm angekreidet hatte; man habe sich in Zukunft auf ernste Ereignisse gefaßt zu machen, erklärte Franz Joseph dem neuen Korpskommandanten in Lemberg, Freiherrn von Mollinary. Doch er konnte nicht ahnen, daß in der bosnischen Hauptstadt Sarajewo, die zu seinem 48. Geburtstag, am 18. August 1878, genommen worden war, am 28. Juni 1914 sein Thronfolger Franz Ferdinand sterben sollte – und mit ihm die Zukunft des Reiches.

Auch Bismarck hatte sich den Groll der Russen zugezogen. Es ging ihm wie anderen Schiedsrichtern: Er wurde ausgepfiffen, in erster Linie vom Verlierer. Das durch die russische Aggression gestörte europäische Gleichgewicht hatte zwar der Berliner Kongreß einigermaßen wieder ins Lot gebracht, aber zu Lasten des »Dreikaiserabkommens« zwischen Wilhelm I., Franz Joseph I. und Alexander II. Eine neue Kombination war fällig. Das Deutsche Reich und Österreich-Ungarn, die nun beide Schwierigkeiten mit Rußland und untereinander keine Differenzen mehr hatten, sollten noch enger verbunden werden. Andrassy hatte das von vorneherein erstrebt, und Franz Joseph blieb nichts anderes übrig, als sich dafür gewinnen zu lassen, und als man ihn gewonnen hatte, hielt er daran so fest wie an allem, wovon er überzeugt worden war.

Bismarck kam selber nach Wien, Franz Joseph brach eine Jagd in der Steiermark ab, man wurde sich handelseinig. Die Unterzeichnung des geheimen Verteidigungsbündnisses zwischen dem Deutschen Reich und Österreich-Ungarn erfolgte am 7. Oktober 1879. Artikel Eins lautete: »Sollte wider Verhoffen und gegen den aufrichtigen Wunsch der beiden Hohen Kontrahenten eines der beiden Reiche von Seiten Rußlands angegriffen werden, so sind die Hohen Kontrahenten verpflichtet, einander mit der gesamten Kriegsmacht ihrer Reiche beizustehen und demgemäß den Frieden nur gemeinsam und übereinstimmend zu schließen.« Der »Zweibund« war perfekt, ein Bund fürs Leben des Hohenzollernreichs wie der Habsburgermonarchie. Er hielt bis zum gemeinsamen Untergang, den er nicht verhindern konnte, eher mit heraufbeschwören sollte: durch die Isolierung der Mittelmächte in einer Zweifrontenstellung – gegen Rußland, den Hauptfeind Österreichs, und gegen Frankreich, den Hauptfeind Deutschlands.

Diese Gefahr hatte Bismarck erkannt. 1882 brachte er den »Dreibund« zustande, ein geheimes Verteidigungsbündnis zwischen Berlin, Wien und Rom, für den Fall eines französischen Angriffs auf Italien oder Deutschland. Den französischen »Erbfeind« des Deutschen Reiches zu isolieren, blieb für ihn wichtig, und den russischen »Erbfreund« Preußens nicht zu verlieren. Deshalb bemühte er sich, die Verstimmung der Russen auszuräumen, die Gegensätze zwischen Petersburg und Wien sich nicht verhärten zu lassen, das »Dreikaiserabkommen« von 1873 zu erneuern – was ihm 1881 im »Dreikaiserbündnis« auch gelang, mit vieler Mühe und wenig Aussicht auf Dauer.

Franz Joseph war diese Bündispolitik nur recht, denn er wollte und sein Reich brauchte den Frieden, ihm lag an der Aufrechterhaltung des Status quo auf dem Balkan, notfalls in einer Allianz gegen, doch lieber im Verein mit Rußland. Der Kaiser trug diese Bündnispolitik höchstpersönlich mit. Seinen Außenminister Andrassy, der ihm zu selbstherrlich geworden war, hatte er fallenlassen, in die Puszta zurückgeschickt. Dessen Nachfolger – die Berufsdiplomaten Heinrich Karl von Haymerle und Gustav Siegmund von Kalnoky – wußten, wo in Österreich-Ungarn der Lenker auch und gerade der Außenpolitik wohnte.

Da er annahm, daß – wenn vielleicht auch nicht in Berlin, so doch in Petersburg genauso wie in Wien – der Monarch das Sagen hatte, legte er Wert auf eine persönliche Verständigung primär mit dem Herrscher aller Reußen. 1881 war Alexander II., mit dem dies nicht leicht gewesen war, bei einem Bombenattentat ums Leben gekommen. Alexander III. näherte sich wieder den beiden Kaisern, die wie der Zar von Reformern gefordert und von Revolutionären bedroht waren.

Franz Joseph I., Wilhelm I. und Alexander III. trafen sich Mitte September 1884 in Skierniewice, einer Kreisstadt in Russisch-Polen, auf einem Jagdschloß des Zaren. Ein russisches Ballett tanzte Walzer, Mazurka und Csardas, um anzudeuten, daß sich die Nationen zwar verschieden bewegten, sich aber aufeinanderzubewegen könnten. Russische Regimenter wurden besichtigt, welche die Namen Kaiser Franz Josephs und Kaiser Wilhelms trugen, was sie aber nicht davon abhalten sollte, gegebenenfalls gegen österreichisch-ungarische und deutsche Regimenter zu marschieren, die nach dem Zaren benannt worden waren.

Ein solcher Ernstfall blieb denkbar, ungeachtet des persönlichen Einvernehmens der drei Kaiser. Denn die Interessengegensätze – vor allem zwischen Rußland und Österreich-Ungarn – konnten durch die Trinksprüche der Monarchen nicht aus der Welt geschafft werden. Das »Dreikaiserbündnis« von 1881 war zwar bis 1887 verlängert worden, und Bismarck bemühte sich, die Kontrahenten durch ein Auseinanderhalten auf dem Balkan als Alliierte zusammenzuhalten. Beide sollten ihre Einflußsphären haben: Österreich-Ungarn den Westen, Bosnien, die Herzegowina und auch Serbien, Rußland den Osten, vor allem Bulgarien. Und jeder dürfte sich nicht in den Bereich des anderen einmischen, beide müßten ihre Zonen gegenseitig respektieren.

Doch dazu konnte sich keiner verstehen. Rußland stemmte sich gegen eine Annexion Bosniens und der Herzegowina durch die Besatzungsmacht, begann sich in Serbien breitzumachen. Österreich-Ungarn schloß ein Verteidigungsbündnis mit Rumänien (dem sich das Deutsche Reich und Italien anschlossen), das nur gegen Rußland gerichtet sein konnte, und versuchte den russischen Einfluß in Bulgarien zurückzudämmen.

Eine Aussprache zwischen Franz Joseph und Alexander im August 1885 in Kremsier in Mähren verlief in verbindlichen Formen, doch ohne verbindende Ergebnisse. Im Schloßpark wurde von einem Ensemble des Wiener Burgtheaters, unter Mitwirkung von Katharina Schratt, der *Sommernachtstraum* aufgeführt. Der Kaiser machte sich keine Illusionen, und auch nicht Kronprinz Rudolf, der fand, daß durch die neuen Uniformen die Russen »wieder ganz asiatisch« geworden seien, und bemerkte: »Mit Rußland gibt es keine ehrliche Freundschaft, nicht einmal eine halbwegs dauerhafte Verständigung, solange wir auf Teile der Balkanhalbinsel Aspirationen hegen.«

Weil der Fürst von Bulgarien – Alexander von Battenberg – sich mehr nach Wien orientierte (wo seine Blicke nicht unerwidert blieben) als nach Petersburg (das für die Unabhängigkeit seines Landes gekämpft und ihn als Fürsten eingesetzt hatte), kam es nicht nur zu Turbulenzen auf dem Balkan, sondern auch zu einer ernsten Spannung zwischen Rußland und Österreich-Ungarn. Als der Zar 1886 Alexander von Battenberg zur Abdankung zwang und einen russischen General zur Machtübernahme nach Sofia schickte, verwahrte sich Wien dagegen, Petersburg verwahrte sich gegen die Verwahrung, Rußland verstärkte die Truppen an seiner Westgrenze, der k. k. Generalstab arbeitete am Mobilmachungs- und Aufmarschplan. Das »Dreikaiserbündnis« wurde 1887 nicht mehr verlängert.

»Bei der jetzigen Wehrpflicht und Bewaffnung kann sich doch eigentlich niemand den Krieg wirklich wünschen«, meinte Franz Joseph. Worum es denn im Grunde ginge?, fragte ihn die Tochter Marie Valerie. »Ja, das weiß kein Mensch«, erwiderte der Vater, »denn Grund gibt es eigentlich keinen.« Außer seiner eigenen Diplomatie sah er rundum Leute, die mit dem Feuer spielten, vor allem Russen, Bulgaren und Serben. Auch über Bismarck war er verärgert, weil dieser im Deutschen Reichstag erklärt hatte: »Die ganze orientalische Frage ist für uns keine Kriegsfrage. Wir werden uns wegen dieser Frage von niemandem das Leitseil um den Hals werfen lassen, um uns mit Rußland zu brouillieren.« Das konnte nur auf den österreichischen Verbündeten gemünzt sein.

Dabei blieb Franz Joseph verborgen, daß Bismarck am 18. Juni 1887 den geheimen »Rückversicherungsvertrag« mit Petersburg auf drei Jahre geschlossen hatte: Deutschland und Rußland versicherten sich ihrer wohlwollenden Neutralität, falls Ersteres von Frankreich und Letzteres von Österreich-Ungarn angegriffen werden sollte. Ferner: »Deutschland erkennt die geschichtlich erworbenen Rechte Rußlands auf der Balkanhalbinsel an und insbesondere die Rechtmäßigkeit seines vorwiegenden und entscheidenden Einflusses in Bulgarien und Ostrumelien.« Aber auch: Beide Höfe wollen »jetzt ohne vorheriges Einverständnis untereinander keine Änderung des territorialen Status quo der genannten Halbinsel zulassen.« In einem »ganz geheimen Zusatzprotokoll« wurde Rußland der moralische und diplomatische Beistand Deutschlands zugesagt, falls Rußland den Zugang zum Schwarzen Meer selbst zu verteidigen und den »Schlüssel seines Reiches« in der Hand zu behalten für notwendig erachten sollte. Zugleich aber ermunterte Bismarck die Wiener Diplomatie – auch ganz geheim – im »Orient-Dreibund« gemeinsam mit London und Rom den Besitzstand der Türkei gegen einen russischen Angriff zu garantieren.

Das zeigte, was Bismarck wollte: nicht etwa eine Schwächung oder gar Vernichtung Österreich-Ungarns, sondern seine Absicherung – mit oder ohne dessen Wissen und Zutun – an der Seite seines deutschen Bündnispartners, in einem immer schwieriger auszubalancierenden Gleichgewichtssystem, mit einer diplomatischen Kunst, die immer mehr zu Equilibristik wurde. Die Hauptaufgabe blieb, einen Krieg zwischen Frankreich und Deutschland wie zwischen Rußland und Österreich-Ungarn zu verhindern, Frankreich und Rußland nicht zusammenkommen zu lassen und Deutschland und Österreich-Ungarn zusammenzuhalten.

»Ich betrachte die genaueste Verständigung und das engste Zusammengehen mit Deutschland in allen politischen und militärischen Fragen als den Leitstern unserer Politik«, bekannte Franz Joseph im Jahre 1887. Ihm zu folgen fiel Österreich-Ungarn nicht schwer, solange Bismarck die Richtung angab. Das wurde anders, als nach dem Tode Wilhelms I. (den der Kaiser respektiert, aber nicht unbedingt sympathisch gefunden hatte) und der nur dreimonatigen Herrschaft Friedrichs III. (der Franz Joseph nie plastisch geworden war) der neunundzwanzigjährige Wilhelm II. den Thron bestieg. Bismarck wurde entlassen, der Rückversicherungsvertrag nicht erneuert – die Irrlichterei begann.

Der »neue Kurs« war kein klarer und eindeutiger Kurs, auch nicht gegenüber dem Bundesgenossen Österreich-Ungarn. Franz Joseph war von Anfang an irritiert: durch die betont russenfreundliche Thronrede des neuen Kaisers und seinen geradezu überstürzten Antrittsbesuch in Petersburg. Immerhin kam er noch 1888, im Jahre seines Regierungsantritts, nach Wien – nicht ohne vorher wissen zu lassen, daß ihm eine Anwesenheit des britischen Thronfolgers, des Prinzen von Wales, während seines Besuchs nicht angenehm wäre. Großdeutsche Kundgebungen hätte er nicht ungern gesehen. Doch Franz Joseph wies seinen Ministerpräsidenten an: »Aus der Zeitung ersehe ich, daß in Wien eine Agitation wegen eines dem Deutschen Kaiser darzubringenden Fackelzuges beginnt. Da davon natürlich keine Rede sein kann, wäre es gut, bald entschieden entgegenzuwirken, überhaupt die Augen offen zu haben.«

Dann war er da, am 3. Oktober 1888, sprang auf dem Westbahnhof aus dem Salonzug, stramm, forsch, die Nase oben, den Schnurrbart hochgezwirbelt, und als er gar zu sprechen anfing, in schnarrendem Kommandoton, erschien er ganz so, wie man sich in Wien einen Preußen vorstellte und ihn auch in der politisch bedingten Umarmung nicht zu nahe haben wollte. »Wilhelm II. macht sich; er dürfte bald eine große Konfusion im alten Europa anrichten; dieses Gefühl habe ich auch. Er ist ganz der Mann dazu. Von gottbegnadeter Beschränktheit, dabei energisch und eigensinnig wie ein Stier, sich selbst für das größte Genie haltend«, meinte Kronprinz Rudolf. So hart urteilte sein Vater nicht, er war gerechter, schließlich Kavalier und ein Staatsmann dazu. Zumindest sagte er nichts. Graf Karl Stürgkh, ein späterer Ministerpräsident, resümierte: Franz Joseph habe Wilhelm II. als Bundesgenossen die wärmsten Gefühle entgegengebracht, »doch seine Gesellschaft ertrug er nicht leicht und nicht lange. Ich gehe gewiß nicht zu weit, wenn ich behaupte, ihm entfuhr jedesmal ein Seufzer der Erleichterung, wenn eine solche Entrevue zu Ende war.«

Damals ging es erst an, mit einer Fahrt durch Wien, in dem keine deutsche Fahne zu sehen war, einem Galadiner in der Hofburg, wobei zum ersten Mal nach Trinksprüchen »Hoch« gerufen wurde. Dem ungarischen Ministerpräsidenten Koloman von Tisza, einem hochgeschätzten, weil artverwandten Magyaren, verlieh Wilhelm II. den Schwarzen-Adler-Orden. Der Ministerpräsident Zisleithaniens, Graf Eduard Taaffe, ging leer aus – dieser seltsame Deutsch-Österreicher, der mit Polen und Tschechen paktierte.

SEIT 1879 AMTIERTE TAAFFE als Ministerpräsident der österreichischen Reichshälfte. Er wohnte im Innenministerium, das er zuvor geleitet hatte, empfing dort seine Beamten im Schlafzimmer, zwischen neun und zehn Uhr, in einer weiten, bequemen Flanellhose und mit rotem Garibaldi-Hemd, während er Toilette machte, sich die Kopf- und Barthaare schwarz färbte und vornehmlich bestrebt war, die auffallende Rötung seiner Nase mit Fettschminke zu dämpfen. Mit Abgeordneten plauschte er in den Wandelhallen des Parlaments, hofierte sie im Auf- und Abgehen, als Kollegen Arm in Arm. Akten erledigte er noch am liebsten abends in einem kleinen Büro seiner Amtswohnung, in Gesellschaft seines Mopses, meist nur an der letzten Seite einer Akte interessiert, auf die er sein »ET«, »Expediatur Taaffe« setzte.

Taaffe gab sich ganz so, wie sich Wilhelm II. einen Österreicher vorstellten mochte – allzu gemütlich, leger bis zur Formlosigkeit, leichtlebig, leichtsinnig, leichtfertig. Dieses persönliche Sichgehenlassen schien seine Amtsführung beeinflußt zu haben: »Fortwursteln« war sein erklärter Regierungsstil, und seine Regierungsaufgabe nannte er selber, sarkastisch, fast zynisch, wie es klang, die »notwendige Erhaltung aller Nationalitäten in einem Zustand gleichmäßiger, wohltemperierter Unzufriedenheit«.

So gesehen war Taaffe beinahe das Gegenteil seines Kaisers Franz Joseph: ein Spätaufsteher, Schreibtischmeider und Aktenumgeher, kaum jemals richtig adjustiert (er wurde in Beamtenuniform beobachtet, »den Säbel in seiner ganzen Länge aus der Tasche des Mantels heraushängend«), das Uniformiertsein überhaupt nicht schätzend (er schränkte das Uniformtragen der Beamten so sehr ein, daß Schwarz-Gelbe darin schon eine Auflösungserscheinung der Disziplin erblickten). Dennoch berief ihn der Kaiser zum Ministerpräsidenten, war vierzehn Jahre lang mit ihm zufrieden.

Denn Graf Eduard Taaffe war genau das, was der Kaiser in dieser Zeit und Österreich in dieser Endphase brauchten. Die vorgegebenen Realitäten, wie der reichszerstörerische Nationalitätenhader, waren kaum mehr zu ändern, der vorgezeichnete Untergang wohl kaum aufzuhalten, nur hinauszuzögern, und dazu bedurfte es eines solchen Jongleurs mit ablenkenden Worten und hinhaltenden Taten, eines frohgemuten Fatalisten. Ein Pessimist, aber einer, der es sich nicht anmerken ließ, es sich auch nicht anmerken lassen durfte, war auch der Kaiser, und vielleicht war dies der tiefere Grund, warum sie sich so gut verstanden, es so lange miteinander aushielten.

Sie kannten sich von Kindesbeinen an. »Edi«, der Sohn eines kaiserlichen Justizministers und loyalen Rektors der Wiener Universität, war der Spielkamerad und Jugendgefährte des um drei Jahre älteren Franz Joseph gewesen. Dieser hatte sich an ihn gewöhnt, sah ihn gern bei sich, schätzte das, was sie miteinander verband, und auch das, was sie voneinander unterschied, verkehrte ungezwungen mit ihm, hörte sich von ihm Dinge an oder ließ sie sich verschweigen, was er bei einem anderen nicht hingenommen hätte.

Die Taaffes waren altirischer Adel, seit dem 17. Jahrhundert in Böhmen ansässig, von Hause aus übernational, habsburgisch, konservativ, und selbst im fortgeschrittenen 19. Jahrhundert war der jüngste Sproß nicht von des Gedankens Blässe moderner Theorien angekränkelt, nicht vom Liberalismus, Nationalismus oder gar Sozialismus. Graf Eduard Taaffe hatte als Minister der Landesverteidigung und der Polizei sowie des Innern, als Statthalter von Oberösterreich und Tirol gedient, er kannte nur das Ganze, das der Kaiser verkörperte und seine Beamten zusammenzuhalten hatten, und nicht die Parteien, die nationalen wie gesellschaftlichen Partikel, die es auseinanderzureißen drohten.

»Ich betrachte mich gleichsam nur als einen Exekutivbeamten Seiner Majestät des Kaisers«, erklärte der neue Ministerpräsident, und der Monarch bezeichnete ihn als »seinen« Minister. So stellten sich beide, die vom Parlamentarismus nichts wissen wollten, den für sie gerade noch annehmbaren Konstitutionalismus vor. Doch ohne oder gar gegen den Reichsrat in Wien und die Landtage in den Kronländern war nicht mehr zu regieren. Ein Premier war also vonnöten, der die Parlamentarier einzuspannen, in die gewünschte Richtung in Trab zu bringen, am Zaum zu halten verstand – weniger mit Peitschenknall, was sie nur widerspenstig gemacht hätte, sondern mit Zureden und Zuckerlgeben. Ein Verhandlungskünstler war zu engagieren, der wieder alle Nationalitäten und Parteien ins Plenum zurückbringen, sie im nagelneuen Parlamentsgebäude am Franzens-Ring vereinen könnte, zur Eintracht in diesem griechischen Tempel, und zu dem, was eine Figurenszene im Giebelfeld des Porticus gebot: »Der Kaiser versammelt die siebzehn Kronländer zur Gesetzgebung.«

Die über ein Jahrzehnt lang tonangebenden Deutsch-Liberalen hatten die Slawen abgeschreckt, in erster Linie die Tschechen. Taaffe schickte die Deutsch-Liberalen – die sich als Schildhalter des Deutschnationalismus wie als Vorkämpfer des Zentralismus und als Teilhaber des Kapitalismus verausgabt hatten – auf die Oppositionsbänke, holte die Tschechen in den Reichsrat zurück und bildete mit ihnen und den Polen, deutschen Konservativen und Katholiken seine Regierung. So brachte der uneiserne Taaffe den »Eisernen Ring« zustande, der die »im Reichsrat vertretenen Königreiche und Länder« fast eineinhalb Jahrzehnte lang zusammenhielt – eine reife Leistung in diesem Österreich, in dem so vieles mit Macht auseinanderstrebte.

Kaiserin Elisabeth von Österreich
(Foto um 1865).

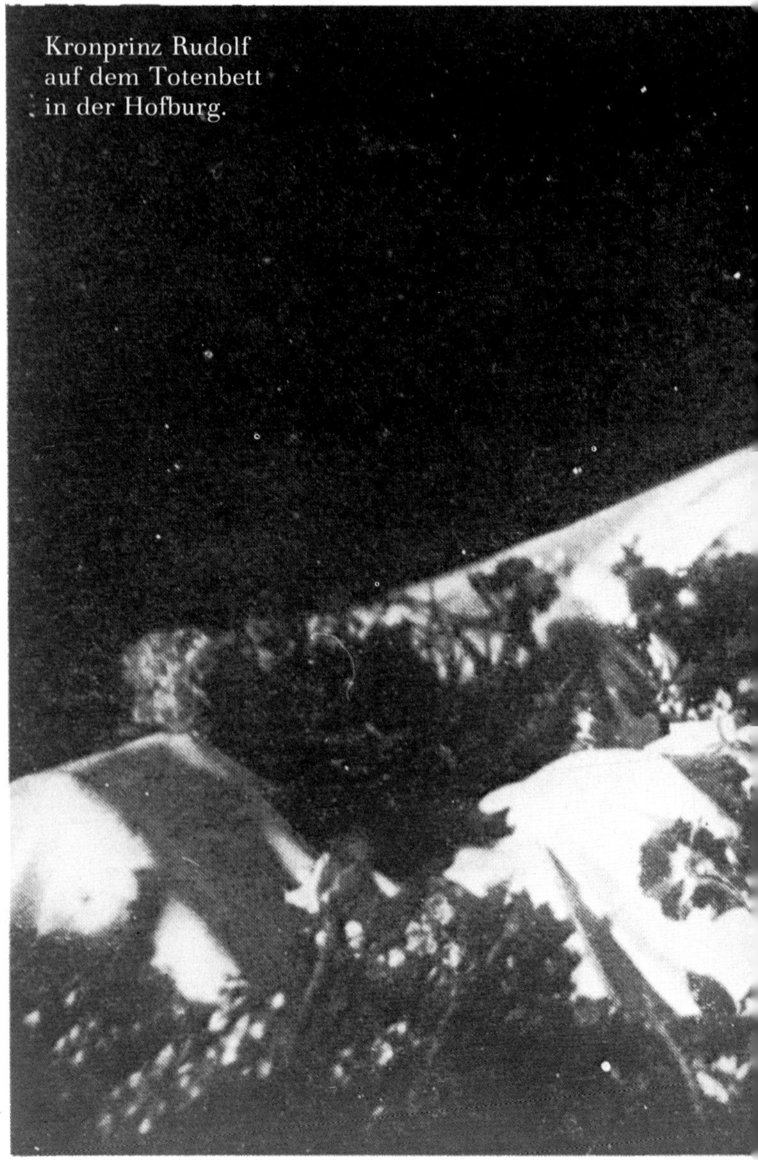

Kronprinz Rudolf
auf dem Totenbett
in der Hofburg.

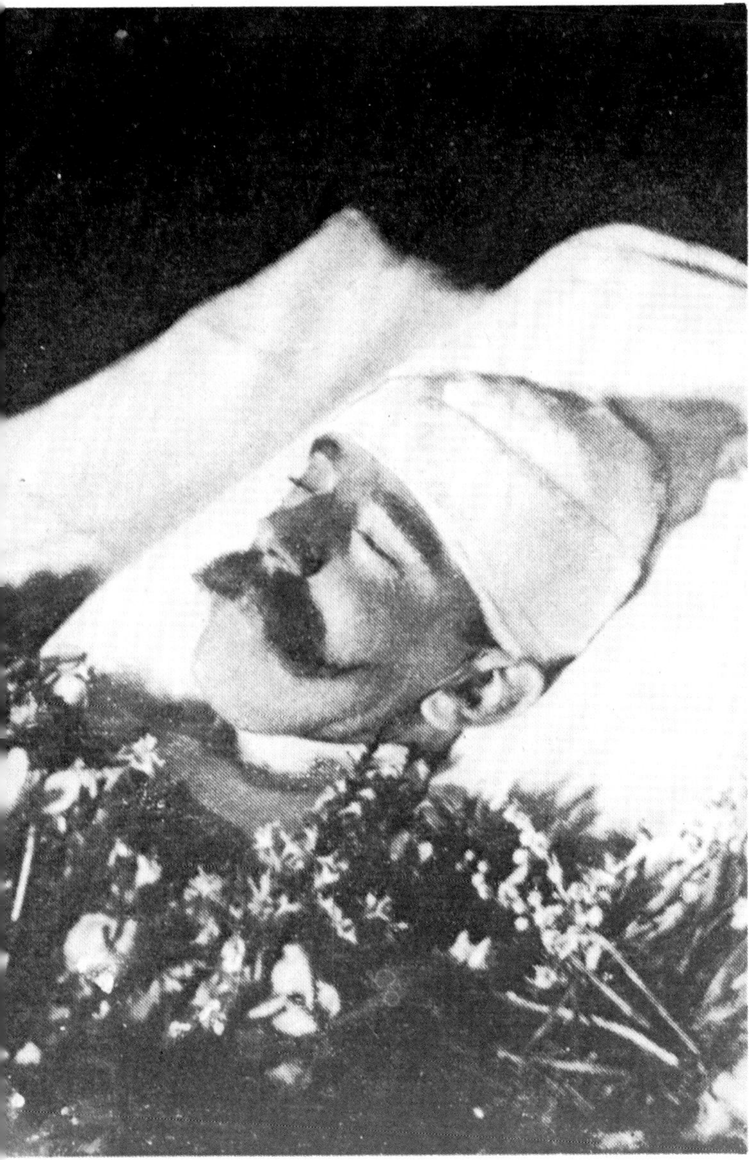

Die Abfahrt des königlichen Leichenwagens
mit Kronprinz Rudolf von Schloß Mayerling.

Kaiser Franz Joseph
von Österreich.

Der Kaiser Franz Joseph
und die Kaiserin Elisabeth auf der
Kurpromenade in Bad Kissingen.

Der Attentäter, der die
Kaiserin Elisabeth
am 11. September 1898
in Genf ermordete,
wird lächelnd abgeführt.

Nur eingeschlossen, nicht gebändigt, waren die nationalen Gewalten, und Gewalttätigkeiten nicht zu vermeiden. Die Tschechen erhielten einen Landsmannminister für Böhmen im Wiener Kabinett, Dr. Alois Prazak, den Taaffe freilich Wichtiges nicht sehen, geschweige denn entscheiden ließ. Die schon 1880 erlassenen Sprachenverordnungen für Böhmen sollten den Tschechen die fällige Gleichberechtigung ihrer Sprache in Justiz und Verwaltung gewähren, was die Deutschen indessen als Benachteiligung empfanden, weil zwar viele Tschechen Deutsch, aber nicht viele Deutsche Tschechisch sprachen. Neben der Prager deutschen Universität wurde eine tschechische Universität mit allen Fakultäten gegründet; einen ihrer Lehrstühle besetzte der Wiener Dozent Thomas G. Masaryk, der spätere erste Präsident der Tschechoslowakei.

Die Deutschen, die ihre Hoffnung, dem Bismarck-Reich angegliedert zu werden, immer mehr schwinden sahen, wollten nun wenigstens ihren »nationalen Besitzstand« in Böhmen bewahren, begannen darüberhinaus ihren Deutschnationalismus im innerösterreichischen Nationalitätenkampf einzusetzen. Andererseits wurden die gemäßigten »Alt-Tschechen« zunehmend von den radikalen »Jung-Tschechen« verdrängt. Deutsche und tschechische Nationalisten stießen aufeinander, so 1881 in Kuchelbad und Prag. Der Kaiser, der immer nur von seinen Völkern sprach, für den seine Böhmen, Deutsche wie Tschechen, nur ein Volk waren, wies Taaffe an: »Pflicht der Behörden bleibt es aber, ohne Rücksicht auf Partei und Nationalität, die Ordnung aufrechtzuerhalten, die persönliche Sicherheit zu schützen und gesetzliche Zustände mit Festigkeit herzustellen.«

In Böhmen blitzte und donnerte es bereits. In anderen Ländern Zisleithaniens ballten sich Gewitterwolken zusammen: über Polen und Ruthenen in Galizien, über Deutschen und Slowenen in der Südsteiermark, in Kärnten und Krain, über Italienern und Kroaten in Dalmatien, und über Italienern und Deutschen, Italienern und Slowenen in Gebieten, die der italienische Nationalismus zur »Irredenta« erklärt hatte, das Trentino wie das Küstenland. Auf den Kaiser persönlich abgesehen hatte es Guglielmo Oberdank, ein im bosnischen Feldzug desertierter Einjährig-Freiwilliger des k. k. Infanterieregiments Nr. 22. Das Attentat war für September 1882, während des Besuchs Franz Josephs in Triest, geplant, doch der Attentäter konnte schon an der italienisch-österreichischen Grenze verhaftet werden. Verletzend blieben Aufschriften in Triest: »Pereat Francesco Giuseppe« und »Evviva Oberdank«.

Auch die transleithanische Reichshälfte hatte ihre Nationalitätenprobleme, nur daß die Magyaren damit besser fertig wurden, weil sie teils geschmeidiger, teils härter mit aufmüpfigen Kroaten, Serben, Slowaken, Rumänen und Deutschen verfuhren. Den heftigsten Nationalitätenstreit führte indessen das magyarische Budapest mit seinem deutschstämmigen König, dem Kaiser von Österreich im deutschsprachigen Wien, und einer kaiserlich-österreichischen Regierung, die durch ihre slawenfreundliche Haltung die Niederhaltung der Slawen in den Ländern der ungarischen Krone erschwerte.

Ungarn fühlten sich immer noch nicht gleichberechtigt, das heißt nicht gleichrangig behandelt, nicht gleichwertig geschätzt. Daß man nur einen König und keinen Kaiser hatte, war eher eine Bestätigung der Besonderheit. Es schmerzte jedoch, daß die Kaiserstadt Wien viel größer und schöner war als die Königstadt Budapest, das diplomatische Korps in Wien residierte, beim Hofball in der Ofener Königsburg mehr Walzer als Csardas getanzt wurde, daß überhaupt noch so viele an Österreich erinnernde Denkmäler in Budapest herumstanden, beispielsweise das des k. k. Generalmajors Heinrich Hentzi, der 1849 in Verteidigung der österreichischen Reaktion gegen die ungarische Revolution gefallen war. 1886 wurde dieses Denkmal von einem General und Offizieren der immer noch gemeinsamen Armee »bekränzt«, was die Magyaren ausfällig werden ließ und Franz Joseph gegen sie aufbrachte. »Der Kaiser ist sehr bös, sehr gekränkt und ganz auf der Seite der Offiziere«, bemerkte Kronprinz Rudolf, der wie mancher seiner Kameraden mit dem Säbelgriff spielte, bereit, die blanke Waffe zu ziehen, um der verletzten Ehre der Armee Genugtuung zu verschaffen.

Die Säbel blieben in der Scheide, und den Ungarn wurde wieder einmal nachgegeben. 1889 setzten sie sogar die Bezeichnung »k. u. k.« für die gemeinsame Armee und Kriegsmarine durch, anstelle des bisherigen, die schwarz-gelbe Tradition, den Primat des Kaisers von Österreich betonenden »k. k.«. Nun zogen sie selbst in einem Bereich gleich, den Franz Joseph als seine eigentliche und ausschließliche Domäne betrachtete. Um das Militärbudget gab es unwürdiges Gerangel. Die ungarische Landwehr, Honved, war fast eine eigene Armee, und nun sollte der Oberbefehlshaber der beide Reichshälften zusammenhaltenden Streitmacht sich gewissermaßen in einen kaiserlichen und einen königlichen Kommandanten aufspalten. Vielleicht sollte er auch bald seine Befehle doppelt geben, in Deutsch und in Ungarisch!

Schon wurde das von der 1884 gegründeten ungarischen Unabhängigkeitspartei angestrebt, mehr noch, die völlige Trennung beider Armeen und beider Staaten. Und Ultranationalisten meldeten sich zu Wort, die nicht weniger als die Übernahme der Gesamtmonarchie durch die Ungarn verlangten, beispielsweise Graf Julius Andrassy junior, der Sohn des ehemaligen k. u. k. Außenministers: »Die Kräfteverhältnisse der Monarchie machen es natürlich, und die Interessen derselben machen es wünschenswert, daß in politischer Hinsicht in ihr wir, die Magyaren, die leitende Rolle spielen. Wir bilden einen einheitlichen Staat von großer Vergangenheit. Österreich ist ein Nationalitäten- und Provinzmosaik ohne innere Einheit.«

Dieses so zusammenzufügen und zu festigen, daß es ungarische Sprüche widerlegen und österreichischen Ansprüchen genügen könnte, war das vom Kaiser geförderte Ziel Taaffes. Der Versuch, die Nationalitäten zu versöhnen, ging Hand in Hand mit dem Bestreben, die politischen Rechte der gesellschaftlichen Aufsteiger zu erweitern und soziale Probleme, die das Anwachsen der Bevölkerung, die Steigerung der industriellen Produktion und die Entstehung eines »Vierten Standes« mit sich brachten, wenn schon nicht zu lösen, dann wenigstens zu entschärfen. Das ging im österreichischen Tempo vor sich, also nicht überstürzt, und mit österreichischen Methoden, also von oben verordnet, auf Vorschlag des Ministerpräsidenten, mit Zustimmung seiner parlamentarischen Mehrheit und per Genehmigung und Inkraftsetzung durch den Monarchen.

Nun durften mehr Österreicher wählen. 1882 wurde der Zensus, die Mindeststeuerleistung der Wahlberechtigten von zehn auf fünf Gulden herabgesetzt. Das war immer noch ein Klassenwahlrecht, aber der Kreis der Begünstigten wurde nicht unerheblich erweitert, um einen bürgerlichen und bäuerlichen Mittelstand, die sogenannten »Fünfguldenmänner«, die sozial durch eine neue Gewerbeordnung und eine vor Erbteilung schützende Regelung der bäuerlichen Erbfolge gestützt wurden. Doch das allein genügte nicht mehr. Ein anschwellendes Proletariat verlangte Aufmerksamkeit, begann sie drastisch zu fordern. 1882 mußte der Kaiser den Justizminister anweisen, gegen »Exzedenten« rasch und scharf vorzugehen: Vor dem Westbahnhof und in der Mariahilferstraße war es zu Ausschreitungen von Arbeitern gekommen, die eine Verbesserung ihrer Lohnverhältnisse verlangten. 1883 schlugen sich Sozialisten mit den Wachen vor der Wiener Polizeidirektion. 1884 ermordeten Anarchisten einen Geldwechsler und einen Polizeibeamten.

Ministerpräsident Taaffe verhängte den Ausnahmezustand, Sonderbestimmungen für politische Gewaltverbrechen wurden erlassen, Täter verurteilt und auch Leute, bei denen man lediglich anarchistisches Propagandamaterial gefunden hatte. Im »Eisernen Ring« sollte mit den Völkern das Volk schlechthin gehalten werden.

EINE INDUSTRIEGESELLSCHAFT ENTSTAND auch im immer noch und bis auf weiteres vorwiegend agrarischen Österreich. Die Aussichten stimmten zuversichtlich, die Wachstumsschwierigkeiten machten Sorgen. In der Reichshauptstadt waren sie zusammengeballt. 1890 – bei einer jährlichen Zunahme der Bevölkerung in den Achtzigerjahren um 2,31 Prozent – zählte Wien 817000 Einwohner (»Groß-Wien«, mit den in diesem Jahr erfolgten Eingemeindungen, 1364000), ein Drittel Tschechen, 10 Prozent Juden, 7500 große und mittlere Unternehmen (Industrie, Handel, Banken) und 46000 Kleinbetriebe und Geschäfte, eine Großmarkthalle und der Zentralfriedhof von zwei Millionen Quadratmetern.

Die sozialen Probleme waren mitgewachsen. Die Wohnungsnot grassierte. In einem Raum hausten im Durchschnitt doppelt so viel Menschen wie in Paris, in Arbeiterquartieren mitunter mehrere Familien. Oft kam auf acht bis zehn Parteien nur ein Wasserhahn. Die Mieten waren hoch, verschlangen ein Viertel des Einkommens eines Arbeiterhaushalts. Die Löhne standen in umgekehrtem Verhältnis zum langen und harten Arbeitstag. Im Ziegelwerk des Ringstraßenmillionärs Drasche waren es im Sommer sechs bis sieben Gulden wöchentlich, im Winter weniger, und sie wurden größtenteils nicht bar, sondern in »Blech« ausgezahlt, in Wertmarken, die nur in den Werkskantinen eingelöst werden konnten, wo alles teurer und vieles schlechter war als in umliegenden Geschäften. Die »Blechwirtschaft« wurde zwar verboten, auch gegen andere Mißstände schritt die Behörde ein – doch die Entlohnung der Industriearbeiter wie die Lebensverhältnisse der unteren Schichten blieben ungenügend.

1877 berichtete die *Neue Freie Presse*: »Im zweiten Bezirk wurde eine Privatfremdenherberge entdeckt, welche also geschildert wird: Ein Zimmer und eine Kammer, Parterre, feucht, Mangel an Luft und Licht; die Fenster führen nach dem Lichthofe, gegen welchen sämtliche Aborte des Hauses gelegen sind. In diesen Localitäten übernachten tagtäglich zehn, fünfzehn auch zwanzig Personen, zumeist ›Kaufleute aus Polen‹, ausschließlich nur orthodoxe Juden.« 1888 berichtete die sozialdemokratische *Gleichheit* über die Arbeiterbaracken auf dem Werksgelände der Wienerberger Ziegel-Fabriks- und Baugesellschaft: »Holzpritschen, elendes altes Stroh, darauf liegen sie Körper an Körper hingeschichtet ... In einem dieser Schlafsäle, wo 50 Menschen schlafen, liegt in einer Ecke ein Ehepaar. Die Frau hat vor zwei Wochen in demselben Raum, in Gegenwart der 50 halbnackten, schmutzigen Männer, in diesem stinkenden Dunst entbunden.«

Jedes dritte Kind war unehelich. 1873 war die Prostitution legalisiert worden; die Mädchen hatten mindestens vierzehn Jahre alt zu sein (später wurde das Alter heraufgesetzt). Geschlechtskrankheiten waren epidemisch. Die Tuberkulose wurde die »Wiener Krankheit« genannt. In einer Stadt mit einer der besten Küchen der Welt waren viele Menschen unterernährt, frühstückten am Werktag zum Ersatzkaffee eine Semmel, jausten, wenn es hochkam, ein Butterbrot, aßen zu Mittag Suppe und Gemüse, zu Abend Brot und Bier; Wurst oder Fleisch (oft vom Pferd) gab es gewöhnlich nur sonntags, auch noch am Zahltag.

Noch gab es das Klosterbrot, kirchliche Caritas. An privater Sozialhilfe fehlte es nicht. So ließ z. B. der Scharfrichter von Wien täglich 80 Portionen Suppe austeilen. 1880 zählte man über 250 Humanitäts- oder Wohltätigkeitsvereine in Wien, zum Beispiel für Bekleidung armer Schulkinder oder Unterstützung minderbemittelter Studenten. Eine Wiener Spezialität waren Wohltätigkeitsveranstaltungen, weil man hier beides in Einklang bringen konnte, die Freude am Festefeiern mit seinesgleichen und das Gebot der Nächstenhilfe. Fürstin Pauline Metternich, eine Schwiegertochter des alten Staatskanzlers, die aristokratische Betriebsnudel der Ringstraßenzeit, organisierte »Frühlingsfeste« im Prater mit einem »Blumenkorso« in der Hauptallee, wobei man sich zugunsten der Armen mit Blumen bewarf, 1886 mit einem Reingewinn von 100000 Gulden, 1887 in Anwesenheit des Kaisers, mit nur 56000 Gulden Reingewinn, was aber wohl am schlechten Wetter lag.

Auch die liberale Stadtverwaltung war »humanitär« tätig, für die Notleidenden, und »sozial«, worunter man die »Beschäftigung zahlreicher Gewerbe« zur Hebung der allgemeinen Wohlfahrt verstand, gemeinnützig eben. Spitäler, Waisenhäuser, Altersheime und Badeanstalten entstanden, die Hochquellenwasserleitung und grüne Oasen in der Steinwüste, wie der Stadtpark und der Türkenschanzpark. Die Sterblichkeitsziffer war seit 1873 fast um die Hälfte gesunken. »Die Armut aus der Großstadt vollkommen zu verdrängen, wird wohl nie gelingen, ihr jedoch alljährlich wenigstens eine kleine Anzahl von Opfern zu entreißen, das ist die Aufgabe der Wohltätigkeit, welche in der Kaiserstadt an der Donau mehr wie auf jedem anderen Erdenfleck geübt wird«, meinte 1883 das *Illustrierte Wiener Extrablatt*, das Mißstände anprangerte und die Gewissen aufzurütteln suchte.

Der Staat begann Sozialpolitik zu betreiben, nach deutschem Muster, gewissermaßen auf dem Verordnungswege, um die alte Ordnung durch neue Entwicklungen nicht zu gefährden. Gewerbeinspektoren wurden bestellt, der Arbeitstag in den Fabriken auf höchstens elf Stunden (mit mindestens einer Stunde Pause) begrenzt, die Kinderarbeit verboten, die Frauenarbeit eingeschränkt, Sonntagsruhe verordnet, Unfall- und Krankenversicherung eingeführt. Das war noch lange kein »Staatssozialismus«, wie es Bismarck nannte, aber doch ein Schritt weg vom liberal-kapitalistischen Gewährenlassen und hin zu den Aufgaben des Wohlfahrtsstaates.

Taaffe war kein Wirtschaftsliberaler, und der Kaiser trug als »Apostolische Majestät« schon im Titel die Verpflichtung zu Caritas und Gerechtigkeit. Persönlich stand er nicht an, Barmherzigkeit zu üben, so durch Spenden und Unterstützung der Wohltätigkeitspflege, und christliche Nächstenliebe zu demonstrieren, beispielsweise im Ritus der Fußwaschung am Gründonnerstag. Einmal im Jahr beugte der Kaiser die Knie vor zwölf armen alten Männern, nach festgelegtem Protokoll.

Zwischen acht und neun Uhr morgens marschierte Militär im Schweizerhof der Burg auf, Würdenträger – Geheime Räte, Kämmerer, Truchsessen, Generäle – fuhren vor, die Erzherzöge versammelten sich im Audienzzimmer. Vom Hofstaat geleitet, begab sich der Kaiser in die Hofpfarrkirche, zum feierlichen Hochamt, anschließend in den Zeremoniensaal der Hofburg. Die zwölf Greise waren, wie von Altarbildern gewohnt, in altdeutsche Tracht gesteckt und an einer Tafel plaziert worden, die »Apostolische Majestät« trug ihnen dreimal zu essen auf und räumte dreimal ab, unter Assistenz des Obersthofmeisters. Anschließend setzten sich die Bewirteten in eine Reihe, Offiziere zogen ihnen Schuhe und Strümpfe aus, und der Kaiser entblößte sein Haupt, kniete vor jedem nieder, benetzte ihre Füße mit Wasser und trocknete sie ab. Dann wusch er sich die Hände und hing jedem der alten Männer einen Lederbeutel mit 30 Silberstücken um den Hals, worauf sie mit Hofequipagen nach Haus zurückgebracht wurden.

»Es wäre Pflicht der denkenden und fühlenden Menschheit«, mahnte das *Illustrierte Wiener Extrablatt*, »das Los der Ärmsten zu verbessern, ihnen den Sinn für den reinen Körper als Hülle einer reinen Seele wieder einzuimpfen, ihnen das verlorengegangene Bewußtsein der Gottähnlichkeit des Menschen wiederzugeben.« So weit folgte Franz Joseph, und förderte private Wohltätigkeit, kommunale Wohlfahrtspflege und staatliche Sozialgesetzgebung. Zu weit ging es ihm jedoch, wenn der soziale Appell mit politischen Forderungen verknüpft wurde, die wirtschaftlich Mindergestellten als politisch Unterprivilegierte aufbegehrten, gar als Klasse und Partei Mitsprache im Staat verlangten und bereits mehr oder weniger laut an eine Machtübernahme dachten.

Er habe die Zeichen der Zeit nie begriffen, warf ihm Prinz Alois Liechtenstein, ein christlicher Sozialpolitiker, vor – zuerst nicht die konstitutionellen, dann nicht die nationalen, zuletzt nicht die sozialen Ideen. Warum sollte er auch Ideen von sich aus aufgreifen, sie selber zu verwirklichen suchen, die das Habsburgerreich infrage stellten? Wohl oder übel hatte sich der Absolutist an den Konstitutionalismus gewöhnt, nolens volens mußte der Herrscher einer Vielvölkermonarchie mit dem Nationalismus leben, und der Feudalist, der er von Hause aus war, hatte den Kapitalismus und die mit ihm verbundenen Korrekturen des gesellschaftlichen Gefüges hingenommen. Mit dem Sozialismus konnte er aber wirklich nichts mehr anfangen; nicht nur, weil er nun, an der Schwelle der Sechzig, keine Zeit und Geduld mehr zur Anpassung an etwas so grundsätzlich Neues hatte, sondern auch und vor allem, weil der Sozialismus alles bisher Dagewesene auf den Kopf zu stellen, keine Reform, sondern nur Revolution im Sinn zu haben schien.

Schon christliche »Sozialaristokraten« waren ihm verdächtig. Der »rote Prinz« etwa, Alois Liechtenstein, der seine Londoner und Berliner Erfahrungen auf Wien zu übertragen suchte, mit seinem Bruder Alfred den »Zentrumsklub« leitete, eine katholische Kultur- und Sozialpolitik ankurbelte. Oder der aus Mecklenburg gekommene Karl Freiherr von Vogelsang, ein Konvertit, der 1879 in Wien die *Monatsschrift für Christliche Sozial-Reform* gründete, einen christlichen, sozialen Ständestaat predigte und dabei Sätze ausstieß, die den besitzenden Ständen eben nicht wie die Posaunen des Jüngsten Gerichts, sondern wie Signalhörner der Revolution in den Ohren klangen: Der Liberalismus »führt notwendig zum Übergewicht des Egoismus in allen Handlungen der Menschen, zu einem rücksichtslosen Kampf ums Dasein«. Das kapitalistische Wirtschafts- und Sozialsystem »steht in einem unversöhnlichen Widerspruch zu der gesamten ethischen Veranlagung des Christentums«.

Gegen dieses System und damit gegen die bestehende Ordnung formierte sich die Arbeiterbewegung. Sie war nicht christlich-sozial, sondern sozialistisch motiviert und von Nicht-Österreichern initiiert. Bei Königgrätz hatten die Preußen gesiegt, nun faßten in Wien deutsche Sozialisten Fuß, gründeten den »Arbeiterbildungsverein«, bescherten ihm, nach deutschem Muster, den Konflikt zwischen »Selbsthilflern«, die sich am Genossenschaftler Hermann Schulze-Delitzsch, und »Staatshilflern«, die sich am Sozialdemokraten Ferdinand Lassalle orientierten, der eine Arbeiterpartei, das allgemeine und gleiche Wahlrecht und Machtbeteiligung durch die Stimmzettel anstrebte, den Nationalstaat bejahte und schon 1859 einen deutschen Nationalkrieg gegen das übernationale Österreich verlangt hatte.

Über die Ringstraße, gegen das liberale Parlament und die konservative Hofburg marschierten 15000 Wiener Arbeiter im Jahre

1869. Der Reichsrat beeilte sich, das geforderte Gesetz über die Koalitionsfreiheit und damit über das Recht zur Gründung von Arbeiterorganisationen zu verabschieden. Die kaiserliche Regierung ließ die »Rädelsführer« verhaften, Arbeitervereine auflösen, was die Bewegung nur bremsen, nicht aufhalten konnte. Seit 1874 gab es eine »österreichische Arbeiterpartei«, in der sich gemäßigte Lassalleaner und radikale Marxisten zu befehden begannen, zum Spaß der Polizeikonfidenten, die in den Versammlungen aufpaßten, und zur Genugtuung aller Österreicher, die sich für ordentliche Menschen hielten. Angst beschlich sie, als Anarchisten auftraten, die das System nicht mit dem Stimmzettel, sondern mit den »Wunderwerken der Chemie«, dem Dynamit, verändern wollten. Der Staat stellte die Ordnung mit den Methoden des Ausnahmezustandes wieder her und versuchte sie mit dem Vorbeugungsmittel der Sozialgesetzgebung instandzuhalten.

Erst 1889 kam die durch äußeren Druck wie inneren Zwist gehemmte Arbeiterbewegung wieder in Schwung. Auf dem Hainfelder Parteitag einigten sich Gemäßigte und Radikale auf die Formel: »Das Proletariat politisch zu organisieren, es mit dem Bewußtsein seiner Lage und seiner Aufgabe zu erfüllen, es geistig und physisch kampffähig zu machen und zu erhalten, ist das eigentliche Programm der Sozialdemokratischen Partei in Österreich, zu dessen Durchführung sie sich aller zweckdienlichen und dem natürlichen Rechtsbewußtsein des Volkes entsprechenden Mittel bedienen wird.«

Diesen Kompromiß vollbrachte der sechsunddreißigjährige Victor Adler. Aus einer wohlhabenden jüdischen Kaufmannsfamilie in Prag stammend, wurde er Armenarzt in Wien, prangerte soziale Mißstände an, diskutierte in London mit Engels und in Berlin mit Bebel, wurde Sozialdemokrat – mehr Moralist als Sozialist, weniger Weltrevolutionär als »Austromarxist«, der in der »kleinen Internationale« der nationalen Arbeiterparteien der Habsburgermonarchie das Vielvölkerreich als Staatsform und Wirtschaftsraum erhalten, aber mit demokratischer, sozialer und föderaler Substanz erfüllen wollte. So wurde aus einem politisch Verfolgten (von 1887 bis 1899 war er 17 mal verurteilt worden, neun Monate in Haft gewesen) der »Hofrat der Revolution«, den eines Tages sogar der Kaiser empfangen und hinterher erstaunt feststellen sollte: »Er hat sich mir gegenüber vollkommen korrekt benommen.«

Noch war der Sozialismus in den Flegeljahren, trug die Jakobinermütze, arbeitete ungeniert am gesellschaftlichen und staatlichen Umsturz, und schien sich mit dem Nationalismus zusammenzutun, um auch den österreichisch-ungarischen Völkerverband zu zerstören. Für Thomas G. Masaryk waren die tschechische und die soziale Frage fast identisch, und die tschechischen Sozialisten gingen bald ihre eigenen Wege.

Auch Victor Adler hatte sich, bevor er Sozialdemokrat und Austromarxist wurde, gemeinsam mit dem Radikalen Georg von Schönerer an einem halb nationalen, halb sozialen Unternehmen beteiligt, dem »Linzer Programm« von 1882: In der österreichischen Reichshälfte müßten die Deutschen weiterhin dominieren, und daß sie dies im anbrechenden demokratischen Zeitalter auch könnten, sollten nicht-deutsche Gebiete – Galizien, Bukowina, Dalmatien, Bosnien und die Herzegowina – abgestoßen werden und im verbleibenden, mit dem ehemaligen österreichischen Gebiet des Deutschen Bundes identischen Rest die deutsche Sprache zur Staatssprache, das deutsche Volk zum Staatsvolk erklärt werden. Dieses Deutsch-Österreich sollte ein nationaler, demokratischer, sozialer Staat sein: Erweiterung des Wahlrechts, Verstaatlichung der Eisenbahnen, progressive Einkommensteuer, Beschränkung der Arbeitszeit, Hebung der Fabrikarbeiter und Förderung des Handwerks und der Bauernschaft.

Verlief es nicht genau so, wie es der alte Metternich vorausgesagt hatte? Die Liberalen, durchaus noch honorige, gebildete, besitzende, gemäßigte Leute hatten die Bresche geschlagen, durch die nun die Radikalen eindrangen – Deutsch-Nationale, National-Demokraten und National-Sozialisten, Antiklerikale und Antisemiten, Marxisten und Anarchisten, die nun die Basteien der Ordnung einreißen wollten, die feudal-kapitalistische Gesellschaft, den Obrigkeitsstaat, die universale Kirche, das völkerverklammernde Judentum, die übernationale Habsburgermonarchie.

Was waren das nur für Menschen! Dieser Georg Ritter von Schönerer, an den Franz Joseph, wenn überhaupt, nur mit unguten Gefühlen denken mochte. Der deutsch-nationale Demagoge war die fleischgewordene These vom automatischen Fortschreiten des Liberalismus zum Radikalismus, und der selbsternannte Volksführer widerlegte in personam den demokratischen Spruch, daß die

Stimme des Volkes die Stimme Gottes sei. Der »Schloßherr von Rosenau«, Sohn eines reichgewordenen, geadelten Eisenbahningenieurs, begann als liberaler Abgeordneter im Reichsrat, wo er noch 1875 die persönliche Freiheit hochleben ließ. Dann bekämpfte der Jungliberale die Altliberalen, war maßgebend, eigentlich maßlos am »Linzer Programm« beteiligt, ging darüber hinaus, agitierte als antikapitalistischer, antisemitischer, antiklerikaler, national-romantisch bewegter Alldeutscher mit der Parole: »Ohne Juda, ohne Rom wird gebaut Germaniens Dom.«

»Wenn wir nur schon zum Deutschen Reich gehören würden«, wünschte er sich bereits 1878. »Sein Kaiser« war Wilhelm I., dessen Lieblingsblume, die blaue Kornblume, er zum Parteiabzeichen der Deutsch-Nationalen erhob. Sein Kanzler war Bismarck, neben dem er sich dann im Sachsenwald begraben ließ, da dieser sich dagegen im Tod nicht mehr wehren und Schönerer wie seinen Anhang nicht mehr wie im Leben behandeln konnte, als er gesagt hatte, er würde gegen die Deutsch-Österreicher Krieg führen, wenn sie Miene machen sollten, sich dem Deutschen Reich anzuschließen.

Vor Beleidigungen des Kaisers von Österreich schreckte »Ritter Georg« nicht zurück: Die Habsburger seien Todfeinde des deutschen Volkes. Aber selbst eine vermeintliche Beleidigung des Deutschen Kaisers ahndete er mit dem Faustrecht. Als Anfang März 1888 das *Neue Wiener Tagblatt* durch ein Versehen das Hinscheiden des todkranken Wilhelms I. zu früh meldete, stürmte Schönerer mit Gesinnungsgenossen die Redaktion und züchtigte die Redakteure. Für Franz Joseph war das Maß voll. Er ließ den Randalierer vor Gericht stellen, und dieses verurteilte ihn zu vier Jahren schweren Kerkers, Verlust des Reichsratsmandats, des Adelstitels und des Reserveoffiziersrangs.

Eine nationaldemokratische, soziale, deutschvölkische Bewegung, wie sie ihm vorschwebte, brachte Schönerer nicht mehr zuwege. Zwei andere Massenparteien entstanden. Victor Adler und Engelbert Pernerstorfer, zwei Mitformulierer des »Linzer Programms«, trieben den Antikapitalismus weiter, prägten die österreichische Sozialdemokratie. An den Antiliberalismus knüpfte Karl Lueger an, gründete die Christlich-Soziale Partei. Schönerers Saat des Alldeutschtums sollte erst später, als es keine gehegte und gepflegte Habsburgermonarchie mehr gab, aufgehen – in einem

Deutsch-Österreicher namens Adolf Hitler und in einer Bewegung, die sich »Nationalsozialistische Deutsche Arbeiterpartei« nannte.

Aus kleinen Verhältnissen (der Vater war Amtsdiener, die Mutter Tabaktrafikantin) kam der Mann, der in Wien und darüberhinaus zum Idol der kleinen Leute wurde – Karl Lueger, der schon 1870 in seiner juristischen Doktorarbeit gefordert hatte: »Alle großjährigen Staatsbürger, welche lesen und schreiben können, sollen aktives und passives Wahlrecht haben.« Den rührigen Rechtsanwalt machte der liberale »Bürgerklub« 1875 zum Wiener Gemeinderat, was er bereuen sollte, denn – kaum im Sattel – begann er sie zu attackieren, die Honoratioren, Geldsäcke und Juden. Lueger appelierte an Vorstadtdemokraten, Handwerker und Greißler, an alle vom Kapitalismus bedrohten kleinbürgerlichen Existenzen, an alle vom Liberalismus in die Ecke verwiesenen Geister, katholische Linke wie Rechte, alte Standesherren, die sich noch an die Restbestände des Feudalismus hielten, und neue Ständestaatler, die an eine christliche Sozialreform dachten.

So entstand in den Achtzigerjahren die Christlich-Soziale Partei, zuerst in Wien, dann im ganzen deutschsprachigen Österreich, geformt und zusammengehalten von einem Mann, der nicht mehr ein Volkstribun alten Schlags, sondern schon ein Demagoge des Zeitalters der Massen war. Mit Schönerer hatte Lueger den Antisemitismus gemein, auch wenn er ihm weniger als Ideologie, sondern als Instrument galt, zur Entfachung kleinbürgerlicher Affekte gegen die »Judoliberalen«, die jüdischen Großkapitalisten und die jüdischen Pressezaren. Antikirchlich war dieser Christlich-Soziale selbstredend nicht, aber doch in gewissem Sinne antiklerikal, gegen den hohen Klerus nämlich, dem die »Kaplansbewegung« nicht behagte. Seine deutsch-nationalen Anhänger versuchte Lueger durch markige Germanismen bei der Stange zu halten, ein Alldeutscher war er aber nicht, teils weil er in Wien auch die Stimmen der tschechischen Hausmeister, Kutscher und Schneider brauchte (»Laßt mir meine Böhm' in Ruh!«), teils weil er sich ein Österreich ohne das übernationale Kaiserhaus nicht vorstellen konnte (»Solange in uns ein Tropfen Blut fließt, wird jeder Bestandteil desselben schwarz-gelb sein!«).

Dies schmeichelte dem Kaiser keineswegs, und das andere mißfiel ihm sehr, nicht nur das Was, sondern auch das Wie. Dem »schönen

Karl« mit seiner achtunggebietenden Figur und seiner sonoren Stimme liefen die Wiener, vor allem die Frauen, wie dem Rattenfänger von Hameln nach. Zugegeben, er war ein blendender Redner, wenn man aber genauer hinhörte, gewahrte man, daß er meist gegen und selten für etwas sprach, Kübel voll Hohn und Spott über seine Gegner – und dafür hielt er fast alle – ausgoß, Volksleidenschaften aufputschte, Volksstimmungen in Schlagworte ummünzte, die im Umlauf dann immer derber, gemeiner und gefährlicher wurden – ein Volksverführer eben.

So ließ es sich Franz Joseph berichten, denn ihn selber anzuhören hätte er sich nie herabgelassen. Wo sollte das hinführen? Die Massen waren aufgewühlt, bildeten Massenparteien, und schon forderten Christlich-Soziale wie Sozialdemokraten ein allgemeines und gleiches, ein demokratisches Wahlrecht, das sie voran und eines Tages an die Macht bringen sollte. Bergab schien alles zu gehen. Die absolute Monarchie war in seinen Augen die Herrschaft des Besten gewesen, der dann in der konstitutionellen Monarchie seine Macht mit Adeligen und Großbürgern, immerhin noch besseren Leuten, teilen mußte. Nun konnte es nur schlechter werden, mit den kleinen Leuten, die so anspruchsvoll wurden und doch so beschränkt blieben, dabei so zahlreich waren, Masse eben, das Volk schlechthin, das sich für den Staat zu halten begann und Knetmasse für Volksführer und Volksverführer wurde.

Das war die apokalyptische Vision Metternichs gewesen, und auch seiner Mutter selig, der Erzherzogin Sophie. Sein Minister Schäffle hatte ihm zwar einzureden versucht, daß die Demokratie mit der Monarchie zu vereinbaren sei, daß Franz Joseph ein Volkskaiser werden könnte, so wie Ludwig XVI. ein Volkskönig hätte werden können, wenn er nur auf seinen Ratgeber Mirabeau gehört hätte. Doch dieser hatte nur an die Bürger, die Girondisten, gedacht, seine Rechnung ohne die Jakobiner, dem von Linksintellektuellen geführten Pöbel von Paris gemacht. Franz Joseph war es schon schwer genug gefallen, mit dem »Dritten Stand« zurechtzukommen; eine Verbindung, am Ende gar eine Verbrüderung mit dem »Vierten Stand« lag außerhalb dessen, was er für möglich und erlaubt hielt.

Schon 1848 war man der Revolution nur mit Mühe und Not Herr geworden. Nun zogen sie wieder aus den Vorstädten heran, diesmal in größeren Haufen, Christlich-Soziale und Sozialdemokraten, und in ihren Reihen marschierte der Zeitgeist mit. Und in der Hofburg stand neben ihm sein Sohn und Erbe Rudolf, der bereit zu sein schien, die Tore zu öffnen.

»EIN MEER VON LICHT strahle aus dieser Stadt, und neuer Fortschritt gehe aus ihr hervor«, erklärte Erzherzog Rudolf, Kronprinz von Österreich-Ungarn, im Jahre 1883. Er meinte damit – bei der Eröffnung der »Elektrischen Ausstellung« in Wien – die moderne Energie wie den modernen Geist. Und bei der Eröffnung der »Hygienischen Ausstellung« 1887 befand der einzige Sohn Franz Josephs und Elisabeths: Das kostbarste Kapital der Staaten und der Gesellschaft ist der Mensch. Jedes Leben repräsentiert einen bestimmten Wert.

Dieser Eröffnungsredner schien eine neue, die letzte Epoche in der Geschichte des Hauses Habsburg anzukündigen. Da er sich schriftlich auszudrücken beliebte und dabei kein Blatt vor den Mund nahm, gab es Richtpunkte. »Das Königtum steht da, eine mächtige Ruine, die von heute auf morgen bleibt, doch endlich sinken wird. Jahrhunderte hat es gehalten, und solang das Volk sich blind leiten ließ, war es gut, doch jetzt ist seine Aufgabe zu Ende, frei sind alle Menschen, und beim nächsten Sturm sinkt diese Ruine.« Das hatte der Fünfzehnjährige von sich gegeben, und das der Siebzehnjährige: »Neue Ideen und Prinzipien sind aus den Leichenhaufen der Guillotinen hervorgegangen, und verjüngt, gekräftigt und veredelt traten Europas Völker, um eine Stufe höher gelangt, aus den Zeiten der Revolutionen und Freiheitskämpfe hervor.«

Derartiges hatte man von einem Habsburger noch nicht vernommen, und schon wurde angenommen, ein Liberaler, vielleicht sogar ein Demokrat wüchse hier dem Thron entgegen. Konsequent schien er fortzuschreiten: in der Gleichgültigkeit, ja Feindseligkeit gegenüber der Kirche, in der Aufgeschlossenheit, ja Anfälligkeit gegenüber dem Fortschrittsglauben. Der Adel schien ihm veraltet, die Monarchie eine zwar ehrwürdige, aber zeitwidrige Institution zu sein, und dieses Österreich-Ungarn der Inbegriff aller Anachronismen. Rudolfs Äußerungen klangen beänstigend für Konservative und vielversprechend für Progressive, und ungewöhnlich fanden alle seinen Werdegang: Schüler des liberalen Nationalökonomen

Karl Menger, volkswirtschaftliche und politische Studienreise nach England, Verbindungen mit französischen Republikanern, Freund des liberalen Chefredakteurs Moriz Szeps, Mitarbeiter (Leitartikel und Feuilletons) an dessem *Neuen Wiener Tagblatt*, Verfasser von Reisebüchern, Herausgeber des Monumentalwerkes *Die österreichisch-ungarische Monarchie in Wort und Bild*, der Bestandsaufnahme dessen, was er erben sollte und verändern wollte.

Wer genauer hinsah, konnte bemerken, daß dieser unruhige, brodelnde, sich unaufhörlich äußern wollende und sich bestätigen müssende Geist, daß dieser Geysir mit Fortschrittsfontänen auch konservative Gesteinsbrocken und reaktionären Schlamm ausstieß. Der Freund des progressiven Juden Szeps bedauerte, daß das »alles zersetzende Volk der Israeliten bei uns einen so gewaltigen Einfluß hat und die Zeitung und durch sie die öffentliche Meinung beeinflußt.« Der Gegner des Erzherzogs Albrecht, der verknöcherten militärischen und dynastischen Tratition, betonte: »Die Armee ist das einzige Bindeglied noch, welches in diesem Chaos den Reichsgedanken vertritt; sie ist großösterreichisch. Man muß sie schützen, pflegen und sie für sich gewinnen.« Der Feind des konservativen, um eine Versöhnung der Nationalitäten bemühten Ministerpräsidenten Taaffe meinte: »Das Nationalitätenprinzip ist auf den gewöhnlichsten, tierischsten Grundsätzen basiert.« Der Befürworter einer vorsichtigen Sozialgesetzgebung à la Taaffe kritisierte die christliche Sozialreform und erst recht die marxistische Sozialrevolution – obgleich er soziale Umwälzungen für unvermeidlich und notwendig hielt, »aus denen dann nach langer Krankheit ein ganz neues Europa emporblühen wird.«

Was wollte er eigentlich? Das wußte er wohl selber nicht, vielleicht noch nicht, denn mächtig gärte es noch im Mittzwanziger wie es im Fünfzehnjährigen gegärt hatte: »Durch meinen Kopf streichen Gedanken aller Art, es sieht wüst drinnen aus, und es kocht und arbeitet den ganzen Tag in meinem Gehirn; ist einer draußen, kommt der andere hinein, jeder beschäftigt mich, jeder sagt mir was anderes, einmal fröhlich und heiter, einmal rabenschwarz, erfüllt voll Wut; sie bekämpfen sich, und draus wird dann langsam erst das Wahre.« Noch hielt der Widerstreit an, nahmen die Widersprüche kein Ende – in diesem Kronprinzen von Österreich-Ungarn, der ein Hamlet war.

Ein solcher Sohn mußte einem Vater, ein solcher Thronfolger dem Kaiser Sorge machen. Alles, was Rudolf dachte und schrieb, kannte Franz Joseph nicht, hätte er vielleicht auch gar nicht ganz verstanden. Was er sah und hörte, genügte ihm. Ein junger Mann, der in einem Alter, da sein Vater schon ein Jahrzehnt lang regiert hatte, immer noch unfertig war, ja Zweifel weckte, ob er mit sich je fertig werden würde. Ein Offizier und – mit Zweiundzwanzig – General, der zwischen Soldatendünkel und Disziplinlosigkeit schwankte. Ein Habsburger, der die Zukunft der Dynastie zu zerreden und zu zerschreiben schien. Sein Thronfolger, der keine der ihm selber angeborenen Eigenschaften und keine der sich selber anerzogenen Qualitäten eines Monarchen aufwies oder sich aneignen wollte. Ein künftiger Herrscher, der sich nicht beherrschen konnte.

Auch die Ehe brachte ihn nicht »in Ordnung«, im Gegenteil. Man hatte für ihn die sechzehnjährige Prinzessin Stephanie, Tochter Leopolds II., Königs der Belgier, ausgesucht, und nach dem ersten Augenschein zeigte er sich durchaus zufrieden: »Ich habe gefunden, was ich gesucht habe. Stephanie ist hübsch, gut, gescheit, sehr vornehm.« Sie sei »gar nicht timide, sehr banal, so merkwürdig abgerichtet«, sei alles andere als eine Schönheit und zwar teuer, doch ohne Geschmack gekleidet, bemerkte die unbestechliche Gräfin Festetics.

Stephanie, die unbedarfte Tochter eines neureichen, ehrgeizigen Vaters, lockte die künftige Kaiserkrone, weniger der künftige Kaiser: »Der Ausdruck seiner kleinen, hellbraunen Augen war intelligent, aber sein Blick hart und unstet; er vertrug nicht, daß man ihm in die Augen sah. Um den von einem schwachen Schnurrbart überschatteten breiten Mund hatte er einen seltsamen, schwer zu deutenden Zug.« Sie wußte nicht, daß er zur Brautschau nach Brüssel eine Freundin mitgenommen hatte, ahnte kaum, daß er ein Don Juan war, den die Frauen verwöhnt hatten, und der nun erwartete, daß ihn seine Frau genauso verwöhnen würde. Doch die »Rose von Brabant« war eine Wachsblume, wie sich herausstellen sollte.

»Welche Nacht! Welche Qual! Welcher Abscheu!« Das war ihr – später niedergeschriebener – Kommentar zur Hochzeitsnacht. Das Hochzeitsfest am 10. Mai 1881 war mit aller Pracht des Wiener Hofes und aller Präzision des spanischen Zeremoniells gefeiert worden. Franz Joseph hatte seine Schwiegertochter herzlich in die Arme geschlossen, sie für eine Verbündete bei den Domestizierungsversuchen des Sohnes haltend. Das Volk von Wien, das den Kronprinzen schätzte und die Kronprinzessin noch nicht kannte, drängte so sehr heran, daß die Hofkutschen in der jubelnden Menge steckenblieben und niemand auf den Kaiser hörte, der sich von seinem Sitz erhoben und wiederholt gerufen hatte: »Ich bitte, etwas Platz zu machen!« Den Flitterwöchnern wurde, wie es der Brauch war, Schloß Laxenburg eingeräumt, doch in dessen neugotischen Grabgewölben hatte sich zwar der gleichmütige Franz Joseph wohlgefühlt, aber schon nicht seine empfindsame Sisi, und Rudolf erschienen sie nun wie eine mittelalterliche Folterkammer und Stephanie wie eine heruntergekommene Absteige: unbequeme Himmelbetten und rußende Petroleumlampen, kein Bad und kein Wasserklosett, nur ein Waschbecken auf einem Dreifuß und ein Leibstuhl.

Am 2. September 1883 kam ein Kind, kein Thronerbe, die Tochter Elisabeth. Dabei blieb es. Rudolf fing das Lotterleben wieder an, Frauen, Alkohol, auch Morphium, holte sich einen Tripper, steckte seine Frau an, die nun kein Kind mehr bekommen konnte, und beide hatten nun einen Grund, nicht mehr miteinander zu verkehren. Der Unersättliche blieb unbefriedigt. »Und jedes Jahr macht mich älter, weniger frisch und weniger tüchtig, denn die notwendige alltägliche Arbeit, das ewige Sich-Vorbereiten und die stete Erwartung großer, umgestaltender Zeiten erschlaffen die Schaffenskraft.« Der Lebensgierige wurde lebensüberdrüssig, dachte an den Tod. »Ich suche von Zeit zu Zeit nach einer Gelegenheit, einen Sterbenden zu sehen und seine letzten Atemzüge zu belauschen.«

Am Hof wurde getuschelt, in der Stadt getratscht. Bis an das Krankenlager des Bürgermeisters Cajetan Felder drang die Kunde »über das sich immer heftiger entwickelnde Temperament des Kronprinzen, über sein barsches Benehmen gegen seine Umgebung und deshalb seine immer mehr schwindende Beliebtheit, seinen Hang zu wechselnden Galanterien, seine üble Gesellschaft, seine immer mehr sich steigernde Entfremdung vom Familienleben.« Dem Kunsthistoriker Eduard Leisching entging nicht der rasch fortschreitende moralische und körperliche Verfall Rudolfs: »Man merkte ihm sein ausschweifendes Leben an, deutlich trug er die Züge eines Trinkers und schwer nervösen Menschen an sich ... Daß er ein schreckliches Ende nehmen müßte, war eine weit verbreitete Befürchtung in der Armee und in jenen Kreisen der Gesellschaft, welche dem Hofe nahestanden.«

Nur der Kaiser schien nichts zu bemerken, ließ sich aber nur nichts anmerken. Er hatte den Sohn und Erben so erzogen, wie er selbst erzogen worden war, hatte ihn, um des Guten ja genug zu tun, mit Wissensstoff vollstopfen lassen, nicht bedenkend, daß sein Sohn nicht den soliden Schädel und das robuste Nervenkostüm hatte, um solches – wie er selber – einigermaßen unbeschadet zu überstehen. Als Rudolf schon bald begann, nach dem Freudenbecher des Lebens zu greifen, wehrte der Vater den Anfängen nicht: »Meinem Sohn soll die Jugend nicht gestohlen werden wie mir!« Mochte er sich doch tummeln und die Hörner abstoßen, natürlich nicht den Kopf beschädigen, wie Franz Joseph es zu spät gewahrte.

Den Sohn für seine eigenen, standesgemäßen Zerstreuungen zu interessieren, hatte er sich Mühe gegeben: etwa für das Reiten, mit Ansporn zum Parforce und Trost beim ersten Unfall: »Ich freue mich, daß Du Courage gezeigt hast: jeder Reiter muß das durchmachen und auch im Fallen muß man Übung bekommen.« Vor allem einen Waidmann und Naturfreund wollte er aus ihm machen, mit dem Ergebnis, daß Rudolf die Vögel schätzen lernte, ein passabler Ornithologe wurde, doch ein Jäger ohne Maß und Ziel, der 1885 an mehr als 200 Tagen im Revier war und das Wild abknallte, selbst in der Schonzeit.

Zum Regieren, in Theorie wie Praxis, lernte er ihn nicht direkt an. Als Vorunterweisung hatte der Schulunterricht, zur Vorbereitung der Militärdienst zu genügen. 1880 ernannte er ihn zum Generalmajor und Kommandeur einer Infanteriedivision, 1888 zum Feldmarschalleutnant, Generalinspektor der Infanterie und Vizeadmiral. Die Marineuniform trug Rudolf so gern wie sein Onkel Ferdinand Max, der spätere Maximilian I., dem er im Wesen glich. Nur: Den Kronprinzen konnte der Kaiser nicht wie den zweitgeborenen Bruder in ein Mexiko ziehen lassen, er hatte ihn in Österreich-Ungarn zu halten, dem Reiche zu erhalten, hätte ihn in seine Herrscherrolle hineinwachsen lassen müssen.

Doch auf die Idee, das ungebärdige Temperament des Thronfolgers durch Heranziehung zu Regierungspflichten zu zügeln, seinen ziellosen Tatendrang durch die Überantwortung von Regierungsaufgaben in die richtige Bahn zu lenken, auf das Naheliegende kam er nicht. Das entsprach nicht der habsburgischen Tradition, nicht seiner Auffassung vom Herrscheramt, nicht seiner Eigenart. Er wollte niemanden neben sich auf dem Kutschbock haben, nicht einmal seinen Sohn und schon gar nicht einen Nachfolger, dem er immer weniger seinen Platz anvertrauen zu können glaubte. Ein im Hause Habsburg vorgefallener Konflikt zwischen Throninhaber und Thronerben, Philipp II. und Don Carlos, war ihm nicht geläufig. Und wie ein Ödipus-Komplex entstehen und sich auswirken könnte, die mehr oder weniger unbewußte Abneigung eines Sohnes gegen den Vater, konnte er nicht wissen, denn die Psychoanalyse war noch nicht in Wien erfunden, wo sich inzwischen der Sezierstoff anhäufte.

Der fünfjährige Rudolf war vom Baum und mit dem Hinterkopf auf Steinplatten gefallen. Drei Tage später mußte er sich die Haare schneiden lassen, was er schon nicht schätzte, wenn ihm der Kopf nicht wehtat. »Aber wie ich maltraitiert werde«, schrie er, »wenn das der Papa wüßte!« Seine Majestät, der Herr Vater, habe dies doch angeordnet, antwortete der Friseur. »So?«, ereiferte sich der Herr Sohn, »und der Papa sagt doch immer, nur nicht die Tiere quälen, nur nicht die Tiere quälen, und ich werde so gequält!« Der vierundzwanzigjährige Rudolf hielt sich für schikaniert, weil ihn sein Vater nicht mitreden und mitwirken, nicht einmal mitwissen ließ: »Ich gehöre zu den von offizieller Seite am wenigsten informierten Leuten in ganz Österreich.«

»Ich sehe die schiefe Ebene, auf der wir abwärtsgleiten«, schrieb er anfangs der Achtzigerjahre. »Lebe den Dingen sehr nahe, kann aber in keiner Weise etwas tun, darf nicht einmal laut reden, das sagen, was ich fühle und glaube. Unser Kaiser hat keinen Freund, sein Charakter, sein Wesen lassen das nicht zu. Er steht verlassen auf seiner Höhe; mit seinen Dienern spricht er über Berufsgeschäfte jedes einzelnen, doch ein Gespräch vermeidet er ängstlich: darum weiß er so wenig über das Denken und Fühlen der Leute, über die Aussichten und Meinungen des Volkes.« Und wie es in seinem einzigen Sohn aussah, wohin dieser trieb, wo es enden könnte.

Unheilig sei die Stille, wie die Stille vor einem Gewitter, schrieb Rudolf zum Jahreswechsel 1888/89 an Moriz Szeps, der antwortete: »In der Schwüle nicht zu ermatten, für die Zeit der Tat den Geist und den Arm stark zu erhalten, das ist die Aufgabe, die Sie, Kaiserliche Hoheit, sich gesetzt haben.« Diese Ermunterung traf einen Erschlafften, einen nun Dreißigjährigen, der keine Zukunft mehr vor sich sah, der Schluß machen wollte.

Am 29. Januar 1889 war Familiendiner in der Hofburg. Der Platz des Kronprinzen blieb leer. Der Tafeldecker wollte schon das Gedeck wegnehmen, doch der Vater meinte, der Sohn könnte ja noch im letzten Moment kommen. Es erschien Prinz Philipp von Sachsen-Coburg-Gotha, der Handküsse des Kronprinzen für den Vater überbrachte, und die Entschuldigung: Seine Kaiserliche und Königliche Hoheit habe sich auf der Kutschfahrt nach seinem Jagdschlößchen Mayerling im verschneiten Wienerwald einen Schnupfen geholt, der sich verschlimmert habe, weil in den selten geheizten Räumen die Öfen nicht warm gemacht hätten. Erzherzog Albrecht, der Rudolf nie leiden konnte, verkniff sich nicht die Bemerkung: Der Kronprinz habe auch in der heutigen militärischen Sitzung gefehlt, man habe eine Stunde auf ihn gewartet, weil er nicht abgesagt hatte; er müsse recht unwohl sein, da er sonst bei seinem bekannten Eifer die Sitzung kaum versäumt hätte.

Am 30. Januar 1889, vormittags 10 Uhr 11 Minuten, kam Josef Graf Hoyos-Sprinzenstein, ein Jagdgefährte Rudolfs, außer Atem von der Hetzfahrt von Mayerling nach Wien in der Hofburg an. Über die Küchenstiege stürmte er in die Wohnung des Obersthofmeisters des Kronprinzen, Graf Karl Bombelles, und überfiel ihn mit der Schreckensnachricht: Seine Kaiserliche und Königliche Hoheit sei heute morgen tot in seinem Bett in Mayerling aufgefunden worden, anscheinend mit Zyankali vergiftet, und neben ihm habe die Leiche der siebzehnjährigen Baronesse Mary Vetsera, seiner Geliebten, gelegen.

Wie sagte man das nur dem Kaiser? Und wer sollte es tun? Das wagte Bombelles nicht, ebensowenig wie der Obersthofmeister der Kaiserin, Franz Freiherr von Nopcsa, und der Generaladjutant des Kaisers, Eduard Graf Paar, die als nächste verständigt worden waren. Die Kaiserin könnte es tun! Sie war ausnahmsweise zu Haus, hatte gerade Griechischstunde und war über die Störung höchst ungehalten. Als sie vernahm, was Nopcsa zu berichten hatte, fing sie bitterlich an zu weinen – die Mutter, die so wenig Zeit für ihren einzigen Sohn gefunden, die sich nie richtig um ihn gekümmert hatte, gerade sie, die ihn eigentlich hätte verstehen müssen, in seinem Aufbegehren gegen einen in Etikette erstarrten Hof und den in Pflichterfüllung versteinerten Kaiser.

Sie weinte noch, als sie draußen schnelle Schritte vernahm – den

Gatten, der sich wohl über ihre Fortschritte im Griechischen erkundigen wollte. »Noch nicht! Nicht herein!«, rief sie, um Sammlung bemüht, auf Gefaßtheit bedacht. Franz Joseph, an Sonderlichkeiten seiner Frau gewöhnt, wartete ein paar Augenblicke und betrat dann aufgeräumt das Zimmer. Er verließ es gesenkten Hauptes. Baron Nopcsa hatte mitzukommen, Graf Hoyos wurde bestellt, später der Leibarzt Dr. Hermann Widerhofer, nachdem dieser die Leiche untersucht hatte. Den Vater hatte schon das erste Wort getroffen, der Kaiser konnte erst entscheiden, wie er sich zu verhalten habe, wenn er alles wußte.

»Seine K. und K. Hoheit der durchlauchtigste Kronprinz ist zunächst an Zertrümmerung des Schädels und der vorderen Hirnpartien gestorben«, hieß es im Obduktionsbefund. »Diese Zertrümmerung ist durch einen aus unmittelbarer Nähe gegen die rechte vordere Schläfengegend abgefeuerten Schuß veranlaßt worden . . . Es unterliegt keinem Zweifel, daß seine K. und K. Hoheit sich den Schuß selbst beigebracht hat und daß der Tod augenblicklich eingetreten ist.« Rudolf hatte sich also erschossen, und war nicht, wie Franz Joseph zunächst als das kleinere Übel angenommen hatte, von der Vetsera vergiftet worden, oder – wie man vorsorglich der Öffentlichkeit mitgeteilt hatte – an einem Herzschlag verschieden. Die Geliebte war vorher erschossen worden – vom Kronprinzen von Österreich-Ungarn, der also nicht nur ein Selbstmörder, sondern auch ein Mörder war, selbst wenn das Mädchen freiwillig mit ihm den Tod gesucht hatte.

Erst in diesem Moment der allerbittersten Wahrheit brach der Kaiser zusammen. Er sank zu Boden und schluchzte. Dann riß er sich zusammen. Er zog sich Handschuhe an, schnallte den Säbel um und begab sich in das Schlafgemach des Kronprinzen in der Hofburg, wo dieser inzwischen aufgebahrt worden war, als wäre er dort natürlicherweise und traditionsgemäß verschieden. Die zertrümmerte Schädelpartie hatte man mit einem weißen Tuch bedeckt, das Schreckliche getarnt. Über dem Totenbett hing immer noch das Bildnis König Ludwigs II. von Bayern, dem Rudolf nachgeschlagen war, der sich ebenfalls selber umgebracht hatte. Eine Viertelstunde lang blieb der Kaiser vor den sterblichen Überresten des Kronprinzen stehen, der Vater vor seinem einzigen Sohn und leiblichen Erben, aufrecht und still, sich nur ab und zu am Schnurrbart zupfend.

Warum nur, warum? Seine Abschiedsbriefe gaben keinen Aufschluß. »Liebe Stephanie«, hatte er seiner Frau geschrieben, »Du bist von meiner Gegenwart und Plage befreit; werde glücklich auf Deine Art. Sei gut für die arme Kleine, die das einzige ist, was von mir übrigbleibt.« Sie habe das Unglück kommen sehen, sagte die liebe Stephanie, und daß, wenn sie sich auch nicht von aller Schuld freisprechen könne, eine Katastrophe nicht zu verhindern gewesen wäre. Im Jahre 1900 vermählte sie sich mit dem Grafen Elemer Lonyay, und schließlich schrieb sie ihre Memoiren, die offenbarten, daß sie tatsächlich nicht ohne Schuld gewesen war. Sie starb erst Anfang 1945 in Oroszvar in Ungarn, kurz vor der Besetzung des Schlosses durch sowjetische Truppen. Die Tochter, Erzherzogin Elisabeth, das einzige, was geblieben war, heiratete 1902, schon unter ihrem Stand, den Fürsten Otto zu Windisch-Graetz, ließ sich nach dem Ende des ersten Weltkriegs und dem Untergang der Habsburgermonarchie scheiden und heiratete den Lehrer und sozialdemokratischen Abgeordneten Leopold Petznek.

Der Kronprinz hatte noch ein paar Abschiedsbriefe hinterlassen: An die Mutter Elisabeth, die er bat, ihn neben Mary Vetsera in Heiligenkreuz bestatten zu lassen (wo die von ihm getötete Geliebte in aller Heimlichkeit verscharrt wurde, während auf ihn die Kapuzinergruft wartete), und der er eröffnete: »Ich weiß sehr gut, daß ich nicht würdig war, sein Sohn zu sein.« Der Schwester Marie Valerie riet er, nach dem Tode des Kaisers auszuwandern, da es unabsehbar sei, was dann in Österreich-Ungarn geschehe. Selbst seinem Saaltürhüter Johann Loschek hatte er einen liebenswürdigen Brief hinterlassen. Für den Kaiser und Vater jedoch keine einzige Zeile.

Warum nur, warum? »Ich gehe ruhig in den Tod, der allein meinen guten Namen retten kann«, hieß es im Abschiedsbrief an seine Frau. Hielt er das Zerwürfnis mit dem Familienoberhaupt für irreparabel? Man munkelte von einer bösen Szene am 27. Januar, wenige Tage vor den Schüssen von Mayerling: Der Kaiser habe den Kronprinzen zitiert, weil er vom Papst erfahren habe, daß Rudolf hinter seinem Rücken in Rom die Annullierung seiner Ehe betreibe. Der russische Botschafter Fürst Labanow glaubte zu wissen, »daß Erzherzog Rudolf, als ihm Franz Joseph wenige Tage vor der Katastrophe die Zustimmung zu seiner Scheidung verweigerte, nicht von Selbstmord gesprochen, sondern nur gesagt hätte: ›Sonach weiß ich, was mir zu tun übrigbleibt!‹ Worauf der Kaiser angeblich antwortete: ›Tue, was du willst – ich werde Deiner Scheidung niemals zustimmen!‹«

Oder hatte sich gar der Kronprinz verschworen, den Kaiser zu stürzen, sich zumindest – mit Hilfe magyarischer Komplizen – zum König von Ungarn krönen zu lassen? Und war Franz Joseph dahintergekommen oder war das Unternehmen von selber zusammengebrochen? In der Öffentlichkeit, die zuerst falsch und dann nur halb informiert worden war, begannen derartige Gerüchte zu wuchern. Geschürt wurden sie durch kolportierte Äußerungen eines engen Vertrauten Rudolfs, des Grafen Ladislaus Szögyeny-Marich, Sektionschef im Auswärtigen Amt: »Es gibt viele ernste Staatsmänner, die das Unglück ausschließlich politischen Ursachen zuschreiben. Sie meinen, der Kronprinz habe sich durch seine immer mehr und mehr hervortretende Feindseligkeit gegenüber der aktuellen Politik des dermaligen Kabinetts so kompromittiert, seine Stellung zu Wilhelm II. und Deutschland habe sich so verschlechtert, daß er einsehen mußte, daß er für sein Vaterland zu einer Quelle ernster Schwierigkeiten und sogar von Gefahren werden würde, falls er fortführe, diesem Wege zu folgen.«

Oder war Rudolf lediglich am Ende seiner psychischen und physischen Kräfte angelangt gewesen? Wollte er Schluß machen, nachdem er Mary Vetsera, die er nicht heiraten konnte, geschwängert hatte? Die Geschichtsforschung neigt heute zu dieser Deutung, die von Anfang an diejenige Franz Josephs gewesen zu sein scheint. Er sei »wie ein Schneider« gestorben, soll der Kaiser gesagt haben – wie ein Kleinbürger also, der sich verrannt hatte, nicht mehr aus noch ein wußte und sich ein Ende wie in einem Kitschroman setzte. Ganz normal war er ja ohnehin nicht gewesen, wie der von drei angesehenen Ärzten verantwortete Obduktionsbefund ergab: »Die vorzeitige Verwachsung der Pfeil- und Kranznaht, die auffällige Tiefe der Schädelgrube und der sogenannten ›fingerförmigen Eindrücke‹ an der inneren Fläche der Schädelknochen, die deutliche Abflachung der Hirnwindungen und die Erweiterung der Hirnkammer sind pathologische Befunde, welche erfahrungsgemäß mit abnormen Geisteszuständen einherzugehen pflegen und daher zur Annahme berechtigen, daß die Tat in einem Zustand von Geistesverwirrung geschehen ist.«

Diese Feststellung erleichterte jedenfalls das kirchliche Begräbnis eines Mörders und Selbstmörders. Der Vatikan sperrte sich ohnehin schon, das Kardinalskollegium unter Kardinalsstaatssekretär Rampolla blieb demonstrativ dem Gedächtnisgottesdienst in der »Anima« in Rom fern – im Jahre 1903 zahlte das Franz Joseph heim, als er im Konklave das der »Apostolischen Majestät« zustehende Veto gegen die Wahl Rampollas zum Papst einlegen ließ. Die spanische Hofetikette, welcher der lebende Rudolf zu entrinnen gesucht hatte, blieb dem Toten nicht erspart. Das Leichenbegängnis am 5. Februar 1889 war eine düstere und grandiose Demonstration des Selbstverständnisses einer Dynastie und zugleich ihrer Ergebenheit in den Willen eines Mächtigeren.

In die schwarz ausgeschlagene Kapuzinerkirche gingen Rudolfs Frau, Mutter und Schwester Marie Valerie nicht mit. Während des Requiems ließ der Kaiser den vor ihm stehenden Sarg nicht aus den Augen, beim Miserere schien er mit krampfhaft gefalteten Händen im Betstuhl zu versinken. Dann folgte er – wider das Protokoll – dem Sarg in die Kapuzinergruft. Einen Augenblick verlor er die Fassung, brach in Tränen aus, warf sich auf die Knie, küßte den Sarg, erhob sich dann abrupt, wie von einer Schnur gezogen, und verließ schnellen Schrittes die Gruft.

Und kehrte an seinen Schreibtisch zurück. »Nur einzelne wußten, daß all die schweren Tage hindurch der Kaiser keine militärischen Vorträge und Rapporte, keine Unterschrift auch nur einen Tag später erledigte wie sonst«, berichtete der preußische Militärbevollmächtigte, Major Deines. Bei seinen Völkern bedankte er sich für die Anteilnahme, und den Allmächtigen bat er coram publico, »daß er Mir die Kraft verleihen möge, in der gewissenhaftesten Erfüllung Meiner Regentenpflichten nicht zu erlahmen, sondern, dieselbe Richtung im Auge, deren unveränderte Festhaltung nach wie vor für die Zukunft gesichert ist, mutig und zuversichtlich auszuharren in den unablässigen Bemühungen um das allgemeine Wohl und die Erhaltung der Segnungen des Friedens.«

Es werde aber nie mehr sein wie früher, gestand er sich ein. Ihm war gedämmert, daß eine Dynastie, deren Kronprinz gemordet hatte, gerichtet werden würde, und ein Reich, dessen Erbe Hand an sich gelegt hatte, dem Tode verfallen war.

Jahrhundertwende

Am neuen Parlamentsgebäude vis-à-vis der Hofburg war nicht mit Hinweisen gespart worden, wie Parlamentarier sein und wie sie sich verhalten sollten. Weisheit verlangte gebieterisch die vier Meter hohe Figur der Pallas Athene, der dafür zuständigen griechischen Göttin. Worin sie sich ausdrücken sollte, demonstrierten zu ihren Füßen die allegorischen Figuren der Gesetzgebung und der Verwaltung, und wem sie zugutekommen müßte, versinnbildlichten die Flußgöttinnen Donau, Elbe und Moldau sowie der Flußgott Inn, stellvertretend für das ganze Österreich.

Dazu wäre es freilich notwendig gewesen, daß die Reichsratsabgeordneten sich die Rossebändiger an der Auffahrt zum Vorbild genommen, wie diese ihre wilden Pferde, so sie ihre persönlichen Temperamente und parteipolitischen Leidenschaften gezügelt hätten. Aber die meisten hielten sich an andere Modelle, an deren mögliche negative Auswirkungen die Allegoriker nicht gedacht hatten – an die bronzenen Siegeswagen auf dem Dach, die gegeneinanderfuhren und auseinanderstrebten, nur nicht miteinander vorwärts wollten.

Als 1883 der Reichsrat aus seinem bescheidenen Gebäude am Schotten-Ring in den Marmortempel am Franzens-Ring umgezogen war, unkte die *Neue Freie Presse*: Das Holzhaus am Schottentor, das der Volksvertretung über zwei Jahrzehnte diente, sei dauerhaft gewesen; aber es sei fraglich, ob das Glück, das so gern in Hütten wohne und die Paläste meide, dem österreichischen Konstitutionalismus auch an der Ringstraße treu bleiben werde. Das blieb es nicht, doch dies lag nicht am Bau, sondern am Geist, der ihm innewohnte, an den Parlamentariern, die ihre nationalen und sozialen Differenzen nicht auf einen Reichsnenner brachten.

Anfänglich verfolgte Franz Joseph, dem der Parlamentarismus von Hause aus zuwider war, die Stürme im Tempel nicht ohne Hoffnung: Die Fraktionen könnten vielleicht durch ihr Gegeneinander davon abgehalten werden, gemeinsam Front gegen den Kaiser und seine Regierung zu machen. Eine zeitlang mochte er glauben, aus dem Streit der Parteien einen Machtgewinn ziehen zu können, aus der, wenn es so weiterging, unausweichlichen Erkenntnis, daß es ohne einen über den Parteien stehenden Schiedsrichter nicht ginge. Doch die Kämpfe im österreichischen Parlament und damit im konstitutionellen System wuchsen sich derart aus, daß dem Kaiser schließlich sogar der britische Parlamentarismus als das kleinere Übel erschien, zumindest, was die Disziplin betraf. Er verfolge mit größtem Vergnügen, gestand er dem britischen Botschafter, wie tatkräftig die Obstruktion im Unterhaus unterdrückt werde, und er hoffe, daß dies auch anderen Staaten zum lehrreichen Beispiel dienen möge.

Er hoffte, was sein Reich betraf, vergebens. Deutsche und Slawen, Linke und Rechte gingen immer heftiger aufeinander los. Man schrie sich an, klappte mit den Pultdeckeln, zerriß Papiere, beschimpfte und verprügelte sich. Der Vergleich mit einer Wirtshausrauferei hinkte; denn dort verdroschen sich gelegentlich Männer, die sich ansonsten ganz gut vertrugen. Davon konnte im Abgeordnetenhaus des Reichsrates immer weniger die Rede sein. Das Parlament zerstritt sich in einer Weise, die nicht nur dem Ansehen des Parlamentarismus, sondern auch der Regierungstätigkeit schadete und den Zusammenhalt der Monarchie gefährdete.

Schon formierte sich eine außerparlamentarische Opposition. Am 1. Mai 1890 marschierte in Wien zum ersten Mal die Sozialdemokratische Partei auf. »Die Soldaten sind in Bereitschaft, die Tore der Häuser werden geschlossen, in den Wohnungen wird Proviant vorbereitet wie vor einer Belagerung, die Geschäfte sind verödet, Kinder und Frauen wagen sich nicht auf die Gasse«, berichtete die liberale *Neue Freie Presse*. Der Arbeiterführer Victor Adler, den die vorsorgliche Behörde an diesem Tage eingesperrt hatte, erklärte: »Nun ist das Proletariat Österreichs erwacht, ist zum Bewußtsein seiner Kraft gekommen und steht am Beginn seiner Bahn, die zu gehen es keine Gewalt mehr hindern wird.« Was die feudale und großbürgerliche Gesellschaft am meisten aufbrachte, war die Unverschämtheit der Arbeiter, die ihren Mai-Aufmarsch ausgerechnet im Prater durchführten, wo die Aristokraten ihre traditionelle Mai-

Ausfahrt vorzunehmen pflegten – im Prater, in dem an diesem Tag die Bäume für sie und ihresgleichen zu blühen hatten. Am 1. Mai 1890 benötigte man Militäreskorten, die zwar vor Ausschreitungen, aber nicht vor dem Anblick der Arbeitermassen schützten. Der Kaiser war weggeblieben, hatte nur seinen jüngsten Bruder, Ludwig Viktor, und noch ein paar jüngere Erzherzöge hingeschickt.

Destruktion auf der Straße, Obstruktion im Parlament – und Opposition im Rathaus, das sich gegenüber der Hofburg wie eine kommunale Gegenburg erhob, in gotischem Stil, der den Bürgern für eine Erneuerung der alten Städtefreiheit angemessen schien, doch den Hof eher an das dunkle und anarchische Mittelalter erinnerte. Mit den liberalen Stadtvätern, die dort lange installiert waren, sich schon längst die Hörner abgestoßen hatten und eine gemächlich zu genießende Futterkrippe zu schätzen wußten, konnte man ja einigermaßen auskommen. Doch nun stand Karl Lueger vor den Toren, den seine Christlich-Sozialen als edlen Ritter feierten, der Kaiser aber für einen Schnapphahn hielt, und seinen Anhang für einen wilden Haufen. 1894 zogen 64 Christlich-Soziale neben 66 Liberalen und 8 Parteilosen in den Gemeinderat ein, 1895 erhielten sie schon 93 von 137 Mandaten. Lueger wurde zum Bürgermeister gewählt – doch der Kaiser bestätigte ihn nicht in seinem Amt, setzte einen Regierungskommissär ein. Aber wie lange konnte er das durchhalten?

Die Krisen standen im Zeichen des Crescendo. 1893 stürzte Ministerpräsident Taaffe nach vierzehnjähriger Amtszeit über die Vorlage einer Wahlrechtsreform, die auf eine demokratische Verbreiterung der Wählerschaft zielte: Jeder männliche Staatsbürger, der das 21. Lebensjahr vollendet habe, lesen und schreiben könne und einer geregelten Beschäftigung nachgehe, sollte wählen dürfen. Dagegen waren fast alle im Parlament vertretenen Parteien: Die Deutschen, die eine slawische Mehrheit befürchteten, die Polen, welche die niedergehaltenen Ruthenen nicht hochkommen lassen, die konservativen Großgrundbesitzer und die liberalen Großbürger, die »beati possidentes«, die im glücklichen Alleinbesitz ihrer Macht bleiben wollten.

Die Tschechen waren bereits auf die Straße gegangen. Die mit den gemäßigten »Alt-Tschechen« geführten und positiv verlaufenen Ausgleichsverhandlungen waren festgefahren, nachdem die radikalen »Jung-Tschechen« 1890 in den Reichsratswahlen gesiegt hatten. In Prag kam es 1893 zu Unruhen, Ausschreitungen gegen Deutsche und Majestätsbeleidigungen: Der kaiserliche Adler an Amtsgebäuden und Briefkästen wurde besudelt, einer Statue Franz Josephs ein Strick um den Hals gelegt.

»Du mußt dich hängen lassen!«, rief der ehemalige konservative Ministerpräsident Hohenwart dem amtierenden konservativen Ministerpräsidenten Taaffe zu – der Wahlrechtsreform wegen. Der Kaiser war ihr nicht abgeneigt, weil er von vorneherein alles guthieß, was sein »Kaiserminister« tat, und weil er sich eine Idee hatte einreden lassen: Eine – freilich gezügelte – Demokratisierung Österreichs könnte eine Nationalisierung, das heißt den Zerfall in Nationen aufhalten oder zumindest aufschieben. Denn die ungezügelten Nationalisten kamen aus den herrschenden und besitzenden Klassen, und vom Volk konnte man vielleicht erwarten, daß es anderes im Sinn haben würde, als die Aufhetzung des einen Volkes gegen das andere. Das war eine Fehlrechnung, wie sich später herausstellen sollte.

Vorerst war ein demokratisches Wahlrecht ohnehin nicht durchzusetzen. Der Widerstand war so vehement, daß man selbst in einem System, das auf die Zustimmung des Parlaments nicht unbedingt angewiesen war, die Vorlage wie ihren Befürworter fallenlassen mußte. Franz Joseph tat es schweren Herzens. Er empfing seinen alten Vertrauten und langjährigen Ministerpräsidenten Eduard Taaffe, sprach mit ihm lange, aber schon nicht mehr so lange, wie er es getan hätte, wenn er noch im Vollgenuß der kaiserlichen Gnade und im Vollbesitz seines Amtes gewesen wäre. Graf Taaffe nahm seinen Abschied. Eine Epoche der österreichischen Innenpolitik war zu Ende – nicht das »Lavieren« und »Fortwursteln«, doch die Zeit, in der dies mit artistischem Geschick und auf längere Dauer geglückt war.

»Zum Aufbauen sind Sie zu alt, aber zum Niederreißen waren Sie es nicht!«, fuhr der Kaiser den Konservativen Hohenwart an, der seinen Antrag, eine neue Regierung zu bilden, unter Hinweis auf sein hohes Alter abgelehnt hatte. Alfred Fürst zu Windisch-Graetz nahm an, zimmerte eine Koalition aus Deutsch-Liberalen (die sich nun »Vereinigte Linke« nannten), Katholisch-Konservativen und Polen zusammen, die schon 1895 wieder auseinanderbrach, im

Streit um die Einrichtung slowenischer Klassen parallel zu den deutschen Klassen am Gymnasium der südsteirischen Stadt Cilli. Das war ein auf den ersten Blick fast lächerlicher, bei näherem Hinsehen freilich typischer Bruderzwist im habsburgischen Völkerhaus. Die Deutschen inner- und außerhalb von Cilli verteidigten ihren Vorrang, die Slawen inner- und außerhalb von Cilli verlangten zumindest Gleichberechtigung.

Die Magyaren waren damit schon nicht mehr zufrieden. 1894 war der Achtundvierziger Ludwig Kossuth im Exil in Turin gestorben, und Budapest gedachte seines größten Revolutionärs mit dem Hissen schwarzer Fahnen und dem Einwerfen von Fensterscheiben, holte schließlich seine sterblichen Überreste in einem bombastischen Leichenzug heim. Und in Wien demonstrierten Sozialdemokraten für ein Wahlrecht, wie es der Kaiser und der Kaiserminister Taaffe anvisiert hatten. Franz Joseph, der nach Budapest gereist war, um dort die Erregung zu dämpfen, telegraphierte an Windisch-Graetz nach Wien: »So sehr ich die entschiedene Inangriffnahme und Festsetzung der Wahlgesetzfrage für notwendig erachte, ebensosehr empfehle ich, daß mit unnachsichtiger Strenge und mit mehr Erfolg den Straßendemonstrationen entgegengetreten werde. Der Anschein einer Pression und der Angst von einer solchen muß absolut vermieden werden.«

Im Jahre 1896 gab es dann eine – verwässerte – Wahlrechtsreform. Den bestehenden vier Wahlkörpern, »Kurien« genannt, wurde eine fünfte, »allgemeine Wählerklasse« hinzugefügt, zu der alle über 24 Jahre alten männlichen Staatsbürger wahlberechtigt waren: fünfeinhalb Millionen bei den Reichsratswahlen 1897, die aber nur 72 von insgesamt 425 Abgeordneten entsenden konnten. Den Löwenanteil teilten sich die ersten vier »Kurien«: 85 Mandate für 5042 Großgrundbesitzer, 21 Mandate für 583 Handelskammermitglieder, 118 Mandate für 383 500 Wähler der Städte und 129 Mandate für 1 378 572 Wähler der Landgemeinden. Ein demokratisches Wahlrecht war dies noch nicht, doch das Volk, das sich in den Massenparteien sammelte, hatte einen Fuß in der Tür.

In den neuen Reichsrat kamen 26 Christlich-Soziale, 15 Sozialdemokraten, 41 gemäßigtere Deutschnationale (»Deutsche Volkspartei«) und 5 radikale Deutschnationale (»Alldeutsche«). Die deutsch-liberalen Gruppen verfügten, trotz beträchtlicher Einbußen, immer noch über 78 Abgeordnete. Die Katholisch-Konservativen hatten sich in einen slawisch-christlichen Verband (35 Mandate), eine deutsche konservativ-katholische Partei (31 Mandate) und ein »Zentrum« (6 Mandate) gespalten. Die Tschechen bildeten einen Block von 60 Abgeordneten. Das Parlament war neu formiert, um den alten Nationalitätenstreit noch heftiger zu führen.

Das bekam sofort der neue österreichische Ministerpräsident zu spüren, Graf Kasimir Badeni, ein Pole, der Statthalter von Galizien gewesen war. Franz Joseph hatte ein Faible für die Polen, vor allem für ihre verbindliche Art und ihre Kompromißbereitschaft – Eigenschaften, die ihn nach seinen Erfahrungen mit unbedingten Deutschen und unwilligen Tschechen persönlich angenehm berührten und die ihm politisch für angebracht erschienen. 1895 ernannte er den Polen Graf Agenor Goluchowski zum k. u. k. Außenminister, von dem er eine Verbesserung des Verhältnisses zwischen Österreich-Ungarn und Rußland erwartete, und den Polen Badeni zum k. k. Ministerpräsidenten »der im Reichsrat vertretenen Königreiche und Länder«, von dem er sich eine Entspannung zwischen Deutschen und Tschechen erhoffte.

Denn nur äußerlich erinnerte er an Bismarck, eine eiserne Hand hätte in Österreich nur alles verschlimmert, man brauchte einen Polen mit Glacéhandschuhen, einen Mann wie den liebenswürdigen, leichtblütigen, etwas leichtfertigen Badeni, einen zweiten Taaffe sozusagen. Wie dieser wollte er eine stabile Koalition bilden, freilich mit anderen Partnern. Wie unter Taaffe die Konservativen, so sollten sich nun unter ihm die Liberalen aller Nationen vereinen. Das war eine Rechnung, die nicht aufgehen konnte. Denn aus den Liberalen waren Nationalliberale geworden, bei denen das Nationale an erster Stelle stand.

Das zeigte sich, als Badeni eine Ausgleichung der deutschen und tschechischen Interessen versuchte, mit einem Appell an beide Seiten, vernünftig und tolerant, also liberal zu sein. Die Sprachenverordnungen von 1897 verlangten die doppelsprachige Amtsführung für alle Gerichts- und Verwaltungsbehörden in Böhmen und Mähren, die Zweisprachigkeit aller Beamten. Dies war keineswegs abwegig in einem Land, in dem zwei Völker wohnten, und in einem Staat, der den Doppeladler im Wappen hatte. Doch die Deutschen – innerhalb und außerhalb Böhmens und Mährens – sahen darin nicht eine Festigung des Vaterlandes Österreich, sondern eine Auflösung des »nationalen Besitzstandes« der Deutschen. Und eine Störung der Bierruhe: Denn nun hätten Deutsche, die Beamte werden wollten, Tschechisch lernen müssen, wenn sie mit den Tschechen, die schon fast alle Deutsch sprachen, konkurrieren wollten.

Ein deutschnationaler Sturm brach los. In Böhmen, in Wien, in Graz gingen Deutsche auf die Straße, kommandiert von Georg von Schönerer, der wieder vorneweg marschierte, angefeuert von Zwischenrufern aus dem »Reich«, wie dem Althistoriker Theodor Mommsen, der die Schädel der Tschechen nicht für Vernunft, sondern nur für Schläge zugänglich befand. Gassensitten hatten auch im Parlament überhand genommen. Schönerer zerfetzte mit vorsorglich mitgebrachtem Werkzeug den Bezug der Sitzmöbel und schrie, als ihn herbeigerufene Polizei aus dem Sitzungssaal entfernte: »Ich weiche der Gewalt! Hoch Germania!« Und einer der sozialdemokratischen Abgeordneten, die sich von den Alldeutschen nicht überbieten lassen wollten, schrie: »Nieder mit der Revolution von oben! Es lebe die soziale Revolution!«

»Es dringt kein Laut bis her zu mir,
Von der Nationen wildem Streite,
Ich stehe ja auf keiner Seite,
Denn Recht ist weder dort noch hier.«

So wie der aus Prag stammende Dichter Rainer Maria Rilke konnte sich Kaiser Franz Joseph nicht verhalten. Zwar war es seines Amtes, auf keiner Seite, sondern über den Parteien zu stehen, und er hatte das für alle verbindliche Recht zu wahren. Aber der Lärm aus dem Parlamentsgebäude drang bis zur Hofburg herüber, und auf den Straßen Wiens wurde »Deutschland, Deutschland über alles!« gesungen, Revolutionsstimmung entfacht. Der Kaiser reagierte so, wie man es von ihm erwartete: Er ließ Ministerpräsident Badeni fallen, der seine Politik vertreten hatte, vertagte den Reichstag, der nicht zu Stuhle gekommen war – und übergab das ungelöste Problem einem neuen Ministerpräsidenten und einem künftigen Parlament.

Gelöst wurde es auch weiterhin nicht. Die Sprachenverordnungen wurden verwässert: durch die dehnbare Bestimmung, daß jeder Beamte die Sprachkenntnisse haben müsse, die sein Dienst erfordere, und durch die Einteilung der böhmischen und mährischen

Amtsbezirke in deutsche, tschechische und gemischtsprachige. Genießbarer wurden sie dadurch keineswegs: nicht für die Tschechen, die nun weniger bekamen, und nicht für die Deutschen, denen Sprachenverordnungen überhaupt nicht mundeten. Deutsche und Tschechen gerieten immer mehr aneinander und entfernten sich zugleich immer mehr von einem Kaiser, der nicht anders gekonnt hatte, als beide zurückzustoßen. Schließlich wurden die Sprachenverordnungen gänzlich aufgehoben, ohne daß der Schaden wiedergutgemacht werden konnte. Nun verfielen mit den Tschechen alle Slawen in Obstruktion und die Deutschen verharrten in der Opposition.

Bis auf weiteres wurde mit Hilfe des Notverordnungsparagraphen 14 regiert: »Wenn sich die dringende Notwendigkeit solcher Anordnungen, zu welchen verfassungsmäßig die Zustimmung des Reichsrates erforderlich ist, zu einer Zeit herausstellt, so dieser nicht versammelt ist, so können dieselben unter Verantwortung der Gesamtregierung durch kaiserliche Verordnung erlassen werden . . .« Der Gedanke, mit Hilfe eines willigen Ministeriums und zuverlässigen Beamten zu regieren, war ihm seit Anno Schwarzenberg vertraut und angenehm. Ganz abgesehen davon, daß es inzwischen ohne Parlament nicht mehr ging, gab es auch keinen Ministerpräsidenten mehr wie damals, und auch die Bürokratie war nicht mehr die alte. Die Disziplinlosigkeit der Beamten, klagte der Kaiser, habe bereits erschreckende Formen angenommen; er lese in den Zeitungen von Versammlungen, in welchen sich Staatsbeamte direkt gegen ihre Vorgesetzten wenden, und gewisse Artikel könnten nur unter Verletzung des Amtsgeheimnisses verfaßt worden sein.

Mit Notverordnungen und Beamtenministerien konnte auf die Dauer nicht regiert werden, ebenso wenig wie mit einem Regierungskommissär gegen die Mehrheit im Wiener Gemeinderat und gegen den zum Bürgermeister gewählten, aber vom Kaiser nicht bestätigten Karl Lueger. 1896 gewannen seine Christlich-Sozialen noch mehr, nämlich 96 von 137 Mandaten, und er wurde wiederum zum Bürgermeister gewählt. Die Wiener hatten mit den Stimmzetteln dem Kaiser einen Denkzettel verpaßt. Er merkte es und bat Lueger, den ihm reichlich unsympathischen Anti-Liberalen, Anti-Semiten und Anti-Magyaren, in die Hofburg. Er solle im Interesse des Staatsganzen die Wahl in der gegenwärtigen schwierigen Lage nicht annehmen, eröffnete er ihm, seinem Parteifreund Strobach den Posten des Bürgermeisters überlassen und sich selber mit dem des Vize-Bürgermeisters begnügen. Lueger fügte sich, weil er wußte, daß dies nicht lange durchzuhalten war.

»Dermalen« könnte die Bestätigung Luegers noch nicht erfolgen, hieß es in der offiziellen Verlautbarung über die Audienz. Das »Dermalium«, wie die Wiener spotteten, dauerte nur bis 1897, als Strobach, der ohnehin nur ein Strohmann gewesen war, zurücktrat und dem Kaiser nichts anderes mehr übrigblieb, als den nun zum vierten Mal zum Bürgermeister gewählten Lueger allergnädigst zu bestätigen. Daraufhin flaggte Wien, die Christlich-Sozialen steckten sich weiße Nelken, ihre Parteiabzeichen, ins Knopfloch, strömten auf dem Rathausplatz zusammen und ließen ihren Führer hochleben.

Ein Jahr später wurde dem Kaiser zum 50. Regierungsjubiläum gehuldigt: von Radfahrern und Radrennfahrern, 4000 Jägern, den vier Kindern der Tochter Marie Valerie in verschiedenen Trachten der Monarchie und einem Massenaufgebot von Kindern aus dem Volke. »Vorgestern bin ich schon um halb acht Uhr in die Stadt gefahren, um mich zum Kinderfestzug frisieren zu lassen. Um halb zehn Uhr fuhr ich zum Burgtore, wo ein großes Zelt aufgeschlagen war, in welchem ich mit den Mitgliedern der Kaiserlichen Familie den Zug der Kinder defilieren ließ. Das Wetter war das denkbar günstigste, das Fest sehr gelungen, wunderschön und rührend. 70000 Kinder marschierten in breiten, geordneten Kolonnen auf der Ringstraße in schönster Ordnung beim Klange von Militärmusiken und brachten beim Vorbeimarsche Hochrufe aus.«

So berichtete der Kaiser am 26. Juni 1898 der Hofschauspielerin Katharina Schratt, nun schon seit Jahren seine Briefpartnerin und Gesprächsgenossin, eine Freundin, die ihm umso mehr ans Herz gewachsen war, als sich seine Frau von ihm entfernt hatte.

Nicht einmal zu den Feierlichkeiten anläßlich des 50. Regierungsjubiläums war Elisabeth in Wien erschienen. Der Öffentlichkeit glaubte man die Erklärung schuldig zu sein: Die sechzigjährige Kaiserin leide an Blutarmut, Nervenentzündung, Schlaflosigkeit und Herzerweiterung; Anlaß zu ernster Besorgnis bestehe nicht, jedoch die Notwendigkeit für Kuren im Ausland. Franz Joseph wußte, was wirklich los war: Die alternde Frau war eher psychisch als physisch krank, mit sich selbst, mit ihrem Mann, mit der Welt zerfallen.

Auf der Schulter hatte sie sich einen Anker einbrennen lassen, doch dies war kein Zeichen eines festen und dauernden Halts. Freilich, sich ausreiten, vor sich davonreiten, konnte sie nicht mehr so wie früher. Das verleidete ihr die Ischias und die Verheiratung ihres Reiterkameraden Middleton. Elisabeth ging zu stundenlangen Spaziermärschen über, lief sich nun aus und vor sich davon, am liebsten ohne Unterkleid und den Rock bis zum Knie geschürzt. Ihre Hofdamen kamen nicht mehr mit, eine »Promeneuse«, die gut zu Fuß war, mußte her, und ein fester Fechtlehrer.

Und sie reiste und reiste: nach Kissingen und Baden-Baden, an die Nordsee und den Starnberger See, an die Adria und in die Ägäis, in die Türkei und nach Ägypten, Sizilien, Tunesien, Spanien und Portugal. Von Ithaka, der homerischen Insel, schickte sie ihrem Mann selbstgepflückte Blumen – die Penelope, die auf Irrfahrt war, ihrem Odysseus, der zu Hause am Schreibtisch saß und diese verkehrte Welt nicht begriff: »Ich kann mir nicht vorstellen, was Du durch so viele Tage in Ithaka machst?« Sollte sie gar mit dem Gedanken spielen, fern der Heimat seßhaft zu werden? Korfu hatte es ihr besonders angetan: »Spaziergänge in endlosem Olivenschatten«, verwahrloste Gärten, verzauberte Feenschlösser, Kamelienbäume. »Ich habe schon viel Schönes gesehen, doch gibt's nichts Schöneres auf der Welt als dieses Scheria (wie Homer Korfu genannt hatte). Beim Sternenhimmel ist es noch schöner.«

Ihrer Hofdame Gräfin Festetics gefiel es weniger: »Ein Schatten liegt über ihrer Seele. Nur diesen Ausdruck kann ich gebrauchen, da man bei einem Menschen, der aus Bequemlichkeit oder Unterhaltung alles schöne und edle Gefühl unterdrückt und verneint, nur sagen kann, es sei Bitterkeit oder Zynismus . . . Dabei macht sie Dinge, daß dem Menschen nicht nur das Herz, sondern auch der Verstand stehenbleibt. Gestern früh war schon schlechtes Wetter, trotzdem fuhr sie mit dem Segler hinaus. Um neun Uhr begann es schon zu gießen, und bis drei Uhr nachmittags dauerte der furchtbare, vom Donner begleitete Guß. Während der ganzen Zeit segelte sie um uns herum, saß an Deck – hielt den Regenschirm über sich und war ganz naß. Dann stieg sie irgendwo aus, bestellte ihren Wagen und wollte in einer fremden Villa übernachten.«

Schließlich wollte sie ihre eigene Villa auf Korfu haben. Franz Joseph seufzte über diese neueste Laune und griff tief in die Tasche. Das »Achilleion« wurde ein althellenischer Palast, wie sich ihn Elisabeth vorstellte und wie er ihrer Seelenlage entsprach: ein Mischmasch aus Parthenon und Pompeji, Kaiservilla und Ringstraßenpalais, antiken Möbeln mit Plüschkissen, Gips-Amoretten und farbigem elektischem Licht. Marmorstatuen verkörperten ihre Idealwelt: der sterbende Achill, Sappho aus Lesbos, Peri, die Lichtfee aus Miltons *Verlorenem Paradies*, Heinrich Heine, der ihrem Weltschmerz Ausdruck verlieh, und Kronprinz Rudolf, dem sie, als er noch aus Fleisch und Blut gewesen war, so ferne stand und den sie nun in Stein um sich haben wollte.

»Es gibt für jeden Menschen einen Augenblick im Leben, wo seine Seele stirbt – es braucht dies keineswegs der Zeitpunkt zu sein, wo er körperlich endet.« Dieser Ausspruch Elisabeths mochte auf Rudolf wie auf sie selber gemünzt sein. Die Poesie Heinrich Heines kam ihr in dieser Stimmung gelegen, seine romantische Schwermut, in die sie sich versenkte, und seine romantische Ironie, an der sie sich wieder aufrichtete, stets schwankend zwischen Zutodebetrübt und ungestümem Sichausleben, zwischen müder Ergebung in die höfische Welt, wie sie nun einmal war, und gelegentlichem Aufblitzen von Auflehnung: Den Unglücklichen, die wegen ihrer freiheitlichen Neigungen und politischen Bestrebungen zu Verbrechern gestempelt werden, solle der Erlös ihrer Gedichte zugutekommen, die nach ihrem Tode veröffentlicht werden sollten.

Sie dichtete wieder. »Da hängt man mir schöne Kleider um und vielen Schmuck, und dann trete ich hinaus und sage den Leuten ein paar Worte. Stundenlang, bis ich kaum mehr kann. Endlich aber eile ich in meine Zimmer, reiße alles herab und Heine diktiert mir.« Fritz Pacher, die Ballbekanntschaft aus dem Musikvereinssaal, erhielt »Das Lied des gelben Domino«, mit den Zeilen »Lang, lang ist's her« und »Laß mich warten nicht mehr«. Am liebsten besang sie sich selber, ihr Leid und ihre Lust, ihr Sehnen und ihre Unrast:

»Ein Schloß soll ich mir bauen . . .
Doch Liebe, die muß frei sein,

Darf kommen und darf gehn.
Ein Schloß wär' wie ein Eh'ring,
Die Lieb' hätt' kein Bestehn . . .
Frei will ich dich umkreisen,
Wie deine Möwen hier,
Ein bleibend Nest zu bauen,
Für mich gibt's kein Revier.«

Wie auf einem Gemälde von Arnold Böcklin standen zwei hohe Zypressen vor ihrem Märchenschloß auf Korfu. »Ich möchte gern an dieser Stelle begraben sein«, erklärte Elisabeth, aber schon bald wollte sie hier nicht mehr leben. »Unsere Träume sind immer schöner, wenn wir sie nicht verwirklichen«, erkannte sie und eröffnete dem Gatten, daß sie das kaum fertiggestellte »Achilleion« verkaufen wolle, womöglich an einen dollarschweren Amerikaner. Franz Joseph schrieb zurück: »Die Angelegenheit müßte jedenfalls mit größter Vorsicht und viel Takt eingeleitet werden, um sie halbwegs anständig erscheinen zu machen, und doch wird sie viel Staub aufwirbeln. Für mich hat Deine Absicht auch eine traurige Seite. Ich hatte die stille Hoffnung, daß Du, nachdem Du Gasturi (das Achilleion) mit so viel Freude, mit so viel Eifer gebaut hast, wenigstens den grösseren Teil der Zeit, welche Du leider im Süden verbringst, ruhig in Deiner neuen Schöpfung bleiben würdest. Nun soll auch das wegfallen, und Du wirst nur mehr reisen und in der Welt herumirren.«

Und sie irrte weiter herum, in der Geographie und in der Poesie, unter dem Namen einer Gräfin Hohenembs oder Mrs. Nicolson. Auf dem Segelkutter »Chazalie«, der bei Dover in einen fürchterlichen Sturm geriet, ließ sie sich – wie Odysseus – an den Mast binden, um den Zauber des entfesselten Elements zu genießen, ohne ihm zu erliegen. Die *Odyssee* war ihre Lieblingsdichtung; um sie im Original lesen zu können, lernte sie Griechisch mit griechischen Lehrern: dem etwas kindischen Dr. Thermojannis, dem wie Mephisto aussehenden Professor Rhoussopoulos, den sie bat, mit ihr streng zu sein, mit Janko Kephalas, der weder ihren Geistesflügen noch ihren Spaziermärschen folgen konnte.

So verfiel sie auf den Studenten Konstantin Maria Christomanos, der einen Buckel und eine gleichgestimmte Seele hatte, den sie fragte, ob er glaube, daß ihr sehr kaiserlich zumute sei, wenn ihre Masseurin sie knete, und den sie in ihr Innerstes blicken ließ: »Man muß sich, um mit dem Leben auszukommen, schließlich zu einer Insel machen. Denn die Menschen tun den Dingen immer Unbill an, nur wo die Dinge allein sind, behalten sie ihre ewige Schönheit.« Eine emanzipierte Frau glaubte der Bucklige vor sich zu haben, sie jedoch differenzierte: »Frei sollen die Frauen sein; sie sind oft würdiger es zu sein, als die Männer . . . Aber was die sogenannte Bildung betrifft, so bin ich dagegen. Je weniger die Frauen lernen, desto wertvoller sind sie, dann wissen sie alles aus sich selbst heraus.«

Begeistert lauschte Christomanos, dem sie schließlich erklärte, die begeisterten Menschen seien die unerträglichsten, und ihn entließ. Er veröffentlichte eine erste Folge seiner »Tagebuchblätter«; die zweite Folge wurde ihm vor Erscheinen vom Wiener Hof abgekauft. Elisabeth nahm sich einen neuen Griechischlehrer, Frederic Barker aus Alexandria, dem sie erklärte, es gebe kein Leben nach dem Tode, und mit dem sie vereinbarte: Wer von ihnen früher stürbe, sollte dem anderen ein Zeichen aus der Ewigkeit zukommen lassen. Sie werde einmal im Irrenhaus landen, meinte sie. In der Auslandspresse wurde gemunkelt, Barker sei in Wirklichkeit ein Athener Nervenarzt, welcher der Kaiserin beizubringen habe, daß Franz Joseph I. noch lebe.

Entrückt war sie jedenfalls ihrem Mann, der froh sein mußte, wenn er ab und zu ein Telegramm bekam, daß sie da und dort gut angekommen sei, oder einen Brief, in dem sie ihn wissen ließ, wie gut es ihr fern von ihm gehe. Wenn sie ihn besuchte – was immer seltener vorkam – war er über alle Maßen glücklich, und jeder Abschied war für ihn ein halbes Sterben.

»Mein unaussprechlich geliebter Engel«, schrieb er am 14. Juli 1891, »meine Stimmung ist melancholisch, mit wehem Herzen und Heimweh nach Gastein. Als ich gestern den Berg unter der Johannespromenade hinunterfuhr und mich traurig und sehnsüchtig nach der Helenenburg umsah, glaubte ich, Deinen weißen Sonnenschirm auf dem Balkon zu erkennen, und die Tränen traten mir in die Augen. Nochmals meinen heißen Dank für Deine Liebe und Güte während meines Gasteiner Aufenthalts. So gute Tage habe ich jetzt selten.« Am 5. Dezember 1893 schrieb Franz Joseph an Elisabeth: »Ich gewöhne mich nur langsam an die Einsamkeit. Die Augenblicke bei Deinem Frühstück und die gemeinsamen Abende gehen mir sehr ab, und schon zweimal war ich auf meinem Wege zur Bellaria in Deinen Zimmern, wo zwar alle Möbel verhängt sind, wo mich aber alles so wehmütig an Dich erinnert.«

Zu Weihnachten 1893 und ihrem Geburtstag war sie – wie so oft – nicht zu Hause, weilte auf Madeira, jener Insel, auf die sie sich schon vor 33 Jahren, bei ihrem ersten Ausbruch aus der Ehe, geflüchtet hatte. »Die Wiener Hofburg lastet fürchterlich auf mir«, sagte sie zu ihrer Tochter Marie Valerie. Aber auch die Hermes-Villa, die ihr der Kaiser 1885/86 im Lainzer Tiergarten erbauen ließ, konnte sie nicht lange halten – obwohl sie in einem von einer 22 Kilometer langen Mauer umfriedeten Naturpark lag und ganz nach ihrem Geschmack ausgestattet worden war: in Neurenaissance, mit einem Turnsaal im pompejanischem Stil und einem noch von Makart entworfenen Prunkschlafzimmer, bei dessen Anblick Franz Joseph seufzte: »Ich werde mich immer fürchten, alles zu verderben.«

Selbst dazu erhielt er kaum noch Gelegenheit. Auch wenn sie da war, machte sie sich rar, aß selten mit ihm, und wenn sie einmal zur Tafel erschien, dann nur, um ihre Diät zu sich zu nehmen, ein englisches Beefsteak oder nur Veilchengefrorenes. Vier Kinder hatte sie in die Welt gesetzt, was sie schon lange zu bereuen schien, jedenfalls bedeutete sie 1891 der Tochter Marie Valerie, die ihr erstes Kind erwartete: Die Geburt eines jeden neuen Menschen sei ein Unglück. Ein paar Jahre vorher hatte sie ihr erklärt: »Die Ehe ist eine widersinnige Einrichtung. Als fünfzehnjähriges Kind wird man verkauft und tut einen Schwur, den man nicht versteht und nie mehr lösen kann.« Sie meinte: vor Gott und den Menschen, die Ehe als Institution, weniger die gelebte Wirklichkeit.

Für Franz Joseph war das eine mit dem anderen identisch, und er litt darunter, daß beides in seiner Ehe auseinanderklaffte. War dies auch seine Schuld? Manche seiner Briefe an Elisabeth klingen so, als wollte er durch Beschwörungen seiner Liebe nicht nur bei der Frau, sondern auch bei sich selber den Eindruck erwecken, daß er sich auch als Ehemann genauso untadelig zu sein bemühte wie als Kaiser. Waren es vielleicht nur Formeln, wie seine Frau vermuten mochte? Oder war eben der Gegensatz zu groß, zwischen der »Wolkenkraxlerin« Elisabeth und ihrem stocknüchternen Mann, der es zwar ehrlich meinte, aber sich nicht phantasievoll genug ausdrükken konnte, und, wenn er es versuchte, bei ihr den Eindruck erweckt haben mochte, er hätte aus einem Briefsteller abgeschrieben. Im persönlichen Gespräch klang seine Liebenswürdigkeit zweifellos echt, ohne daß die inhaltlichen Beschränkungen zu überhören gewesen wären. Doch unter vier Augen sprachen sie immer seltener, weil sie sich nur wenig und immer weniger zu sagen hatten – sie, weil sie nicht wollte, und er, weil er nicht konnte.

Auch das Alter heilte nicht die Wunden dieser Ehe. Daß sie schon mit 57 Jahren Urgroßmutter wurde, war kein Balsam für sie. Daß er zunehmend hinter ihr herbetteln mußte, brachte ihm keine Linderung, nur Leid, Selbstmitleid und die Hoffnung auf anderweitige Pflege. Zu ihrem 56. Geburtstag 1893 schrieb ihr der Dreiundsechzigjährige nach Madeira: »Ich wünsche Dir in treuer Liebe Glück und des Himmels Segen und bitte um Deine fernere Güte und Nachsicht. Glück ist bei uns eigentlich ein unrichtiger Ausdruck, und es genügt etwas Ruhe, gutes Einverständnis und weniger Unglück als bisher. Habe auch im kommenden Jahr Nachsicht mit meinem Alter und mit meiner zunehmenden Vertrottelung. Deine Güte und Fürsorge und die Freundschaft der Freundin sind die einzigen Lichtpunkte in meinem Leben.«

DIE FREUNDIN: KATHARINA SCHRATT. Am 11. September 1855 wurde sie in Baden bei Wien geboren, als Tochter eines Bäckermeisters, der für seine reschen Kaisersemmeln berühmt war. Sie fühlte sich zu Höherem berufen, nahm Unterricht beim Vortragskünstler Alexander Strakosch, kam 1872, blondgezopft und blauäugig, ans Berliner Schauspielhaus, wo sie die Gustel von Blasewitz in Schillers *Wallensteins Lager* spielte. Schon ein Jahr später kehrte sie nach Wien zurück, wohin das natürlich-charmante und hausbacken-heitere, also echte Wiener Mäderl auch gehörte. Am Stadttheater erhielt sie ihr auf den Leib geschnittene Rollen, »realhumoristische«, wie man es nannte. 1883 debutierte sie am Burgtheater, spielte das *Käthchen von Heilbronn*, die leidende und siegende Unschuld, die leibliche Tochter eines leibhaftigen Kaisers. Als Naive im Volksstück riß sie die Wiener hin, die das Couplet sangen:

»Zu schaffen eine Wienerin,
Wie Dichter sie besungen

Versucht' es Gott mit Kathi Schratt,
Das Werk ist ihm gelungen.«

Bald machte sie von sich reden. Sie konnte bis zur Unziemlichkeit ausgelassen sein, sich nach einem champagnerseligen Souper auf den Bock eines Fiakers setzen und selber in der Gegend herumkutschieren. Verehrer hatte sie mehr als Finger an jeder Hand. Den Grafen Heinrich Chorinsky etwa, den sie für zu unvermögend befand, worauf er im hochfeudalen Jockei-Club Baccarat zu spielen begann, nicht ohne vorher in der nahegelegenen Franziskanerkirche gebetet zu haben, was sich in bar auszahlte, doch nicht in der Liebe: Einem Spieler könne sie nie ihr Lebensglück anvertrauen, ließ ihn Kathi abblitzen. Der Schauspieler Alexander Girardi gefiel ihr schon besser, mit seinen schwarzen Augen und dem Reichtum seines Mienen- und Gebärdenspiels.

Schließlich heiratete sie den ungarischen Baron Nikolaus Kiss de Itebe, der ihr jeden Abend Blumen in die Garderobe geschickt hatte und seiner Gattin eine 14-Zimmer-Wohnung einrichtete, die aber bald gepfändet wurde. Der Baron verließ Wien, und zurück blieb Kathi mit ihrem Sohn Anton, der später Diplomat wurde. Eduard Palmer, Generaldirektorstellvertreter der Alpine Montan, hätte sie gern als Hofschauspielerin gesehen, was jedoch nur nach Abtragung ihres Schuldenbergs möglich war. So tilgte er einen Teil ihrer Verbindlichkeiten, sammelte einiges bei Freunden und bat den Generaldirektor der kaiserlichen Familienfondsgüter, Baron Friedrich Mayr, der Kaiser möge den Rest übernehmen, was er auch tat.

Nun mußte Katharina Schratt, wie es der Hofbrauch war, in Audienz bei Franz Joseph erscheinen, um sich zu bedanken. Sie kam in schwarzem Taftkleid, das ihre blonden Locken hervorhob. Über das, was sie dem Kaiser gesagt haben soll, waren bald zwei Versionen im Umlauf: »Jessas, es war so schön, was ich hab' sagen wollen, und jetzt hatt's mir die Red' verschlagen«, oder: »Exlenz, jetzt weiß ich nimmer, was ich hab' sagen sollen.« Jedenfalls dauerte die Audienz fünf Minuten länger als üblich, was bei dem mit der Zeit so knauserigen Kaiser etwas zu bedeuten hatte.

Katharina Schratt wurde im Jahre 1887 zur k. k. Hofschauspielerin ernannt, und der Kaiser ließ ihr sagen, daß er sie regelmäßig zu sehen wünsche, weniger im Theater, wohin er ohnedies kaum mehr ging, seitdem er es sich angewöhnt hatte, um neun Uhr schlafen zu gehen. Er pflegte bei ihr um sieben Uhr morgens zum Frühstück zu erscheinen, und sie hatte ihm frisiert und in voller Toilette aufzuwarten, bereit zu einem munteren Gespräch. Oder er kam zum Mittagessen, das Frau Schratt mit Wiener Geschichten würzen mußte. Damit alles standesgemäß zuging, erhielt sie eine Jahresapanage, eine Villa in Ischl, wo Franz Joseph die meiste Muße hatte, und eine Villa in Hietzing am Schönbrunner Schloßpark, wohin sich der Kaiser zu Fuß begeben konnte, durch eine Hintertür. Das sprach sich bald herum, Neugierige liefen zusammen, die Polizei wurde nervös, doch Franz Joseph meinte: Seine Wiener könnten ruhig dastehen und schauen, seine Besuche seien nicht geheimzuhalten.

Dennoch ließ sich der Hof etwas einfallen, um die Verbindung des Kaisers zur Hofschauspielerin zu erläutern: Die Kaiserin höchstselbst habe es sich angelegen sein lassen, die Bekanntschaft zu vermitteln, damit ihr Gemahl nicht immer so allein sein müsse, wenn sie aushäusig sei. Wenn dem so gewesen sein sollte, wäre dies eine der wenigen Wohltaten gewesen, die sie ihm erwiesen hätte: einen Ersatz für das traute Heim, das sie ihm nicht geben mochte, fast so etwas wie ein Privatleben, das zu finden ihm selber nie leichtgefallen war. Jedenfalls konnte eine solche Deutung das Verhältnis erklären, ohne die Ehe noch weiter in Mißkredit zu bringen. Die Hofschauspielerin erhielt die Hofcharge einer »Vorleserin Ihrer Majestät der Kaiserin« und den Titel »Gnädige Frau«.

Es habe sich um ein »pragmatisiertes Verhältnis« gehandelt, wurde gesagt, also um eine klug geregelte, der Form genügende, korrekt verlaufende, geradezu eine Staatsangelegenheit betreffende und im Staatsinteresse liegende Verbindung. Neuerdings wurden Dokumente bekannt, die darauf hinzuweisen scheinen, daß das Heim der »Gnädigen Frau« nicht nur eine Neuigkeitenbörse, Informationsquelle und Nachrichtenvermittlung für den Kaiser, sondern auch eine Anlaufstelle für politische Demarchen gewesen sei, die sich nicht für den Dienstweg eigneten. Eine Oase der Häuslichkeit war für den Kaiser jedenfalls das Heim der rundlich gewordenen, Mehlspeisen schätzenden und einen gemütlichen Plausch liebenden Kathi Schratt, wo er sich in einen Lehnstuhl setzen, die Beine ausstrecken, sein Kipfel in den Kaffee tauchen, sich etwas, wenn auch nicht zu weit gehen lassen konnte – für kurze Zeit ein Kaiser außer Dienst, ein umsorgter Mann und glücklicher Mensch.

Eine Seelenfreundschaft sei es gewesen, wurde gesagt. Etwas anderes verboten ihm wohl seine altväterliche Moral, sein Treuebegriff und sein Ordnungssinn, vielleicht auch seine Bequemlichkeit und das zunehmende Alter: Er war 56, als es begann, und es währte – mit Unterbrechungen – bis an sein Lebensende mit 86. Und wenn es mehr als eine Seelenfreundschaft gewesen wäre, hätten es ihm seine Wiener von Herzen gegönnt. Jedenfalls zeigen Franz Josephs Briefe an Katharina Schratt, wie er privatim aus sich herausgehen, dem Partner entgegenkommen konnte, einen Anschluß suchend und einen Kontakt erwartend – was er bei seiner Frau immer weniger gefunden hatte.

»Ich kann Ihnen nur dankbar sein«, schrieb er 1887 der Einunddreißigjährigen, am Beginn ihrer Freundschaft, »wenn Sie mit mir über alles recht offen und von der Leber weg sprechen. Wenn man so manche Arbeit, Sorge, so manchen Kummer hat wie ich, so ist ein zwangloses, offenes und heiteres Aussprechen eine wahre Freude, und deshalb sind mir die Augenblicke, die ich mit Ihnen zubringen darf, so unendlich wert.« Und das Gerede der Leute? »Ihre Ehre und Ihr Ruf sind mir vor allem heilig, und ich wollte Ihnen sagen, wie ich bestrebt bin, unsere Freundschaft, an der ich nichts Unrechtes sehe, auch vor der Welt in ihrem richtigen Lichte erscheinen zu lassen.«

Ein Jahr später, 1888, schrieb Franz Joseph seiner »Gnädigen Frau«: »So, jetzt haben wir uns gegenseitig ausgesprochen, und das ist vielleicht gut, denn es mußte einmal heraus. – Dabei muß es aber bleiben und unser Verhältnis muß auch künftig das gleiche sein wie bisher, wenn es dauern soll, und das soll es, denn es macht mich ja so glücklich. Sie sagen, daß Sie sich beherrschen werden, auch ich werde es tun, wenn es mir auch nicht immer leicht wird, denn ich will nichts Unrechtes tun, ich liebe meine Frau und will ihr Vertrauen und ihre Freundschaft für Sie nicht mißbrauchen. Da ich für einen brüderlichen Freund zu alt bin, erlauben Sie, daß ich Ihr väterlicher Freund bleibe, und behandeln Sie mich mit derselben Güte und Unbefangenheit wie bisher.« Und zum Schluß: »Ich bete Sie an, das darf ich künftig aber nicht mehr sagen, heraus ist es aber doch, und nun bitte ich, daß Sie mich künftig wie bisher gern behalten und mich als Ihren treuesten Freund betrachten.«

Das tat sie denn auch, und schon bald schrieb er sie mit »Meine liebe teuerste Freundin« an, die ihn ertragen solle, wenn er zuwider sei und ihn »ein bisserl lieb haben« möge. 1889 schrieb er zum erstenmal unter einen Brief: »Mit den Gefühlen innigster Liebe und Freundschaft«. Und er teilte ihr mit, daß er sie in seinem neuen Testament bedacht habe. In seinem letzten Testament sollte sich dann freilich nichts Dementsprechendes finden. Die Jahresapanage wurde indessen mehrmals erhöht, und kleine Geschenke erhielten die Freundschaft: Schmuck vor allem, Diamanten, Rubine, Smaragde, Saphire – nicht Perlen, die sie abergläubisch fürchtete und die ihr vielleicht auch nicht gut genug waren. Sie revanchierte sich: mit einer Spieldose, die wie eine Nachtigall tönte, oder einem Spiegel, auf dem geschrieben stand: »Portrait de la personne que j' aime – Portrait des Menschen, den ich liebe.«

Ihr Bild prangte auf dem Burgtheatervorhang, als heitere Muse, wo sie auch zu sehen war, wenn sie nicht auf den Brettern stand, ganz hingegeben ihrer neuen Rolle im großen Staatstheater. Wie würde sie sie spielen? Als Heroine, die über den Kaiser in das Völkerschicksal einzugreifen suchte? Oder als Intrigantin, die ihre Freunde über die Hintertreppe einschleusen und ihre Feinde in den Alkoven drängen würde? Die Wiener paßten eine zeitlang genau auf, gaben sich aber bald zufrieden.

Minister und Hofbeamte meinten bemerkt zu haben, daß sich die »Gnädige Frau« für Politik nicht interessierte und darüber auch nicht mit dem Kaiser sprach, wie sie eifrig verbreiten ließ: »Er soll bei mir vergessen, daß er regieren muß.« Sie ließ viele an ihrem Glück teilhaben, verteilte mit vollen Händen Geschenke, vor allem an Künstler und ähnliche Leute, die in Wien die öffentliche Meinung machten. Und – wie Bertha Zuckerkandl, Gattin eines berühmten Anatomen und selber Koryphäe im Gesellschaftsklatsch, feststellte: »Sie blieb, wie sie gewesen war, freimütig, urwüchsig, eigensinnig, Freunden gegenüber gütig und hilfreich; gegen Menschen, die sie nicht mochte, ungerecht; freigebig bis zur Verschwendung, am unrechten Ort oft geizig, weil launenhaft und unberechenbar. Sie war das Urbild des Weiblichen; daher die Unmittelbarkeit ihrer Wirkung, ihr stets überraschendes Wesen.«

Als 1888 das Denkmal Maria Theresias an der Ringstraße in Anwesenheit von 67 Mitgliedern des kaiserlichen Hauses und halb Wiens eingeweiht wurde, dachte Franz Joseph weniger an die Mater

Austriae als an die »Gnädige Frau«: »Auch bei der Monumentsenthüllung war es mir nicht möglich, Sie auf der Tribüne Nr. 1, die Sie die Güte hatten, mir zu bezeichnen, wegen der Entfernung und wegen der Menge Leute, die dieselbe besetzt hatten, zu erkennen, obwohl ich, wie Sie vielleicht bemerkt haben, genau hinschaute. Ich mußte mich mit dem Gefühl begnügen, Sie dort und in der Nähe zu wissen.«

Im nächsten Jahr war sie an seiner Seite, als ihn der Tod seines Sohnes wie ein Blitz getroffen hatte. »Gestern war ich in Mayerling und kam befriedigt, wenn auch traurig gestimmt zurück«, schrieb er ihr das Jahr darauf, als das Jagdschlößchen des Kronprinzen in ein Karmeliterinnenkloster umgewandelt worden war, sein Sterbezimmer in eine Kirche, worin der Altar genau an der Stelle seines Bettes stand. »Ich hörte zuerst die Messe in der Kapelle und besichtigte dann das Kloster und alle Nebengebäude. Die Nonnen sind zufrieden, und ihre Zellen mit der unendlich einfachen, ärmlichen Einrichtung haben eine freundliche Aussicht in die Gegend und gute Luft. Es sind auch einige junge, hübsche Novizinnen da. Welcher Entschluß, sich für das ganze Leben in diese strengen Klostermauern zu begraben. In jeder Zelle und auch auf dem Speisetisch der Nonnen steht ein Totenkopf.«

Die Freundin war aus seinem Dasein nicht mehr wegzudenken. Er erzählte ihr, schriftlich wie mündlich, nicht alles, aber vieles, was er sah, was er meinte, was er fühlte. Sie war ein Teil seines Tagesprogramms, seines Lebensablaufs geworden, und weil er, wenn er sich einmal an etwas gewöhnt hatte, es nie mehr lassen konnte, und weil er, ohne solche festen Gewohnheiten, sich dem Strom der Zeit hilflos ausgesetzt gefühlt hätte, klammerte er sich beharrlich an diese Verbindung. Zumal ihm seine Frau mehr und mehr entglitt.

ELISABETH war nur noch ein Schatten ihrer selbst. Seit dem Tode Rudolfs ging sie in Schwarz. Da sie immer weniger aß – oft nur den Saft halbroher Beefsteaks oder ein paar Orangen – litt sie an Hungerödem, wog bei einer Größe von 172 Zentimetern 46 Kilogramm. Sie war hager geworden, verbarg ihr faltiges und runzeliges Gesicht hinter einem Fächer, und sprach kaum noch oder nur leise mit heruntergezogener Oberlippe, um ihre unschönen oberen Zähne nicht zeigen zu müssen. »Alles an ihr ist düster. Von dem dunklen Haar wallt ein schwarzer Schleier herab. Haarnadeln schwarz, Perlen schwarz, alles schwarz, nur das Antlitz marmorweiß und unsagbar traurig . . . eine Mater dolorosa.« So sah 1896 ein Ungar, der sich an die flotte Reiterin von damals erinnerte, die achtundfünfzigjährige Königin und Kaiserin bei ihrem letzten offiziellen Auftreten anläßlich der Tausendjahrfeier in Budapest.

Der seelische Verfall war dem körperlichen vorangegangen. »Meine Flügel sind verbrannt, und ich begehre nur noch Ruhe.« Franz Joseph suchte sie zu trösten: »Daß Du Dich wie achtzigjährig fühlst, ist übertrieben, aber alt, immer schwächer und blöder wird man allerdings und die Nerven lassen immer mehr nach.« Das Leben sei für sie nur noch eine Qual, der Tod eine Erlösung, sie werde sich umbringen, eröffnete sie dem Gatten, der erschrak: »Da kommst Du in die Hölle.« Elisabeth erwiderte: »Die Hölle hat man ja schon auf Erden.« Ihr kirchlicher Glaube war seit dem Tode ihres einzigen Sohnes ins Wanken geraten. Auf eine Zukunft der Habsburgermonarchie hoffte sie nicht mehr: Der Stamm sei alt und morsch und werde demnächst zusammenbrechen.

Als ob er geahnt hätte, daß er sie nicht mehr lange haben würde, begann er ihr nachzureisen: 1897 an die Riviera, nach Cap Martin, wo Elisabeth das Meer anstarrte und sich langsam zu Tode hungerte, und Frau Schratt in der Spielbank des nahen Monte Carlo Unsummen von Geld verlor, das Geld Franz Josephs. Überdies mußte er – auf Urlaub im Ausland – Zivil tragen, was ihm gar nicht paßte, worin er, mit steifer Melone, schwarzem Gehrock und Regenschirm wie ein Leichenbitter aussah. So fuhr er bald wieder nach Wien, wo er berichtete: »Mir ist durch die Sorge um die Gesundheit der Kaiserin der ganze Aufenthalt in Cap Martin verdorben worden. Meine Frau war so nervös, daß unser Zusammensein ernstlich gestört war.«

Im April 1898 besuchte er seine sechzigjährige Frau in Kissingen. Sie promenierten miteinander, er immer einen Schritt voraus, weil ihr Gang müde und matt geworden war. »Mir geht es besser«, schrieb der Siebenundsechzigjährige an Frau Schratt, »der Druck im Kopf hat nachgelassen, nur der klare Verstand will nicht zurückkehren, dazu bin ich schon zu alt.« Er blieb nur acht Tage, bat Marie Valerie, die Lieblingstochter Elisabeths, sich um die Mutter zu kümmern, die dann von ihr hören mußte: »Ich ersehne den Tod. Ich fürchte ihn nicht, denn das will ich nicht glauben, daß es eine Macht gibt, die so grausam wäre, nie genug zu haben mit dem Leiden des Lebens, sondern auch noch die Seele herausreißen würde aus dem Körper, um sie weiter zu foltern.«

Im Juli 1898 sah er seine Frau zum letzten Mal, in Ischl, wo sie sich vor 45 Jahren kennengelernt hatten. Sie blieb nicht lange, reiste nach Bad Nauheim und anschließend an den Genfer See. »Du gehst mir hier unendlich ab«, schrieb ihr Franz Joseph nach, »meine Gedanken sind bei Dir, und mit Schmerz denke ich an die so unendlich lange Zeit der Trennung.« In Caux erhielt Elisabeth einen Brief aus Schönbrunn mit dem Datum des 1. September 1898, in dem er ihr berichtete, er sei zur Hermes-Villa gefahren: »Viel und mit recht wehmütigem Gefühle habe ich zu Deinem Fenster hinaufgeblickt und mich dabei in Gedanken in die Tage zurückversetzt, welche wir zusammen in der lieben Villa zubrachten.« Und: »Vor dem Tore des Tiergartens war eine große Menge Schwalben versammelt, die sich offenbar schon zur Reise rüsten.«

Er solle doch nach Caux kommen, wo es wunderschön sei, ließ sie ihn wissen. »Wie glücklich wäre ich«, schrieb er am 9. September 1898, »wenn ich, Deinem Wunsche gemäß, einige Zeit mit Dir in Ruhe alles das genießen und Dich nach so langer Trennung wiedersehen könnte; allein daran kann ich jetzt leider nicht denken, denn außer der so schwierigen inneren politischen Lage ist bereits die ganze zweite Hälfte September für Jubiläumsfeste, Kircheneinweihungen und Besichtigung der Ausstellung in Anspruch genommen.«

Es sollte noch eine Beerdigung dazukommen. Denn am 10. September 1898 wurde Elisabeth, Kaiserin von Österreich und Königin von Ungarn, in Genf auf dem Wege vom Hotel »Beau Rivage« zur Dampferanlegestelle von dem italienischen Anarchisten Luigi Lucheni mit einer Feile erstochen.

An diesem 10. September war Franz Joseph in Schönbrunn geblieben, hatte einen Brief an die Frau geschrieben, in dem er ihr vom Wetter, den Hirschen, den Gebirgstouren der Freundin und von seiner für abends halb neun Uhr angesetzten Reise ins Manöver berichtete. Bis dahin wollte er am Schreibtisch sitzen und Akten aufarbeiten. Um halb fünf Uhr nachmittags unterbrach ihn Generaladjutant Graf Paar, der ein Telegramm aus Genf in Händen hatte: »Ihre Majestät die Kaiserin gefährlich verletzt. Bitte Seiner Majestät schonend melden.« Paar suchte sich daran zu halten: »Majestät werden heute abend nicht abreisen können. Ich habe leider eine sehr schlechte Nachricht erhalten.«

Der Kaiser erhob sich rasch und nahm dem Adjutanten das Telegramm aus der Hand. Er überflog es, einen Augenblick stand sein Herz still, dann befahl er: Er müsse Näheres wissen, man solle telegraphieren, telephonieren. Doch schon meldete sich ein anderer Adjutant mit einem neuen Telegramm. Der Kaiser griff danach, riß es, in der Hast des Öffnens, mitten auseinander und las: »Ihre Majestät die Kaiserin soeben verschieden.« Franz Joseph mußte sich setzen, und das erste, was er sagte, war: »Mir bleibt doch gar nichts erspart auf dieser Welt.«

Der zweite Gedanke galt den Kindern: Sie müßten sofort verständigt werden, Marie Valerie in Wallsee in Niederösterreich und Gisela in München. Und dann beschlich ihn die Angst, sie könnte Selbstmord verübt haben, die Kaiserin von Österreich und Königin von Ungarn, die Gemahlin der Apostolischen Majestät! Endlich erfuhr er: Es war Mord, begangen von einem sechsundzwanzigjährigen Bauarbeiter, der lachte, als man ihn abführte, der – als man ihn zu lebenslangem Kerker verurteilte – ausrief: »Es lebe die Anarchie, Tod der Aristokratie!«, und der sich schließlich – am 16. Oktober 1910 – in der Zelle an seinem Ledergürtel erhängte. Eigentlich wollte er den Herzog von Orleans umbringen, aber die Kaiserin von Österreich kam ihm gelegen, als sie, nur von einer Hofdame begleitet, über den Quai in Genf ging – so sicher fühlten sich die Feudalisten, die es zu treffen galt!

Die Verwirrung der Betroffenen entsprach ihrer Überraschung. Es schien sogar, als habe das Opfer selber im ersten Moment geglaubt, es sei nur angerempelt und umgeworfen worden. Die begleitende Hofdame, Gräfin Irma Sztaray, half der Kaiserin wieder auf, fragte, ob ihr etwas zugestoßen sei und soll die Antwort erhalten haben: »Nein, nein, ich danke, es ist nichts.«Die beiden Damen gingen dann auch weiter, zum Dampfer, bis plötzlich Elisabeth schwankte, die Gräfin fragte: »Bin ich jetzt nicht sehr blaß?« und sagte: »Ich glaube, die Brust schmerzt mich etwas.« Dann glitt sie – inzwischen auf dem Deck des Dampfers angelangt – zu Boden.

Ein Arzt war nicht zur Stelle, nur eine ehemalige Krankenschwester. Der Kapitän meinte, man solle die Ohnmächtige – er wußte nicht, wen er vor sich hatte – ins Hotel zurückbringen. Sie sei nur vor Schreck in Ohnmacht gefallen, wurde ihm gesagt, er könne getrost ablegen. Elisabeth erhielt ein in Alkohol getränktes Stück Zucker in den Mund, kam zu sich und hauchte: »Ja, was ist denn eigentlich geschehen?« Dann sank sie zurück, um nie mehr zu erwachen. Als man ihr Kleid öffnete, sah man auf dem veilchenfarbenen Batisthemd einen Blutfleck in der Größe eines Silberguldens und an der linken Brust eine winzige Wunde – den Einstich der spitzen Feile des Mörders.

Jetzt überstürzte sich alles. Der Kapitän, der inzwischen Bescheid über seinen Fahrgast wußte, ließ das Schiff, das schon in den See hinausgedampft war, wenden und nahm Kurs zurück an die Anlegestelle. Die Kaiserin wurde auf einer Tragbahre in das »Beau Rivage« gebracht. Ein Arzt eilte herbei, ein Geistlicher erschien – es war zu Ende. Die Sektion der Leiche ergab als Todesursache: eine V-förmige Wunde unter dem linken Schlüsselbein und über der linken Brustspitze, 85 Millimeter tief; die vierte Rippe war durchbrochen, die linke Herzkammer durchbohrt.

Nun wußte der Kaiser alles. Auf die Frage, ob man die Kaiserin sezieren dürfe, hatte er geantwortet: Man möge nach den Gesetzen des Landes, der Schweiz also, verfahren. Die sterblichen Überreste wurden nach Wien überführt. Elisabeth konnte dem habsburgischen Zeremoniell, dem sie ihr Leben lang entflohen war, im Tode nicht entrinnen. Die Beerdigung am 18. September 1898 vollzog sich in barockem Trauerpomp. Hinter dem Sarg ging Kaiser Franz Joseph, ein Häuflein Elend, neben ihm der Deutsche Kaiser Wilhelm II., der demonstrieren wollte, daß der Habsburger nicht nur sein politischer Freund sei.

»Elisabeth, Kaiserin von Österreich« stand auf dem Sarg, der in der Burgkapelle aufgebahrt gewesen war. Auf ungarischen Einspruch mußte hinzugefügt werden: »Königin von Ungarn«; ein tschechischer Wunsch, auch »Königin von Böhmen« darauf zu schreiben, wurde nicht berücksichtigt. In der Kapuzinergruft, wo die Ruhelose endlich Ruhe fand, konnte eine Abordnung des ungarischen Reichstags keinen Platz mehr finden. Die Beisetzung habe ein »tendenziös österreichisches Gepräge« getragen, beschwerte sich der ungarische Ministerpräsident Banffy. Nicht einmal in diesem Augenblick konnte der Nationalitätenstreit begraben werden.

Der Kaiser sei körperlich vollkommen gesund, »trotz dem gestrigen und allen vorhergehenden Tagen«, befand der Erste Oberst-hofmeister, Fürst Rudolf Liechtenstein, nach der Beerdigung. »Er ißt, schläft, geht manchmal im reservierten Garten spazieren und – arbeitet. Er hat den Willen, sein Unglück zu tragen, und ich hoffe, daß er es wird können.« Schwer genug fiel es Franz Joseph. Es war nicht allein die Trauer um seine Frau – es war das dumpfe Gefühl, daß mit dem zu Ende gehenden Jahrhundert auch das alte Österreich zur Neige ging, nur ein schaler, bitterer Rest übrigblieb.

Das große Sterben hatte begonnen. 1895 war Graf Eduard Taaffe verschieden, sein Jugendgefährte und Kaiserminister. 1896 starb Erzherzog Karl Ludwig, der Bruder, ein frommer Mann, der zum Gruß ein Kreuz zu schlagen pflegte und dahingehen mußte, weil er im Heiligen Land vergiftetes Jordanwasser getrunken hatte. Sein ältester Sohn, Erzherzog Franz Ferdinand, nun Thronfolger, erkrankte im selben Jahr, zweiunddreißigjährig, an Schwindsucht, als ob er sich dem Befinden des Reiches anpassen wollte. 1897 starb, ein Jahr nach Anton Bruckner, dem barocken Schöpfer von Messen und Symphonien, der Wahlwiener Johannes Brahms, der für einen zweiten Franz Schubert gehalten wurde. 1898 wurde Kaiserin Elisabeth in Genf ermordet und der Liederkomponist Hugo Wolf in die Landesirrenanstalt in Wien gebracht. Und 1899 verklang das Leben von Johann Strauß, des Walzerkönigs, der in seinem Reich der Inbegriff einer Epoche gewesen war – wie der Kaiser es in seinem weiterhin zu sein hatte, wenn auch zunehmend als Schemen seiner selbst, so daß später ein Hofbeamter sagen konnte: »Genau genommen regierte Franz Joseph bis zum Tod von Johann Strauß.«

Fort und fort erklang der »Kaiserwalzer«, den Johann Strauß dem Monarchen zum 40. Regierungsjubiläum im Jahre 1888 gewidmet hatte. Auch getanzt wurde – nach der Hoftrauer für die Kaiserin – bald wieder, auf Bällen bei Hof und auf Hofbällen, die Elisabeth ohnehin nie geliebt hatte: das Eingeschnürtsein, das Repräsentieren und Konversieren, die herausgeputzten Damen und die vorschriftsmäßig adjustierten Herren, die Offiziere, die in gewichstem Schuhzeug tanzten, so daß die unteren Ränder der Damenkleider schwarz wurden und der Gestank von Stiefelschmiere sich mit dem

Duft von Parfüm mischte. Die Bilder zeigten nur den Glanz des Hauses Habsburg: Franz Joseph mit sorgsam frisiertem weißem Kaiserbart, in weißem, mit Orden übersätem Marschallsrock, und roten Hosen, umgeben von goldstrotzenden Uniformierten und Damen mit langen Schleppen und nackten Schultern.

Ein bescheidenerer Rahmen war dem kaiserlichen Biedermeier lieber, ein gemütliches Heim, die plauschende Freundin. Katharina Schratt half ihm über Elisabeths Tod hinweg. Es wäre nicht richtig, zu sagen, sie hätte die Lücke ausgefüllt, die in sein Leben gerissen worden sei. Denn eine Leere hatte es schon zu Lebzeiten seiner Frau gegeben, und das Verhältnis zur Freundin lag auf einer anderen Ebene.

Wie tief ging überhaupt die Trauer? Ein paar Wochen nach der Beisetzung schrieb Franz Joseph an Katharina Schratt: »Am wohlsten ist mir doch in Ihrer Gesellschaft, da ich mit Ihnen so gut von der Unvergeßlichen sprechen kann, die wir beide so geliebt haben und da ich Sie so lieb habe.« Albert Margutti berichtete dann: »Als ich zur Weihnachtszeit 1900 meinen Dienst in des Kaisers Generaladjutantur antrat und somit in jene eng umschriebene Welt gelangte, der Kaiserin Elisabeth angehörte, sprach am Hof kaum noch jemand über sie; am allerwenigsten der Kaiser selbst, von welchem ich überhaupt, auch in der Folge, niemals ein Wort über seine dahingeschiedene Gattin vernommen.«

Zu Beginn der Neunzigerjahre, als Elisabeth noch lebte, soll sich eine Geschichte zugetragen haben, die Margutti erzählt. Während einer der regelmäßigen Wagenfahrten zwischen Schönbrunn und der Hofburg, bei denen er nur vom diensthabenden Flügeladjutanten begleitet war, kam der Kaiser aufs Heiraten zu sprechen. Er sei unverheiratet, erklärte Korvettenkapitän Ludwig von Höhnel. »Wie sind Sie da zu beneiden!«, platzte der Monarch heraus. »Da können Sie wahrhaftig froh sein! Denn nur einer, der verheiratet ist, weiß, wie furchtbar schwer das Leben sein kann! Glauben Sie mir, ich rede aus bitterster Erfahrung!«

Am Ende der neunziger Jahre, als die Frau schon tot war, mußte Franz Joseph erfahren, daß auch Freundschaften ihre Haken haben. Mehr und mehr hatte er an Katharina Schratt auszusetzen: Sie reiste ihm zu viel, wie seine Frau, machte Hungerkuren, wie seine Frau, kostete und kostete, verspielte sein Geld in Monte Carlo. Und sie ließ sich von ihm immer weniger sagen, sorgte sich immer weniger um ihn, verwandelte sich langsam aus einem Hausmütterchen in eine Hausherrin.

Für Katharina Schratt war die Verbindung schwieriger geworden, seitdem die schützende Hand der Kaiserin fehlte. Tochter Marie Valerie verhehlte nun ihren Unmut nicht mehr, der an Eifersucht grenzte. Die Leute meinten, das Verhältnis sei sicherlich noch enger geworden, zwischen einem Witwer nun und einer geschiedenen Frau. Eineinhalb Jahrzehnte kannten sie sich schon, Katharina war inzwischen Mitte vierzig, Franz Joseph an die siebzig. Redseliger, unterhaltsamer war er nicht geworden, was er dachte und fühlte, wußte sie längst, Neues war nicht zu erwarten, und die Wiederholung begann zu langweilen.

Ein Gewitter zog herauf. Es entlud sich, weil Franz Joseph zwar als Freund ihre Launen erdulden mochte, ihnen aber als Kaiser nicht nachgeben konnte. Zur Erinnerung an die Kaiserin hatte er 1898 den Elisabeth-Orden für Verdienste von Frauen und Jungfrauen gestiftet. Katharina Schratt hoffte, ihn als eine der Ersten zu erhalten, womöglich das Großkreuz mit dem Bild der Heiligen Elisabeth in Gold, umgeben von emaillierten Rosen. Der Kaiser aber erklärte ihr: Das wäre zu Lebzeiten der Kaiserin und auf ihren Vorschlag möglich gewesen, jetzt aber nicht mehr, denn der Freund könne nicht seine Freundin dekorieren. Die »Gnädige Frau« machte ihm eine Szene, und bald darauf eine zweite.

Der neue Burgtheaterdirektor Paul Schlenther wollte der als »Naiven« reüssierten Hofschauspielerin keine Rollen in den naturalistischen Dramen von Henrik Ibsen oder Gerhart Hauptmann geben. Sie mache auch zu viel Urlaub, wurde ihr vorgehalten, sie nehme sich überhaupt zu viel heraus. Nun, Franz Joseph, der Besitzer des Burgtheaters, würde es schon richten, meinte Kathi Schratt und verlangte die Entfernung Schlenthers. Vergebens. »Sie hat angefangen, dem Kaiser, der ihrem direkten Wunsch nach einem Direktionswechsel nicht entsprach, ihre Verstimmung entgelten zu lassen«, bemerkte der Schauspieler Hugo Thimig am 7. Januar 1900. »Als der Kaiser (mit dem König von Serbien) bei der letzten Aufführung des *Verschwenders*, zum ersten Mal nach dem Tode der Kaiserin, wieder in seiner Loge erschien, hat sie ihm nicht die gewohnte und gewünschte Aufmerksamkeit von der Bühne herab erwiesen.«

Daraufhin habe der Kaiser das Dienstmädchen der Freundin, die Netty, zu sich befohlen, um zu erfahren, was denn los sei. »Nun handelt es sich darum, wer siegt, das Theater, respektive Schlenther, oder die Schratt«, notierte Thimig. »Ist die Macht Kathis auf unseren alten Kaiser so stark, daß er diese Lockerung des gewohnten, lieben Verkehrs nicht ertragen kann, so steht das arme Burgtheater vor einem schweren Schlag, der es ganz darniederwerfen kann; siegt die korrekte und in solchen Auflehnungsfragen sehr empfindliche Anschauung des Monarchen, so fällt die Schratt, was der schönste und reinste Segen für unser Theater wäre.«

Der Hofschauspieler kannte seinen Kaiser. Als Katharina Schratt so weit ging, ihren Rücktritt vom Burgtheater anzubieten, nahm ihn, in letzter Instanz, der Monarch an, weil er sich nicht nachsagen lassen wollte, er habe seine Freundin protegiert. Seit dem 1. Oktober 1900 war Katharina Schratt k. k. Hofschauspielerin a. D., und sie war so wütend, daß sie sich auch als Kaiserfreundin als außer Dienst betrachtete. Sie verließ Wien, reiste herum, und Franz Joseph konnte ihr nur nachweinen und nachbetteln:

»Ich denke so viel mit Sehnsucht an Sie, denke viel über vergangene, bessere Zeiten nach, fühle mich so einsam und bin überhaupt in recht trüber Stimmung . . . Ich hoffe ja, daß, wenn sich auch manches leider geändert hat, unsere gute treue Freundschaft fortbestehen wird und daß ich noch immer manchmal in Ihrer lieben Gesellschaft einen der wenigen Lichtpunkte meiner trüben Existenz finden werde . . . Ich bedarf derselben und einiger Erheiterung so sehr, denn ich bin besonders melancholisch und müde und Sie werden mich recht gealtert und geistig geschwächt finden. Ich denke viel über die Vergangenheit nach und viel an die traurige, hoffnungslose Zukunft und an den Tod.«

Der Siebzigjährige hatte sich so an sie gewöhnt, daß er es kaum verwinden konnte, daß es nicht mehr so war und sein sollte wie bisher: »Früh morgens beim Aufstehen waren Sie immer mein erster Gedanke, die Aussicht, Sie im Laufe des beginnenden Tages sehen zu können, brachte meine Stimmung in das richtige Gleichgewicht, wenn Kummer und Sorgen mich bedrückten, so war die Hoffnung, Sie zu sehen, so war Ihre liebe Gesellschaft der Trost, welcher mir Kraft gab und welcher mich aufrechterhielt, und nun sollte das alles anders werden, ich soll in meinen alten Tagen einsam weiterleben.

Das können Sie nicht wollen, Ihr gutes Herz wird es nicht zugeben.«

Schließlich war der Zorn der »Gnädigen Frau« verraucht und ihr Geld verbraucht – sie kam wieder zurück, aber es wurde nie mehr so wie früher. Auch Franz Joseph hatte sein Fin-de-siècle. Das Jahrhundert, das siebzig Jahre seines Lebens umfaßt hatte, ging zu Ende und mit ihm Unersetzliches, Unwiderrufliches, Unwiederbringliches. Auch ihn hatte jene Untergangsstimmung erfaßt, die Wiener Dichter auszudrücken vermochten, so der noch blutjunge und schon todmüde Hugo von Hofmannsthal:

»Dies ist ein Ding, das keiner voll aussinnt,
Und viel zu grauenvoll, als daß man klage:
Daß alles gleitet und vorüberrinnt . . .

Dann: daß ich auch vor hundert Jahren war,
Und meine Ahnen, die im Totenhemd
mit mir verwandt sind – wie mein eignes Haar.«

Alles gleite über ihn hin wie Marmor, hatte man vom jungen Franz Joseph gesagt, doch der Strom der Zeit, das unaufhörliche Fließen, hatte ihn nun abgeschliffen, begann ihn anzugreifen. Elisabeth hatte das hinter sich, lag in ihrem Metallsarg in der Kapuzinergruft und harrte der Auferstehung. Ein Denkmal erhielt sie im Volksgarten, in einer Ecke, in die nicht allzu viel Volk kam, das sie, zwischen Seerosen und Goldfischen, in Marmorruhe und Marmordauer festhielt – im Jugendstil, der anzeigte, daß nur ein Jahrhundert zu Ende war und es im neuen Jahrhundert weiterging.

Das Jahr 1900, das 20. Jahrhundert begann mit einer »Allerhöchsten Hoftafel« in der Hofburg, und es war so, wie es immer gewesen war: Damast, Kristall, das nach spanischer Hofetikette rechts vom Teller angeordnete Silberbesteck, die goldenen Tafelaufsätze mit Blumen, Früchten und Zuckerwerk, der barocke Gobelin mit »Perseus und Andromeda auf dem Triumphwagen«, die goldenen Rokoko-Ornamente auf strahlendem Weiß, die Spiegel, die das Ganze verlängerten und unendlich zu machen schienen. Und alles glänzte und prunkte wie in den größten und schönsten Zeiten der Habsburger.

Doch das Rokoko, das hier aufpoliert erhalten wurde, war eine überfeinerte, pastellgetönte, nach Ambra und Moschus duftende Spätzeitblüte gewesen. Sie war auf dem Humus einer vermodernden Epoche gediehen und dann von der Revolution geknickt worden, aus der alles hervorschoß, was der alten Habsburgermonarchie und ihrem Neo-Rokoko den Boden entzog: der Nationalismus, der Liberalismus, der Sozialismus, die Volksherrschaft.

Das 19. Jahrhundert endete in einem Abendrot, das zugleich glücklich und traurig stimmte, vornehmlich österreichische Dichter, an denen Stefan George »die schwanke Schönheit Grabesmüder« bemerkte, die »den farbenvollen Untergang« klagend genossen. Daß man von Stund zu Stund reife und von Stund zu Stund faule, und daß daran ein Märlein hänge, hatte schon Shakespeare erkannt. Nun schien das Stadium erreicht zu sein, an dem Überreife in Fäulnis überging, die Todesmär angestimmt wurde.

Von Hugo von Hofmannsthal beispielsweise, der »die Müdigkeit nicht abtun kann von seinen Lidern«. In *Der Tor und der Tod* begegnen sich der Jüngling Claudio, der »in müdem Hochmut resigniert«, und der Sensenmann als »großer Gott der Seele«. Hofmannsthal dichtete »Terzinen der Vergänglichkeit«, schuf Torsi, als wollte er bewußt fragmentarisch bleiben in einer Welt, die er in Bruchstücke zerspringen sah. In seiner *Elektra* fragt sich Klytemnästra: »Kann man denn vergehn, lebend, wie ein faules Aas . . . Zerfallen wachen Sinnes, wie ein Kleid, zerfressen von den Motten?« Und für die Ermordung der Mutter durch ihre Kinder ist als Szene vorgeschrieben: Ein Palasthof bei Sonnenuntergang, in den »Flecken roten Lichtes durch den Feigenbaum wie Blutlachen auf die Erde und die Wände fallen«.

Das war nun die Jugend Österreichs, von der Stefan George meinte, sie habe »etwas Rückgratloses bei äußerlicher Überbildung und gefällt sich in einer äußerlichen süßlichen Verkommenheit.« Eine Jugend, die – wie sie der Wiener Arthur Schnitzler charakterisierte – »lebensfroh und zu Tode betrübt war, die mit dem Leben und dem Tod spielte, die rational im Denken und sentimental im Fühlen war, stets in Liebeshändel verstrickt und jede Stunde bereit, in süßer Wonne Abschied zu nehmen.«

Diese Generation, ihr Lebensgefühl und ihren Lebensstil, hat Arthur Schnitzler, der Arzt und Seelenanatom, auf der Bühne dargestellt. In *Anatol* sind es die Liebeleien eines »leichtsinnigen Melancholikers«, der nicht leidenschaftlich, nur wehleidig ist, für den lediglich der augenblickliche Reiz zählt, der nach dem Davor und dem Danach nicht fragt. In *Komtesse Mizzi* wird der moralische Verfall der österreichischen Aristokratie skizziert. In *Professor Bernhardi* wird an kirchlichen Riten und Dogmen gedeutelt. In der Novelle *Leutnant Gustl* ist der Ehrenkodex des österreichischen Offizierskorps, der Prätorianergarde der Monarchie, in Frage gestellt – was Dr. Schnitzler den Verlust seines Ranges als Leutnant der Reserve eintrug.

Die Dekadenz, die als l' art pour l' art begonnen hatte, mündete in offener Kritik am herrschenden System des alten Österreichs wie des alten Europas, nachdem das eine der Inbegriff des anderen geworden war. »Dies Österreich ist eine kleine Welt, in der die große ihre Probe hält«, hatte schon der Wahlwiener Friedrich Hebbel gesagt. Nun fand der Spätwiener Karl Kraus, der seit 1899 die Kulturzeitschrift *Die Fackel* herausgab und weithin selber schrieb: »Nirgendwo auf der Welt erlebt sich das Ende so anschaulich wie in Österreich«; diese Habsburgermonarchie sei eine »Versuchsstation für Weltuntergang«. Ganz so tragisch nahm das ein Österreicher wie Karl Kraus freilich nicht:

»Kein Grund zum Pessimismus und
er hat auch keinen Zweck.
Zwar ist es wahr, man geht zugrund,
doch kommt man nicht vom Fleck.«

Andere Österreicher meinten sogar, es ginge vorwärts – in das neue Jahrhundert, zu einer neuen Kunst und zu einem neuen Leben. *Ver sacrum – heiliger Frühling* hieß die Zeitschrift der Künstler, die aus dem Makart-Tempel ausbrachen, die »Secession« bildeten, einen eigenen Ausstellungspavillon im Jugendstil errichteten, mit einer Kuppel aus vergoldeten Lorbeerblättern (die den Wienern wie ein »goldenes Krauthappl« vorkam) und der Giebelinschrift: »Der Zeit ihre Kunst, der Kunst ihre Freiheit«.

Der Maler Gustav Klimt war der erste Präsident der »Secession« und ihr hervorragendster Repräsentant. Er hatte das Ornament nicht vergessen und die Ordnung wiedergefunden, das Dekorative neu belebt, den Impressionismus beibehalten und den Expressionismus vorweggenommen – noch einmal das Bisherige zeitgemäß zusammengefaßt, um es der Zukunft weiterzureichen. Wie Hans Makart malte er am liebsten Frauen, Wienerinnen, freilich nicht mehr lebensfroh-naiv, sondern lebensernst-sentimentalisch, »Sonja Knips« noch in einer Mischung aus rosig-duftendem Biedermeier und Eleganz und Raffinesse à la Schnitzler, »Judith J.« mit wissenden, abschätzenden, ahnenden Augen, die weit ins 20. Jahrhundert hineinzuschauen schienen.

Ehrenpräsident der dem Jugendstil verpflichteten »Secession« wurde der fünfundachtzigjährige Rudolf von Alt, Aquarellist und Städtemaler, der die neue Kunstrichtung zwar nicht mehr mitmachte, aber protegierte. Ob er denn dafür nicht zu alt sei, fragte ihn der Kaiser, und der Meister erwiderte: »Alt war ich immer schon, aber ich bin immer noch jung genug, um etwas dazuzulernen.« Der um eineinhalb Jahrzehnte jüngere Franz Joseph kam zur Eröffnung der »Secession«, begrüßte die konventionell schwarz gewandeten jungen Künstler und schaute sich ihre avantgardistischen Bilder an – weniger, um dazuzulernen, als um zu demonstrieren, daß der Kaiser auch Neuerungsbestrebungen, die im Rahmen blieben, anzuerkennen gewillt war.

Ungnädig wäre er beinahe geworden, als Adolf Loos gegenüber dem neo-barocken Michaelertrakt der Hofburg ein modernes Geschäftshaus für die Schneiderfirma Goldmann und Salatsch hinstellte. Der Avantgardist der »Neuen Sachlichkeit« in der Architektur hatte eine Bresche in den Ringstraßenstil, in die »Potemkinsche Stadt«, wie er es nannte, geschlagen: »Was immer auch das renaissierte Italien an Herren-Palästen hervorgebracht hat, wurde geplündert, um Ihrer Majestät der Plebs ein Neu-Wien vorzuzaubern, das nur von Leuten bewohnt werden könnte, die imstande wären, einen Palast vom Sockel bis zum Hauptgesims allein innezuhaben.« Dagegen setzte er das »Loos-Haus« am Michaelerplatz, einen funktionalen und zeitgerechten Geschäftsbau, den der Wiener Schriftsteller Franz Theodor Csokor beschrieb: »Aus einem grünschwarzen Sockel von Stockhöhe, der die breiten Schauläden umrahmte, stieg der glatte Bau mit den geräumigen Fenstern, gekrönt von einem kurzen, halbsteilen Dach.«

Das »Haus ohne Augenbrauen« nannten es die den Neuerungen abholden Wiener, die verlangten, daß es niedergerissen und der Architekt vor Gericht gestellt werde. Der Kaiser, dem sein Vis-à-vis auch nicht gefiel, gab sich mit der Auflage zufrieden, daß Blumenkästen vor den Fenstern in etwa die fehlenden Augenbrauen, also die Barockornamente, ersetzen sollten. Ein neues Gesicht versuchte Otto Wagner ganz Wien zu geben; er baute in modernem »Nutzstil« die Stadtbahnanlagen, die Kirche in der Heil- und Pflegeanstalt »Am Steinhof« und das Postsparkassenamt, bei dessen Besichtigung sich der Kaiser wunderte: »Merkwürdig, wie gut hier die Menschen hineinpassen.«

Es waren neue Menschen, die sich immer weniger in sein altes Reich einfügen wollten, die ein anderes Gehäuse suchten, es architektonisch vorwegnahmen. »Die Wohnungen wurden schlecht, weil sie sich nach der Fassade bequemen mußten«, meinte der Wiener Schriftsteller Hermann Bahr, der die Zeittendenzen spürte und schürte. »Aber die Fassade hatte keinen Sinn mehr, weil im Haus nicht gehalten wurde, was sie versprach. Man fing an, den Fassaden nicht mehr zu trauen.« Und das bedeutete: den Fassaden der Bürgerpaläste wie der Kaiserschlösser.

Das Barock war der Stil der absoluten Monarchie und der Hocharistokratie gewesen, gipfelnd in der Hofburg und in Schönbrunn, im Belvedere und in den Adelspalästen der Inneren Stadt. Der Ringstraßenhistorismus entsprach den Bedürfnissen des arrivierten Bürgertums, das so bauen und wohnen wollte wie die feudale Herrenschicht. Architektonisch wie politisch arrangierten sie sich, die Alteingesessenen und die Möchtegerns, der Rückgriff auf Gotik, Renaissance und Barock, auf historische Formen und überlieferte Ordnungen konvenierte beiden, und der Kompromiß imponierte allen.

Der Kaiser hatte seinen Segen dazu gegeben, weil es ihm zum Nutzen und zur Ehre gereichte. Denn die Ringstraßenarchitektur war noch eine, die letzte Reichsarchitektur, nicht mehr so wahr und schön wie das Barock, doch immer noch ein großartiger Ausdruck der kaiserlichen Macht und des imperialen Zusammenhalts. Die Ringstraße schien eine Via triumphalis der alle Zeiten überstehenden Dynastie zu sein. Der Ringstraßenstil war ein Reichseinheitsstil: zwischen Linz und Lemberg, Brünn und Sarajewo, Czernowitz und Triest wurde nach dem Vorbild der Reichshauptstadt gebaut, sahen sich die Theater, Banken, Kasinos und Bahnhofsgebäude alle gleich, war der Doppeladler überall zu Haus.

Der Jugendstil, die neue Sachlichkeit, die Nutzarchitektur – sie waren im Grunde nicht mehr die Stile des Kaisers und seiner Monarchie. Sie waren die noch vorsichtig tastenden, vielfach gehemmten Versuche der geistigen und künstlerischen Vorhut einer neuen Gesellschaft und eines neuen Staates. Loos und Wagner bauten nicht mehr für Franz Joseph, sondern für Karl Lueger, den Bürgermeister von Wien, der mit seinem »Kommunalismus« ein Modell für das anhebende 20. Jahrhundert schuf, Straßenbahn und Wohnungsamt, Gas- und Elektrizitätswerke, Wasserleitungen und Schwimmbäder, Schulen und Krankenhäuser, Zentralsparkasse und Zentralfriedhof – im Sinne eines »Stadtsozialismus« : Die Versorgungsbetriebe müßten privatem Gewinnstreben entzogen sein, die Gesamtheit der Bürger, die Gemeinde, habe für ihre Kinder und Alten, Kranken und Toten zu sorgen. Die Gemeinde Wien war nun – hinter dem Staat – der zweitgrößte Unternehmer des Reichs. Die Posten wurden nach dem Parteibuch vergeben; das Brauhaus der Stadt Wien war defizitär, während die privaten Brauereien riesige Gewinne machten.

»Jener glaubt, der Herr Wiens zu sein, ich aber bin es«, sagte der im Rathaus residierende Lueger, mit einer fast schon geringschätzigen Handbewegung auf die gegenüberliegende Hofburg deutend. Der Bürgermeister hatte sein eigenes Hofzeremoniell und seine eigene Hofuniform, grüner Frack mit schwarzen Samtaufschlägen und gelben Wappenknöpfen. Wie der Kaiser an den Staatsbauten, so ließ er an jedem neuen Kommunalgebäude seinen Namen auf einer Marmortafel in lateinischen Lettern verewigen. »Einstmals nach der Fronleichnamsprozession«, berichtete Erich Graf Kielmansegg, k. k. Statthalter von Niederösterreich, »als der Kaiser im goldstrotzenden Hofgalawagen, gezogen von acht Schimmeln, St. Stephan verließ, fuhr Lueger, in seiner städtischen Galakarrosse sitzend, dem Monarchen unmittelbar nach, neigte sich, fortwährend den Hut ziehend, sehr auffällig aus dem Wagenfenster, so daß ihm lauter gehuldigt wurde als Seiner Majestät.«

Einen neuen politischen Stil kreierte Karl Lueger, der Führer der Christlich-Sozialen Partei. Seine Anhänger trugen die weiße Nelke und ein rotes Tuch mit eingewobenem weißen Kreuz. Es gab einen Lueger-Marsch, Lueger-Medaillen, Lueger-Büsten. Der Volksführer agitierte auf Volksversammlungen, die mitunter Volksfesten glichen. Das mißfiel allen Konservativen und gefiel, was die parteipolitische Liturgie betraf, dem in Braunau am Inn geborenen und in Wien sich als Ansichtskartenmaler durchschlagenden Adolf Hitler: Luegers Christlich-Soziale Partei »erkannte den Wert einer großzügigen Propaganda und war Virtuosin im Einwirken auf die seelischen Instinkte der breiten Masse ihrer Anhänger«.

Ansonsten war ihm die Realität der Kaiserstadt ein Ärgernis und ein Ansporn für seinen Mythus des 20. Jahrhunderts: »Wien, die Stadt, die so vielen als Inbegriff harmloser Fröhlichkeit gilt, als festlicher Raum vergnügter Menschen, ist für mich leider nur die lebendige Erinnerung an die traurigste Zeit meines Lebens«, schrieb Hitler in *Mein Kampf*. »Das Wohnungselend des Wiener Hilfsarbeiters war ein entsetzliches. Mich schaudert noch heute, wenn ich an diese jammervollen Wohnhöhlen denke, an Herberge und Massenquartier, an die düsteren Bilder von Unrat, widerlichem Schmutz und Ärgerem . . . Wo immer ich ging, sah ich nur Juden, und je mehr ich sah, umso schärfer sonderten sie sich für das Auge von den anderen Menschen ab . . . In dieser Zeit sollte mir auch das Auge geöffnet werden für zwei Gefahren, die ich beide vordem kaum dem Namen nach kannte, auf keinen Fall aber in ihrer entsetzlichen Bedeutung für die Existenz des deutschen Volkes begriff: Marxismus und Judentum.«

Nach Wien kam auch Leo Trotzkij, der hier Material für seine These von der Notwendigkeit einer »permanenten Revolution« sammelte und ein marxistisches Blatt namens *Prawda* herausgab. Der russische Emigrant, der eigentlich Leo Dawidowitsch Bronstein hieß, spielte im Wiener Literatencafé »Central« mit österreichischen Sozialdemokraten Schach, war befreundet mit Victor Adler, der ihn unterstützte, ohne seine Revolutionstheorie zu teilen. Die österreichischen Marxisten predigten zwar den sozialen Umsturz und marschierten mit roten Fahnen auf den Straßen, wollten jedoch lieber die Macht mit dem Stimmzettel erringen, den Reichsrat und die Reichsregierung in Wahlen erobern – und Österreich-Ungarn gewissermaßen von oben her von Grund auf umgestalten. »Der Übergang der Arbeitsmittel in den gemeinschaftlichen Besitz der Gesamtheit des arbeitenden Volkes bedeutet also nicht nur die Befreiung der Arbeiterklasse, sondern auch die Erfüllung einer geschichtlich notwendigen Entwicklung«, meinte Victor Adler, der an den Fortschritt glaubte.

»Es schien lediglich eine Frage weniger Jahrzehnte, ehe die letzten Spuren des Bösen und der Gewalt endgültig getilgt sein würden«, beschrieb der Wiener Schriftsteller Stefan Zweig die Stimmung der Menschheit an der Jahrhundertwende. Auch Wiener und Österreicher betraten das neue Saekulum mit Optimismus und voller Fortschrittsglauben. Auf den ersten Blick schien dies angebracht zu sein, wenn man – wie Stefan Zweig – all das betrachtete, wozu man es gebracht hatte und sich, davon hingerissen, ausrechnen mochte, wie weit man es noch bringen könnte: fließendes Wasser, elektrische Straßenbeleuchtung, volle Schaufenster, Telefon, Automobil, Flugmaschine – Fortschritt allenthalben, in Verkehr, Technik, Wissenschaft, Gesellschaft und Politik. Mehr Menschen durften wählen, vielen ging es besser, alle waren gesünder, man war duldsam und verträglich – vor allem in Wien, dieser Weltstadt mit Herz und Verstand.

Und der siebzigjährige, fast schon mumifizierte Kaiser? Nun, man wußte, was man an ihm hatte, daß nichts Besseres nachkommen könnte, und man ahnte, daß es nur so lange gut gehen würde, solange er lebte. Und das »Fortwursteln« der Regierung, das Vorsichherschieben der ungelösten Probleme? Nun, das war immer noch besser, als sie mit einschneidenden Maßnahmen und unangenehmen Folgen zu lösen. Und der andauernde Nationalitätenstreit? Nun, das war die Schattenseite des Kosmopolitismus, den man nicht missen wollte, der Einsatz, den man für das Klein-Europa, in dem man so gern lebte, zu zahlen hatte.

Und ging es nicht aufwärts? Die Währung war stabil, nun durch Gold, nicht mehr durch Silber gedeckt; für einen Gulden bekam man zwei Kronen, als ob sich die k. u. k. Staatsform ausbezahlte. Die Steuern waren erträglich, der Höchstsatz bei der Einkommensteuer lag bei fünf Prozent und war erst ab einem jährlichen Einkommen von 210000 Kronen fällig. Der Lebensstandard und die Sparguthaben stiegen. Ein Wirtschaftsboom war zu verzeichnen, fast alle Industriezweige florierten, die Außenhandelsbilanz des Jahres 1900 schloß mit Aktiva von 247 Millionen Kronen. Der Staat heizte die Konjunktur weiter an, pumpte bis 1904 fast eine Milliarde Kronen in die Wirtschaft, so für die Tauernbahn und Kanalbauten.

Im Wiener Prater drehte sich das Riesenrad mit einer Geschwindigkeit von 0,75 Meter pro Sekunde. Es wurde 1896 sozusagen als der Wiener Eiffelturm errichtet: Eisengestänge des 19. Jahrhunderts, seine Stützpfeiler und Verstrebungen, seine Nieten und sein Filigran, mit einer Höhe von 65 Metern und Kabinen, die an Lokalbahnwaggons erinnerten. Das Wiener Fortschrittsmonument war kein Turm, kein Himmelsstürmer, kein Einbahnzeichen. Es war ein Rad, das sich langsam, fast unmerklich drehte, ständig dieselbe Tour, im Kreis herum. Vor dem Einsteigen hatten die Unternehmungslustigen bezahlt und die Reklame einer Versicherungsgesellschaft gewürdigt, sie freuten sich auf den Ausblick von oben und sie hofften, daß sie wieder auf dem Boden landen würden. Das Riesenrad – das war die gedämpfte Erwartung der Wiener an das neue Jahrhundert: Es würde schon wieder umgehen.

Optimismus und Pessimismus hielten sich die Waage. Ein Reich zwischen Abend und Morgen war die Habsburger Monarchie an dieser Jahrhundertwende. Purpurner Untergangsstimmung waren die einen hingegeben, während die anderen die rosenrote Aurora hoffnungsvoll erwarteten. Alle träumten, die einen von der Vergangenheit, die anderen von der Zukunft.

Die Traumdeutung hieß das Buch des Wiener Neurologen und Psychotherapeuten Sigmund Freud, des Begründers der Psychoanalyse. »Und der Wert des Traums für die Kenntnis der Zukunft?«, fragte er und befand: »Daran ist natürlich nicht zu denken. Man möchte dafür einsetzen: für die Kenntnis der Vergangenheit. Denn aus der Vergangenheit stammt der Traum in jedem Sinne. Zwar entbehrt auch der alte Glaube, daß der Traum uns die Zukunft zeigt, nicht völlig des Gehalts an Wahrheit. Indem uns der Traum einen Wunsch als erfüllt vorstellt, führt er uns allerdings in die Zukunft; aber diese vom Träumer für gegenwärtig genommene Zukunft ist durch den unzerstörbaren Wunsch zum Ebenbild jener Vergangenheit gestaltet.«

So war das mit den Träumen, und so – wie Hugo von Hofmannsthal feststellte – mit den Wirklichkeiten im alten Österreich: »Alles, was je da war, ist immer noch da; nichts ist erledigt, nichts völlig abgetan, alles Getane ist wieder zu tun; das Gelebte tritt, leise verwandelt, wieder in den Lebenskreis herein.« Franz Joseph las derartiges nicht, brauchte es nicht zu lesen. Denn er verkörperte dieses Lebensgesetz seiner Dynastie und seiner Monarchie.

Nun portraitierten sie den alten Herrn mit dem patriarchalischen Kaiserbart im Jugendstil, in symbolisierter Majestät, im stilisierten Ornat des Ordens von Goldenen Vlies: samtener, hochroter Talar, Ordenskette mit dem goldenen Widderfell, purpurfarbener Mantel mit goldener Randstickerei, auf der weißen Atlasborte die Devise: »Je l' ay empris – ich hab's gewagt!«

Das war der Wahlspruch Herzog Karls des Kühnen von Burgund gewesen, des Sohnes des Ordensstifters. Er hatte zu viel gewagt, alles auf die Kriegskarte gesetzt, fiel 1477 bei Nancy und riß seinen großen Traum, die Errichtung eines Mittelreiches zwischen Frankreich und Deutschland, mit sich. Bruchstücke, die Niederlande und die Freigrafschaft Burgund, erbten – durch die Heirat Maximilians I. mit Maria, der Tochter Karls des Kühnen – die Habsburger, die weniger auf dem Schlachtfeld als im Ehebett wagten, die sich ihr Reich zusammenheirateten und durch Familienbande zusammenhielten.

So kam es, daß die Habsburger die Großmeister des burgundischen Ordens vom Goldenen Vlies wurden und blieben, von Maximilian I., den man den »Letzten Ritter« nannte, bis Franz Joseph I., welcher der letzte Ritter war. »Autre n' auray – einen andern werde ich nicht haben«, hieß eine weitere Devise des Ordens, womit der Schutzheilige Andreas gemeint war, was aber auch für den Ordenssouverän galt. Seit 1282 – an dieser Jahrhundertwende nun seit 618 Jahren – regierten die Habsburger in Österreich, »physisch keine Idealfiguren, wenig Genialität«, wie der Schweizer Historiker Jacob Burckhardt bemerkte, »aber Wohlwollen, Ernst, Bedächtigkeit, Ausharren und Gleichmaß im Unglück, keine Lumpen und Liederlichen.« Oder, wie es der aus Mähren stammende Schriftsteller Charles Sealsfield alias Karl Postl formulierte: »Wo das größte Genie Schiffbruch erlitt, erzielten die österreichischen Monarchen gerade durch den Mangel an Begabung ihre Erfolge.«

Diese den Mittelweg schätzende Mittelmäßigkeit hatte ein großes Reich geschaffen und erhalten. »Pretium laborum non vile – kein geringer Preis für alles Mühen«, hieß eine weitere Devise, die österreichische, als sich – nach dem Erlöschen der spanischen Habsburger – der Orden vom Goldenen Vlies in einen spanischen und in einen österreichischen Zweig geteilt hatte. Das Reich Karls V., in dem die Sonne nicht unterging, war zwar dahin, in Spanien regierten Bourbonen – doch das Haus Österreich konnte mit dem Wert und Ruhm eines langen Strebens zufrieden sein.

Mit tausend Quadratmeilen hatte Rudolf von Habsburg im Mittelalter begonnen. Zu den österreichischen Erblanden waren im 16. Jahrhundert Ungarn, Böhmen, Mähren und Schlesien dazugekommen, das Reich auf 6200 Quadratmeilen angewachsen. 10000 Quadratmeilen – einschließlich Siebenbürgen, Kroatien, Slawonien, Mailand, dem Banat und den Niederlanden – hatte 1740 Karl VI. seiner Erbtochter Maria Theresia hinterlassen. Sie verlor Schlesien und gewann Galizien und die Bukowina, schloß ihre Bilanz wieder mit 10000 Quadratmeilen ab. Nach dem Wiener Kongreß 1815 zählte das Kaisertum Österreich 11357 Quadratmeilen beziehungsweise 622337 Quadratkilometer und 30 Millionen Einwohner.

Franz Joseph I. hatte 1859 die Lombardei und 1866 Venetien verloren, doch 1878 Bosnien und die Herzegowina bekommen, seinen Erbhof im Großen und Ganzen bewahrt. An der Jahrhundertwende zählte die Österreichisch-Ungarische Monarchie 624856 Quadratkilometer und 45,5 Millionen Einwohner, davon 24,7 Prozent Deutsche, 19,7 Prozent Magyaren, 13,1 Prozent Tschechen, 9,3 Prozent Polen, 8,2 Prozent Ruthenen, 6,4 Prozent Rumänen, 5,8 Prozent Kroaten, 4,4 Prozent Slowaken, 3,5 Prozent Serben, 2,6 Prozent Slowenen und 1,5 Prozent Italiener. Ein Europa im kleinen war dieses Reich, doch in einer Zeit, welche die Nationalität und nicht die Übernationalität für das Glück der Erdenkinder hielt.

Österreich-Ungarn war, was den Flächeninhalt betraf, nach Rußland das zweitgrößte Land Europas und, bezüglich der Einwohnerzahl der drittgrößte nach Rußland und Deutschland. Österreich-Ungarn war eine europäische Großmacht geblieben, mit einer zwar allgegenwärtigen, aber nicht mehr viel bewegenden Diplomatie, mit einem Friedensheer von 39 Infanterie- und 5 Kavalleriedivisionen, die in ihren Garnisonen dahinexerzierten, nur noch bei Paraden und Manövern gefordert wurden. Österreich-Ungarn war – trotz der Größe seines Territoriums, der Vielzahl seiner Einwohner und des Reichtums seiner Bodenschätze – keine wirtschaftliche Weltmacht geworden: mit nur 6 Prozent der europäischen Industrieproduktion, wenn auch an dritter Stelle in der Kohleförderung und an fünfter für Roheisen und Textilien, kapitalarm, auf Auslandsinvestitionen angewiesen und ohne Aspirationen auf Kolonialbesitz und Wirtschaftsimperialismus.

Die Bilanz am Ende des 19. Jahrhunderts war nicht ausgeglichen: die Aktiva waren zwar beachtlich, doch die Passiva überwogen. Und die Aussichten auf das 20. Jahrhundert waren nicht rosig. »Österreich befindet sich im Zustand latenter Revolution«, klagte der Herrscher eines von Geschichte gesättigten und nach Gegenwart hungernden Reiches. »Ich bin mir seit langem bewußt, wie sehr wir in der heutigen Welt eine Anomalie sind«, erkannte das Haupt der eine halbe Ewigkeit regierenden, allmählich aufgebrauchten und zunehmend verunsicherten Dynastie; ihr Geld »läge sicherer in Deutschland als wie in Wien«, bedeutete er seiner Tochter Gisela. Franz Joseph, der an der Jahrhundertwende in sein achtes Lebensjahrzehnt eintrat, nannte sich »den letzten europäischen Monarchen alter Schule« und meinte: »Gott läßt mich so lange leben, damit das Ende des uralten Reiches um einige Zeit hinausgeschoben werde. Nach meinem Tode wird es unvermeidbar kommen.«

Die Zeit – sie war der Todfeind des alten Kaisers und seines anachronistischen Reiches. Das Gedächtnis Franz Josephs war noch gut genug, um sich zu vergegenwärtigen, wie es früher gewesen war, und seine Phantasie reichte hin, um sich auszumalen, was alles kommen könnte. Das erste war keineswegs erhebend und das zweite niederdrückend.

Was hatte er nicht alles gesehen! Menschen, die noch aus dem 18. Jahrhundert stammten, wie den Großvater Franz I. und den Staatskanzler Metternich, der das, was er für die gute alte Zeit hielt, ad infinitum verlängern wollte. Menschen, die den Anschluß an das 19. Jahrhundert gesucht hatten, ohne sich von der Vergangenheit abzukoppeln, seine Minister von Schwarzenberg bis Taaffe, die letztlich alle scheiterten, wenn auch nicht so dramatisch wie sein Sohn Rudolf, der alles übertrieben hatte. Und Menschen, welche die Vergangenheit wie Ballast abwerfen, in das 20. Jahrhundert aufsteigen wollten, in der Hoffnung, daß alles anders und besser werden würde, und ohne zu ahnen, wo alles enden könnte.

Was hatte er nicht alles erlebt! Die Biedermeierruhe und die Revolution von 1848, den Neo-Absolutismus und die Dampfeisenbahn, Kriege gegen Frankreich, Italien und Preußen, die er verlor, und Kämpfe mit aufsteigenden Bürgern und aufbegehrenden Liberalen, die er nicht gewann, den Ausschluß aus Deutschland, den er nicht verwinden, und den Ausgleich mit Ungarn, den er nicht verkraften konnte, die Ringstraßenharmonie und den Nationalitätenstreit, die Formierung der Massenparteien, den Vormarsch der Demokratie, des Sozialismus, des Anarchismus, dem die Kaiserin zum Opfer fiel, das Automobil, mit dem sich alles selbstbeweglich dem Abgrund näherte, den er vor sich auftun sah.

Wen hatte er nicht alles überlebt! Den Bruder Maximilian, der für einen Habsburger zu phantasievoll gewesen war, und den Bruder Karl Ludwig, der bei einem Gespräch ständig mit dem Kopf genickt und die letzten Worte des Partners wiederholt hatte, als hätte er alles bejahen und hinausziehen wollen. Die Herren Vettern, die Mit-Monarchen, mit denen er verbunden und verfeindet gewesen war, den preußischen König Friedrich Wilhelm IV. und den deutschen Kaiser Wilhelm I., die Zaren Nikolaus I., Alexander II. und Alexander III., den französischen Parvenue Napoleon III. und die italienischen Emporkömmlinge Karl Albert, Viktor Emanuel und Humbert. Und Königin Victoria von Großbritannien, mit deren Tod im Jahre 1901 das nach ihr benannte Zeitalter endgültig dahinging.

Nur er war immer noch da. Eine Generation, daß heißt der Zeitraum, in der eine zusammengehörige Altersgruppe herrscht, währe dreißig Jahre, kalkulierten die Historiker. Er regierte nun über ein halbes Jahrhundert lang, hatte also seine Generation ausgestanden und war dabei, eine neue Generation durchzustehen. Er hatte andere überlebt und war mit seinem eigenen Überlebtsein konfrontiert.

»Zweifach hat uns Franz Joseph unendlich geschadet«, meinte rückblickend Ernest von Koerber, der 1900 zum österreichischen Ministerpräsidenten ernannt worden war, »einmal durch seine Jugend und das zweite Mal durch sein Alter.« Das galt für die Unerfahrenheit des zu früh Kaiser gewordenen und die Unbeweglichkeit des zu lange Kaiser gebliebenen Franz Joseph – Eigenschaften mehr denn Einstellungen. In der Sache selber war er schon in der Jugend zu alt gewesen, also hinter seiner Zeit zurück, und den Abstand konnte er nie aufholen, obschon er sich mit zunehmendem Alter bemühte, den Zeitläuften nachzuhinken.

Von Metternich programmiert und von Schwarzenberg assistiert, hatte er als blutjunger Kaiser die Revolution scharf abgebremst und war in der Reaktion stehengeblieben. Die Ideen und Kräfte des 19. Jahrhunderts waren auf die Dauer nicht zurückzuhalten, sie konnten zwar gezügelt, aber nicht an der Fortbewegung gehindert werden – das Doppelgespann von Nationalismus und Konstitutionalismus, das ihn zu immer neuen Zugeständnissen hingerissen hatte und nun der Kontrolle des Kutschers zu entgleiten drohte, auf der rasanten Fahrt ins 20. Jahrhundert.

Anachronistisch, das heißt zeitwidrig, hatte sich dieser Herrscher stets gegeben, eine Anomalie, das heißt eine Regelwidrigkeit, war seine Herrschaft immer gewesen. Franz Joseph agierte nicht mit dem Blick nach vorn, sondern reagierte auf andere, die vorwärtsdrängten. Er war kein Beweger, sondern ein Bewegter, kein großer Aktiver der Geschichte, doch in seinem beharrlichen Bemühen, eine zerbrechende Ordnung zusammenzuhalten, bei allem, was auf ihn hereinbrach, eine ordentliche Haltung zu bewahren, ein großer Passiver.

Die Statik, nicht die Dynamik war sein Wesenszug, das Erhalten, nicht das Verändern seine Aufgabe, der Status quo sein Ziel. Er war der Spätling einer Dynastie, die ihren Zweck erfüllt hatte und ihren Sinn verlor, der Erbe einer Krone, die dem Herrscher eine Dornenkrone geworden war und mehr und mehr Beherrschten lästig, ja lächerlich zu werden begann. Viele sahen ihn freilich noch so, wie er auf dem Jugendstilportrait den Untertanen vorgestellt werden sollte, in zeitgemäßer Manier wie in zeitloser Bedeutung – im Ornat des Ordens vom Goldenen Vlies, der den Körper verhüllte, den Menschen vergessen ließ, in der steifen, würdevollen, Autorität verleihenden Amtstracht des monarchischen Prinzips, nicht eines einzelnen Monarchen. Beinahe wie ein byzantinisches Heiligenbild sollte das Kaiserportrait erscheinen: für diese Welt, aber nicht von dieser Welt.

Das war ein Vorteil des Sichüberlebens: Er schien außerhalb der Zeit, über den Dingen, jenseits von Gut und Böse zu stehen, bereits von Anekdoten umstrahlt und von Legenden verklärt, dem Irdischen schon fast entrückt. Das Negative in seinem Leben war ihm zum Positiven geworden: Seine Mißerfolge hatten ihm Zutrauen gewonnen, seine Leiden Mitleid erweckt, sein Unglück ihn populär gemacht. Das endlos lange Regieren hatte auch sein Gutes: Man hatte sich an ihn gewöhnt, konnte sich nicht vorstellen, wie es ohne ihn sein, was nach ihm werden sollte; man wußte, was man an ihm hatte und daß nichts Besseres nachkommen würde.

»Solange der gegenwärtige Kaiser lebt«, glaubte der britische Botschafter Sir Augustus Paget, »ist es unwahrscheinlich, daß sich die Dinge, so wie sie sind, ändern, was des Kaisers ungeheurer Volkstümlichkeit und dem großen Einfluß wie der Autorität zuzuschreiben ist, die er überall in seinem Volke genießt; tatsächlich geht man nicht zu weit, wenn man behauptet, daß es dieses Gefühl der Loyalität und Ergebenheit für den Kaiser Franz Joseph ist, das die einzelnen Teile dieses unterteilten und verschiedenartigen Kaiserreiches mit einem Bande der Einigung umschließt.«

Als Symbol der Reichseinheit und der Reichsdauer galt dieser Kaiser. Franz Joseph tat alles, unwillkürlich und bedacht, um dieses Sinnbild zu pflegen. Die Krone und den Ornat des Kaisertums Österreich, wie sie in der Schatzkammer der Hofburg zu sehen sind, trug er freilich nie, im Ornat des Ordenssouveräns des Goldenen Vlies präsentierte er sich nur auf dem Bild. Seine alltägliche Amtstracht war die Uniform, ohne die er sich seinen Untertanen nicht zeigen wollte. So lehnte er das Ersuchen des Wiener Gemeinderates ab, sich in dem Zivilanzug, den er notgedrungen auf Urlaub in Cap Martin, im Ausland also, getragen hatte, in seiner Haupt- und Residenzstadt sehen und begrüßen zu lassen.

Die Majestät hatte einen »magischen Kreis« um sich gezogen. »Erfüllt von dem sicheren Bewußtsein seiner überragenden Stellung hielt er die Menschen in einem gemessenen Abstand von sich und thronte gewissermaßen in den Wolken«, bemerkte Heinrich Friedjung, der deutsch-liberale Historiker und Politiker. »In seinem äußeren Gehaben war er immer der Kaiser und König, der nicht erst die Krone tragen mußte, um als solcher zu erscheinen. Ohne sich majestätisch zu geben, wirkte er durch seine Haltung, die ungezwungen, aber würdevoll, wohlwollend, aber nicht vertraulich war.« Auf die Kehrseite dieser Haltung machte der k. u. k. General Moritz Auffenberg aufmerksam: »Unerbitterlich hart, jede Strenge billigend, war der alte Kaiser, wenn er vermutete, jemand könnte seine Herrscherautorität nur mit einem Gedanken streifen.«

Zunehmend wurde sie vom Zeitgeist angegriffen. Franz Joseph

suchte sich durch eine Maginot-Linie dagegen zu schützen, durch bloße Defensive, durch schiere Unbeweglichkeit. Immer mehr vergrub er sich in seinen Vorurteilen, verschanzte er sich hinter Förmlichkeiten, neigte er zu der Annahme, daß nichts passieren könne, was nicht passieren dürfe.

Immer weniger wollte er Neues sehen, hören, wissen oder gar zulassen. Am liebsten hätte er die Uhr angehalten. Jedenfalls suchte er ihre Zeiger zu verlangsamen, indem er immer weniger entschied, immer mehr hinausschob, möglichst nichts mehr ändern wollte. Schon gar nicht rührte er an das, was ohnehin still hielt: »Quieta non movere – Ruhendes soll man nicht bewegen.«

Von der Zeit abgesondert, war er zum Sonderling geworden. Am liebsten war er allein, am wohlsten fühlte er sich in seinen Schlössern, seinen Schneckenhäusern, in denen er die eigene Vergangenheit atmete: in der Hofburg, dem steingewordenen Haus Habsburg, in Schönbrunn, wo er vom Audienzzimmer der Hofburg weit weg war, in der Kaiservilla in Ischl, wo er sich an seine Mutter, im ungarischen Jagdschloß Gödöllö oder in der Hermes-Villa im Lainzer Tiergarten, wo er sich an seine Frau erinnern konnte. Und in seinen vielen Jagdhütten, wo ihn nicht einmal die Erinnerungen und die Traditionen in Beschlag nehmen konnten.

An deren Bauernmöbel hatte er sich ebenso gewöhnt wie an die Rokokopracht der Repräsentationsräume wie den Bürgerbarock seiner Schlafzimmer in der Hofburg und in Schönbrunn. Auf den Gedanken, sich in dem gerade in Wien florierenden Jugendstil einzurichten, wäre er nie verfallen. Photographien hatte er schätzen gelernt, doch die Rahmen mußten altmodisch sein, und vom Juwelier Rothe am Kohlmarkt ließ er sich nach genauen Anweisungen Prunkdosen in Neo-Rokoko anfertigen, die er verschenkte, als Zeichen seiner kaiserlichen Huld und seines persönlichen Geschmacks.

Der technische Fortschritt war ihm zuwider, weil er die neumodischen Faxen nicht mochte, und nicht geheuer, weil dieser der Zwillingsbruder des politischen Progressismus war. Nicht einmal ein Zielfernrohr wollte er sich auf den Stutzen montieren lassen, obschon seine Augen nachließen: »O nein, das ist ja unwaidmännisch«. Automobile scheute er im allgemeinen und im besonderen, seitdem ihn der weltgewandte König Eduard VII. von Großbritannien bei seinem Besuch in Ischl zu einer Autospritztour überredet hatte – weil er von dem korpulenten Briten in die Ecke gedrängt worden war und dazu gebracht werden sollte, das Bündnis mit Deutschland aufzugeben. Überdies hatte er sich erkältet.

Der Österreichische Automobilklub schenkte ihm zwei Motorvehikel, in der Erwartung, daß er sie auch benütze, wozu er sich aber nur selten verleiten ließ. »Wenn es, wie ich innigst hoffe, kein Malheur gibt, will ich nichts sagen, aber heimlich ist die Sache doch nicht«, schrieb er an Frau Schratt, die sich ein Automobil angeschafft hatte, und kurz darauf: »Daß Sie auch einen Autounfall hatten, ist auch beängstigend, war aber vorauszusehen.«

Der Statthalter von Niederösterreich, Erich Graf Kielmansegg, ein zungenfertiger Hannoveraner, vermochte ihn einmal zu überreden, sich zum neuen Flugfeld nach Wiener Neustadt mit dem Auto zu begeben, stilgerecht sozusagen. Der Kaiser wollte in einem leichten Paletot die Fahrt im offenen Wagen antreten. Kielmansegg, der eine Erkältung des alten Herrn vermeiden wollte, warf ein: »›Ich muß dringend bitten, daß Majestät einen Pelz anziehen!‹ Der Kaiser: ›Ich besitze aber keinen Pelzpaletot‹, und, sich zu seinem Kammerdiener wendend: ›Nicht wahr, wir besitzen keinen?‹ Der bestätigte, und der Kaiser fuhr fort: ›Mein Paletot wird schon genügen, ich bin ja abgehärtet.‹ In diesem Augenblick trat der kaiserliche Leibarzt Dr. Kerzl, der die Fahrt ebenfalls mitmachen sollte, in das Vorzimmer, und ich wandte mich nun an diesen, ihn bittend, Seiner Majestät die Fahrt mit dem leichten Paletot nicht zu gestatten. Der gab mir recht und verlangte, daß der Kaiser seinen stärksten Winterpaletot nehme und sich überdies gehörig zudecke. Letzteres geschah aber stets mit einem zweiten alten Paletot, denn eine Wagendecke habe ich im Besitz des Herrschers nie gesehen.«

Fahrstühle waren nicht sein Fall; er ging lieber zu Fuß, selbst mehrere Stockwerke hoch, auch wenn er dabei unmajestätisch schnaufen mußte. Das Telefon war ihm ein Greuel. Er wollte nicht auf mysteriöse Weise durch einen modernen Draht mit jedermann verbunden sein, auf jedes Klingeln den Hörer abnehmen und sich als »Kaiser« melden; er zog den Instanzenweg vor, auf dem man sich dem Monarchen distanziert zu nähern hatte.

In seinem Arbeitszimmer duldete er kein Telefon. Als er sich schließlich dem zeitgemäßen Kommunikationsmittel nicht mehr ganz entziehen konnte, ließ er den Apparat, den er auch weiterhin nicht selber anrührte, auf seiner Toilette einbauen – und wenn besetzt war, war eben besetzt.

»DIE MENSCHHEIT, vom Fortschritt geführt, die in die Zukunft schreitet, die Gewohnheit mit Füßen tretend«, versinnbildlichte ein zehn Meter hohes Standbild auf der Pariser Weltausstellung 1900. Zu dieser Musterschau des vergangenen und Vorschau auf das neue Jahrhundert hatten alle Staaten Einschlägiges beigesteuert: Rußland etwa die Transsibirienbahn, Deutschland seine Dynamos, Frankreich das Riesengeschütz der Firma Schneider-Creuzot. Österreich-Ungarn stellte das Schießregister des Kaisers aus, das von Ende 1848 bis Ende 1899 nicht weniger als 48 345 Stück mit eigener Hand erlegtes Wild verzeichnete. Und paradierte mit der braunen k. u. k. Artillerieuniform, die als schönste Uniform der Welt prämiiert wurde.

Die österreichisch-ungarische Artillerie verfügte durchaus über modernes Geschütz, beispielsweise die 7,65 cm-Schnellfeuerkanone aus Schmiedebronze mit Rohrrücklauf, mit einer Schießgeschwindigkeit von 20 Schuß pro Minute und einer Schußweite bis zu 6 300 Metern. Es gab Beleuchtungsabteilungen, Festungsballonabteilungen, das Eisenbahn- und Telegraphenregiment. Die Kriegsflotte verfügte über Linienschiffe der Erzherzog-Karl-Klasse zu 10600 Tonnen, mit 19 bis 20 Seemeilen Geschwindigkeit durch Maschinen von 14000 Pferdestärken. Das konnte sich schon sehen lassen. Aber mit der modernen Militärtechnik mochte sich Franz Joseph nicht mehr befreunden. Deswegen und nicht nur, weil er sich als der erste Landsoldat einer klassischen Landmacht fühlte, inspizierte er die Marine nicht gern.

»Auf den unbeeinflußten Beobachter machte der Kaiser an Bord seiner Yacht einen ungemütlichen Eindruck«, berichtete Flügeladjutant Margutti. »Er verfolgte zwar anscheinend mit gespannter Aufmerksamkeit alle Schiffsbewegungen, die sich um ihn abspielten, gab nicht für einen Augenblick das Fernrohr aus der Hand und ging auf der Kommandobrücke rastlos auf und nieder, um ja nicht etwas von dem zu versäumen, was sich rechts und links ereignete. Bei genauer Betrachtung gewahrte man jedoch, daß all das nur mechanisch geschah und daß der Herrscher, lediglich von seinem Pflichtgefühl geleitet ›arbeitete‹. Mit dem Geiste war er nicht bei der Sache, denn nie stellte er eine Frage und ebensowenig erlaubte er sich eine Bemerkung. Er nahm alles bloß zur Kenntnis; sich näher zu informieren, erachtete er für zwecklos, in dem Bewußtsein, daß ihm dafür ohnehin das geeignete Verständnis abging.«

Ähnlich verhielt er sich überhaupt zu all dem Neuen, das unaufhörlich an seiner Kommandobrücke vorüberzog. Heer und Flotte waren auch für ihn ein stets auf den neuesten Stand zu bringendes, immer für einen allfälligen Krieg bereitzuhaltendes Instrument einer Großmacht. Doch in erster Linie schätzte der Oberste Kriegsherr die bewaffnete Macht als Schildhalter des Hauses Habsburg, als Schildwache vor seinem Vielvölkerreich – zum Schutz der Dynastie und Monarchie vor inneren Gefahren.

Mehr denn je galt ihm die Armee als das Lager, in dem Österreich war und bleiben sollte, in dem und durch das Österreich-Ungarn lebte, das alle seine Nationalitäten in Reih und Glied zusammenschloß und auf den Monarchen eingeschworen war. »Gemeinsam und einheitlich, wie es ist, soll Mein Heer bleiben«, proklamierte Franz Joseph I. »Getreu ihrem Eid wird Meine gesamte Wehrmacht fortschreiten auf dem Wege ernster Pflichterfüllung, durchdrungen von jenem Geist der Einigkeit und Harmonie, welcher jede nationale Eigenart achtet und alle Gegensätze löst, indem er die besonderen Vorzüge jedes Volksstammes zum Wohle des großen Ganzen verwertet.«

Das war eher eine Beschwörung als eine Feststellung. Denn der Nationalitätenzwist begann in die Zitadelle der Doppelmonarchie einzudringen. In der k. u. k. Armee war die Kommando- und Dienstsprache immer noch Deutsch, doch die Oberoffiziere, vom Leutnant bis zum Hauptmann, hatten binnen drei Jahren die in ihrer Einheit vorherrschende Nationalsprache, die sogenannte Regimentssprache, zu erlernen. In der ungarischen Landwehr, der Honved, war die Dienstsprache bereits Magyarisch, was den Ungarn nicht genügte: Sie wollten das auf die ungarischen Einheiten der gemeinsamen, der k. u. k. Armee ausgedehnt wissen; im Grunde wollten sie eine eigene ungarische Armee. Und tschechische Soldaten riefen beim Appell schon nicht mehr »Hier!«, sondern »Zde!« Erzherzog Albrecht hatte 1894 gemahnt: »Spaltet sich die Armee, entwertet sich der Geist, so ist die Dynastie verloren und Österreich besteht nicht mehr.«

Ein bunter Völkerhaufen steckte in den bunten Röcken. Von hundert k. u. k. Soldaten waren 29 Deutsche, 18 Magyaren, 15 Tschechen, 9 Polen, 8 Ruthenen, 7 Serbokroaten, 5 Rumänen, 5 Slowaken, 3 Slowenen, 1 Italiener. Die Deutschen stellten 26 Prozent der Infanteristen, 46 Prozent der Jäger, 40 Prozent der Artilleristen und 50 Prozent der technischen Truppen. 33 Prozent der Kavalleristen waren Ungarn, 26 Prozent der Pioniere Tschechen. Unter den 102 Infanterieregimentern gab es nur sieben rein deutsche; das bekannteste waren die »Deutschmeister« in Wien. Manche Regimenter umfaßten fünf verschiedene Nationalitäten, wie das Infanterieregiment Nr. 6 in Ujvidek, in dem 40 Prozent Deutsche, 30 Prozent Serbokroaten, 15 Prozent Magyaren, 10 Prozent Slowaken und 5 Prozent Rumänen dienten.

Die Offiziere waren mehr als nur Rekrutenabrichter und Truppenführer – jeder einzelne war ein Wachthabender des Zusammenhaltes des Ganzen, so etwas wie eine staatliche und gesellschaftliche Integrationsfigur. »Die Bedeutung des Offizierskorps«, konstatierte ein vaterländisches Werk des Kriegsarchivs, »welches inmitten der politischen und nationalen Strömungen unserer vielschichtigen Monarchie abseits der Politik stehend, wie ein Fels in der wogenden Brandung die Einheit des Staatsgedankens verkörpert, ist bei der Zusammensetzung des modernen Volksheeres unverhältnismäßig gestiegen.«

Ähnliches galt für die gesellschaftliche Bedeutung. Im Unterschied zu Preußen kamen die Berufsoffiziere weitgehend aus dem Bürgertum, aus Offiziers- und Beamtenkreisen, dem Mittelstand, dem Kleinbürgertum. 1878 war die Hälfte, 1918 waren drei Viertel der Generäle bürgerlicher Herkunft. Das Offizierskorps bildete eine Gesellschaftsschicht für sich, mit oder ohne Militäradel vom Feudaladel getrennt und von der Bourgeoisie nicht geschätzt. Einzig und allein auf den Monarchen ausgerichtet und von ihm – materiell dürftig genug – ausgehalten, erhielt die k. u. k. Militärkaste von ihm sozialen Status, Berufsehre und Bedeutung. »Durch den Offiziersgrad«, hieß es in einem militärischen Belehrungsbuch, »hat der Betreffende eine Stellung in der Gesellschaft erhalten, wird er vollgültiges Mitglied derselben, und jeder frühere Unterschied der Geburt ist für ihn jetzt gänzlich geschwunden, denn der Offizier genießt die persönlichen Rechte des Edelmannes.«

Jeder Leutnant, der das goldene Portepee mit den kaiserlichen Initialen trug, durfte bei Hof erscheinen, alle Offiziere waren Kameraden des Kaisers. Sie brauchten einander, waren auf Gedeih und Verderb verbunden. Die Offiziere sahen im Monarchen das Symbol, der Monarch in den Offizieren die Garanten des Reiches. Aber wie lange noch? Gegen nationale und parteipolitische Anfechtungen war das k. u. k. Offizierskorps auf die Dauer nicht gefeit. In einer modernen, auf Erwerb und Erfolg programmierten Epoche konnte man von jungen Menschen nicht mehr unbedingt erwarten, daß sie mit viel Ehre, wenig Sold und sinkendem Sozialprestige zufrieden waren. Jahr für Jahr wurde der Offiziersmangel spürbarer, namentlich in den unteren Rängen.

Die Stützen der Habsburger Monarchie wurden morsch, das Offizierskorps und – mürber und zerbrechlicher noch – die Beamtenschaft. »Es kann gesagt werden, daß die geschriebenen Gesetze in Österreich vorzüglich sind, aber die Art, wie sie ausgeführt werden, ist sehr wenig entsprechend; es gibt eine große Anzahl von Behörden, aber die Festlegung ihres Pflichtenkreises ist unbestimmt.« Das war ein Understatement des britischen Botschafters. Auch der Beamte war nicht mehr das, was er einmal war, kaum mehr ein »Josephiner«, der sich als aufgeklärter und elitärer Fortschrittsverordner fühlte, eher ein konservativer und bürokratischer Verwalter von unbefriedigenden und unhaltbaren Zuständen. Und die Beamten, in Cliquengeist befangen und in Ressortfehden verstrickt, weder autokratisch noch demokratisch hinreichend kontrolliert, administrierten das Reich langsam zu Tode.

Die Aristokratie war nicht mehr ein Stützpfeiler der feudalistisch strukturierten Monarchie, und viele Aristokraten benahmen sich keineswegs wie die geborenen Paladine eines Monarchen, der selber an den hochfeudalen Ehrbegriffen und Umgangsformen festhielt. Die Menschen waren für ihn immer noch in Adelige und Nichtadelige eingeteilt, letztere mochte er durchaus schätzen, konnte es aber kaum über sich bringen, ihnen die Hand zu geben. Manches, was die Feudalen trieben, paßte ihm nicht, aber er ließ ihnen ihre Spiele, im buchstäblichen Sinn des Worts im Jockei-Klub in Wien, aber auch beim Galopprennen in der Freudenau, auf Bällen und Jagden, bei »Karussellen« in der Hofreitschule, Repetitionen der barocken Glanzzeit, oder – was selten vorkam – auf der Bühne, für Wohltätigkeitszwecke, so im Palais Schwarzenberg bei der Aufführung des Stückes *Die Götterdämmerung in Wien*.

Politisches Laientheater der Aristokraten schätzte er nicht, Reprisen ständisch-föderalistischer Auflehnung gegen den monarchischen Zentralismus oder gar moderne Proteststücke, wie die Ausfälle des Grafen Adalbert Sternberg im Reichsrat, über die sich die sozialdemokratische *Arbeiter-Zeitung* amüsierte und der Kaiser ärgerte: »Die Rede des Grafen Sternberg erregte ein gewisses Aufsehen. Der wackere Monarchist, echte Österreicher, tadellose Patriot und vollendete Kavalier variierte nämlich in seiner Rede die Anfangsworte der Volkshymne in umgekehrter Weise; flehend rief er Gottes Hilfe an, den alten Kaiser doch bald aus der Reihe der Lebenden zu streichen. Bei dieser Gesinnungsroheit verging sogar der ständigen Claque des erlauchten Redners, den Herren vom Polenklub und vom Großgrundbesitz, die Laune, so offenherzig wünschte sie ihre Hoffnungen nicht geäußert zu hören.«

Das war nicht nur ungehörig, sondern auch konterproduktiv: Denn immer noch waren Monarchie und Aristokratie im Wohl und Wehe miteinander verbunden, der Kaiser garantierte die materiellen, gesellschaftlichen und moralischen Privilegien des Feudaladels, Diplomatie und höhere Verwaltung waren seine Domäne geblieben, und auch im Heer hielt man ihm wichtige Positionen reserviert. Der Monarch hätte entsprechende Gegenleistungen für den gemeinsamen Nutzen erwarten können.

»Sie wundern sich, daß unser Adel, den der König so vielfach unterstützt, ihm nicht einmal durch die allererste Pflicht der Untertanentreue dankt, wenn schon nicht durch mehr«, äußerte sich der ungarische Ministerpräsident Koloman von Szell. »Sie haben recht, aber Sie vergessen, daß diese Treue die Fähigkeit zur Voraussetzung hat, Recht und Unrecht zu unterscheiden, und an dieser Fähigkeit fehlt es gerade unserem Adel so oft . . . Und dann übersehen Sie vielleicht, daß hierzulande die persönlichen Interessen und die Ehrsucht überall derart obenan stehen, daß sie den Sinn für alle anderen Gefühle, auch für das der Treue gegen den König, verdrängen und ertöten.« Das galt insbesondere für den magyarischen Adel, aber auch für den polnischen und böhmischen, und selbst Adelsgeschlechter mit großen europäischen Namen vergaßen ihre übernationale Existenzform und spielten die Nobelgarde des Nationalismus.

Auch die römisch-katholische Kirche bürgte nicht mehr für den Reichsuniversalismus. In Österreich zählte man zwar 91 Prozent, in Ungarn 51 Prozent Katholiken. Noch regelte der Kirchenkalender den Jahreslauf, und bei der Fronleichnamsprozession in Wien schritt nach wie vor hinter dem Allerheiligsten unter dem Thronhimmel der Kaiser, barhaupt und eine Kerze in der Hand – gewissermaßen auf dem vorgezeichneten und konstant gebliebenen Weg, der vom Diesseits in das Jenseits führte. Doch der alte Bund von »Thron und Altar« war gelöst, einerseits vom Josephinismus der Beamten, vom Liberalismus der Politiker und von staatskirchlichen Vorstellungen des Kaisers, andererseits aber auch von der Kirche, den Kaplänen, die für die Christlich-Soziale Partei agitierten, den Klerikern, die sich mit nationalen Bestrebungen identifizierten, und dem Vatikan, der sich auf neue Entwicklungen einzustellen begann.

Das Erzhaus selber wankte. »Ein jeder Erzherzog muß dem Kaiser dienen, wo immer und insoweit er kann«, mahnte Erzherzog Albrecht, der Sittenhüter der Familie Habsburg. »Keiner darf sich ausschließlich dem Wohlleben, dem Vergnügen hingeben oder egoistische Privatinteressen verfolgen. Wie unser Kaiser als Muster der strengen Pflichterfüllung, der fortwährenden Selbstaufopferung der ganzen Welt voranleuchtet, so müssen die Erzherzöge darin nachstreben und vor allem wie ein Offizierskorps eines Sinnes, eines Geistes sein und kameradschaftlich zusammenhalten.« So sollte es sein – und so war es, wie der österreichische Ministerpräsident Ernest von Koerber feststellte: »Was diese Erzherzöge und Erzherzoginnen treiben, ist geradezu unerhört! Sie wollen auf jeden Fall der Öffentlichkeit beweisen, daß die Dynastie dekadent, degeneriert ist.«

Kronprinz Rudolf war mit dem schlechtesten Beispiel vorangegangen. Erzherzog Johann Salvator aus der toskanischen Linie, Feldmarschalleutnant und Divisionskommandeur, schockierte den Kaiser mit einer Schrift *Drill oder Erziehung?*, in der er nach allerhöchster Auffassung den soldatischen Gehorsam in Frage stellte. Er wurde strafversetzt, schließlich seines militärischen Kommandos enthoben, als er sich eigenmächtig in die bulgarische Thronkandidatur einmischte und die österreichische Balkanpolitik durcheinanderbrachte. Zudem lebte er mit der Ballett-Tänzerin Milli Stubel zusammen, heiratete sie schließlich, schickte 1889 dem Kaiser das Goldene Vlies zurück, trat aus dem Hause Habsburg aus und ging ins Ausland. Unter dem Namen Johann Orth segelte er mit seinem Handelsschiff »Margerita« um Kap Horn, wo er mit Milli, Mann und Maus unterging.

Weniger dramatische, doch kaum minder aufsehenerregende Familienaffären folgten. Erzherzog Ferdinand Karl, Sohn des Kaiserbruders Karl Ludwig, wollte eigentlich Intendant der Wiener Hoftheater werden, mußte die Kriegsschule absolvieren, heiratete die Professoren-Tochter Bertha Czuber, nahm den Namen Ferdinand Burg an und starb in München an Tuberkulose. Erzherzog Leopold Ferdinand, aus der Linie Toskana, brach unter dem Namen Leopold Wölfling aus dem Erzhaus aus und spielte die Rolle eines kaiserlichen Prinzen nur noch auf der Bühne eines Berliner Kabaretts nach dem Ersten Weltkrieg. Seine Schwester, Erzherzogin Luise, die den Kronprinzen von Sachsen geheiratet hatte, brannte mit dem Französischlehrer ihrer Kinder durch und heiratete schließlich den italienischen Klavierspieler Enrico Toselli.

Seine »Flucht aus dem Purpur« schrieb Leopold Ferdinand alias Leopold Wölfling nicht zuletzt dem Kaiser zu, dem Oberhaupt, Gerichtsherrn und Souverän der Familie: »Man fühlte seine kalte Hand. Wir Erzherzöge, die wir um seinen Thron geschart waren, fühlten sie öfter und kälter als die anderen. Er ging durch unser Leben, ein fühlloser Lenker. Er stand vor unseren spontanen Entschlüssen oft wie das unübersteigbare Hindernis. Sein Greisenkopf wackelte über unserem Familienleben – zustimmend oder ablehnend wie der Kopf eines indischen Götzen. Was man fühlte, gelangte nicht vor ihn, war von ihm nicht verstanden. Er war hart, blieb sich immer gleich und unerbittlich. Franz Joseph war das Schicksal.«

Er war so, weil er glaubte, so sein zu müssen: eher ein gestrenger Autokrat als ein milder Patriarch. Das Schicksal hatte ihm diese Familie wie ein Kreuz auferlegt, und er trug es auf seine Weise. Freude bereiteten ihm eigentlich nur seine beiden Töchter, Gisela und Marie Valerie, und seine Enkelkinder. Mit ihnen verlebte er gerne den Sommerurlaub und das Weihnachtsfest, verwöhnte sie mit Aufmerksamkeiten und Geschenken. »Ach was, jetzt fällt mir alles leicht«, sagte er einmal zum Leibarzt Dr. Kerzl, der ihm zur Schonung riet. »Weihnachten steht vor der Türe; wie ich mich darauf freue! Da gehe ich wieder zu meinen Kleinen nach Wallsee und werde gleich wieder jung ... wenigstens für ein paar Tage.«

Ludwig Viktor, der einzige noch lebende Bruder, machte ihm nur Ärger und Verdruß. Das neue Jahrhundert betrat er als Endfünfziger, doch er schien nicht erwachsen geworden zu sein, war faul, boshaft und intrigant geblieben, hatte keine Frau gefunden, wollte vielleicht gar keine finden, denn man tuschelte, der eher häßliche, gezierte, stets tänzelnde Mann sei homosexuell veranlagt. Jedenfalls war seine Passion das Schwimmen, was auch nicht gerade als standesgemäß galt. Schließlich wurde er, nach einem Vorfall in einem Wiener Bad, bei dem er eine Ohrfeige abbekommen haben soll, vom Kaiser auf Schloß Kleßheim bei Salzburg verbannt, wo er den Bruder und die Donaumonarchie überlebte, 1919 starb.

Der Bruder Karl Ludwig war bereits tot. Er hatte nie Schwierigkeiten gemacht, was seine drei Söhne nun anscheinend nachholen wollten. Der jüngste, Erzherzog Ferdinand Karl alias Ferdinand Burg, kehrte Habsburg und Österreich den Rücken. Der mittlere, Erzherzog Otto, blieb, und das war auf die Dauer unangenehmer. Der schöne und fesche Mann, der so aussah und sich so aufführte, wie man das von einem k. u. k. Kavalleristen erwartete, gewann Sympathien im Galopp. Bald schlug er freilich über die Stränge, brach aus seiner Ehe mit der frommen und etwas steifen Sächsin Maria Josepha aus, ritt seinen Ruf und seine Gesundheit zuschanden.

Bald erzählte man sich von ihm Geschichten, in denen Wein, Weib und Gesang die Hauptrollen spielten. Einmal soll er unbekleidet, immerhin mit umgeschnalltem Säbel, in den Gängen des Hotels Sacher gegeistert haben und dabei – o shocking ! – dem britischen Botschafter und seinen Damen erschienen sein. Bei einer Ballett-Tänzerin namens Schleinzer soll er in festeren Händen gewesen sein, auch drei Kinder mit ihr gehabt haben. Dann hatte er ein Verhältnis mit einer Operettensängerin namens Robinson und zwei weitere uneheliche Kinder. Schließlich wurde er ambulant, reiste nach Monte Carlo, wo er Roulette spielte und sich die Syphilis holte. Sie richtete ihn schrecklich zugrunde. Am 1. November 1906 verschied er in den Armen von Fräulein Robinson, welcher der Kaiser eine finanzielle Abfertigung zukommen ließ.

Nach dem Tode Karl Ludwigs, des Bruders Franz Josephs, hatte sein zweiter Sohn Otto an zweiter Stelle der Thronfolge gestanden. Die erste nahm der älteste Sohn ein, der am 18. Dezember 1863 geborene Erzherzog Franz Ferdinand. Das war der Neffe, der seinem Onkel am schwersten zu schaffen machen sollte – in der langwierigen Auseinandersetzung zwischen einem gekrönten Bauern, der seinen Hof nicht überschreiben wollte, und einem Erben, der sich in Ungeduld verzehrte.

Die letzten Jahre von Österreich-Ungarn

WAS AM 28. JUNI 1900 in der »Geheimen Ratsstube« der Hofburg geschah, sollte keineswegs geheim bleiben. Zeugen waren genug geladen, alle großjährigen Erzherzöge, der k. u. k. Außenminister in seiner Eigenschaft als Minister des kaiserlichen und königlichen Hauses, der österreichische und der ungarische Ministerpräsident, der Kardinal-Fürsterzbischof von Wien wie der Fürstprimas von Ungarn und der gesamte Hofstaat.

Unter dem Purpurbaldachin, vor seinem Thronsessel, stand der siebzigjährige Kaiser in Marschallsuniform, ernst und streng wie der Herr des Jüngsten Gerichts, und seine Stimme klang düster und drohend, als er die Formel des Renunziationseids verlas: Der Thronfolger Franz Ferdinand habe zu beschwören, daß er – wegen der Schließung einer morganatischen Ehe – für seine Frau allen Ehren einer standesgemäßen Gemahlin und für die aus dieser Verbindung hervorgehenden Kinder dem Recht der Thronfolge in Österreich und Ungarn entsage.

Der sechsunddreißigjährige Erzherzog Franz Ferdinand von Österreich-Este, der mit seinen 95 Kilo wie ein Klotz dastand, Trotz in den stahlblauen Augen, sprach die Eidesformel der Verzichtleistung mit etwas belegter Stimme nach, beschwor alles, was man von ihm verlangte, unterzeichnete die in deutscher wie ungarischer Sprache ausgefertigte Renunziationsakte. Er hatte immerhin einen halben Sieg errungen, dem Kaiser die Zustimmung zur Heirat mit der zweiunddreißigjährigen Gräfin Sophie Chotek von Chotkowa und Wognin abgepreßt, dem Haupt des Hauses Habsburg, der sich an das Familienstatut klammern, den Anfängen einer Auflösung der Dynastie und damit des Reiches wehren wollte, eine halbe Niederlage zugefügt.

Niemand ahnte, daß auf den Tag genau 14 Jahre danach, am 28. Juni 1914, der Thronfolger und seine Gemahlin in Sarajewo erschossen werden würden – was der Kaiser, der nichts vergaß und nichts verzieh, mit den Worten quittieren sollte: »Der Allmächtige läßt sich nicht herausfordern! Eine höhere Gewalt hat wieder jene Ordnung hergestellt, die ich leider nicht zu erhalten vermochte.« Jetzt schon wußten alle, daß ein Konflikt zwischen Throninhaber und Thronerben begonnen hatte, der das Reich, das beide bewahren sollten, erschüttern mußte.

Bislang waren sie einigermaßen miteinander ausgekommen, soweit, wie es die Unnahbarkeit des Kaisers und die Unbeherrschtheit des Erzherzogs erlaubten. Der Onkel hatte im Neffen seit dem Tode seines Sohnes Rudolf den Thronfolger gesehen, ihn entsprechend gefördert, 1894 zum Generalmajor ernannt. Die Güter, die ihm mit dem Titel »Österreich-Este« als Erben des letzten Herzogs von Modena zugefallen waren, entschuldete der Familienchef. Und besorgt verfolgte er den Verlauf des von der Mutter, der sizilianischen Königstochter Maria Annunziata, geerbten Lungenleidens, das bei dem Zweiunddreißigjährigen zum Ausbruch gekommen war.

Es sei seine Pflicht, alles zu tun, um wieder gesund zu werden, bedeutete ihm der Kaiser. Franz Ferdinand ließ sich von den Ärzten nach Ägypten schicken, wo er sich fast zu Tode langweilte und von der Vorstellung gepeinigt wurde, daß man ihn in Wien bereits abgeschrieben habe. Die Tuberkeln kapselten sich ein, doch er selber war ein Menschenfeind geworden, der sich am liebsten von dieser Welt abgekapselt hätte, und sich in ihr allenfalls noch betätigen wollte, um es all denen heimzuzahlen, die bereits seinem Bruder Otto, dem feschen Kavalleristen, als Thronfolger nachgelaufen waren. Den Ungarn zumal, denen er seine Verachtung zu ungeniert gezeigt hatte und die sein Ableben lieber heute als morgen annonciert hätten.

Der Kaiser kümmerte sich um ihn, nicht zuletzt deshalb, weil er, vor der Wahl zwischen dem Lebemann Otto und dem Misanthropen Franz Ferdinand, den letzteren für das kleinere Übel hielt. Sein Typ war er nicht, dieser argwöhnische und übelgelaunte, unausgeglichene und maßlose, aufgeblasene und aufbrausende Mann. Das waren nicht die geforderten Eigenschaften für den künftigen Monarchen eines Reiches, in dem es schon mehr als genug gärte, kochte und zischte, das – wenn überhaupt noch – nur von einem kaltblütigen, selbstbeherrschten Herrscher am Überkochen und Überlaufen gehindert werden konnte. Franz Ferdinand verachtete nicht nur die Menschen, sondern auch – was ihm Franz Joseph mindestens ebenso ankreidete – die Tiere. Er schoß, was ihm vor die Flinte kam, 1897 bereits den 1000. Hirschen, ein Wildtöter, kein Waidmann.

Von der Schürzenjägerei Ottos hielt Franz Joseph freilich noch weniger, und so gewöhnte er sich an Franz Ferdinand, der zweifellos auch seine guten Seiten hatte: vom Schicksalsschlag der Krankheit gehärtet, nach Betätigung drängend, soldatisch und katholisch, dem Fortschritt in den Schranken des Herkommens aufgeschlossen – ein Thronfolger, den man hinnehmen mochte, wenn man sich schon keinen malen konnte. So tröstete er den Kranken, erweckte Zuversicht in dem Genesenden, nahm den Gesundeten in die Pflicht, stellte ihn 1898 »zur Disposition des Allerhöchsten Oberbefehls«, beförderte ihn 1899 zum General der Kavallerie, hielt ihn jedoch am Zügel – denn beim Militär bekam er vorerst keinen festen, selbständigen Wirkungskreis, und in die Politik ließ er ihn überhaupt nicht hinein.

Dennoch hätte alles normal und gut verlaufen können, wenn Franz Ferdinand nicht plötzlich gebockt hätte – wegen einer Frau und einer unebenbürtigen noch dazu. Es war eine Geschichte wie aus der *Gartenlaube*. Der Thronfolger kam auffallend oft zum Tennisspielen nach Preßburg, zu seinem Vetter Erzherzog Friedrich und dessen Gemahlin Isabella, einer geborenen Prinzessin Croy-Dülmen, die mit Töchtern reich gesegnet waren. Einmal ließ er beim Umkleiden seine goldene Taschenuhr liegen, ein Diener brachte sie zur Erzherzogin, die darin ein Medaillon entdeckte und in diesem eben nicht das Bild einer ihrer Töchter, wie sie vermutet hatte, sondern eine Fotografie ihrer Hofdame, der Gräfin Sophie Chotek von Chotkowa und Wognin. Die Dame wurde aus dem Haus gewiesen und dem Kaiser Meldung erstattet.

Nun, es war eher die Regel, daß ein Erzherzog eine Freundin hatte, am liebsten ein »süßes Mädel« vom Ballett. Gräfin Sophie war schon insofern eine Ausnahme, weil sie die Dreißig bereits überschritten hatte und es auch einem wohlwollenden Betrachter nicht leicht fiel, Liebreiz oder gar Schönheit an ihr zu entdecken. »Sie hatte für den damaligen Geschmack zu wenig Fleisch«, bemerkte ein etwas ungalanter Mann. »Aber diese Augen!« Sie scheinen Franz Ferdinand fasziniert, ihre katholische Moral ihm imponiert zu haben. Jedenfalls nahm er das Ganze so ernst, daß er sie – und das war das Ungewöhnliche – heiraten wollte.

Die Choteks waren zwar alter böhmischer Adel und Sophies Vater war k. u. k. Diplomat, aber sie hatten kein Geld, was für die gräfliche Familie eher ein Ansporn für eine gute Partie gewesen sein mochte, und sie standen im Rang weit unter den Habsburgern, was für den Erzherzog ein Hindernis hätte sein müssen. Doch er war willens, sich darüber hinwegzusetzen: »Wenn unsereiner jemanden gerne hat, findet sich immer im Stammbaum irgendeine Kleinigkeit, die die Ehe verbietet, und so kommt es, daß bei uns immer Mann und Frau zwanzigmal miteinander verwandt sind. Das Resultat ist, daß von den Kindern die Hälfte Trottel oder Epileptiker sind.«

Da hatte er, wie die Geschichte der Habsburger zeigte, nicht ganz unrecht, aber das Familienoberhaupt, der Kaiser, ließ das nicht gelten, konnte es auch nicht. Das Haus Habsburg war auf eherne Ehegesetze gegründet, ihre Einhaltung hatte eben nicht nur Degenerationserscheinungen gezeitigt, sondern auch das Imperium gemehrt, der Dynastie Segen gebracht. Was früher offensiv errungen wurde, galt es nun defensiv zu erhalten, »die älteste und angesehenste Familie Europas«, wie sie Erzherzog Albrecht genannt hatte, und mit ihr das Reich, denn beides war identisch. Brach man einen Grundsatz des Familienstatuts heraus, konnte die Staatsform ins Rutschen kommen, wurde einem Erzherzog, dem Thronfolger zumal, eine unebenbürtige Gattin und eine unebenbürtige Nachkommenschaft zugestanden, konnte man auf die Dauer die Monarchie, die auf Vorrechten der Geburt, dem Legitimitäts-Prinzip basierte, nicht aufrecht erhalten.

So dachte der Kaiser, konnte nicht anders denken. Liebe und Glück? Das waren der Bewahrung der Dynastie und der Monarchie untergeordnete Werte. Freie Partnerwahl und gesellschaftliche Angleichung? Das waren zeitgemäße Forderungen, denen der Chef einer zeitwidrigen Familie und der Herrscher eines anachronistischen Reiches nicht willfahren durfte. Wenn Franz Ferdinand auf diese persönlichen Werte pochte und auf die modernen Anschauungen verwies, dann bescheinigte er sich eigentlich selber die Untauglichkeit als Thronfolger – auch wenn es noch so rührend klang:

»Die Ehe mit der Gräfin ist aber das Mittel, mich für die ganze Dauer meines Lebens zu dem zu stempeln, was ich sein will und soll:

zu einem berufstreuen Mann und zu einem glücklichen Menschen. Ohne diese Ehe werde ich ein qualvolles Dasein führen, welches ich ja jetzt schon durchmache, und das mich vorzeitig aufzehren muß . . . Und eine andere Heirat kann und werde ich nie mehr eingehen, denn es widerstrebt mir und ich vermag es nicht, mich ohne Liebe mit einer anderen zu verbinden und sie und mich unglücklich zu machen, während mein Herz der Gräfin gehört und für ewig gehören wird.«

Franz Ferdinand wollte beides haben: die Frau und die Krone. Über ein Jahr lang rangen sie miteinander, der Kaiser und der Thronfolger. Als Ausweg erschien eine morganatische, das heißt eine Ehe zur linken Hand, bei der die Frau von Rang und Stand des Mannes und ihre Kinder von der Erbfolge ausgeschlossen blieben. Bei der Repräsentation und dem Zeremoniell entstünden keine Schwierigkeiten, erklärte Franz Ferdinand, denn die Gräfin werde sich »nie weder bei Hofe noch in der großen Gesellschaft zeigen und nie irgendwelche Ansprüche erheben oder eine Rolle spielen wollen.« Staatsrechtliche Schwierigkeiten aber taten sich auf: Die betreffenden österreichischen und ungarischen Gesetze stimmten nicht überein. Die Magyaren erklärten, daß »die Pragmatische Sanktion kein mit Österreich gemeinsames Thronfolgerecht begründe«, benützten also auch diese Gelegenheit, um den Keil zwischen Budapest und Wien tiefer hineinzutreiben. Der Kaiser wußte schon, warum er sich widersetzte.

Schließlich kam die zwar feierliche, aber düstere Renunziation zustande, und auch ein paar Tage später, bei der Hochzeit Franz Ferdinands und Sophies, herrschte eine gedrückte Stimmung. Kein einziges männliches Mitglied des Erzhauses war nach Schloß Reichstadt in Böhmen gekommen; ein Gemeindepfarrer unter Assistenz von zwei Kapuzinern vollzog die Trauung. Immerhin langte ein Telegramm des Kaisers an, das die Erhebung der Frischvermählten zur Fürstin von Hohenberg mit dem Prädikat »Fürstliche Gnaden« anzeigte. Im Hofprotokoll rangierte sie weit unten, durfte weder in der Hofloge sitzen noch mit einem goldgeräderten Hofwagen fahren.

Langsam stieg sie höher. 1905 erhielt sie das Prädikat »Durchlaucht« und einen Rang vor der mit den Funktionen einer Obersthofmeisterin betrauten Palastdame. 1909 schrieb der Kaiser an den

Thronfolger: »Ich finde mich in Gnaden bewogen, Ihrer morganatischen Gemahlin, Sophie Fürstin Hohenberg, für ihre Person taxfrei die Herzogswürde mit dem Titel ›Herzogin von Hohenberg‹ mit dem Prädikate ›Hoheit‹ zu verleihen und ihr an Meinem Hofe den Rang nach der jeweils jüngsten mit dem Sternkreuz-Orden ausgezeichneten Erzherzogin anzuweisen.«

Ein Trost waren die drei Kinder, Sophie, Max und Ernst, aber auch eine ständige Erinnerung an die Zurücksetzung. Ihr Mißmut gegen den Kaiser und die Kamarilla wurde dadurch genährt, ihr Ehrgeiz angestachelt, ihre Position noch zu Lebzeiten Franz Josephs zu verbessern, und ihre Erwartung gesteigert, nach einem möglichst baldigen Thronwechsel die ihr vorschwebende Rolle einnehmen zu können. Und da sie ihren Mann in den ebenso zarten wie festen Banden einer Liebesehe und eines glücklichen Familienlebens hielt und lenkte, ging Franz Ferdinand immer mehr auf Kollisionskurs gegen den Kaiser.

Dieser konnte die Mißheirat nicht verwinden, war empfindlich gegen weitere Fehltritte und empfänglich für jede Kritik an Franz Ferdinand geworden, gelangte schließlich zu der kaum verhohlenen Auffassung, daß ihm das Schicksal auch einen ungeeigneten Thronfolger nicht erspart habe. Dessen ungestümes Wesen hatte ihm nie behagt; nun schwand mehr und mehr die Hoffnung, daß er es zügeln könnte. Wie er schon arbeitete! Franz Ferdinand las Zeitungen statt Akten, saß nie lange still, am wenigsten am Schreibtisch, auf dem sich das Unerledigte häufte. Und er redete und redete, nahm kein Blatt vor den Mund, näherte sich selbst dem Kaiser zu heftig und drängend, umarmte die wenigen Freunde zu jovial und ging die vielen Feinde zu vehement an, trat in jedes Fettnäpfchen und verfing sich schon bei seinen ersten politischen Gehversuchen in den überall ausgelegten Fallstricken.

Eine Vermahnung war bald angebracht. Am 8. April 1901 hatte Franz Ferdinand das ihm auf seinen Wunsch angetragene Protektorat über den »Katholischen Schulverein« übernommen und die Gelegenheit zu einem markigen Aufruf benützt: Die antiklerikale Los-von-Rom-Bewegung sei auch eine antimonarchische Los-von-Österreich-Bewegung und könne daher gar nicht genug bekämpft werden, wobei auf ihn, den Thronfolger, an vorderster Front zu zählen sei. Im Reichsrat gab es eine Anfrage der Deutsch-Nationalen, im Wiener und noch mehr im Budapester Blätterwald rauschte es, und der Kaiser rüffelte den Neffen: Das »etwas demonstrative Vorgehen« sei »mit Rücksicht auf Deine ganz exzeptionelle Stellung, mit Rücksicht auf Deine Zukunft« sowie die bei seiner Heirat abgegebene Erklärung »in hohem Grade unüberlegt und ganz besonders geeignet, nach kaum beginnender teilweiser Beruhigung und Besserung der Lage neue Störungen und Aufregungen im Reichsrate herbeizuführen.«

Diese Rüge erfolgte schriftlich, denn immer weniger wollte sich der Kaiser einer persönlichen Begegnung und einem doch nur unangenehmen Auftritt des Thronfolgers aussetzen. Ihm paßte nicht, wie dieser vortrug, und was dieser vortrug. Franz Ferdinand hatte kapiert, ließ sich immer weniger beim Kaiser sehen, war viel unterwegs, zog sich gerne nach Konopischt, in sein böhmisches Schloß zurück, in dem er Antiquitäten anhäufte und Rosen en masse züchtete. Ohne Protz und Pathos ging es bei ihm nicht, er war unmäßig in allem, auch in politischen Äußerungen, wobei er sich immer weniger zurückhielt. Der Kaiser bekam vieles zu hören, auf unmittelbarem Wege, und auch manches in an ihn direkt gerichteten Denkschriften zu lesen, die er nicht immer beantwortete, am liebsten ad acta legte – denn das, was er nicht mehr verstand, war für ihn nicht mehr relevant, und er konnte immer weniger Kraft aufbringen, um sich dem, was ihm widerstrebte, zu widersetzen.

Beispielsweise dem auflodernden Haß des Thronfolgers gegen die Magyaren. Auch und gerade der Kaiser litt unter ihren Selbständigkeitsbestrebungen, die sich bereits dem Separatismus näherten. Aber er mußte das hinnehmen, was er im Ausgleich von 1867 beschworen hatte, und er wollte alles vermeiden, was den Magyaren Anlaß geboten hätte, die verbliebenen Gemeinsamkeiten aufzukündigen. Leicht fiel ihm das nicht, und manchmal wußte er weder ein noch aus. Was solle geschehen, wenn das in Ungarn so weiterginge, fragte der Kaiser seinen Kriegsminister, der antwortete: »Schießen, Euer Majestät!« Franz Joseph zuckte zusammen, wandte sich unwillig ab. Wenn das Problem auch noch so verwickelt war und immer verwickelter wurde – es wie den Gordischen Knoten zu durchhauen, hätte mit dem Knoten die Doppelmonarchie beseitigt.

Franz Ferdinand hätte lieber heute als morgen dreingeschlagen. »Wenn ich Armeeoberkommandierender werde, dann mache ich, was ich will«, sagte er zum Generalstabschef Conrad von Hötzendorf; »wehe, wenn jemand etwas anderes tut; die lasse ich alle füsilieren.« »Weg mit allen diesen Prärogativen der Magyaren«, erklärte er dem österreichischen Ministerpräsidenten Koerber; »sind die Magyaren damit nicht zufrieden, so werde ich schon den Radiergummi finden, um sie von der Landkarte wegzulöschen.« Wenn er zur Regierung komme, dann könnten sich die opponierenden magyarischen Grafen alle die Stiefel wichsen, tönte er ein andermal, und: »Um sie zu bändigen, werde ich, wenn notig, auch bis zum Staatsbruch gehen.« Er bramabarsierte und lamentierte: Wenn man den Magyaren weiter nachgebe, werde er seinen Waffenrock ausziehen und mit dem Zylinder auf dem Kopf demonstrativ auf der Ringstraße spazierengehen – sozusagen als Leichenbitter der Monarchie.

Dieser österreichisch-ungarische Thronfolger schwadronierte wie der deutsche Kaiser Wilhelm II. Die beiden verstanden sich immer besser, schienen bald ein Herz und eine Seele zu sein, diese Exponenten einer neuen Generation, die den Mund nicht voll genug nehmen und den Hals nicht voll genug kriegen konnte. Was man bei einem Preußen vielleicht noch verstehen mochte, war bei einem Österreicher ungewöhnlich, beinahe unnatürlich, mehr als schokkierend. In der Sache hatte Franz Ferdinand nicht unrecht: Die Magyaren »sind eine Nationalität wie jede andere. Sie haben die gleichen Rechte und nur zu erwarten, was auch den Tschechen, Kroaten, Polen, Rumänen und Slowenen gebührt, die im Verhältnis bisher viel zu wenig Rechte hatten. Es soll eine meiner Hauptaufgaben sein, diese Fragen, vor allem die slawischen, nach Recht zu lösen und allen Völkern der Monarchie eine gesunde Entwicklungsmöglichkeit im Rahmen des Gesamtstaats zu gewährleisten.«

Doch Franz Joseph hatte recht, wenn er die Form beanstandete, weil er diese für einen Ausdruck des Inhalts hielt, und seinen Nachfolger ermahnte: »Wer wollte leugnen, daß wir in sehr ernsten Zeiten leben, voraussichtlich noch ernsteren entgegengehen? Ist für mich der Rückblick auf die Vergangenheit ebenso inhaltsreich, als der Ausblick auf die Zukunft nicht frei von schweren Sorgen: die Erfahrung meines Lebens läßt mich doch immer wieder das richtige Mittelmaß schätzen, mit welchem Menschen und Dinge im Leben des einzelnen wie des großen Ganzen gemessen sein wollen. Du darfst also überzeugt sein, daß in allen von Dir gekennzeichneten Richtungen mit aller Überlegung, ruhiger Festigkeit und unter Bedachtnahme auf die Zukunft vorgegangen werden soll.«

Es war die Zukunft des Thronfolgers, um die es ging, und deshalb glaubte dieser, nicht nur die Richtung, sondern auch die Gangart bestimmen zu müssen. Der Kaiser bremste, und zwar umso schärfer, je ungestümer Franz Ferdinand nach vorne drängte. Am ehesten ließ er ihm noch im Militärischen Auslauf; er brachte es – 1913 – bis zum Generalinspektor der Armee, in erster Linie deshalb, weil es dem alten Kaiser nicht mehr möglich war, aufs Pferd zu steigen und selber die Truppen zu inspizieren. Ansonsten wurde ihm die Aufsicht über den Ausbau der Hofburg übertragen, von dem Franz Joseph sowieso nichts wissen wollte. Zu eigentlichen Staatsgeschäften zog er Franz Ferdinand nicht heran, genauso wenig wie vordem den Kronprinzen Rudolf; der Kaiser war aus dem Schaden nicht klug geworden.

Ganz fernhalten konnte er ihn indessen nicht. Der Thronfolger ließ Minister, Beamte und Politiker zu sich kommen, zunächst, um sich auf dem laufenden zu halten, dann immer mehr, um Einfluß auf die Entwicklung zu nehmen, und nach und nach entstand so etwas wie eine Nebenregierung zur Hofburg im Schloß Belvedere, der Wiener Residenz Franz Ferdinands. Eine eigene Militärkanzlei hatte er ohnehin, nun wurden auch politische Denkschriften verfaßt und Pläne für den Tag X geschmiedet, ein Nachruf auf den jetzigen Kaiser, ein Aufruf des künftigen Kaisers, Ministerlisten und Regierungsprogramme – mit der Parole: »Positive Politik macht der nächste Kaiser.«

Im Reich des Doppeladlers schien alles doppelt sein zu sollen. Schon hatte man die österreichisch-ungarische Doppelmonarchie, und jetzt bekam man auch noch eine Doppelregierung in Österreich, den Dualismus zwischen Franz Joseph und Franz Ferdinand. Es gab bereits einen Reichsrat in Wien und einen Reichstag in Budapest, und nun stellte Ministerpräsident Koerber fest: »Wir haben nicht nur zwei Parlamente, sondern auch zwei Kaiser.« Nach zwei Seiten hatten die Minister zu blicken und, wie die graue, also zwielichtige Eminenz im österreichischen Kabinett, Rudolf Sieghart, der eigentlich Rudolf Singer hieß, bemerkte: »Wahrlich nicht beneidenswert war oft das Los der Minister, die bei ihren Entscheidungen mit einem Auge nach Schönbrunn, mit dem anderen nach Belvedere blicken mußten; sie gewöhnten sich vielfach daran, das Schielen für den richtigen staatsmännischen Blick zu halten.«

Die Kontrahenten, der Kaiser, der nach hinten, und der Thronerbe, der nach vorne blickte, erschienen als k. u. k. Januskopf. Beiden behagte dieses Verhältnis immer weniger – Franz Ferdinand, der das Warten kaum mehr ertrug, und Franz Joseph, der meinte, noch länger ausharren zu müssen, der dem Neffen den offiziellen Titel »Thronfolger« weiterhin vorenthielt, und seufzte: »Ich fühle mich müde, ich würde gern abdanken, wenn ich einen Sohn hätte, der mir Vertrauen einflößte, aber zugunsten dieses gefährlichen Narren niemals.«

Noch herrschte Franz Joseph I., und letzten Endes wurde das verfügt, was er für gut und richtig hielt. Mitunter hatte er sogar eine glückliche Hand, so am 18. Januar 1900, als er am deutschen Reichsgründungstag einen Ministerpräsidenten berief, der willens war und das Zeug dazu hatte, mit der österreichischen Regierungserneuerung zu beginnen. Der neunundvierzigjährige Ernest von Koerber, Sohn eines Majors, aus dem Amtsadel stammend und als Beamter hochgedient, war noch ein Josephiner, das heißt ein liberaler Bürokrat, der den Fortschritt von oben und in Dosen verordnen wollte.

Das war freilich leichter gedacht als getan. Im ersten Anlauf glückte ihm einiges, wohl weil die Opponenten in ihrer Überraschung, daß ein Ministerpräsident durchgriff, überrumpelt werden konnten. Er brachte Deutsche und Tschechen wieder an einen Tisch, zu »Verständigungskonferenzen«, veranlaßte die Tschechen zum Abbau ihrer Obstruktion im Reichsrat, bekam – das hatte es seit drei Jahren nicht mehr gegeben – das Rekrutenkontingent vom Parlament gebilligt. Das war am 13. März 1900 gewesen, man sprach vom beginnenden Frühling, doch er hielt nicht, was man sich von ihm erwartete. Als Koerber am 7. Mai die Gesetzentwürfe für einen Kompromiß im Sprachenstreit einbrachte, kehrte der Winter zurück. Die tschechischen Abgeordneten verfielen wieder in Obstruktion, zertrümmerten ihre Pultdeckel und schickten die Splitter wie Kreuzreliquien in ihre Wahlkreise.

Nun erwies sich Koerber als wahrer Josephiner, das heißt als aufgeklärter Absolutist. Nachdem die Tschechen, denen sich die Polen angeschlossen hatten, die ihnen tolerant eingeräumte Frist, sich selber zur Raison zu bringen, ungenutzt hatten verstreichen lassen, fuhr er am späten Abend des 8. Mai nach Schönbrunn, holte den Kaiser aus dem Bett und ließ sich zur Vertagung des Parlaments ermächtigen. Franz Joseph war sofort einverstanden. »Wir sind zum Gespött der ganzen Welt geworden«, ärgerte er sich; nicht ungern hätte er über die seine Völker »verhetzenden« Tschechen das Standrecht verhängt.

Koerber genügte der Notverordnungsparagraph. Er kurbelte die Wirtschaft gewaltig an, in der Hoffnung, daß sich über die Wohlfahrt politisches Wohlverhalten einstellen würde. Neuwahlen brachten ein Parlament, das die ökonomischen Vorteile zu schätzen wußte und mit der Zustimmung zum Staatshaushalt quittierte, am 22. Mai 1902, zum ersten Mal nach vier Jahren. Die Tschechen blieben freilich obstinat, die Deutsch-Nationalen randalierten weiter, die Sprachenfrage in Böhmen blieb ungeregelt, in Innsbruck kam es wegen der Errichtung einer italienischen Rechtsfakultät zu Straßenkämpfen. Und die Ungarn, die stets zur Stelle waren, wenn es in Zisleithanien drunter und drüber ging, lehnten eine vernünftige Erneuerung des Ausgleichs zwischen Wien und Budapest ab.

Selbst ein Mann wie Koerber konnte nichts mehr ausrichten – gegen die kaum mehr das Ganze, nur noch die Teile sehenden Nationalitäten und Parlamentsfraktionen. Schon gab es Stimmen wie die des polnischen Reichsratsabgeordneten Ignacy Daszynski: »Unseretwegen, das sage ich ganz offen, soll dieses alte Österreich krepieren, wir werden dem Ungeheuer keine Träne nachweinen.« Koerbers liberale Pressepolitik, seine arbeiterfreundliche Haltung, die erzielten Fortschritte in Richtung eines modernen Verfassungsstaates brachten Schwarze und Schwarz-Gelbe gegen ihn auf. Schließlich ließ ihn der Kaiser fallen, den seine Erfolge fast wie seine Mißerfolge beunruhigten. 1904 trat Koerber zurück, und nach einer Übergangsregierung unter dem Freiherrn Paul von Gautsch wurde 1906 Max Vladimir Freiherr von Beck österreichischer Ministerpräsident.

Der zweiundfünfzigjährige Beamtensohn und Berufsbeamte galt als ein Jurist mit staatsrechtlicher Bildung und mit staatsmännischem Verstand, wurde »Staatsbeck« genannt. Er war Lehrer und Berater des Thronfolgers, der es ihm nicht verzieh, daß er nicht warten konnte, bis der alte Kaiser am Ende war und er der erste Ministerpräsident des neuen Kaisers werden sollte, daß er sich Franz Joseph zur Verfügung stellte und sich im Dienst eines verbrauchten Regimes vorzeitig verbrauchen wollte. Franz Ferdinand wurde wütend, als Beck, wider seine Warnungen, den Wunsch des Kaisers erfüllte und die Einführung eines allgemeinen, gleichen und geheimen, eines demokratischen Wahlrechts betrieb. Mußte das nicht zu Lasten der Großgrundbesitzer, der Konservativen, der Kaisertreuen gehen, letztlich auf Kosten des Thronfolgers, der ein Haus erben würde, aus dem man tragende Wände entfernt hätte?

Franz Joseph hatte sich die Sache mit dem Wahlrecht durchaus überlegt. Zunächst dachte er an die Magyaren, die ihn sekkierten, genau genommen an jene Clique aus Kleinadeligen und Großbürgern, die sich durch ein die anderen Völkerschaften wie die eigenen Unterschichten benachteiligendes nationales Klassenwahlrecht im Sattel hielt und angeblich im Auftrag der Gesamtnation ihre chauvinistischen Parforcejagden ritt. Könnte man sie nicht durch ein demokratisches Wahlrecht vom hohen Roß herunterbringen? Dieser Gedanke leuchtete auch dem Magyarenhasser Franz Ferdinand ein, und deshalb wäre ihm ein solches Wahlrecht willkommen gewesen – aber lediglich in Ungarn, keineswegs in Österreich.

Der Kaiser neigte nicht zur Schizophrenie, dachte an demokratische Wahlen in beiden Reichsteilen, ohne die schwerwiegenden Folgen für Zisleithanien zu übersehen. Zwischen dem Grafen Oswald Thun und Franz Joseph entspann sich folgender Dialog: »Euer Majestät, der Großgrundbesitz befindet sich in einer sehr schwierigen Lage.« – »Jawohl, er verliert viel.« – »Euer Majestät, als Politiker verliert er alles!« – »Nein, die Herren müssen sich nur bemühen, in ihren Wahlbezirken zu kandidieren.« – »Gestatten Euer Majestät, daß ich bemerke, daß nicht ein wirklicher Großgrundbesitzer die geringste Aussicht hat, gewählt zu werden, besonders nicht bei den ersten Wahlen, wo man ein Programm wird entwickeln müssen, das für jeden anständigen Menschen unmöglich ist.« – »Ja, ja, es werden viele Sozialisten hineinkommen . . .«

Schreckte dies die Apostolische Majestät nicht? Nun, vom Sozialismus wollte er nach wie vor nichts wissen, aber an die österreichischen Sozialisten gewöhnte er sich allmählich. Viele bemühten sich bereits, dem Kaiser einigermaßen adjustiert gegenüberzutreten. Als Karl Seitz, der sozialdemokratische Reichsratsabgeordnete und spätere Bürgermeister von Wien, zur Audienz befohlen wurde, zerbrach man sich in Parteikreisen die Köpfe, was er anziehen solle. Eigentlich waren Uniform oder Frack vorgeschrieben, aber eine Uniform hatte er nicht und einen Frack wollte er nicht anlegen. Man entschied sich für einen Gehrock, der sozialdemokratischen Stolz vor dem Kaiserthron demonstrieren sollte, doch in bürgerlicher Form und nicht ohne angemessenen Respekt vor der Majestät.

Die Sozialdemokraten hatten den Internationalismus im Programm, konnten sich wohl gegen die reaktionäre Verfassung, doch kaum gegen die internationale Praxis des Vielvölkerreiches stellen. Sie distanzierten sich von den Deutsch-Nationalen, ihren Bundesgenossen in den innenpolitischen Kämpfen am Ende des Jahrhunderts. 1899 kam das »Brünner Nationalitätenprogramm« zustande, das eine Föderalisierung der Donaumonarchie anvisierte. 1902 veröffentlichte der 1870 in Mähren geborene Karl Renner, der spätere Bundeskanzler und Bundespräsident der Republik Österreich, die Schrift *Der Kampf der österreichischen Nation um den Staat*: Nicht die historischen Kronländer sollten künftig die Glieder des Ganzen sein, sondern die einzelnen Nationalitäten, die sich mit den geschichtlich gewordenen Territorien nicht deckten, beispielsweise in Ungarn, wo unter der Stephanskrone verschiedene Nationalitäten zusammengefaßt und zusammengepreßt waren. Der Sozialdemokrat Renner schrieb unter dem Pseudonym Rudolf Springer, in Berücksichtigung seiner Staatsstellung als Reichsratsbibliothekar. Dem Ministerpräsidenten Koerber blieb der wahre Name des Autors nicht verborgen; er wurde – auch das war neu in Österreich – außer der Reihe befördert.

Von der »k. k. privilegierten Sozialdemokratie« sprach der Wiener Bürgermeister Karl Lueger. Auch seine Christlich-Sozialen, die andere Massenpartei, wuchs in die Habsburgermonarchie hinein. Seitdem die Wiener Rathauspartei zu einer Reichspartei geworden war, nicht nur Kleinbürger und Arbeiter, sondern auch Bauern und Mittelständler umfaßte, den Segen des hohen Klerus bekommen und in das Wählerreservoir der katholischen Konservativen eingebrochen war, gab sie sich staatserhaltend, beinahe schwarz-gelb.

Christlich-Soziale wie Sozialdemokraten verlangten immer lauter eine ihrer staatsbürgerlichen Qualität wie ihrer Wählerquantität entsprechende Beteiligung am Gemeinwesen – mittels eines demokratischen Wahlrechts. Und der Kaiser schien sich zu der Auffassung durchzuringen, daß man es, so wie sie sich bisher aufgeführt hatten, mit ihnen versuchen könnte.

An Napoleon III., der plebiszitär regiert hatte, dachte Franz Joseph I. dabei nicht. Seine Legitimität stammte, wie er glaubte, aus anderer Quelle. Aber er meinte, daß es an der Zeit wäre, die staatstragende Basis zu erweitern. Der Adel, zum Träger des Thrones geboren, erfüllte seine Aufgabe nicht mehr. Und das Bürgertum, das von ihm schließlich als Stütze der Gesellschaft wie des Staates akzeptiert worden war, hatte sich mit seinem exklusiven Klassenverständnis und seinem übertriebenen Nationalbewußtsein bei der Aufrechterhaltung des Ganzen als wenig hilfreich erwiesen. Was er nicht wußte, war die spätere Erfahrung, daß die Volksmassen die massivsten Triebkräfte des Nationalismus werden sollten.

Ministerpräsident Beck setzte den Willen des Kaisers durch, gegen den Widerstand des Feudaladels, des Großbürgertums und des Thronfolgers. Wer die Wahlrechtsreform ins Wanken bringe, rüttele an der Zukunft des Reiches, erklärte er prinzipiell, kam jedoch praktisch den Nationalitäten entgegen, die sich durch ein allgemeines und gleiches Wahlrecht benachteiligt sahen, vorab den Deutschen. Sie erhielten 43 Prozent der Reichsratsmandate, obwohl sie nur 35 Prozent der Bevölkerung in Zisleithanien stellten, doch 63 Prozent der Steuern aufbrachten. Anders ging es im alten Österreich nicht. Man konnte sich mit den herrschenden Klassen anlegen, denen ja doch nichts anderes übrigblieb, als gute Miene zum bösen Spiel zu machen. Man durfte aber die leistungsstarken Nationalitäten, in erster Linie die Deutschen, aber auch die Polen und selbst die Italiener, nicht über Gebühr gegen den Gesamtstaat aufbringen. Denn der eigentliche Sprengstoff war die nationale und nicht die soziale Frage.

Das Abgeordnetenhaus verabschiedete am 1. Dezember 1906 den Gesetzentwurf über die Einführung eines allgemeinen, geheimen und gleichen Wahlrechts in den »im Reichsrat vertretenen Königreichen und Ländern.« Das Herrenhaus, angefeuert vom Thronfolger, ging ins letzte Gefecht. Der Kaiser schickte seine beiden

Obersthofmeister, die Fürsten Rudolf Liechtenstein und Alfred Montenuovo, keine großen Kanonen, aber lautstark genug, um den Wunsch des Monarchen nachhaltig zum Ausdruck zu bringen. Auch den greisen Feldzeugmeister Graf Beck, einen alten Vertrauten, hatte Franz Joseph aufgefordert, im Herrenhaus für den Regierungsentwurf zu stimmen. Am 20. Dezember wurde er auch im Oberhaus angenommen, am 26. Januar 1907 war er Gesetz.

Am 14. und 24. Mai 1907 gab es die ersten allgemeinen, gleichen, direkten und geheimen Reichsratswahlen in Österreich. Wahlberechtigt war jeder männliche Staatsbürger, der das 24. Lebensjahr erreicht hatte. Mit Ausnahme Galiziens (wo es Zweier-Wahlkreise gab) war Zisleithanien in Einer-Wahlkreise aufgeteilt. Gewählt war – nach dem absoluten Mehrheitswahlrecht – der Kandidat mit der absoluten Mehrheit der Stimmen; hatte sie im ersten Wahlgang keiner der Kandidaten erreicht, gab es eine Stichwahl zwischen den beiden, welche die meisten Stimmen bekommen hatten.

Das Ergebnis bestätigte die Befürchtungen des konservativen Hochadels und des liberalen Großbürgertums: Die Massenparteien waren die Sieger. Von den 516 Mandaten bekamen die Christlich-Sozialen 96, die Sozialdemokraten 87 (50 Deutsche, 23 Tschechen, 7 Polen, 5 Rumänen und 2 Ruthenen), die im »Deutschen Nationalverband« vereinten deutsch-nationalen und deutsch-liberalen Parteien 90 Sitze. Insgesamt gab es Abgeordnete von 33 Parteien von rechts bis links: 8 deutsche, 6 tschechische, 4 polnische, 6 kroatisch-serbisch-slowenische, 4 ruthenische, 2 italienische, eine rumänische und 2 jüdische (Zionisten und Jüdische Demokraten). Die Deutschen hatten 3 Prozent ihrer früheren Abgeordnetensitze eingebüßt, der Adel bekam statt 96 nur noch 33 Mandate.

Das machte alles so kompliziert im alten Österreich: der Reichsrat war nicht nur senkrecht-sozial, sondern auch waagerecht-national geteilt. Eine parlamentarische Regierung war nicht zu bilden, ein Parlamentarismus nach westlichem Muster kaum möglich. Das demokratische Wahlrecht vermochte die Völker nicht enger mit dem Gesamtstaat zu verbinden, es führte nicht zu einer Entschärfung, sondern zu einer Verschärfung des parlamentarischen Nationalitätenkampfes.

Die Mehrzahl der Abgeordneten habe sich wie eine Masse von Wahnsinnigen benommen, berichtete der amerikanische Journalist

Wolf von Schierbrand: »Man behandelte gerade die Rechte und Privilegien einer der acht offiziell anerkannten ›Nationalsprachen‹; ich glaube, es war Ruthenisch, und das versetzte alle in solch fürchterliche Erregung ... Eine Handvoll Männer, anständig gekleidet, saß oder stand vor ihren kleinen Pulten. Sie machten einen höllischen Lärm, indem sie mit aller Gewalt ihre Pultdeckel aufrissen und zuschlugen. Andere stießen auf Kindertrompeten schrille Töne aus; andere wiederum betätigten Maultrommeln oder schlugen auf kleinere Trommeln. An ihrer Spitze, gleich einem Dirigenten, stand ein graubärtiger Mann von ungefähr 65, offenbar der Führer dieser eigensinnigen Partei, der das ganze Pandämonium leitete und Tonstärke und Tempo bestimmte.«

Solche Szenen wollten sie dem Hohen Haus in Budapest ersparen, erklärten die Magyaren, und auf Reformen, die nichts besser, sondern vieles schlechter machten, könnten sie verzichten. Tatsächlich ging es ihnen bei der Ablehnung eines demokratischen Wahlrechts nach zisleithanischem Muster um die Aufrechterhaltung der Vorherrschaft der verhältnismäßig kleinen magyarischen Oberschicht. Die Wahlrechtsfrage lieferte ihnen nun neue Munition in ihrem nationalistischen Konflikt mit dem Kaiser von Österreich, der zugleich König von Ungarn war und beide Funktionen immer weniger in Einklang bringen konnte.

Franz Josephs Achillesferse war die Infragestellung der gemeinsamen, der k. u. k. Armee durch die Ungarn. 1903 war es wiederum zum Streit um das ungarische Rekrutenkontingent und die Einführung der magyarischen Dienst- und Kommandosprache bei den aus Ungarn ergänzten Regimentern gekommen. Der liberale ungarische Ministerpräsident Graf Stephan Tisza wollte den Bogen nicht überspannen, andererseits konnte er sich von der oppositionellen Unabhängigkeitspartei nicht der Schlappheit bezichtigen lassen. Für Franz Joseph war er das kleinere Übel: »Allen Respekt vor Tisza; er ist der tüchtigste Ungar unserer Tage. Aber, bitte, Ungar! Mehr kann ich schließlich nicht von ihm verlangen!« Beide gelangten zu einem Kompromiß: Der König bekam ungarische Rekruten und behielt die deutsche Dienst- und Kommandosprache, der Ministerpräsident bekam mehr ungarische Offiziere und die magyarische Sprache beim Schriftverkehr zwischen k. u. k. Militärdienststellen und ungarischen Zivilämtern.

Kaum war das unter Dach und Fach, ging es schon wieder los. Der gemäßigte Nationalist Tisza verlor die Wahlen gegen den radikalen Nationalisten Franz Kossuth, den Sohn des Rebellen von 1848. Er wurde in die Wiener Hofburg zitiert, aber man fand keine Brücke zwischen neuen, weitergehenden ungarischen Forderungen und der begrenzten Konzessionsbereitschaft Franz Josephs, der resümierte: »Der Augenblick und die jetzige Krisis sind eine der schwersten, welche die Monarchie je durchgemacht hat, und ich bete zu Gott, daß meine schon alternde Kraft nicht erlahme. Hierzulande den richtigen Weg zu finden, ist bei den herrschenden unglaublichen Begriffsverwirrungen und bei dem Mangel an nur halbwegs mutigen Leuten eine kaum zu lösende Aufgabe.«

Franz Joseph faßte sich selber ans Portepee: Er setzte den ihm genehmen Feldmarschalleutnant Geza von Fejervary als ungarischen Ministerpräsidenten ein und drohte der magyarischen Clique mit dem allgemeinen Wahlrecht. Als sie aufbegehrte, ernannte er den Honved-Generalmajor Alexander von Nyiri zum königlichen Kommissär, ließ am 19. Februar 1906 den Reichstag auflösen und durch Militär räumen. Dann war seine Courage verbraucht. Er zog die Wahlrechtsvorlage zurück, genehmigte den Eintritt extremer Nationalisten in das Kabinett Alexander Wekerle. Die Schleuse war geöffnet. Neuwahlen erbrachten eine Zweidrittelmehrheit für die Chauvinisten Kossuths. »Ich war gerade jetzt mit der vorübergehenden Lösung der ungarischen Krise sehr in Anspruch genommen«, schrieb Franz Joseph an Frau Schratt, die ihre Rolle als Sorgenbriefkasten wieder spielte, »und bin recht müde und die Nerven können nicht zur Ruhe kommen.«

Vorübergehend trat eine Beruhigung ein. Beck brachte am 8. Oktober 1907 den neuen »Ausgleich« zwischen Österreich und Ungarn zustande, der am 1. Januar 1908 in Kraft trat und zehn Jahre gelten sollte. Die k. u. k. Armee hatte der Monarch einigermaßen zusammengehalten. Aber in dem immer wichtiger werdenden Wirtschaftsbereich hatte er nachgeben müssen. Das seit 1867 bestehende »Zoll- und Handelsbündnis« zwischen den beiden Reichsteilen wurde durch einen »Vertrag, betreffend die Regelung der wechselseitigen Handels- und Verkehrsbeziehungen« abgelöst. Die Apostolische Majestät besiegelte den mit Ach und Krach erneuerten Ausgleich von 1867 durch die Anwesenheit bei den Feierlichkeiten zum

40. Jahrestag seiner Krönung zum König von Ungarn. Auch Thronfolger Franz Ferdinand war im letzten Moment in Budapest eingetroffen. »Mich kostet es immer einige Überwindung, nach Ungarn zu kommen, ich bin wahrhaftig nicht gerne hier«, erklärte er dem Monarchen, der ihm bekannte: »Ich ebensowenig.«

Mit den Tschechen brachte Beck keinen Ausgleich zuwege. Er gedachte die böhmische Frage nach dem Beispiel des mährischen Ausgleichs von 1905 zu lösen: volle Gleichberechtigung der tschechischen und der deutschen Sprache, ein »nationales Kataster«, in das sich jeder nach seiner persönlich bestimmten Volkszugehörigkeit eintragen konnte und nach dem die Landtagssitze einigermaßen gerecht verteilt wurden, sowie ein allgemeines und gleiches Landtagswahlrecht. Von zwei Seiten wurde eine ähnliche Lösung für Böhmen vereitelt: den radikalen Tschechen, die Karel Kramář führte, und den radikalen Deutschen, denen sich adelige Großgrundbesitzer, einschließlich des in Böhmen begüterten Thronfolgers, anschlossen – in Feindseligkeit gegen das demokratische Wahlrecht und dessen Mentor Beck.

Franz Ferdinand wie die Christlich-Sozialen warfen ihm überdies die Zugeständnisse im Ausgleich mit Ungarn vor. Dem Kesseltreiben erlag der letzte klarsichtige und couragierte Ministerpräsident Österreichs. Den »Dank des Hauses Habsburg« übermittelte ihm der Kaiser: Mit Schreiben vom 15. November 1908 teilte er Beck in dürren Worten seine Absetzung mit; einen Orden, wie in solchen Fällen üblich, bekam er nicht.

Böhmen blieb ein Paukboden der Nationalisten, in Ungarn wurde das nächste Duell des Dualismus vorbereitet, und schon begannen die Kroaten vom Leder zu ziehen – und zwar nicht, wie gewohnt und in Wien nicht ungern gesehen, gegen die Magyaren, sondern gegen Österreich-Ungarn. Kroaten lebten nicht nur im Reich der Stephanskrone, wo sie unter dem Budapester Zentralismus litten, sondern auch in Dalmatien und im Küstenland, in Zisleithanien also, wo sie sich nicht hofiert sahen. Franz Joseph weigerte sich, eine kroatische Delegation aus Istrien und Dalmatien, die sich über die Unterdrückung ihrer Landsleute in dem zu Ungarn gehörenden Königreich Kroatien und Slawonien beschweren wollte, zu empfangen – weil er meinte, eher die Nachfahren des 1848 kaisertreuen Kroaten Jellačić als die Nachkommen des ungarischen Revolutionärs Ludwig Kossuth vor den Kopf stoßen zu können.

Die kroatischen Nationalisten revanchierten sich. Im Frühjahr 1905 trafen sich in Spalato Kroaten aus beiden Reichshälften, forderten die Vereinigung des ungarischen Kroatien und des österreichischen Dalmatien, und erklärten die katholischen Kroaten und die orthodoxen Serben zu einer einheitlichen Nation. Im Herbst 1905 wurde dies in der »Resolution von Fiume« von Kroaten und Serben bekräftigt, und die Dritten im Bunde waren ungarische Nationalisten, die diese Angelegenheit als Speerspitze gegen Österreich benutzen wollten. Diese unnatürliche Allianz von unterdrückten Kroaten und Serben einerseits und unterdrückenden Magyaren andererseits hielt freilich nicht lange. Im Agramer Landtag des Königreiches Kroatien und Slawonien schlossen sich Kroaten und Serben zu einer Koalition zusammen, die sich gegen Ungarn wie gegen Österreich richtete – in der Verfolgung des Zieles eines südslawischen Zusammenschlusses.

Nun hatte Franz Joseph auf seine alten Tage und das Reich auf seine letzten Jahre zu den schon genug vorhandenen noch ein weiteres Nationalitätenproblem: die südslawische Frage. Nach Lösungen im Rahmen einer umfassenden Reichsreform wurde durchaus gesucht, weniger von den verantwortlichen Staatsmännern als von schriftstellernden Politikern, wie dem aus Siebenbürgen stammenden Rumänen Aurel Popovici. In seiner 1906 erschienenen Schrift *Die Vereinigten Staaten von Großösterreich* schwor er dem Dualismus ab und redete dem Föderalismus das Wort.

Österreich-Ungarn sollte in 16 nationale Gliedstaaten aufgeteilt werden: Deutsch-Österreich, Deutsch-Böhmen, Deutsch-Mähren und Deutsch-Schlesien, Tschechisch-Böhmen und Tschechisch-Mähren, das magyarische Ungarn, Siebenbürgen, Kroatien-Slawonien, Polnisch-Westgalizien, Ruthenisch-Ostgalizien, Slowakenland, ein slowenisches Krain, die Woiwodina (serbische Gebiete Südungarns), Szeklerland (ungarische Gebiete Siebenbürgens), Trentino (Welschtirol), Triest und Dalmatien, ferner Bosnien-Herzegowina. Jeder dieser nationalen Gliedstaaten sollte eigene Regierungen und Volksvertretungen haben, und alle zusammen sollten eine Konföderation, das neue Großösterreich bilden.

»Die Stunde drängt«, schrieb Popovici, »die Völker alle sind im Lager Österreichs und warten auf die Befreiung vom dualistischen Joch, auf die erlösende Tat ihres Kaisers. Der Augenblick ist historisch und für immer entscheidend: Soll das Reich der Habsburger bestehen oder untergehen? Noch kann alles gut gemacht, alles gerettet werden.«

Franz Joseph erinnerte sich: Nationalitätenkonflikte hatten sich schon früher mit außenpolitischen Auseinandersetzungen zusammengeballt und in Kriegen entladen: 1859 in Italien, 1866 in Deutschland, und das Vielvölkerreich war der Verlierer gewesen. Nun verknüpften sich die südslawische Frage sowie das Problem Bosnien-Herzegowina mit dem Gegensatz zu Serbien und dem hinter ihm stehenden Rußland – eine Gewitterwand zog auf dem Balkan auf.

Der Herrscher eines Reiches, das den inneren Frieden verloren hatte und den äußeren Frieden erhalten mußte, wenn es nicht alles verlieren wollte, ging einem außenpolitischen Konflikt entgegen. Am 5. Oktober 1908 eröffnete der Kaiser seinem Außenminister und über ihn der Welt, er habe sich entschlossen, seine Souveränitätsrechte auf Bosnien und die Herzegowina zu erstrecken, also die seit 1878 okkupierten Gebiete zu annektieren.

Nun bekam er endlich seine Kompensation für die verlorenen Provinzen in Oberitalien, einen Zugewinn von fast zwei Millionen Untertanen, Serben und Kroaten, Orthodoxen, Katholiken und Mohammedanern. Der Berliner Kongreß hatte Österreich-Ungarn das Recht zugesprochen, die unter türkischer Souveränität verbleibenden Territorien zu besetzen, nicht mehr und nicht weniger. Aber waren Bosnien und die Herzegowina in dreißig Jahren nicht faktisch habsburgisch geworden? Konnte man diese Länder nicht auch völkerrechtlich vereinnahmen, die man mit viel Geld und guter Administration türkischer Mißwirtschaft entrissen und beinahe auf das k. u. k. Niveau gehoben hatte? Zwang nicht die Jungtürkische Revolution vom 3. Juli 1908 Wien zum Handeln? Denn die Wahlen, die nun der Sultan ausschrieb, hätten zur Entsendung bosnischer Abgeordneter in das türkische Parlament führen müssen, ein wiederbelebtes Osmanisches Reich hätte sich die Okkupation verbitten können.

Überdies galt es Serbien zuvorzukommen. Das slawische Königreich, das seit der Abdankung des österreichhörigen Königs Milan und der Ermordung des österreichfreundlichen Königs Alexander eine österreichfeindliche Politik betrieb, wollte die serbokroatischen Gebiete Bosnien und Herzegowina heim in ein großserbisches, südslawisches, jugoslawisches Reich holen. Schon waren auch die von Serben, Kroaten und Slowenen bewohnten österreichischen Kronländer Dalmatien, das Küstenland und Krain sowie das unter der Stephanskrone stehende Königreich Kroatien-Slawonien sowie Teile Südungarns anvisiert. »Es besteht das klar zutage tretende Bestreben«, hieß es in einer 1908 erschienenen serbischen Kampfschrift, »daß der ganze südslawische Komplex von Laibach und Triest bis tief nach Mazedonien sich in eine nationale Einheit zusammenschließe.«

Diesen Ansprüchen mußte die Habsburgermonarchie entgegentreten: durch die Umwandlung der Okkupation in eine Annexion, eine territoriale Abrundung wie strategische Absicherung, die Bildung eines österreichisch-ungarischen Reichslandes – wie es dem Kaiser genügte. Oder durch die Errichtung eines neuen, alle Kroaten, Serben und Slowenen der Doppelmonarchie umfassenden südslawischen Kronlandes, wie es Zukunftsplanern vorschwebte, die damit zwei Gegenwartsprobleme des Vielvölkerreiches auf einmal lösen wollten: Die k. u. k. Südslawen sollten ihre nationale Befriedigung innerhalb der schwarz-gelben Grenzpfähle finden, davon abgehalten werden, sie jenseits und abseits zu suchen. Und der österreichisch-ungarische Dualismus, der die Habsburgermonarchie lähmte, sollte durch einen österreichisch-ungarisch-südslawischen Trialismus abgelöst werden, der ihr wieder auf die Sprünge helfen könnte.

Franz Ferdinand hatte derartiges im Sinn, nicht Franz Joseph, der 1867 den Ausgleich beschworen hatte und nicht einmal im ärgsten Zorn auf die Magyaren daran gedacht haben würde, diesen Eid zu brechen. Ganz abgesehen davon, daß ihm das alles zu phantastisch klang, zu einfach-schön, um in der komplizierten Monarchie wahr sein und verwirklicht werden zu können. Franz Ferdinand seinerseits hielt nicht viel von einer Annexion Bosniens und der Herzegowina: »Im allgemeinen bin ich überhaupt bei unseren desolaten inneren Verhältnissen gegen alle solchen Kraftstückeln.« Der Kaiser äußerte, daß die Kraftsprüche des Thronfolgers gegen die Magyaren, sollte er Gelegenheit finden, sie in Kraftmeierei umzusetzen, zu einem österreichisch-ungarischen Bruderkrieg führen könnten.

Der Thronfolger wußte, daß die Eingliederung der besetzten Gebiete zur Auseinandersetzung, womöglich zu einem Krieg mit Serbien und Rußland führen müßte, und er ahnte vielleicht, daß bei diesem Kampf um Sarajewo nicht nur die Zukunft des Reiches, sondern auch sein persönliches Schicksal auf dem Spiel stand.

»Ein Krieg zwischen Österreich und Rußland würde entweder mit dem Sturz der Romanows oder mit dem Sturz der Habsburger – vielleicht mit beiden – enden«, meinte Franz Ferdinand. »Wir werden uns nicht gegenseitig vom Thron herunterstochern.« Das wollte natürlich auch Franz Joseph nicht. Aber mit der Annexion trat er eine Lawine los, die nicht besonders bedrohlich begann, schließlich jedoch beide Dynastien unter sich begrub. Noch mochte er nicht glauben, daß die Romanows, mit denen die Habsburger in der Heiligen Allianz verbunden gewesen waren, sich mit den serbischen Königsmördern und Nationalrevolutionären verbrüdern würden. Der machtpolitische Gegensatz zwischen Rußland und Österreich-Ungarn war ihm bewußt, und er suchte durchaus einen Zusammenstoß zu vermeiden. Doch er war einem Außenminister aufgesessen, der die äußerst schwierige Operation mit »Doktor-Eisenbart«-Methoden durchführte, so daß nicht nur die Serben, sondern auch die Russen vor Schmerz und Wut aufschrien.

Von Alois Lexa Freiherrn von Aehrenthal erzählte man sich, daß er seine diplomatische Karriere eigentlich undiplomatischem Verhalten verdankte: Als Kabinettschef des k. u. k. Außenministers Kalnoky hatte er diesen zu Bismarck nach Friedrichsruh begleitet. Der Reichskanzler konnte aus seinem Kollegen nichts herausholen, so daß er, als dieser seinen Mittagsschlaf hielt, sich den beflissenen Adlatus vorknöpfte. Anschließend lobte er Kalnoky gegenüber das große politische Verständnis Aehrenthals. Dieses Wort des Altmeisters der Außenpolitik öffnete ihm die Türen: Er wurde Gesandter in Bukarest, Botschafter in Petersburg und 1906 – auf Betreiben Franz Ferdinands – österreichisch-ungarischer Minister des Äußern. Der Ruf eines Rußlandkenners ging ihm in den Ballhausplatz voraus. Und so erwartete man von ihm eine Verbesserung des Verhältnisses zum Zarenreich, sogar die Erneuerung des Dreikaiserbündnisses seligen Angedenkens.

Rußland war der Alpdruck Österreich-Ungarns geworden. Er lastete auf der Ostgrenze und drängte in die Balkanflanke, eine Potenz aus expansiver Macht und panslawistischer Ideologie. Und mehr und mehr Slawen der Donaumonarchie begannen ihr Heil von Sankt Petersburg zu erwarten. Mit dem Beginn des neuen Jahrhunderts schien eine Entspannung eingetreten zu sein. Nikolaus II. und Franz Joseph I. hatten sich im Herbst 1903 in Mürzsteg, unweit des Semmerings, getroffen, wo die Majestäten zusammen jagten und gemeinsam den Status quo auf dem Balkan bestätigten.

»Unser herzliches Einvernehmen und unsere vollkommene Harmonie« feierte der Zar in einem Trinkspruch. Der Kaiser atmete auf. Die alte Methode des persönlichen Einvernehmens zwischen Monarchen schien immer noch mit Erfolg angewendet werden zu können. Franz Joseph trug weiterhin, selbst unter den wenigen Orden der Dienstuniform, das russische Sankt-Georgs-Kreuz, das ihm Nikolaus I. 1849 im gemeinsamen Abwehrkampf gegen die Nationalrevolution verliehen hatte – als wollte er die Heilige Allianz immer und ewig auf der Brust wie im Herzen tragen.

Schon wenige Jahre später blieb Franz Joseph die Feststellung nicht erspart: »Rußland vereitelt alles« – eine Beruhigung auf dem Balkan, eine Befriedung Europas, eine Wiederherstellung des Bündnisses der drei konservativen Kaiserreiche Rußland, Deutschland und Österreich-Ungarn, die doch gemeinsam von den modernen Ideen und Bewegungen bedroht waren. Er selbst hatte das ihm Mögliche getan, um den in Mürzsteg wieder aufgenommenen Faden nicht erneut abreißen zu lassen. »Wir sind Nachbarn mit Rußland und müssen gute Nachbarn sein, Freunde, vielen zum Trotz«, ließ er dem Zaren über einen russischen Mittelsmann ausrichten. »Es ist mein Wunsch, daß der Kaiser es erfährt. Nicht auf dem Tintenweg der Diplomaten, sondern auf diesem Vertrauensweg.«

Der Zar blieb reserviert. Es stellte sich heraus, daß er in Mürzsteg nur deshalb so entgegenkommend gewesen war, weil er für seinen Krieg gegen Japan Ruhe mit Österreich-Ungarn brauchte. Als er 1905 gegen das Reich der aufgehenden Sonne im Osten den kürzeren gezogen hatte, wandte er sich wieder gegen die sinkenden Reiche im Westen, die Türkei und Österreich-Ungarn, um deren Untergang zu beschleunigen und davon zu profitieren. Auch das Deutsche Reich war im Visier, weil es ebenfalls dem russischen Drang nach Westen entgegenstand, und weil es – vor allem – sich mit dem Habsburgerreich, dem Hauptfeind Rußlands, in Nibelungentreue, mehr auf Verderb als auf Gedeih, verbunden hatte. So tat sich Petersburg mit Paris zusammen, der Todfeind Österreich-Ungarns und der Erbfeind Deutschlands fanden sich, und schon bald war England der Dritte im Bunde.

Die Gegnerschaft Frankreichs hatte sich Österreich-Ungarn wegen seines Bündnisses mit dem Deutschen Reich zugezogen, und weil die Dritte Republik an der Spitze des Fortschritts, also gegen die Habsburgermonarchie marschieren zu müssen glaubte. England war, bei all seiner liberalen Grundstimmung, Österreich-Ungarn nicht abgeneigt, da beide Staaten ein Interesse daran hatten, die Türkei zu erhalten. Als König Eduard VII. mit der »Einkreisung« des außenpolitisch allzu großspurigen Wilhelm II. begann, hätte er Franz Joseph I. nur zu gern im anti-deutschen Ring, zumindest in einer neutralen Ecke gehabt. Zweimal, 1905 wie 1907, begab sich Eduard persönlich nach Ischl, um Franz Joseph zu gewinnen, der zwar verbindliche Höflichkeit gegenüber seinem Gast, aber auch unbedingte Loyalität gegenüber seinem deutschen Bundesgenossen bewies.

Persönlich waren sie ihm beide nicht sympathisch, weder der unmilitärische Eduard VII. noch der bramarbasierende Wilhelm II. Die Preußen mochte er ohnehin nicht, Königgrätz konnte er nicht vergessen und die Kaiserkrönung der Hohenzollern nicht verwinden. Aber ein Bündnis war ein Bündnis, und es bis zum letzten Blutstropfen zu halten, gehörte nicht nur zu seinen festgefügten Begriffen von Anstand und Treue, sondern entsprach auch seinem festgeschriebenen Grundsatz, daß alles, was in Akten und Urkunden stehe, in der Welt sei und dort zu bleiben habe.

Überdies war der 1879 geschlossene Zweibund die einzige Allianz, auf die er sich noch verlassen konnte. Auf Italien, das 1882 als Dritter im Bunde dazugestoßen war, hatte er nie gebaut, und der Schritt auf Schritt erfolgende Rückzug Roms aus dem Dreibund gab ihm nur allzu recht. Und Rumänien, das ein geheimes Defensivbündnis mit Österreich-Ungarn, Deutschland und Italien geschlossen hatte, dachte immer mehr an die rumänische Irredenta im ungarischen Siebenbürgen als an eine gemeinsame Abwehr eines russischen Angriffs. Jedenfalls hielt es der altmodische, vertragstreue König Carol I. für ratsam, die Vertragspapiere persönlich aufzubewahren, damit sie nicht seinen Ministern oder gar seinem Volk bekannt würden.

So weit wie Franz Ferdinand wollte Franz Joseph im Verhältnis zu Deutschland allerdings nicht gehen. Dieser schien mit Wilhelm II. ein Herz und eine Seele zu sein, was der Bündnisvertrag nicht erforderte und was seiner Meinung nach auch gar nicht förderlich war. Der Deutsche Kaiser hatte den österreichischen Thronfolger richtig zu nehmen und damit für sich einzunehmen gewußt. »Wann kann ich die Ehre haben, Deiner Frau Gemahlin meinen Kratzfuß zu machen?«, hatte er ihm 1903, bei einem Besuch in Wien, ziemlich plump, doch treffsicher geschmeichelt, zu einer Zeit, da der habsburgische Hof seiner morganatischen Gattin noch den Rücken zukehrte. Seitdem sahen sie sich öfters, auf Jagden, wo sie ihrer gemeinsamen Lust an Massenabschüssen frönten, oder bei Manövern, in denen sie Seite an Seite Massenschlachten übten. Und sie schrieben sich häufig, wobei der Thronfolger den Kaiser mit »Du Majestät« titulierte, während dieser »Mein lieber Franzi« vorzog.

Franz Joseph befürchtete, daß in dieser Umarmung sein Neffe und mit ihm die österreichisch-ungarischen Interessen zu sehr an die deutsche Brust gedrückt würden. In Kaiser Wilhelm sah er einen Partner, nicht den Kumpan, und im Deutschen Reich eine gleichrangige, nicht die vorrangige Macht. Eine gewisse Distanz, persönlich wie politisch, hielt er für angebracht. Sie mußte nicht so weit gehen wie im Oktober 1908, als die Ankündigung der Annexion Bosniens und der Herzegowina dem Präsidenten der Französischen Republik früher zugestellt wurde als dem Deutschen Kaiser.

Das war eine Schlamperei des k. u. k. Ministeriums des Äußern gewesen. Am Ballhausplatz war das laisser-aller eingerissen, das Gehenlassen, eine Folge des laisser-faire, weil man die Diplomaten zu viel selber machen ließ, der Kaiser zwar das erste wie das letzte Wort behielt, dazwischen aber ein zu großer Spielraum für halbe Demarchen und ganze Debakel blieb. Als Ernest Urbas Cormons 1903 seinen Dienst am Ballhausplatz antrat, wunderte er sich: »Der erste Eindruck, den ich von dem Gehaben auf der politischen Sektion gewann, war der, daß diese Herren eigentlich mit dem Krimkrieg noch nicht ganz fertig geworden waren und daß einige von ihnen noch daran arbeiteten, aus der damals versäumten Gelegenheit nachträglich doch etwas herauszuholen.« Sie überarbeiteten sich dabei nicht. Der Sektionschef unterhielt sich mit dem Attaché lieber über Literatur als über Akten. Die offiziellen Amtsstunden waren ohnehin nur von elf bis ein Uhr, und von drei bis sechs Uhr. »Man konnte aber auch später kommen und früher gehen, es wurde das nicht so genau genommen.«

Außenminister Aehrenthal war nicht der Mann, seine Untergebenen hinter sich zu bringen, was nicht schlecht, und sie mit sich zu reißen, was nicht gut gewesen wäre. Aristokraten mokierten sich über den Stammbaum des Freiherren, der von böhmischen Getreidehändlern und Kriegslieferanten ausging. Ästheten mißfielen seine mächtigen Kinnbacken, die alles kurz und klein zu mahlen schienen, die schwerfälligen Bewegungen und das kurzgeschorene Haar. Gelernte Österreicher mißtrauten seinem Tatendrang: »Das Reich krankt an Aktionsmangel. Aktion ist alles. Aus der Aktion wächst auch der Glaube. Und der Glaube wird sich auf das Ausland übertragen.« Wer aber von Außenpolitik etwas verstand, war schockiert über die Aktivitäten des Außenministers, die das In- wie Ausland bald glauben ließen, daß ein Möchtegern den Machiavellismus probte.

Der Berliner Kongreß von 1878 hatte Österreich-Ungarn die Okkupation Bosniens und der Herzegowina zugestanden. Wenn sie nun in eine Annexion umgewandelt werden sollte, hätte man vorher das Einverständnis der Kongreßteilnehmer, vor allem Rußlands, einholen müssen. Darum schien Aehrenthal auch bemüht zu sein. Er traf sich im September 1908 auf Schloß Buchlau in Mähren – das dem k. u. k. Botschafter in Petersburg, Graf Leopold Berchtold, gehörte – mit dem russischen Außenminister Alexander Iswolskij. Man gab und bekam: Der Österreicher versprach, Rußlands Wunsch nach einer freien Durchfahrt durch die türkischen Meerengen zu unterstützen, der Russe erklärte sich mit der Annexion der völkerrechtlich immer noch türkischen Gebiete durch Österreich-Ungarn grundsätzlich einverstanden.

Ein Termin war nicht genannt, und die Vereinbarung wurde auch nicht protokolliert. Beide Partner hatten ihre unausgesprochenen Vorbehalte: Der Russe nahm an, daß der Österreicher noch das Einverständnis der anderen Mächte einholen würde. Dem Österreicher war klar, daß der Russe die Zustimmung Englands zur Öffnung der Dardanellen nicht bekommen würde. Aehrenthal hatte verschwiegen, daß die Annexion bereits beschlossen war und unmittelbar bevorstand. Als sie dann am 5. Oktober 1908 in Wien verkündet wurde und Iswolskij inzwischen in London das englische Nein vernommen hatte, mußte sich der russische Außenminister als der Geprellte betrachten.

Dieser Auffassung schlossen sich alle an, die sich über Aehrenthals Methoden, vor allem jedoch über den Machtzuwachs Österreich-Ungarns gifteten. Das war in erster Linie das große, übertölpelte Rußland, das den Status quo auf dem Balkan zu seinen Ungunsten verschoben sah und auf Revanche sann. Dabei konnte es sich des kleinen, übergangenen Serbiens bedienen, das selber auf Bosnien und die Herzegowina spekuliert hatte und jetzt mobilisierte, als wollte es sich den weggeschnappten Bissen mit Gewalt zurückholen. Die Briten entrüsteten sich über den Bruch eines internationalen Vertrags, ausgerechnet durch Österreich-Ungarn, das seit dem Wiener Kongreß an einer internationalen Rechtsordnung interessiert, ja auf sie angewiesen war. Und die Türken, die unmittelbar Betroffenen, sperrten sich gegen österreichische und ungarische Waren, wodurch sie der wirtschaftlich labilen Donaumonarchie im Augenblick am meisten schadeten.

Selbst das Deutsche Reich war über das eigenmächtige Vorgehen Österreich-Ungarns verstimmt. Es wollte nicht über eine Balkanaffaire in einen europäischen Konflikt hineinstolpern, hineingezogen durch die Feindschaften seines Freundes. Wilhelm II. bemühte sich deshalb, die Annexionskrise durch eine zweiseitige Aktivität zu bereinigen. Er intervenierte in Petersburg, was Wien momentan nützte, doch Berlin und damit auch Wien auf die Dauer schadete. Und er versicherte Franz Joseph seiner unverbrüchlichen Bundesfreundschaft, was dessen Diplomatie als Freibrief für weitere Waghalsigkeiten deutete. Schon 1908 zeigte sich der Knoten des Zweibundes, der sich dann 1914 zum Weltkrieg schürzte.

Wilhelm II. war mit sich zufrieden. Er war – noch einmal – beim Russen angekommen, er hatte – nicht zum letzten Mal – dem über die Schulter angesehenen Österreicher gezeigt, wie sehr dieser auf seinen Vordermann angewiesen sei, und der ganzen Welt demonstriert, daß der Zweibund fest und sturmverwachsen wie eine deutsche Eiche stehe. Franz Joseph seinerseits war über die Aktionen wie Interpretationen von Freund und Feind nicht erbaut. Er war von sich aus bemüht, die Wogen zu glätten, auf seine Weise.

»Ich weiß, daß beim gegenwärtigen Stand der Dinge mein Absehen von allen militärischen Vorbereitungen gefährlich ist«, erklärte er dem britischen Botschafter. »Ich habe es aber vorgezogen, dieses Wagnis auf mich zu nehmen, statt Maßnahmen zu treffen, die Aufregungen verursachen oder den Vorwand zu einem Angriff bieten könnten.« Dem Zaren, der ihm mitgeteilt hatte, wie peinlich berührt er von dem einseitigen Vorgehen Wiens sei, ließ der Kaiser ausrichten: Der Frieden in Europa, das Wohl der Völker verlangten es, daß beide Monarchen zu einer unmittelbaren Verständigung gelangten.

Sein sechzigjähriges Regierungsjubiläum am 2. Dezember 1908 bot Anlaß zur Rückbesinnung, daß ihm ein Einvernehmen mit Rußland Glück und ein Zerwürfnis mit Rußland Unglück gebracht hatte, und gab Anstoß zum Ausblick, daß die Erhaltung des Friedens die Voraussetzung für die Fortdauer des Reiches und die Feier weiterer Regierungsjubiläen sei. Seinem Thronfolger, der schließlich auch einmal Kaiser werden sollte, jetzt aber anscheinend seine Aussichten durch eine kämpferische Haltung gegen Serbien und damit indirekt auch gegen Rußland zu vermindern suchte, sagte Franz Joseph: »Hast Du den Krieg je gesehen? Nein! Aber ich habe ihn gesehen, und darum sage ich, bevor man hineingeht, muß man es sich dreimal überlegen, und wenn dies geschehen ist, muß man es sich wieder so lange überlegen, bis man doch ein Mittel findet, ihn zu verhindern.«

Der Neffe verstand, jedenfalls machte er gemeinsam mit dem Onkel Front gegen seinen Protegé, der losschlagen wollte: Feldmarschalleutnant Franz Conrad von Hötzendorf. Der ehemalige Taktiklehrer an der Kriegsschule war 1906 auf Betreiben Franz Ferdinands Chef des k. u. k. Generalstabs geworden, nachdem beim Manöver sein Vorgänger, Feldzeugmeister Friedrich Freiherr von Beck, der sechzig Dienstjahre auf dem Buckel hatte, vom Pferd gestürzt war. Seit Königgrätz war dieser der Vertraute Franz Josephs, fast so etwas wie ein Freund gewesen. Wenn er schon den alten Kaiser nicht los wurde, so wollte der Thronfolger wenigstens einen neuen Generalstabschef haben. Franz Joseph, der sich noch selber gut im Sattel hielt, gab seufzend nach, ließ den Altersgenossen Beck fallen, fing ihn jedoch mit seiner Ernennung zum Kapitän der Arcièren-Leibgarde auf: »Prinz Windisch-Graetz ist gerade zur rechten Zeit für Sie gestorben. Es war mir dadurch möglich, Sie in meiner Nähe zu behalten.«

Der neue Generalstabschef war ein Neuerer. Das konnte die etwas zu altehrwürdige k. u. k. Armee durchaus gebrauchen. Der vierundfünfzigjährige Feuerkopf stürzte sich auf die Reorganisation der bewaffneten Macht. Was er in seinen Büchern *Zum Studium der Taktik* und *Die Gefechtsausbildung der Infanterie* formuliert hatte, suchte er nun zu realisieren, wobei die Praxis stets hinter der Theorie herhinkte. Wichtiger als das Exerzieren, dozierte er, sei die Gefechtsausbildung. Und hierbei müsse wiederum das Angreifen den Vorrang vor der Verteidigung haben. Das war nicht unvernünftig, aber etwas wirklichkeitsfremd in einem Reich, das auf Defensive angelegt war, und bei diesem Kaiser, der sich an Formen und Formalitäten klammerte, der auch und gerade im Militärischen, seiner ureigensten Domäne, das Detail und nicht die großen Linien sah, an die Tradition und nicht an den Fortschritt dachte.

Conrad von Hötzendorf seinerseits hatte kein Augenmaß für das, was er dieser Monarchie und diesem Monarchen zumuten konnte, wenig Sinn für das, was bei den gegebenen Machtverhältnissen in Europa möglich und nicht möglich war. Er hielt sich für einen eminent politischen Generalstabschef, doch für die Politik besaß er zu wenig Pragmatismus, und auch ein Moltke war er nicht, zumindest kein »großer Schweiger«, eher ein Mann, der nicht nur sein Herz, sondern auch seine Taktik und Strategie auf der Zunge trug. So begann er schon bald von notwendigen Präventivkriegen zu reden: gegen Italien, an dem er sich revanchieren, und gegen Serbien, das er annektieren wollte, um schließlich freie Hand für einen unvermeidlichen Krieg mit Rußland zu haben. Derartige Forderungen mußten ihn über kurz oder lang in Konflikt mit den verantwortlichen Politikern bringen, die Österreichs Kräfte und die Konstellation in Europa realistischer einschätzten. Und mit seinem Kaiser, der den Frieden um fast jeden Preis erhalten wollte.

Kaum im Sattel, schon im Jahre 1907, wollte der Generalstabschef, der anscheinend zu nachhaltig als Brigadier in Triest und Divisionär in Innsbruck den Angriff gegen den Nachbarn geübt hatte, in Italien einmarschieren. Das ging schon dem aktionsfreudigen Aussenminister Aehrenthal zu weit. Der Kaiser wurde ungnädig: »Niemals wird man von mir sagen dürfen, daß ich zu einem derartigen Treubruche mich bereit gefunden hätte.« Franz Joseph hielt am Dreibund fest, obwohl er der Vertragstreue der Italiener nicht traute. Conrad von Hötzendorf wollte den Pakt lieber gleich selber brechen, als später von Italien mit einem Vertragsbruch überrascht zu werden.

Auch während der Annexions-Krise war der Präventivkrieg-Prediger zur Stelle: Jetzt sei die Stunde da, in der Serbien, das doch niemals Ruhe geben würde, vernichtet werden müsse, und wenn Italien eingreifen sollte, was er sich nur wünschen würde, wäre auch dieses niederzuwerfen. Jetzt reichte es nicht nur Franz Joseph, sondern auch Franz Ferdinand: »Es wäre ja großartig und sehr verlokkend, diese Serben und Montenegriner in die Pfanne zu hauen, aber was nützen diese billigen Lorbeeren, wenn wir uns dadurch eine allgemeine europäische Verwicklung heraufdividieren und dann womöglich mit zwei bis drei Fronten zu kämpfen haben und das nicht aushalten können.«

Immerhin wurde, als Antwort auf die Mobilmachung Serbiens, eine Teilmobilmachung in Österreich-Ungarn angeordnet. Der Winter dämpfte die Kriegslust, und im Frühjahr 1909 wurde die Annexions-Krise beigelegt – durch den Außenminister Aehrenthal, der Angst vor seiner eigenen Courage bekommen hatte, mit Hilfe Kaiser Wilhelms II. und auf Verlangen und unter Mitwirkung Kaiser Franz Josephs. Die Bilanz war negativ. Österreich-Ungarn behielt zwar die Souveränität über Bosnien und die Herzegowina, erhielt aber daduch neuen innenpolitischen Zündstoff und einen aussenpolitischen Gefahrenherd.

Da weder die Deutsch-Österreicher noch die Magyaren noch mehr Slawen in ihrer Reichshälfte haben wollten und die Bildung eines alle Kroaten, Serben und Slowenen umfassenden südslawischen Reichsteils nicht möglich war, wurde nach dem Muster von Elsaß-Lothringen aus Bosnien-Herzegowina ein Reichsland geschaffen. Mit dem Modell hatte man auch dessen Nachteile übernommen: eine nicht unbedingt reichsfreudige Bevölkerung und einen äußeren Reichsfeind – hier Serbien – , der Tag und Nacht auf Revanche sann.

Der Türkei mußte Österreich-Ungarn für den Verzicht auf ihre Souveränitätsrechte über Bosnien und die Herzegowina zweieinhalb Millionen Türkische Pfund bezahlen, was das durch die Teilmobilmachung entstandene Loch in der Staatskasse vergrößerte. Noch teurer kamen der Habsburger Monarchie die außenpolitischen Passiva zu stehen: die russische Feindseligkeit, die englische Verstimmung, die französische Mißbilligung, die italienische Schadenfreude und das Angewiesensein auf Deutschland, auf seine Freundschaft und auf seine Feindschaften. Die Annexions-Krise 1908/09, die erste Balkan-Krise, war die Generalprobe für den Weltkrieg 1914/18, für seine Auslösung und seine Mächtegruppierung, nur daß eben noch nicht ernst gemacht und bis zum bitteren Ende gespielt wurde.

Franz Joseph meinte den Frieden für seine Zeit gesichert zu haben. Conrad von Hötzendorf sah den Krieg nur verschoben, auf einen für die Monarchie ungünstigeren Zeitpunkt: »Im Jahre 1908 bis 1909 waren weder Serbien noch Rußland für den Krieg vorbereitet; Österreich-Ungarn war es. Nie entschlossen, die ihm günstigen Momente zu erfassen, wankte nun das alte Reich dem Unheil zu.« Wunschdenken war es bei beiden: beim Generalstabschef, der glaubte, einen Krieg gewinnen, und beim Kaiser, der hoffte, den Frieden bewahren zu können.

DEN 80. GEBURTSTAG am 18. August 1910 beging Franz Joseph in Ischl, seinem Sommersitz, beileibe nicht einem Alterssitz. Er wurde lange nicht so groß gefeiert wie das sechzigjährige Regierungsjubiläum zwei Jahre vorher in Wien, das an die Dauer einer nicht enden wollenden Kaiserherrschaft und nicht an die begrenzte Lebenserwartung eines Greises erinnern sollte.

Damals hatte man in einem Festzug die Ruhmestaten der österreichischen Geschichte rekapituliert, waren Vertreter aller seiner Völker – mit Ausnahme der widerspenstigen Tschechen – an ihm vorübergezogen, und Kaiser Wilhelm II. war mit allen deutschen Bundesfürsten – mit Ausnahme des Großherzogs von Hessen, des Schwagers des Zaren Nikolaus II. – zur Gratulation erschienen, weniger zur Erinnerung an den Ausschluß des Habsburgers aus Deutschland, als zum Beweis der Freundestreue im Zweibund. Diesmal feierte man en famille, was auch ein ziemlicher Auftrieb war. Es erschienen 72 Mitglieder des Erzhauses, darunter 14 Enkelkinder, um dem Patriarchen zu huldigen und um zumindest die biologische Unerschöpflichkeit Habsburgs zu demonstrieren.

Die Uniform verdeckte kaum noch den Verfall des Greisenkörpers. Die immer häufiger wiederkehrende Bronchitis hatte ihn mitgenommen, die Schreibtischarbeit gebeugt, er atmete schwer und rasselnd, hustete und hüstelte; den elastischen Schritt rühmten nur noch die Hofberichte, und die Augen hatten nachgelassen, benötigten Brille oder Kneifer. Die körperlichen Kräfte nahmen unaufhaltsam ab, und er stand nicht an, dies mehr oder weniger zuzugeben. »Ich bin sehr müde, und die Altersschwäche nimmt sehr zu, Stimmung traurig und langweilig«, klagte er Katharina Schratt, die das Älterwerden mit ihm teilte, wofür er sich auch finanziell dankbar erwies: Den Allerhöchsten Privat- und Familienfonds wies er am 13. November 1911 an, aus den dort unter dem Kennwort »Fidelis« liegenden Geldern der Getreuen zweieinhalb Millionen Kronen Nominale österreichischer Kronenrente auszuzahlen.

Die Ärzte waren mit ihm nicht unzufrieden. Das ideal kleine Herz sei intakt, von Verkalkungen nichts zu spüren. Die starke Virginia, die er zu gern mochte, hatten sie ihm verboten; nun rauchte er die leichte und ziemlich fade Regalia media. Seine stämmige Natur hielt lange vor; lebensgefährlich krank wurde auch der Achtziger nicht. Die geistigen Kräfte ließen langsam nach, doch sie waren schon immer nicht so rüstig gewesen wie die körperlichen. Was er beispielsweise kurz nach seinem 80. Geburtstag, anläßlich des Besuches des Königs der Belgier und seiner Gemahlin – dieses »Professorenpaares«, wie er sie nannte – von sich gab, hätte er auch früher äußern können: »Im Gespräch mit Ihnen muß man auf der Hut sein, um sich keine Blößen zu geben. Und das macht einen müde. Mir gefiele es besser, wenn der König etwas militärischer veranlagt wäre, da käme man ihm vielleicht näher.«

Je mehr er von Kräften kam, desto mehr klammerte er sich, um einigermaßen Halt zu finden, an die feste Einteilung seines Tagesablaufs, an die Routine, wie sie eingefahren war, an das Gleichmaß des Geschehens, das ihm die Illusion schenken sollte, die Zeit würde stille stehen.

Jeden Morgen punkt halb vier Uhr trat Kammerdiener Ketterl – seit 1894 in Dienst – an das Feldbett des Kaisers und weckte ihn mit den feststehenden Worten: »Ich leg' mich zu Füßen Euer Majestät, guten Morgen.« Der Kaiser sagte »Guten Morgen« und erkundigte sich jedes Mal nach dem Wetter. Dann sei er, wie Ketterl zu berichten wußte, mit einem Satz aus dem Bett gesprungen, was allmählich

Modifikationen unterworfen gewesen sein dürfte, nicht das Sofort, sondern der Schwung, mit dem dies geschah. Unmittelbar darauf begann das nun schon seit Jahrzehnten nach einem genauen Stunden-, ja Minutenplan festgelegte Tagesprogramm, wobei die Arbeit am Schreibtisch fast die ganze Zeit einnahm.

Sein Schreibtisch war sein kleines Reich, von dem aus er sein grosses Reich in Ordnung zu halten hatte, was voraussetzte, daß er schon das kleine in Ordnung hielt. Alle Utensilien waren wie Soldaten ausgerichtet, und hinter dem Stehkalender hatten stets Bürstchen und Abstaubwedel zur Stelle zu sein, mit denen er mehrmals am Tage selber die Tischplatte von Streusand und Asche reinigte. Die Sparsamkeit, die er im ganzen Reich von allen Staatsdienern verlangte, pflegte er selber bis zur Kleinlichkeit. Von Briefen schnitt er das unbeschriebene Papier ab, das er für Notizen verwendete.

Es gab Zeitgenossen, die den kaiserlichen Schreibtischarbeiter als den Buchhalter einer in Liquidation befindlichen Firma, der österreichisch-ungarischen Doppelmonarchie, ansahen. Andere verglichen den minutiös und präzis vor sich hinadministrierenden Monarchen mit einem Unterschrifts-Automaten, wieder andere hielten ihn für den allerhöchsten Apparatschik der Staatsmaschine, eines komplizierten Räderwerkes, zu dem die Volksvertreter, wie einer von ihnen meinte, lediglich das Öl zu bewilligen hätten.

Die Menschen einer anderen Generation und einer neuen Zeit konnten sich kaum mehr vorstellen, daß ihn ein eisernes Pflichtbewußtsein an den Schreibtisch fesselte – und die Furcht, sich auf anderem als gewohntem Terrain nicht richtig zu bewegen, der Glaube, daß von einem solchen ruhenden Punkt aus das Reich in Ruhe und Ordnung gehalten werden könnte, sowie die Hoffnung, daß in der Seßhaftigkeit die Dauer liege.

Doch schneller und schneller glitt die Zeit an seinem Schreibtisch vorbei, entglitten ihm Leben und Herrschaft. Das Ende kündigte sich in Etappen an, im Nach und Nach des »Es war ein letztes Mal«: 1909 war er zum letzten Mal bei einem Manöver gewesen, 1910 nahm er zum letzten Mal zu Pferde eine Parade ab, 1911 war er zum letzten Mal auf einem Hofball, 1913 fuhr er zum letzten Mal zwischen der Wohnung in Schönbrunn und dem Büro in der Hofburg hin und her. Von nun an lebte und arbeitete er winters wie sommers in Schönbrunn, das als Lustschloß erbaut worden war und nun seine

Einsiedelei wurde. Er gab keine Audienzen mehr, sah fast nur noch seine Adjutanten, Kabinettschefs und Hofmeister, stand vom Schreibtisch kaum mehr auf, war mit der Welt nur noch durch Akten verbunden.

Der letzte Walzer erklang, in Richard Strauß' und Hugo von Hofmannsthals *Rosenkavalier*, in dieser allerletzten Reprise des Rokoko, die schon die verblassenden Farben des Abendhimmels nach Sonnenuntergang trug und die »Götterdämmerung« ankündigte. Die Hofburg, an der fast alle Habsburger gebaut hatten, erhielt ihren letzten Trakt, die »Neue Hofburg«, an der lange gebaut wurde, weil dem letzten Habsburger schon der Atem ausging, und als sie endlich im Jahre 1913 fertig dastand, war seine Kraft erschöpft.

»Weiß Gott, für wen ich die Burg baue«, pflegte Franz Joseph zu sagen, der sich mit diesem Neubau nicht befreunden konnte, mehrmals die Pläne umarbeiten ließ, einmal sogar nahe daran war, ihn wieder einzureißen, und immer wegschaute, wenn er an diesem »Verhängnisbau«, wie er ihn nannte, vorüberfuhr. Er ahnte, daß mit seiner Vollendung das Reich am Ende sein würde. In ihrer Übersteigerung mochte die »Neue Hofburg« zwar zu imponieren, aber kaum mehr zu gefallen: im Stil der Hochrenaissance, der einer Endzeit, die keine Wiedergeburt mehr erleben würde, nicht anstand, mit überzogenen Maßen, überladener Fassade, den Siegesgöttinnen, welche die Lorbeerkränze noch einmal herzeigten und dabei so hoch hielten, daß man sie zwar sehen, aber nicht mehr erreichen konnte. Und den überaus mächtigen und prächtigen Doppeladlern, die dennoch mit ihren Schwingen die Völker nicht mehr umfassen und das Reich nicht mehr schirmen konnten. Und dem in erhabenen Lettern eingemeißelten Namen des Bauherrn, »Franciscus Josephus I.«, wobei man auf das »der Erste« besonderen Wert gelegt zu haben schien, als würden noch mehrere Kaiser dieses Namens nachfolgen.

Immerhin: Ein Thronfolger stand vor den Toren. Zwar erklärte er, die Habsburger Krone sei eine Dornenkrone, aber er konnte es kaum mehr erwarten, bis er sie aufgesetzt bekam. Seit vielen Jahren war er auf dem Sprung, er wurde älter und älter, hatte schon die Schwelle der Fünfzig erreicht, wurde immer ungeduldiger und damit unbeherrschter und unleidlicher. Das Reich, das er erben sollte, sah er mehr und mehr auseinanderfallen, weil der Alte alles laufen ließ, dem Nachfolger nicht die Zügel übergab, auch wenn er ihn zunehmend mitreden, ja mitbestimmen lassen mußte, weil er dessen Drängen immer weniger gewachsen war.

Schließlich ernannte er Franz Ferdinand zum Generalinspektor der gesamten bewaffneten Macht, also faktisch zum Oberbefehlshaber des Heeres und der Flotte. Schon gab es im Belvedere, der Wiener Residenz des Thronfolgers, ein Schattenkabinett, das vorerst allerdings nur Denkschriften und Regierungspläne erzeugte. Und je mehr es produzierte, unbeschwert von der Last der Verantwortung und deshalb hochfliegend und luftig, desto unentbehrlicher und unersetzbarer mußte sich der steinalte Kaiser fühlen, es für umso notwendiger halten, daß er bei allem und jedem die höchste und letzte Instanz blieb, auch wenn er immer weniger überblickte und sich bei Entscheidungen immer schwerer tat.

Ein Monarch, der so viel Verantwortung trage, müsse wissen, wann er nicht mehr könne und daher abzutreten habe, pflegte die morganatische Gattin des Thronfolgers nicht nur zu denken, sondern auch zu sagen. Sie litt auch am meisten unter der nicht enden wollenden Herrschaft Franz Josephs, dem immer weiteren Hinausschieben des Regierungsantrittes ihres Mannes. Zwar hatte ihr der Kaiser den Titel einer »Herzogin von Hohenberg« verliehen, sie durfte nun die Hausfrau im Belvedere spielen, mit ihrem hochgeborenen Gemahl in der Hofburg absteigen, ihre Kinder nach Miramar in die Ferien mitnehmen. Aber den Rang, den sie sich vorstellte, konnte sie erst an der Seite des neuen Kaisers einnehmen, und auch für ihre Söhne mochte sie sich dann eine Lockerung der Renunziationsbestimmungen, vielleicht sogar ihre Erhebung in die Erbfolge erhoffen.

Daran war jedoch zu Lebzeiten des alten Kaisers nicht zu denken, und der Thronfolger erklärte öffentlich, auch nach seiner Regierungsübernahme wäre das ausgeschlossen – sei es, weil er seinen Renunziationseid für heilig hielt, sei es, weil er den Onkel nicht noch mehr gegen sich einnehmen wollte. Jedenfalls mochte er seinen offiziellen Nachfolger nicht, Erzherzog Karl Franz Joseph, und er ließ es ihn spüren. Er kümmerte sich nicht um die Erziehung und Ausbildung des nach ihm nächsten Thronanwärters, verkehrte persönlich nicht mit seinem Neffen, dem Sohn seines an Ausschweifungen zugrunde gegangenen Bruders Otto, ja, es wurde ihm sogar unterstellt, er hätte ihn gerne wie dessen Vater auf einer schiefen Ebene abgleiten sehen.

Eine zeitlang sah dies beinahe so aus. Der 1887 geborene Erzherzog Karl Franz Joseph hatte nach dem Besuch eines öffentlichen Gymnasiums – was bei einem Habsburger außergewöhnlich war – die übliche militärische Laufbahn eingeschlagen, wurde wie sein Vater ein fescher Kavallerist, der das fade Garnisonsleben mit jener Geselligkeit würzte, die Offiziere als eine Kompensation für den strengen Waffendienst ansahen. Daß es nicht ausartete, war seinem Temperament zuzuschreiben, und dem Einfluß seiner Mutter zu verdanken, der frommen Sächsin Maria Josepha, der Schwester König Friedrich Augusts, der dann noch durch ihre Schwiegertochter verstärkt wurde, der Prinzessin Zita von Bourbon-Parma. Karl Franz Joseph, selbst 24 Jahre alt, heiratete die Neunzehnjährige am 21. Oktober 1911 auf Schloß Schwarzau bei Wiener Neustadt.

Kaiser Franz Joseph war bei der Hochzeit seines Großneffen, des Enkels seines Bruders Karl Ludwig und der Nummer Zwei in der Thronfolge, anwesend, bekam seinen Tafelspitz, den Sacher geliefert hatte, brachte einen Trinkspruch auf die Neuvermählten aus und wurde danach zu einem Familienfoto auf die Schloßterrasse komplimentiert. Er ließ sich geduldig in Positur bringen, nahm – so gut es ging – Habtachtstellung ein, lächelte freundlich, nicht ohne einen Anflug von Mißtrauen gegenüber dem modernen Apparat. Das ganze dauerte seine Zeit, und in der Aufregung bemerkte niemand, daß der kalte Steinfeldwind wehte. Der einundachtzigjährige Franz Joseph, wie die anderen ohne Mantel, holte sich wieder einen Bronchialkatarrh, der ihm noch lange das Atmen erschwerte und ihn zuweilen aufstöhnen ließ: »Ach, dieser Unglückstag von Schwarzau!«

Damit war eher seine Verkühlung als sein Verhältnis zu Karl Franz Joseph gemeint. Gegen die angeheiratete Erzherzogin hatte er seine Vorbehalte. Zita war zwar nicht unebenbürtig wie die Frau Franz Ferdinands, doch ihre Abkunft war nicht das, was er sich für eine voraussichtliche Kaiserin von Österreich und Königin von Ungarn wünschte. Der Vater war ein exilierter italienischer Fürst, der keine Untertanen, nur noch zwei Dutzend Kinder sein eigen nannte, wovon mehrere schwachsinnig waren. Von Bourbonen hielt er ohnehin nicht viel. Doch er war Kavalier, die schöne Zita gefiel ihm, und wie sie den gutherzigen und umgänglichen, doch wenig aufgeweckten und selbständigen Gemahl am Zügel hielt, war ebenso angebracht wie imponierend.

Unsympathisch war ihm Karl Franz Joseph nicht, jedenfalls sympathischer als Franz Ferdinand. Doch er kümmerte sich nicht viel um ihn, aber das war seine Art, wie sie sich schon dem eigenen Sohne gegenüber erwiesen hatte und wegen eines Großneffen nicht geändert wurde. Die Kaisertochter Marie Valerie erzählte, beim Familiendiner zu Neujahr 1900 habe ihr Vater dem zwölfjährigen Karl Franz Joseph auffallend liebenswürdig zugeprostet, was die Nummer Eins in der Thronfolge, Franz Ferdinand, offensichtlich verstimmt hätte. Prinz Johann Georg von Sachsen, der sich später beim Kaiser über seinen Neffen erkundigte, erhielt die Auskunft: »Ja, ja; Karl hält seine Schwadron famos in Ordnung. Er kümmert sich um alles, um jedes Detail! Daß seine Schwadron in Ordnung ist, freut mich sehr.« Als Franz Ferdinand tot war, sagte der Kaiser zum Herzog von Cumberland: Der neue Thronfolger sei doch ganz anders geartet wie der verstorbene, bei dem er so wenig Unterstützung gefunden habe.

Noch lebte Franz Ferdinand und machte Franz Joseph zu schaffen, in der Innenpolitik wie in der Außenpolitik. Alles packte er mit Ungeduld und Ungestüm an, der Mann des neuen Jahrhunderts, der kein Verständnis für den Mann des alten Jahrhunderts hatte, der es gewohnt war, geduldig und behutsam an die Probleme heranzugehen und, wenn sie schon nicht zu lösen, so doch nicht zu verschärfen.

UM IN DER MONARCHIE ORDNUNG ZU MACHEN, müsse man Ungarn ein zweites Mal erobern, meinte Franz Ferdinand. Es hatte tatsächlich den Anschein, als würde sich das Jahr 1848 wiederholen, nur daß diesmal der Abfall der Nationalitäten, vorab der Ungarn, nicht in revolutionärem Tempo, sondern langsam, fast schleichend vor sich ging. Doch der Kaiser von Österreich, der ja auch der König von Ungarn war, hielt sich an den Ausgleich, die Verfassung und die Hoffnung, daß es die Magyaren schon nicht zu bunt treiben würden.

Eine gewisse Mäßigung machte sich seit der Erneuerung des Ausgleichs im Jahre 1907 bemerkbar. Der magyarische Nationalismus rauschte und schäumte freilich fort; schon gab es Landkarten und Erdkugeln, auf denen die Bezeichnung »Österreichisch-Ungarische Monarchie« durch »Ungarn und Österreich« ersetzt war. Doch Graf Stephan Tisza, ein willensstarker, nicht nur wortgewaltiger Exponent der herrschenden Feudalisten, leitete den Magyarismus auf die Mühlen des gemeinsamen Reichswesens. Seine »Partei der nationalen Arbeit«, eine Neuauflage der liberalen Ausgleichspartei von 1867, siegte bei den Reichstagswahlen 1910 über die Traditionsparteien von 1848, errang mit 258 Mandaten die absolute Mehrheit. Das war ein Erfolg für Franz Joseph, der den Budapester Korpskommandanten aufgefordert hatte, Tiszas Kandidaten zu unterstützen, und eine Niederlage für Franz Ferdinand, von dem ihm das Gegenteil nahegelegt worden war.

Die Einführung des allgemeinen Wahlrechts in Ungarn war in noch weitere Ferne gerückt, weil Tisza natürlich nicht daran dachte, die eben gefestigte und anscheinend glänzend gerechtfertigte Adelsoligarchie durch eine Demokratisierung in Frage zu stellen. Verbindlich zeigte er sich bei der Aufrechterhaltung, ja Verstärkung der gemeinsamen Armee, weil er in ihr – wie Conrad von Hötzendorf – ein Großmachtinstrument und – wie Franz Joseph – das verbindende Element der Reichsteile sah. Mit seiner soliden Mehrheit drückte er 1912 die Wehrreform durch, gegen die Obstruktion der Opposition, die er schließlich – als Präsident des Reichstags – durch eine Kompanie Honved aus dem Parlament hatte jagen lassen. Ein Jahr später ernannte Franz Joseph den Grafen Tisza, der bereits von 1903 bis 1905 dieses Amt bekleidet hatte, zum zweiten Mal zum ungarischen Ministerpräsidenten, in der ihn erleichternden Erwartung, daß nun die ungarischen und damit die k. u. k. Angelegenheiten in festen Händen bleiben würden.

Das allgemeine Wahlrecht, das Tisza nicht haben und Franz Joseph ihm nicht aufdrängen wollte, erwies sich ohnehin in Zisleithanien als konterproduktiv für die Monarchie. Die Reichsratswahlen des Jahres 1911 vermehrten die Radikalen aller völkischen und parteipolitischen Schattierungen. Die Sozialdemokraten überflügelten die Christlich-Sozialen, die Deutschradikalen verdoppelten beinahe ihre Mandate und die vereinigten deutschnationalen Gruppen stellten den Parlamentspräsidenten. Aus dem deutschen Böhmen und

Schlesien kamen die ersten Abgeordneten der »Deutschen Arbeiterpartei«, einer Vorläuferin der Nationalsozialistischen Partei, und die Tschechen hatten ihre »National-Sozialisten« verstärkt. Die Folge waren noch heftigere Nationalitätenkämpfe und noch lautere Lärmszenen im Reichsrat. Die deutsch-tschechischen Ausgleichsverhandlungen scheiterten endgültig. Schließlich vertagte Graf Karl Stürgkh, seit 1911 österreichischer Ministerpräsident, am 16. März 1914 den Reichsrat wegen Arbeitsunfähigkeit, regierte wieder mit Notverordnungen, was schon früher der österreichischen Staatsweisheit letzter Schluß gewesen war und nun ihr allerletzter werden sollte.

Immerhin hatte der Reichsrat im Jahre 1912 die Wehrreform, kurz nach der Zustimmung des ungarischen Reichstags, noch verabschiedet – wodurch dem Kaiser und König eine Zentnerlast von der Seele gewälzt worden war. Den Magyaren hatte er im Verweigerungsfall mit seinem Rücktritt gedroht, was mitgeholfen hatte, sie zur Besinnung zu bringen, denn sie wußten, daß für sie nichts besseres nachkommen würde, der ungarnfeindliche Thronfolger nämlich. Auch die Mehrheit des österreichischen Reichsrats wußte, was sie an Franz Joseph hatte und was sie ihm schuldig war. Das neue Wehrgesetz schrieb das kaiserliche A und O, die Einheitlichkeit des gemeinsamen Heeres, fest, bestätigte die deutsche Dienst- und Kommandosprache, verbesserte die Waffenausrüstung, vermehrte das Rekrutenkontingent, führte die zweijährige Dienstzeit ein.

So wie bisher konnte es bei der angespannten außenpolitischen Lage auch nicht weitergehen. Während der Annexions-Krise bestanden die auf Kriegsfuß gesetzten Bataillone kaum zu einem Drittel aus aktiven Soldaten, und unter der Ergänzungsmannschaft befand sich ein Viertel unzureichend ausgebildeter Ersatzreservisten. Das Rekrutenkontingent war seit 1889 unverändert geblieben. Schon hatte man zu der für ein Land mit den besten Militärkapellen einschneidenden Maßnahme greifen müssen, die Anzahl der Musiker, Tamboure und Hornisten herabzusetzen. Und die neuen Schlachtschiffe, der ganze Stolz Österreich-Ungarns, soweit es sich als moderne Großmacht fühlte und seine Zukunft auf dem Wasser liegen sah, konnten nur durch eine Leihgabe von 3000 Heeressoldaten an die Marine einigermaßen bemannt werden.

»Es ist mein Wille, daß nach wie vor durch harmonisches Zusammenwirken aller berufenen leitenden Faktoren die Wehrkraft derart ausgestaltet und vervollkommnet werde, daß sie allen Anforderungen, welche ihr zur Wahrung der Sicherheit und der Machtstellung der Monarchie harren mögen, zuverlässig gerecht werden könne.« Dies verfügte der Kaiser unmittelbar nach der glimpflich abgelaufenden Annexions-Krise. Er dachte – mit der Aufforderung zum Zusammenwirken – an den Thronfolger, der auch in der Militärpolitik eigene Vorschläge machte und durchzusetzen trachtete, an die gegensätzlichen und sich durchkreuzenden Pläne und Aktionen der erzherzoglichen und der kaiserlich-königlichen Militärkanzlei. Und er dachte nicht zuletzt an den Generalstabschef Conrad von Hötzendorf, den Franz Ferdinand in den Sattel gehoben hatte und Franz Joseph im Zaum zu halten suchte, der aber zunehmend Extratouren ritt.

Soweit er sich im Rahmen der Wehrreform und der Heeresverstärkung bewegte, mit begrüßenswertem Elan und unbestreitbarem Erfolg, war der Kaiser zufrieden, was er mit der Erhebung Conrad von Hötzendorfs in den Freiherrenstand bekundete. Doch kaum hatte sich die außenpolitische Situation wieder angespannt, begann er erneut mit seiner Präventivkriegs-Parforce, die sich der Monarch schon einmal verbeten hatte. Italien hätte er nach wie vor gern als erstes angegriffen, noch lieber, seit es sich Rußland genähert hatte, immer lauter nach den italienischen Gebieten Österreichs verlangte und immer leiser von seinen Dreibund-Pflichten sprach. Die Gelegenheit schien Conrad günstig zu sein: Italien schickte sich an, das türkische Tripolis zu erobern, seine Aufmerksamkeit von Österreich-Ungarn abzulenken und seine bescheidenen Kräfte anderwärts zu verpulvern – für die k. u. k. Armee könnte es beinahe so etwas wie ein militärischer Spaziergang werden!

Ein entsprechendes Vorgehen forderte der Generalstabschef vom Außenminister. Alois Lexa – nun Graf – von Aehrenthal war eben dabei, sein Draufgängertum, das zur Annexions-Krise geführt hatte, zu zügeln und wollte den sprungbereiten Conrad von Hötzendorf gleich mitzügeln. Überdies nahm er den Übergriff in seinen Geschäftsbereich übel. Er beschwerte sich beim Kaiser, wobei er sicher sein konnte, daß der Monarch, der selber Ressortzuständigkeiten peinlich genau achtete und zur Ressortverantwortung des Außenministers vornehmlich die Bewahrung des Friedens rechnete, für seine Klage Verständnis haben würde.

Wie es seine Art geworden war, suchte Franz Joseph zunächst zu vermitteln. Er beauftragte den Chef seiner Militärkanzlei, Feldzeugmeister Artur Freiherrn von Bolfras, dem Generalstabschef eine Entschuldigung beim Außenminister nahezulegen. Conrad, der sich wie immer im Recht sah, lehnte ein solches Ansinnen mit der Entrüstung des Rechthaberischen ab. Und ging zum Gegenangriff über: Er konfrontierte nun unmittelbar den Kaiser mit seiner Forderung nach dem Präventivkrieg gegen das inzwischen in Tripolis engagierte Italien, und verlangte auch noch, daß Serbien und Montenegro in die Vorbeuge mit einbezogen werden sollten.

Die Geduld des Monarchen riß mit dem Knall einer überstrapazierten Langmut. »Diese fortwährenden Angriffe, besonders die Vorwürfe wegen Italiens und des Balkans, die sich immer wiederholen, die richten sich gegen mich; die Politik mache ich, das ist meine Politik.« Bei der Audienz am 15. November 1911 wurde der Kaiser seinem Generalstabschef gegenüber immer deutlicher: »Meine Politik ist eine Politik des Friedens. Dieser meiner Politik müssen sich alle anbequemen. In diesem Sinne führt mein Minister des Äußern meine Politik. Es ist ja möglich, daß es zu einem Kriege kommt, auch wahrscheinlich. Er wird aber erst geführt werden, bis Italien uns angreift.« Und, jeden Einwand Conrads abschneidend und ihn, wenn auch eher indirekt anklagend: »Überhaupt war bei uns bis jetzt nie eine Kriegspartei.«

Nun hatte er es ihm gesagt, dem Generalstabschef und dem hinter ihm stehenden Thronfolger. Den Worten folgte die Tat. Am 30. November 1911 eröffnete der Kaiser dem Freiherren Conrad von Hötzendorf: »Es tut mir leid, nach reiflicher Überlegung bin ich aber genötigt, Sie von Ihrem jetzigen Dienstposten zu entheben und Sie zum Armeeinspektor zu ernennen. Die Gründe sind Ihnen ja bekannt, darüber ist es nicht notwendig zu reden.« Der Entlassene schlug gehorsamst die Hacken zusammen, sein Protektor, der Thronfolger, jedoch schäumte und forderte seinerseits ein Opfer. Er ließ den Außenminister kommen, tadelte Aehrenthal wie der Kaiser Conrad getadelt hatte, allerdings in seiner unfeinen Art. Der Angegriffene rechtfertigte sich in einer Denkschrift, die von Friedenswillen und Fingerspitzengefühl zeugte, und sein politisches Testament werden sollte.

Der Kaiser ließ seinen Außenminister fallen, sei es, weil er sich einer Auseinandersetzung mit dem Thronfolger nicht mehr gewachsen fühlte und seine Ruhe haben wollte, sei es, weil er mit dem Sturz beider Kontrahenten zeigen wollte, daß er über den Parteien stand. Zudem war Aehrenthal auf den Tod an Leukämie erkrankt. Er starb am 17. Februar 1912, am selben Tag, an dem sein Nachfolger ernannt wurde.

Graf Leopold Berchtold von und zu Ungarschütz hieß der neue Mann am Ballhausplatz, vom Thronfolger vorgeschlagen, der ihn für lenkbar hielt, und vom Kaiser akzeptiert, der in ihm so etwas wie einen zweiten Tisza sehen mochte, einen Exponenten des Feudalismus, der sich in Ungarn erneut als Stütze des Monarchismus bewährte und sich vielleicht auch in den auswärtigen Geschäften als solche erweisen könnte. Manipulierbar schien der neue Minister des Äußern zu sein, denn er war eben kein selbstbewußter und energischer Tisza, zwar von sich selber eingenommen, aber das in so selbstverständlicher Weise, daß er gar nicht wahrzunehmen schien, wenn ihn andere vereinnahmten. Vielleicht war er nur zu lässig und bequem, um dem Willen anderer zu widerstehen. Insofern war er ein echter Vertreter des nonchalant degenerierten Hochadels, doch nicht unbedingt das, was man sich als verantwortlichen Außenpolitiker einer Großmacht vorstellte und die Monarchie in diesen schweren Zeiten brauchte.

Als Diplomat hatte der in Mähren und Ungarn begüterte Magnat an den Botschaften in Paris, London und Petersburg debutiert beziehungsweise dilettiert, war 1906 Botschafter am Zarenhof geworden und hatte seinen Anteil an Aehrenthals unglückseliger Rußlandpolitik gehabt. 1911 hatte er sich auf seine Besitzungen zurückgezogen, wo man ihn nicht echauffierte und sein Echauffiertsein auch noch negativ bewertete. Schon gar nicht wollte er nun k. u. k. Minister des Äußern werden; lieber blieb er sein eigener Herr, vielleicht sah er auch ein, daß er diesem Amt kaum gewachsen wäre. Der Kaiser mußte ihn schon am Portepee fassen, bevor er sich in das Palais am Ballhausplatz verfügte.

So erschien denn der hochgewachsene Herr mit dem rassigen Gesicht am Nachmittag des 17. Februar 1912 im Außenministerium, fand auch einen schon frühzeitig nach dem Mittagessen in seine Kanzlei zurückgekehrten Referenten vor, der noch gar nicht wußte, daß es sein neuer Chef war, der sich zu ihm setzte und mit ihm zu plaudern begann, »als geschähe es nur, weil er augenblicklich nichts Besseres anzufangen wüßte«, wie es Ernest Urbas Cormons weitererzählte. Von Anfang an hatte sich der »schöne Poldl« vorgenommen, über seinen neuen Pflichten nicht sein altes Faible für Pferde und Frauen zu vernachlässigen, und alles wie ein vollendeter Gentleman durchzustehen.

Kaum war er im Amt, wurden seine Vorsätze schon strapaziert. Das von Italien in Tripolis gegebene Beispiel, das Osmanische Reich noch lebendigen Leibes in Stücke zu reißen, machte auf dem Balkan Schule. Von Rußland ermuntert, taten sich zunächst Serbien und Bulgarien zusammen, Montenegro und Griechenland stießen dazu, zu einem Balkanbund, mit dem Bündniszweck: gemeinsamer Krieg gegen den Sultan und Aufteilung der europäischen Türkei unter die Sieger. Direkt war dieser Angriffspakt gegen das sterbende Osmanische Reich gerichtet, indirekt gegen die altersschwache Habsburgermonarchie. Auch ihre Balkanslawen sollten aus der babylonischen Reichsgefangenschaft in das Gelobte Land des Nationalismus geführt werden.

Von diesem – zunächst geheimen – Balkanbund ahnte man in Wien noch nichts. Der Ballhausplatz pflegte sogar die ihm genehme, weil bequeme Meinung, die Lage auf dem Balkan habe sich entspannt, und schlug vor, die Agententätigkeit in Serbien einzuschränken. Der Kaiser empfing die Könige von Bulgarien und Montenegro, die ihn hofierten und kein Sterbenswörtchen über ihre Absichten fallen ließen. Schließlich lullte auch noch der Deutsche Kaiser seinen österreichischen Bundesfreund ein, indem er ihm am 8. Juli 1912, nach einem Zusammentreffen mit dem Zaren, versicherte: Rußland werde kriegslüsterne Balkanstaaten zu bremsen wissen.

Auf geduldigem diplomatischem Papier tat das Petersburg denn auch, in einer mit Wien gemeinsam unternommenen Demarche – im Oktober 1912, nachdem der Balkanbund gegen die Türkei mobilisiert hatte. Tatsächlich war Rußland an einem kriegerischen Erfolg des Balkanbundes gegen die Türkei interessiert, weil dieser nicht nur ein Sieg des Panslawismus gewesen wäre, sondern vielleicht auch den Moskowitern den Bosporus geöffnet hätte. Österreich-Ungarn hingegen mußte alles an der Aufrechterhaltung des Status quo auf dem Balkan gelegen sein, um seine Kroaten, Serben und

Slowenen an der Kandare zu halten und ein weiteres Vordringen seines Hauptgegners Rußland zu verhindern.

Die Würfel fielen gegen die sinkenden Reiche des Halbmonds und des Doppeladlers. Noch im Oktober 1912 marschierten die Balkanbündler gegen die Türken und warfen sie in einem kurzen Feldzug nieder. Die k. u. k. Diplomaten machten Überstunden, um unmittelbar die vier Verbündeten und mittelbar Rußland um die Früchte dieses Sieges zu bringen, den Status quo auf dem Balkan zu erhalten und damit den allgemeinen Frieden zu bewahren. Der »nationalreligiöse Chauvinismus«, der Rußland mit den Balkanstaaten verbinde, sei in bedrohlichem Wachsen begriffen, erkannte Berchtold, folgerte daraus, daß die Monarchie vor der Wahl stehe, Hammer oder Amboß zu sein – und entschied sich schließlich für den Amboß.

Zum Hammer hätte gern der Thronfolger gegriffen, jedenfalls setzte er es durch, daß Conrad von Hötzendorf am 12. Dezember 1912 vom Kaiser wieder zum Generalstabschef berufen wurde. Sogleich forderte er wieder den Präventivschlag, gegen den siegreichen und dadurch noch gefährlicher gewordenen Balkanfeind, die »kriegerische Niederwerfung Serbiens ohne Scheu vor den möglichen Konsequenzen eines solchen Schrittes . . ., ausgehend von der Erwägung, daß weitere Passivität den Ruin der Monarchie sicher herbeiführt.«

Der Kaiser wollte weder Hammer sein, weil er die Folgen ahnte, noch den Amboß abgeben, nicht alles passiv über sich ergehen lassen. Ihn ärgerten die ausländischen Kommentare, in Wien sei wieder die Kriegspartei am Ruder, wo er doch immer noch da war und einen Antikriegskurs steuerte. Die Pflicht der Regenten sei es, den Frieden zu erhalten, bedeutete er dem Generalstabschef. Den Aussenminister unterstützte er bei dem Versuch, die nach der Annexionsaffaire nun schon zweite Balkankrise durch eine europäische Konferenz à la Metternich oder Bismarck zu bereinigen.

Wie in alten Zeiten wollte er mit Rußland, wenn schon nicht in brüderlicher Eintracht, so doch in nachbarlichem Einvernehmen leben. Der Kaiser übermittelte dem Zaren durch den Prinzen Gottfried zu Hohenlohe-Schillingsfürst, ehemaligem Militärattaché in Petersburg, ein Handschreiben, in dem er die durch eine russische »Probemobilisierung« und die Verstärkung der österreichischen Korps an der russischen und serbischen Grenze aufgezogenen Wolken zu verscheuchen suchte. Nikolaus II. antwortete kühl bis ans großrussische und panslawistische Herz hinan: »Die jahrhundertealten Traditionen legen dem russischen Reiche Pflichten auf, die es nicht mißverstehen darf.« Diese Abfuhr durch den Gegner verstimmte Franz Joseph kaum mehr als die Aufforderung des Freundes, Wilhelms II.: Das Kaiserreich solle zum bevorstehenden 300jährigen Jubiläum des Hauses Romanow dem Zarenreich eine Abrüstung anbieten.

Am Ende zog er doch immer wieder den kürzeren. Im Londoner Frieden vom 30. Mai 1913 mußte die Türkei den Großteil des ihr noch verbliebenen europäischen Gebiets an den Balkanbund abtreten. Die vier Genossen konnten sich jedoch über die Verteilung der Beute nicht einigen, Serbien, Rumänien und Griechenland marschierten im Sommer 1913 in den Zweiten Balkankrieg gegen Bulgarien, auf das Österreich-Ungarn setzte, weil es Serbien und damit Rußland nicht zu stark werden lassen wollte. Doch Bulgarien erlag der Übermacht, und Serbien war der Hauptgewinner, erhielt den Löwenanteil Mazedoniens, wurde allerdings durch die Bildung des Fürstentums Albanien von der Adria ferngehalten – ein kleiner Trost für die Donaumonarchie, die von nun an mit einem Groß-Serbien konfrontiert war. Die diplomatische Schützenhilfe für Bulgarien verstimmte Rumänien, das immer noch mit dem Dreibund liiert war und nun einen Grund mehr für ein künftiges Ausbrechen hatte.

War es nicht beinahe wieder so wie nach dem Krimkrieg unseligen Angedenkens? Der Habsburger stand erneut zwischen den Fronten, hatte sich nur Feinde gemacht, Serbien und Montenegro triumphierten, Rumänien und Italien, theoretisch noch Partner, waren praktisch schon Gegner, das Deutsche Reich hatte das Kommando im Zweibund übernommen, und der Sultan, als Monarch eines übernationalen Reiches der Schicksalsgenosse des Kaisers, war nun der sterbende Mann am Bosporus geworden. Vor allem hatte sich Franz Joseph wieder mit dem Zaren überworfen, diesmal endgültig. Zwar setzten Österreich-Ungarn und Rußland ihre Truppen wieder auf Friedensstand, doch der Waffengang war nur vertagt.

Wie dafür die Aussichten der Habsburger waren, erhellte blitzartig eine Spionageaffaire. Im Mai 1913 wurde der k. u. k. Generalstabsoberst Alfred Redl als russischer Agent entlarvt: Er hatte Aufmarschpläne, die ersten strategischen Schachzüge gegen das Zarenreich verraten. Franz Joseph war zunächst wie vom Schlag gerührt, dann machte er sich Luft durch ein Toben, wie man es von ihm noch nie vernommen hatte, doch die Kraft des fast Dreiundachtzigjährigen war schnell verbraucht, die Luft ging ihm aus und er knickte zusammen, erschreckte seine Umgebung durch sein verfallenes Aussehen und erweckte Mitleid durch seinen Seufzer: »Das also ist die neue Zeit? Und das die Kreaturen, die sie hervorbringt? In unseren alten Tagen wäre so etwas nicht einmal denkbar gewesen.«

Damals, im Krimkrieg vor sechzig Jahren, hatte er zwar keinen Redl gehabt, der ein solches Verbrechen beging, aber doch auch schon Mitarbeiter, die Fehler machten, was in der Politik, so man Talleyrand folgte, noch schlimmer war. Und waren seinerzeit nicht dem absoluten Monarchen höchstpersönlich die Fehler unterlaufen? Der damalige Außenminister Buol hatte seine Befehle auszuführen gehabt, der jetzige Außenminister Berchtold konnte innerhalb seiner Ressortgrenzen, die der konstitutionelle Monarch respektierte, selbständig handeln. Immerhin: Die eigentliche Verantwortung trug der Kaiser, der auch die letzte Entscheidung zu treffen hatte. Diese allerhöchste Kompetenz wurde indessen in der Praxis zunehmend beschnitten, durch den Thronfolger, der sich wie ein Koadjutor aufführte, der einem nicht mehr voll handlungsfähigen, aber unabsetzbaren Kirchenfürsten beigegeben war.

Franz Ferdinand machte zwar mehr Lärm, aber im Grunde nichts besser. Personalpolitisch hatte er keine glückliche Hand, was der neunmalkluge Aehrenthal, der untertourige Berchtold und der übertourige Conrad demonstrierten. Seine magyarenfeindliche Haltung war eine Belastung für die Gegenwart und die Zukunft der Doppelmonarchie und auch ein Hindernis für die Lösung der südslawischen Frage wie des rumänischen Minderheitenproblems, die nur mit Ungarn möglich gewesen wäre. Für die Versöhnung der Nationalitäten und damit für die Fortdauer des Vielvölkerreiches hatte auch der Thronfolger kein Patentrezept. Seine Theorien für eine Föderalisierung Österreichs konterkarierte er mit seiner faktischen anti-slawischen, namentlich anti-tschechischen Haltung. Die Slawen würden zu herausfordernd und frech, beklagte er sich beim Deutschen Kaiser, der ihm riet, man solle ihnen doch einmal wirklich den Kopf waschen, was Franz Ferdinand nur gutheißen konnte.

Mit Wilhelm II. verstand er sich zu gut, was die Gefahr in sich barg, daß entweder Österreich-Ungarn in das Kielwasser der deutschen Militaristen oder das Deutsche Reich in dasjenige der österreichisch-ungarischen Aktivisten geriet, und beides konnte mit einem Schiffbruch für alle enden. Schon hatte der Deutsche Kaiser seinem »lieben Franzi«, dem Thronfolger, versichert: Wenn das Prestige der Donaumonarchie in Frage stände, würde sich Deutschland nicht einmal vor einem Weltkrieg fürchten. Und – ausgerechnet in Wien – hatte Wilhelm II. auf die »schimmernde Wehr« gepocht, was Franz Joseph I. kommentierte: »Wenn nur dem Deutschen Kaiser nicht noch einmal sein Temperament durchgeht! Er ist zwar genauso wie ich auf die Erhaltung des Friedens bedacht, aber in dieser ostentativen Hervorhebung der Schärfe des deutschen Schwertes sehe ich eine Gefahr.« Als der Hohenzoller im März 1914 in Schönbrunn vorsprach, verkühlte sich der Habsburger so sehr, daß er eine Lungenentzündung bekam.

In Miramar an der Adria, wo sich anschließend Wilhelm und Franz Ferdinand trafen, herrschte eitel Sonnenschein. Am 12. Juni 1914 trafen sie sich schon wieder, in Konopischt, dem böhmischen Schloß des Thronfolgers, um gemeinsam die riesigen Rosengärten zu bestaunen und über die außenpolitische Situation zu sprechen. Österreich-Ungarn, zwischen Aktion und Resignation schwankend und zu keinen Entschlüssen kommend, hatte seine Balkanposition verloren, die Balkanstaaten und Rußland gegen sich aufgebracht, war nun – wie Conrad von Hötzendorf resümierte – im Nordosten und Südosten von kriegsbereiten Feinden, im Südwesten von dem zum Bundesbruch bereiten Italien umgeben –, und hatte nur im Nordwesten einen treu und fest stehenden Bundesgenossen, das Deutsche Reich, das seinerseits zwischen Frankreich, Rußland und England in der Zange steckte.

Mit Deutschland war Österreich-Ungarn eingekreist: »Vor uns vollzieht sich am hellichten Tage offen und deutlich, sonnenklar, mit schamloser Deutlichkeit, Schritt für Schritt die Einkreisung der Monarchie«, depeschierte Graf Ottokar Czernin, der k. u. k. Gesandte bei dem ins feindliche Lager abschwenkenden Alliierten Rumänien. »Unter russischer Patronanz schweißt sich ein neuer

Balkanbund zusammen – gegen die Monarchie! Und wir stehen daneben mit verschränkten Armen und betrachten interessiert den Fortgang dieses Aufmarsches!«

Der seinem 84. Geburtstag entgegensehende Franz Joseph hörte nicht auf die Stimmen, die immer lauter forderten, die Monarchie, zunehmend bedrückt von dem aufziehenden Gewitter, sollte sich Luft durch einen »reinigenden« Präventivkrieg machen. Er wußte, daß ein Waffengang nichts bereinigen, sondern alles vernichten würde, und er hoffte, daß es, wie so lange schon, irgendwie weitergehen würde. Wenn nicht, dann sollte man ihn bereit finden, das Schlimmste passiv zu ertragen, aber nicht von ihm verlangen, daß er das Unheil aktiv heraufbeschwöre.

Inzwischen saß er an seinem Schreibtisch, der Miniatur einer heilen Welt, ging mit Frau Schratt in Schönbrunn spazieren, auf geharkten Kieswegen zwischen ordentlich zugeschnittenen Baumwänden, die ihn von den unruhigen Zeitläuften abschirmten. Die Lage sei hoffnungslos, aber nicht ernst, sagte man in Wien, und Karl Kraus spottete: »Alles wartet auf das Ende – wünsch einen schönen Weltuntergang, Euer Gnaden.«

Der Untergang

MACHE ES WIE DU WILLST, sagte der Kaiser dem Thronfolger, am 4. Juni 1914, als sich Franz Ferdinand unschlüssig zeigte, ob er nun in Bosnien die Manöver leiten sollte oder nicht. Er vertrage die Hitze nicht, brachte er vor, und er dachte daran, daß in den annektierten Gebieten die Luft bleihaltig war. Vor allem serbische Bosniaken hatten sich noch immer nicht mit der vor sechs Jahren vollzogenen Angliederung abgefunden, wollten es den Habsburgern heimzahlen, die sie nicht heim in ein großserbisches Reich ließen.

Im Visier stand der Thronfolger. Die bosnischen Radikalen und ihre serbischen Hintermänner hielten ihn für fähig, die k. u. k. Serben, Kroaten und Slowenen in einem Kronland zusammenzufassen und damit die Mehrheit zu befriedigen, sogar für bereit, auch noch das Königreich Serbien mit Waffengewalt an ein habsburgisches Südslawien anzuschließen. Überdies verkörperte er die Zukunft des Reiches, und ihn zu treffen, hieß, dessen Fortdauer in Frage zu stellen.

Ein Attentat auf den Thronfolger lag seit Jahren in der Luft. Entsprechende Hinweise waren schon 1910 gegeben worden. 1911 hatte Franz Ferdinand eine Reise nach Bosnien unterlassen, weil der Führer der bosnischen Kroaten, Josip Sunarić, dringend abgeraten hatte. Er warnte nun wiederum, in einer Depesche an den k. u. k. Finanzminister Leon von Bilinski, der für die Verwaltung Bosniens und der Herzegowina zuständig war.

Dieser polnische Wiener wurde auch vom serbischen Gesandten, Jovan Jovanović, am 5. Juni 1914 auf die Gefahr eines Anschlags aufmerksam gemacht. Die Regierung in Belgrad, die von der Verschwörung wußte, sie aber nicht verhindern konnte, hielt wegen der eventuellen außenpolitischen Verwicklung einen Wink für angebracht: Die geplanten Manöver ausgerechnet im Grenzgebiet zu Serbien und um den 28. Juni, dem an die Niederlage der Serben

1389 auf dem Amselfeld und ihre Unterwerfung unter die Türken erinnernden Nationalfeiertag abzuhalten, müsse auf ihre Volksgenossen im Königreich wie in Bosnien provozierend wirken. Könnte nicht vielleicht ein serbischer k. u. k.-Soldat statt einer blinden eine scharfe Patrone laden und auf den Manöverherrn schießen?

So etwas dürfe und könne deshalb auch im österreichisch-ungarischen Heer nicht vorkommen, befand Bilinski, und schon gar nicht in seinem Amtsbereich, den er stets in den schönsten Farben geschildert hatte. Mit den eher höflichen als ernstgemeinten Worten »Hoffen wir, daß nichts passiert«, komplimentierte er den serbischen Warner zur Tür hinaus. Und dachte nicht daran, den Aussenminister oder gar den Thronfolger zu unterrichten. Er war ohnehin im Belvedere nicht gut angeschrieben, und man hatte ihn, obwohl es seine Zuständigkeit gewesen wäre, von der Vorbereitung der bosnischen Reise ausgeschaltet. Sollten sie sehen, wo sie ohne ihn blieben! Ressortegoismus und Amtsdilettantismus – nach k. u. k.-Manier wurstelte man fort und fort.

Der Thronfolger, um dessen Leben es ging, kannte nicht den Mordaufruf, den schon am 3. Dezember 1913 die in Chicago gedruckte serbische Zeitung *Srbobran* verbreitet hatte: »Der österreichische Thronfolger hat für das Frühjahr seinen Besuch in Sarajewo angesagt . .. Serben, ergreift alles, was Ihr könnt, Messer, Gewehre, Bomben und Dynamit. Nehmt heilige Rache! Tod der Habsburger Dynastie, ewiges Angedenken jenen Helden, die gegen sie die Hände erheben.«

Und schon gar nicht wußte Franz Ferdinand, daß die Mörder bereits von Belgrad nach Sarajewo unterwegs waren, die serbischen Bosnier Gavrilo Princip, mit zwanzig noch Gymnasiast, Nedeljko Čabrinović, ein neunzehnjähriger Angestellter der serbischen Staatsdruckerei, Trifko Grabež, Sohn eines Popen, und der muselmanische Bosnier Muhammed Mehmedbašić – ausgebildet, bewaffnet und eingesetzt von der »Schwarzen Hand«, der vom serbischen Generalstabsoberst Dragutin Dimitrijević – genannt »Apis« – geleiteten Verschwörer-Organisation. Bevor er die Attentäter über die Grenze schleuste, hatte er beim russischen Militärattaché in Belgrad, Oberst Artamanow, angefragt, was Rußland tun würde, wenn Österreich-Ungarn das Königreich Serbien angreife. Den slawischen Bruder nicht im Stich lassen, wurde ihm zu seiner Genugtuung bedeutet.

Auch wenn das alles dem Thronfolger verborgen geblieben war – er hätte vorsichtiger sein müssen. Doch er war zu pflichteifrig und ehrgeizig, um es versäumen zu wollen, wiederum als faktischer Oberbefehlshaber zu erscheinen. Zudem schmeichelte ihm die Erlaubnis des Kaisers, daß seine Frau nicht nur mitreisen, sondern ihr auch die einer Gemahlin des Thronfolgers zukommenden Ehren erwiesen werden sollten. Bedenken zerstreute er mit Bekundungen von Furchtlosigkeit: »Besorgnisse und Vorsichten lähmen das Leben«, und »Unter einen Glassturz lasse ich mich nicht stellen.«

Wenn er ein Römer gewesen wäre, hätte er kehrt gemacht, denn diese Reise begann nicht gut. Schon bei der Abfahrt im böhmischen Chlumetz waren die Achsen des Salonwagens heißgelaufen, wohl weil sie nicht hinreichend geschmiert worden waren. Das hohe Paar mußte in ein gewöhnliches Abteil Erster Klasse umsteigen. »Na, diese Reise fängt ja recht vielversprechend an«, kommentierte der Thronfolger. Auf dem Wiener Südbahnhof setzte er dann die Reise in einem anderen Salonwagen fort, in dem die elektrische Lichtanlage ausgefallen war und Kerzen angezündet werden mußten. »Was sagen Sie zu der Beleuchtung?«, wandte er sich an seinen Sekretär, Paul Nikitsch-Boulles. »Wie in einem Grab, nicht?«

Aber mit dem Manöver in Bosnien funktionierte es dann; die Armee schien das einzige in dieser Monarchie zu sein, was noch klappte. 22000 Mann marschierten, schossen und stürmten in dem gebirgigen und öden Terrain, bei Wolkenbruch und Schneegestöber, bis zur Erschöpfung. Der Oberste auf dem Feldherrnhügel war froh, daß es nicht heiß geworden war, wie er befürchtet hatte. »In tiefster Ergebenheit mich zu Füßen legend Euer Majestät untertänigster Franz« schloß das Telegramm, das er am 27. Juni aus Ilidze dem schon in Ischl weilenden Kaiser schickte: »Der Zustand der Truppen, ihre Ausbildung sowie ihre Leistungen waren ganz vorzüglich über alles Lob erhaben. Ein vorzüglicher Geist und ein hoher Grad der Ausbildung und Leistungsfähigkeit. Beinahe keine Maroden, alles frisch und munter. Morgen besuche ich Sarajewo und reise abends ab.«

Daß es zu dieser Hinfahrt, aber nicht mehr zur Abfahrt kam, war nicht zuletzt den mangelhaften Sicherheitsvorkehrungen zuzuschreiben. Im Grunde waren sie gleich null. Geheimpolizisten konnte er ohnehin nicht leiden, weil sie, wie er meinte, eine heimliche, also unheimliche Wand zwischen ihm und dem Volk aufrichteten. Die zuständige Behörde hatte lediglich fünf Detektive angefordert. Zudem waren zwanzig Gendarmen zum persönlichen Schutz des Thronfolgers aufgeboten, die aber schon auf dem einigermaßen übersichtlichen Manöverfeld ihre Mühe und Not bei der Erfüllung ihrer Aufgabe hatten.

Ein Offizier aus seinem Gefolge meinte daher am Abend des 27. Juni vorschlagen zu müssen, der Thronfolger sollte auf den Besuch in Sarajewo verzichten und noch in dieser Nacht von Ilidze aus die Heimreise antreten. Franz Ferdinand winkte ab; er wollte nicht, daß man alles umsonst vorbereitet hätte. Und die Gemahlin wies aufgeräumt den Schwarzseher Sunarić zurecht: »Sie haben sich doch geirrt, es ist doch nicht so, wie Sie immer sagen. Wir sind überall im Lande, auch ausnahmslos von der serbischen Bevölkerung, so freundlich begrüßt worden, mit einer solchen Herzlichkeit und ungeheuchelten Wärme, daß wir ganz glücklich darüber sind.«

Nicht unfreundlich wurde das Thronfolgerpaar am 28. Juni 1914, einem Sonntag, in Sarajewo empfangen. Die Hauptstadt Bosniens bot unter dem Festzelt des blauen Himmels an und für sich schon einen einladenden Anblick: von Bergen umgeben, ein natürliches Amphitheater, die türkische Altstadt mit aufgepflanzten Minaretts, die österreichische Neustadt mit Regierungsgebäude, Bank und Kaserne, die in Habtachtstellung die neue Herrschaft repräsentierten, in der Mitte ein glitzernder und rauschender Bergfluß, die Miljačka, gesäumt von Uferstraßen. Menschen standen Spalier, wenn auch nicht so viele, wie man bei einer Einwohnerzahl von 50000 hätte erwarten können, aber nur wenige Polizisten, und überhaupt kein Militär. So hatte es der Landeschef, Feldzeugmeister Oskar Potiorek, angeordnet, davon überzeugt, daß er die Bosniaken so sehr schwarz-gelb eingefärbt hatte, daß man sie nicht mehr einzuschüchtern brauchte.

Von der gelben Bastion des Kastells feuerten Festungsgeschütze 24 Salutschüsse, Deutsche riefen »Hoch« und Slawen »Zivio«, als das Thronfolgerpaar gegen 10 Uhr vormittags über die Renommierstraße der Stadt, den Appelkai, fuhr, in einem offenen Personenauto der Marke Graef & Stift (4 Zylinder, 140 mm Hub, 28/32 PS), das Graf Franz Harrach, Mitglied des österreichischen freiwilligen Automobilkorps, zur Verfügung gestellt hatte. Erzherzog Franz

Ferdinand trug Generalsuniform, hellblauen Rock, schwarze Hose mit roten Streifen und grünen Federhut, die Herzogin von Hohenberg ein weißes Kleid und einen weißen Hut mit Reiherfeder. Mit im Wagen saß der Landeschef, Feldzeugmeister Potiorek. Vor ihnen fuhr ein Auto mit Bürgermeister und Polizeikommissär, hinter ihnen ein Auto mit Adjutanten.

Als die Kolonne die Čumurja-Brücke passierte, warf der Täter Čabrinović eine Bombe in den mittleren Wagen. Die Herzogin wurde von der zunächst explodierenden Sprengkapsel am Hals geritzt, doch die Bombe kollerte über das zurückgeschlagene Wagendach auf die Straße, und die Sprengladung detonierte erst unter dem dritten Wagen. Oberstleutnant Erik Edler von Merizzi, Flügeladjutant Potioreks, wurde am Hinterkopf verletzt. Der in den Fluß gesprungene Attentäter wurde herausgefischt und verhaftet. Der Thronfolger fuhr mit rotem Kopf weiter, das Gesicht seiner Gemahlin hinter dem weißen Schleier war blaß geworden. Im Rathaus hob der Bürgermeister zu seinem Willkommen an, doch Franz Ferdinand unterbrach ihn barsch: »Was hab' ich von Ihren Reden? Ich komme nach Sarajewo zu Besuch und man wirft Bomben auf mich. Das ist empörend! – So, jetzt können Sie weiterreden.«

Der Attentäter sei gefaßt, sagte man ihm. »Passen Sie auf! Der Kerl wird, statt daß man ihn unschädlich macht, nach echt österreichischer Art noch mit dem Verdienstkreuz dekoriert!« Nun hatte er sich Luft gemacht, und das Programm konnte, wie vorgesehen, ablaufen. Im Konak war schon der Mittagstisch gedeckt, für ein Menu von zehn Gängen, darunter Truites en beurre, Boeuf bouilli aux legumes, Poulets à la Villeroy, Bombe à la reine. Die Tafelmusiker stimmten schon ihre Instrumente, für Chladeks Konzertwalzer »Ohne Lieb' kein Leben« und Eyslers »Einmal rechts herum« aus der Operette »Der lachende Ehemann«.

Wie konnte man aber unbehelligt vom Rathaus in den Konak gelangen? Major Paul Höger von der erzherzoglichen Militärkanzlei meinte, man solle zuvor die Straßen durch Militär räumen lassen. Doch der Thronfolger wollte noch vor dem Mittagessen nicht nur, wie geplant, das Landesmuseum, sondern auch den verletzten Merizzi im Garnisonsspital besuchen – obschon ihm dabei nicht wohl war: »Heute werden wir noch ein paar Kugerln kriegen.« Immerhin beschloß man, nicht – wie angekündigt – den Weg über die Franz-Joseph-Straße, sondern über den Appelkai zu nehmen.

»Nach echt österreichischer Art« fuhr man ins Verderben. Denn das vorausfahrende Auto bog doch zur Franz-Joseph-Straße ab, wohl weil der Chauffeur nicht in der Lage gewesen war, sich so schnell auf die neue Ordre umzustellen. Der Chauffeur des zweiten, des erzherzoglichen Autos, folgte dem Leitwagen, wie man es eben gewohnt war, aber Feldzeugmeister Potiorek, dem rangmäßig der Überblick zustand, befahl ihm, er solle doch über den Appelkai fahren. Der Chauffeur bremste gehorsam, um den Wagen zu wenden.

In diesem Moment flogen die Kugerln. Der Attentäter Princip stand genau am richtigen Platz, feuerte von rechts seinen Revolver ab, traf sein Ziel, das sich nicht mehr bewegte, gar nicht zu verfehlen war.

»Während das Auto rasch reversierte«, gab Graf Harrach zu Protokoll, der auf der linken, also der falschen Seite auf dem Trittbrett stand, um den Thronfolger zu decken, »spritzte ein dünner Blutstrahl aus dem Mund Seiner kaiserlichen Hoheit auf meine rechte Backe. Während ich mit einer Hand mein Taschentuch zog, um das Blut vom Mund des Erzherzogs abzuwischen, rief Ihre Hoheit: ›Um Gottes willen! Was ist Dir geschehen?‹ Worauf sie vom Sitz hinabsank, mit dem Gesicht zwischen den Knien des Erzherzogs. Ich ahnte gar nicht, daß sie getroffen wäre, und dachte, sie sei aus Schreck ohnmächtig geworden. Auf das sagte Seine kaiserliche Hoheit' ›Sopherl, Sopherl! Stirb mir nicht! Bleib für meine Kinder!‹ Auf das ergriff ich den Erzherzog beim Rockkragen, um das Vorsinken des Kopfes zu verhindern, und fragte ihn: ›Leiden Eure kaiserliche Hoheit sehr?‹ Worauf er deutlich antwortete: ›Es ist nichts!‹ Nun verzog er etwas sein Angesicht und wiederholte sechs- bis siebenmal, immer mehr das Bewußtsein verlierend und in immer leiserem Ton: ›Es ist nichts!‹«

Als der Wagen im nahe gelegenen Konak ankam, war die Herzogin bereits gestorben, an innerer Verblutung durch eine Kugel in den Unterleib. Dem Erzherzog war die Halsschlagader durchschossen; er bekam noch die Letzte Ölung, bevor er seinen Geist aufgab. Inzwischen war Princip festgenommen worden, nicht ohne Schwierigkeiten, wie der Konzeptspraktikant Dr. Andreas von Morsey aussagte: »Wie ich dem Attentäter die zwei Hiebe versetzte, standen rechts und links von mir zwei Zivilisten, von denen einer mir zurief, und zwar in deutscher Sprache: ›Rühren Sie ihn nicht an!‹ . . . Auch habe ich mehrere Rufe aus der Menge gehört: ›Schauen Sie, daß Sie weiterkommen!‹« Der Beamte, der für die österreichisch-ungarische Ordnung sorgte, hatte mehrere Hiebe auf seinen Helm bekommen, so daß dieser ganz verbogen war.

In Sarajewo läuteten die Kirchenglocken, Grabglocken der Habsburger. In Ischl hatte Generaladjutant Graf Eduard Paar wieder einmal die traurige Pflicht, dem Kaiser eine Hiobsbotschaft zu überbringen. »Entsetzlich! Die armen Kinder! – Wir fahren morgen nach Wien«, sagte Franz Joseph. »In aller Sorge, wie Papa diese neue Erschütterung tragen würde, war mir doch bewußt, daß es nur eine Aufregung, kein Schmerz für ihn sei«, notierte seine Tochter Marie Valerie in ihrem Tagebuch. Als er wenige Tage später Oberst Karl Bardolff, den Vorstand der erzherzoglichen Militärkanzlei, zur Berichterstattung empfing, fragte er: »Und wie hat sich der Erzherzog gehalten?« Bardolff antwortete: »Wie ein Soldat, Euer Majestät.« Das sei von ihm auch nicht anders zu erwarten gewesen, meinte der Kaiser, und erkundigte sich nach kurzer Pause: »Und wie waren die Manöver?«

Selbst Bardolff, dieser entschiedene Parteigänger des Thronfolgers und damit in gewisser Opposition zum Monarchen, kommentierte: »Das war weder Gemütlosigkeit noch Pose, das war nur Soldatenart und Führerpflicht.« Oder war es nur noch die Reaktion einer Mumie? Doch auch früher hatte Franz Joseph menschliche Empfindungen den monarchischen Imperativen untergeordnet. Und der Kaiser war überzeugt, daß Franz Ferdinand nicht der richtige Nachfolger gewesen wäre. Betont herzlich begüßte er den ihn am Bahnhof in Wien erwartenden Erzherzog Karl Franz Joseph, den nunmehrigen Thronfolger. Marie Valerie kannte ihren Vater: »Er sagte mir im Laufe des einstündigen, heute nicht stockenden Gespräches sehr ernst und bestimmt auf meine Bemerkung, Karl werde sich gewiß gut einarbeiten: ›Es ist für mich eine große Sorge weniger.‹«

Für die gegen den Willen des Monarchen geschlossene morganatische Ehe hatte noch der tote Franz Ferdinand zu bezahlen. Da ihm bewußt geblieben war, daß seiner unebenbürtigen Frau die Kapuzinergruft verschlossen bleiben würde, er aber an ihrer Seite begraben werden wollte, hatte er sein Schloß Artstetten in Niederösterreich als beider letzte Ruhestätte vorgesehen. Die Trauerfeierlichkeiten in Wien waren nicht Erster Klasse, wie es dem Erzherzog-Thronfolger und Generalinspektor der bewaffneten Macht zugestanden wäre, sondern Zweiter Klasse, der Herzogin von Hohenberg entsprechend, zu der Franz Ferdinand im Leben herabgestiegen war und auf deren Rangstufe er im Tode bleiben mußte. Der Kaiser nahm zwar an der Einsegnung des Thronfolgerpaares in der Hofburg-Pfarrkirche teil, aber ausländische Fürstlichkeiten waren als Trauergäste nicht eingeladen und k. u. k.-Soldaten zu einer Trauerparade nicht aufgeboten worden.

Dem Obersthofmeister, Fürst Alfred Montenuovo, wurde vorgeworfen, er habe noch das tote Thronfolgerpaar demütigen wollen. Doch er führte nur die Befehle des Kaisers aus, was ihm dieser dann auch in einem für die Öffentlichkeit bestimmten Dankschreiben bestätigte. Der Kaiser achtete, wie immer, das unerbittliche Hofzeremoniell. Er war ehrlich erstaunt, als ihn der neue Thronfolger um ein »bisserl mehr Zeremoniell« bat, und ehrlich verstimmt, als Erzherzöge, Aristokraten und Generäle, nachdem er dieses Ansuchen hatte ablehnen müssen, ein eigenes Zeremoniell improvisierten, den beiden Toten durch die Stadt zum Westbahnhof das Geleit gaben.

Die Naturgewalten schienen auf der Seite der kaiserlichen Macht zu sein. Als die beiden Särge zwischen Pöchlarn und Artstetten mit der Donaufähre übergesetzt wurden, blitzte und donnerte es, tobten Sturm und Regen. Mitten auf dem Strom scheuten die Pferde der Leichenwagen – beinahe wären die Toten wie die Lebenden in der Donau versunken.

Am 4. Juli 1914 wurden Erzherzog Franz Ferdinand von Österreich-Este und seine Frau, die Herzogin Sophie von Hohenberg, endlich zur letzten Ruhe gelegt – als es Nacht geworden war, wie es das habsburgische Hausgesetz verlangte und wie es nun einen tieferen Sinn bekam.

Franz Ferdinand sei das erste Opfer des Weltkriegs gewesen, wurde später gesagt. Ende Juni und Anfang Juli 1914 ahnte kaum jemand, daß den Schüssen von Sarajewo ein Stahlgewitter folgen sollte, in dem schließlich die Habsburgermonarchie und mit ihr das alte Europa unterging.

Der 28. Juni war ein Sommersonntag, wie er im Buche stand, der auch noch eine Fortsetzung versprach, einen freien und schönen Montag, Namensfest von Peter und Paul. Die Wiener waren im Grünen, es wurde gegessen, getrunken und getanzt, gelebt eben wie in der guten alten Zeit, an die man sich bald schon nur noch wehmütig erinnern konnte. Der halbe Ballhausplatz war in das verlängerte Wochenende ausgeflogen; Außenminister Berchtold jagte Enten in Mähren. Die Zeitungsredaktionen waren geschlossen. Gegen Mittag tauchten die ersten Gerüchte auf, die sich schließlich zur Unglücksbotschaft verdichteten, ohne den Sonntag zu überschatten. »So viel ich sehe, nimmt die Stadt Wien das Ereignis ruhig auf«, notierte der Reichsratsabgeordnete Joseph Redlich in sein Tagebuch. »In der Stadt herrscht keine Trauerstimmung, im Prater und hier draußen bei uns in Grinzing an beiden Tagen überall Musik.«

Es gab sogar Wiener, die aufatmeten, jene, die Franz Ferdinand für das Haupt der Kriegspartei gehalten hatten und meinten, nun könnte man in Frieden weiterleben. Sie übersahen, daß der Generalstabschef Conrad von Hötzendorf noch da war. Auch er war am Sonntag unterwegs gewesen, am Montag aber schon wieder in seinem Büro aufgetaucht, wo er erklärte: Es müsse Krieg mit Serbien und könne Krieg mit Rußland geben. »Zwei Prinzipien standen sich feindlich scharf gegenüber«, rechtfertigte er sich später, »die Erhaltung Österreich-Ungarns als Konglomerat verschiedener Nationalitäten, die nach außen als Ganzes abgeschlossen unter einem Herrscher ihr gemeinsames Gedeihen finden sollten, und die Entstehung getrennter selbständiger Nationalstaaten, die die konationalen Gebiete Österreich-Ungarn an sich reißen und dadurch den Zerfall der Monarchie herbeiführen würden. Der seit langem glimmende Kampf dieser Prinzipe war durch Serbiens Vorgehen in ein akutes Stadium getreten, sein Austrag war nicht mehr aufzuhalten. Deshalb, und nicht als Sühne für den Mord, mußte Österreich-Ungarn das Schwert gegen Serbien ziehen.«

Der Kaiser, der sich früher als sonst zum Sommeraufenthalt nach Ischl begeben hatte, kehrte sofort nach Schönbrunn zurück, ließ sich aber mit Folgerungen oder gar Entscheidungen Zeit. Am ersten Tag, dem 29. Juni, wollte er niemand sehen, weder den Außenminister Berchtold, der nun die Serben jagen wollte, noch den ungarischen Ministerpräsidenten Tisza, der meinte, man wisse nicht genau, ob Belgrad für den Mord in Sarajewo verantwortlich sei, doch man wisse ganz genau, daß ein Krieg mit Serbien den Krieg mit Rußland bedeute. Und schon gar nicht wollte Franz Joseph den Generalstabschef sehen, weil er ohnehin wußte und es nicht gern hörte, was ihm dieser sagen würde.

Zwei Tage nach Sarajewo, am 30. Juni, konnte er nicht umhin, den Außenminister zu empfangen. Berchtold empfahl ein »klares Aktionsprogramm« mit der Begründung: »Sollten wir selbst in einem solchen Fall Schwäche zeigen, würden die Nachbarn im Süden und Osten um so sicherer mit unserer Ohnmacht rechnen und um so konsequenter ihr Zerstörungswerk zu Ende führen.« Er solle darüber mit Tisza sprechen, meinte der Kaiser, der wußte, wie der ungarische Ministerpräsident reagieren würde, nämlich mit »Nein«, das er auch in der Audienz beim Kaiser am 1. Juli wiederholte.

Am 2. Juli entschied der Monarch: vorerst keine militärische Strafexpedition gegen Serbien. Zunächst sollte geklärt werden, inwieweit Belgrad schuld am Attentat sei, und was der deutsche Bundesgenosse zu allem meine. Eine solche Denkpause entsprach dem Stil Franz Josephs, und seiner Grundauffassung, daß man es sich dreimal und noch einmal dreimal überlegen müsse, bevor ein Reich, das auf den Frieden wie auf das tägliche Brot angewiesen war, einen Krieg begänne.

»Ich sehe schwarz in die Zukunft«, sagte er dem deutschen Botschafter Heinrich von Tschirschky, der ihm – schon am 2. Juli – versichern zu können glaubte, daß Wilhelm II. hinter jedem festen Entschluß Franz Josephs I. stehen werde. Im Unterschied zum Habsburger waren beim Hohenzollern Emotionen im Spiel, zu denen er stets neigte und namentlich in diesem Fall: Franz Ferdinand war sein persönlicher Freund und seine politische Hoffnung gewesen, und er hielt es nur für recht und billig, wenn die serbischen Drahtzieher des Attentats gebührend gezüchtigt würden. Wenn bei Franz Joseph überhaupt ein Gefühl investiert war, dann die dumpfe Ahnung, daß ihm der tote Franz Ferdinand noch mehr Unglück bringen würde als der lebende.

Wilhelm, der in so vielem Franz Ferdinand glich, traute er nicht ganz über den Weg. Conrad von Hötzendorf berichtete über seine Audienz am 5. Juli: »Die Sprache kam sogleich auf die politische Lage. Seine Majestät überblickte alles vollkommen und war sich ganz im klaren über ihren Ernst. Ich äußerte auch Seiner Majestät gegenüber meine Ansicht von der Unvermeidlichkeit eines Krieges gegen Serbien. Seine Majestät: ›Ja, das ist ganz richtig, aber wie wollen Sie Krieg führen, wenn alle dann über uns herfallen, besonders Rußland?‹ Ich: ›Wir haben doch eine Rückendeckung durch Deutschland!‹ Seine Majestät blickte mich fragend an, sagte: ›Sind Sie Deutschlands sicher?‹ Ich hatte den Eindruck, daß Seine Majestät sich Deutschlands nicht sicher fühlte und daher im Entschluß zögerte.«

Die Deutschen versicherten ihm nicht nur, daß er sich auf sie verlassen könnte, sondern sie erwarteten von ihm sogar, daß er im Vertrauen auf ihre Begleitmusik den Serben stante pede den Marsch blase. Doch Franz Joseph spitzte vorerst nicht einmal die Lippen. Beim Ministerrat am 7. Juli – dem ersten seit dem Attentat – plädierten indessen alle seine Minister für eine militärische Aktion gegen Belgrad, mit Ausnahme Tiszas, der bei seiner Warnung blieb, daß ein Feldzug gegen Serbien den Weltkrieg heraufbeschwören würde. Der Kaiser wartete das Ende des Ministerrats, das unangenehm zu werden schien, ihm vielleicht sogar eine Entscheidung abfordern würde, nicht ab, und begab sich nach Ischl, um den unterbrochenen Sommeraufenthalt fortzusetzen.

Das war ein Fehler. Denn nun hatte er das Wiener Feld der Kriegspartei überlassen. Der Generalstabschef wollte endlich die Operationen, die er so oft und lange im Sandkasten geübt hatte, in die Tat umsetzen. Der Ballhausplatz bestellte sich geradezu das deutsche Drängen: Graf Alexander Hoyos, Kabinettschef Berchtolds und Graue Eminenz im Außenministerium, fuhr zu diesem Behufe nach Berlin und brachte die deutsche Erklärung auf den Weg, die Botschafter Tschirschky am 8. Juli im Ballhausplatz abgab: Österreich-Ungarn könne auch im Falle einer »europäischen Komplikation« auf den Waffenbruder zählen, doch dieser erwarte seinerseits, daß die Habsburgermonarchie sich als würdiger, und das hieße nun zupackender Bundesgenosse bewähre.

Das schlug die entscheidende Bresche in die Friedensbastion. Tisza gab nach, nicht sofort, und schließlich nur unter der Bedingung, daß man Serbien zwar bestrafen solle, aber nicht erobern dürfe, was ja auch keinen rechten Sinn ergab. Den Kaiser umzustimmen, übernahmen Berchtold und Hoyos, die noch am 8. Juli nach

Ischl fuhren und anderntags sich in getrennten Audienzen vereint für ein Vorgehen gegen Serbien schlugen: der Außenminister, der die deutsche Demarche vortrug und stramm mit ihr Schritt hielt, der Kabinettschef, der schwarz in schwarz die Folgen ausmalte, die ein weiteres Zaudern des Kaisers in Berlin haben würde, für das Fortbestehen des Zweibundes und für das Ansehen der Habsburgermonarchie. Nun müsse man wohl oder übel zu einem Entschlusse gelangen, stöhnte der alte Herr.

Man entschloß sich zu einem Ultimatum an Serbien, das man in österreichischem Understatement »Begehrnote« nannte, wobei der Kaiser hoffen mochte, daß die Serben die Begehren erfüllen würden, während der Ballhausplatz dafür sorgen wollte, daß sie als unerfüllbar und deshalb kriegsauslösend formuliert wurden.

Zunächst sollte Serbien in den Anklagezustand versetzt werden, was gar nicht so einfach war, da Belgrad nachhaltig seine Unschuld beteuerte und die Untersuchungen in Sarajewo bis dato nicht das Gegenteil zu beweisen vermochten. Auch der vom k. u. k. Außenministerium entsandte Sektionsrat Friedrich von Wiesner mußte am 13. Juli berichten, daß die »Mitwisserschaft serbischer Regierungsleitung am Attentat oder dessen Vorbereitung und Beistellung der Waffen durch nichts erwiesen oder auch nur zu vermuten« sei; es bestünden vielmehr Anhaltspunkte, »dies als ausgeschlossen anzusehen«. (Vierzehn Jahre später, nachdem sich Beteiligte aus Belgrad decouvriert hatten, kam derselbe Wiesner zu der Feststellung: »Vier Wochen vor dem Attentat hatte das Kabinett Pašić von dem Komplott Kenntnis; es wußte, daß die Verschwörer die Grenze passiert hatten, aber es unternahm nach den angeblichen und mißglückten Weisungen an die Grenzämter nichts mehr, um das Attentat zu verhüten.«)

Es hatte seine Zeit gebraucht, die »Begehrnote« zu beschließen, es brauchte nun seine Zeit, sie zu formulieren. Daran arbeitete der Gesandte Alexander von Musulin. Er reihte Dokument an Dokument, zu einer Beweiskette, die nicht schlüssig wurde, schliff am Wortlaut wie an einem Edelstein, nicht ahnend, daß er an der Grabinschrift der Monarchie feilte. »Ich war der Abteilung Musulins damals zugeteilt«, erinnerte sich Ernest Urbas Cormons, »und habe diese Arbeit Stunde um Stunde miterlebt. Ich fühlte mich nicht in einem politischen Büro, sondern in einer künstlerischen Werkstatt. Ein

Dokument sollte geschaffen werden, das durch die unerhörte Wucht und Knappheit seiner Sprache die Welt bezwingen mußte.« Das Ergebnis war jedoch kein Zeugnis der Staatskunst, und seine Wirkung war anders als beabsichtigt. »Das ist das furchtbarste Dokument, das ich je gelesen habe«, kommentierte der englische Außenminister Sir Edward Grey.

Dabei hätte man in der Hauptstadt des britischen Empires Verständnis zumindest für den Ton der »Begehrnote« haben können; denn es war die Art, wie Imperialisten mit Halbkolonialen umzuspringen pflegten, sozusagen eine verbale Kanonenbootpolitik. Wien wünschte in heftiger und drohender Weise:

Die Bekanntmachung im serbischen Staatsanzeiger, daß die Regierung die gegen Österreich-Ungarn betriebene Agitation, an der auch Offiziere und Beamte beteiligt gewesen seien, und die daraus entstandenen Folgen bedauere. Einen Tagesbefehl des Königs an die serbische Armee, daß künftig gegen jede Person, die sich einer solchen Verletzung der freundnachbarlichen Beziehungen schuldig mache, mit äußerster Strenge vorgegangen werde. Das Einschreiten der serbischen Organe gegen die Agitatoren, ihre Entlassung aus dem Militär- und Staatsdienst, die Auflösung der nationalistischen Vereinigungen, die Unterbindung jeglicher Propaganda. Und die Mitwirkung österreichisch-ungarischer Organe an der »Unterdrükkung der gegen die territoriale Integrität der Monarchie gerichteten subversiven Bewegung« sowie an der Untersuchung gegen Mitschuldige am Attentat von Sarajewo.

Wien forderte von Belgrad eine »bedingungslose Annahme der gestellten Forderungen« – binnen 48 Stunden. Doch namentlich der letzte Punkt – der direkte Eingriff in die Souveränität Serbiens – war für einen Staat, der seine Unabhängigkeit bewahren mußte, und für eine Regierung, die nicht vom Volkszorn verjagt werden wollte, völlig unannehmbar. Das am 19. Juli vom Ministerrat in Wien verabschiedete Ultimatum bekam der Kaiser am 20. Juli in Ischl vorgelegt, als schwerlich noch etwas hätte geändert werden können, weil die nicht nur für Belgrad, sondern auch für die anderen Hauptstädte bestimmten Exemplare der Note bereits zu den diplomatischen Vertretungen unterwegs waren, die sie am 23. Juli überreichen sollten. Sie sei sehr scharf formuliert, wandte der Kaiser ein, als ihm am 21. Juli die »Begehrnote« erläutert wurde, von Berchtold, der erwiderte: »Es war notwendig.«

Nun, wenn der zuständige Außenminister es für notwendig hielt, war es halt notwendig. Ob es aber angebracht war, bezweifelte Franz Joseph, ohne seinen Zweifel im letzten Moment und sicherlich schon zu spät zu einem »Haltet ein!« zu verfestigen. Schließlich war er der Kaiser, dem die letzte Entscheidung zukam, ein erfahrener Kapitän, der es erlebt und erlitten hatte, was passierte, wenn sein altes Orlogschiff, das sich gewöhnlich nur mit halber Kraft dahinschleppte, mit »Volldampf voraus!« vorankommen wollte. Schon 1859 war er über ein Ultimatum in einen Krieg und in eine Niederlage hineingefahren.

Damals hatte er noch das volle Kommando, nun teilte er es mit den verfassungsmäßig Mitverantwortlichen auf der Brücke, und sie alle hingen von den Spezialisten im Maschinenraum ab. Kurs und Tempo konnte er nicht mehr allein und immer weniger überhaupt noch bestimmen. Er war ein alter Mann geworden, der in Frieden sterben wollte, und der nur noch hoffen konnte, daß das Schiff nicht auflief, das Ultimatum nicht zum Krieg und der Krieg nicht zur Katastrophe führte – zum Untergang seines Reiches. Für Anstand und Würde blieb er persönlich zuständig: Der Budapester Korpskommandant hatte den zur Kur in Österreich-Ungarn weilenden serbischen Generalissimus Radomir Putnik noch vor Beantwortung der Begehrnote vorsorglich festgesetzt – der Kaiser verfügte, daß dem fähigsten General des mutmaßlichen Gegners unverzüglich die Heimreise in einem Salonwagen der ungarischen Staatsbahnen zu gestatten sei.

Am Samstag, dem 25. Juli, 5.00 Uhr nachmittags, lief das Ultimatum ab. In Ischl war der Herzog von Cumberland mit Familie zur Tafel geladen; der Kaiser hatte sich, wie stets, um die Vorbereitung gekümmert, bis zum Anzug der servierenden Dienerschaft. Doch er gab sich anders als sonst, wie Flügeladjutant Margutti bemerkte: »Anstatt, wie sonst immer, gleich in die Halle einzutreten und einzelne der Herren ins Gespräch zu ziehen, blieb der Monarch unter der offenen Einfahrt stehen, grüßte von dort aus nur stumm und flüchtig die Anwesenden und ging dann, mit auf dem Rücken gekreuzten Händen, raschen Schrittes in der Halleneinfahrt und auf dem Gartenvorplatz auf und ab. Man sah nur zu deutlich: Der Kaiser befand sich in einer derartigen Unruhe und Aufregung, daß er derer kaum Herr zu werden vermochte.«

Geistesabwesend saß er bei Tisch, merkte kaum, was er aß, mußte sich jedesmal einen Ruck geben, um als Hausherr ein paar Worte zu verlieren. Von Serbien war keine Rede. Nachdem die Tafel – um 4.00 Uhr nachmittags – aufgehoben war, wartete er mit dem Aussenminister Berchtold und dem Kriegsminister Krobatin auf die Nachricht aus Belgrad. Ungeduld erfaßte ihn, er wollte dabei keine Zeugen haben, verabschiedete die Herren: »Falls die Depesche nicht bis halb acht Uhr abends einlangt, bitte ich, morgen nach dem Gottesdienste zu erscheinen.«

Viertel nach Sieben traf die Nachricht des k. u. k. Gesandten in Belgrad, Wladimir von Giesl, in Ischl ein: Serbien habe zwei Minuten nach Sechs seine Antwort übergeben; er habe sie für unannehmbar befunden und die Beziehungen abgebrochen. Die serbische Regierung hatte geschickt taktiert: Sie lehnte zwar einen Eingriff in ihre Souveränitätsrechte ab, zeigte sich aber ansonsten verständigungsbereit. Rußland hatte Nachgiebigkeit empfohlen, doch auch versprochen, »Serbien zu unterstützen, auch wenn man dazu die Mobilmachung und Kriegshandlungen beginnen müsse« – falls österreichisch-ungarische Truppen die serbische Grenze überschreiten sollten. Man hätte also noch miteinander reden können. Aber ein k. u. k. Diplomat der zweiten Rangklasse, der sich an Nichtigkeiten kaum heranwagte, hatte in dieser Lebensfrage auf einmal selbständig und schnell gehandelt, vollendete Tatsachen geschaffen.

Flügeladjutant Margutti eilte in die Kaiservilla, nicht ohne vorher die Nachricht zu Papier gebracht zu haben, weil Franz Joseph immer alles schriftlich haben wollte. »Also doch!«, sagte er mit erstickter Stimme und starrer Miene. Seine Hände zitterten; er konnte kaum die Brille aufsetzen. Er las langsam, mit Widerwillen. »Hierauf legte er das Blatt vor sich hin und verharrte lange still,in Gedanken versunken«, erinnerte sich Margutti. »Auf einmal machte er dann eine wahrscheinlich unwillkürliche, ausholende, wie abwehrende Armbewegung. Dabei stieß er mit den Fingern seiner rechten Hand an eine Glasschale, in der Bleistifte und Federstiele lagen. Das gab unvermittelt einen schrillen, harten Mißton.« Es klang, als ob etwas zerschlagen oder zersprungen wäre.

Der Kaiser wollte es noch nicht glauben. Er las die Nachricht noch einmal und sagte, wie zu sich selber: »Nun, der Abbruch der diplomatischen Beziehungen bedeutet immer noch nicht den Konflikt.« Es war der Krieg. Noch am 25. Juli mußte er den Befehl zur Mobilisierung der für den Kriegsfall B (Serbien und Montenegro) aufzubietenden acht Korps unterzeichnen, am 28. Juli die Kriegserklärung an Belgrad und das Kriegsmanifest an seine Völker.

Es begann mit den Sätzen: »Es war Mein sehnlichster Wunsch, die Jahre, die Mir durch Gottes Gnade noch beschieden sind, Werken des Friedens zu weihen und Meine Völker vor den schweren Opfern und Lasten des Krieges zu bewahren. Im Rate der Vorsehung war es anders beschlossen. Die Umtriebe eines haßerfüllten Gegners zwingen Mich, zur Wahrung der Ehre Meiner Monarchie, zum Schutze ihres Ansehens und ihrer Machtstellung, zur Sicherung ihres Besitzstandes nach langen Jahren des Friedens zum Schwerte zu greifen.« Und es schloß mit den Worten: »In dieser ernsten Stunde bin ich Mir der ganzen Tragweite Meines Entschlusses und Meiner Verantwortung vor dem Allmächtigen voll bewußt. Ich habe alles geprüft und erwogen. Mit ruhigem Gewissen betrete ich den Weg, den die Pflicht mir weist.«

Das Kriegsmanifest trug die Unterschrift Franz Josephs, doch es war die Sprache des Ballhausplatzes, der den Krieg heraufbeschworen, und der Stil Hugo von Hofmannsthals, der das Unabänderliche in vollendete Sentenzen gekleidet hatte, in Fin-de-siècle-Manier, auf daß die Welt einmal sagen könnte: Am Ende Österreich-Ungarns stand das schöne Wort. Karl Kraus beschönigte nichts: Der Habsburger führte »ein Zepter, dessen Mission es schien, als Damoklesschwert über dem Weltfrieden zu hängen«, und: »Aus Prestigerücksichten hätte diese Monarchie längst Selbstmord begehen müssen.«

Das tat sie dann auch, freilich unbeabsichtigt. Am ehesten ahnte noch der alte Kaiser, daß man mit der Kriegserklärung an das kleine Serbien einen großen Krieg vom Zaune brechen würde, dem sein Reich nicht gewachsen sein würde. In dieser Richtung und mit zunehmender Wucht überstürzten sich dann auch die Ereignisse.

30. Juli: Rußland mobilisiert, auf Drängen des Außenministers, des Generalstabschefs und des Kriegsministers, dem der zögernde Zar nachgibt. 31. Juli: Englische und deutsche Vermittlungsversuche sind gescheitert, weniger an österreichischer Uneinsichtigkeit, als an österreichischer Unbeweglichkeit. Kriegserklärung des Deutschen Reiches an Rußland, Mobilmachung in Frankreich und

Deutschland. 3. August: Kriegserklärung des Deutschen Reiches an Frankreich. 4. August: England tritt in den Krieg gegen das Deutsche Reich ein. 6. August: Kriegserklärung Österreich-Ungarns an Rußland. 11. und 12. August: Kriegserklärung Frankreichs und Englands an Österreich-Ungarn.

Am ehesten schien noch die Donaumonarchie zu zaudern, die mutwillig den Schneeball gegen Serbien geworfen hatte, der die Lawine eines europäischen Krieges auslöste – aus Schreck über das, was man angerichtet hatte, aus Angst vor der eigenen Courage, oder auch nur, weil hier eben nichts so schnell ging. Im Grunde lechzten alle europäischen Mächte nach einer langen, allzu langen Friedensstrecke nach dem Krieg, die Diplomaten, die ihre Bündnissysteme in voller Aktion sehen, die Militärs, die ihre Operationspläne in die Tat umsetzen wollten, und selbst die aufgeputschten Völker, die nicht wußten, was sie sich antaten.

Selbst die Nationalitäten Österreich-Ungarns, die noch vor kurzem an den Gitterstäben ihres »Völkerkerkers« gerüttelt hatten, schienen sich nun an den Wahlspruch ihres Kaisers zu halten: »Viribus unitis – mit vereinten Kräften«. »Leute, die einander völlig fremd waren, umarmten sich«, beobachtete ein Amerikaner in Wien, »der Alptraum von Demütigungen, von Mißachtung . . . war gewichen.« Deutsch-Österreicher schrien: »Serbien muß sterbien!« und feierten den stammverwandten Waffenbruder, das Deutsche Reich, zu dem es sie schon immer hingezogen hatte, mit dem sie nun durch Eisen und Blut verbunden werden würden. Magyaren, die es im Frieden für ihre Bürgerpflicht gehalten hatten, sich widerspenstig gegenüber ihrem König zu gebärden, hielten es nun für ihre Kavalierspflicht, sich für ihren König, bis in den Tod ergeben, zu schlagen. Tschechen und Polen ließen sich zu monarchischen Kundgebungen herbei, für den österreichischen, deutschen Kaiser, nicht für den russischen, slawischen Zaren. Und muselmanische Bosniaken zogen mit dem Ruf »Allah und Franz Joseph« in den Krieg gegen die serbischen Nachbarn.

Der Nationalitätenkonflikt wie der Klassenkampf schienen vergessen zu sein, der Kaiser hatte – zumindest in diesem erhebenden Augenblick – keine opponierenden Parteien und keine raisonierenden Intellektuellen mehr. »Ich fühle mich vielleicht zum ersten Mal seit dreißig Jahren als Österreicher und möchte es noch einmal mit diesem wenig hoffnungsvollen Reich versuchen«, bekannte Sigmund Freud am 31. Juli 1914. „Die Stimmung ist überall eine ausgezeichnete. Das Befreiende der mutigen Tat, der sichere Rückhalt an Deutschland tut auch viel dazu.« Der Arbeiterdichter Alfons Petzold sang: »Nun gilt's nicht mehr, ob schwarz ob rot, ob Pfaffe oder Genosse . . .«, die *Arbeiter-Zeitung* pries »den Tag der deutschen Nation«, die überwiegende Mehrheit der Sozialdemokraten stand wie ein Mann hinter Kaiser und Vaterland.

Ein Wunder an der Donau schien zu geschehen. Niemand, am allerwenigsten der Monarch selber, hatte die Prophezeiung Bismarcks ernst genommen: »Lasset den Kaiser Franz Joseph nur in den Sattel steigen, und ihr werdet sehen, wie ihm alle Völker seines Reiches Gefolgschaft leisten werden!« Doch der Vierundachtzigjährige empfand kaum Genugtuung. Er stand allein mit dem Hohenzoller, der schon das Kommando an sich riß, gegen eine Welt von Feinden, die in Deutschland eine rivalisierende Macht, in Österreich-Ungarn das böse Prinzip erblickten. Er hatte Rußland, den Koloß, zum Entscheidungskampf herausgefordert, an dessen Ende der Sturz der Habsburger wie der Romanows stehen würde. Das wußte er nicht, aber als er am Tag der Kriegserklärung an Nikolaus II. das stets getragene Sankt-Georgs-Kreuz ablegte, erinnerte er sich, daß es ihm von Nikolaus I., der ihm das Reich erhalten hatte, 1849 verliehen worden war – zur ständigen Mahnung, daß Monarchen miteinander standen und fielen.

Franz Joseph ahnte, daß er durch das Schwert, das er gezogen hatte, umkommen würde. Er hatte 1859 und 1866 zwei Kriege verloren, und in der langen Friedenszeit danach das Kriegführen verlernt. Was er sich schuldig war, wußte er. »Gott gebe, daß alles gut geht, aber auch wenn es schief gehen sollte, werde ich durchhalten«, sagte er dem Generalstabschef Conrad von Hötzendorf, der ihn schließlich doch noch auf das Streitroß gesetzt hatte. So sprach der Oberste Kriegsherr, der sich selber am Portepee zu fassen hatte, und so der alte Kaiser, der das Ende sah: »Wenn die Monarchie schon zugrundegehen soll, dann soll sie wenigstens anständig zugrundegehen.«

Napoleon Bonaparte hatte schon recht gehabt: Österreich sei immer zurück, d'une idée, d'une année et d'une armée. Selbst Conrad von Hötzendorf war seiner Sache nicht mehr sicher: »Im Jahre 1908/09 wäre es ein Spiel mit aufgelegten Karten gewesen, 1912/13 ein Spiel mit Chancen, jetzt ist es ein Vabanquespiel.« Kriegsminister Moritz von Auffenberg hatte indessen schon 1913 erklärt: Man könne nicht gleichzeitig gegen Rußland und auf dem Balkan Krieg führen, die Chancen stünden zwei zu drei gegen die Monarchie. Und der Generalstäbler Gründorf von Zebegeny hatte bereits 1864, nach den Erfahrungen im Krieg gegen Dänemark, betont: Die österreichische Armee sei eine »Sommerarmee«, die einen Winterfeldzug in Rußland nicht durchstehen könne.

Die Zahlen imponierten durchaus. Von einer Friedensstärke von 450000 Mann wurde die k. u. k. Armee auf eine Kriegsstärke von 3400000 Mann gebracht: 6 Armeen und eine Armeegruppe, 48 Infanterie-, 2 Landsturm- und 11 Kavalleriedivisionen, 41 Marsch- und Landsturmbrigaden, 1094 Bataillone, 425 Schwadronen, 483 Batterien, 224 Festungsartilleriekompanien, 155 technische, 15 Flieger- und 6 Radfahrkompanien. Die Flotte zählte 12 Panzerschiffe, 7 Kreuzer, 18 Torpedobootzerstörer, 55 Torpedoboote, 6 Unterseeboote und 6 Donaumonitoren.

Der Geist der Truppe war gut, weniger bei tschechischen und rumänischen, mehr bei deutschen und magyarischen Einheiten. Der Radetzky-Marsch, der eher tänzerisch als stürmisch in der ganzen Monarchie erklang, gemahnte daran, daß im Lager der Armee Österreich sein sollte und es auch war, noch einmal, zum letzten Mal. Bei der Uniformierung wäre weniger Tradition besser gewesen. Kurz vor Kriegsausbruch war zwar die Infanterie feldgrau eingekleidet worden, aber man hatte natürlich das schönste Grau, ein Hechtgrau, ausgesucht, das schmutzempfindlich und weithin sichtbar war. Die Kavallerie zog in ihren bunten Friedensuniformen ins Feld, der Ulan Fürst Alfons Clary-Aldringen etwa »angezogen wie zum Hofball in Wien oder London: rote Hosen, eine himmelblaue Ulanka, alles leuchtend und glitzernd von Silber und Gold.« Die Geschützschlünden und Maschinengewehrgarben entgegentrabende todgeweihte Reiterei grüßte zum letzten Mal ihren Kaiser, und die Weißen Dragoner stimmten den Schwanengesang an:

»Es lebe das Haus Österreich,
Haus Österreich, Haus Österreich,
Es ist an Ruhm und Siegen reich,
An Ruhm und Siegen reich.
Und kommt der Feind herein, herein,
So muß Österreich Sieger, Sieger sein.
Es rasten unsere Säbel nicht,
Bis daß das Auge bricht.«

Ein offensives Ziel hatte die k. u. k. Armee nicht, selbst Serbien sollte ja nicht erobert werden. Und das defensive Ziel, die Erhaltung der Habsburgermonarchie, hätte man besser im Frieden als im Krieg erreicht. Die Führung ließ zu wünschen übrig. Nomineller Oberkommandierender wurde der achtundfünfzigjährige Feldmarschall Erzherzog Friedrich, der seine Berufung weniger erwiesener Fähigkeit als dem Vertrauen in die Tradition verdankte: Er war der Enkel des Erzherzogs Karl, des Siegers von Aspern 1809, und der Neffe des Erzherzogs Albrecht, des Siegers von Custozza 1866. Der eigentliche Oberkommandierende war ohnehin Generalstabschef Conrad von Hötzendorf, der nun zeigen durfte, was er konnte – und dabei bald enttäuschte, weil er im Kriegführen wie vordem im Kriegfordern die Ideen und die Sachen nie ganz zur Deckung zu bringen vermochte.

Allerhöchster Kriegsherr war der Kaiser, aber eigentlich nur dem Namen nach. Schon 1866 hatte sich der Sechsunddreißigjährige nicht mehr an die Spitze seiner Truppen gestellt, aus der Erfahrung von 1859 klug geworden. Der Vierundachtzigjährige wäre dazu schon in seiner persönlichen Konstitution nicht mehr in der Lage gewesen, und er war es nicht wegen der politischen Verfassung, in der sich Österreich-Ungarn befand. Schon lange hatte er nicht mehr das alleinige Sagen, den Krieg hatten der Außenminister und der Generalstabschef herbeigeführt, und die Generäle und Minister wollten und mußten ihn nun auch durchführen. Mit der Unterzeichnung der Mobilmachung hatte er zunächst die militärische, zunehmend aber auch die politische Gewalt an das Armeeoberkommando überschrieben.

Das hieß nicht, daß man den Kaiser nicht mehr gebraucht hätte. Er war eben mehr als der Präsident einer Republik – das Symbol, mit dem das Vielvölkerreich 66 Jahre lang gestanden hatte und nun nicht fallen durfte. So wurde der Monarch zerniert, von der militärischen wie politischen Kriegführung ferngehalten, und als Verkörperung der Habsburgermonarchie konserviert – hinter den grünen Gartenwänden und der mariatheresiengelben Schloßfassade in Schönbrunn.

Hier war er von den Stürmen, aber auch von jedem frischen Luftzug durch den »obersthofmeisterlichen, hausmilitärischen und medizinischen Ring« abgeschirmt, in personam durch Obersthofmeister Montenuovo, Generaladjutant Paar und den Chef der Militärkanzlei, Bolfras, sowie den Leibarzt Dr. Kerzl. Dem Publikum war der Zugang in den Schloßhof und der Durchgang durch das Schloß nicht mehr gestattet. Wie in einer Arche sollte die Dynastie die Zeitläufte überdauern; Erzherzogin Zita, die Gemahlin des im Felde stehenden Thronfolgers, war mit ihren Kindern in das Schloß gezogen, und der Kaiser besuchte sie jeden Tag, als wollte er sich überzeugen, ob sie noch da seien. Meist war er allein, saß an seinem Schreibtisch, las, was man ihm vorlegte, unterschrieb, was notwendig war – hielt seine kleine Welt zusammen, während die große aus den Fugen ging.

Zu Kaisers 84. Geburtstag, um den 18. August 1914, begannen die Operationen, als wollte man ihm damit ein Geschenk machen. In Serbien, in das man einen militärischen Spaziergang zu unternehmen gedachte, ging es daneben: Die 5. Armee, die über die Drina vorgestoßen war, wurde zwischen dem 16. und 19. August in der Schlacht am Jadar geschlagen und mußte über die Grenze zurückgehen. Zum 66. Regierungsjubiläum am 2. Dezember 1914 wollte Feldzeugmeister Potiorek, der Oberkommandierende der Balkanarmee, die Scharte auswetzen, dem Jubilar Belgrad zu Füßen legen. Pünktlich am Jahrestag wurde die Hauptstadt Serbiens genommen und dem Kaiser ein Huldigungstelegramm gesandt. Die Generäle sollten sich nicht mit seinen Gedenktagen, sondern mit der Führung ihrer Armeen befassen, meinte Franz Joseph. Er hielt es für ein Danaergeschenk und behielt recht: Am 15. Dezember war Belgrad bereits wieder in serbischen Händen, die k. u. k. Armee unter schweren Verlusten auf ihre Ausgangsstellung zurückgeworfen.

In Polen, auf dem Hauptkriegsschauplatz, war Conrad von Hötzendorf in den russischen Aufmarsch hineingestoßen, nach dem

Motto Friedrich des Großen, daß der Angriff die beste Verteidigung sei. Doch er operierte auf zu breiter Front, von der Weichsel bis zum Dnjestr, fächerte seine nicht allzu starken Kräfte auf. Anfangserfolge wurden erzielt, doch der Kaiser war skeptisch: Mit Siegen hätten seine Kriege immer begonnen, die dann mit der Niederlage endeten. »Und diesmal wird es noch ärger werden«, sagte er zu Erzherzogin Zita. »Dann wird man von mir sagen: Er ist alt und versteht es nicht mehr; und dann werden Revolutionen ausbrechen, und dann wird es das Ende sein.«

Zunächst kamen Niederlagen. Nach den Siegen bei Krasnik und Komarow gingen die Schlachten bei Lemberg verloren, im September 1914 mußte Ostgalizien preisgegeben, und das k. u. k. Hauptquartier zurückgenommen werden, zunächst nach Neu-Sandez, später nach Teschen in Österreichisch-Schlesien. Der Feind stand vor der Karpaten-Mauer, drohte in Ungarn einzubrechen. Die russische Dampfwalze rollte, Menschen hatte der Zar genug, mochte sogar welche – wie Clary-Aldringen berichtet – in den Sumpf jagen, damit andere »auf einer lebenden Brücke von im Sumpf erstickenden Menschen« vorwärtsstürmen konnten.

Bis zu 200 Kilometer mußten k. u. k. Einheiten zurückmarschieren, die Kosaken auf den Fersen, in Regen und Schlamm, von Cholera, Ruhr und Typhus dezimiert. Die Bilanz nach vier Wochen Feldzug: von 900000 Mann waren 250000 tot oder verwundet, 100000 gefangen. Viele aktive Offiziere waren gefallen, die von Reserveoffizieren weder militärisch noch politisch ersetzt werden konnten – als Schildhalter der Dynastie. Der Kaiser nahm diese Nachrichten nicht mit der Ergebung eines Hiob auf; er machte sich Luft in Kritik an Conrad von Hötzendorf, der ihm von Anfang an unleidlich, ja unheimlich gewesen war, wurde auf seine alten Tage sarkastisch: »Wir können einem Chef des Generalstabes mit so hochfliegenden Plänen kein geeignetes Betätigungsfeld bieten, für uns wäre einer am Platze gewesen, der auch mit Wasser kochen kann.«

In die Operationsführung seines Generalstabschefs griff er nicht ein. Das besorgten mehr und mehr die Deutschen, die sich im Westen festgelaufen hatten und sich im Osten nicht überrennen lassen wollten. Hindenburg und Mackensen brachten im Verein mit Conrad – der durch den Sieg bei Limanova die Russen von Krakau abhalten konnte – die Dampfwalze zum Stehen. Der erste Kriegswinter brach herein, das Hoch der Augusttage war längst dahin, Munition, Waffen, Pferde und Bekleidung wurden knapp, die Russen standen im österreichischen Galizien, vor den Toren Schlesiens und Ungarns, und eine Winterschlacht tobte in den Karpaten. Österreichisch-ungarische und deutsche Truppen hielten die ins Innere der Monarchie führenden Pässe, konnten aber die galizische Festung Przemysl nicht entsetzen. Sie kapitulierte am 23. März 1915; 9 Generäle, 2500 Offiziere und 117000 Mann gingen in russische Gefangenschaft. »Des Allmächtigen gnädiger Schutz sei mit euch« – dieses telegraphisch übermittelte Stoßgebet war alles, was der Kaiser für sie noch tun konnte.

Er hatte es ja kommen sehen, und nahm es hin, Schlag auf Schlag. Dann schien doch noch alles anders zu werden, im Frühling 1915. Am 2. Mai griffen deutsche und österreichisch-ungarische Truppen, nach einer Idee des Österreichers Conrad und unter Befehl des Deutschen Mackensen die Russen bei Gorlice-Tarnow an, brachen durch, eroberten Przemysl und Lemberg, fast ganz Galizien und die Bukowina zurück, stießen nach Rußland hinein: Ende Juni fiel Lublin, am 25. August Brest-Litowsk. Die Deutschen hatten Warschau erreicht und drangen weiter nach Osten vor.

In diesem Sommer blieb der Kaiser in Schönbrunn, fuhr nicht nach Ischl. Der nun Fünfundachtzigjährige habe sich dem Drängen der um seine Gesundheit besorgten Umgebung widersetzt, wurde verbreitet, mit dem Hinweis: »Ich habe jetzt nur für ein gutes Ende des Krieges zu sorgen.« Die Tochter Marie Valerie notierte in ihr Tagebuch, es komme ihr mehr und mehr vor, »als läge ein Schleier zwischen ihm und der Außenwelt – eine Art übergroße Müdigkeit.« Er selber meinte, er habe sich sowohl die Aufregung als die Freude abgewöhnt.

Die Freude – das waren die Siege in Rußland und, im Herbst, auf dem Balkan. Unter Mackensens Führung eroberten deutsche und österreichisch-ungarische Truppen Serbien und Montenegro, und an ihrer Seite marschierten seit dem 14. Oktober die Bulgaren, die sich Mazedonien, die ihnen weggenommene Beute des Ersten Balkankrieges, wiederholen wollten. Die Waffenerfolge hatten nicht nur den Geist der Truppe gehoben, sondern auch die Gesinnung der k. u. k. Völkerschaften gestärkt. »Indivisibiliter ac inseperabiliter –

unteilbar und unzertrennbar« hieß die Devise des neuen österreichisch-ungarischen Wappens, das der Magyar Tisza durchsetzte. Kroaten und Slowenen huldigten der Dynastie, und es gab auch Tschechen, welche die untrennbare Zugehörigkeit Böhmens zur Monarchie bekräftigten.

Über den Freuden blieben ihm Aufregungen indessen nicht erspart. Deutsch-Böhmen griffen die reichsdeutsche Parole, dieser Krieg sei ein Entscheidungskampf zwischen Germanentum und Slawentum, nur zu gerne auf, forderten in ihrer »Osterbegehrschrift« 1915 die Bestimmung des Deutschen zur Staatssprache. Tschechische Nationalisten wie Thomas G. Masaryk und Eduard Beneš waren zum Feind übergegangen und bereiteten in der Emigration eine tschechoslowakische Republik vor. Die Reichsratsabgeordneten Karel Kramář und Alois Rašin, die im Lande geblieben waren, wurden wegen Hochverrats zum Tode durch den Strang verurteilt und vom Kaiser zu lebenslänglichem Kerker begnadigt. An der Front häuften sich die Desertionen tschechischer Soldaten; im April 1915 liefen Einheiten des Prager Infanterieregiments Nr. 28 geschlossen zu den Russen über.

Das Schlimmste taten ihm die Italiener an: Bundesbruch und Krieg gegen den verratenen Bündnispartner. Italien war mit Österreich-Ungarn und dem Deutschen Reich seit 1882 alliiert gewesen, hatte jedoch diese Allianz nie recht ernst genommen, 1902 schon mit Paris geheim vereinbart, daß es in einem Konflikt mit Berlin und Wien neutral bleiben würde. An dieses Abkommen hielt es sich im Sommer 1914, während es den noch bestehenden Dreibund für ein Erpressungsmanöver benutzte: Als Kompensation für Balkanansprüche der Donaumonarchie sollte diese Welschtirol plus Bozen, Görz, Gradisca, Triest, Istrien und dalmatinische Inseln abtreten, die »unerlösten Gebiete« Italiens, wobei die dort lebenden Deutschen, Slowenen und Kroaten gleich miterlöst werden sollten. Sollte Wien nicht willig sein, wollte Rom Gewalt gebrauchen – an der Seite Frankreichs, Englands und Rußlands.

»Sacro egoismo« nannten das die italienischen Nationalisten, doch Franz Joseph, der kein Organ für Machiavellismus hatte, fand dafür nur Worte aus seinem altväterlichen Vokabular: »Ich ziehe es vor, alles zu verlieren und in Ehren ganz zugrundezugehen, lieber das, als daß ich mich auf diesen abscheulichen Räuberhandel einlassen soll.« Ihn empörten der »Treubruch« des Königs von Italien, das Zureden des Papstes, um des Friedens willen nachzugeben, und die Zumutung des Deutschen Kaisers, er möge den Italienern willfahren, damit die Mittelmächte nicht noch an einer vierten Front Krieg führen müßten, im Westen, Osten, Südosten und dann auch im Süden. Ob ihm denn ein Kriegseintritt Italiens lieber wäre als die Gebietsabtretung, fragte ihn Marie Valerie. »Ja, fast«, erwiderte ihr Vater.

Die Diplomaten hätten alles verdorben, meinte er. Aber wie hätten sie zwischen der Scylla der römischen Entschlossenheit und der Charybdis der Wiener Unnachgiebigkeit hindurchlavieren sollen? Das hätte auch ein geschickterer Außenminister als der amtierende nicht vermocht. »Wie soll ich zu Berchtold weiterhin Vertrauen haben? Das ist unmöglich, nachdem er mir Tag für Tag beweist, daß er in allem und jedem fehlgreift«, sagte der Kaiser zu einem seiner Kabinettschefs. »Es wäre gut, wenn er sich zurückziehen wollte; bringen sie ihm dies gelegentlich bei.«

Hinter diesem Entschluß des Monarchen steckte der ungarische Ministerpräsident, der Berchtold nun endlich los werden wollte. »Du weißt, wie sehr ich dich als Menschen und Freund schätze. Aus politischen Gründen war ich aber leider soeben gezwungen, bei Seiner Majestät einen Wechsel in der Leitung deines Ressorts zu beantragen«, sagte Tisza Berchtold ins Gesicht, und rief nur ein Lächeln hervor: »Gott sei Dank, daß du es dem Kaiser gesagt hast, wie wenig ich geeignet bin, in dieser schwierigen Lage die Außenpolitik der Monarchie zu führen. Ich habe es dem Kaiser schon oft gesagt, aber mir wollte er es nicht glauben.« Tisza glaubte er es, und auch, daß dessen Kandidat, Stephan Burian von Rajecz, ein Ungar natürlich, die Außenpolitik führen könnte. Er konnte es auch nicht.

Am 13. Januar 1915 wechselte der Kaiser seinen Außenminister, am 23. Mai 1915 erklärte Italien den Krieg an Österreich. Franz Joseph hatte schlaflose Nächte. Nicht einmal mehr die guten Nachrichten von der galizischen Front konnten ihn beruhigen. Er mochte an die dünne Absperrkette von Landsturmleuten und Standschützen an der italienischen Grenze denken, es beklagen, daß kein Feldmarschall Radetzky und kein Erzherzog Albrecht mehr da waren. Die Italiener hatten sich seit Novara und Custozza freilich nicht geändert; sie kamen vor lauter »Avanti«-Rufen nicht zu einem zügigen

Aufmarsch und vermochten dann in fünf Isonzo-Schlachten, vom Juni 1915 bis März 1916, mit einem Massenaufgebot von Menschen und Material nicht den zwar verstärkten, aber immer noch verhältnismäßig schwachen Abwehrriegel aufzubrechen.

Ende November 1915 kam Wilhelm II. nach Schönbrunn, wo die Blätter schon vom Wind verweht waren, zu seinem sichtbar alt und müde gewordenen kaiserlichen Compagnon. Dem Österreicher fiel auf, daß der Deutsche nicht mehr drauflos schwadronierte, und eine Miene zur Schau trug, die zur Novemberstimmung paßte. Dabei war es an allen Fronten nicht schlecht um die Verbündeten bestellt; sie standen in Frankreich, Rußland und Serbien. Wäre es jetzt nicht an der Zeit gewesen, an Frieden zu denken, über Vermittlungsversuche zu sprechen? Franz Joseph verlor darüber kein Wort, sei es, weil er vor dem größeren Bruder nicht als der Schwächling dastehen wollte, sei es, weil die zuständigen Ressorts noch keine entsprechenden Vorlagen eingereicht hatten. Und Wilhelm schien aus einem Beweger ein Bewegter geworden zu sein.

Die Generäle und Minister hatten in beiden Reichen das Heft in die Hand genommen. Reichskanzler Bethmann Hollweg und Außenminister Burian lavierten mitunter aneinander vorbei, Generalstabschef Falkenhayn und Generalstabschef Conrad operierten auch gegeneinander. Beispielsweise hätte der Österreicher gern in Italien angegriffen, das immer schon sein liebstes Kriegsziel gewesen war, während Falkenhayn über Serbien eine Landbrücke zur Türkei schlagen wollte, die sich an die Mittelmächte als allerletzte Hoffnung geklammert hatte. Einig waren sich die Generalstabschefs in der Fortsetzung des Krieges mit allen Mitteln und um fast jeden Preis. Franz Josephs Generaladjutant Paar fühlte – sozusagen in Geschäftsführung ohne Auftrag – bei den militärischen Begleitern Wilhelms vor, was sie von einem Verständigungsfrieden hielten. Er blitzte ab; Falkenhayn habe noch Großes, Verblüffendes vor. »Beide Kaiser«, glaubte Paars Flügeladjutant Margutti feststellen zu können, »fanden bereits, daß es mit uns, trotz aller Siege, nicht zum besten stehe, eine Ansicht, die in den Kreisen der Nichtmilitärs immer mehr Anhänger fand, während viele Generäle noch immer nicht einsehen wollten, daß selbst ein Napoleon ›sich zu Tode gesiegt hatte‹.«

Weder Falkenhayn noch Conrad war ein Napoleon, obgleich jeder sich dafür halten mochte. Der Deutsche begann jedenfalls den Österreicher wie der französische Imperator einen Rheinbundgeneral zu behandeln, der Österreicher hielt sich für den überragenden Feldherren, dessen Genieblitzen nie ein deutscher Donner, eine entsprechende materielle Unterstützung gefolgt war – nicht im August 1914, als Conrad die Entscheidung im Osten und Falkenhayns Vorgänger Moltke – der Neffe – im Westen gesucht hatte, beide getrennt marschierten und vereint geschlagen wurden. Oder 1916, als wiederum kein gemeinsamer Operationsplan zustandekam: Falkenhayn wollte erneut die Entscheidung in Frankreich erzwingen und biß sich bei Verdun fest. Conrad wollte endlich die Italiener zu Paaren treiben, was die Deutschen für weniger kriegswichtig hielten, sodaß er die Offensive zwischen Etsch und Brenta mit unzureichenden Kräften antreten mußte, nur ein paar Schritte vorwärtskam und schließlich so verausgabt war, daß die Italiener in der sechsten Isonzo-Schlacht endlich den Brückenkopf Görz nehmen konnten.

Conrad habe sicherlich den besten Willen, aber alles, was er in die Hand nehme, schlage leider fehl, es klebe Pech an seinen Fingern, urteilte Franz Joseph. Als sich die Bulgaren nicht Conrad von Hötzendorf unterstellen wollten, äußerte der Kaiser volles Verständnis. Er wäre ihn gern losgeworden, unternahm im September 1916 auch einen Versuch, ließ es aber gleich wieder bleiben, als der Thronfolger allergehorsamst widersprach und weil er wußte, daß er nicht mehr die Kraft hatte, eine Machtprobe durchzustehen.

Im Unterschied zu Conrad war ihm von Anfang an klar gewesen, daß Österreich-Ungarn vom Deutschen Reich abhing, und deshalb hielt er es auch nicht für abwegig, daß dieses mehr und mehr das Ganze kommandierte. Seinen Soldaten blieb die Aufgabe, eine gute Figur zu machen, worüber er sich nicht ganz sicher war. Schon Tage vor der Visite Wilhelms in Schönbrunn – bemerkte seine Umgebung – sei er aufgeregt gewesen, »denn er hatte das Gefühl, daß seine Streitkräfte den Erwartungen, die man auf sie hätte setzen können, nicht ganz gerecht geworden; vielleicht fürchtete er Vorwürfe, die ihn umso härter getroffen hätten, je verblümter sie an sein Ohr gelangt wären.«

Und plötzlich setzte sich die russische Dampfwalze wieder in Bewegung. Im Juni 1916 begann General Alexej Brussilow seine Offensive, nahm die Bukowina, das Vorfeld der Karpatenfestung, auf deren Wällen nun gekämpft wurde, brach in Wolhynien durch, konnte vor Lemberg zum Stehen gebracht und von einem Einbruch in Ungarn abgehalten werden – unter schweren Verlusten der k. u. k. Truppen (allein im Juni/Juli 1916 450000 Tote, Verwundete, Gefangene und Vermißte), deren schwankende Reihen nur noch mit deutscher Unterstützung hielten. Falkenhayn wurde durch Hindenburg ersetzt, Conrad blieb, aber der deutschen »Obersten Kriegsleitung« unterstellt. Thronfolger Karl, dem nach einem Armeekorps in Tirol nun eine Heeresgruppe in Galizien anvertraut wurde, erhielt einen deutschen Generalstabschef, einen der fähigsten, der zur Verfügung stand: Generalmajor Hans von Seeckt.

Der preußische Generalfeldmarschall August von Mackensen übernahm das Kommando im Feldzug gegen Rumänien, das am 27. August 1916 in den Krieg eingetreten war, um sich von Österreich-Ungarn seine Irredenta in Siebenbürgen, der Bukowina und im Banat zu holen. Schon hatten die Rumänen Kronstadt und Hermannstadt besetzt, als die Deutschen eingriffen, den Spieß umdrehten und bis zum Jahresende 1916 den größten Teil Rumäniens erobert haben sollten, einschließlich der Hauptstadt und der Erdölfelder.

Franz Joseph war vom Kriegseintritt seines verflossenen Verbündeten Rumänien nicht überrascht gewesen; er hatte ihn seit langem für einen unsicheren Kantonisten gehalten. Was ihn niederdrückte, war, daß die Zahl der Feinde ständig zunahm und die eigenen Kräfte immer mehr abnahmen. Und mit seinem eigenen Leben ging es zu Ende. Er sei am Ende seiner Kräfte, gestand er Ernest von Koerber; vor sechzig Jahren sei er der mächtigste Herrscher in Mitteleuropa gewesen, und jetzt werde er vielleicht in seinem Reich keinen Winkel finden, wo er sich zur Ruhe legen könne.

Sein 86. Geburtstag am 18. August 1916 war ein trauriges Ereignis. Eine Militärkapelle spielte »Gott erhalte Franz den Kaiser«, die deutsche Kaiserhymne »Heil Dir im Siegeskranz« und die Hymnen der Bulgaren und der Türken – das Bündnis vierstimmig. Kriegsminister Korbatin war nicht beeindruckt: »Wenn aus gleichem Anlaß bei unseren Feinden eine Musikkapelle alle Hymnen der Alliierten zum Besten geben wollte, so würde sie in mehr als einer Stunde damit nicht fertigwerden.«

Feinde ringsum, Einbrüche der Russen, kein Durchbruch in Italien, und ein Bundesgenosse, der sich im Westen zu verbluten und im Osten zu verzetteln begann. Die Hochstimmung des Frühlings 1915 war im Sommer 1916 einer Depression gewichen. Es bleibe nur ein »System von Aushilfen«, hieß es im deutschen Generalstab – worin Österreich-Ungarn von Hause aus nicht ungeübt gewesen wäre, wenn es überhaupt noch etwas zum Aushelfen gehabt hätte, für die Front wie für die Heimatfront.

»Ich wußte, daß es so kommen würde«, sagte der Kaiser dem österreichischen Ministerpräsidenten Stürgkh. Die Wiener sangen nicht mehr »'S gibt nur a Kaiserstadt, 's gibt nur a Wien«, schon eher »Erst wann's aus wird sein, mit aner Musi und mi'm Wein«, das Lied, das bei Begräbnissen erscholl. Man konnte nicht mehr leben wie früher, was man jetzt erst zu schätzen begann. Versorgungsgüter wurden knapp, es gab Ersatzkaffee, Dünnbier, und nicht einmal genug Brot, weil die ungarischen Brüder auf ihren Getreidesäcken hockten und schon gar keinen Schweinespeck herausrückten.

Der Nationalitätenkonflikt, der in Friedenszeiten zersetzend gewesen war, wurde in den Kriegsnöten zerstörerisch. Tschechen waren es leid, gegen Slawen an der Seite der Deutschen zu kämpfen, die sie im Falle eines Sieges an die Wand gedrückt hätten. Deutsch-Nationale gebärdeten sich großdeutscher denn je, verlangten den Anschluß an das Deutsche Reich, zumindest die germanische Lebensgemeinschaft, eine mitteleuropäische Konföderation. Die Polen waren bereits auf dem Abmarsch: Am 5. November 1916 proklamierten Wilhelm II. und Franz Joseph I. einen polnischen Staat, von dem Optimisten erwarteten, daß er auf das ehemals russische Kongreßpolen beschränkt bleiben könnte, und Pessimisten annahmen, daß er über kurz oder lang auch das österreichische und preußische Polen an sich ziehen würde.

»Die im Reichsrat vertretenen Königreiche und Länder« hießen seit 1915 wieder offiziell »Österreich«. Auch sonst erinnerte manches an die Vergangenheit. Zeitungen erschienen mit weißen, unbedruckten Spalten, den Spuren der Zensur. Es war beinahe wieder so wie im Neo-Absolutismus, nur daß jetzt die obrigkeitliche und zentralistische Maschine ohne den kaiserlichen Maschinenmeister lief, beinahe wie von selbst, mit der Automatik der Kriegsnotwendigkeiten. Der österreichische Ministerpräsident Stürgkh berief den im

März 1914 vertagten Reichsrat nicht mehr ein, regierte mit dem Notverordnungsparagraphen, mit der Begründung, daß Notzeiten auch Notstandsmaßnahmen erforderten. Das wurde von den konstitutionellen Kräften knirschend hingenommen, solange es gut lief, und umso mehr kritisiert, je mehr der Kriegsapparat ins Stocken geriet.

Bei den Sozialdemokraten gärte es. Die Mehrheit der rechten »Sozialpatrioten« – unter Führung Victor Adlers und Karl Renners – blieb großösterreichisch gesinnt, erwartete aber als Belohnung für ihre vaterländische Haltung eine Demokratisierung und Föderalisierung der Donaumonarchie. Ein kleiner, doch wachsender linker Flügel unter Otto Bauer und Friedrich Adler (des gegen seinen Vater opponierenden Sohnes Victor Adlers), die »Internationalisten« wollten das autokratische Übel mit der Reichswurzel ausreißen.

Am 21. Oktober 1916 erschoß Friedrich Adler den Ministerpräsidenten Graf Karl Stürgkh, als dieser im Restaurant des Hotels Meissl & Schadn, wie immer, zu Mittag speiste. »Nieder mit dem Absolutismus, wir wollen den Frieden!« rief der Attentäter, als er verhaftet wurde, und zu seiner Verteidigung führte er an: »Graf Stürgkh hat den Kaiser förmlich zerniert ... Stellen Sie sich vor, welche Machtkompetenz in einer solchen Situation, wo das Alter des Kaisers ihm selbstverständlich nicht mehr jene natürliche Rüstigkeit ermöglichen konnte, die er in jüngeren Jahren gehabt hätte, Graf Stürgkh hatte, der der Verantwortliche war und den Kaiser derart von der Bevölkerung abgeschnitten hat.« (Die vom Ausnahmegericht gegen Friedrich Adler ausgesprochene Todesstrafe wurde vom Obersten Gerichtshof zu 18 Jahren schweren Kerker umgewandelt, und noch im Kaiserreich wurde er amnestiert.)

»Also wieder einer, der mich drangekriegt hat«, stöhnte der Kaiser. Er verurteilte den Mord, zeigte Interesse für die Motive des Mörders, wurde sich jetzt erst ganz bewußt, wie sehr ihn der Ministerpräsident isoliert hatte. Zum Nachfolger ernannte er Ernest von Koerber, der sich vor anderthalb Jahrzehnten als energischer Regierungschef gezeigt hatte, und beauftragte ihn, den Reichsrat einzuberufen, die Verfassung wieder in Kraft zu setzen. Er wußte immer noch, was er zu tun hatte, aber, wie fast stets, kam er damit zu spät.

»Ein paar Wochen schau' ich noch zu, dann mache ich Schluß«, sagte er zur Erzherzogin Zita. Bereits im Juli 1916, als es an der Front wie in der Heimat bergab gegangen war, hatte er Albert von Margutti bedeutet: »Es steht schlecht um uns, vielleicht schlechter als wir ahnen. Die hungernde Bevölkerung des Hinterlandes kann auch nicht mehr weiter. Wir werden sehen, ob und wie wir noch den Winter übertauchen können. Im nächsten Frühjahr mache ich aber unbedingt Schluß mit dem Krieg. Ich will nicht, daß wir ganz und rettungslos zugrunde gehen!«

Der Krieg war der Vernichter aller Dinge. Als Kind hatte er gern Soldat gespielt, woran er durch ein Bild des Biedermeiermalers Waldmüller erinnert wurde, das der Kunsthistoriker Leisching wiederentdeckt und nach Schönbrunn gebracht hatte: Der zweijährige Franz Joseph mit Grenadiermütze, ein Holzgewehr in der Hand, umgeben von Zinnsoldaten. Für den Achtzehnjährigen war dann aus dem Spiel Ernst geworden: In Oberitalien und Ungarn hatte er einen Krieg erlebt, den er gewann und der ihm deshalb gefiel. Mit 29 hatte er den Krieg von 1859 und mit 36 den Krieg von 1866 verloren, nicht nur österreichische Territorien, sondern auch kaiserliche Machtbefugnisse. Seitdem war er vom Kriegführen geheilt, aber 1914, mit 84, schon zu alt und zu schwach gewesen, um ihn zu verhindern. Wie sollte er dann mit 86 den Krieg beenden können, was immer schwieriger war, als einen anzufangen?

Man suchte ihm einzureden, daß der Krieg noch lange nicht verloren und das Reich beileibe nicht dem Untergang geweiht wäre. War es denn nicht schon ein Wunder, daß sich diese Vielvölkerarmee überhaupt noch an allen Fronten einigermaßen hielt, ja tapfer schlug, daß das in allen Fugen krachende Vielvölkerreich immer noch stand? Konnte man nicht auf weitere Wunder des Hauses Habsburg hoffen? Ein neunundzwanzigjähriger Thronfolger stand bereit, dem er mehr Fortune als dem vorigen zutraute, der ihm jedenfalls lieber als Franz Ferdinand war, der die richtige Frau und eine geordnete Familie hatte, der sich im Krieg bewährte, doch den Frieden im Sinn trug. Und er selber war ja immer noch da, der Kaiser, der von sich wie sein Ahnherr Rudolf bei Grillparzer hätte sagen können:

> »Was sterblich war, ich hab' es ausgezogen
> Und bin der Kaiser nur, der niemals stirbt.«

Er hörte nicht, daß man in Wien sagte, der in Schönbrunn vergrabene Kaiser lebe gar nicht mehr, und sein Tod werde verschwiegen, weil mit dieser Nachricht das Ende des Reiches annonciert würde. Er sah im grauen, fast feldgrauen Novemberlicht die Gestalten wie Schemen an sich vorüberziehen, von weither kommend und ins Unendliche gehend. Und die fallenden Blätter im Park, die er selbst noch beim Einschlafen vor Augen hatte, weil man ihm – aus Gedankenlosigkeit oder um ihn an die Vergänglichkeit zu erinnern, was zusammen echt österreichisch gewesen wäre – Herbstblätter auch auf dem Überzug des Kopf- und Fußteiles seines Bettes präsentierte.

»Ich fühle mich sehr schlecht«, sagte Franz Joseph am 20. November 1916. Marie Valerie war alarmiert, weil er zwar über den Zustand seines Reiches, aber kaum über sein persönliches Befinden zu klagen pflegte. Sie wußte, daß die Ärzte beunruhigt waren: Der in den letzten Jahren immer häufiger aufgetretene Bronchialkatarrh hatte sich zu einer Lungenentzündung ausgewachsen. Ob sie ihn auch am Nachmittag besuchen dürfe? »Ich habe aber keine Zeit«, wehrte der Vater ab, »ich habe viel zu arbeiten.«

Schon saß er wieder am Schreibtisch. Hinter der geöffneten Tür beobachtete ihn ein Kammerdiener, wie es Dr. Kerzl angeordnet hatte. Unter den Akten dieses Tages war ein Antrag zur Begnadigung einer zum Tode verurteilten Kindesmörderin. »Also das kann genehmigt werden?«, fragte er den vortragenden Adjutanten, der bejahte. Der Kaiser griff, wie unzählige Male in seinem langen Schreibtischdasein, zur Feder. Er vermochte sie nicht mehr zu fassen. Der Adjutant gab ihm einen Bleistift, und mit zitternden Händen unterschrieb er die Begnadigung.

Am Morgen des 21. November hatte er 38,1 Grad Fieber. Trotzdem setzte er sich schon um halb vier Uhr an den Schreibtisch, sogar etwas früher als sonst, wohl weil er meinte, er müsse das langsamere Arbeitstempo durch eine Zeitzugabe wettmachen. Am Vormittag wurde ihm die Eucharistie gereicht; um damit nicht auf seinen ernsten Zustand hinzuweisen, hatte man ihm gesagt, der Hofpfarrer überbringe den Segen des Papstes, und es sei angebracht, vorher zu beichten und zu kommunizieren. Auch das vollzog sich am Schreibtisch. Kurz vor Zwölf schaute das Thronfolgerpaar nach ihm, dem er erklärte, er hoffe, bald wieder gesund zu werden, denn er habe zum Kranksein keine Zeit.

Am Mittag servierte ihm der Hofwirtschaftsdirektor eine Suppe aus vier Hühnern. Anschließend sank er am Schreibtisch in sich zusammen. 39,5 Fieber stellte Dr. Kerzl fest. Der Kranke pausierte ein wenig im Lehnstuhl. Dann setzte sich der Kaiser wieder an den Schreibtisch, ausnahmsweise im Fauteuil. Der Kammerdiener mußte ihm die Feder in die Hand drücken. Er schien es noch einmal zwingen, und wenn nicht, im Sitzen sterben zu wollen.

Um sieben Uhr abends wurde er zu Bett gebracht. Er schien es noch zu merken, daß dies zwei Stunden vor der gewohnten Zeit war. Jedenfalls sagte er: »Bitte, mich morgen um halb Vier zu wecken; ich bin mit meiner Arbeit nicht fertig geworden.« Er schlief ein, erwachte noch einmal, verlangte zu trinken; der Kammerdiener Ketterl flößte ihm ein paar Tropfen Tee ein und fragte seinen Herrn, ob er gut liege. »Ja, es ist gut« – das waren seine letzten Worte. Dann verlöschte er wie eine Kerze, die das letzte Quentchen Wachs verzehrt hatte.

Seine Geburt vor 86 Jahren und drei Monaten war ein Staatsakt gewesen, sein Sterben war es nun auch. Familienmitglieder, Hofbeamte und Adjutanten umstanden das Bett, und Erzherzog Karl, der in der vollen Uniform eines k. u. k. Großadmirals wartete, bis der alte Kaiser tot war und man den neuen Kaiser hochleben ließ. Um halb neun Uhr abends erhielt der Entschlafende die Letzte Ölung. »Atmet er noch?«, fragte Marie Valerie eine halbe Stunde später den Leibarzt, der feststellte: »Ich höre nichts mehr.« Es war fünf Minuten nach Neun, am 21. November 1916.

Katharina Schratt, die Freundin, hatte im Vorzimmer warten müssen. Doch das Hofprotokoll funktionierte nur bis zum Tod des alten Kaisers. Als der neue Kaiser das Sterbezimmer verließ, bemerkte er sie, verneigte sich vor ihr, bot ihr den Arm und führte sie zum Toten. Sie legte ihm zwei weiße Rosen auf die Brust.

Als ob man dokumentieren wollte, daß der Tod alle gleichmache, wurde für den verstorbenen Kaiser, wie für den geringsten seiner Untertanen, auf amtlichem Vordruck ein »Totenbeschau-Befund« ausgestellt: »Letzter ständiger Wohnort: XIII. Bezirk, k. u. k. Lustschloß Schönbrunn. Vor- und Zunamen: S. M. Kaiser Franz Joseph I. Berufszweig und Berufsstellung: Kaiser von Österreich, König von Ungarn etc. etc. Glaubensbekenntnis: römisch-katholisch. Stand: verwitwet. Zuständigkeitsgemeinde: Wien. Unmittelbare Todesursache nebst Angabe der etwaigen Grundkrankheit, aus welcher sich die unmittelbare Todesursache entwickelt hat: Herzschwäche nach Lungen- und Rippenfellentzündung. Ist zu beerdigen: in Kapuzinergruft. Überführung der Leiche: in die Burg. Gestorben: 21. XI. 1916 um 9 Uhr 5' Abends. Wien, beschaut am 23. November 1916 um 1/2 11 Vormittags.«

Einbalsamiert wurde er wie ein Habsburger. Doch ausgerechnet an ihm mußten sie ein neues Verfahren mit Paraffin ausprobieren, das nicht funktionierte, was den Neuerungen abholden Franz Joseph nicht verwundert hätte. So lag er denn auf dem Schaubett in der gewohnten Galauniform eines k. u. k. Feldmarschalls und mit seinem üblichen Ordensschmuck, aber die vertrauten Gesichtszüge verschwammen bis zur Unkenntlichkeit. Die Österreicher, die an ihrem aufgebahrten Kaiser vorbeizogen, behielten ihn dennoch so im Gedächtnis, wie sich der Lebende lange genug und unauslöschlich eingeprägt hatte: als den alten Herrn mit dem gütigen Gesicht, dem milden Blick und dem Patriarchenbart, als den alten Kaiser Franz Joseph eben. Und sie hatten das Gefühl, daß dies der letzte Kaiser von Österreich gewesen war, weil sie sich einen Kaiser, der anders ausschaute und womöglich auch noch anders war, kaum vorzustellen vermochten.

Mit einem Nachruf auf seinen Vorgänger führte sich der neue Kaiser ein, Karl I. von Österreich (und als Karl IV. Apostolischer König von Ungarn): »Tiefbewegt und erschüttert stehe Ich und Mein Haus, stehen Meine treuen Völker an der Bahre des edlen Herrschers, dessen Händen durch nahezu sieben Jahrzehnte die Geschicke der Monarchie anvertraut waren . . . Seine Weisheit, Einsicht und väterliche Fürsorge haben die dauernden Grundlagen friedlichen Zusammenlebens und freier Entwicklung geschaffen und aus schweren Wirren und Gefahren Österreich-Ungarn durch eine lange und gesegnete Zeit des Friedens auf die Höhe der Macht geführt, auf der es heute im Verein mit treuen Verbündeten den Kampf gegen Feinde ringsherum besteht. Sein Werk gilt es fortzusetzen und zu vollenden.«

War es aber mit seinem Tode nicht beendet? Dem Menschen Franz Joseph wurde fast nur Gutes nachgesagt, daß er mit den ihm nicht üppig verliehenden Pfunden redlich gewuchert habe, stets anständig und ehrenhaft gewesen sei. Dem Monarchen hatte man die absolutistischen Kraftakte und außenpolitischen wie militärischen Fehlleistungen seiner Anfangszeit nicht vergessen, aber man neigte dazu, sie dem von Schicksalsschlägen getroffenen und auch geläuterten alten Kaiser zu vergeben.

Sein Reich war schon bei seinem Regierungsantritt im Jahre 1848 von den modernen Bewegungen, vorab dem Nationalismus, in Frage gestellt gewesen, und sein ganzes langes Herrscherleben hatte er darauf eine meist konservative, mitunter reformerische Antwort gegeben, die seine Gegner nicht befriedigte, doch hinhielt und damit die Habsburgermonarchie erhielt. Franz Joseph I. war die Permanenz in Person gewesen, er hatte das Reich verkörpert – und mit ihm war dessen Seele dahingegangen und dessen Leib dem Verfall anheimgegeben.

Dieses Österreich-Ungarn sei kein Reich mehr wie das alte Heilige Römische Reich Deutscher Nation, hatte schon der einundzwanzigjährige Thronfolger Karl erkannt. Immerhin hatte das Haus Habsburg versucht, den mittelalterlichen Universalismus im Zeitalter des Nationalismus fortzuführen, zwar räumlich beschränkt und inhaltlich abgeschwächt, doch unter Berufung auf die hergebrachte übernationale Mission und das überkommene Gottesgnadentum. Die Dynastie, die schon 1806, als sie die ein halbes Jahrtausend getragene römisch-deutsche Kaiserkrone niederlegte, erschöpft, ja verbraucht war, stand nun am erstaunlich lange hinausgeschobenen Ende. Ihr Tun und Lassen war schon seit geraumer Zeit anachronistisch gewesen, jetzt sollte im Namen des Zeitgeistes damit endgültig Schluß gemacht werden.

Aber nicht nur die Habsburger, die den Nationalismus einzudämmen suchten, sondern auch die Hohenzollern und Romanows, die sich vom Nationalismus treiben ließen und mit ihm vorankommen wollten, waren dem Untergang geweiht. Dieser Krieg, den Franz Joseph I. widerwillig und Wilhelm II. wie Nikolaus II. nur zu willig begonnen hatten, stürzte ihre Dynastien vom Thron. Die Staaten der Hohenzollern und der Romanows, die mit dem deutschen beziehungsweise russischen Nationalismus paktiert hatten und von ihm eine Zeitlang gebraucht und geduldet wurden, blieben bestehen. Das Habsburgerreich, das dem Nationalismus trotzen mußte, weil es mehrere Nationen zusammenhalten sollte, fiel mit seiner Dynastie.

Wenn es das Habsburgerreich nicht schon lange gäbe, müßte man es im Interesse Europas und der Menschheit schnellstens schaffen, hatte 1848 der tschechische Österreicher Franz Palacky gesagt, und noch 1913 hatte der tschechische Nationalist Thomas G. Masaryk, der spätere Präsident der Tschechoslowakischen Republik, im österreichischen Reichsrat erklärt: »Unsere staatsrechtlichen und administrativen Pläne gehen nicht darauf aus, die anderen zu schwächen, sondern das Ganze zu stärken.« Vor dem Kriege fragte der deutsche Österreicher Joseph Redlich: »Wie und wo sollten alle diese Völker, Kulturen, Menschen leben, wenn nicht in diesem unmöglichen Österreich-Ungarn?« Nach dem Krieg konnten sie in eigenen Staaten, mußten aber mit alten Problemen leben. Denn in jener Gegend Europas, in der die Völker ineinander verschachtelt waren, erbten die neuen Staaten Nationalitätenkonflikte der Habsburgermonarchie – ohne deren übernationale Institutionen und ausgleichendes Instrumentarium.

Österreich-Ungarn wurde zerschnitten. Aus Teilen wurde die Tschechoslowakei zusammengesetzt, andere Teile wurden dem wiederbelebten Polen und dem neu geschaffenen Jugoslawien eingefügt, wieder andere an bestehende Staaten wie Rumänien und Italien angestückelt. Übrig blieben ein verkleinertes Ungarn und Deutsch-Österreich. Lange konnten sie sich des Glücks ihrer Staatspersönlichkeit nicht erfreuen. Zwei Jahrzehnte später, vor dem und während des Zweiten Weltkrieges, kamen die Republik Österreich, die Tschechoslowakei, Polen und Jugoslawien direkt sowie Ungarn und Rumänien indirekt unter die Herrschaft des nationalsozialistischen Deutschlands. Zweieinhalb Jahrzehnte später, am Ende des und nach dem Zweiten Weltkrieg, wurden alle diese Staaten – ausgenommen Österreich – kommunistisch, und alle – bis auf Österreich und Jugoslawien – Satelliten des kommunistischen Rußlands.

Es kam so, wie es Palacky 1848 vorausgesagt hatte: Die Zerstörung der Habsburgermonarchie müßte im Osten und Südosten Europas ein Vakuum schaffen, das Deutschland oder Rußland auffüllen würden. Davon ahnte der amerikanische Präsident Wilson nichts, der während des Ersten Weltkriegs mit der Proklamation des freiheitlich-demokratischen Selbstbestimmungsrechts der Nationen dem Vielvölkerreich den politischen Fangstoß gab. Lenin, der seine Ideologie derjenigen Wilsons entgegenzusetzen begann, hoffte, daß ein Konflikt zwischen Nikolaus II. und Franz Joseph I. beide Monarchien beseitigen würde: »Ein Krieg zwischen Österreich und Rußland wäre für die Sache der Revolution sehr nützlich.« Und Hitler, der eine eigene deutsche, germanische Weltanschauung in den Wettkampf der Ideologien einbringen wollte, konnte den Untergang der Habsburger kaum erwarten, die er der »Slawisierung Österreichs« beschuldigte und deshalb als Todfeinde des Deutschtums verurteilte.

Franz Joseph starb an der Schwelle des Jahres 1917, in dem eine Epoche begann, in der für die Habsburgermonarchie kein Platz mehr war und ganz Europa auf den dritten Rang verwiesen wurde – von den USA und der Sowjetunion. Wie ein alter Rivalitätskampf zwischen europäischen Mächten hatte es 1914 angefangen, ein Weltkrieg war daraus geworden, und die Selbstentmachtung Europas. Die Vereinigten Staaten von Amerika traten 1917 in den Krieg und damit in die Schicksalsbahn Europas ein, mit der Potenz einer Weltmacht und der Proklamation einer Weltideologie. In Rußland brach 1917 die bolschewistische Revolution aus, die sogleich die Weltrevolution anvisierte und später mit dem revolutionierten Rußland eine Weltmacht dafür einsetzen konnte. Ein Weltzeitalter begann, in dem sich zwei wetteifernde globale Mächte und zwei entgegengesetzte globale Ideologien auseinandersetzten – auf dem Rükken und auf Kosten Europas, das bislang die Geschichte bestimmt hatte.

»Wir treiben einer Katastrophe zu«, hatte Erzherzog Karl Franz Joseph bereits 1908 befürchtet. Am 30. November 1916 schritt er als Kaiser Karl I. von Österreich hinter dem Sarg seines Vorgängers. »Auf dem Mantel der Uniform trägt er den Flor. Das Haupt ist entblößt«, bemerkte sein Sekretär, Baron Karl Werkmann. »Die Augen sind ernst und traurig in Fernen gerichtet.«

Sah er dort schon seine gar nicht mehr ferne Abdankung am 11. November 1918, seinen frühen Tod am 1. April 1922 im Exil auf Madeira? Sah er voraus, daß der vierjährige blonde Bub im schwarzbeschärpten weißen Kleidchen, der sich an seine Mutter, die tiefverschleierte Kaiserin Zita, klammerte, sein Sohn und Kronprinz Otto nicht mehr auf den Thron seiner Väter gelangen würde? Ahnte er, daß Franz Joseph I. der letzte Kaiser von Österreich war, den man in die Kapuzinergruft trug, daß die Kirchenglocken Wiens an diesem 30. November 1916 das Ende der Habsburgermonarchie einläuteten?

Zum letzten Mal vollzog sich die Zeremonie der Grablegung eines Kaisers von Österreich, mit der demonstriert werden sollte, daß schließlich auch er ein gewöhnlich Sterblicher war und einem Höheren Rechenschaft schuldete. Der Obersthofmeister pochte mit seinem goldenen Stab dreimal an die verschlossene Pforte der Kapuzinergruft. Hinter dieser stand, mit einer brennenden Kerze, der Pater Guardian und fragte: »Wer begehrt Einlaß?« Der Obersthofmeister heischte Respekt: »Seine Apostolische Majestät, der Kaiser Franz Joseph.« Der Mönch erwiderte: »Den kenne ich nicht.« Der Obersthofmeister klopfte ungeduldig an das Tor: »Es begehrt der Allerhöchste Kaiser Franz Joseph eingelassen zu werden!« Der Mönch sagte unbeeindruckt: »Den kenne ich nicht«, und nicht unbarmherzig: »Wer bei Gott begehrt Einlaß?« Nun erhielt er die Antwort: »Dein Bruder Franz Joseph, ein armer Sünder.« Daraufhin tat sich die Pforte auf, und ein Mensch, der Kaiser gewesen war, fand seine Ruhe, bis zum Tag des Jüngsten Gerichts.

Vor der Kapuzinerkirche standen Soldaten Spalier, darunter der zweiundzwanzigjährige Joseph Roth aus Brody in Wolhynien, der später den *Radetzkymarsch* schrieb und sich erinnerte: »Als er begraben wurde, stand ich, einer seiner vielen Soldaten der Wiener Garnison, in der neuen, feldgrauen Uniform, in der wir ein paar Wochen später ins Feld gehen sollten, ein Glied in der langen Kette, welche die Straßen säumte. Der Erschütterung, die aus der Erkenntnis kam, daß ein historischer Tag eben verging, begegnete die zwiespältige Trauer über den Untergang eines Vaterlandes, das selbst zur Opposition seine Söhne erzogen hatte. Und während ich es noch verurteilte, begann ich schon, es zu beklagen. Und während ich die Nähe des Todes, dem mich noch der tote Kaiser entgegenschickte, erbittert maß, ergriff mich die Zeremonie, mit der die Majestät (und das war Österreich-Ungarn) zu Grabe getragen wurde. Die Sinnlosigkeit seiner letzten Jahre erkannte ich klar, aber nicht zu leugnen war, daß eben diese Sinnlosigkeit ein Stück meiner Kindheit bedeutete. Die kalte Sonne der Habsburger erlosch, aber es war eine Sonne gewesen.«

Noch der Lebende war schon zur Legende geworden. Um den Toten wob sich ein Schleier der Nostalgie, umso dichter, je mehr die Menschen in offensichtlich schlechten Zeiten Heimweh nach einer vermeintlich guten alten Zeit bekamen, und Sehnsucht nach dem alten Kaiser, der sie zu verkörpern schien.

Ein Denkmal in Wien, seiner Reichshaupt- und Residenzstadt, erhielt er nicht vor 1957. Das Kaiserreich kam nicht mehr dazu, die Erste Republik dachte erst daran, als es mit ihr schon zu Ende ging, die Nationalsozialisten duldeten keines, und erst in der Zweiten Republik, die einigermaßen mit der Vergangenheit ins Reine kam, wurde ihm ein Standbild im Burggarten errichtet. Vielleicht dauerte es deshalb so lange, weil das Denkmal erhalten geblieben war, das Franz Joseph I. sich selber gesetzt hatte: die Ringstraße, das grandiose Monument des Kaisers und seines Reiches.

Dem Menschen Franz Joseph ist die Statue im Burggarten, der sein Privatgarten gewesen war, gewidmet. Unauffällig steht er hinter Bäumen, bescheiden und schlicht, wie er gelebt hatte, in Dienstuniform, eher leger als stramm, mehr Kavalier als Soldat, den Rücken gebeugt und den Blick zu Boden gesenkt, auf einen verdorrten Lorbeerkranz mit schwarz-gelber Schleife. Der Ringstraße steht er abgewandt, als ob er im Winter, wenn die entlaubten Bäume den Blick freigeben, nicht mitansehen wollte, wie die Fassaden vom Nebel verschluckt werden und der Doppeladler auf der Neuen Hofburg im Nichts versinkt.

Bibliographie

Franz Joseph I. in seinen Briefen. Hrsg. von O. Ernst (1924). – Briefe Kaiser Franz Josephs an seine Mutter. Hrsg. von F. Schnürer (1930). – Briefe Kaiser Franz Josephs an Frau Katharina Schratt. Hrsg. von J. de Bourgoing (1949). – Briefe Kaiser Franz Josephs an Kaiserin Elisabeth. Hrsg. von G. Nostitz-Rieneck. 2 Bde. (1966).

Erinnerungen an Franz Joseph I. Hrsg. von E. v. Steinitz (1931). – Spitzmüller, A. v.: Kaiser Franz Joseph als Staatsmann (1935). – Margutti, A. v.: Kaiser Franz Joseph (1924). – Kielmansegg, E. v.: Kaiser Franz Joseph. In: K., E. v., Kaiserhaus, Staatsmänner und Politiker (1966).

Corti, E. C. Conte: Vom Kind zum Kaiser. Kindheit und erste Jugend Kaiser Franz Josephs I. und seiner Geschwister (1950). – Corti, E. C. Conte: Mensch und Herrscher. Wege und Schicksale Kaiser Franz Josephs I. zwischen Thronbesteigung und Berliner Kongreß (1952). – Corti, E. C. Conte und H. Sokol: Der alte Kaiser. Franz Joseph I. vom Berliner Kongreß bis zu seinem Tode (1955). – Corti, E. C. Conte und H. Sokol: Kaiser Franz Joseph (1960), einbändige, gekürzte Ausgabe.

Redlich, J.: Kaiser Franz Joseph von Österreich (1928). – Tschuppik, K.: Franz Joseph I. (1928). – Bagger, E.: Franz Joseph. Eine Persönlichkeitsstudie (1927). – Novotny, A.: Franz Joseph I. Persönlichkeit und Geschichte, Bd. 46 (1968).

Friedjung, H.: Kaiser Franz Joseph I. Ein Charakterbild. In: Historische Aufsätze (1919). – Redlich, O.: Kaiser Franz Joseph. In: Neue Österreichische Biographie, Bd. 1 (1922). – Görlich, E. J.: Zur persönlichen Charakteristik Kaiser Franz Josephs I. In: Jahrbuch der österreichischen Leogesellschaft (1935). – Srbik, H. v.: Franz Joseph I. Charakter und Regierungsgrundsätze. In: S., H. v., Aus Österreichs Vergangenheit (1949). – Ellenbogen, W.: Kaiser Franz Joseph. In: Zukunft (März 1951). – Goldinger, W.: Franz Joseph. In: Österreichisches Biographisches Lexikon, Bd. 1 (1957). – Novotny, A.: Kaiser Franz Joseph I. Aus Anlaß des 50. Todestages. In: Der Donauraum (1966).

Grün, O.: Franz Joseph I. in seinem Verhältnis zu den Juden (1916). – Kohut, A.: Kaiser Franz Joseph I. als König von Ungarn (1916). – Fellner, F.: Kaiser Franz Joseph und das Parlament. In: MittÖstStaatsarch. 9 (1956). – Novotny, A.: Kaiser Franz Joseph und die Nationalitätenfrage. In: Österreich in Geschichte und Literatur (1960). – Gall, F.: Kaiser Franz Joseph I. und die Wissenschaft. In: Genealogisch-Heraldische Zeitschrift Adler (1966).

Pauer, H.: Kaiser Franz Joseph I. Beiträge zur Bilddokumentation seines Lebens (1966). – Kaiser Franz Joseph-Ausstellung. Schönbrunn 1935. Katalog.

Rüffer, E.: 25 Jahre Kaiser von Österreich (1873). – Roland, A.: Kaiser Franz Joseph und sein Haus (1879). – Zeißberg, H. v.: Franz Joseph I. (1888). – Herzig, M.: Viribus unitis. Das Buch vom Kaiser (1898). – Schnitzer, J.: Kaiser Franz Joseph und seine Zeit (1898). – Albon, E. d': Vom Kaiser (1909). – Tezner, F.: Der Kaiser (1909). – Rumbold, Sir Horace: Francis Joseph and his Times (1909).

Koehler, C.: Stammtafel des Hauses Habsburg und Habsburg-Lothringen (1900). Forst, O.: Ahnentafel des Erzherzogs Franz Ferdinand (1910). – Wolf, J.: Blut und Rasse des Hauses Habsburg-Lothringen (1940). – Brunner, O.: Das Haus Österreich und die Donaumonarchie. In: Südost-Forschungen XIV (1955). – Wandruszka, A.: Das Haus Habsburg (2/1959). – Knappich, W.: Die Habsburger Chronik (1959). – Flesch-Brunningen, H.: Die letzten Habsburger in Augenzeugenberichten (1967). – McGuigan, D. Gies: Familie Habsburg. 1273 bis 1918 (1967). – Benedikt, H.: Die Monarchie des Hauses Österreich (1968). – Andics, H.: Die Frauen der Habsburger (1969). – Crankshaw, E.: Die Habsburger (1971).

Uhlirz, K. u. M.: Handbuch der Geschichte Österreichs und seiner Nachbarländer Böhmen und Ungarn. 4 Bde. (1927–44). – Hantsch, H. Die Geschichte Österreichs. 2 Bde. (3/1962). – Zöllner, E.: Geschichte Österreichs (5/1974). – Benedikt, H.: Monarchie der Gegensätze (1947). – Kann, R. A.: Das Habsburgerreich. Entstehung und Auflösung (1962). – Kremser, R.: Thron zwischen Ost und West. Tausend Jahre Österreich (2/1966). – Bauer, R.: Österreich. Ein Jahrtausend Geschichte im Herzen Europas (1970). – Tapié, V.-L.: Die Völker unter dem Doppeladler (1975).

Nadler, J. und H. v. Srbik (Hrsg.): Österreich. Erbe und Sendung im deutschen Raum (1936). – Schulmeister O., Allmayer-Beck J. C. und A. Wandruszka (Hrsg.): Spectrum Austriae (1957). – Österreich 1848–1918. Sonderheft der Zeitschrift Österreich in Geschichte und Literatur (1959).

Die Völker Österreich-Ungarns. 12 Bde. (1881). – Die österreichisch-ungarische Monarchie in Wort und Bild. 24 Bde. (1886–1902).

Domanovsky, A.: Die Geschichte Ungarns (1923). – Miskolczy, J.: Ungarn in der Habsburger Monarchie (1959). – Macartney, C. A.: Geschichte Ungarns (1971). – Kiszling, R.: Die Kroaten. Schicksalsweg eines Südslawenvolkes (1956). – Fischel, A.: Das tschechische Volk. 2 Bde. (1928). – Jandaurek, J.: Das Königreich Galizien und Lodomerien und das Herzogtum Bukowina (1884). – Kramer, H.: Die Italiener unter der österreichisch-ungarischen Monarchie (1954). – Benedikt, H.: Kaiseradler über dem Apennin. Die Österreicher in Italien 1700–1866 (1964). – Veiter, T.: Die Italiener in der Österreichisch-Ungarischen Monarchie (1965).

Kann, R. A.: Das Nationalitätenproblem der Habsburger Monarchie. 2. Bde. (2/1964). – Hugelmann, K. G. (Hrsg.): Das Nationalitätenrecht des alten Österreich (1934). – Hantsch, H.: Die Nationalitätenfrage im alten Österreich (1953). – Zwitter, F.: Les Problèmes Nationaux dans la Monarchie des Habsbourg (1960). – Stourzh, G.: Probleme des Nationalitätenrechts in der Donaumonarchie 1867–1918. In: Donauraum – gestern, heute, morgen (1966).

Bernatzik, E.: Die österreichischen Verfassungsgesetze (2/1911). – Kolmer, G.: Parlament und Verfassung in Österreich 1848–1918. 8 Bde. (1902–14). – Czedik, A. v.: Zur Geschichte der österreichischen Ministerien. 4 Bde. (1917–20). – Schüssler, W.: Das Verfassungsproblem im Habsburgerreich (1918). – Redlich, J.: Das österreichische Staats- und Reichsproblem. 2 Bde. (1920–26). – Schneefuss, W.: Demokratie im alten Österreich (1949). – Hellbling, E. C.: Österreichische Verfassungs- und Verwaltungsgeschichte (1956). – Walter F.: Österreichische Verfassungs- und Verwaltungsgeschichte (1972). – Huber, E. R.: Deutsche Verfassungsgeschichte seit 1789. Bd. 1 (1957), Bd. 2 (1960), Bd. 3 (1963). – Huber, E. R. (Hrsg.): Dokumente zur deutschen Verfassungsgeschichte. Bd. 1 (1961), Bd. 2 (1964).

Wandruszka A. und P. Urbanitsch (Hrsg.): Die Habsburgermonarchie 1848–1918. Bd. 1: Die wirtschaftliche Entwicklung (1973), Bd. 2: Verwaltung und Rechtswesen (1975). – Preradovich, N. v.: Die Führungsschichten in Österreich und Preußen 1804–1918 (1955). – Benedikt, H.: Die wirtschaftliche Entwicklung in der Franz-Joseph-Zeit (1958). – Brusatti, A.: Österreichische Wirtschaftspolitik vom Josephinismus bis zum Ständestaat

(1965). – Tremel, F.: Wirtschafts- und Sozialgeschichte Österreichs (1969). – Matis, H.: Österreichs Wirtschaft 1848–1913 (1972).

Mayer F. M., Kaindl R. F. und H. Pirchegger: Geschichte und Kulturleben Deutschösterreichs. 3 Bde. (1929–37, Neuauflage 1958 ff.). – Mayer–Kaindl–Pirchegger und A. A. Klein: Geschichte und Kulturleben Österreichs von 1792 bis zum Staatsvertrag von 1955 (5/1965). – Fuchs, A.: Geistige Strömungen in Österreich 1867–1918 (1949). – Johnston, W. M.: Österreichische Kultur- und Geistesgeschichte. Gesellschaft und Ideen im Donauraum 1848–1938 (1974).

Valjavec, F.: Der Josephinismus (2/1945). – Maaß, F.: Der Josephinismus. 5 Bde. (1951–61). – Wodka, J.: Kirche in Österreich (1959). – Engel-Janosi, F.: Österreich und der Vatikan 1846–1918 (1958–60).

Schmidt, A.: Dichtung und Dichter Österreichs im 19. und 20. Jahrhundert. 2 Bde. (1964). – Castle, E. (Hrsg.): Geschichte der deutschen Literatur in Österreich-Ungarn im Zeitalter Franz Josephs I. 2 Bde. (1935–37). – Hevesi, L.: Die österreichische Kunst im 19. Jahrhundert (1903). – Grimschitz, B.: Österreichische Maler vom Biedermeier zur Moderne (1964). – Hadamowsky, F.: Die Wiener Operette (1947). – Prawy, M.: Die Wiener Oper (1969).

Petermann, R. E.: Wien im Zeitalter Franz Josephs (1908). – Altertumsverein zu Wien (Hrsg.): Geschichte der Stadt Wien. 6 Bde. (1897–1918). – Srbik, H. v. und R. Lorenz: Die geschichtliche Stellung Wiens 1740–1918 (1962). – Ziak, K. (Hrsg.): Unvergängliches Wien. Ein Gang durch die Geschichte von der Urzeit bis zur Gegenwart (1964). – May, A. J.: Vienna in the Age of Franz Joseph (1966).

Neue Österreichische Biographie. Hrsg. von A. Bettelheim (1815–1918, 1923 ff.). – Charmatz, R.: Lebensbilder aus der Geschichte Österreichs (1947). – Srbik, H. v.: Aus Österreichs Vergangenheit (1949). – Bund österreichischer Frauenvereine (Hrsg.): Frauenbilder aus Österreich (1955). – Hantsch, H.: Gestalter der Geschicke Österreichs (1962).

Charmatz, R.: Österreichs innere Geschichte von 1848 bis 1907. 2 Bde. (1911–12). – Charmatz, R.: Geschichte der auswärtigen Politik Österreichs im 19. Jahrhundert. 2 Bde. (1912–14). – Bibl, V.: Der Zerfall Österreichs. 2 Bde. (1922–24). – Srbik, H. v.: Deutsche Einheit. Idee und Wirklichkeit vom Heiligen Reich bis Königgrätz. 4 Bde. (1935–42). – May, A. J.: The Hapsburg Monarchy 1867–1914 (1951). – Franzel, E.: Der Donauraum im Zeitalter des Nationalitätenprinzips. 1789–1918 (1958). – Taylor, A. J. P.:

The Habsburg Monarchy. 1809–1918 (3/1960). – Engel-Janosi, F.: Geschichte auf dem Ballhausplatz 1830–1945 (1963). – May, A. J.: The Passing of the Hapsburg Monarchy (1966). – Crankshaw, E.: Der Niedergang des Hauses Habsburg (1967). – Wandruszka, A.: Österreich-Ungarn vom ungarischen Ausgleich bis zum Ende der Monarchie (1867–1918). In: Handbuch der europäischen Geschichte, Bd. 6 (1968). – Macartney, C. A.: The Habsburg Empire. 1790–1918 (1969). – Allmayer-Beck, J. C. und E. Lessing: Die k. (u.) k.-Armee 1848–1914 (1974). – Andics, H.: Das österreichische Jahrhundert (1974). – Brehm, B.: Am Ende stand Königgrätz. Historischer Roman um Preußen und Österreich (1965).

Stern, A.: Geschichte Europas seit den Verträgen von 1815 bis zum Frankfurter Frieden von 1871. 10 Bde. (1899–1924). – Lemberg, E.: Geschichte des Nationalismus in Europa (1950). – Taylor, A. J. P.: The Struggle for Mastery in Europe 1848–1918 (1954). – Albrecht-Carrié, R.: A Diplomatic History of Europe since the Congress of Vienna (1958). – Anderson, M. S.: The Eastern Question 1774–1923 (1966). – Baumgart, W.: Vom Europäischen Konzert zum Völkerbund (1974).

ZUM KAPITEL »DER THRONERBE«

Sturmfeder, L. v.: Die Kindheit unseres Kaisers (1900). – Reinöhl, F.: Aus dem Tagebuch der Erzherzogin Sophie. In: Hist. Bl. (1931). – Emmer, J.: Erzherzog Franz Karl (1883).

Wolfsgruber, C.: Franz I. Kaiser von Österreich (1899). – Bibl, V.: Kaiser Franz (1938). – Bayern, A. v.: Max I. Joseph von Bayern (1957). – Ségur-Cabanac, V. v.: Kaiser Ferdinand als Regent und Mensch (1912).

Prokesch-Osten, A.: Mein Verhältnis zum Herzog von Reichstadt (1878). – Wertheimer, E.: Der Herzog von Reichstadt (2/1913). – Bourgoing, J. de: Le Fils de Napoléon (1932). – Moll, J. K. v.: Die letzten Tage des Herzogs von Reichstadt. Tagebuchblätter (1948).

Srbik, H. v.: Metternich. Der Staatsmann und der Mensch, Bd. 1–2 (1925), Bd. 3 (1954). – Palmer, A.: Metternich. Eine Biographie (1977). – Strobel von Ravelsberg, F.: Metternich und seine Zeit. 2 Bde. (1906–07).

Hermann, G. (Hrsg.): Das Biedermeier im Spiegel seiner Zeit (1913). – Rieder, H.: Wiener Vormärz. Das Theater, das literarische Leben, die Zensur (1959). – Grillparzer, F.: Briefe und Tagebücher. 2 Bde. (1903). – Bücher, W.: Grillparzers Verhältnis zur Politik seiner Zeit (1913). – Politzer, H.: Grillparzer oder das Abgründige im Biedermeier (1972).

Kühnel, H.: Die Hofburg (1971). – Eigel, K. und P. Kodera: Die Hofburg in Wien (1977). – Fillitz, H.: Katalog der weltlichen und geistlichen Schatzkammer (1968). – Hajos, G.: Schönbrunn (1976).

ZUM KAPITEL »REVOLUTION«

Rommel, O.: Der österreichische Vormärz 1816–47 (1931). – Meyer, A.: Vormärz. Die Ära Metternich 1815–48 (1948). – Marx, J.: Die wirtschaftlichen Ursachen der Revolution von 1848 in Österreich (1965).

Steinacker, H.: Die geschichtlichen Voraussetzungen des österreichischen Nationalitätenproblems und seine Entwicklung bis 1867 (1935). – Molisch, P.: Geschichte der deutschnationalen Bewegung in Österreich (1926). – Franz, G.: Liberalismus. Die deutschliberale Bewegung in der Habsburgischen Monarchie (1956). – Eder, K.: Der Liberalismus in Altösterreich (1955). – Winter, E.: Frühliberalismus in der Donaumonarchie. 1790 bis 1868 (1968). – Lemberg, E.: Grundlagen des nationalen Erwachens in Böhmen (1932). – Raupach, H.: Der tschechische Frühnationalismus (1939). – Plaschka, R. G.: Von Palacky bis Pekar. Geschichtswissenschaft und Nationalbewußtsein bei den Tschechen (1955). – Zacek, J. F.: Franz Palacky (1970). – Spohr, L.: Die geistigen Grundlagen des Nationalismus in Ungarn (1936). – Zarek, O.: Ludwig Kossuth (1935).

Klein, T. (Hrsg.): 1848 ... Erinnerungen, Urkunden, Berichte, Briefe (1914). – Jessen, H.: Die Deutsche Revolution 1848/49 in Augenzeugenberichten (1968). – Auerbach, B.: Tagebuch aus Wien (1849). – Vitzthum von Eckstädt, C. F. v.: Berlin und Wien in den Jahren 1845–1852 (2/1886). – Bauernfeld, E. v.: Erinnerungen aus Alt-Wien (1923). – Walter, F. (Hrsg.): Magyarische Rebellenbriefe 1848 (1964).

Helfert, J. A. v.: Geschichte der österreichischen Revolution im Zusammenhang mit der mitteleuropäischen Bewegung 1848/49. 2 Bde. (1907–09). – Valentin, V.: Geschichte der deutschen Revolution von 1848/49. 2 Bde. (1930–31, Neudruck 1977). – Kiszling, R. (Hrsg.): Die Revolution im Kaisertum Österreich 1848 bis 1849. 2 Bde. (1948). – Novotny, A.: 1848 – Österreichs Ringen um Freiheit und Völkerfrieden vor hundert Jahren (1948). – Rath, R. J.: The Viennese Revolution of 1848 (1957). – Burian, P.: Die Nationalitäten in Cisleithanien und das Wahlrecht der Märzrevolution 1848/49 (1962). – Prinz, F.: Prag und Wien 1848 (1968).

Theiß, V.: Erzherzog Johann (1950). – Schmahl, E.: Radetzky (1938). – Regele, O.: Feldmarschall Radetzky (1957).

ZUM KAPITEL »REAKTION«

Helfert, J. A. v.: Die Thronbesteigung des Kaisers Franz Joseph I. (1872). – Hübner, A. v.: Ein Jahr meines Lebens. 1848–1849 (1891). – Kübeck, M. v. (Hrsg.): Tagebücher des Karl Friedrich Freiherrn von Kübeck von Kübau. 2 Bde. (1906). – Walter, F. (Hrsg.): Aus dem Nachlaß des Freiherrn Karl Friedrich Kübeck von Kübau. Tagebücher, Briefe, Aktenstücke 1841–1855 (1960). – Mayr, J. K. (Hrsg.): Das Tagebuch des Polizeiministers Kempen von 1848–1859 (1931).

Müller, P.: Feldmarschall Fürst Windisch-Graetz (1934). – Kerchnawe, H.: Feldmarschall Fürst Windisch-Graetz und die Russenhilfe (1930). – Heller, E.: Fürst Felix zu Schwarzenberg (1933). – Schwarzenberg, A.: Prince Felix zu Schwarzenberg (1946). – Kiszling, R.: Fürst Felix zu Schwarzenberg (1952). – Charmatz, R.: Minister Freiherr von Bruck, der Vorkämpfer Mitteleuropas (1916). – Walter, F.: Alexander Freiherr von Bach. In: Neue Österreichische Biographie, Bd. XIII (1959).

Friedjung, H.: Österreich von 1848–1860. 2 Bde. (1908–12). – Czoernig, K. v.: Österreichs Neugestaltung 1848–1858 (1888). – Andics, E.: Das Bündnis Habsburg–Romanow. Vorgeschichte der zaristischen Intervention in Ungarn im Jahre 1849 (1963). – Winter, E.: Revolution, Neoabsolutismus und Liberalismus in der Donaumonarchie (1969).

Meyer, H. C.: Mitteleuropa in German Thought and Action 1815–1945 (1955). – Droz, J.: L'Europe centrale (1960). – Kaindl, R. F.: Österreich, Preußen, Deutschland (1926). – Telle, H.: Das österreichische Problem im Frankfurter Parlament im Sommer und Herbst 1848 (1933). – Böhme, H.: Deutschlands Weg zur Großmacht. Studien zum Verhältnis von Wirtschaft und Staat während der Reichsgründungszeit 1848–1881 (1966). – Böhme, H. (Hrsg.): Probleme der Reichsgründungszeit 1848 bis 1879 (1968). – Katzenstein, P. J.: Disjoined Partners. Austria and Germany since 1815 (1976). – Wollstein, G.: Das »Großdeutschland« der Paulskirche. Nationale Ziele in der bürgerlichen Revolution 1848/49 (1977).

ZUM KAPITEL »DAS ENDE DER HEILIGEN ALLIANZ«

Corti, E. C. Conte: Elisabeth. Die seltsame Frau (1934, mehrere Neuauflagen). – Haslip, J.: Elisabeth von Österreich (1966). – Tschuppik, K.: Kaiserin Elisabeth von Österreich (1929). – Christomanos, C.: Tagebuchblätter 1891–1892 (1899). – Sztaray, I.: Aus den letzten Jahren der Kaiserin Elisabeth (1909). – Nolston, L. K.: Ein Andenken an weiland Kaiserin und Königin Elisabeth (1899). – Beetz, W.: Die Hermesvilla in Lainz (1929).

Hallberg, C. W.: Franz Joseph und Napoleon III. 1852–1864 (1955). – Burckhardt, C. F. (Hrsg.): Briefe Metternichs an Buol-Schauenstein 1852–1859 (1934). – Hübner, A. v.: Neun Jahre der Erinnerungen eines österreichischen Botschafters in Paris unter dem Zweiten Kaiserreich. 1851–1859. 2 Bde. (1904). – Engel-Janosi, F.: Der Freiherr von Hübner. 1811–1892 (1933). – Heller, J. (Hrsg.): Memoiren des Baron Bruck aus der Zeit des Krimkrieges (1873).

Bulle, C.: Geschichte des Zweiten Kaiserreiches und des Königreiches Italien (1890). – Friedjung, H.: Der Krimkrieg und die österreichische Politik (2/1910). – Eckart, F.: Die deutsche Frage und der Krimkrieg (1931). – Unckel, B.: Österreich und der Krimkrieg. Studien zur Politik der Donaumonarchie in den Jahren 1852–56 (1969). – Baumgart, W.: Der Friede von Paris 1856 (1972). – Schroeder, P. W.: Austria, Great Britain and the Crimean War. The Destruction of the European Concert (1972).

Wolfsgruber, C.: Kirchengeschichte Österreich-Ungarns (1909). – Weinzierl, E.: Die österreichischen Konkordate 1855 und 1933 (1960). – Meister, R.: Geschichte der Wiener Universität (1934). – Schönbauer, L.: Das Medizinische Wien (1947).

ZUM KAPITEL »SOLFERINO«

Molinsky, K.: Österreich in Italien 1859 (1917). – Schroeder, P. W.: Austria as an obstacle to Italian Unification and Freedom 1814 to 1861. Austrian History News Letter No. 3 (1962). – Kramer, H.: Österreich und das Risorgimento (1963). – Gasperini, L.: Storia del Governatore del Lombardo-Veneto (1934).

Corti, E. C. Conte: Maximilian und Charlotte von Mexiko. 2 Bde. (1924). – Haslip, J.: Maximilian Kaiser von Mexiko (1972). – Fryd, N.: Die Kaiserin. Roman der Charlotte von Mexiko (1976). – Maximilian I. (Ferdinand Maximilian): Mein erster Ausflug. Wanderungen in Griechenland (1868). – Ders.: Aus meinem Leben. Reiseskizzen, Aphorismen, Gedichte (1868). – Ders.: Aphorismen (1861).

Omodeo, A.: Die Erneuerung Italiens und die Geschichte Europas 1700–1920 (1951). – Valsecchi, F.: Cavour (1957). – Michaelis, H.: Die Einigung Italiens. Triumph und Verhängnis Napoleons III. (1960). – Valsecchi, F.: L'Europa e il Risorgimento. L'Alleanza di Crimea (1968). – Mesmer, B. (Hrsg.): Napoleon III. und die italienische Einigung (1969). – Beales, D.: The Risorgimento and the Unification of Italy (1971).

Preußischer Generalstab (Hrsg.): Der italienische Feldzug des Jahres 1859 (1862). – Österreichischer Generalstab: Der Krieg in Italien 1859. 3 Bde. (1872–76). – Kunz, H.: Von Montebello bis Solferino (1888). – Dunant, H.: Un Souvenir de Solferino (1862). – Deutsch, W.: Habsburgs Rückzug aus Italien. Die Verhandlungen von Villafranca und Zürich (1940).

Fournier, A.: Österreich-Ungarns Neubau unter Kaiser Franz Joseph I. (1917). – Goldinger, W.: Von Solferino bis zum Oktoberdiplom (1950). – Fellner, F.: Das Februarpatent (1955). – Arneth, A. v.: Anton Ritter von Schmerling (1895).

ZUM KAPITEL »KÖNIGGRÄTZ«

Friedjung, H.: Der Kampf um die Vorherrschaft in Deutschland 1859 bis 1866. 2 Bde. (6/1904–05). – Srbik, H. v. (Hrsg.): Quellen zur deutschen Politik Österreichs 1859–1866. 5 Bde. (1934–38). – Hirschberg, H.: Der Frankfurter Fürstentag (1907). – Clark, C. W.: Franz Joseph and Bismarck. The Diplomacy of Austria before the War of 1866 (1934). – Zweybrück, F. (Hrsg.): Bismarck und Österreich (o. J.). – Lipgens, W.: Bismarcks Österreichpolitik vor 1866. Die Welt als Geschichte, 10 (1950). – Becker, O.: Bismarcks Ringen um Deutschlands Gestaltung. Hrsg. und ergänzt von A. Scharff (1958). – Real, W.: Der deutsche Reformverein. Großdeutsche Stimmen und Kräfte zwischen Villafranca und Königgrätz (1966). – Herre, F.: Nation ohne Staat. Die Entstehung der deutschen Frage (1967).

Fröbel, J.: Ein Lebenslauf. 2 Bde. (1890). – Engel-Janosi, F: Graf Rechberg (1927). – Biegeleben, R. v.: Ludwig Freiherr von Biegeleben (1930). – Eyck, E.: Bismarck. 3 Bde. (1941–44). – Richter, W.: Bismarck (1962). – Gall, L. (Hrsg.): Das Bismarck-Problem (1971). – Bismarck, O. v.: Erinnerung und Gedanken. Hrsg. von R. Buchner. In: Werke in Auswahl (1975).

Fischer, F. v.: Der Krieg in Schleswig und Jütland 1864 (1870). – Steefel, L. D.: The Schleswig-Holstein Question (1932). – Engel-Janosi, F.: Die Krise des Jahres 1864 in Österreich (1929). – Gründorf von Zebegeny, W.: Als Holstein österreichisch wurde. Mit einer Abhandlung »Das Vorspiel von Königgrätz« von W. Lorenz (1966).

Preußischer Generalstab (Hrsg.): Der Feldzug von 1866 in Deutschland. 2 Bde. (1867). – Österreichischer Generalstab (Hrsg.): Österreichs Kämpfe im Jahre 1866. 5 Bde. (1867–69). – Ditfurth, M. v.: Benedek und die Taten der k. k. Nordarmee 1866. 3 Bde. (1911). – Craig, G. A.: Königgrätz (1966). – Groote, W. v. und U. v. Gersdorff (Hrsg.): Entscheidung 1866 (1966). – Schüssler, W.: Königgrätz 1866 (1958). – Wandruszka, A.: Schicksalsjahr 1866 (1966). – Dietrich, R. (Hrsg.): Europa und der Norddeutsche Bund (1968).

Friedjung, H.: Benedeks nachgelassene Papiere (3/1904). – Lonyay, K. v.: Ich will Rechenschaft ablegen (1937). – Regele, O.: Feldzeugmeister Benedek (1960). – Duncker, C. v.: Erzherzog Albrecht (1897). – Glaise-Horstenau, E. v.: Franz Josephs Weggefährte. Friedrich Graf von Beck (1930). – Schöndorfer, U.: Wilhelm von Tegetthoff (1958).

ZUM KAPITEL »DER ANFANG VOM ENDE«

Eisenmann, L.: Le Compromis Austro-Hongrois de 1867. Étude sur le Dualisme (1904). – Zolger, J. v.: Der staatsrechtliche Ausgleich zwischen Österreich und Ungarn (1911). – Forschungsinstitut für den Donauraum Wien (Hrsg.): Der österreichisch-ungarische Ausgleich von 1867. Vorgeschichte und Wirkungen (1967). – Toth, A.: Parteien und Reichstagswahlen in Ungarn 1848 bis 1892 (1973).

Zoltan, F.: Franz Deak (1905). – Wertheimer, E.: Graf Julius Andrassy. 3 Bde. (1910–13).

Zehntbauer, R.: Verfassungswandlungen im neuen Österreich (1911). – Skottsberg, B.: Der österreichische Parlamentarismus (1949). – Birke, E. und K. Oberdorffer: Das böhmische Staatsrecht in den deutsch-tschechischen Auseinandersetzungen des 19. und 20. Jahrhunderts (1960). – Preradovich, N. v.: Der nationale Gedanke in Österreich 1866–1938 (1962). – Goldinger, W.: Fragen der Innenpolitik 1867–1914. In: Österreich in Geschichte und Literatur (1966).

Beust, F. F. von: Aus drei Vierteljahrhunderten. Erinnerungen und Aufzeichnungen. 2 Bde. (1887). – Pollak, H.: Dreißig Jahre aus dem Leben eines Journalisten (1894). – Schäffle, A.: Aus meinem Leben. 2 Bde. (1905). – Plener, E. v.: Erinnerungen. 3 Bde. (1911–21).

Kollonitz, P. v.: Eine Reise nach Mexiko (1867). – Basch, S.: Erinnerungen aus Mexiko. 2 Bde. (1868). – Salm-Salm, Prinz F. zu: Queretaro. Blätter aus meinem Tagebuch in Mexiko. 2 Bde. (1868). – Tavera, E. Schmitt v.:

Geschichte der Regierung Kaiser Maximilians I. und die französische Intervention in Mexiko (1903). – Gamillscheg, F.: Kaiseradler über Mexiko (1964). – Kuehn, J. (Hrsg.): Anton von Magnus: Das Ende des maximilianischen Kaiserreichs in Mexiko. Berichte des königlich preußischen Ministerresidenten an Bismarck 1866–67 (1965).

ZUM KAPITEL »NACHSOMMER«

Potthoff, H.: Die deutsche Politik Beusts 1866–1870/71 (1968). – Kronprinz Friedrich Wilhelm von Preußen: Tagebuch einer Reise nach dem Morgenlande 1869. Hrsg. von H. Rothfels (1971). – Dioszegi, I.: Österreich-Ungarn und der französisch-deutsche Krieg 1870–1871 (1974).

Leidner, L.: Die Außenpolitik Österreich-Ungarns 1870–1879. Diss. Kiel (1934). – Noack, U.: Bismarcks Friedenspolitik (1928). – Rupp, G. H.: A Wavering Friendship. Russia and Austria 1876–1878 (1941). – Langer, W. L.: European Alliances and Alignments 1871–1890 (2/1962). – Winckler, M.: Bismarcks Bündnispolitik und das europäische Gleichgewicht (1964). – Carroll, E. M.: Germany and the Great Powers 1866–1914 (1966). – Hofer, W. (Hrsg.): Europa und die Einheit Deutschlands (1970). – Hillgruber, A.: Bismarcks Außenpolitik (1972).

Zapf, A.: Die Wirtschaftsgeschichte Wiens unter der Regierung Kaiser Franz Josephs I. (1888). – Beer, A.: Die österreichische Handelspolitik im 19. Jahrhundert (1891). – Die Großindustrie Österreichs. 6 Bde. (1898). – Lichtenberger, E.: Wirtschaftsfunktion und Sozialstruktur der Wiener Ringstraße. In: Bild einer Epoche, 6 (1970).

Spitzer, D.: Wiener Spaziergänge. 6 Bde. (1869–1885). – Ders.: Letzte Wiener Spaziergänge (1894). – Kürnberger, F.: Siegelringe (1874). – Laube, H.: Erinnerungen 1841–1881 (1882). – Hanslick, E.: Aus meinem Leben. 2 Bde. (1894). – Czeike, F.: Cajetan Felder. Erinnerungen eines Wiener Bürgermeisters (1964).

Kohn-Arbest, F.: Vienne sous François Joseph Ier (1888). – Leitich, A. T.: Verklungenes Wien. Vom Biedermeier zur Jahrhundertwende (1942). – Pirchan, E.: Hans Makart (1942). – Lorenz, R.: Die Wiener Ringstraße (1944). – Jaspert, W.: Johann Strauß (1948). – Jenny, W. und F. Pfeiffer: Kunst in Österreich 1851–1951 (1951). – Wassilko, T.: Fürstin Pauline Metternich (1958). – Hennings, F.: Ringstraßensymphonie. 3 Bde. (1963–65, einbändige Ausgabe 1977). – Wagner-Rieger, R.: Wiens Architekten im 19. Jahrhundert (1970). – Endler, F.: Das k. u. k. Wien (1977).

Österreichischer Generalstab: Die Okkupation Bosniens und der Herzegowina im Jahre 1878 (1879). – Marbeau, E.: La Bosnie depuis l'Occupation Austro-Hongroise (1881). – Seton-Watson, R. W.: The Role of Bosnia in International Politics 1875–1914 (1931).

Pribram, A. F.: Die politischen Geheimverträge Österreich-Ungarns 1879–1914 (1920). – Heller, E.: Das deutsch-österreichisch-ungarische Bündnis in Bismarcks Außenpolitik (1925). – Walenta, K.: Kalnoky, die europäischen Großmächte und die Balkanfrage (1938). – Windelband, W.: Bismarck und die europäischen Großmächte 1879–1885 (1940). – Maiwald, S.: Der Berliner Kongreß 1878 und das Völkerrecht (1948). – Novotny, A.: Quellen und Studien zur Geschichte des Berliner Kongresses 1878 (1957). – Rassow, P.: Die Stellung Deutschlands im Kreise der großen Mächte 1887–1890 (1959). – Fellner, F.: Der Dreibund (1960). – Granfelt, H.: Der Dreibund nach dem Sturze Bismarcks. 2 Bde. (1962–64). – Hallmann, H. (Hrsg.): Zur Geschichte und Problematik des deutsch-russischen Rückversicherungsvertrages von 1887 (1968).

Wilhelm II.: Ereignisse und Gestalten aus den Jahren 1878–1918 (1922). – Cowles, V.: Wilhelm der Kaiser (1965). – Balfour, M.: Der Kaiser. Wilhelm II. und seine Zeit (1967).

Skedl, A. (Hrsg.): Der politische Nachlaß des Grafen Eduard Taaffe (1922). – Jenks, W. A.: Austria under the Iron Ring 1879–1893 (1965). – Kielmansegg, E. v.: Kaiserhaus, Staatsmänner und Politiker. Aufzeichnungen des k. k. Statthalters. Eingel. von W. Goldinger (1966). – Ebert, K.: Die Anfänge der modernen Sozialpolitik in Österreich. Die Taaffesche Sozialgesetzgebung 1879–1885 (1975).

Brügel, L.: Geschichte der österreichischen Sozialdemokratie. 5 Bde. (1922–25). – Kralik, R.: Lueger und der christliche Sozialismus (1923). – Ermers, M.: Victor Adler (1932). – Bauer, W.: Georg Ritter von Schönerer (1941). – Allmayer-Beck, J. C.: Vogelsang. Vom Feudalismus zur Volksbewegung (1952). – Skalnik, K.: Dr. Karl Lueger (1954). – Steiner, H.: Die Arbeiterbewegung Österreichs 1867–1889 (1964).

Szeps, J. (Hrsg.): Kronprinz Rudolf. Politische Briefe an einen Freund (1922). – Redwitz, M. v.: Hofchronik (1924). – Mitis, O. v.: Das Leben des Kronprinzen Rudolf (1928, neu hrsg. und eingeleitet von A. Wandruszka 1971). – Stefanie von Belgien, Fürstin von Lonyay: Ich sollte Kaiserin werden (1935). – Larisch-Wallersee, M.-L. v.: Meine Vergangenheit (1937). – Stockhausen, J. v.: Im Schatten der Hofburg (1952). – Das Mayerling Original. Offizieller Akt des k. k. Polizeipräsidiums (1955). – Barkeley, R.: The Road to Mayerling (1958). – Franzel, E.: Kronprinzen-Mythos und Mayerling-Legende (1963). – Judtmann, F.: Mayerling ohne Mythos (1968). – Loehr, C.: Mayerling. Eine wahre Legende (1968).

ZUM KAPITEL »JAHRHUNDERTWENDE«

Sieghart, R.: Die letzten Jahrzehnte einer Großmacht. Lebenserinnerungen (1932). – Baernreither, J. M.: Der Verfall des Habsburgerreiches und die Deutschen. Fragmente eines politischen Tagebuches 1879–1917. Hrsg. von O. v. Mitis (1939). – Sutter, B.: Die Badenischen Sprachenverordnungen von 1897. 2 Bde. (1960–65). – Kaindl, J.: Der Sprachenstreit in Böhmen (1925). – Horvath, Z.: Die Jahrhundertwende in Ungarn (1966).

Soergel, A.: Dichtung und Dichter der Zeit. Eine Schilderung der deutschen Literatur der letzten Jahrzehnte (1911). – Zweig, Stefan: Die Welt von gestern. Erinnerungen eines Europäers (1944). – Jones, E.: The Life and Work of Sigmund Freud. 3 Bde. (1953–57). – Freud, S.: Briefe 1873–1939 (1960). – Jenks, W. A.: Vienna and the young Hitler (1960). – Breicha, O. und G. Fritsch (Hrsg.): Finale und Auftakt. Wien 1898–1914. Literatur, Bildende Kunst, Musik (1964). – Broch, H.: Hofmannsthal und seine Zeit (1964). – Ritter, J.: Hofmannsthal und Österreich (1967). – Masur, G.: Propheten von gestern. Zur europäischen Kultur 1890–1914 (1965). – Kohn, C.: Karl Kraus (1966). – Schnitzler, A.: Jugend in Wien. Eine Autobiographie (1968). – Hennings, F.: Solange er lebt. Aus dem Wien der Jahrhundertwende (1968). – Friedländer, O: Letzter Glanz der Märchenstadt. Das war Wien um 1900 (1969). – Zuckerkandl, B.: Österreich intim. Erinnerungen 1892–1942 (1970). – Zohn, H. (Hrsg.): Der farbenvolle Untergang. Österreichisches Lesebuch (1971). – Janik, A. und S. Toulmin: Wittgenstein's Vienna (1973). – Glaser, H.: Sigmund Freuds zwanzigstes Jahrhundert (1976).

Sydacoff, B. v.: Vom habsburgischen Kaiserhof (o. J.). – Margutti, A. v.: Vom alten Kaiser (1921). – Wölfling, L. (Erzherzog Leopold Ferdinand von Österreich-Toskana): Die letzten Habsburger. In: Die Stunde (1923). – Höhnel, L. v.: Mein Leben zur See, auf Forschungsreisen und bei Hofe (1926). – Ketterl, E.: Der alte Kaiser, wie nur einer ihn sah. Hrsg. von C. Klastersky (1929). – Kürenberg, J. v.: Katharina Schratt (1941).

Nikitsch-Boulles, P.: Vor dem Sturm. Erinnerungen an den Erzherzog Thronfolger (1925). – Sosnosky, T. v.: Der Erzherzog Thronfolger Franz Ferdinand (1929). – Chlumecky, L. v.: Erzherzog Franz Ferdinands Wirken und Wollen (1929). – Eisenmenger, V.: Erzherzog Franz Ferdinand (1937). – Franz, G.: Erzherzog Franz Ferdinand und die Pläne zur Reform der Habsburger Monarchie (1943). – Kiszling, R.: Erzherzog Franz Ferdinand von Österreich-Este (1953). – Franzel, E.: Franz Ferdinand (1964).

Schneider, J. (Hrsg.): Kaiser Franz Joseph I. und sein Hof. Erinnerungen und Schilderungen aus den nachgelassenen Papieren eines persönlichen Ratgebers (1919). – Conrad v. Hötzendorf, F. v.: Aus meiner Dienstzeit 1906–1918. 5 Bde. und 2 Kartenbde. (1921–25). – Auffenberg-Komarow, M. v.: Aus Österreichs Höhe und Niedergang (1921). – Baernreither, J. M.: Fragmente eines politischen Tagebuches. Die südslawische Frage und Österreich-Ungarn vor dem Weltkrieg. Hrsg. von J. Redlich (1928). – Bardolff, C. v.: Soldat im alten Österreich (1936). – Cormons, E. U.: Schicksale und Schatten. Eine österreichische Autobiographie (1951). – Funder, F.: Vom Gestern ins Heute (1952). – Redlich, J.: Schicksalsjahre Österreichs 1908–1919. Das politische Tagebuch. Hrsg. von F. Fellner. 2 Bde. (1953–54). – Spitzmüller, A. v.: ... und hat auch Ursach, es zu lieben (1955). – Clary-Aldringen. A. v.: Geschichten eines alten Österreichers (1977).

Ereny, G.: Graf Stefan Tisza (1935). – Regele, O.: Feldmarschall Conrad (1955). – Allmayer-Beck, J. C.: Ministerpräsident Baron Beck (1956). – Hantsch, H.: Graf Leopold Berchtold. 2 Bde. (1963). – Ableitinger, A.: Koerber und das Verfassungsproblem 1900 (1973).

Samassa, P.: Der Völkerstreit im Habsburgerstaat. (1910). – Seton-Watson, R. W.: Die südslawische Frage im Habsburger Reich (1913). – Schierbrand, W. v.: Austria-Hungary. Polyglot Empire (1917). – Fischel, A.: Der Panslawismus bis zum Weltkrieg (1919). – Wendel, H.: Die Habsburger und die Südslawenfrage (1924). – Spitzmüller, A. v.: Der letzte österreichisch-ungarische Ausgleich und der Zusammenbruch der Monarchie (1929). – Walter, F. und H. Steinacker: Die Nationalitätenfrage im alten Ungarn und die Südostpolitik Wiens (1959). – Mommsen, H.: Die Sozialdemokraten und die Nationalitätenfrage im habsburgischen Vielvölkerstaat (1963). – Hanak, P. (Hrsg.): Die nationale Frage in der Österreichisch-Ungarischen Monarchie 1900–1918 (1966).

Schmid, F.: Bosnien und Herzegowina unter der Verwaltung Österreich-Ungarns (1914). – Molden, B.: Alois Graf Aehrenthal. Sechs Jahre äußere Politik Österreich-Ungarns (1917). – Pribram, A. F.: Austrian Foreign Policy 1908–1918 (1923). – Musulin, A. v.: Das Haus am Ballhausplatz (1924). – Bittner, L. und H. Übersberger: Österreich-Ungarns Außenpolitik von der bosnischen Krise 1908 bis zum Kriegsausbruch 1914. Diplomatische Aktenstücke des österreichisch-ungarischen Ministeriums des Äußern. 8 Bde., 1 Regbd. (1930). – Schmitt, B. E.: Triple Alliance and Triple Entente (1934). – Schmitt, B. E.: The Annexation of Bosnia and Herzegovina (1937). – Helmreich, E. C.: The Diplomacy of the Balkan Wars 1912–13 (1938). – Albertini, L.: The Origins of the War of 1914. 3 Bde. (1965, ital. Originalausgabe 1942–43). – Carlgren, W. M.: Iswolsky und Aehrenthal (1955). – Übersberger, H.: Österreich zwischen Rußland und Serbien. Zur südslawischen Frage und zur Entstehung des Ersten Weltkriegs (1958). – Bridge, F. R.: Great Britain and Austria-Hungary 1906–1914 (1972). – Hölzle, E.: Die Selbstentmachtung Europas. Das Experiment des Friedens vor und im Ersten Weltkrieg (1975).

ZUM KAPITEL »DER UNTERGANG«

Seton-Watson, R. W.: Sarajevo. A Study in the Origins of the Great War (1913). – Remak, J.: Sarajevo. The Story of a Political Murder (1959). – Dedijer, V.: Die Zeitbombe. Sarajevo 1914 (1967). – Würthle, F.: Die Spur führt nach Belgrad. Die Hintergründe des Dramas von Sarajewo 1914 (1975).

Fischer, E.: Die kritischen 39 Tage. Von Sarajewo bis zum Weltbrand (1928). – Wegerer, A. v.: Der Ausbruch des Weltkriegs. 2 Bde. (1939). – Hanak, H.: Great Britain and Austria-Hungary during the First World War (1962). – Taylor, E.: Der Untergang der Dynastien (1963). – Tuchman, B. W.: August 1914 (1964). – Geiss I., (Hrsg.): Julikrise und Kriegsausbruch 1914. 2 Bde. (1963–64). – Lafore, L.: The Long Fuse. An Interpretation of the Origins of World War I (1966). – Laqueur W. und G. L. Mosse (Hrsg.): Kriegsausbruch 1914 (2/1970). – Kann, R. A.: Kaiser Franz Joseph und der Ausbruch des Weltkriegs (1971).

Cramon, A. v.: Unser österreichisch-ungarischer Bundesgenosse (1920). – Redlich, J.: Österreichische Regierung und Verwaltung im Weltkrieg (1925). – Österreichisches Bundesministerium für Heerwesen und Kriegsarchiv (Hrsg.): Österreich-Ungarns letzter Krieg. 1914–1918. 7 Bde. Text, 7 Bde. Beilagen, 1 Regbd. (2/1931–38). – Sokol, H.: Österreich-Ungarns

Seekrieg 1914–1918 (1938). – Kiszling, R.: Österreich-Ungarns Anteil am Ersten Weltkrieg (1958). – Führ, C.: Das k. u. k-Armeeoberkommando und die Innenpolitik in Österreich 1914–1917 (1968).

Beneš, E.: Der Aufstand der Nationen. Der Weltkrieg und die tschechoslowakische Revolution (1928). – Glaise-Horstenau, E.: Die Katastrophe (1929). – Jaszi, O.: The Dissolution of the Habsburg Monarchy (1929). – Zeman, Z. A. B.: Der Zusammenbruch des Habsburgerreiches 1914–1918 (1963). – Gatterer, C.: Unter seinem Galgen stand Österreich. Cesare Battisti (1967). – Plaschka R. G. und K. Mack (Hrsg.): Die Auflösung des Habsburgerreiches. Zusammenbruch und Neuorientierung im Donauraum (1970). – Zeman, Z. A. B.: The Masaryks. The Making of the Czechoslovakia (1976).

Czernin, O. v.: Im Weltkrieg (1919). – Werkmann, K.: Der Tote auf Madeira (1925). – Polzer-Hoditz, A. v.: Kaiser Karl (1929). – Lorenz, R.: Kaiser Karl und der Untergang der Donaumonarchie (1959). – Brook-Shepherd, G.: Um Krone und Reich. Die Tragödie des letzten Habsburgerkaisers (1968). – Hoyer, H.: Kaiser Karl I. und Conrad von Hötzendorf (1972). – Feigl, E. (Hrsg.): Kaiserin Zita. Legende und Wahrheit (1977).

Roth, J.: Seine k. u. k. Apostolische Majestät. In: Joseph Roth Werke. Hrsg. von. H. Kesten. Bd. 3 (1976).

Zeittafel

1830	3. Februar: Die Unabhängigkeit Griechenlands wird auf der Londoner Konferenz von England, Frankreich und Rußland anerkannt. 25. Juni: Georg IV. von England gestorben. Sein Bruder Wilhelm IV. wird König. 26. Juli: »Julirevolution« in Frankreich. 2. August: König Karl X. dankt ab und flieht nach England. 9. August: Louis Philippe, Herzog von Orléans, wird »König der Franzosen« (»Bürgerkönig«). *18. August: Franz Joseph Karl als erster Sohn des Erzherzogs Franz Karl und seiner Ehefrau Sophie Friederike von Bayern in Wien/Schönbrunn geboren.* *20. August: Taufe in Schönbrunn.* 25. August: Revolution in Brüssel. 4. Oktober: Belgien erklärt seine Unabhängigkeit. 29. November: Erhebung in Warschau. Berliner »Schneiderrevolution«. Donauhochwasser in Wien. Französische Truppen erobern Algerien. Der erste Personenzug verkehrt zwischen Liverpool und Manchester.
1831	*Der österreichische Thronfolger Ferdinand heiratet Marianna von Sardinien-Piemont-Savoyen.* 4. Juni: Leopold von Sachsen-Saalfeld-Coburg wird zum König von Belgien gewählt. 29. Juni: Reichsfreiherr Karl vom und zum Stein gestorben. 26. Juli/15. November: Auf der Konferenz von London wird Belgiens Unabhängigkeit und Neutralität garantiert. 8. September: Niederwerfung des Aufstandes in Polen durch russische Truppen. 14. November: Georg Wilhelm Friedrich Hegel in Berlin gestorben.
1832	22. März: Johann Wolfgang von Goethe in Weimar gestorben. 27.–30. Mai: Hambacher Fest.

6. Juli: Ferdinand Max, zweiter Sohn des Erzherzogs Franz Karl und seiner Ehefrau Sophie, geboren.

22. Juli: Napoleons Sohn, Herzog von Reichstadt und »König von Rom«, in Schönbrunn gestorben.

1833 *Karl Ludwig, dritter Sohn des Erzherzogs Franz Karl und seiner Ehefrau Sophie, geboren.*

Februar: Otto von Wittelsbach wird als Otto I. König von Griechenland.

22. März: Gründung des Deutschen Zollvereins.

3. April: Sturm auf die Hauptwache in Frankfurt am Main.

7. Mai: Johannes Brahms geboren.

8. Juli: Defensiv-Vertrag Rußland–Türkei.

Herbst: Erste »Entente cordiale« zwischen Frankreich und England.

Oktober: Beistandspakt Österreich – Preußen – Rußland.

Abschaffung der Sklaverei im Britischen Empire.

1834–1839/1847–1849/1872–1876 Karlistenkriege in Spanien.

1834 22. April: »Quadrupelallianz« zwischen England, Frankreich, Spanien und Portugal.

Juni: Beschlüsse der Wiener Ministerkonferenz im Zeichen der Restaurationsidee (Zensur, Kontrolle der Universitäten, Beschränkung der Rechte konstitutioneller Körperschaften).

1835 *2. März: Kaiser Franz I. von Österreich gestorben. Nachfolger wird Ferdinand I.*

8. April: Wilh. von Humboldt in Tegel/Berlin gestorben.

14. November/10. Dezember: Die Schriften des »Jungen Deutschland« werden in Preußen, dann im gesamten Gebiet des Deutschen Bundes verboten.

7. Dezember: Zwischen Nürnberg und Fürth verkehrt die erste deutsche Eisenbahn.

1836 *Graf Heinrich von Bombelles wird Erzieher Franz Josephs.*

Putschversuch Louis Napoleons in Straßburg.

1837 20. Juni: Wilhelm IV. von England gestorben. Sein Bruder Ernst August wird König von Hannover, Viktoria besteigt den englischen Thron.

1. November: Ernst August hebt die hannoversche Verfassung auf.

Sieben Professoren der Universität Georgia Augusta in Göttingen (die »Göttinger Sieben«) werden von König Ernst August entlassen, da sie sich gegen die Aufhebung der Verfassung wenden.

24. Dezember: Elisabeth Amalie Eugenie (Sisi), die spätere Ehefrau Franz Josephs, als viertes Kind des Herzogs Max in Bayern und seiner Frau Ludowika von Bayern in Possenhofen geboren.

Daguerre erfindet sein photographisches Verfahren (»Daguerreotypie«), Morse den Schreibtelegraphen.

1838 17. Mai: Charles Maurice de Talleyrand gestorben.
Der Astronom Friedrich Wilhelm Bessel bestimmt erstmals die Entfernung eines Fixsterns von der Sonne.

1839–1842 Krieg Englands gegen Afghanistan.

1839–1841 Orientalische Krise (Nahost-Krise).

1839 19. April: Teilung Luxemburgs. Bestätigung der belgischen Unabhängigkeit und Neutralität, Festlegung der Grenzen.

1840–1842 Englisch-chinesischer Opiumkrieg (Erster Chinesischer Krieg).

1840 7. Juni: König Friedrich Wilhelm III. von Preußen gestorben.
Sein Sohn Friedrich Wilhelm IV. folgt auf den Thron.
15. Juli: 1. Londoner Konvention (»Juliusvertrag«, »Vertrag zur Befriedung der Levante«, »Quadrupelvertrag«). Verständigung zwischen Österreich, England, Preußen und Rußland in der Nahost-Frage (Schutz der Türkei).
25. Juli: Österreich und Rußland einigen sich auf den Grundsatz der freien Donauschiffahrt.
Erneuter Putschversuch Louis Napoleons in Straßburg.
Die erste Briefmarke der Welt erscheint in England.

1841 13./15. Juli: 2. Londoner Konvention (»Meerengenvertrag«). Abkommen über die Dardanellen-Durchfahrt.
Ende der Orientalischen Krise.
Feuerbach: »Wesen des Christentums«.
Wagner: »Der fliegende Holländer«.

1842 *Ludwig Viktor, vierter Sohn des Erzherzogs Franz Karl und seiner Frau Sophie, geboren.*
29. August: Der Vertrag von Nanking beendet den englisch-chinesischen Opiumkrieg. Hongkong wird britische Kronkolonie.
Buren gründen den Oranje-Freistaat.

1843 Englisch-französische Allianz. Königin Viktoria besucht Frankreich.
Bau der »Great Britain«, eines Ozeandampfers mit Schraubenantrieb.

1844 15. Oktober: Friedrich Nietzsche geboren.
Weberaufstand in Schlesien.
Heine: »Deutschland. Ein Wintermärchen«.

1845–1862 Alexander von Humboldt: »Kosmos« (5 Bände).

1845 *Erste Norditalien-Reise Franz Josephs.*
Friedrich Engels: »Die Lage der arbeitenden Klassen in England«.
Max Stirner: »Der Einzige und sein Eigentum«.

seit 1846 In Österreich können sich leibeigene Bauern vom Grund-

1846 8. Juli: König Christian VIII. von Dänemark erhebt Ansprüche auf Schleswig. Beginn des dänisch-deutschen Konflikts.
6. November: Österreich annektiert die Republik Krakau.
Le Verrier entdeckt den Planeten Neptun.

1847 11. Juni: Polarforscher John Franklin auf einer Expedition gestorben. Suche nach der Nordwest-Passage im Nördlichen Eismeer gescheitert.
Juni/Dezember: Der »Bund der Kommunisten« tagt in London. Engels' Devise »Proletarier aller Länder vereinigt euch!« wird angenommen.
Erzherzogin Sophie unterstützt die Liberalen gegen Metternich.
Oktober: Franz Joseph als Vertreter Ferdinands I. in Ungarn.
4. November: Felix Mendelssohn-Bartholdy gestorben.
12. November: Eröffnung des Reichstags in Preßburg unter Anwesenheit des Kaisers und Franz Josephs. Ludwig von Kossuth nimmt als Deputierter des Pester Komitats teil.
Mißernte. Wirtschaftskrise in Österreich.
Einführung des 10-Stunden-Tages in den meisten Industrien Englands.
Sonderbundskrieg in der Schweiz.
In Kalifornien wird Gold entdeckt.

1848 Januar: Erfolge der liberalen Bewegung in Italien.
20. Januar: König Christian VIII. von Dänemark gestorben. Auf den Thron folgt Friedrich VII.
Februar: »Kommunistisches Manifest« von Karl Marx und Friedrich Engels erschienen.
9. Februar: Franz Joseph spielt die Hauptrolle in Kotzebues Stück »Der Wirrwarr« bei einer Aufführung in der Hofburg.
21./22. Februar: Aufstand in Krakau.
22.–24. Februar: »Februarrevolution« in Frankreich. Der »Bürgerkönig« Louis Philippe dankt ab. Ausrufung der Republik.
27. Februar: »Offenburger Programmpunkte«. Erste Ansätze zu einer Revolution in Deutschland.
März: Aufstände in Wien und Berlin.
3. März: Rede Kossuths vor dem ungarischen Reichstag.
7./9. März: Volksversammlungen im Berliner Tiergarten.
13. März: Sturm auf das Wiener Landhaus, den Tagungsort der niederösterreichischen Stände. – Metternich tritt zurück.
18. März: Erhebungen in Italien gegen die österreichische Herrschaft. Straßenkämpfe in Berlin.

1848 19. März: Metternich flieht aus Wien.
Unruhen in München.
20. März: König Ludwig I. von Bayern dankt ab zugunsten seines Sohnes Maximilian II.
21. März: Aufruhr in Venedig.
24. März: König Friedrich VII. von Dänemark gliedert Schleswig dem dänischen Reich ein. Militärische Intervention Preußens. – Sardinien-Piemont erklärt Österreich den Krieg.
31. März – 3. April: Das Vorparlament tagt in Frankfurt am Main.
April: Aufstände in Baden werden niedergeschlagen.
April-Gesetze des ungarischen Reichstags (Bauernbefreiung, Aufhebung der Adelsprivilegien, Änderung des Wahlrechts).
20. April: Metternich trifft im englischen Exil ein.
25. April: Verkündigung der Konstitution in Österreich.
Franz Joseph reist nach Italien.
15./19. Mai: Aufständische wollen die Wiener Hofburg stürmen. Flucht der kaiserlichen Familie nach Innsbruck.
18. Mai: Deutsche Nationalversammlung in der Frankfurter Paulskirche eröffnet.
Juni: Franz Joseph zur Familie nach Innsbruck zurückgerufen. Er lernt dort Elisabeth kennen. Graf Karl Grünne wird Obersthofmeister bei Franz Joseph.
2.–12. Juni: Slawenkongreß in Prag.
12. Juni: Tschechischer Pfingstaufstand in Prag.
16. Juni: Windisch-Graetz nimmt Prag ein.
23.–26. Juni: Pariser Juniaufstand.
27. Juni: Erzherzog Johann von Österreich wird Regent und Reichsverweser.
22. Juli: Konstituierender Reichstag in Wien eröffnet.
25. Juli: Sieg Radetzkys bei Custozza.
6. August: Radetzky zieht in Mailand ein. Österreich gewinnt die oberitalienischen Gebiete zurück.
12. August: Die kaiserliche Familie wieder in Wien.
18. August: Franz Joseph wird volljährig.
26. August: Waffenstillstand Dänemark – Preußen in Malmö geschlossen.
August/September: Der 1. Allgemeine Deutsche Arbeiterkongreß tagt in Berlin.
28. September: Graf Lamberg in Pest ermordet. Beginn des ungarischen Aufstands.
3. Oktober: Auflösung des ungarischen Reichstags.
6./7. Oktober: Erneuter Aufstand in Wien. Ermordung des Kriegsministers Graf Theodor Baillet de Latour.

1848 *Die kaiserliche Familie flieht nach Olmütz.*
31. Oktober/1. November: Truppen unter Windisch-Graetz und Jellačić nehmen Wien ein.
1. November: Felix Fürst zu Schwarzenberg wird österreichischer Ministerpräsident und Außenminister.
4. November: Die deutsche Nationalversammlung beschließt eine Verfassung.
2. Dezember: Der österreichische Kaiser Ferdinand I. dankt ab. Sein Nachfolger wird Franz Joseph I.; Erzherzog Franz Karl verzichtet auf die Thronfolge. Der ungarische Reichstag erkennt Franz Joseph nicht als Staatsoberhaupt an.
5. Dezember: König Friedrich Wilhelm IV. von Preußen löst die preußische Nationalversammlung auf und oktroyiert eine Verfassung.
10. Dezember: Louis Napoleon zum Präsidenten der französischen Republik gewählt.
27. Dezember: »Grundrechte des deutschen Volkes« verkündet.
Johann Strauß komponiert den Radetzky-Marsch.

1849 *4. März: Kaiser Franz Joseph I. erläßt ein Grundgesetz für Österreich (»Märzverfassung«).*
7. März: Auflösung des Reichstages in Kremsier.
28. März: Deutsche Reichsverfassung in Frankfurt angenommen. Friedrich Wilhelm IV. von Preußen zum deutschen Kaiser gewählt.
April: Wiederaufleben des dänisch-deutschen Konflikts.
14. April: Kossuth an der Spitze der ungarischen Regierung.
Unabhängigkeitserklärung Ungarns.
28. April: Der preußische König lehnt die Kaiserwürde ab und verwirft die Reichsverfassung.
Mai: Aufstand in Dresden. Unruhen in der Pfalz und in Baden.
26. Mai: »Dreikönigsbündnis« Preußen – Sachsen – Hannover.
Juni: Russische Intervention in Ungarn.
10. Juli: Waffenstillstand zwischen Preußen und Dänemark.
11. August: Kossuth dankt ab und flieht aus Ungarn.
13. August: Kapitulation von Villagos. Niederschlagung des ungarischen Aufstandes.
24. August: Mit der Kapitulation Venedigs sind die Auseinandersetzungen in der Lombardei und Venetien zugunsten Österreichs beendet.
25. September: Johann Strauß (Vater) in Wien gestorben.
6. Oktober: Mit Zustimmung Franz Josephs werden die

Anführer des ungarischen Aufstandes zum Tode verurteilt und hingerichtet.
17. Oktober: Frédéric Chopin in Paris gestorben.

1850 31. Januar: In Preußen tritt die Verfassung in Kraft.
27. Februar: Die Königreiche Sachsen, Hannover, Bayern und Württemberg schließen das »Vierkönigsbündnis« gegen Preußen.
März/April: Erfurter Parlament.
2. Juli: Friede von Berlin zwischen Preußen und Dänemark.
2. August: 1. »Londoner Protokoll«. Österreich, Frankreich, England, Preußen, Rußland, Schweden und Norwegen sprechen sich für die Integrität Dänemarks aus.
18. August: Honoré de Balzac gestorben.
2. September: Wiedereröffnung des Deutschen Bundestages in Frankfurt am Main.
1. November: Bayerische und österreichische Truppen marschieren in Kurhessen ein.
29. November: Vertrag von Olmütz zwischen Preußen und Österreich (»Olmützer Punktation«). Wiederherstellung des Deutschen Bundes.
Franz Joseph trifft Zar Nikolaus I. in Warschau.
Erstes Untersee-Kabel von Dover nach Calais.

1851 1. Mai: Eröffnung der ersten Weltausstellung (»Great Exhibition«) in London.
20. August: Minister sind nach einem Erlaß Franz Josephs nicht mehr dem Parlament, sondern ausschließlich dem Kaiser verantwortlich.
24. September: Metternich kehrt nach Wien zurück.
2. Dezember: Staatsstreich Louis Napoleons in Frankreich.
31. Dezember: Aufhebung der österreichischen Verfassung von 1849.

1852 5. April: Fürst Schwarzenberg gestorben.
11. April: Graf Karl Ferdinand von Buol-Schauenstein wird österreichischer Außenminister (nominell auch Ministerpräsident bis 1859).
8. Mai: 2. »Londoner Protokoll«. Integrität Dänemarks anerkannt. Regelung der dänischen Erbfolge.
1. Dezember: Louis Napoleon wird als Napoleon III. »Kaiser der Franzosen«. Beginn des »Zweiten Kaiserreichs«.
Jahresende: Franz Joseph in Berlin bei Friedrich Wilhelm IV.
Die Verlobung mit Prinzessin Anna von Preußen kommt nicht zustande.
In Ofen erste Begegnung mit Bismarck.

1853–1856 Krimkrieg zwischen Rußland und der Türkei.

1853 *18. Februar: Attentatsversuch des Ungarn Janos Libenyi auf Franz Joseph (Anlaß für den Bau der Wiener Votivkirche seit 1856).*

19. Februar: Österreichisch-preußischer Handelsvertrag.

2. Juli: Russische Truppen besetzen die Donau-Fürstentümer Moldau und Walachei.

16. August: Der Kaiser trifft Elisabeth und ihre Schwester Helene (Nené) in Bad Ischl.

18. August: Franz Joseph verlobt sich mit Elisabeth und nicht – wie vorgesehen – mit ihrer Schwester.

4. Oktober: Die Türkei erklärt Rußland den Krieg.

Oktober/Dezember: Franz Joseph in Possenhofen.

Zweimaliges Treffen mit Zar Nikolaus I.

1854 12. März: Englisch-franz. Allianzvertrag mit der Türkei.

28. März: England und Frankreich treten in den Krieg gegen Rußland ein.

20. April: Schutz- und Trutzbündnis Österreich–Preußen.

22. April: Elisabeth trifft in Nußdorf ein.

Gräfin Sophie Esterhazy-Liechtenstein wird ihre Obersthofmeisterin.

24. April: Franz Joseph und Elisabeth heiraten in der Wiener Augustinerkirche.

3. Juni: Österreich verlangt die Räumung der Donau-Fürstentümer.

13. Juli: Der Deutsche Bundestag verbietet die Arbeitervereine.

20. August: Friedrich von Schelling gestorben.

22. August: Die Donau-Fürstentümer werden von Österreich besetzt.

Eisenbahnlinie über den Semmering fertiggestellt.

Heinrich Goebel erfindet die elektrische Glühbirne.

1855 26. Januar: Sardinien-Piemont schließt sich der französisch-englischen Koalition gegen Rußland an.

2. März: Nikolaus I. von Rußland gestorben. Sein Sohn Alexander II. wird Zar.

5. März: Tochter Sophie geboren.

Sommer: Konkordat zwischen dem österreichischen Kaiserhaus und dem Heiligen Stuhl.

11. November: Sören Kierkegaard gestorben.

Franz Joseph reist zur Weltausstellung nach Paris.

1856 17. Februar: Heinrich Heine in Paris gestorben.

30. März. Friede von Paris. Ende des Krimkriegs. Rußland verliert die Donaumündung. Neutralisierung des Schwarzen Meeres. Territorialbestand und Unabhängigkeit der Türkei werden garantiert.

6. Mai: Sigmund Freud geboren.
15. Juli: Tochter Gisela geboren.
29. Juli: Robert Schumann gestorben.
September: Franz Joseph und Elisabeth in der Steiermark und in Kärnten.
Zunehmende Auseinandersetzungen zwischen Elisabeth und Sophie, der Mutter Franz Josephs.
November: Das Kaiserpaar reist über Triest nach Venedig und Mailand.

1857–1861 Erste Weltwirtschaftskrise.

1857–1860 Krieg Englands und Frankreichs gegen China (»Zweiter Opiumkrieg«, »Lorchakrieg«).

1857 *Januar – März: Italienaufenthalt Franz Josephs und Elisabeths.*
28. Februar: Radetzky pensioniert. Erzherzog Ferdinand Max wird Zivilgouverneur in Italien, Graf Gyulai Militärbefehlshaber.
Mai: Ungarnreise des Kaiserpaares mit den beiden Töchtern.
29. Mai: Tochter Sophie gestorben.
Oktober: In Preußen wird Prinz Wilhelm Stellvertreter Friedrich Wilhelms IV.
20. Dezember: Franz Joseph erteilt den Auftrag zum Bau der Wiener Ringstraße.
Eisenbahnlinie Wien–Graz–Triest fertiggestellt.
Sepoy-Aufstand (»Großer Aufstand«) in Indien.

1858 5. Januar: Feldmarschall Graf Radetzky von Radetz gestorben.
14. Januar: Bombenanschlag Felice Orsinis auf Napoleon III. und seine Frau Eugenie in Paris.
20. Juli/10. Dezember: Bündnis zwischen Sardinien-Piemont und Frankreich.
21. August: Kronprinz Rudolf geboren.
1. September: Die »East India Company« wird aufgelöst. Indien geht als Vizekönigreich an die britische Krone über.
Oktober: Prinz Wilhelm übernimmt die Regentschaft für den geisteskranken preußischen König Friedrich Wilhelm IV.

1859 Italienischer Krieg.
Januar/Herbst: Gründung des »Deutschen Nationalvereins« in Frankfurt am Main.
24. Januar: Graf Gyulai erhält auch die Zivilgewalt in Lombardo-Venetien.
3. März: Geheimvertrag zwischen Rußland und Frankreich.
19. April: Österreichisches Ultimatum an Italien.
Ende April: Österreich im Krieg mit Sardinien – Piemont.

1859 6. Mai: Alexander von Humboldt in Berlin gestorben.
31. Mai: Franz Joseph in Verona.
4./24. Juni: Österreichische Niederlage bei Magenta und Solferino.
11. Juni: Clemens Fürst von Metternich in Wien gestorben.
8./11. Juli: Waffenstillstand und Präliminarfriede von Villafranca zwischen Österreich und Frankreich.
15. Juli: »Laxenburger Manifest«. Abschaffung der Zünfte durch die »Gewerbeordnung«.
10. November: Friede von Zürich zwischen Österreich, Sardinien und Frankreich.
Österreich muß die Lombardei an Sardinien – Piemont abtreten.
Beginn der Heeresreform in Preußen.
John Stuart Mill: »On Liberty«.
Charles Darwin: »On the Origin of Species«.

1860 Mai: Garibaldis »Zug der Tausend« in Süditalien.
6. Juni: Palermo fällt.
7. Juli: Gustav Mahler in Kalischt/Böhmen geboren.
21. August: Garibaldi landet auf dem italienischen Festland.
21. September: Arthur Schopenhauer gestorben.
Oktober: Höhepunkt der Auseinandersetzungen zwischen Elisabeth und Franz Josephs Mutter Sophie.
20. Oktober: Österreichisches Staatsgrundgesetz (»Oktoberdiplom«) vom Kaiser erlassen.
24. Oktober: Der Vertrag von Peking beendet den »Zweiten Opiumkrieg«.
17. November: Abreise Elisabeths nach Madeira.

1861–1865 Nordamerikanischer Bürgerkrieg (»Sezessionskrieg«).

1861 2. Januar: Friedrich Wilhelm IV. von Preußen gestorben.
Wilhelm I., seit 1858 Regent, wird preußischer König.
19. Februar: Bauernbefreiung (Aufhebung der Leibeigenschaft) in Rußland.
Durch das »Februarpatent« Franz Josephs wird ein neuer Reichsrat (Zweikammersystem) geschaffen.
14./17. März: Proklamation des Königreichs Italien. Viktor Emanuel II. wird König, Florenz italienische Hauptstadt.
April/Mai: Elisabeth in Cadix, Sevilla, auf Mallorca, Malta und Korfu, dann in Triest und Wien.
1. Mai: Eröffnung des Reichsrates.
Juni–Oktober: Die Kaiserin erneut auf Korfu, wo Franz Joseph sie besucht, dann in Venedig.
In Preußen entsteht die »Deutsche Fortschrittspartei«.
Johann Philipp Reis erfindet das Telefon.
Gründung des rumänischen Staates.

1862–1866 Verfassungsstreit in Preußen.

1862	*März/Mai Aufenthalte Franz Josephs in Venedig.*
	Frühjahr: Handelsvertrag Preußen–Frankreich. Abbau der Schutzzölle.
	15. Mai: Arthur Schnitzler in Wien geboren.
	Mai–Juli: Elisabeth in Reichenau, Bad Kissingen und Possenhofen.
	22. September: Der Präsident der USA, Abraham Lincoln, erklärt die Sklaven für frei (endgültige Abschaffung der Sklaverei 1865).
	23. September/8. Oktober: Otto von Bismarck wird preußischer Ministerpräsident und Minister des Äußeren.
	22. Oktober: Gründung des »Deutschen Reformvereins« in Frankfurt am Main.
	2. Weltausstellung in London.
1863	22. Januar: Polnischer Aufstand.
	8. Februar: Alvenslebensche Militärkonvention zwischen Preußen und Rußland zur Niederschlagung des Aufstandes in Polen.
	3. März: König Wilhelm I. von Preußen bei Franz Joseph in Gastein.
	Juni/Juli: Elisabeth zur Kur in Bad Kissingen.
	17. August–1. September: Fürstentag in Frankfurt.
	17. August: Erste Sitzung in Frankfurt unter Leitung Franz Josephs. Auf Betreiben Bismarcks bleibt König Wilhelm I. von Preußen dem Treffen fern.
	15. November: Friedrich VII. von Dänemark gestorben. Der Herzog von Sonderburg-Glücksburg folgt als Christian IX. auf den Thron. Wiederaufleben des Konflikts um Schleswig-Holstein.
	13. Dezember: Friedrich Hebbel in Wien gestorben.
	Ferdinand Lassalle gründet den »Allgemeinen Deutschen Arbeiterverein«.
1864–1868	Rußland erobert Turkestan, Taschkent und Samarkand.
1864	16. Januar: Ultimatum Österreichs und Preußens an Dänemark.
	1. Februar–1.August: Deutsch-dänischer Krieg.
	10. März: König Maximilian II. von Bayern gestorben. Sein Sohn Ludwig II. folgt auf den Thron.
	Der österreichische Erzherzog Maximilian wird als Kaiser von Mexiko eingesetzt.
	14. April: Maximilian und seine Frau Charlotte reisen nach Mexiko ab.
	Sommer: Elisabeth in Bad Kissingen und Possenhofen. Treffen mit Ludwig II.
	22. August: »Genfer Konvention« auf Anregung Henri Dunants abgeschlossen. Gründung des Roten Kreuzes.

1864 31. August: Ferdinand Lasalle im Duell getötet.
28. September: Gründung der Ersten Sozialistischen Internationale in London.
30. Oktober: Friede von Wien. Dänemark muß Schleswig, Holstein und Lauenburg an Österreich und Preußen abtreten.

1865/66 Die ersten deutschen Gewerkschaften (»Allgemeiner Deutscher Zigarrenarbeiterverein«, »Deutscher Buckdruckerverband«) entstehen.

1865 Ende des Sezessionskrieges in Nordamerika.
Februar/März: Elisabeth in Dresden und München.
15. April: Abraham Lincoln, Präsident der USA, in Washington ermordet
Juli: Die kaiserliche Familie in Bad Ischl.
Elisabeth anschließend zur Kur in Bad Kissingen.
August: Weiterer Höhepunkt im Konflikt um die Erziehung der Kinder.
Oberst Latour von Thurnburg wird anstelle des Generals Gondrecourt Erzieher des Kronprinzen Rudolf.
Elisabeth in Verbindung zu Ida von Ferenczy und Graf Julius Andrassy.
14. August: Vertrag von Gastein zwischen Österreich und Preußen. Österreich verwaltet Holstein, Preußen Schleswig; Lauenburg kommt gegen Entschädigungszahlung an Preußen, Kiel wird Bundeshafen.
Dezember: Franz Joseph zu Verhandlungen in Budapest, Elisabeth in München.
10. Dezember: König Leopold von Belgien gestorben. Sein Sohn Leopold II. folgt auf den Thron.

1866 *29. Januar: Begeisterter Empfang für das Kaiserpaar in Budapest.*
8. April: Geheimabkommen zwischen Preußen und Italien (Offensiv- und Defensivbündnis).
12. Juni: Geheimer Neutralitätsvertrag zwischen Österreich und Frankreich.
14. Juni: Preußen erklärt den Bundesvertrag für erloschen (Austritt aus dem Deutschen Bund).
15. Juni–26. Juli: Preußisch-österreichischer Krieg.
Beginn des österreichisch-italienischen Krieges.
24. Juni: Sieg Erzherzog Albrechts bei Custozza.
3. Juli: Schlacht bei Königgrätz. Niederlage Österreichs.
Juli: Die Kaiserin mit den Kindern in Budapest und Ofen.
26. Juli: Vorfriede von Nikolsburg, abgeschlossen von Bismarck gegen den Willen des preußischen Königs.
30. Juli: Eliabeth kehrt nach Wien zurück. Vermittlungsversuche um einen Ausgleich mit Ungarn.

August/September: Elisabeth in Ofen und auf Schloß Gödöllö bei Budapest.
18. August: Gründung des Norddeutschen Bundes unter Führung Preußens.
23. August: Friede von Prag zwischen Österreich und Preußen. Österreich verliert Venetien und scheidet aus dem deutschen Reichsverband aus.
3. September: »Indemnitätsvorlage«. Ende des Verfassungsstreits in Preußen.
20. September: Preußen annektiert Hannover, Kurhessen, Nassau und Frankfurt am Main.
Das erste Transatlantikkabel wird in Betrieb genommen.

1867 11. Februar: Andrassy wird ungarischer Ministerpräsident.
12. März: Franz Joseph in Budapest begeistert empfangen. Er erhält Schloß Gödöllö als Geschenk.
30. März: Die USA kaufen Alaska von Rußland.
April: »Luxemburg-Krise«. Durch Bismarcks Eingreifen wird Frankreich am Erwerb des Großherzogtums gehindert.
11. Mai: Der Londoner Vertrag erklärt Luxemburg zum neutralen Staat.
8. Juni: Franz Joseph zum König von Ungarn gekrönt.
Österreichisch-ungarischer Ausgleich. Bildung der »Doppelmonarchie«. Sonderrechte für Ungarn (eigener Reichstag, gesondertes Ministerium).
19. Juni: Kaiser Maximilian von Mexiko in Querétaro erschossen. Mexiko wird Republik.
Juni: Das Kaiserpaar in Regensburg, dann in Bad Ischl.
18.–22. August: Franz Joseph und Elisabeth treffen in Salzburg Napoleon III. und Kaiserin Eugenie. Anschließend Weiterfahrt nach Zürich und Schaffhausen.
Herbst: Franz Joseph reist zur Weltausstellung nach Paris.
30. Dezember: Carlos Fürst Auersperg wird österreichischer Ministerpräsident.
Der erste Band von Karl Marx' »Kapital« erscheint.
Werner von Siemens entdeckt das dynamoelektrische Prinzip, Alfred Nobel erfindet das Dynamit.

1868 28. Januar: Adalbert Stifter gestorben.
Elisabeth in Ungarn (ab Februar), in Bad Ischl (Juni) und am Starnberger See, später in Gödöllö (Winter).
22. April: Geburt der Tochter Marie Valerie.
26. September: Graf Eduard Taaffe wird österreichischer Ministerpräsident.
Deutsches Zollparlament.
Staatsstreich in Spanien. Königin Isabella II. gestürzt.
Wagners »Meistersinger« in München uraufgeführt.
Bruckner: 1. Sinfonie.

1869–1913 In Wien wird Gottfried Sempers Hofburg-Neubau errichtet.

1869/70 Erstes Vatikanisches Konzil.

1869 7.–9. August: Wilhelm Liebknecht und August Bebel gründen in Eisenach die deutsche »Sozialdemokratische Arbeiterpartei«.

2. Oktober: Mohandas (»Mahatma«) Gandhi geboren.

26. Oktober: Der Kaiser tritt seine Orientreise an.

Aufenthalt in Konstantinopel. Franz Joseph erhält von Sultan Abd al-Asis die Bibliothek des ungarischen Königs Matthias Corvinus als Gechenk.

Reise durchs Heilige Land.

17. November: Eröffnung des Suez-Kanals nach zehnjähriger Bauzeit. Franz Joseph bei den Feiern anwesend.

Dezember: Elisabeth in Rom. Audienz beim Papst.

1870/71 Deutsch-französischer Krieg.

1870 22. April: Wladimir Iljitsch Uljanow (Lenin) geboren.

Sommer: Elisabeth in Ischl und Neuberg/Schneealpe.

Kandidatur Leopolds von Hohenzollern für den spanischen Thron.

13. Juli: Bismarcks »Emser Depesche«.

19. Juli: Frankreich erklärt Preußen den Krieg.

1. September: Schlacht bei Sedan. Napoleon III. gerät in deutsche Gefangenschaft.

4. September: Ausrufung der Französischen Republik (»Dritte Republik« bis 1940).

20. September/9. Oktober: Besetzung Roms durch italienische Truppen. Der Kirchenstaat kommt an Italien, Rom wird Hauptstadt des Landes.

Oktober: Elisabeth geht für sechs Monate nach Meran.

Gründung der katholischen Zentrumspartei in Deutschland.

Heinrich Schliemann beginnt mit den Ausgrabungen in Troja.

1871–1878/83 Kulturkampf in Preußen.

1871 Januar–März: Pontus-Konferenz in London.

18. Januar: Gründung des Deutschen Reiches. Wilhelm I. zum deutschen Kaiser proklamiert. Bismarck wird Reichskanzler.

7. Februar–30. Oktober: Graf Karl von Hohenwart österreichischer Ministerpräsident.

26. Februar: Vorfriede von Versailles zwischen dem Deutschen Reich und Frankreich. Das Elsaß und Lothringen werden an das Deutsche Reich abgetreten.

15. März–28. Mai: Aufstand der Pariser Kommune.

10. Mai: Friede von Frankfurt am Main. Frankreich muß Kriegsentschädigung zahlen und den Verzicht auf Elsaß-Lothringen bestätigen.

	11. August: Kaiser Wilhelm I. in Bad Ischl.
	Oktober/November: Elisabeth und Valerie in Meran.
	9. November: Andrassy wird in der Nachfolge Beusts Minister des Äußeren (bis 1878).
	25. November: Adolf Fürst Auersperg zum österreichischen Ministerpräsidenten ernannt.
	Charles Darwin: »The Descendant of Man«.
	Gottfried Semper wird kaiserlicher Architekt in Wien.
1872	*Elisabeth in Meran, Ischl, Possenhofen, Ofen und Gödöllö.*
	21. Januar: Franz Grillparzer in Wien gestorben.
	28. Mai: Franz Josephs Mutter Sophie gestorben.
	4. Juli: Verbot des Jesuitenordens in Deutschland.
	September: Kaiser Franz Joseph und Zar Alexander bei Kaiser Wilhelm I. in Berlin (»Dreikaiserverständigung«).
	David Friedrich Strauß: »Der alte und der neue Glaube«.
1873–1876	Nietzsche: »Unzeitgemäße Betrachtungen«.
1873/74	Industriekrise (»Gründerkrise«).
1873	9. Januar: Napoleon III. im englischen Exil gestorben.
	9. Februar: Kaiserin Karoline Auguste, vierte Ehefrau Kaiser Franz' I., in Salzburg gestorben.
	1. Mai: Eröffnung der Weltausstellung in Wien.
	6. Juni/22. Oktober: »Schönbrunner Konvention« und »Dreikaiser-Abkommen«. Konsultativpakt zwischen Österreich-Ungarn, Rußland und dem Deutschen Reich. Isolierung Frankreichs.
	30. Juli: Besuch des Schahs von Persien.
	Oktober: Elisabeth in Gödöllö.
	2. Dezember: 25jähriges Regierungsjubiläum Kaiser Franz Josephs.
	Johann Strauß: »Die Fledermaus«.
1874	*Enkelin Elisabeth geboren.*
	Franz Joseph in Sankt Petersburg bei Zar Alexander.
	Kaiserin Elisabeth reist nach München und Pest (Januar), auf die Isle of Wight (Juli–September) und nach Gödöllö (Herbst).
	1. Februar: Hugo von Hofmannsthal geboren.
	28. April: Geburt von Karl Kraus.
	13. September: Arnold Schönberg geboren.
	Die »Österreichische Arbeiterpartei« entsteht.
	Gründung des Weltpostvereins in Bern.
1875–1878	Balkankrise.
1875	Aufstand in Bosnien, in der Herzegowina und in Bulgarien gegen die türkische Herrschaft.
	April/Mai: »Krieg-in-Sicht-Krise«. Spannungen zwischen Frankreich und dem Deutschen Reich. – *Franz Joseph in Triest und Venedig.*

1875 22.–27. Mai: »Allgemeiner Deutscher Arbeiterverein« und »Sozialdemokratische Arbeiterpartei« schließen sich in Gotha zur »Sozialistischen Arbeiterpartei Deutschlands« zusammen (seit 1891 »Sozialdemokratische Partei Deutschlands«).

Mai/Juni: Kaiserin Elisabeth macht ihr Testament.

6. Juni: Thomas Mann geboren.

29. Juni: Der entmündigte Kaiser Ferdinand I. von Österreich gestorben.

11. September: Elisabeth erleidet einen Reitunfall in der Normandie.

September: Die Kaiserin in Paris, dann Rückkehr nach Gödöllö.

Karl Lueger wird Wiener Gemeinderat.

1876 *12. März: Königin Viktoria von England empfängt Kaiserin Elisabeth in Windsor.*

Sommer: Elisabeth in Possenhofen und Bad Ischl.

Juli: Serbien und Montenegro erklären der Türkei den Krieg.

8. Juli: Österreichisch-russisches Geheimabkommen von Reichstadt.

Herbst: Elisabeth reist nach Korfu, Triest und Gödöllö.

Brahms' 1. Sinfonie in Karlsruhe uraufgeführt.

Nikolaus Ottos Viertaktmotor patentiert.

1877/78 Russisch-türkischer Krieg.

1877 *Januar: Elisabeth in Ofen.*

15. Januar: In der Konvention von Budapest verständigen sich Österreich-Ungarn und Rußland über ihre Interessen in der europäischen Türkei.

24. April: Rußland erklärt der Türkei den Krieg.

Herbst: Aufenthalt Elisabeths in Gödöllö.

Thomas Alva Edison erfindet den Phonographen.

1878–1881 Krieg Englands in Afghanistan.

1878 *Franz Josephs Vater, Erzherzog Franz Karl, gestorben.*

Österreich-Ungarn besetzt Bosnien und die Herzegowina.

9. Januar: Viktor Emanuel II. gestorben. Humbert (Umberto) I. wird König von Italien.

Januar/Februar: Elisabeth und Kronprinz Rudolf in England. Treffen mit Maria, der Königin von Neapel.

11. Mai: Max Hödel versucht ein Attentat auf den deutschen Kaiser Wilhelm I.

2. Juni: Wilhelm I. bei einem zweiten Attentat durch Dr. Karl Eduard Nobiling schwer verletzt.

13. Juli: Friede von Berlin. Ausgleich zwischen Österreich-Ungarn, England und Rußland. Umgestaltung der Friedensbedingungen von Santo Stefano (3. März). Unabhängigkeit Rumäniens, Serbiens und Montenegros bestätigt.

Bulgarien wird autonomes, der Türkei tributpflichtiges Fürstentum. Gebietsgewinne für Rußland. Bosnien und die Herzegowina werden von Österreich-Ungarn verwaltet.
Sommer/Herbst: Elisabeth in Bad Ischl, Tegernsee, Wien und Gödöllö.
18. Oktober: »Sozialistengesetz« in Deutschland. Verbot sozialistischer Vereinigung, Versammlungen und publizistischer Aktivitäten.
11. Dezember: Unfall des Kronprinzen. Rudolf verletzt sich mit einem Zimmergewehr.
Zypern kommt unter englische Verwaltung.

1879 *Elisabeth zur Jagd in England (Februar/März); weitere Aufenthalte in Ungarn, in Possenhofen und wiederum in Gödöllö (Herbst).*
28. April: Das Kaiserpaar feiert Silberhochzeit.
Graf Andrassy tritt als Minister des Äußeren zurück.
12. August: Graf Eduard Taaffe wird erneut österreichischer Ministerpräsident.
15. August: Verletzender Brief Zar Alexanders II. an den deutschen Kaiser Wilhelm I. (»Briefohrfeige«).
7. Oktober: »Zweibund«. Geheimes Verteidigungsbündnis zwischen Österreich-Ungarn und dem Deutschen Reich.
21. Dezember: Jossif Wissarionowitsch Dschugaschwili (Stalin) geboren.

1880/81 Burenaufstand (Erster Südafrikanischer Krieg).

1880 *Reisen Elisabeths nach Irland, Belgien und Ungarn.*
3. Juli: Regelung der Marokkofrage auf der Internationalen Konferenz von Madrid.

1881/82 Ägyptischer Aufstand.

seit 1881 Sozialgesetzgebung Bismarcks in Deutschland.

seit 1881/82 Erhebung des »Mahdi« (Mohammed Achmed) im Sudan.

1881 9. Februar: Feodor M. Dostojewski gestorben.
Februar/März: Elisabeth in England und Frankreich.
13. März: Zar Alexander II. bei einem Bombenattentat getötet. Nachfolger auf dem russischen Thron wird sein Sohn Alexander III.
10. Mai: Kronprinz Rudolf heiratet Stephanie von Belgien.
18. Juni: »Dreikaiservertrag«. Geheimes Neutralitätsabkommen zwischen Österreich-Ungarn, dem Deutschen Reich und Rußland auf drei Jahre.
Sommer/Herbst: Elisabeth in Bayern und auf Gödöllö.
Oktober: König Humbert (Umberto) I. von Italien und seine Frau besuchen Wien.
8. Dezember: Brand im Wiener Ringtheater.
In Berlin-Lichterfelde fährt die erste elektrische Straßenbahn.

1882 *Frühjahr: Besuch Elisabeths in England. Anschließend Aufenthalt in Paris und Ofen.*
20. Mai: »Dreibund«. Geheimes Verteidigungsbündnis zwischen Österreich-Ungarn, dem Deutschen Reich und Italien.
2. Juni: Giuseppe Garibaldi auf Caprera gestorben.
Juni–August: Elisabeth in Bayern und Bad Ischl.
September: Das Kaiserpaar in Triest und Dalmatien. – Guglielmo Oberdank wird wegen eines geplanten Attentats auf Kaiser Franz Joseph an der italienisch-österreichischen Grenze verhaftet.
Britische Truppen besetzen Ägypten.
Robert Koch entdeckt den Tuberkel-Bazillus.
Nietzsche: »Also sprach Zarathustra«.
Wagner: »Parsifal«.

1883 *Elisabeth in Baden-Baden; Sommerreise nach Bayern und Bad Ischl.*
13. Februar: Richard Wagner in Venedig gestorben.
14. März: Karl Marx in London gestorben.
2. September: Elisabeth, Tochter des Kronprinzen Rudolf, geboren.
30. Oktober: Rumänien schließt sich dem deutsch-österreichischen »Zweibund« an.
November: Debüt Katharina Schratts am Wiener Burgtheater.
»Elektrische Ausstellung« in Wien.

1884 *Die Kaiserin in Wiesbaden und Amsterdam (April/Mai), in Bayern und Bad Ischl (Juli), Gödöllö und Ofen (Herbst).*
Frühjahr: In Deutschland schließen sich die »Nationalliberale Partei« und die »Liberale Vereinigung« zur »Deutschen Freisinnigen Partei« zusammen.
6. August: Der deutsche Kaiser Wilhelm I. zu Besuch in Ischl.
September: Franz Joseph, Wilhelm I. und Alexander III. treffen sich in Skierniewice/Russisch-Polen.
3. Oktober: Hans Makart, österreichischer Maler, in Wien gestorben.
11. November: Besuch der rumänischen Königin Carmen Sylva.
Dezember 1884–Februar 1885: Kongo-Konferenz in Berlin.
Gründung der »Ungarischen Unabhängigkeitspartei«.
»Dreikaiservertrag« um weitere drei Jahre verlängert.
Rußland besetzt Merv (Märw) an der Grenze zu Afghanistan. Spannungen zwischen Rußland und England.

1885/86 Bulgarische Krise. Unruhen auf dem Balkan. Russische Intervention in Bulgarien. – Bau der Hermes-Villa im Lainzer Tiergarten.

1885 *Reisen Elisabeths nach Budapest, Miramar (Januar) und zur Kur nach Holland (März).*
22. Mai: Victor Hugo gestorben.
25./26. August: Kaiserpaar trifft Zaren in Kremsier.
Herbst: Elisabeth mit Valerie in Bad Ischl; anschließend geht die Kaiserin auf Kreuzfahrt zu den griechischen Inseln und in die Türkei.
Dezember: Elisabeth in Gödöllö.
Erste Kraftwagen (Benz) und Krafträder (Daimler) werden gebaut.
Johann Strauß: »Der Zigeunerbaron«.

1886 Alexander von Battenberg, Fürst von Bulgarien, wird durch Rußland zur Abdankung gezwungen.
6. Februar: Elisabeth reist nach Miramar.
11. Februar: Kronprinz Rudolf schwer erkrankt.
März–Juni: Elisabeth mit Valerie zur Kur in Baden-Baden.
9./12. Juni: König Ludwig II. von Bayern wird für geisteskrank erklärt und in Gewahrsam genommen. Prinzregent Luitpold übernimmt die Regentschaft.
13. Juni: Ludwig II. und Dr. Gudden im Starnberger See ertrunken. Kronprinz Rudolf nimmt an der Beisetzung in München teil.
Ende Juni: Elisabeth tritt eine Badereise nach Gastein und Ischl an. Treffen mit Bismarck.
31. Juli: Franz Liszt in Bayreuth gestorben.
Herbst: Elisabeth in Gödöllö.
Beginn der Freundschaft zwischen Franz Joseph und Katharina Schratt.
Nietzsche: »Jenseits von Gut und Böse«.

1887 Der »Dreikaiservertrag« wird nicht verlängert.
12. Februar: »Mittelmeer-Entente« zwischen England und Italien zur Aufrechterhaltung des status quo im Mittelmeer.
20. Februar: Erneuerung des »Dreibundes«. Deutsch-italienischer Separatvertrag.
24. März: Österreich-Ungarn schließt sich der »Mittelmeer-Entente« an.
28. April: Königin Carmen Sylva von Rumänien bei Elisabeth in Herkulesbad/Südungarn.
18. Juni: »Rückversicherungsvertrag«. Geheimes Neutralitätsabkommen zwischen Rußland und dem Deutschen Reich auf drei Jahre.
Juli: Elisabeth in Hamburg, dann in Cromer/Norfolk und auf der Isle of Wight.
Seereise der Kaiserin nach Korfu (Herbst); Aufenthalt in Gödöllö (Winter).

1887 12./16. Dezember: »Orient-Dreibund« zwischen Österreich-Ungarn, Italien und England.
»Hygienische Ausstellung« in Wien.
Katharina Schratt zur »k. k. Hofschauspielerin« ernannt.
Rudolf Hertz entdeckt die elektromagnetischen Wellen.

1888 9. März: Tod des deutschen Kaisers Wilhelm I.
März–Mai: Elisabeth mit Valerie in England.
15. Juni: Kaiser Friedrich III. nach 99tägiger Regierungszeit gestorben. Wilhelm II. wird deutscher Kaiser.
Juli/August: Franz Joseph und Elisabeth in Bad Gastein. Katharina Schratt häufig zu Gast.
15. August: König und Kronprinz von Portugal in Ischl. Elisabeth an den Langbathseen und bei den Wagner-Festspielen in Bayreuth. Bekanntschaft mit Cosima Wagner.
3. Oktober: Erster Besuch Kaiser Wilhelms II. in Wien.
Die Kaiserin auf Korfu (Oktober), in Miramar und München (Dezember).
15. November: Elisabeths Vater Max in Bayern gestorben.
24. Dezember: Verlobung zwischen Valerie und Erzherzog Franz Salvator.
Einweihung des Maria-Theresia-Denkmals an der Wiener Ringstraße.
Gründung der »Deutschen Kolonialgesellschaft«.
Grönland-Durchquerung Fridtjof Nansens.

1889 Als Zugeständnis an Ungarn wird die Bezeichnung »k.u.k.« (statt bisher »k. k.«) eingeführt.
30. Januar: Kronprinz Rudolf und Mary von Vetsera werden in Mayerling erschossen aufgefunden.
5. Februar: Beerdigung des Kronprinzen.
11. Februar: Das Kaiserpaar in Budapest.
Ostern: Elisabeth in Bad Ischl.
20. April: Adolf Hitler geboren.
Ende April: Franz Joseph und Elisabeth in Wiesbaden. Auf der Rückreise Zugunglück in Frankfurt.
Elisabeth in Feldafing, Bad Gastein, Meran, Miramar und auf Korfu (Sommer/Herbst); Reise über Sizilien nach Malta und Tunis (Winter).
Weihnachten: Das Kaiserpaar in Miramar.
Gründung der Zweiten Internationale in Paris.
Gustave Eiffel errichtet den Eiffelturm für die Pariser Weltausstellung.
Kolonialverträge zur Interessenabgrenzung zwischen England, dem Deutschen Reich, Frankreich und den USA (1889/90).
Mahlers 1. Sinfonie in Budapest uraufgeführt.
Gerhart Hauptmann: »Vor Sonnenaufgang«.

1890/91	Arbeiterschutzgesetze in Deutschland.
1890	18. Februar: Graf Andrassy gestorben.
	März: Elisabeth reist mit Valerie nach Wiesbaden und Heidelberg.
	20. März: Wilhelm II. erzwingt den Rücktritt Bismarcks.
	Der deutsch-russische »Rückversicherungsvertrag« wird nicht erneuert.
	1. Mai: Erster Aufmarsch der Sozialdemokraten im Wiener Prater.
	Mai: Elisabeths Schwester Helene (Nené) gestorben.
	Mai/Juni: Elisabeth in Bad Ischl.
	1. Juli: Das bisher unter deutscher Schutzherrschaft stehende Sultanat Sansibar kommt an England im Tausch gegen Helgoland, das dem Deutschen Reich zugeschlagen wird (»Helgoland-Sansibar-Vertrag«).
	31. Juli: Valerie heiratet Erzherzog Franz Salvator.
	August–Oktober: Seereise Elisabeths nach Portugal und in den Mittelmeerraum. Aufenthalt in Korfu und Miramar (Dezember).
	26. Dezember: Heinrich Schliemann in Neapel gestorben.
	Aufhebung des »Sozialistengesetzes« in Deutschland.
1891–1894	Bau der Transsibirischen Eisenbahn.
1891	*März: Elisabeth, Valerie und Franz Salvator in Korfu, Korinth und Athen. Die Kaiserin fährt weiter nach Sizilien und zurück nach Wien (April).*
	6. Mai: Weitere Erneuerung des »Dreibund«-Vertrags zwischen Österreich-Ungarn, Deutschland und Italien.
	Aufenthalt Elisabeths in Bad Gastein (Juli), Korfu und Kairo (November).
1892	*26. Januar: Elisabeths Mutter Ludowika gestorben.*
	Die Kaiserin auf Korfu (Frühjahr), in Karlsbad (Juni), in der Schweiz und in Gödöllö (Herbst), in Sizilien und Spanien (Dezember).
	18. August: Militärkonvention (Beistandspakt) zwischen Rußland und Frankreich.
1893	*Kaiserin Elisabeth in Spanien, an der Riviera und in Turin (Januar/Februar), in Genf und Territet, wo Franz Joseph sie besucht, in mehreren italienischen Städten (März/April), in Gastein und Ofen (Sommer), Miramar, Algier und Madeira (Dezember).*
	12. November: Alfred Fürst Windisch-Graetz wird österreichischer Ministerpräsident.
	Polfahrt Nansens (bis 1896).
	Hauptmann: »Die Weber«.
1894–1906	Dreyfus-Affäre in Frankreich.
1894/95	Chinesisch-japanischer Krieg.

1894 *Elisabeth in Alicante und Cap Martin, wo der Kaiser sie trifft (März/April), in Südtirol (Juni), auf Korfu und Gödöllö (Herbst), in Triest und Algier (Dezember).*
20. März: Ludwig von Kossuth im Exil gestorben.
1. November: Tod des Zaren Alexander III. Sein Sohn Nikolaus II. folgt auf den Thron.
Aussöhnung zwischen Kaiser Wilhelm II. und Bismarck.
In Frankreich findet das erste Automobilrennen statt.
Louis Lumière konstruiert einen Kinematographen.

1895 *Januar/Februar: Franz Joseph besucht Elisabeth in Cap Martin.*
Aufenthalte der Kaiserin auf Korsika und Korfu (März/April), Venedig, Wien und Bártfa, schließlich in Bad Ischl (August), Aix-les-Bains, Genf, Territet, Gödöllö und Wien (Herbst).
17. April: Friedensschluß zwischen Japan und China.
Oktober: Der polnische Graf Kasimir Badeni wird österreichischer Ministerpräsident, Graf Agenor Goluchowski, gleichfalls Pole, Minister des Äußeren.
29. November: Graf Taaffe gestorben.
Röntgen entdeckt die nach ihm benannte elektromagnetische Strahlung.
Schnitzler: »Liebelei«.

1896 *Franz Josephs Bruder, Erzherzog Karl Ludwig, gestorben. Franz Ferdinand wird österreichisch-ungarischer Thronfolger.*
3. Januar: »Krüger-Depesche« Kaiser Wilhelms II. Spannungen zwischen England und dem Deutschen Reich.
Frühjahr: Elisabeth auf Korfu.
2. Mai: Das Kaiserpaar eröffnet die Tausendjahrfeier des ungarischen Königreichs.
3. Juni: Russisch-chinesisches Geheimbündnis zur Verteidigung gegen einen Angriff Japans.
8. Juni: Franz Joseph und Elisabeth beim Milleniumempfang des ungarischen Reichstages.
9. Juni: Russisch-japanischer Vertrag. Abgrenzung der Interessen in Korea.
Aufenthalt Elisabeths in Bad Ischl.
9. August: Otto Lilienthal bei einem Gleitflug in Lichterfelde tödlich verunglückt.
11. Oktober: Anton Bruckner in Wien gestorben.
Dezember: Elisabeth in Biarritz.
Italienisch-abessinischer Krieg. Abessinien wird unabhängig.
Jameson-Überfall in Südafrika.
Stiftung des Nobel-Preises.

Die Ersten Olympischen Spiele der Neuzeit, angeregt durch Pierre de Coubertin, werden in Athen abgehalten.
Bau des Riesenrades im Wiener Prater.

1897 *Frühjahr: Die Kaiserin an der Riviera. Besuch Franz Josephs und Valeries. Elisabeth reist nach Territet.*
18. Februar: Die Kaiserin faßt ihr Testament neu ab.
3. April: Johannes Brahms in Wien gestorben.
5. Mai: Elisabeths Schwester Sophie in Paris beim Brand eines Wohltätigkeitsbasars ums Leben gekommen.
Die Kaiserin in Bad Kissingen, Wien, Bad Ischl, am Karersee und in Meran, dann bei Valerie auf Schloß Wallsee (Sommer), in Paris, Biarritz, Marseille und San Remo (November/Dezember).
21. September: Der deutsche Kaiser Wilhelm II. bei Franz Joseph in Budapest.
28. November: Paul Freiherr Gautsch von Frankenthurn wird österreichischer Ministerpräsident.
Franz Joseph besucht Zar Nikolaus II. in Sankt Petersburg.
Gründung der Wiener Secession.
Guglielmo Marconi erfindet die drahtlose Telegraphie.

1898 *50jähriges Regierungsjubiläum Franz Josephs.*
10. Februar: Bertolt Brecht geboren.
6. März: China verpachtet Kiautschou für 99 Jahre an Deutschland.
28. März: Erstes deutsches Flottengesetz.
Frühjahr: Elisabeth in Territet, Bad Kissingen, Bad Brückenau und Bad Ischl. Letztes Treffen mit Franz Joseph.
April: Gründung des deutschen Flottenvereins.
25. April: Kriegserklärung der USA an Spanien.
Juli–September: Die Kaiserin reist über Bad Nauheim in die Schweiz; Aufenthalt in Caux und Genf.
Sommer: Faschoda-Zwischenfall. Auf Druck Englands muß Frankreich das besetzte Faschoda wieder freigeben.
30. Juli: Fürst Bismarck gestorben.
30. August: Englisch-deutscher Angola-Vertrag.
10. September: Kaiserin Elisabeth in Genf von Luigi Lucheni ermordet.
18. September: Beerdigung in Wien.
10. Oktober: Beginn des Prozesses gegen Lucheni (Urteilsspruch: lebenslänglicher Kerker).
10. Dezember: Friede von Paris zwischen den USA und Spanien. Spanische Kolonien im Pazifik gehen an die USA über.
Rußland besetzt Port Arthur.
Kaiser Franz Joseph stiftet den Elisabeth-Orden.
Spannungen zwischen Franz Joseph und Katharina Schratt.

1899–1940 Planung und Bau der Bagdad-Bahn.

1899–1902 Zweiter Burenkrieg in Südafrika.

1899 12. Februar: Spanien tritt die Karolinen-, Palau- und Marianen-Inseln an das Deutsche Reich ab.

21. März: Englisch-französischer Sudan-Vertrag.

3. Juni: Johann Strauß (Sohn) in Wien gestorben.

14. November: Samoa-Vertrag zwischen Deutschland und England.

Erweiterung der russisch-französischen Militärkonvention.

Übergriff Rußlands auf die finnische Autonomie. Internationale Proteste bleiben ohne Erfolg.

Erste Haager Friedenskonferenz. Bildung des Internationalen Schiedsgerichtshofs. Landkriegsordnung (verabschiedet 1907).

Karl Kraus gründet »Die Fackel«.

1900 18. Januar: Ernest von Koerber wird österreichischer Ministerpräsident.

Frühjahr/Sommer: Boxeraufstand in China. Ermordung des deutschen Gesandten von Ketteler (18. Juni). Eingreifen Österreich-Ungarns, Deutschlands, Englands, Frankreichs, Rußlands, Italiens, Japans und der USA.

Juni: Zweites deutsches Flottengesetz.

28. Juni: Erzherzog Franz Ferdinand muß durch den Renunziationseid seinen Verzicht auf die Thronfolge in Österreich und Ungarn bekräftigen.

2. Juli: Start des ersten Zeppelins.

29. Juli: Humbert (Umberto) I. von Italien in Monza ermordet. Viktor Emanuel III. wird Nachfolger auf dem Thron.

25. August: Friedrich Nietzsche gestorben.

16. Oktober: »Yangtse-Abkommen«. Deutschland und England einigen sich über ihre Rechte in China.

14./16. Dezember: Französisch-italienisches Mittelmeerabkommen.

Franz Ferdinand heiratet Gräfin Sophie Chotek von Chotkowa und Wognin.

Katharina Schratt zieht sich mit Einwilligung Franz Josephs vom Burgtheater zurück.

Weltausstellung und Olympische Spiele in Paris.

Max Planck begründet die Quantentheorie.

Sigmund Freud: »Die Traumdeutung«.

Schnitzler: »Der Reigen«.

1901 22. Januar: Königin Viktoria von England gestorben. Nachfolger auf dem Thron wird ihr Sohn Eduard VII.

7. September: Friede von Peking (»Boxer-Protokoll«). Auflagen für China.

18. November: England zieht sich aus Panama zurück. Die Rechte für den Bau eines Kanals gehen an die USA über. Gründung des Internationalen Gewerkschaftsbundes in Amsterdam.

1902 30. Januar: Englisch-japanischer Vertrag.
31. Mai: Die Burenrepublik (Oranje-Freistaat/Südafrikanische Republik) werden britische Kronkolonien.
28. Juni: Weitere Verlängerung des »Dreibundes«.
29. September: Emile Zola gestorben.

1903 *31. August: Besuch König Eduards VII. von England bei Kaiser Franz Joseph in Wien.*
Herbst: Treffen mit Nikolaus II. in Mürzsteg/Semmering.
2. Oktober: Österreichisch-russische Verständigung über eine gemeinsame Politik gegenüber der Türkei.
Dezember: Erster Motorflug der Gebrüder Orville und Wilbur Wright.
Forschungsfahrt Roald Amundsens ins nördliche Polargebiet (bis 1906).
Bruckners 9. Sinfonie in Wien uraufgeführt.
Hofmannsthal: »Elektra«.

1904/05 Russisch-japanischer Krieg.

1904 9. Februar: Japanischer Angriff auf Port Arthur.
Franz Joseph trifft Eduard VII. in Marienbad.
8. April: »Entente cordiale« zwischen England und Frankreich. Interessenausgleich. Kolonialabkommen über Ägypten und Marokko.
21. Oktober: »Doggerbank-Affäre« zwischen Rußland und England.
27. Dezember: Der österreichische Ministerpräsident Koerber tritt zurück.
Nachfolger wird im Januar 1905 Paul Freiherr Gautsch von Frankenthurn.

1905/06 Erste russische Revolution.
Erste Marokkokrise.

1905 31. März: Der deutsche Kaiser Wilhelm II. vor Tanger. Beginn der Marokkokrise.
25. Juli: Vertrag von Björkö. Verteidigungsbündnis zwischen Kaiser Wilhelm II. und Zar Nikolaus II.
August: Eduard VII. bei Franz Joseph in Bad Ischl.
5. September: Russisch-japanischer Friede von Portsmouth. Rußland tritt Port Arthur, Talienwan und den Südteil der Halbinsel Sachalin an Japan ab. Beide Mächte räumen die Mandschurei.
Albert Einstein stellt die Spezielle Relativitätstheorie auf (Allgemeine Relativitätstheorie 1915).

1906 Januar–April: Marokko-Konferenz in Algeciras.

1906	3. Juni: Vladimir Freiherr von Beck wird österreichischer Ministerpräsident.
	Oktober: Alois Lexa Freiherr von Aehrenthal zum österreichisch-ungarischen Außenminister ernannt.
1907	14./24. Mai: Erste allgemeine, gleiche, direkte und geheime Wahlen zum Reichsrat in Österreich.
	15./16. August: Unterredung König Eduards VII. von England mit Kaiser Franz Joseph in Bad Ischl.
	31. August: Englisch-russischer Vertrag von Sankt Petersburg. Abgrenzung der Interessen in Afghanistan, Persien und Tibet.
	Sommer: Zweite Haager Konferenz.
1908	1. Januar: Erneuerung des »Ausgleichs« von 1867 zwischen Österreich und Ungarn auf zehn Jahre.
	1. Februar: König Carlos I. und der Kronprinz von Portugal bei einem Attentat in Lissabon getötet.
	Sommer: Jungtürkische Revolution.
	12. August: In Bad Ischl Begegnung Eduards VII. mit Franz Joseph.
	5. Oktober: Österreich annektiert die besetzten Gebiete Bosnien und Herzegowina. In der Folge Bosnische Krise (1909). – Ferdinand, Fürst von Bulgarien, proklamiert die Unabhängigkeit seines Landes.
	28. Oktober: »Daily Telegraph-Affäre«.
	15. November: Entlassung des österreichischen Ministerpräsidenten Beck. Richard Freiherr von Bienerth wird Amtsnachfolger.
	2. Dezember: 60jähriges Regierungsjubiläum Franz Josephs.
	Olympische Sommerspiele in London.
1909	9. Februar: Deutsch-französisches Marokko-Abkommen.
	Frühjahr: Nach Mobilmachung in Serbien und Teilmobilmachung in Österreich-Ungarn geht die Bosnische Annexions-Krise zu Ende. Bosnien und die Herzegowina bleiben bei Österreich-Ungarn.
1910	6. März: Die linksliberalen Parteien Deutschlands schließen sich zur »Fortschrittlichen Volkspartei« zusammen.
	6. Mai: Eduard VII. gestorben. Nachfolger auf dem englischen Thron wird Georg V.
	18. August: 80. Geburtstag Franz Josephs.
	20. November: Leo Tolstoi gestorben.
	König Emanuel II. von Portugal gestürzt. Portugal wird Republik.
	Japan annektiert Korea.
1911/12	Italienisch-türkischer Krieg.
1911	Zweite Marokkokrise.
	April: Frankreich besetzt Rabat und Fes in Marokko.

18. Mai: Gustav Mahler in Wien gestorben.
27. Juni–28. Oktober: Freiherr Gautsch von Frankenthurn zum drittenmal Ministerpräsident. Nachfolger wird dann Graf Karl von Stürgkh.
1. Juli: Entsendung des deutschen Kanonenbootes »Panther« nach Agadir (»Panthersprung«).
20. Juli: Französisch-englische Militärkonvention.
21. Oktober: Erzherzog Karl Franz Joseph, der spätere Kaiser Karl I., heiratet Zita von Bourbon-Parma.
4. November: Marokko-Kongo-Vertrag zwischen dem Deutschen Reich und Frankreich.
Hofmannsthal: »Jedermann«.

1912 17. Februar: Von Aehrenthal gestorben. Graf Leopold Berchtold von und zu Ungar-Schütz wird Außenminister.
März/Juni: »Balkanbund« zwischen Bulgarien, Serbien, Montenegro und Griechenland.
14./15. April: Untergang der »Titanic« im Nordatlantik.
16. Juli: Französisch-russische Marinekonvention.
Oktober 1912–Frühjahr 1913: Erster Balkankrieg.
18. Oktober: Friede von Lausanne zwischen Italien und der Türkei.
Der »Dreibund« wird wieder erneuert.

1913 *Schloß Schönbrunn bleibt künftig ausschließlicher Wohnsitz Franz Josephs.*
Das böhmische Parlament wird suspendiert.
Mai: Spionageaffäre um den russischen Agenten Alfred Redl.
30. Mai: Londoner Präliminarfriede. Die Türkei muß einen Großteil ihrer europäischen Gebiete und Kreta an den »Balkanbund« abtreten.
29. Juni 1913–10. August 1913: Zweiter Balkankrieg.
10. August: Friede von Bukarest zwischen Bulgarien einerseits, Griechenland, Montenegro, Rumänien und Serbien andererseits. Gebietsveränderungen, Neufestlegung der Grenzen.

1914–1919 Erster Weltkrieg.

1914 *März: Wilhelm II. in Schönbrunn.*
Juni: Franz Ferdinand mit seiner Frau Sophie in Bosnien.
28. Juni: Ein erstes Bombenattentat an der Čumurja-Brücke in Sarajewo mißlingt. Franz Ferdinand und seine Frau bei einem weiteren Attentat nahe der Franz-Joseph-Straße getötet.
23. Juli: Österreichisches Ultimatum an Serbien (»Begehrnote«).
28. Juli: Österreich-Ungarn erklärt Serbien den Krieg.
29. Juli: Deutsches Ultimatum an Belgien.

1914 1. August: Das Deutsche Reich erklärt Rußland den Krieg.
2. August: Deutsch-türkisches Bündnis.
3. August: Kriegserklärung des Deutschen Reiches an Frankreich.
4. August: Ultimatum Englands an das Deutsche Reich.
6. August: Kriegserklärung Österreich-Ungarns an Rußland.
11./12. August: Frankreich und England erklären Österreich-Ungarn den Krieg.

1915 Deutsch-englischer U-Boot-Krieg.
23. Mai: Italien tritt an der Seite der »Tripel-Entente« England–Frankreich–Rußland in den Krieg gegen Österreich-Ungarn ein.
28. August: Italien erklärt dem Deutschen Reich den Krieg.
6. September: Bündnisverträge zwischen Österreich-Ungarn, dem Deutschen Reich und Bulgarien.
November: Wilhelm II. zu Besuch in Schönbrunn.

1916 16. Mai: »Sykes-Picot-Abkommen«. England und Frankreich kommen überein, die Türkei aufzuteilen.
3. Juli: Japanisch-russischer Geheimvertrag.
27. August: Rumänien erklärt Österreich-Ungarn den Krieg.
21. Oktober: Ermordung des österreichischen Ministerpräsidenten Graf Stürgkh durch den Sozialisten Friedrich Adler. Neuer Ministerpräsident wird Ernest von Koerber.
5. November: Österreich-Ungarn und das Deutsche Reich proklamieren einen unabhängigen polnischen Staat.
November: Der Kaiser erkrankt an Lungenentzündung.
21. November: Franz Joseph gestorben. Karl I. wird Kaiser.
30. November: Beisetzung Franz Josephs in der Wiener Kapuzinergruft.

Personenregister

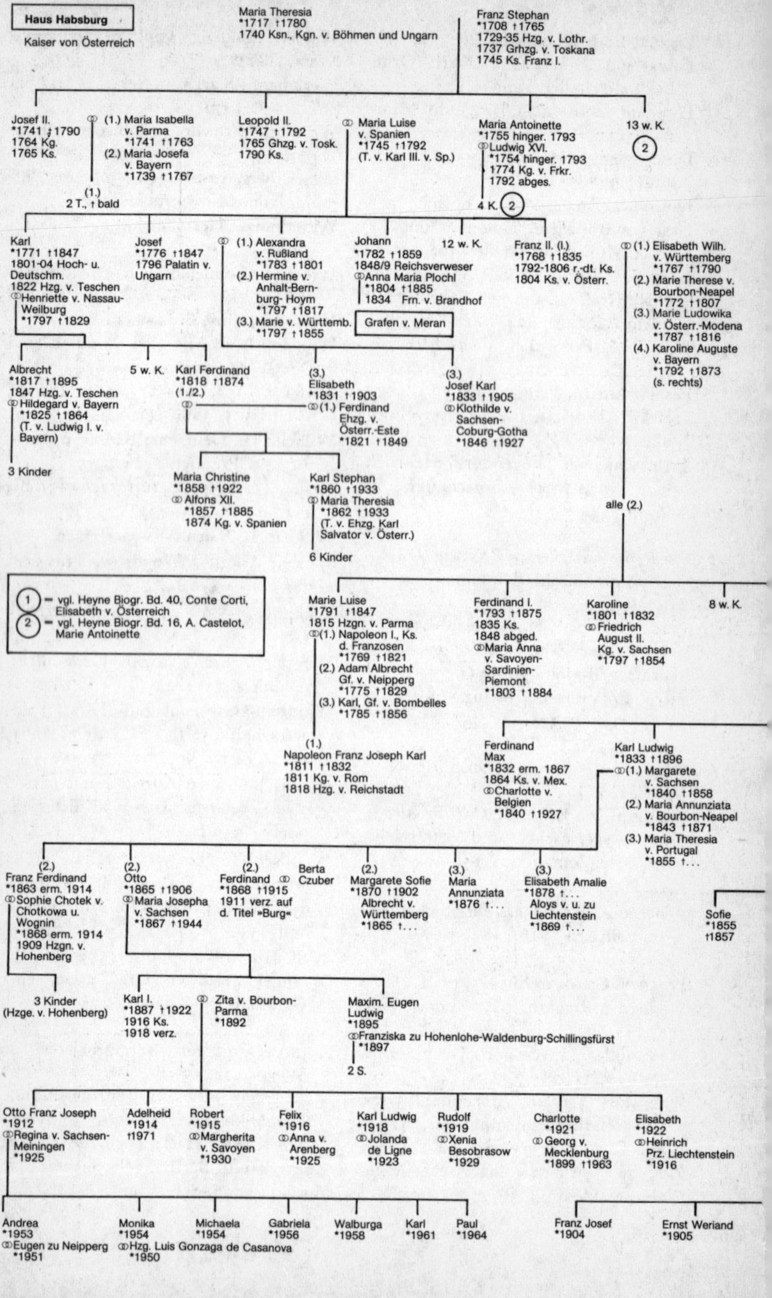

Haus Habsburg
Kaiser von Österreich
Maria Theresia *1717 †1780 1740 Ksn., Kgn. v. Böhmen und Ungarn
Franz Stephan *1708 †1765 1729-35 Hzg. v. Lothr. 1737 Grhzg. v. Toskana 1745 Ks. Franz I.
Josef II. *1741 †1790 1764 Kg. 1765 Ks.
⚭ (1.) Maria Isabella v. Parma *1741 †1763 (2.) Maria Josefa v. Bayern *1739 †1767
(1.) 2 T., † bald
Leopold II. *1747 †1792 1765 Ghzg. v. Tosk. 1790 Ks.
⚭ Maria Luise v. Spanien *1745 †1792 (T. v. Karl III. v. Sp.)
Maria Antoinette *1755 hinger. 1793 ⚭ Ludwig XVI. *1754 hinger. 1793 1774 Kg. v. Frkr. 1792 abges.
4 K. 2
13 w. K. 2
Karl *1771 †1847 1801-04 Hoch- u. Deutschm. 1822 Hzg. v. Teschen ⚭ Henriette v. Nassau-Weilburg *1797 †1829
Josef *1776 †1847 1796 Palatin v. Ungarn
⚭ (1.) Alexandra v. Rußland *1783 †1801 (2.) Hermine v. Anhalt-Bern-burg-Hoym *1797 †1817 (3.) Marie v. Württemb. *1797 †1855
Johann *1782 †1859 1848/9 Reichsverweser ⚭ Anna Maria Plochl *1804 †1885 1834 Frn. v. Brandhof
Grafen v. Meran
12 w. K.
Franz II. (I.) *1768 †1835 1792-1806 r.-dt. Ks. 1804 Ks. v. Österr.
⚭ (1.) Elisabeth Wilh. v. Württemberg *1767 †1790 (2.) Marie Therese v. Bourbon-Neapel *1772 †1807 (3.) Marie Ludowika v. Österr.-Modena *1787 †1816 (4.) Karoline Auguste v. Bayern *1792 †1873 (s. rechts)
Albrecht *1817 †1895 1847 Hzg. v. Teschen ⚭ Hildegard v. Bayern *1825 †1864 (T. v. Ludwig I. v. Bayern)
3 Kinder
5 w. K.
Karl Ferdinand *1818 †1874 (1./2.) ⚭
(3.) Elisabeth *1831 †1903 ⚭ (1.) Ferdinand Ehzg. v. Österr.-Este *1821 †1849
(3.) Josef Karl *1833 †1905 ⚭ Klothilde v. Sachsen-Coburg-Gotha *1846 †1927
Maria Christine *1858 †1922 ⚭ Alfons XII. *1857 †1885 1874 Kg. v. Spanien
Karl Stephan *1860 †1933 ⚭ Maria Theresia *1862 †1933 (T. v. Ehzg. Karl Salvator v. Österr.)
6 Kinder
alle (2.)
1 = vgl. Heyne Biogr. Bd. 40, Conte Corti, Elisabeth v. Österreich
2 = vgl. Heyne Biogr. Bd. 16, A. Castelot, Marie Antoinette
Marie Luise *1791 †1847 1815 Hzgn. v. Parma ⚭ (1.) Napoleon I., Ks. d. Franzosen *1769 †1821 (2.) Adam Albrecht Gf. v. Neipperg *1775 †1829 (3.) Karl, Gf. v. Bombelles *1785 †1856
(1.) Napoleon Franz Joseph Karl *1811 †1832 1811 Kg. v. Rom 1818 Hzg. v. Reichstadt
Ferdinand I. *1793 †1875 1835 Ks. 1848 abged. ⚭ Maria Anna v. Savoyen-Sardinien-Piemont *1803 †1884
Karoline *1801 †1832 ⚭ Friedrich August II. Kg. v. Sachsen *1797 †1854
8 w. K.
Ferdinand Max *1832 erm. 1867 1864 Ks. v. Mex. ⚭ Charlotte v. Belgien *1840 †1927
Karl Ludwig *1833 †1896 ⚭ (1.) Margarete v. Sachsen *1840 †1858 (2.) Maria Annunziata v. Bourbon-Neapel *1843 †1871 (3.) Maria Theresia v. Portugal *1855 †...
(2.) Franz Ferdinand *1863 erm. 1914 ⚭ Sophie Chotek v. Chotkowa u. Wognin *1868 erm. 1914 1909 Hzgn. v. Hohenberg
3 Kinder (Hzge. v. Hohenberg)
(2.) Otto *1865 †1906 ⚭ Maria Josepha v. Sachsen *1867 †1944
(2.) Ferdinand ⚭ Berta Czuber *1868 †1915 1911 verz. auf d. Titel »Burg«
(2.) Margarete Sofie *1870 †1902 Albrecht v. Württemberg *1865 †...
(3.) Maria Annunziata *1876 †...
(3.) Elisabeth Amalie *1878 †... Aloys v. u. zu Liechtenstein *1869 †...
Sofie *1855 †1857
Karl I. *1887 †1922 1916 Ks. 1918 verz.
⚭ Zita v. Bourbon-Parma *1892
Maxim. Eugen Ludwig *1895 ⚭ Franziska zu Hohenlohe-Waldenburg-Schillingsfürst *1897
2 S.
Otto Franz Joseph *1912 ⚭ Regina v. Sachsen-Meiningen *1925
Adelheid *1914 †1971
Robert *1915 ⚭ Margherita v. Savoyen *1930
Felix *1916 ⚭ Anna v. Arenberg *1925
Karl Ludwig *1918 ⚭ Jolanda de Ligne *1923
Rudolf *1919 ⚭ Xenia Besobrasow *1929
Charlotte *1921 ⚭ Georg v. Mecklenburg *1899 †1963
Elisabeth *1922 ⚭ Heinrich Prz. Liechtenstein *1916
Andrea *1953 ⚭ Eugen zu Neipperg *1951
Monika *1954 ⚭ Hzg. Luis Gonzaga de Casanova *1950
Michaela *1954
Gabriela *1956
Walburga *1958
Karl *1961
Paul *1964
Franz Josef *1904
Ernst Weriand *1905

Haus Wittelsbach

Linie der Pfalzgrafen v. Birkenfeld-Zweibrücken
Könige von Bayern Herzöge in Bayern

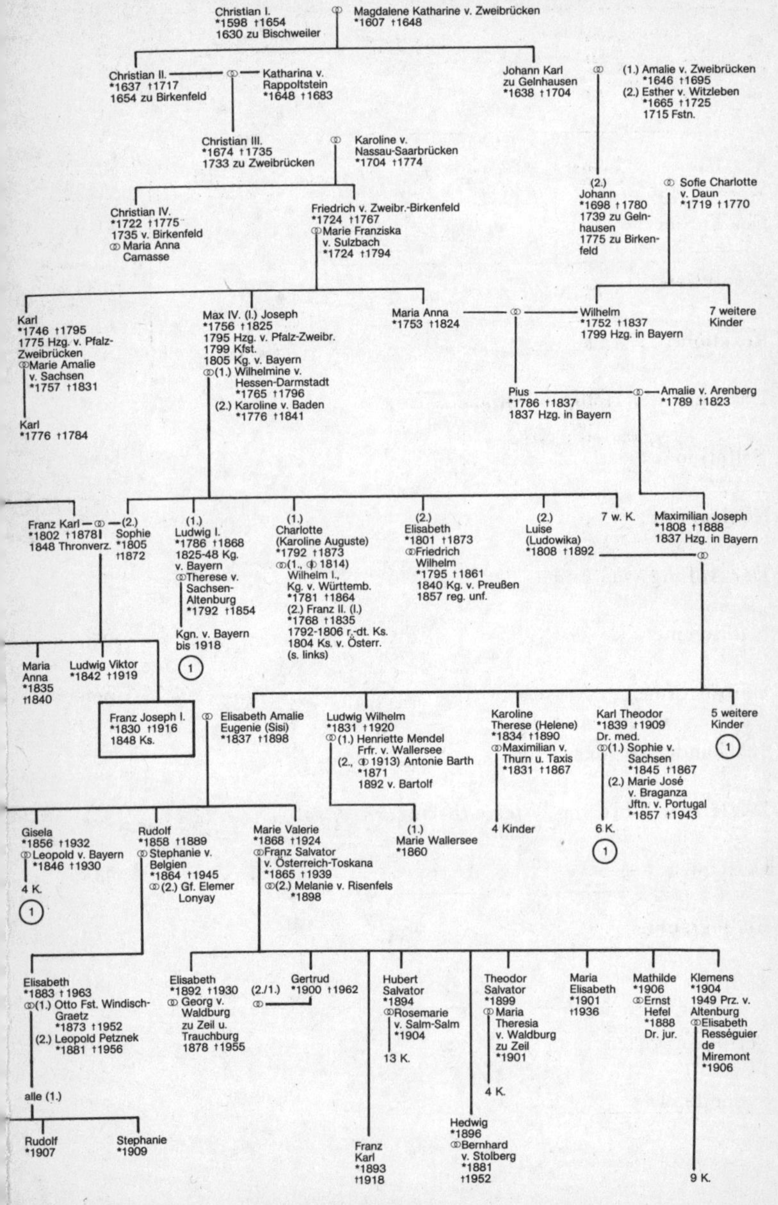

Inhalt